판례로 보는 남북한관계

서울대학교통일학연구총서 15

판례로 보는 남북한관계

펴낸곳 서울대학교출판문화원
펴낸이 오연천
지은이 이효원

초판 1쇄 발행 2012년 3월 10일
초판 2쇄 발행 2013년 9월 10일
출판등록 제15-3호

주소 서울 관악구 관악로 599 우편번호 151-742
대표전화 02-880-5252 **팩스** 02-888-4148
마케팅팀(주문상담) 02-889-4424, 02-880-7995
이메일 snubook@snu.ac.kr
홈페이지 www.snupress.com
영문홈페이지 eng.snupress.com

ISBN 978-89-521-1305-4 94360
978-89-521-1029-9(세트)

서울대학교통일학연구총서 15

판례로 보는 남북한관계

이효원 지음

서울대학교출판문화원

Judicial Precedents about the Relationship between the South and North Korea

Lee, Hyowon

Seoul National University Press

서울대학교통일학연구총서를 내면서

냉전체제가 와해되고 남북교류가 증대하면서 21세기 한반도의 창조적 미래구상이 절실히 요청되고 있다. 우리의 희망과는 달리 남북관계는 여전히 불안정하고 국제정세 또한 유동적이지만, 상호적대적인 분단체제는 더 이상 유지되기 어려운 상황임이 분명하다. 민주화와 경제발전을 성공적으로 이룩한 우리 사회의 역량을 바탕으로 이제 통일한국의 미래를 기획하고 추진하는 일이 핵심적인 시대적 과제로 부각되고 있다.

어떤 형태의 통일이 바람직할 것인가에 대해 완전한 합의를 얻기는 쉽지 않다. 통일이 이루어질 시기를 예측하기도 어려우며, 통일과정이 반드시 점진적이거나 평화적일 것이란 보장도 없다. 우리가 원치 않는 방식으로 통일문제에 맞부딪치게 될 가능성도 얼마든지 있다. 그럼에도 불구하고, 아니 그렇기 때문에 통일에 대한 연구는 더욱 총체적인 시야에서 체계적으로 이루어져야 한다. 실제로 통일과정에 돌입했을 때 그 전 과정을 적절히 관리할 역량이 갖추어지지 못하면 오히려 심각한 갈등과 후유증을 겪을 우려가 크기 때문이다.

통일논의가 구체화되고 정책적 실현가능성이 높아지면 질수록 그에 적합한 전문성과 책임성을 갖추기 위해 노심초사해야 하는 것이 한국지식인의 책무일 것이다. 반세기 이상 남북한 주민들이 경험해온 상이한 제도와 관행을 적절히 통합하고 전쟁의 상처와 오랜 대립에서 비롯되는 적대감과 이질성을 극복하기 위해서는 고도의 전문성과 기획력이 무엇보다도 필요하다. 한반도 통일을 바람직한 동북아 지역질서와 연계시키고 보다 나은 공동체를 구현하는 일도 지식인들의 높은 식견과 섬

세한 대응역량이 없이는 불가능하다.

서울대학교는 2003년부터 통일학 연구 지원 사업을 시작하였고, 우리사회의 지적 대응능력을 키우는 데 진력하고 있다. 서울대학교의 통일연구 사업은 북한에 대한 지역연구 차원을 넘어서 통일과정 전반에서 고려되어야 할 쟁점들을 학제적으로 분석하는 데 목적을 둔다. 따라서 정치, 경제, 사회, 역사, 문화, 환경의 영역은 물론이고 농학과 의학, 과학기술과 예술 및 체육에 이르기까지 광범위한 영역을 포괄한다. 이 일을 총괄하는 서울대학교 통일평화연구원은 국내외의 연구기관 및 연구자들과 교류하면서 종합학문으로서의 통일학을 정립하고자 애쓰고 있다.

서울대학교 통일학신서는 통일학연구총서와 더불어 이러한 학문적 노력의 결실이다. 이 신서가 우리 시대 최대의 과제인 분단극복과 통일한국을 향한 역사적 장정에 긴요한 지적 자산이 되기를 기대한다. 또한 소모적인 이념 논란을 지양하고 창조적인 대안과 정책적 지혜를 탐색하는 이성적 도구로 활용되기를 바란다. 끝으로 통일 연구의 시대사적 중요성을 인식하고 서울대학교 통일 연구사업의 제도적 바탕을 마련해주신 정운찬 전 총장님과 변함없이 이 연구사업을 지원, 격려해 주신 이장무 전 총장님, 그리고 종전의 통일평화연구소를 통일평화연구원으로 승격하여 새로운 도약과 발전의 기틀을 마련해주신 오연천 총장님께 깊은 감사를 표한다.

2011년 9월

서울대학교 통일평화연구원

머리말

통일법이란 무엇인가. 남북한의 통일과 관련된 법적 체계이다. 통일법을 연구하는 목적은 무엇인가. 통일한국의 헌법적 가치를 실현하기 위한 법률적 쟁점들을 규범체계화하는 것이다. 그렇다면, 통일법의 연구대상은 무엇인가. 분단 상황에서는 남북한의 법적 관계를 규명하는 것이고, 이를 기초로 남북교류협력을 포함하여 남북한 사이에 발생하는 다양한 법적 문제들을 다룬다. 또한, 통일의 과정에서는 통일합의서를 통해 통일과정을 신속하고 안정적으로 규율하는 법제도적 장치를 포함하고, 통일을 달성한 이후에는 분단을 극복하고 최종적으로 남북한의 법률통합을 완성하는 방안까지 포함한다. 이 책은 분단 상황에서 남북한 사이에 발생한 다양한 법적 문제에 관하여 사법적 재판을 통해 확인한 우리 헌법재판소와 법원의 판결을 분석한 것이다.

남북한은 분단 이후 오랫동안 남북한관계에서 발생한 다양한 법률적 쟁점들을 법제도적 수단이 아니라 정치적 결단을 통해 해결하였다. 남북한은 각각 상대방을 규범적으로 인정하지 아니하여 남북한 사이에는 안정적인 교류협력이 이루어질 여지가 없었고, 우리 사법부도 남북한관계에서 국가보안법을 엄격하게 적용하였다. 1990년대 들어 남북교류협력이 시작되고 2000년 6.15남북정상회담이 개최된 이후 남북이산가족의 상봉을 비롯하여 다양한 분야에서 남북교류협력이 확대되어 인적·물적 교류가 획기적으로 증대하였다. 북한이탈주민도 2만 명 이상 남한에 정착하여 생활하게 되었다. 특히, 개성공단사업은 북한지역에서 남한기업이 북한의 노동력을 이용하여 생산하는 경제특구로서 남북한 사이의 정치군사적인 갈등에도 불구하고 안정적으로 운영되고 있다. 이러한 변화의 과정에서 남북한은 각각 남북교류협력에 관한 법제도를 갖추어 가고 있으며, 남북한 사이에 발생하는 다양한 법적 분쟁에 대한 사법적 판결도 많이 축적되었다. 이것은 남북한관계가 정치적 결단의 차원에서 법치주의의 틀에 따라 해결하는 방향으로 이동하고 있다는 것을 의미한다. 이와 함께 사법부의 판결을 체계적으로 분석하여 남북한관계에 대한 규범적 기준을 점검하는 작업도 필요하게 되었다.

이 책은 이러한 필요에 따라 기획되었다. 남북한관계에 관한 헌법재판소와 법원의 다양한 판결은 남북한관계의 발전과 평화통일의 과정을 규율하는 중요한 규범적 기준이 될 것이며, 통일 이후의 사법통합과 법률통합을 실현하는 지침을 제공할 것으로 기대된다. 남북한관계에 관한 판례를 수집하고 분석하는 작업에는 여러 분의 도움이 있었다. 서울대학교 〈통일평화연구원〉은 이 연구주제를 '2010년도 서울대학교 통일학·평화학 기획과제'로 지원하였으며, 서울대학교 〈헌법·통일법센터〉의 통일법에 관한 연구활동도 도움이 되었다. 이 책을 준비하면서 「남북한관계에 대한 판례분석: 국가보안법의 최근 변화 동향과 남북교류협력에 관한 판례를 중심으로」(서울대학교 법학 제52권 제3호, 2011)라는 제목의 논문을 발표하기도 하였다. 이 책을 준비하는 과정에서 제자들이 도움을 주었다. 박사과정의 김우진(현재 서울대 법학전문대학원), 이혜진(현재 경북대 법학전문대학원), 송진호(육군법무관) 학생과 석사과정의 김혜현(사법연수원), 한철웅(현재 연세대 법학전문대학원) 학생은 남북한관계에 관한 판례를 주제별로 검색하여 분류하였다. 또한, 사법연수원에 입소할 예정인 박종원(법과대학) 학생은 이 책의 교정과 색인작업을 도와주었다. 여러 가지로 척박한 학문 여건에도 불구하고 통일법에 관한 학문공동체를 만들어가는 제자들에게 감사한다.

2012년 2월

이효원

차례

제1장

남북한관계와 사법적 판단

1. 남북한특수관계론[1]

1) 남북한 법적 지위에 대한 헌법이론적 기초

1948년 제정된 대한민국 헌법은 제4조에서 "대한민국 영토는 한반도와 그 부속도서로 한다"고 규정하였다. 이 규정은 1962년 개정헌법에서 그 위치를 제3조로 바꾸었을 뿐, 그 내용을 현행헌법에서도 그대로 유지하고 있다. 한편, 1962년 개정헌법은 부칙에서 '국토수복'이라는 표현을 사용하여 간접적으로 국토가 분단된 사실을 인정하였으며, 1972년 개정헌법은 전문에서 '조국의 평화적 통일'이라는 표현을 사용함으로써 한반도의 분단을 직접적으로 인정하였다. 1987년 개정된 현행헌법은 제3조의 영토조항 이외에 제4조에서 "대한민국은 통일을 지향하며, 자유민주적 기본질서에 입각한 평화적 통일정책을 수립하고 이를 추진한다"고 규정하고 있다. 현행헌법은 이 외에도 전문(평화적 통일의 사명),

---

1 남북한특수관계론에 대하여는 이효원, 『남북교류협력의 규범체계』, 경인문화사, 2006, 13-164쪽을 요약한 것이다.

第66條(대통령의 의무), 第69條(대통령 취임선서), 第72條(국민투표), 第92條(민주평화통일자문회의)에서 평화통일에 관하여 규정하고 있다.

남한과 북한은 분단국가임에도 규범적으로는 각각 단일국가의 완성헌법 형식을 채택하고 있다.[2] 즉, 남북한은 각각 자신이 헌법규범적으로 한반도에서 유일하게 정통성과 합법성을 가진다고 주장하고 있어 정치적 이념과 체제로는 상대방을 수용할 수 없다. 그러나 남북한은 현실적으로 한반도의 분단 상황을 인정하고 있을 뿐만 아니라, 평화통일을 지향하고 있다는 것을 헌법규정에도 명시하는 등 남북한의 분단을 전제로 남북한관계를 규율하는 법률을 제정하고 있다. 이처럼 남북한관계는 규범체계상 국가 간 관계라고 할 수 없으면서도 단일한 국내법이 적용되지도 않는 특수한 관계라고 할 수 있다. 또한, 남북한은 국제사회에서 각각 국가적 실체를 가지고 국제법의 주체로서 활동하고 있어 우리 헌법을 비롯한 국내법을 남북한과 관련된 국제법적 규범영역에 그대로 적용할 수도 없다. 이러한 의미에서 남북한관계는 국내법 또는 국제법 원칙만으로는 설명할 수 없는 특수한 관계라고 할 수 있다.

이와 같은 남북한의 특수성을 규범적 측면에서 설명하기 위해서는 헌법규범과 헌법현실의 불일치, 남북한의 국내법적 지위와 국제법적 지위의 모순을 합리적으로 설명할 수 있는 분석틀이 필요하다. 남북한특수관계론은 남북한관계에서 실제로 발생하거나 발생할 것으로 예상되는 법적 쟁점을 합리적으로 해결하는 규범적 기준을 제시하는 분석틀이다. 남북한특수관계론이 남북한관계를 규정하고, 이를 규율하는 법규범을 마련하는 기초이론으로 기능하기 위해서는 남북한관계를 합리적으로 설명하고, 그로부터 발생하는 다양한 법적 분쟁을 해결할 수 있는

---

2 남한과 북한이라는 용어에 대하여, 남북한은 각각 '대한민국'과 '조선민주주의인민공화국'을 정식 국호로 채택하고 있으나 우리 「남북교류협력에 관한 법률」에서도 가치중립적인 지역 개념으로서 '남한'과 '북한'이라는 용어를 사용하고 있는 점을 고려하여 이 책에서는 원칙적으로 '남한'과 '북한'이라고 한다.

방안을 구체적이고 각론적으로 제시할 수 있어야 한다. 이러한 의미에서 남북한특수관계론은 남북한의 법적 지위를 규정하는 헌법이론적 기초가 되며, 평화통일정책을 수립하고 추진하는 정당성을 부여하는 한편, 남북한의 법률충돌과 모순을 해결하는 규범적 기준이라고 하겠다.

따라서 남북한관계를 규율하는 「남북교류협력에 관한 법률」, 「남북관계발전에 관한 법률」, 「북한이탈주민의 보호 및 정착지원에 관한 법률」, 「남북협력기금법」, 「개성공업지구지원에 관한 법률」 등 법률과 하위법령, 남북한 사이에 체결되는 각종 남북합의서는 물론 남북한관계를 규율하는 북한의 법령도 모두 남북한특수관계론을 기초로 해석하고 적용해야 할 것이다. 「남북관계발전에 관한 법률」은 제3조 제1항에서 "남한과 북한의 관계는 국가 간의 관계가 아닌 통일을 지향하는 과정에서 잠정적으로 형성되는 특수관계이다"고 규정하고, 제2항에서 "남한과 북한 간의 거래는 국가 간의 거래가 아닌 민족 내부의 거래로 본다"고 규정하고 있다. 또한, 「남북교류협력에 관한 법률」도 제1조에서 "남한과 북한간의 상호교류와 협력을 촉진하기 위하여" 제정된 것이라고 규정하고, 제3조에서 "남북교류와 협력을 목적으로 하는 행위에 관하여는 다른 법률에 우선하여 적용한다"고 규정하고 있는데, 위 규정들은 모두 남북한특수관계론을 반영하고 있는 것이다.

2) 구체적 내용

남북한관계의 법적 성격은 기본적으로 북한의 법적 지위와 성격에 따라 확정되는데, 남한 헌법에서 북한은 국내법적으로 이중적 지위를 가지는 동시에 국제법적으로도 특수한 지위를 갖는다고 하겠다. 즉, 북한은 국내법적으로는 헌법상 불법단체 또는 국가보안법상 반국가단체의 지위를 가지는 동시에 평화통일을 위한 대화와 협력의 동반자기도 하다. 한편, 국제법적으로도 북한은 규범적 또는 현실적으로 대한민국의 일부분으로 대한민국과 함께 단일한 국가성을 가지나, 현실적으로 국제사회에서 독립된 주권을 가진 국가로서 인정받고 활동하고 있는 점을 고려해야 한다. 따라서 북한은 대한민국과는 별도로 독립된 국제법상 주체로서 인정되고, 한반도에는 사실상 두 개의 국가가 존재하고 있는 것으로 평가해야 한다.

남북한특수관계론을 헌법규범적으로 분석할 경우에는 남북한관계가 적용되는 규범영역에 따라서 상이한 규범적 의미를 부여할 수 있는데, 이 규범영역은 국내법적 규범영역과 국제법적 규범영역으로 구분할 수 있다.

첫째, 남북한관계가 국내법적 규범영역에서 적용될 경우, 그 소극적인 의미는 남북한관계가 나라와 나라 사이의 관계가 아니라는 것을 의미하므로 남북한관계에는 국제법원칙을 적용할 수 없다고 할 것이다. 그러나 이는 정치적으로는 남북한이 하나의 민족국가를 달성하기 위하여 노력한다는 것을 대내외적으로 선언한 것이고, 규범적으로는 남북한관계가 국가 사이의 관계가 아니므로 국가승인을 한 것이 아니라는 것을 의미할 뿐 남북한관계를 직접 규율하는 기준을 제시하는 것은 아니다. 따라서 이는 남북한관계에 적용하는 법규범은 남북한관계가 국가 사이의 관계가 아니므로 가급적 이러한 특수성을 고려하여 제정하고 해석해야 한다는 대원칙을 선언한 것으로 이해하여야 할 것이다. 남북한이 남북합의서를 체결하여 이를 남북한관계에 적용하는 것은 국제법원칙에 따른 것이지만, 이는 남북한관계를 국가 사이의 관계로 보지 않는다는 것과 모순되는 것은 아니다.

둘째, 남북한관계가 국내법적 규범영역에서 적용될 경우, 그 적극적인 의미는 북한의 이중적 지위를 반영하여 나타난다. 즉, 북한이 반국가단체로서 활동하는 규범영역에서는 헌법 제3조와 국가보안법 등 국내법이 적용되고, 헌법 제4조와 이를 근거로 하여 제정된 「남북교류협력에 관한 법률」 등 국내 법률과 각종 남북합의서는 적용될 여지가 없다고 할 것이다. 한편, 북한이 남한의 평화통일을 위한 노력에 대응하여 남북교류협력 등에 부합하는 활동을 하면서 평화통일을 위한 대화와 협력의 동반자로서 활동하는 규범영역에서는 북한의 실체를 규범적으로도 인정하고 있으므로 원칙적으로 국제법원칙이 적용되어야 할 것이다. 다만, 남북한관계에서 국제법원칙을 그대로 적용할 경우에는 남북한관계가 국가 사이의 관계가 아니라는 대원칙의 취지에 반하므로 남북한관계의 일정한 사항에 대하여는 국제법원칙을 적용할 수 있다는 근거를 법률로 규정하는 것이 바람직하다. 국제법원칙을 남북한관계에 적용할 때는 남북한관계의 특수성을 반영하여 국제법원칙을 변용하거나 탄력적으로 적용할 필요성이 있는데, 그 법적 근거를 부여하기 위해서도 이를 법률에 규정해야 한다. 이러한 규범영역에서는 국제법원칙 이외에도 헌법 제3조, 제4조와 이를 근거로 하여 제정된 「남북교류협력에 관한 법률」 등 국내법률과 각종 남북합의서도 북한을 평화통일을 위한 대화와 협력의 동반자로 인정하고 제정된 것이므로 그대로 적용된다고 할 것이다.

셋째, 남북한관계가 국제법적 규범영역에서 적용될 경우에는 국제사회에서 남북한이 각각 국제법의 주체로서 활동하고 있는 현실과 국내법을 이유로 국제법의 적용을 배제할 수 없다는 국제법원칙을 고려해야 한다. 즉, 남북한 일방 또는 쌍방이 각각 특정한 제3국 또는 국제기구와 법률관계를 형성할 경우에는 국제법원칙이 적용된다고 할 것이다. 또한 남북한관계가 국내법적 규범영역에서 적용되지만 일정한 범위에서 제3국 또는 국제기구와 관련성을 갖는 경우에는 남북한관계의 특수성을 최대한 반영하여 국제법원칙을 변용 또는 탄력적으로 적용하는 것도 필요할 것이다. 이때에는 우리 헌법은 물론 「남북교류협력에 관한 법률」, 국가보안법 등 법률체계와 정합성을 유지해야 한다.

3) 헌법적 근거

(1) 헌법 제3조와 제4조의 규범조화적 해석

남북한특수관계론은 대북·통일정책을 수립하고 추진하는 현실적인 전제임과 동시에 대북·통일정책의 정당성의 기초이자 한계가 되므로 그 규범적 근거는 헌법제정권력자인 국민의 의사에 따라 정립된, 국가의 근본가치와 발전방향을 규정하고 있는 헌법규정에서 찾아야 한다. 우리 헌법은 남북한관계를 직접 규정하고 있는 것은 아니지만 영토조항이나 통일관련 조항을 통하여 북한의 법적 지위가 갖는 규범적 의미를 밝히고 있다.

북한의 법적 지위를 비롯한 남북한관계에 대한 기본적이고 일차적인 헌법상 근거규정은 헌법 제3조와 제4조라고 할 것이며, 전문 등 기타 헌법조항에도 그 정신이 반영되어 있다. 따라서 남북한특수관계를 규명하기 위해서는 헌법 제3조와 제4조에 대한 심층적인 법이론적·규범적 분석이 반드시 필요하며, 이와 동시에 우리 헌법이 지향하는 정치적 이념과 가치체계와 조화를 이루는 규범체계를 정립하는 것이 필요하다. 헌법 제3조와 제4조의 관계에서는 북한의 법적 지위와 관련하여 제3조의 영토조항이 현실적인 규범력을 가지고 기능하느냐 하는 문제가 핵심적인 쟁점이다.

헌법 제3조를 해석함에 있어서 국제사회나 남북한관계에서 북한의 국가성을 규범적으로 인정할 경우에는 제3조의 규범력을 인정하기 어려울 것이다. 또한, 북한의 국가성을 인정하지 않는다고 하더라도 제3조의 규범력을 부인하는 입장이 다양하게 존재한다. 즉, 제3조의 규정이 국제법 또는 헌법현실과 부합되지 않으므로 규범력을 상실한 명목적인 규정이라는 견해부터 헌법에 규정된 이상 규범력 자체를 부정할 수는 없으나 제4조를 고려할 때 결과적으로 남북한관계에서는 현실적인 규범력을 갖지 못한다는 견해까지 다양하다. 한편, 제3조의 규범력을 인정하는 견해에 따르면 남북한의 분단은 법률상의 분단이 아니라 사실상의 분단이므로 대한민국의 주권 또는 헌법의 효력이 당연히 한반도 전체에 미치는 것이지만 남북한 분단이라는 현실적 상황에 따라 북한지역에 대한 효력이 사실상 제약당하고 있을 뿐이다. 따라서 헌법 제3조는 대한민국의 영토를 법률상 회복하여야 할 통일의 책무를 부과하고 있는 규정이며, 제4조는 이러한 통일의 책무에 대한 기본적인 추진방식과 수단을 규정하고 있으므로 제3조와 제4조는 목적과 수단의 관계에 있다.

헌법 제3조는 북한지역도 대한민국의 주권이 미치는 영토라고 규정하고 있지만, 제4조는 분단국가의 현실을 인정하고 평화통일을 추구하고 있어 서로 모순되는 내용을 담고 있다. 헌법은 통일된 이념과 가치체계를 그 내용으로 하지만 원래 다양한 이해관계의 갈등과 대립을 바탕으로 상호 공존을 위한 타협의 결과로 성립된 것으로 완전무결한 것이 아니다. 따라서 헌법은 개방성·미완성성·역사성을 특성으로 하며, 헌법규정들 상호 간에 부조화 현상이 발생할 수 있어 상반구조적 입법기술에 따라 명문화되는 특징이 있다. 헌법 제3조와 제4조도 이러한 헌법의 특성을 고려하여 헌법규정을 통일적이고 규범조화적으로 해석함으로써 그 규범적 의미를 명확하게 밝힐 수 있다. 결론적으로 헌법 제3조는 역사적 측면에서나 규범적 측면에서 통일에 관한 핵심적 규정으로서 대한민국의 영토를 법률상 회복하여야 할 책무를 부과하고 있는 목적적이고 가치적인 규정이며, 평화통일이 실현되었을 경우에 성립하는 통일국가의 최종적인 영토 범위를 설정한 것이라고 하겠다. 이 규정을 근거로 하여 북한주민에게 대한민국 국적을 당연히 인정할 수 있고, 그들의 인권을 보호하기 위하여 대한민국이 개입할 근거를 확보할 수 있다. 남북한 물자교역도 민족 내부 거래로 인정하여 대북한 특혜조치를 가능하게 할 뿐만 아니라, 나아가 북한의 체제전환 또는 급변사태로 인한 통일과정에서 대한민국이 북한지역에 대하여 주권과 통치권을 행사할 수 있는 헌법적 근거가 될 수 있을 것이다.

한편, 헌법 제4조는 제3조에서 천명한 통일의 책무를 현실적으로 실천하기 위한 방법론적이고 수단적 성격을 가지며, 대한민국의 분단된 현실을 극복하고 통일을 달성하기 위하여 평화적인 방법을 추구하고 있음을 선언한 것이라고 할 수 있다. 따라서 헌법 제3조가 국가의 본질적 요소인 영토의 범위를 규정한 것으로 목적적이고 가치적인 규범력을 가지고 있는 반면, 제4조는 그러한 범위와 조화를 이루면서 그 범위 내에서 실천적이고 수단적 규범으로서 의미를 가지는 것이다. 이러한 의미에서 규범체계적으로나 법논리적으로 헌법 제3조가 제4조에 비하여 우월한 효력을 가진다고 할 수 있다. 헌법 제3조와 제4조를 위와 같이 해석하는 것이 헌법규범의 특징과 그 상반구조적 입법기술을 고려하여 남북한의 특수한 관계를 반영할 수 있고, 동시에 이를 헌법규범적으로 조정하고 통합할 수 있어 합리적인 해석방식이라고 할 수 있다.

(2) 남북합의서

현행 헌법규정 이외에도 남북한이 체결한 합의서가 남북한특수관계론에 대한 규범적 근거가 될 수 있다고 하겠다. 남북합의서는 남북한 당국이 통일의 당사자로서 남북한관계와 통일문제에 대한 기본원칙을 합의한 것으로서 그 내용이 남북한관계와 통일에 대한 규범적 기준을 제시할 뿐만 아니라 남북한특수관계에 대한 당사자의 의사를 직접적으로 확인할 수 있다.

남북한이 1972년 체결한 '7.4남북공동성명'은 남북한의 정부 당국자가 분단 이후 처음으로 직접 만나 자주·평화통일·민족대단결의 3대 원칙에 합의하였으며, 남북한이 서로 상대방의 실체를 인정하는 것을 전제로 교류협력과 통일의 상대방으로 받아들였다는 점에서 남북한관계에 중요한 의미가 있다. 7.4남북공동성명에 대하여는 공동선언이 발표된 이후 양측이 통일을 실현한다는 명목으로 정치권력을 강화하는 조치를 취함으로써 정치적으로 이용되었으며, 통일의 3대 원칙의 구체적인 내용도 남북한이 상이한 정치이념과 정책적 판단에 따라 서로 다르게 해석함으로써 그 실효성이 상실되어 규범적 의미를 기대하기 어렵다는 비판도 있다. 그러나 남북한의 공동성명을 통하여 발표된 통일의 3대 원칙은 남북한이 상대방의 실체와 존재를 공식적으로 확인한 것으로서 남북한관계와 통일방안을 기속할 수 있다는 점에서 그 규범적 의미가 있다고 할 수 있다.

분단 이후 남북한 당국이 남북한관계를 명문으로 정의하고 상대방의 체제를 적극적으로 인정한 것은 1992년 2월 19일 체결한 '남북 사이의 화해와 불가침 및 교류협력에 관한 합의서'(이하 '남북기본합의서'라 한다)이다. 남북기본합의서는 서문에서 7.4남북공동성명에서 천명된 조국통일 3대 원칙을 재확인하고 남북한관계에 대하여 '쌍방 사이의 관계가 나라와 나라 사이의 관계가 아닌 통일을 지향하는 과정에서 잠정적으로 형성되는 특수관계'라고 규정하고, 민족 내부 교류로서 물자교류, 합작투자 등 경제교류와 협력을 실시할 것을 규정하였다. 남북기본합의서는 제1조에서 "남과 북은 서로 상대방의 체제를 인정하고 존중한다.", 제2조에서 "남과 북은 상대방의 내부 문제에 간섭하지 아니한다"고 규정하였다. 이를 전제로 상대방에 대한 비방·중상·파괴·전복금지(제3조, 제4조), 현재의 군사정전협정의 준수(제5조), 국제무대에서의 협력(제6조) 등을 내용으로 하는 남북화해와 군사 분야에서의 남북불가침을 선언하고, 남북한 주민들의 자유로운 왕래와 접촉(제17조)을 비롯하여 경제·우편·철도·도로 등 다양한 분야에서 남북교류협력을 실시할 것을 규정하였다. 또한, 제25조에서는 "이 합의서는 남과 북이 각기 발효에 필요한 절차를 거쳐 그 문본을 서로 교환한 날부터 효력을 발생한다"고 규정하고 대한민국 국무총리와 조선민주주의인민공화국 정무원 총리가 당사자로 서명함으로써 상대방에 대하여 국가로서 실체를 인정하였다.

남북기본합의서에 대하여 헌법재판소와 대법원은 "이는 한민족공동체 내부의 특수관계를 바탕으로 한 당국 간 합의로서 남북 당국이 성의 있는 이행을 상호 약속하는 일종의 공동성명 또는 신사협정에 준하는 성격을 가짐에 불과하여 법률이 아님은 물론 국내법과 동일한 효력이 있는 조약이나 이에 준하는 것으로 볼 수 없다"고 하여 법적 구속력을 인정하지 않고 있다.[3] 하지만 그 기본정신과 내용은 그 이후 남북한이 체결한 4개 경협합의서 등 법률적 효력을 갖는 남북합의서에 그대로 반영되고 있으며, 남북한의 실질적인 책임자들이 인정한 것으로 향후 평화통일정책을 수립하고 추진하는 기본원칙으로서 중요한 의미가 있다고 하겠다.

2000년 6월 15일 발표된 '6.15남북공동선언'과 2007년 10월 3일 발표된 '남북관계발전과 공동번영을 위한 남북정상 공동선언'은 남북한이 평양에서 정상회담을 개최하고 공동발표한 것으로 남북한이 상호 상대방의 체제를 인정하는 것을 바탕으로 한반도 통일문제를 당사자 사이의 대화를 통해 풀어나가기로 합의한 것이다. 특히, 6.15남북공동선언은 남북한이 최초로 정상회담을 통하여 통일방안에 있어서 공통성을 인정하고 확인하였다는 점에서 의미가 크다고 하겠다. 이들 남북합의서는 정치적 선언에 불과할 뿐 법률적 효력을 갖는 조약으로서 성격을 갖는다고 인정하기는 어려우나, 7.4남북공동성명과 남북기본합의서의 기본원칙과 정신을 이어받아 이를 재확인한 것으로서 실질적인 의미에서는 향후 남북한관계와 통일방안에 대한 기본원칙으로 기능할 수 있다는 점에 그 규범적인 의미를 부여할 수 있을 것이다.

(3) 법원의 판결과 헌법재판소의 결정

법원과 헌법재판소도 남북한관계의 규범적 의미를 직접적으로 확인하고 있는 것은 아니지만, 국가보안법 등 구체적인 사안의 적용에서 북

---

3 헌재 2000. 7. 20. 98헌바63, 대법원 1999. 7. 23. 98두14525 등.

한의 법적 지위에 대하여 규범적인 판단을 하고 있다. 법원의 판결과 헌법재판소의 결정은 헌법과 법률에 대한 최고의 유권적 선언이자 확인으로서 북한의 법적 지위에 관한 규범적 해석을 통하여 남북한특수관계를 추론할 수 있다는 의미에서 남북한특수관계론의 중요한 헌법적 근거가 된다고 하겠다.

대법원은 헌법 제3조의 영토조항의 법적 효력에 대하여 건국헌법에서뿐만 아니라 평화통일조항이 신설된 현행헌법에 이르기까지 이를 정치선언적인 규정이 아니라 헌법제정권력자의 의지가 규범화된 것으로서 파악하여 일관되게 그 법규성을 인정하고 있다. 또한, 헌법 제3조와 제4조의 관계도 서로 모순되는 것이 아니라 상호 조화로운 해석을 통하여 양립할 수 있는 것이라는 견해를 유지하고 있다. 한편, 통일은 자유민주적 기본질서, 국가의 안전, 국민의 생존과 자유라는 헌법의 기본가치를 전제로 하고 있으므로 이러한 이념의 바탕을 이루고 있는 헌법 제3조가 평화통일정책을 규정하고 있는 헌법 제4조의 정당성의 근거이자 한계를 의미하는 것으로 해석하고 있다. 이와 함께 북한에 대하여는 반국가단체 또는 불법단체의 지위와 함께 평화통일을 위한 동반자의 지위를 인정하여 그 이중적 지위를 명확히 확인하고 있다. 특히, 북한을 반국가단체 또는 불법단체로 보는 근거로 헌법 제3조만을 제시하는 것이 아니라 그 이외에도 '국가의 안전과 국민의 자유', '자유민주적 기본체제의 수호', '국가의 존립, 안전과 자유민주적 기본질서의 수호' 등 헌법이념 또는 가치를 함께 제시하고 있는 것이 특징이다.

헌법재판소는 헌법 제3조에 대하여 기본적으로 그 규범력을 인정하여 북한을 반국가단체 또는 불법단체로서 인정하고 있다. 이와 동시에 평화통일정책의 수립·추진을 위해서는 자유민주적 기본질서를 저해하지 아니하는 범위 안에서 북한을 대화와 협력의 일방 당사자로 인정할 수밖에 없다는 인식을 바탕으로 북한을 평화통일을 위한 대화와 협력의 당사자로 인정하는 근거로 헌법 제4조를 제시하고 있다. 이는 남북한관계의 독특한 이중적 지위를 법리적으로 반영한 것으로 북한의 법적 지위를 적극적으로 해석하여 정부의 통일정책을 법치주의적 영역으로 수용하고 이에 헌법적 정당성을 부여함으로써 한층 더 안정적으로 통일정책을 수행할 수 있는 법제도적 기반을 마련하였다는 점에서 큰 의의가 있다. 그러나 북한을 반국가단체 또는 불법단체로 인정하는 법적 근거로서는 국가의 안전과 국민의 자유보장, 자유민주적 기본질서의 유지라는 헌법적 가치를 위협하고 있는 객관적 실체라는 점을 제시하고 있을 뿐, 헌법 제3조의 영토조항을 직접적으로 제시하지 않고 있는 것이 특징이다.

요컨대, 대법원과 헌법재판소는 헌법 제3조와 제4조의 규범적 효력, 북한의 지위에 관하여 법리적 접근방식과 강조하는 부분을 다소 달리하고 있으나 기본적으로는 헌법 제3조의 규범력을 인정한다는 전제 하에 헌법 제4조와 규범조화적으로 해석하여 북한의 이중적 지위를 인정하고 있다. 다만, 대법원과 헌법재판소는 북한의 반국가단체성 또는 불법단체라는 지위를 인정하는 근거로서 공통적으로 "북한이 여전히 적화통일의 목표를 버리지 않고 자유민주주의체제를 전복할 것을 완전히 포기하였다는 명백한 징후를 보이지 않고 있는 엄연한 현실"을 제시하고 있다. 이는 남북한관계의 진전에 따라 북한이 적화통일의 목표를 버리고 자유민주주의체제를 전복할 것을 완전히 포기하였다는 것이 명백하게 된다면 더는 반국가단체 또는 불법단체가 아니라는 것을 의미한다. 특히, 헌법재판소는 북한의 반국가단체성의 근거로 헌법 제3조를 제시하지 않고 있어 헌법 제3조의 현실적인 규범력의 정도는 제4조와의 관계에서 상대적인 것으로 보고 있다. 즉, 헌법 제3조의 규범력은 확정적이고 고정적인 것이 아니라 남북한의 헌법가치의 근본적인 변화, 남북교류협력의 확대와 발전 양상, 국제사회 내 남북한 지위의 변화 등에 따라서 유동적이고 가변적인 것이 될 수 있다는 것을 인정하고 있는 것으로 평가할 수 있다.

4) 규범체계의 특징

남북한특수관계론은 남북한관계를 규율하는 법규범으로 남북한관계의 규범적 원칙과 기준을 제시하는 것이다. 이는 국민적 합의를 바탕으로 하는 헌법을 근거로 하여 그 해석을 통하여 도출되는 개념이므로 헌법적 규범의 성격을 갖는다. 따라서 남북한특수관계론은 우리의 통일정책을 수립하고 추진하는 정당성을 부여하며, 남북한관계에 관한 국가권력의 행사를 통제하는 기능을 한다. 또한, 남북한 주민들에게 인간의 존엄과 가치를 보장하고 국민으로서 갖는 자유와 기본권을 보장하는 근본규범으로 작용하며, 나아가 통일과 남북한관계에 관한 국내법령을 제정하고, 남북합의서를 체결하는 기준과 지침을 제공한다. 따라서 「남북교류협력에 관한 법률」과 남북기본합의서가 남북한특수관계를 규정하고 있다고 하더라도 남북한특수관계론이 위 규정들로부터 도출되는 것이 아니라, 반대로 위 규정들은 헌법규정의 해석을 통하여 도출되는 남북한특수관계론을 선언적으로 확인한 것으로 이해하여야 한다.

남북한특수관계는 한반도에서 역사적으로 형성, 발전된 하나의 민족이 당사자의 자율적인 의사에 따라서 평화적으로 재통일하겠다는 것을 그 이념적 기초로 하고 있다. 이는 국제법주체로서 '한민족 전체국가'의 존속을 전제로 하고 있으며 남한과 북한의 상위개념인 한민족 전체국가는 통일의 법적 근거를 이루게 된다. 따라서 통일방안과 정책의 수립은 물론 남북교류협력의 구체적인 내용·방식·절차에 대하여는 남북한이 합의하여 자율적으로 결정할 수 있을 것이며, 민족자결의 원칙은 국제사회에서 국제법원칙을 적용하는 경우에 남북한관계의 특수성을 반영할 수 있는 근거가 된다. 다만, 민족자결의 원칙은 당사자인 남한과 북한이 자유로운 의사에 따라 결정한 내용을 존중한다는 것이므로 남북한의 의사가 일치하지 않을 경우에는 국내법적 규범영역에서는 물론 국제법적 규범영역에서도 적용되지 않을 것이다.

남북한특수관계는 한민족 전체국가로서 재통합을 의미하는 통일을 달성하기 위하여 그 과정에서 상호 대등한 입장에서 양자의 관계를 법적으로 규정하고 통일을 달성할 때까지 잠정적으로 양자의 관계를 규율하는 법적 원리이다. 이러한 의미에서 남북한특수관계론은 남북한 상호주의와 대등성을 바탕으로 하며, 통일지향성과 통일달성을 위한 잠정성을 그 규범적 성격으로 갖는다. 또한, 남북한특수관계론은 헌법 제3조와 제4조의 관계에서 도출되는 북한의 지위를 바탕으로 하고 있으므로 북한의 이중적 지위와 남북한관계에 적용되는 규범영역에 따라서 그 법적 성격과 적용범위가 다르게 나타날 뿐만 아니라 남한과 북한의 교류협력을 통한 남북한관계와 국제사회의 변화 등에 따라서 유동적이고 가변적인 것이 될 수 있다. 이러한 의미에서 남북한특수관계론은 개방성, 동태적 발전성을 가진다고 하겠다.

2. 남북한관계를 규율하는 법률체계

1) 남북합의서

남북한은 1992년 남북기본합의서를 체결하였는데, 남북한관계를 '쌍방 사이의 관계가 나라와 나라 사이의 관계가 아닌 통일을 지향하는 과정에서 잠정적으로 형성되는 특수관계'라고 전제하였다. 남북기본합의서는 남북한이 서로 상대방에 대하여 국가적 실체를 인정하여 내부 문제에 대하여는 간섭하지 않고, 현재의 군사정전협정을 존중하여 상호 비방, 중상 등을 하지 않을 것을 규정하였다. 남북기본합의서의 법적 성격과 효력에 대하여 논란이 있었으나, 헌법재판소와 대법원은 그 법적 효력을 인정하지 않고 단지 '정치적 공동성명' 내지 '신사협정'에 불과하다고 하였다.[4] 남북기본합의서는 국내법과 동일한 효력이 있는 조약으로 인정되지 아니하여 법규범으로서는 한계를 가지나, 남북한의 분단 상황을 현실적으로 인정하는 바탕 위에 경제·사회·문화 분야의 교류 협력을 추진하는 기본원칙과 내용은 그 이후 남북한이 체결한 각종 합의서에 그대로 반영되고 있다고 하겠다.

남북교류협력에서 중요한 의미를 갖는 것은 법률적 효력이 있는 남북합의서이다. 여기에는 남북한이 각각 발효에 필요한 절차를 경료하여 문본을 교환함으로써 발효된 '남북간 투자보장·이중과세방지·청산결제·상사분쟁해결절차' 등 4개 경협합의서와 그 후속조치로 체결된 '개성·금강산지구 출입체류합의서' 등 9개 합의서가 있다. 4개 경협합의서는 2000년 12월 16일 제4차 남북장관급회담에서 정식 서명되었으며, 2003년 6월 30일 남북한간 합의문건으로서는 최초로 대한민국 국회에서 그 체결·비준동의안이 정식으로 통과되고, 같은 해 8월 20일 남북한간 발효통지문을 교환함으로써 발효되었다.

4개 경협합의서로서 '투자보장합의서'는 상대방 투자자의 자산을 보호하고 최혜국대우를 보장하도록 하고 있으며, 남북한 일방이 자의로 상대방의 투자자산을 국유화 또는 수용하거나 재산권을 제한하지 못하도록 하고 있다. '이중과세방지합의서'는 기업소득에 대하여 사업활동을 통해 얻은 이윤이 발생한 곳에서 세금을 부과하되, 관리장소 등의 고정사업장에 귀속되는 이윤에 대해서만 부과하고, 일방이 소득에 대하여 세금을 부과하면 상대방 지역에서는 세금을 부과하지 않는 것을 원칙으로 하고 있다. '청산결제합의서'는 남북교역의 과정에서 발생하는 환전과 송금에 있어서 제3국 은행을 거치지 않고 지정된 청산결제 은행을 통해 거래상품 대금과 임금 등 용역거래대금을 직접적으로 결제하도록 하였다. 또한, '상사분쟁해결절차합의서'는 남북한의 상사분쟁에 대하여 중재위원회를 구성하여 중재의 방법을 통해 해결하는 것을 원

---

4 헌재 2000. 7. 20. 98헌바63; 대법원 1999. 7. 23. 98두14525.

칙으로 하고, 그 후속조치로 상사중재위원회 구성운영합의서를 체결하여 중재위원회의 구성과 중재규칙 등을 자세하게 규정하였다.

4개 경협합의서 이외에 '개성·금강산지구 출입·체류합의서' 등 9개의 남북합의서도 국회의 동의절차를 거치고, 남북한의 문건을 교환함으로써 발효되었다. 이러한 남북합의서들은 국회의 동의절차를 이행하였을 뿐만 아니라 헌법, 정부조직법, 「법령 등 공포에 관한 법률」 등이 정하는 절차에 따라서 공포되었고, 관보에 게재됨으로써 조약으로서 효력을 가진다고 할 수 있다. 특히, 개성공업지구의 운영에 대하여는 '개성·금강산지구 출입·체류합의서', '개성공업지구 통신합의서', '개성공업지구 통관합의서', '개성공업지구 검역합의서'를 통하여 규율하고 있다. 남북합의서는 개성공업지구를 포함하여 경제 분야에서 활발하게 체결되었는데, 이는 북한이 세계무역기구(WTO), 국제투자보증기구(MIGA), 국제분쟁해결센터(ICSID) 등 국제기구나 협정에 가입하지 않고 있는 상황에서 이들 남북합의서를 통하여 투자자산의 보호, 이중과세의 금지, 청산결제의 절차, 분쟁해결 등을 규범적으로 보장하기 위한 것이라고 평가할 수 있다. 한편, 2000년 6월 15일 최초로 남북한 정상회담의 결과로 6.15남북공동선언이 발표되어 남북교류협력의 확대와 각종 남북합의서의 체결을 촉진하였으며, 2007년 10월 4일 남북한은 제2차 정상회담을 개최하고 '남북관계발전과 공동번영을 위한 남북정상 공동선언'을 통하여 6.15남북공동선언의 정신을 재확인하였다.

남북기본합의서와 남북정상회담에 따른 공동선언은 남북한관계의 발전에 정치적으로 매우 중요한 의미가 있을 것이나, 규범적으로는 법적 구속력을 갖는 조약의 성격을 인정하기 어려워 일정한 한계를 가진다. 4개 경협합의서 등도 이에 대해서 국회의 비준동의를 받는 등 법률적 효력을 부여하기 위하여 노력하고 있으나, 남북한은 그 합의내용을 실천하고 이행하는 후속합의서나 입법조치 등을 하지 않아 남북합의서는 추상적인 원칙을 제시하는 데 그치고 있다. 법률적 효력을 갖는 남북합의서의 경우에도 남북공동위원회 구성, 남북상사중재위원회 구성과 중재규칙의 제정 등 후속조치를 이행하지 않고 있어 실질적으로 법규범으로 기능하지 못하고 있다. 남북합의서에 대하여 실효적인 규범력을 부여하기 위해서는 남북합의서의 내용을 제대로 실천하는 것이 중요한데, 이를 위해서는 국제사회에서 남북한관계를 규율하는 것도 필요할 것이다. 그러나 북한이 국제사회에 통용되는 다자조약에 가입하지 않는 등 국제기구나 국제사회의 일원으로 참석하는 것에 소극적이어서 국제법원칙을 적용하는 데 어려움이 있다. 남한은 특정국가와 자유무역협정(FTA)을 체결하면서 개성공단에 대한 특수성을 반영하는 등 노력하고 있으나, 현재까지 전략물자통제나 원산지 표시 등 국제법적 측면의 법제도적 장애를 해결하지 못하고 있다.

2) 남한 법률

남북한관계를 규율하는 남한법률로는 「남북관계발전에 관한 법률」, 「남북교류협력에 관한 법률」과 그 시행법령, 남북협력기금법과 그 시행법령, 형법과 국가보안법, 「북한이탈주민의 보호 및 정착지원에 관한 법률」(이하 '북한이탈주민보호법'이라 한다), 「남북 이산가족 생사확인 및 교류촉진에 관한 법률」 등을 들 수 있다. 남북한특수관계론에 따라 북한이 불법단체 또는 반국가단체로 활동하는 규범영역에서는 형법과 국가보안법이 적용될 것이고, 평화통일을 위한 대화와 협력의 상대방으로 활동하는 규범영역에서는 「남북교류협력에 관한 법률」 등이 적용될 것이다. 여기에서는 남북교류협력을 직접적으로 규율하는 법률을 중심으로 그 내용을 간략하게 설명한다.

2005년 12월 29일 제정된 「남북관계발전에 관한 법률」은 남북한관계의 발전에 관하여 필요한 사항을 규정하고 있다. 「남북관계발전에 관한 법률」은 제3조 제1항에서 "남한과 북한의 관계는 국가 간의 관계가 아닌 통일을 지향하는 과정에서 잠정적으로 형성되는 특수관계이다"고 규정하고, 제2항에서 "남한과 북한 간의 거래는 국가 간의 거래가 아닌 민족 내부의 거래로 본다"고 규정하여 남북한관계의 특수성을 명문으로 인정하고 있다. 이 법률은 평화통일을 구현하기 위하여 남북한관계의 발전은 자주·평화·민주의 원칙에 입각하여 남북한 공동번영과 한반도의 평화통일을 추구하는 방향으로 국민적 합의를 바탕으로 투명과 신뢰의 원칙에 따라 추진되어야 하며, 정치적·파당적 목적을 위한 방편으로 이용되어서는 안 된다는 것을 기본원칙으로 하고 있다.

이 법률은 남북한관계의 발전을 위한 정부의 책무를 규정하고 있는데, 한반도의 평화증진, 남북경제공동체의 구현, 민족동일성의 회복, 인도적 문제의 해결, 북한에 대한 지원과 국제사회에서의 협력증진을 제시하고 있다. 특히, 정부는 남북관계발전위원회를 구성하여 5년마다 남북관계발전에 관한 기본계획을 수립하고, 통일부장관은 연도별 시행계획을 수립하며, 이를 국회에 보고하도록 규정하고 있다. 이 법률은 그동안 남북회담대표의 임명과 활동에 있어서 법적 근거가 불명확하다는 문제점을 시정하기 위하여 남북회담대표의 임명절차에 대하여 구체적으로 법적 근거를 마련하였으며, 그 활동범위와 지휘 및 감독에 대하여도 자세하게 규정하고 있다. 특히, 공무원을 일정한 기간 동안 북한에 파견하여 근무하도록 할 수 있는 법적 근거규정을 마련함으로써 남북한관계의 투명성을 제고하였다. 또한, 남북합의서의 체결, 비준과 공포에 대한 절차를 자세하게 규정하여 법적 효력을 부여할 수 있는 근거를 마련하였으며, 남북합의서의 내용에 따라서 국회의 동의 등 필요한 절차를 달리 규정하였다. 특히, 남북합의서의 효력범위에 대하여도 남북한 사이에 효력을 미친다는 것을 명확하게 하고, 남북한관계의 중대한 변화 등이 발생한 경우에는 남북합의서의 효력의 전부 또는 일부를 정지시킬 수 있는 근거도 마련하였다.

1990년 7월 14일 제정된 「남북교류협력에 관한 법률」은 남북한의 상호교류와 협력을 촉진하고, 한반도의 평화와 통일에 기여함을 목적으로 하고 있다. 이 법률은 제3조에서 "남북교류와 협력을 목적으로 하는 행위에 관하여는 이 법률의 목적 범위 안에서 다른 법률에 우선하여 이 법을 적용한다"고 규정하고 있어 남북교류협력에 관한 기본법으로 기능했다. 이 법률의 제정은 그동안 정치적 통치행위로 다룬 남북한관계를 법치주의적 틀로 끌어들여 규율함으로써 북한을 교류협력의 상대방으로 인정하고 남북교류협력에 대한 개인의 권리를 보장하였다는 점에서 의미가 크다. 이 법률이 제정된 이후 남북한관계는 크게 변화하였으며, 이에 대응하여 교류협력사업을 법제도적으로 지원하기 위하여 13차에 걸쳐 개정되었다. 특히, 2000년 남북정상회담 이후 남북교류협력이 크게 증가하고 그 내용도 다양하게 확대됨에 따라 행정절차를 간소화하고 지원사업을 확대하기 위하여 2005년과 2009년 두 차례에 걸쳐 대폭 개정되었다.

「남북교류협력에 관한 법률」은 남북교류협력 추진협의회와 실무위원회를 설치하여 남북교류협력에 대한 정책이나 기본원칙을 수립하고 교류협력사업을 총괄적으로 조정하도록 함으로써 남북교류협력을 안정적으로 지원하도록 하는 제도적 장치를 마련하였다. 이 법률은 남북한 주민의 왕래와 접촉 등 인적 교류에 대하여 남북한의 방문에 대하여는 통일부장관의 승인을 받도록 하고, 남북한 주민의 접촉에 대하여는 원칙적으로 사전신고를 하도록 규정하여 엄격하게 통제하고 있다. 또한, 물품의 반출·반입 등 물적 교류에 대하여도 남북한의 거래를 국가 사이의 거래가 아닌 민족 내부의 거래로 보면서도 그 물품 등의 품목, 거래형태와 대금결제 방법 등에 대하여 통일부장관의 승인을 받도록 하고, 필요한 경우에는 교역에 관한 조정명령을 할 수 있도록 규정하고 있다. 한편, 남북교류협력사업에 대하여도 이를 경제협력사업과 사회문화협력사업으로 구분하여 일정한 요건을 갖춘 자에게 통일부장관의 승인을 받도록 하고, 소액투자 등의 경우에는 통일부장관에게 신고할 수 있도록 규정하고 있다.

한편, 「남북교류협력에 관한 법률」에 따른 남북교류협력을 증진시키기 위하여 1990년 8월 1일 남북협력기금법을 제정하였는데, 이는 남북협력기금의 설치, 운영, 관리에 관한 사항을 규정하고 있다. 이 법은 남북한 사이에 이루어지는 교역 및 경제 분야의 협력사업을 촉진하기 위하여 소요되는 자금을 법인·단체를 포함한 남한주민에게 지원 또는 융자를 할 수 있도록 규정하고 있다. 이 외에도 남북협력기금의 운영관리규정 등 하위법령들이 남북한의 인적·물적 교류, 교역과 수송, 인도적 대북 지원사업 등을 규율하고 있다. 「남북교류협력에 관한 법률」은 그동안 남북한관계의 변화를 반영하여 수차례의 개정을 통하여 많은 부분이 개선되었으나, 남북교류협력을 지원하는 것이 아니라 통제하고 규율하는 것을 기본으로 하고 있어 평화통일의 기본원칙으로 채택하기에는 본질적인 한계가 있다고 하겠다.

2007년 5월 25일 제정되어 4차례에 걸쳐 개정된 「개성공업지구지원에 관한 법률」은 개성공단사업을 활성화시키기 위하여 정부 차원에서 필요한 각종 행정적·재정적 지원을 가능하게 하고, 개성공업지구에 투자하는 현지기업과 남한주민이 실체법적·절차법적으로 특별한 지원과 보호를 받을 수 있도록 규정하고 있다. 즉, 개성공업지구의 개발과 투자를 지원하기 위하여 도로, 용수, 철도 등 기반시설의 공급, 산업안전보건, 환경보전 등에서 남한에서 적용되는 「산업입지 및 개발에 관한 법률」, 산업안전보건공단법 등을 동일하게 적용할 수 있도록 하고 있다. 또한, 개성공업지구 현지기업과 그에 고용된 남한주민에 대하여도 국민연금법 등 사회보험, 의료시설의 이용과 근로조건에 관한 법률을 동일하게 적용하도록 하고 있다. 특히, 개성공업지구에 투자하는 기업에 대하여는 남북협력기금이나 「중소기업진흥에 관한 법률」에서 규정하는 중소기업 창업 및 진흥기금을 사용할 수 있도록 하고, 조세감면과 출입체류절차의 특례를 인정하고 있다.

이 법률은 남한 법률임에도 북한지역인 개성공업지구에 적용하는 것을 직접적으로 규정하고 있고, 북한 법률에 의하여 설립된 개성공업지구 관리기관에 대하여 국가행정권한의 위임과 자금·인력의 지원 등을 통하여 부분적·간접적으로 북한주민(북한법률에 의하여 설립된 개성공업지구 현지법인)에 대하여도 적용하는 것을 내용으로 규정하고 있다. 이 법률은 입법목적, 지역적·인적 적용대상을 개성공업지구 및 그와 직접 관련된 범위로 제한하고 있는 것이 특징이다. 「개성공업지구지원에 관한 법률」은 개성공업지구에 진출한 남한주민과 기업에 대한 법적 지원의 근거를 마련하고 있다. 그러나 그 내용이 포괄적이지 못하고 그때그때 현안으로 제기된 사안을 중심으로 제한적이고 열거적으로 규정되어 통일적이고 체계적인 법제도적 장치로서는 한계가 있다고 하겠다.

3) 북한 법률

남북한관계를 규율하는 북한 법률로는 북남경제협력법, 개성공업지구법령, 금강산관광지구법령, 사회주의형법 등을 들 수 있다. 북한은 남한의 국가보안법에 대응하는 특별법을 두지 않고 국가안보범죄에 대하여는 사회주의형법을 통하여 규율하고 있는데, 제3장 반국가 및 반민족범죄에서 국가전복음모죄, 반국가선전·선동죄, 조국반역죄, 간첩죄, 민족반역죄 등에 대하여 자세하게 규정하고 있다. 여기에서는 북한이 남한과 교류협력하기 위해 제정한 법률을 중심으로 그 내용을 간략히 설명한다.

북한은 2005년 7월 6일 최고인민회의 상임위원회 정령 제1182호로 '조선민주주의인민공화국 북남경제협력법'을 제정하였는데, 남북한 경제협력에서 제도와 질서를 엄격히 세워 민족경제를 발전시키는 것을 목적으로 하고 있다. 이 법률은 총 27개 조항으로 구성되어 있는데, 전민족의 이익, 민족경제의 균형적 발전, 호상존중과 신뢰, 유무상통을 기본원칙으로 채택하고 있다. 이 법률은 중앙민족경제협력기관을 설치하여 남북한의 경제협력사업을 통일적으로 지도하도록 하고, 남북한 사이의 합의와 해당 법규에 따라 직접거래의 방법으로 협력사업을 진행하며, 사회의 안전 등 일정한 영역에서는 경제협력을 금지하고 있다. 이 법률은 협력사업의 승인, 남북한 주민의 출입·체류·거주 등 인적 교류, 물자의 반출입과 재산권 보호 등 물적 교류, 노력채용 방법, 세금과 결제방식 등 남북한 사이에 진행되는 경제협력 분야의 전반을 규율하고 있다. 즉, 이는 남한의 「남북교류협력에 관한 법률」에 대응하는 것으로 남북한 경제협력을 총괄하여 규율하는 기본법으로 평가할 수 있다.

북남경제협력법은 북남경제협력에 있어서 그 장소적 효력범위에 대하여 북한지역은 물론 남한지역과 제3국도 포함하며, 인적 효력범위에 대해서도 북한의 기관 등은 물론 남한의 법인과 개인에게도 적용된다고 규정하고 있다. 또한, 북남경제협력에 관한 분쟁해결수단으로 협의의 방법을 원칙으로 하되, 협의의 방법으로 해결할 수 없을 경우에는 남북상사분쟁해결을 위하여 설치되는 남북상사중재위원회를 이용할 수 있는 근거를 마련하고 있다. 북한은 이 법률을 통하여 사회문화협력의 분야를 총괄하여 규율하지 않고 경제협력의 분야만 규율하고 있을 뿐이지만 남북한 경제협력을 위하여 기본법을 제정한 것은 법치주의에 따라 남북한관계를 규율하려는 움직임으로 중요한 의미가 있으며, 향후 남북한관계의 법제화와 활성화에 기여할 수 있는 계기가 될 수 있다고 평가된다. 그러나 북남경제협력법은 현실적으로 그 시행 여부가 불분명하여 규범력에 있어서 실효성이 의문시되고, 그 내용에 있어서도 개성공업지구법령 등 다른 법률과의 관계가 불명확하며, 남북한의 경제협력을 지원하는 구체적인 절차규정이 미비하다는 것이 문제점으로 지적될 수 있다.

북한은 2002년 11월 13일 최고인민회의 상임위원회 정령으로 '조선민주주의인민공화국 개성공업지구를 내옴에 대하여'를 제정하고, 같은 달 20일 '조선민주주의인민공화국 개성공업지구법'을 제정하였다. 이 법률은 경제활동에 관한 영역에 대하여는 북한법률의 적용을 배제하고 있는데, 제9조에서는 "공업지구에서 경제활동은 이 법과 그 시행을 위한 규정에 따라 한다. 법규로 정하지 않은 사항은 중앙공업지구지도기관과 공업지구관리기관이 협의하여 처리한다"고 규정하고 있다. 여기에서 '개성공업지구에서의 경제활동'의 범위에 관하여 해석상 논란이 있을 수 있으나 이 영역에 대하여는 북한의 일반적 법률적용을 배제하고 있어 개성공업지구법과 그 시행을 위한 하위규정, 그리고 중앙지도기관이 제정한 시행세칙이 적용될 것이다. 개성공단에서의 경제활동을 규율하기 위하여 제정된 하위규정은 2003년 4월부터 2012년 2월 현재까지 모두 16개이다. 개성공업지구법은 제9조에서 '경제활동'에 대하여만 북한법률의 적용을 배제하고 개성공업지구법령의 적용을 인정하고 있는데, 그 적용범위에 대하여는 아직 명확한 기준이 없는 상태이다. 다만, 개성공업지구법 하위규정은 '기업창설·운영규정' 등 경제활동과 직접 관련된 내용뿐만 아니라 '노동규정', '관리기관설립·운영규정', '환경보호규정' 등 경제활동과 간접적으로만 관련된 내용도 폭넓게 포함하고 있다. 또한, 개성공업지구 관리위원회는 개성공업지구법 제25조에 따라서 총 50개의 사업준칙을 제정하여 시행하고 있는데, 개성공업지구법에 따른 하위규정이 미비된 상태에서 그에 관한 하위법령인 중앙공업지구지도기관의 시행세칙이 제정되지 않고 있자 관리위원회가 그 입법공백을 메우기 위하여 위 사업준칙을 제정하여 시행하고 있는 것이다.

북한은 2002년 11월 13일 최고인민회의 상임위원회 정령으로 '조선민주주의인민공화국 금강산관광지구법'을 제정하였으며, 개성공업지구법과 마찬가지로 제4조에서 "관광지구에서 관광과 관광업 그 밖의 경제활동은 이 법과 그 수행을 위한 규정에 따라야 한다. 법규로 정하지 않은 사항은 중앙관광지구 지도기관과 관광지구 관리기관이 협의하여 처리한다"고 규정하고 있다. 이에 따라 중앙관광지구 지도기관과 관광지구 관리기관을 설치하고, 그 하위규정과 시행세칙을 제정할 수 있도록 규정하였다. 북한은 2003년 5월부터 2008년 7월 금강산관광사업이 중단될 때까지 '개발규정', '기업창설·운영규정' 등 총 9개의 하위규정을 마련하고 있으나, 시행세칙이나 사업준칙은 제정하지 않은 상태이다.[5] 한편, 북한은 2002년 9월 12일 '조선민주주의인민공화국 신의주특별행정구기본법'을 제정하여 신의주에 특별행정구역을 설치하고 입법권, 행정권, 사법권을 인정하는 등 광범위한 자치권을 부여하고자 하였으나, 특별행정구 초대 장관으로 임명된 양빈이 중국에서 탈세 등 혐의로 체포되면서 특구개발은 중단되고 말았다.

개성공업지구법과 금강산관광지구법은 현실적으로 규범력을 가지고 적용되고 있으며, 하위규정 등 관련법령이 대부분 남한과 사전협의를 통해 제정되고 있다. 그러나 위 법령들은 내용이 개괄적이고 불명확할 뿐만 아니라 규율하는 규범영역도 매우 제한되어 있어서 양적으로나 질적으로나 남북교류협력을 규율하는 법규범으로서 기능하는 데에는 한계가 있다. 특히, 금강산관광지구에는 법령의 규정에도 불구하고 관리기관이 설치되지 않았으며, 금강산관광사업도 하위규정의 제정 등 입법조치가 매우 미비한 상태에서 운영되고 있다가 2008년 7월 금강산관광객 총격사건 이후 금강산관광사업이 중단된 상태다. 이들 법령은 내용과 체계의 정합성이 떨어지고, 그 규정내용을 효율적으로 강제하거나 규정내용을 위반하였을 경우에 제재할 수 있는 수단이 없다는 것도 문제점으로 지적되고 있다.

5 북한은 2008년 7일 금강산관광사업이 중단된 이후 2011년 4월 8일 현대아산의 독점권을 취소한다고 발표하였고, 2011년 5월 31일 '금강산국제관광특구법'을 채택한다고 발표하였다.

3. 남북한관계에 대한 판례 분석의 필요성

1) 남북한관계의 변화

해방 이후 한반도가 남북한으로 분단되고 6.25전쟁을 거치면서 남한과 북한은 상이한 이념과 체제를 채택하여 상대방을 규범적으로 인정하지 않았다. 이에 따라 남북한은 상대방을 국가나 법적 주체로 인정하지 않고 다만 불법단체로 파악하였을 뿐이었다. 즉, 남한의 입장에서 북한과 북한주민은 형법과 국가보안법을 적용하는 대상에 불과하여 법적 분쟁의 당사자가 될 여지가 없었던 것이다. 따라서 우리 사법부는 오랫동안 남북한관계에서 법적 쟁점이 관련된 구체적인 사건이 발생한 경우에 대한민국의 헌법적 가치질서를 기준으로 형법이나 국가보안법을 적용하여 형사처벌하였다. 그 이외에 남북한 사이에 발생한 다양한 문제는 그것이 법적 쟁점을 포함하고 있음에도 불구하고 사법적 판단이 아닌 고도의 정치적 결단과 타협에 따라서 해결해왔다.

이는 남북한이 분단되어 상이한 법이념과 법률체계를 채택하여 상대방을 규범적으로 인정하지 않는다는 현실과 냉전 이데올로기에 바탕을 둔 국제정세를 고려할 때 이러한 문제들을 사법적 판단을 통하여 규율한다는 것이 현실적으로 한계가 있었다는 점에 기인한 것으로 판단된다. 그러나 이러한 현실은 자유민주주의와 법치주의에 바탕을 둔 평화통일의 원칙을 심각하게 위협하는 요인이 될 수 있다. 즉, 남북한관계에서 발생하는 다양한 문제를 법치주의의 틀 안에서 해결하지 않고 그때그때의 정치 상황에 따라서 통치행위의 차원에서 해결함에 따라 남북한관계에 법적 안정성과 예측가능성이 없게 되고, 남북한관계가 정치적으로 이용될 위험성이 있다는 것이다. 이는 우리 헌법이 규정하는 자유민주적 기본질서에 바탕을 둔 평화통일의 원칙이 형해화되고 그 실질적 규범력이 상실되는 결과를 초래할 수 있다.

1990년대 이후 국제적으로 냉전체제가 종결됨에 따라 남북한은 남북기본합의서를 체결하고 다양한 분야에서 남북교류협력을 추진하였다. 2000년 이후에는 남북한이 남북정상회담과 6.15남북공동선언을 채택함에 따라 남북한교류협력은 급격하게 발전하여 양적으로나 질적으로 새로운 양상을 맞이하게 되었다. 또한, 남북이산가족의 상봉을 통하여 이산가족의 생사가 확인되고 북한이탈주민이 대폭 늘어나면서 남북한주민 사이에서도 가족과 상속관계와 관련하여 다양한 법적 문제가 발생하게 되었다. 특히, 개성공단사업과 금강산관광사업이 적극적으로 추진되어 남한주민이 북한지역을 왕래하고 북한지역에 체류하게 되었으며, 남북 사이의 경제협력이 확대되고 북한에 대한 인도적 지원사업도 활발하게 진행되어 남북한 사이에 물적 교류도 확대되었다. 이에 따라 남북한 사이에는 다양한 법적 분쟁이 발생하는 사례가 증대하게 되었다. 그러나 2008년 발생한 금강산관광객 총격사건과 2010년 발생한 천안함 폭격과 연평도 포격사건으로 정치군사적 긴장이 고조되어 개성공단사업을 제외하고는 남북한의 교류협력사업이 대부분 중단된 상태다. 하지만 평화통일을 달성하기 위해서는 남북한관계의 정상화와 교류협력이 반드시 필요하며 이는 자유민주적 기본질서와 법치주의에 따라 추진되어야 할 것이므로 남북한관계의 개선을 대비하여 평화통일을 준비하는 것이 요구된다고 하겠다.

2) 사법적 판단의 분석 필요성

남북한관계의 변화는 남북한관계를 규율하는 규범체계에도 반영되었다. 즉, 남한은 1987년 개정헌법에서 제4조의 평화통일조항을 신설하여 남북한관계에 대한 새로운 규범적 기준을 제시하였으며, 1990년 이후 「남북교류협력에 관한 법률」을 비롯하여 남북한관계를 규율하는 다양한 법률을 제정하였다. 북한도 2002년 개성공업지구법과 금강산관광지구법을 제정하고 2005년 북남경제협력법을 제정하였다. 이와 함께 남북한은 1992년 남북기본합의서를 체결하고 국제연합(UN)에 함께 회원으로 가입하였으며, 2000년 이후 4개 경협합의서를 비롯하여 다양한 남북합의서를 체결하여 남북한관계를 규율하는 규범체계를 정비해왔다. 이와 같이 남북한관계가 발전됨에 따라 남북한 사이에 법적 분쟁이 발생할 여지가 많아지게 되었고, 이러한 법적 문제를 해결하는 법률체계도 많이 정비되어 구체적 사건을 사법적으로 판단할 수 있게 되었다. 또한, 현행헌법에 의하여 새로 설치된 헌법재판소는 위헌법률심판과 헌법소원 등 헌법재판을 통하여 남북한관계와 남북교류협력에 대하여도 다양한 판례를 내고 있다. 이처럼 남북교류협력이 확대되고 그에 따라 사법적 판단이 증가하고 있음에도 불구하고 북한이 불법단체로 활동하는 규범영역에 있어서 국가보안법을 적용하는 판례도 계속 나오고 있다.

남북한관계에 대한 사법적 판단을 분석하고 평가하는 것은 자유민주적 기본질서와 법치주의에 따른 평화통일을 달성하기 위하여 매우 중요한 의미가 있다.

첫째, 남북한관계에 대한 사법적 판단은 남북한관계의 현실을 정확하게 인식할 수 있는 지표를 제시한다. 헌법규범과 모순된 헌법현실에서 북한과 북한주민의 법적 지위를 남북한특수관계론이라는 헌법적 규범을 기준으로 파악함으로써 국가 안전보장의 필요성과 남북교류협력의 현실을 규범조화적으로 이해할 수 있는 것이다. 헌법재판소와 대법원은 북한의 이중적 지위를 인정하고, 북한주민을 대한민국 국민으로 인정함으로써 남북한관계의 현실을 규범적으로 이해할 수 있는 지표를 제공하고 있다.

둘째, 법치주의의 기초 위에서 남북한관계를 안정적으로 발전시켜 나가는 규범적 기준을 도출할 수 있다. 법치주의는 헌법적 가치를 내용으로 하는 법률의 제정과 그 법률에 의한 국가작용을 의미하지만, 사법적 판단을 통하여 그 규범적 의미가 구체적으로 확인된다. 남북한관계는 정부와 국회를 비롯한 국가기관의 정치적 결단과 통일정책이 개별적인 사안에서 집행되는 과정을 통하여 구체화되는데, 사법적 판단은 이러한 구체적인 사건에서 헌법과 관련 법률을 적용하여 법적 분쟁을 해결하는 과정에서 관련 법률의 규범력을 확인하고 실현하게 된다. 이와 같이 남북한관계에 대한 사법적 판단은 평화통일에 대한 정책을 입안하고 집행하는 국가권력으로 하여금 헌법적 가치질서를 준수하도록 통제하고, 남북한관계에서 법적 안정성과 예측가능성을 확보할 수 있도록 한다.

셋째, 남북한교류협력을 법제도적으로 지원하고 평화통일을 달성하는 기준과 지침을 제공한다. 남북한관계는 앞에서 검토한 바와 같이 헌법규범과 헌법현실의 불일치, 북한의 이중적 지위, 국내법과 국제법의 충돌과 같은 특징이 있으므로 현실적으로 발생하는 개별적 사안에서 헌법적 원리인 남북한특수관계론의 구체적인 내용을 도출하기가 어렵다. 남북한관계에 관한 사법적 판단을 분석함으로써 남북한특수관계론을 더욱 구체화하고, 이를 통하여 남북한관계에 관한 사안에서 국가권력과 개인이 결정하고 행동하는 규칙을 발견할 수 있을 것이다. 이러한 규범적 기준은 남북교류협력을 촉진하고 평화통일을 달성하는 데 기여할 것으로 기대되며, 남북한관계를 규율하는 중요한 선례가 되어 평화통일의 과정과 그 이후에 필요한 법률통합의 기초가 될 것이다.

1990년 이후 남북한관계를 규율하는 규범체계가 정비되고 있으나 남한과 북한이 각각 제정하여 시행하는 관련 법률들은 모두 남북한 자신의 입장과 관점에서 남북한관계를 규율하고 있으며, 그 범위와 내용도 제한되어 있다. 또한, 남북한의 법이념과 체계가 상이하여 남북한 사이의 법률 충돌과 모순을 해결하는 규범적 기준도 제시하지 못하고 있는 실정이다. 개성공단사업과 금강산관광사업의 경우에도 다양한 법적 분쟁을 해결할 수 있는 법률체계가 부족하고, 관련 법령의 체계도 정합하지 못한 상태라고 할 수 있다. 그러나 남북한관계에 관한 다양한 법률적 문제가 계속 발생하고 있고, 법원의 판결과 헌법재판소의 결정도 남북교류협력에 대한 규범적 기준을 제시하고 있으며 국가보안법 관련 사건에서도 변화된 모습을 보이고 있다. 남북한관계에 대하여 현재까지 축적된 사법부의 판례는 남북한관계에서 발생한 모든 유형의 사안을 다루고 있는 것은 아니다. 그러나 사법부의 판단을 통하여 남북한관계의 과거와 현재의 규범적 위치를 가늠할 수 있으며, 미래에 발생할 것으로 예상되는 다양한 법적 분쟁을 해결하는 기준을 도출할 수 있을 것이다. 이와 같이 법치주의에 기초하여 형성한 사법부의 판례는 남북한 평화통일의 방식과 내용을 결정하는 중요한 이정표로 기능할 수 있을 것이다.

제2장

헌법규범에 관한 판례

1. 북한의 법적 지위

1) 대표판례

(1) 대법원 2008. 4. 17. 2003도758 【국가보안법위반】

① 판례요지

1. 사건의 개요

① 1988년에 남한 재야인사 1,000여 명이 '한반도의 평화와 통일을 위한 세계대회 및 범민족대회'를 개최하자고 제안하고 북한 조국평화통일위원회가 받아들여, 곧이어 유럽·북미·일본 등 지역 범민족대회 추진본부가 결성되었다. 이어 1990. 8. 15.에는 제1차 범민족대회가 개최되었고, 1990. 11. 20.에는 조국통일범민족연합(이하 '범민련'이라 한다)이 결성되었으며, 1991. 1. 23.에 있었던 범민련 남측본부 결성준비위원회 결성을 거쳐 1995. 2. 25.에는 범민련 남측본부가 결성되었다.

② 피고인이 범민련 남측본부에 가입할 당시 범민련 남측본부가 채택하고 있었던 범민련의 강령에는 북한 정권과 조선로동당이 적화 통일과 전 한반도의 사회주의 혁명을 위한 방편으로 일관되게 주장하는

외국군 철수, 핵무기 철거, 군비 상호감축 등이 포함되어 있었다.

③ 2001. 9.에 있었던 강령·규약의 개정 전뿐 아니라 개정 후에도 범민련 남측본부는 연방제 통일, 조국통일 3대 헌장 지지, 미국반대, 한미군사동맹 분쇄 등 북한이 대외적으로 선전하는 것과 같은 주장을 계속하고 있으며, 심지어 2000년 들어 북한이 핵무기 보유 움직임을 보이고 급기야 핵무기 보유 선언을 하기에 이르러서는 범민련 남측본부의 주장에서 한반도 비핵화 주장이 사라지는 등 북한과 그 주장의 방향을 일관하여 같이 해오고 있다.

④ 피고인이 속한 범민련 남측본부는 10차례에 걸쳐 범민족대회를 개최하면서 집단적 폭력 등을 이유로 범민족대회 해산을 요구하는 정부에 맞서 물리적 충돌을 빚어왔다.

⑤ 이들은 북한 조선로동당의 노선에 따라 활동하고 있는 범민련 북측본부 및 해외본부와 상시 연락체계를 유지하면서 공동의장단회의 등을 통해 자신들의 사업 활동 방향을 결정해왔다.

2. 판결요지

[1] 북한의 반국가단체성과 국가보안법의 규범력의 상실 여부(소극)

1991. 9. 17. 대한민국과 북한이 UN에 동시 가입하였고, 같은 해 12. 13. 이른바 남북고위급회담에서 남북기본합의서가 채택되었으며, 2000. 6. 15. 남북정상회담이 개최되고 남북공동선언문이 발표된 이후 남북이산가족 상봉행사를 비롯하여 남북한 사이에 정치·경제·사회·문화·학술·스포츠 등 각계 각층에서 활발한 교류와 협력이 이루어져왔음은 상고이유에서 지적하는 바와 같고, 이러한 일련의 남북관계의 발전은 우리 헌법 전문과 헌법 제4조, 제66조 제3항, 제92조 등에 나타난 평화통일정책의 국가목표 수립과 그 수행이라는 범위 안에서 헌법적 근거를 가진다.

그러나 북한이 조선민주주의인민공화국이라는 이름으로 UN에 가입하였다는 사실만으로는 UN이라는 국제기구에 가입한 다른 가맹국에 대해서 당연히 상호간에 국가승인이 있었다고 볼 수는 없다는 것이 국제정치상 관례이자 국제법상 통설적인 견해이다. 그리고 기존의 남북합의서, 남북정상회담, 남북공동선언문 등과 현재 진행되고 있는 남북회담과 경제협력 등의 현상들만으로 북한을 국제법과 국내법적으로 독립한 국가로 취급할 수 없다. 남북한 사이의 법률관계는 우리의 헌법과 법률에 따라 판단해야 하며, 북한을 정치·경제·법률·군사·문화 등 모든 영역에서 우리와 대등한 별개의 독립된 국가로 볼 수 없다. 남북한의 관계는 일정한 범위 안에서 "국가 간의 관계가 아닌 통일을 지향하는 과정에서 잠정적으로 형성되는 특수 관계"(남북관계 발전에 관한 법률 제3조 제1항 참조)로서, 남북한은 자주·평화·민주의 원칙에 입각하여 남북공동번영과 한반도의 평화통일을 추구하는 방향으로(같은 법 제2조 제1항 참조) 발전하여 나아가도록 상호 노력하여야 하고, 우리나라의 법률도 그러한 정신과 취지에 맞게 해석·적용하지 않으면 안 된다.

무릇 우리 헌법이 전문과 제4조, 제5조에서 천명한 국제평화주의와 평화통일의 원칙은 자유민주주의적 기본질서라는 우리 헌법의 대전제를 해치지 않는 것을 전제로 하는 것이다. 그런데 북한은 현 시점에서도 우리 헌법의 기본원리와 서로 조화될 수 없으며 적대적이기도 한 그들의 사회주의 헌법과 그 헌법까지도 영도하는 조선로동당규약을 통하여 북한의 최종 목적이 주체사상화와 공산주의 사회를 건설하는 데에 있다는 것과 이러한 적화통일의 목표를 위하여 이른바 남한의 사회민주화와 반외세 투쟁을 적극 지원하는 정책을 명문으로 선언하고 그에 따른 정책들을 수행하면서 이에 대하여 변경을 가할 징후를 보이고 있지 않다. 그러므로 북한이 남북한관계의 발전에 따라 더는 우리의 자유민주주의 체제에 위협이 되지 않는다는 명백한 변화를 보이고 그에 따라 법률이 정비되지 않는 한, 국가의 안전을 위태롭게 하는 반국가활동을 규제함으로써 국가의 안전과 국민의 생존 및 자유를 확보함을 목적으로 하는 국가보안법이 헌법에 위반되는 법률이라거나 그 규범력을 상실하였다고 볼 수는 없고, 나아가 국가보안법의 규정을 그 법률의 목적에 비추어 합리적으로 해석하는 한 국가보안법이 정하는 각 범죄의 구성요건의 개념이 모호하고 광범위하여 죄형법정주의의 본질적 내용을 침해하는 것이라고 볼 수도 없다. 양심의 자유, 언론·출판의 자유 등은 우리 헌법이 보장하는 기본적인 권리이기는 하지만 아무런 제한이 없는 것은 아니며, 헌법 제37조 제2항에 의하여 국가의 안전보장, 질서유지 또는 공공복리를 위하여 필요한 경우에는 그 자유와 권리의 본질적인 내용을 침해하지 아니하는 범위 내에서 제한할 수 있는 것이므로, 국가보안법의 입법목적과 적용한계를 위와 같이 자유와 권리의 본질적인 내용을 침해하지 않는 한도 내에서 이를 제한하는 데에 있는 것으로 해석하는 한 헌법에 위반된다고 볼 수 없다.

따라서 종래 대법원이 국가보안법과 북한에 대하여 표명하여온 견해 즉, 북한은 조국의 평화적 통일을 위한 대화와 협력의 동반자이나 동시에 남북한 관계의 변화에도 불구하고, 적화통일노선을 고수하면서 우리의 자유민주주의 체제를 전복하고자 획책하는 반국가단체라는 성격도 아울러 가지고 있고, 반국가단체 등을 규율하는 국가보안법의 규범력이 상실되었다고 볼 수는 없다고 하여 온 판시(대법원 1992. 8. 14. 선고 92도1211 판결, 대법원 1999. 12. 28. 선고 99도4027 판결, 대법원 2003. 5. 13. 선고 2003도604 판결, 대법원 2003. 9. 23. 2001도4328 판결)는 현 시점에서도 그대로 유지되어야 할 것이다.

그러므로 원심이 같은 취지에서 북한이 반국가단체가 아니라거나 국가보안법이 그 규범력을 상실하였다고 볼 수 없다고 판단한 것은 정당한 것으로 수긍이 가고, 거기에 상고이유 주장과 같이 국가보안법 제2조에서 정한 반국가단체에 관한 법리 등을 오해한 위법이 있다고 할 수 없다.

[2] 국가보안법상 '이적단체'의 의미 및 그 판단 기준과 조국통일범민족연합 남측본부가 국가보안법상 '이적단체'에 해당하는지 여부(적극)

[다수의견]

(가) 국가보안법 제7조 제1항, 제3항이 규정하는 이른바 '이적단체'라 함은 국가의 존립·안전이나 자유민주적 기본질서를 위태롭게 한다는 정을 알면서 반국가단체나 그 구성원 또는 그 지령을 받은 자의 활동을 찬양·고무·선전 또는 이에 동조하거나 국가변란을 선전·선동하는 행위를 목적으로 하여 특정 다수인이 결성한 계속적이고 독자적인 결합체를 가리킨다. 이와 같은 이적단체 구성·가입죄의 구성요건을 해석할 때에는, "국가의 안전을 위태롭게 하는 반국가활동을 규제함으로써 국가의 안전과 국민의 생존 및 자유를 확보한다"는 국가보안법의 목적(같은 법 제1조 제1항)과 "이 법을 해석·적용함에 있어서는 이 법의 목적 달성을 위하여 필요한 최소한도에 그쳐야 하며, 이를 확대해석하거나 헌법상 보장된 국민의 기본적 인권을 부당하게 제한하는 일이 있어서는 아니 된다"는 국가보안법 해석·적용의 기본 원칙(같은 법 제1조 제2항), 유추해석이나 확대해석을 금지하는 죄형법정주의의 기본정신에 비추어서 엄격히 제한하여 해석하여야 한다. 다만 어느 단체가 표면적으로는 강령·규약 등에 반국가단체 등의 활동을 찬양·고무·선전·동조하는 등의 활동을 목적으로 내걸지 않았더라도 그 단체가 주장하는 내용, 활동 내용, 반국가단체 등과 의사 연락을 통한 연계성 여부 등을 종합해볼 때, 그 단체가 실질적으로 위와 같은 활동을 그 단체의 목적으로 삼았고 그 단체의 실제 활동에서 그 단체가 국가의 존립·안전이나 자유민주적 기본질서에 실질적 해악을 끼칠 위험성을 가지고 있다고 인정된다면 그 단체를 이적단체로 보아야 한다.

(나) 비록 조국통일범민족연합 남측본부가 표면적으로 이적성 탈피와 대중성 강화를 위해 강령·규약을 개정하는 움직임을 보였다 하더라도, 위 단체는 피고인이 가입할 당시에는 적어도 반국가단체인 북한이

나 그 구성원 또는 그 지령을 받은 자의 활동을 찬양·고무·선전 또는 이에 동조하는 행위를 자신의 목적으로 삼고 있었고, 실제 활동 또한, 국가의 존립·안전과 자유민주적 기본질서에 실질적 해악을 끼칠 위험성을 가지고 있으므로, 이른바 이적단체에 해당한다고 보기에 충분하다.

[대법관 박시환·대법관 김지형·대법관 전수안의 별개의견]

(가) 국가보안법이 적용되는 경우로서 국가의 존립·안전과 자유민주적 기본질서에 실질적 해악을 끼칠 위험성이 있는 경우라 함은 국가의 존립·안전과 자유민주적 기본질서에 명백하고도 현존하는 구체적인 위험을 발생시키는 경우에 한정한다고 풀이함이 상당하다. 구체적으로는 그 단체가 규약, 강령, 조직과 임원구성, 내부결의, 외부에 표명된 단체의 의사, 대외활동 등으로 추단되는 그 단체의 목적, 목표, 활동방향 등 집단의사 자체가 자유민주적 기본질서와 양립할 수 없는 내용이라 하여 그 사실만으로 그 단체를 국가보안법상 이적단체로 판단해서는 안 되고, 그와 같이 추단되는 단체의 집단의사를 실현하는 수단·방법으로 그 단체가 정한 것이 오로지 무장봉기 등 자유민주질서가 용인할 수 없는 방법일 때에 한하여 그 단체를 이적단체로 인정하여야 한다.

(나) 조국통일범민족연합 남측본부의 활동이나 의사 표현방법 등을 고려해볼 때, 조국통일범민족연합 남측본부는 국가의 존립을 부정하고 자유민주적 기본질서가 용인하지 않는 방법으로 자신의 목적을 이루려 한 것이라고 볼 수 없으므로, 국가의 존립·안전과 자유민주적 기본질서에 실질적으로 해악을 끼칠 명백하고 현존하는 위험성이 있는 이적단체에 해당한다고 말할 수는 없다.

[3] 통일부장관에게서 북한 방문증명서를 발급받아 북한을 방문한 경우, 그 방문행위에 대하여 국가보안법상의 탈출죄를 적용할 수 있는지 여부(=원칙적 소극)

[다수의견]

구 「남북교류협력에 관한 법률」(2005. 5. 31. 법률 제7539호로 개정되기 전의 것) 제3조에서 말하는 남한과 북한을 왕래하는 행위가 '남북교류와 협력을 목적으로 하는 행위'로서 '정당하다고 인정'되는지 여부는 북한 왕래를 하게 된 경위, 같은 법 제9조 제1항에서 정한 바에 따라 방문증명서를 발급받았는지 여부, 북한 왕래의 구체적인 목적이 같은 법에서 정하고 있는 교역 및 협력 사업에 해당하는지 여부, 북한 왕래자가 그 교역 및 협력 사업을 실제로 행하였는지 여부, 북한 왕래 전후의 행적 등을 종합적으로 고려하여 객관적으로 판단하여야 한다. 북한 방문을 희망하는 사람으로부터 방문증명서 발급 신청을 받은 통일부장관은 그 방문목적이 같은 법에서 허용되는 것인지 여부를 구체적으로 심사하고 그 방문을 허용함에 따라 발생될 수 있는 긍정적·부정적인 면을 함께 전체적·종합적으로 고려한 다음, 그 사람이 북한을 방문하여 그 방문목적으로 정한 행위를 하도록 허용하는 것이 남북교류와 협력에 도움이 된다고 판단될 경우에 그 방문목적이 기재된 북한 방문증명서를 발급한다(같은 법 시행령 제9조 제4항). 따라서 통일부장관에게서 북한 방문증명서를 발급받아 북한을 방문하여 그 방문증명서에 기재된 방문목적을 행한 경우에는 원칙적으로 그 방문은 남북교류와 협력을 목적으로 하는 행위로서 정당하다고 보는 것이 옳다. 물론, 대한민국의 존립·안전이나 자유민주적 기본질서를 위태롭게 하는 행위를 할 명백한 의도를 가진 사람이 방문목적을 속여 북한 방문증명서를 받은 다음 그 방문증명서에 기재된 방문목적에 따른 행위는 전혀 하지 않고 다른 행위를 한 예외적인 경우에는, 북한 방문증명서에 기재된 방문목적은 방문증명서를 받기 위한 외형상의 구실에 불과하여 방문증명서를 받았다는 이유만으로 그 북한 방문이 남북교류와 협력을 목적으로 하는 행위로서 정당하다고 볼 수는 없으므로, 그 북한 방문행위가 국가보안법이 정한 탈출죄의 구성요건을 충족하는 경우에는 그에 따른 죄책을 면할 수 없다. 그러나 이러한 예외적인 경우를 함부로 인정하게 되면 남북교류와 협력을 촉진하려는 같은 법의 목적 내지 통일부장관이 북한 방문을 허용한 정책적 판단의 취지를 가볍게 부정하는 결과를 낳게 될 것이다. 따라서 북한 방문자가 통일부장관이 허용한 방문목적에 부합하는 행위를 실제로 하는 한편, 그 방문 기회를 이용하여 법률상 허용될 수 없는 다른 행위를 하였다고 하더라도, 하나의 북한 방문행위에 대한 정당성 여부를 방문목적별로 나누어서 따로 평가할 수는 없다. 그러므로 북한 방문자가 오로지 법률상 허용될 수 없는 다른 행위를 하기 위하여 북한을 방문한 것이고 밖으로 내세운 방문목적은 단지 북한 방문증명서를 받아내기 위한 명목상의 구실에 불과한 것이었다고 볼 수 있는 경우가 아니라면 그 북한 방문행위 자체는 정당성이 인정된다고 볼 것이고, 그 다른 행위에 대하여 해당 처벌조항에 따른 죄책을 묻는 것은 별론으로 하더라도, 더 나아가 북한 방문행위 자체를 통일부장관이 허용한 방문목적과 전혀 다른 행위를 한 위의 경우와 동일시하여 남북교류와 협력을 위한 행위로서의 정당성을 전면 부정하고 국가보안법상의 탈출행위로 처벌하여서는 아니 된다.

[대법관 전수안의 별개의견]

북한을 방문하고자 하는 사람이 통일부장관에게서 북한 방문증명서를 발급받아 북한을 방문하였다면, 그와 같은 절차를 제대로 거쳐 남한에서 북한으로 가는 행위는 국가보안법이 정한 탈출죄의 구성요건 자체에 해당할 여지가 없어, 어떠한 경우에도 국가보안법상 탈출죄로 처벌할 수는 없다. 이는 다수의견에서, 그 북한 방문목적에 따라 국가보안법상의 탈출죄에 해당한다고 보는 경우인 "대한민국의 존립·안전이나 자유민주적 기본질서를 위태롭게 하는 행위를 할 명백한 의도를 가진 사람이 방문목적을 속여 북한 방문증명서를 받은 다음 그 방문증명서에 기재된 방문목적에 따른 행위는 전혀 하지 않고 다른 행위를 한 경우" 등과 같은 때에도 마찬가지라고 할 것인바, 그와 같은 행위가 구 「남북교류협력에 관한 법률」(2005. 5. 31. 법률 제7539호로 개정되기 전의 것)이 정한 "사위 기타 부정한 방법으로 북한 방문증명서를 발급받은 때"(제27조 제1항)에 해당한다고 보아 그 죄책을 지우거나 북한 방문 중에 행한 구체적인 행위를 개별적으로 평가하여 위 법률이나 국가보안법의 해당 규정에 따라 처벌하는 것은 별론으로 하고, 애당초 탈출이라고 볼 수 없는 행위가 그 숨은 방문목적이 어떠하였는지에 따라 탈출로 평가되어서는 안 되며, 통일부장관의 북한 방문증명서 발급이 적정한 것이었는지에 따라 탈출죄의 적용 여부를 달리하여서도 아니 된다.

[4] 국가보안법상 '동조행위'의 의미 및 판단 방법

[다수의견]

(가) 국가보안법 제7조 제1항에서 정하고 있는, 이른바 '반국가단체 등 활동 동조죄'에서 말하는 '동조'행위라 함은 반국가단체 등의 선전·선동 및 그 활동과 동일한 내용의 주장을 하거나 이에 합치되는 행위를 하여 반국가단체 등의 활동에 호응·가세하는 것을 말한다. 그리고 국가의 존립·안전이나 자유민주적 기본질서에 실질적 해악을 끼칠 명백한 위험성이 있는 경우에 한하여 국가보안법이 제한적으로 적용되어야 한다는 해석원리는 반국가단체 등 활동 동조죄에 대하여도 그대로 적용된다. 따라서 국가보안법 제7조 제1항에 의하여 금지되는 동조행위는 같은 조항에서 규정하고 있는 "반국가단체 등의 활동을 찬양·고무·선전"하는 것과 같이 평가될 정도로 적극적으로 자신이 반국가단체 등 활동에 호응·가세한다는 의사를 외부에 표시하는 정도에 이르러야 하고, 반국가단체 등의 활동을 찬양·고무·선전하는 취지가 일부 포함된 집회에 단순히 참석함에 그쳐 국가의 존립·안전이나 자유민주적 기본질서에 실질적 해악을 끼칠 명백한 위험성이 있다고 보기 어려운 경우에는 같은 조항에서 정한 동조죄를 범하였다고 단정하여서는 아니 된다.

(나) 북한의 조국통일 3대 헌장을 상징하는 조형물 앞에서 열린 집회인 민족통일대축전 개막식 행사에 참석하고 그 자리에서 북한 당국자의 연설에 박수를 치는 반응을 보였다고 하더라도, 그 행위만으로는 반국가단체 등의 활동에 호응·가세한다는 의사를 적극적으로 외부에 표시하는 정도에 이르렀다고 보기는 부족하고, 따라서 국가의 존립·안전이나 자유민주적 기본질서에 실질적 해악을 끼칠 명백한 위험성이 있을 정도로 반국가단체 등의 활동에 동조하였다고 볼 수 없다.

[대법관 고현철·대법관 김황식·대법관 안대희의 별개의견]

다수의견 (가)에는 견해를 같이하지만, 집회에 참가하여 다른 사람의 연설에 박수를 치는 등의 행동을 한 것이 반국가단체 등 활동 동조죄에 해당하는지 여부를 판단함에 있어서는, 그 집회 참석자가 그 집회에 참가하게 된 경위, 집회 참석 전후의 활동과 행적, 해당 집회의 성격, 개최 경위, 구체적 진행 과정과 집회 개최를 둘러싼 전후 사정, 집회에서 이루어진 연설의 구체적 의미 등에 비추어, 그 집회 참가자의 집회 참가와 그 집회에서 보인 행동이 반국가단체 등의 선전·선동 및 그 활동에 호응·가세하여 반국가단체 등의 활동에 동조한 것이라 평가할 수 있는 것이라면 국가보안법 제7조 제1항에서 말하는 반국가단체 등의 활동 동조에 해당한다고 봄이 옳다고 할 것인바, 북한의 조국통일 3대 헌장이 내포하는 구체적 의미와 조국통일 3대 헌장 기념탑의 상징성, 조국통일 3대 헌장 기념탑 앞 행사에는 참가하지 않는다는 북한 방문증명서 발급 조건, 조국통일 3대 헌장 기념탑 앞에서 진행된 "민족통일대축전"의 개막식 행사의 구체적 진행 과정 등을 종합해보면, 북한 방문자가 조국통일 3대 헌장 기념탑 앞에서 열린 '민족통일대축전' 개막식 행사에 참석하고 그 자리에서 연설을 듣고 박수를 치는 등 호응한 것은 북한 방문대표단 일부의 개막식 행사 참가에 소극적으로 가담한 것에 불과하다고 평가할 수는 없고, 적극적으로 반국가단체인 북한과 그 구성원의 활동으로서 북한의 통일노선을 표방하는 조국통일 3대 헌장 취지에 호응, 가세하면서 그 지지 의사를 밝히는 방법으로 이에 동조한 것이라고 보기에 충분하고, 이는 대한민국의 존립·안전과 자유민주적 기본질서에 대한 실질적 해악을 끼칠 명백한 위험성이 있는 행위임이 분명하다.

[5] 북한 방문증명서를 발급받아 북한을 방문한 기간 동안 반국가단체인 북한의 구성원인 조국통일범민족연합 북측본부 의장 등을 만나 조국통일범민족연합 협의회 내지 모임을 가지고, 그 자리에서 그 강령·규약의 개정을 논의하고 이를 개정한 경우 국가보안법상 회합죄가 성립하는지 여부(적극)

[다수의견]

(가) 국가보안법 제8조 제1항에 정한 회합·통신죄는 국가의 존립·안전이나 자유민주적 기본질서를 위태롭게 한다는 정을 알면서 반국가단체의 구성원 또는 그 지령을 받은 자와 회합·통신 기타의 방법으로 연락을 하고, 그 회합·통신 등의 행위가 국가의 존립·안전이나 자유민주적 기본질서에 실질적 해악을 끼칠 명백한 위험성이 있을 때 성립한다.

(나) 통일부장관의 북한 방문증명서 발급은 북한 방문 자체를 허용한다는 것일 뿐, 북한 방문 중에 이루어지는 구체적이고 개별적인 행위까지 모두 허용한다거나 정당성을 부여한다는 취지는 아니므로, 북한 방문 중에 이루어진 반국가단체 구성원 등과의 회합 등 행위가 대한민국의 존립·안전이나 자유민주적 기본질서에 실질적 해악을 끼칠 명백한 위험성이 인정되는지 여부는 각 행위마다 별도로 판단하여야 한다. 따라서 북한 방문증명서를 발급받아 북한을 방문하였다고 하더라도 그 기회에 이루어진 반국가단체 구성원 등과의 회합행위 등이 남북교류와 협력을 목적으로 하는 행위로서 정당하다고 인정되는 범위 내에 있다고 볼 수 없고, 오히려 대한민국의 존립·안전이나 자유민주적 기본질

서에 실질적 해악을 끼칠 명백한 위험성이 인정되는 경우에는 그로 인한 죄책을 면할 수 없다.

(다) 조국통일범민족연합 회합은 정치적 논의를 금지하는 북한 방문증명서 발급 조건에 위반되는 것이고, 그 협의회 등에서 논의된 조국통일범민족연합 강령·규약은 한반도의 적화통일과 사회주의 혁명을 기본 목표로 하는 북한과 조선로동당의 노선에 따르는 이적단체인 조국통일범민족연합 및 조국통일범민족연합 남측본부의 활동을 구체화하기 위한 것이었으며, 비록 종전보다 내용을 완화하는 취지의 개정안이 논의되었다고는 하지만 이는 여전히 우리의 자유민주적 기본질서 전복과 적화통일 및 사회주의 체제 실현을 추종하는 조국통일범민족연합의 종전 기본노선을 유지하면서 조국통일범민족연합 남측본부의 합법성을 표방하고 대중성을 강화하기 위한 전술의 일환으로 이루어진 것이었으므로, 조국통일범민족연합의 강령·규약 개정을 논의하기 위해 북한 방문을 기화로 조국통일범민족연합 회합을 가진 행위는 남북 교류와 협력을 목적으로 하는 행위에 해당하지 아니하는 것으로서, 국가의 존립·안전이나 자유민주적 기본질서에 실질적 해악을 끼칠 명백한 위험성이 있고, 당시 피고인 또한, 그 행위가 국가의 존립·안전이나 자유민주적 기본질서를 위태롭게 한다는 정을 알고 있었다고 보기에 충분하다.

[대법관 박시환·대법관 김지형·대법관 전수안의 별개의견]

어떤 단체가 국가보안법상 이적단체에 해당하고, 그 단체의 이름으로 그 단체 구성원이 반국가단체 구성원이나 반국가단체의 지령을 받은 자와 회합을 했다 하더라도, 그 모든 회합행위가 국가의 존립·안전과 자유민주적 기본질서에 실질적 해악을 끼칠 위험성이 있는 때에 해당한다고 말할 수는 없고, 그 회합의 경위나 그 회합 석상에서 논의된 내용에서 국가의 존립·안전이나 자유민주적 기본질서에 대한 명백하고 현존하는 실질적 해악성을 인정하기 어렵다면 그 회합에 대하여는 국가보안법상 회합죄로 처벌할 수 없다. 피고인의 조국통일범민족연합 회합행위는 겉으로는 반국가단체 구성원과 회합한 것에 해당하기는 하나, 더 나아가 국가보안법 제8조 제1항이 적용되어야 할, 국가의 존립·안전이나 자유민주적 기본질서에 실질적 해악을 끼칠 명백하고 현존하는 위험성이 있는 경우에 해당한다고 말하기는 어렵다.

② 해설

대법원의 이 판결은 남북한특수관계론의 규범적 근거가 되는 북한의 이중적 지위를 구체적으로 설명한 대표적인 판결이다. 즉, 이 판결은 대법원이 종래 북한과 국가보안법에 대하여 설명한 것과 마찬가지로 북한이 조국의 평화적 통일을 위한 대화와 협력의 동반자이지만, 동시에 남북한관계의 변화에도 불구하고 적화통일노선을 고수하면서 우리의 자유민주주의 체제를 전복하고자 획책하는 반국가단체라는 성격도 아울러 가지고 있다고 하였다. 또한, 이러한 반국가단체를 규율하는 국가보안법도 그 규범력이 인정된다고 판시한 내용을 그대로 유지하고 있다. 한편, 이 판결에서는 재판부 전원일치로 이러한 입장을 채택하였으나, 2010년 대법원의 판결에서 대법관 박시환은 반대의견을 통하여 북한의 이중적 성격을 전제로 하면서도 북한의 반국가단체적 측면과 직접적으로 연관되는 사항에 한하여 국가보안법을 적용하여야 한다고 주장하였다.[1]

이 판례는 북한의 이중적 지위를 바탕으로 남북한관계를 일정한 범위 안에서 국가 간의 관계가 아닌 통일을 지향하는 과정에서 잠정적으로 형성되는 특수한 관계로 파악하고 있다. 그러나 북한을 정치·경제·법률·군사·문화 등 모든 영역에서 우리와 대등한 별개의 독립된 국가로 볼 수 없으며, 따라서 남북한 사이의 법률관계는 우리의 헌법과 법

1 대법원 2010. 7. 23. 2010도1189.

률에 따라 판단해야 한다는 것을 명확하게 밝힘으로써 남북한특수관계가 적용되는 범위의 한계를 선언하였다. 다만, 이 판례는 2000년 이후 남북한관계의 발전이 우리 헌법 전문과 헌법 제4조, 제66조 제3항, 제92조 등에 나타난 평화통일정책의 국가목표를 수립하고 수행하는 범위 안에서 헌법적 근거를 가진다고 판단하여 처음으로 헌법 제4조의 규범력을 명시적으로 인정함으로써 남북교류협력에 대하여 매우 진전된 태도를 보인 것으로 평가할 수 있다.

한편, 이 판결은 북한을 반국가단체로 인정하는 것을 전제로 '이적단체'에 대하여도 이를 인정하는 규범적 기준을 제시하고 있다. 즉, '이적단체'란 '국가의 존립·안전이나 자유민주적 기본질서를 위태롭게 한다는 정을 알면서 반국가단체나 그 구성원 또는 그 지령을 받은 자의 활동을 찬양·고무·선전 또는 이에 동조하거나 국가변란을 선전·선동하는 행위를 목적으로 하여 특정 다수인이 결성한 계속적이고 독자적인 결합체'를 의미한다고 판단하였다. 이와 같이 이적단체성을 인정하는 규범적 기준으로 '국가의 존립·안전과 자유민주적 기본질서에 실질적으로 해악을 끼칠 위험성'을 제시하였다.

그러나 대법관 박시환 등 3명은 별개의견을 통해 국가보안법이 적용되는 경우로서 국가의 존립·안전과 자유민주적 기본질서에 실질적 해악을 끼칠 위험성이 있는 경우라 함은 국가의 존립·안전과 자유민주적 기본질서에 명백하고도 현존하는 구체적인 위험을 발생시키는 경우에 한정하여야 한다고 판단하였다. 따라서 어떤 단체의 규약, 강령, 조직과 임원구성, 내부결의, 외부에 표명된 단체의 의사, 대외활동 등으로 추단되는 그 단체의 목적, 목표, 활동방향 등 집단의사 자체가 자유민주적 기본질서와 양립할 수 없는 내용이라 하여 그 사실만으로 그 단체를 국가보안법상 이적단체로 판단해서는 아니 되고, 그와 같이 추단되는 단체의 집단의사를 실현하는 수단·방법으로 그 단체가 정한 것이 오로지 무장봉기 등 자유민주질서가 용인할 수 없는 방법일 때에 한하여 그 단체를 이적단체로 인정하여야 한다고 하였다.

(2) 헌재 1997. 1. 16. 92헌바6·26, 93헌바34·35·36(병합) 【국가보안법 위헌소원】

① 판례요지

1. 사건의 개요와 심판의 대상

가. 사건의 개요

(1) 92헌바6 사건

청구인 김○식은 서울형사지방법원 91고합1357 국가보안법위반 등 피고사건의 피고인으로서, 위 청구인에 대한 공소사실에 적용된 1991. 5. 31. 개정 전의 국가보안법(1980. 12. 31. 법률 제3318호로 전문 개정된 것으로서, 1991. 5. 31. 법률 제4373호로 일부 개정되기 전의 것, 이하 '구법'이라 한다) 제7조 제1항·제3항·제5항, 제8조 제1항 및 1991. 5. 31. 개정 후의 국가보안법(1980. 12. 31. 법률 제3318호로 전문 개정되고, 1991. 5. 31. 법률 제4373호로 다시 일부 개정된 것, 이하 '신법'이라 한다) 제6조 제1항, 제7조 제1항·제3항·제5항, 제8조 제1항이 각 헌법에 위반된다는 이유로 위 법원에 그 위헌여부심판의 제청신청을 하였으나 1992. 1. 6. 그 신청이 기각되자(위 법원 91초5079 사건), 같은 달 11. 헌법재판소법 제68조 제2항에 따라 헌법소원심판을 청구하였다.

(2) 92헌바26 사건

청구인 신○준은 서울형사지방법원 92노851 국가보안법위반 피고사건의 피고인으로서, 위 청구인에 대한 공소사실에 적용된 구법 제7조 제1항·제5항 및 신법 제7조 제1항·제5항이 각 헌법에 위반된다는 이유로 위 법원에 그 위헌여부심판의 제청신청을 하였으나 1992. 6. 16. 그 신청이 기각되자(위 법원 92초1413 사건), 같은 달 23. 헌법재판소법 제68조 제2항에 의하여 헌법소원심판을 청구하였다.

(3) 93헌바 34·35·36 사건

청구인 변○숙(93헌바34 사건)은 서울고등법원 93노949 국가보안법위반 피고사건의, 청구인 이○우(93헌바35 사건)는 같은 법원 93노1281 국가보안법위반 피고사건의, 청구인 함○희(93헌바36 사건)는 같은 법원 93노936 국가보안법위반 피고사건의 각 피고인들로서, 청구인들에 대한 위 각 피고사건의 공소사실에 적용된 신법 제4조 제1항 제2호 "나"목이 헌법에 위반된다는 이유로 위 법원에 각 그 위헌여부심판의 제청신청을 하였으나 청구인 변○숙, 동 이○우에 대하여는 1993. 7. 8.(위 법원 93초107 및 93초122 사건) 청구인 함○희에 대하여는 같은 달 9.(위 법원 93초110 사건) 위 각 신청이 기각되고 청구인 함○희에게는 같은 달 14. 그 결정이 송달되자, 청구인 변의숙은 같은 달 21., 청구인 이○우는 같은 달 22., 청구인 함○희는 같은 달 26. 각 헌법재판소법 제68조 제2항에 의하여 헌법소원심판을 청구하였다.

나. 심판의 대상

그러므로 이 사건 심판의 대상은, 구법 제7조 제1항·제3항·제5항 및 제8조 제1항과 신법 제4조 제1항 제2호 "나"목, 제6조 제1항, 제7조 제1항·제3항·제5항 및 제8조 제1항이 각 헌법에 위반되는지의 여부인바, 위 각 조항의 규정내용은 다음과 같다.

구법 제7조(찬양·고무 등)

① 반국가단체나 그 구성원 또는 그 지령을 받은 자의 활동을 찬양·고무 또는 이에 동조하거나 기타의 방법으로 반국가단체를 이롭게 한 자는 7년 이하의 징역에 처한다.

③ 제1항 및 제2항의 행위를 목적으로 하는 단체를 구성하거나 이에 가입한 자는 1년 이상의 유기징역에 처한다.

⑤ 제1항 내지 제4항의 행위를 할 목적으로 문서·도화 기타의 표현

물을 제작·수입·복사·소지·운반·반포·판매 또는 취득한 자는 그 각 항에 정한 형에 처한다.

구법 제8조(회합·통신 등)

① 반국가단체의 이익이 된다는 정을 알면서 그 구성원 또는 그 지령을 받은 자와 회합·통신 기타의 방법으로 연락을 한 자는 10년 이하의 징역에 처한다.

신법 제4조(목적수행)

① 반국가단체의 구성원 또는 그 지령을 받은 자가 그 목적수행을 위한 행위를 한 때에는 다음의 구별에 따라 처벌한다.

2. 형법 제98조에 규정된 행위를 하거나 국가기밀을 탐지·수집·누설·전달하거나 중개한 때에는 다음의 구별에 따라 처벌한다.

가. 군사상 기밀 또는 국가기밀이 국가안전에 대한 중대한 불이익을 회피하기 위하여 한정된 사람에게만 지득이 허용되고 적국 또는 반국가단체에 비밀로 하여야 할 사실, 물건 또는 지식인 경우에는 사형 또는 무기징역에 처한다.

나. 가목 외의 군사상 기밀 또는 국가기밀의 경우에는 사형·무기 또는 7년 이상의 징역에 처한다.

신법 제6조(잠입·탈출)

① 국가의 존립·안전이나 자유민주적 기본질서를 위태롭게 한다는 정을 알면서 반국가단체의 지배하에 있는 지역으로부터 잠입하거나 그 지역으로 탈출한 자는 10년 이하의 징역에 처한다.

신법 제7조(찬양·고무 등)

① 국가의 존립·안전이나 자유민주적 기본질서를 위태롭게 한다는

정을 알면서 반국가단체나 그 구성원 또는 그 지령을 받은 자의 활동을 찬양·고무·선전 또는 이에 동조하거나 국가변란을 선전·선동한 자는 7년 이하의 징역에 처한다.

③ 제1항의 행위를 목적으로 하는 단체를 구성하거나 이에 가입한 자는 1년 이상의 유기징역에 처한다.

⑤ 제1항·제3항 또는 제4항의 행위를 할 목적으로 문서·도화 기타의 표현물을 제작·수입·복사·소지·운반·반포·판매 또는 취득한 자는 그 각 항에 정한 형에 처한다.

신법 제8조(회합·통신 등)

① 국가의 존립·안전이나 자유민주적 기본질서를 위태롭게 한다는 정을 알면서 반국가단체의 구성원 또는 그 지령을 받은 자와 회합·통신 기타의 방법으로 연락을 한 자는 10년 이하의 징역에 처한다.

2. 청구인들의 주장과 관계기관의 의견

가. 청구인들의 주장

북한을 반국가단체로 규정한 것은 위헌이다.

구법과 신법은 모두 북한을 "반국가단체"로 규정하고 북한과의 모든 접촉·연락·대화 등을 처벌하고 있는바, 이는 헌법 전문(前文)의 "항구적인 세계평화와 인류공영에 이바지함으로써"라는 부분과 헌법 제5조 제1항, 제6조 제1항에서 천명한 국제평화주의에 위반되고, 또 헌법 전문의 "조국의 (……) 평화적 통일의 사명에 입각하여"라는 부분과 헌법 제4조, 제66조 제3항에서 천명한 평화통일의 원칙에도 위반된다. 더욱이 남북한이 1991. 9. 17. 동시에 UN에 가입하고 남북한의 정부당국자가 같은 해 12. 13. 소위 남북합의서('남북 사이의 화해와 불가침 및 교류·협력에 관한 합의서')에 서명하여 이것이 발효된 이상 북한을 국가보안법상의 "반국가단체"로 볼 수 없게 되었으므로 북한이 반국가단체임을 전제로 제정된 국가보안법은 더는 효력을 유지할 수 없게 되었는바, 그 이유는 다음과 같다.

(1) 남북한의 UN 동시가입

첫째, 남북한이 모두 UN에 가입하였다는 것은 북한도 국제사회에서 주권을 가진 국가임을 승인받은 것이며 남북한 상호간에 있어서도 상대방을 "국가"로 인정한 것을 의미한다.

둘째, 유엔헌장의 규정에 비추어보면 남북한의 UN 가입은 국제평화와 안전을 위해 평화적 수단에 의한 국제분쟁해결 및 무력행사금지 의무를 남북한이 성실히 이행할 것을 수락한 것이고 또 이에 대한 국제적 인정이라고 할 것인바, 그렇다면 북한을 더는 (남한) "정부를 참칭하거나 국가변란을 목적으로 하는 반국가단체"라고 할 수는 없다.

셋째, 그동안 남한정부가 한반도에서의 유일한 합법정부임을 주장해온 법적 근거인 1948. 12. 12.의 유엔총회결의 195호(대한민국의 승인 및 외국군대의 철수에 관한 결의)에 의하더라도 38선 이북지역에 대한 주권이 대한민국에 있다고 보기는 어려운 것이었으며, 가사 대한민국정부의 견해대로 대한민국이 한반도에서 "유일한" 합법정부라고 하여도, 남북한의 UN 동시가입으로 인하여 남북한이 각기 관할구역 내의 주권국가임을 국제적으로 승인받은 이 시점에서는, 더는 북한을 "불법 조직된" 반국가단체라고는 할 수 없는 것이다.

(2) 남북합의서의 체결

남북한 정부당국자(대한민국 국무총리와 조선민주주의인민공화국 정무원총리)는 1991. 12. 13. 소위 남북합의서('남북 사이의 화해와 불가침 및 교류·협력에 관한 합의서')에 서명하였고 1992. 2. 19. 위 합의서가 발효되었다. 이는 그 서명 주체로 볼 때 법적 대표성과 권한을 갖고 있는 국무총리에 의하여 체결된 것으로서 당연히 국내법적 효력을 가지는 것이고, 그 내용을 보면 북한은 남북합의서의 서명을 통하여 공식적으로 대남적화통일전략을 포기하였으며 또 이를 대한민국 정부대표자가 공식 확인한 것이라고 보아야 할 것이므로, 북한을 더는 국가보안법상의 "반국가단체"로 볼 수 없다.

나. 법원의 위헌제청신청기각의 이유

국가보안법은 구법이건 신법이건 북한을 반국가단체로 직접 규정한 바 없으므로 남북한 간의 관계에 어떠한 변화가 있다는 사정만으로는, 북한이 국가보안법상의 "반국가단체"에 해당하느냐의 여부에 관한 사실인정 내지는 법 해석론을 떠나, 국가보안법상의 위 법률조항들을 위헌이라고 볼 수는 없다. 남북한의 UN 동시가입이 상호간에 국가승인의 효력을 발생시킨다고는 볼 수 없고 남북합의서의 서명과 발효로써 북한이 대남 적화혁명노선을 명백히 포기하였다고 볼 수도 없으므로, 헌법재판소가 한정합헌결정을 한 후에 그 논리적 근거로 제시한 사실에 근본적인 변화가 있었다고는 볼 수 없다.

3. 판단

가. 개정절차로 인한 신·구법의 위헌 여부

(1) 구법에 관하여

1980. 10. 27. 공포된 구 헌법 부칙 제6조 제1항·제3항 및 1987. 10. 29. 공포된 현행 헌법 부칙 제5조의 규정에 비추어보면, 국가보위입법회의에서 제정된 법률은 '그 내용'이 현행헌법에 저촉된다고 하여 이를 다투는 것은 별론으로 하고 '그 제정절차'에 하자가 있음을 이유로 하여 이를 다툴 수는 없다고 보아야 한다.

(2) 신법에 관하여

관계 자료에 따르면 1991. 5. 10. 속개된 임시국회 본회의 당시 의장이 야당의원들의 거듭된 실력저지로 정상적인 의사진행에 의한 표결이 사실상 불가능한 상황이었음을 확인한 후 본회의장 내에서 헌법 및 국회법 소정의 의결정족수를 넘는 다수 의원들이 당해 안건에 대하여 찬성의사를 표시함을 확인하고 "국가보안법 중 개정 법률안"이 가결되었음을 선포한 것으로 인정되므로, 신법의 개정절차에 헌법 제40조 및 제49조 등을 위반한 위헌적 요소가 있었다고 볼 수 없다.

나. 북한의 반국가단체성(反國家團體性)

국가보안법은 구법이건 신법이건 모두 북한을 바로 '반국가단체'로 규정하고 있지는 않다(구법 제2조, 신법 제2조 참조). 따라서 국가보안법이 북한을 반국가단체로 규정하고 있음을 전제로 한 위헌주장은 형사절차상의 사실인정 내지 법적용의 문제를 헌법문제로 오해한 것이어서, 이러한 주장은 남북한관계의 변화 여부에도 불구하고 이유 없는 것이다.

청구인들의 주장과 같이 비록 남북한이 UN에 동시 가입하였다고 하더라도, 이는 '유엔헌장'이라는 다변조약(多邊條約)에의 가입을 의미하는 것으로서 유엔헌장 제4조 제1항의 해석상 신규 가맹국이 "UN"이라는 국제기구에 의하여 국가로 승인받는 효과가 발생하는 것은 별론으로 하고, 그것만으로 곧 다른 가맹국과의 관계에 있어서도 당연히 상호간에 국가승인이 있었다고는 볼 수 없다는 것이 현실 국제정치상의 관례이고 국제법상의 통설적인 입장이다.

또 소위 남북합의서는 남북관계를 "나라와 나라 사이의 관계가 아닌 통일을 지향하는 과정에서 잠정적으로 형성되는 특수 관계"(전문 참조)임을 전제로 하여 이루어진 합의문서인바, 이는 한민족공동체 내부의 특수 관계를 바탕으로 한 당국 간의 합의로서 남북 당국의 성의 있는 이행을 상호 약속하는 일종의 공동성명 또는 신사협정에 준하는 성격을 가짐에 불과하다. 따라서 남북합의서의 채택·발효 후에도 북한이 여전히 적화통일의 목표를 버리지 않고 각종 도발을 자행하고 있으며 남북한의 정치, 군사적 대결이나 긴장관계가 조금도 해소되지 않고 있음이 엄연한 현실인 이상, 북한의 반국가단체성이나 국가보안법의 필요성에 관하여는 아무런 상황 변화가 있었다고 할 수 없다.

또 1990. 8. 1. 법률 제4239호로 「남북교류협력에 관한 법률」이 공포·시행된 바 있으나, 이 법률은 남북한 간의 상호교류와 협력을 촉진하기 위하여 필요한 사항을 규정할 목적으로 제정된 것인데(제1조) 남북한 간의 왕래·교역·협력사업 및 통신역무의 제공 등 남북교류와 협력을 목적으로 하는 행위에 관하여는 정당하다고 인정되는 범위 안에서 다른 법률에 우선하여 이 법을 적용하도록 되어 있어(제3조) 이 요건을 충족하지 아니하는 경우에는 이 법률의 적용은 배제된다고 할 것이므로 국가보안법이 이 법률과 상충되는 것이라고는 볼 수 없다. 요컨대, 현 단계에 있어서의 북한은 조국의 평화적 통일을 위한 대화와 협력의 동반자임과 동시에 대남적화노선을 고수하면서 우리 자유민주주의체제의 전복을 획책하고 있는 반국가단체라는 성격도 함께 갖고 있음이 엄연한 현실인 점에 비추어, 헌법의 전문과 제4조가 천명하는 자유민주적 기본질서에 입각한 평화적 통일정책을 수립하고 이를 추진하는 법적 장치로서 「남북교류협력에 관한 법률」 등을 제정·시행하는 한편, 국가의 안전을 위태롭게 하는 반국가활동을 규제하기 위한 법적 장치로서 국가보안법을 제정·시행하고 있는 것으로서, 위 두 법률은 상호 그 입법목적과 규제대상을 달리하는 것이므로 「남북교류협력에 관한 법률」 등이 공포·시행되었다 하여 국가보안법의 필요성이 소멸되었다거나 북한의 반국가단체성이 소멸되었다고는 할 수 없다(헌법재판소 1993. 7. 29. 선고, 92헌바48 결정 참조).

그러므로 국가의 존립·안전과 국민의 생존 및 자유를 수호하기 위하여 국가보안법의 해석·적용상 북한을 반국가단체로 보고 이에 동조하는 반국가활동을 규제하는 것 자체가 헌법이 규정하는 국제평화주의나 평화통일의 원칙에 위반된다고 할 수 없다.

다. 구법 제7조 제1항·제3항·제5항 및 제8조 제1항의 위헌 여부

(1) 우리 재판소는 이미 1990. 4. 2. 선고, 89헌가113 결정, 같은 해 6.

25. 선고, 90헌가11 결정 및 1992. 1. 28. 선고, 89헌가8 결정에서, 구 국가보안법 제7조 제1항·제5항의 위헌성에 관하여, 이 조항에 해당하는 행위라 할지라도 그 가운데서 국가의 존립·안전이나 자유민주적 기본질서에 무해한 행위는 처벌에서 제외하고 이에 위해를 줄 명백한 위험성이 있는 경우에만 이를 적용하도록 처벌범위를 축소 제한하는 경우에는 헌법규정들에 합치되는 합헌적 해석이 되고 그 위헌성이 제거된다고 하여 한정합헌을 하였고, 우리 재판소가 위와 같이 한정합헌결정을 한 후에 그 결정의 논리적 내지 현실적 근거가 된 사실에 근본적인 변화가 있었다고 할 수 없으며, 지금에 이르러 위와 달리 판단하여야 할 다른 사정변경이 있다고도 인정되지 아니한다.

(2) 같은 법 제7조 제3항은 같은 조 제1항 및 제2항을 그 요건으로 하고 있음이 분명한데, 같은 조 제1항 및 제2항의 개념들이 다의적이고 그 적용범위가 광범한 데에 위헌적 요소가 있었던 이상 문리에 충실한 해석을 하면 제3항의 경우에도 같은 위헌적 요소가 생길 것이므로, 같은 법 제7조 제3항의 위헌 여부에 관하여도 같은 조 제1항 및 제5항에 관한 우리 재판소의 견해를 그대로 인용한다.

(3) 같은 법 제8조 제1항의 구성요건 가운데 "이익이 된다는 정을 알면서"라는 부분은 지나치게 포괄적이고 그 적용범위가 광범하다. 그래서 이 조항을 그 문리대로 해석·적용하면 국가의 존립·안전이나 그 헌법적 기반인 자유민주적 기본질서 또는 국민의 생존 및 자유에 아무런 해악도 끼칠 우려가 없는 사항에 관한 회합·통신 등마저 처벌대상이 될 우려가 없지 않다. 이는 구 국가보안법의 입법목적(제1조)을 벗어난 것일 뿐만 아니라 행복추구권에서 도출되는 국민의 일반적 행동의 자유 및 통신의 자유 등을 본질적으로 침해할 위험성이 있고 죄형법정주의와 평화통일의 원칙에 저촉될 소지가 있다. 따라서 이 조항 소정 행위 가운데 국가의 존립·안전이나 그 헌법적 기반인 자유민주적 기본질서에 무해한 행위는 처벌에서 배제하고 이에 해악을 끼칠 명백한 위험

이 있는 경우에만 이 조항을 적용하도록 그 적용 범위를 축소제한하면 헌법합치적 해석이 되고 위와 같은 위헌성은 제거될 수 있다고 보여진다.

(4) 그러므로 구 국가보안법 제7조 제1항·제3항·제5항 및 제8조 제1항은, 각 소정의 행위가 국가의 존립·안전이나 자유민주적 기본질서에 해악을 끼칠 명백한 위험이 있는 경우에 적용된다고 할 것이므로, 그러한 해석 하에 헌법에 위반되지 아니한다.

라. 신법 제6조 제1항, 제7조 제1항·제3항·제5항 및 제8조 제1항의 위헌 여부

(1) 신 국가보안법 제7조 제1항·제3항 및 제5항에 관하여, 우리 재판소는 이미 동 조항이 표현의 자유의 본질적 내용을 침해하거나 이를 필요 이상으로 지나치게 제한할 위험성이 있다고 할 수 없고 또 죄형법정주의에 위배된다고 할 수 없다고 하여 헌법에 위반되지 아니한다고 판시하였는바, 지금 위 결정을 변경해야 할 아무런 사정변경도 없으므로 이를 그대로 유지하기로 한다.

(2) 신 국가보안법 제6조 제1항 및 제8조 제1항은 구 국가보안법에 비하여 각 "국가의 존립·안전이나 자유민주적 기본질서를 위태롭게 한다는 정을 알면서"라는 주관적 구성요건을 추가함으로써 구법규정의 위헌적 요소는 제거되었다고 할 것이므로 헌법에 위반되지 아니한다.

마. 신법 제4조 제1항 제2호 "나"목의 위헌 여부

(1) 일반적으로 국가기밀은 일반인에게 알려지지 아니한 것 즉 비공지의 사실(넓은 의미)로서 국가의 안전에 대한 불이익의 발생을 방지하기 위하여 그것이 적국 또는 반국가단체에 알려지지 아니하도록 할 필요성 즉 "요비닉성"이 있는 동시에, 그것이 누설되는 경우 국가의 안전에 명백한 위험을 초래한다고 볼 만큼의 실질적 가치가 있는 것 즉 "실질비성"을 갖춘 것이어야 한다.

(2) 신 국가보안법 제4조 제1항 제2호의 "가"목과 "나"목에 공통적인 "국가기밀"의 의미는, 결국 일반인에게 알려지지 아니한 것으로서 그 내용이 누설되는 경우 국가의 안전에 명백한 위험을 초래한다고 볼 만큼의 실질가치를 지닌 사실·물건 또는 지식이라고 한정해석해야 하고, 그중 "가"목 소정의 국가기밀은 그 중요성과 가치의 정도에 있어서 "한정된 사람에게만 지득이 허용되고" 또 "보다 고도의" 국가기밀을 의미하며 그 이외의 것은 "나"목 소정의 국가기밀에 해당한다고 이해할 수 있다. 그리고 구체적으로 어떤 경우가 위 "나"목 소정의 국가기밀에 해당하는가의 판단은 결국 법적용 당국이 위에서 제시한 해석기준에 비추어 한정된 사람에게만 지득이 허용되고 있는지의 여부와 당해 기밀사항이 국가안전보장에 미치는 기능 등을 합리적으로 판단하여 결정할 수밖에 없다.

(3) 같은 법 제4조 제1항은 그 행위주체를 "반국가단체의 구성원 또는 그 지령을 받은 자"로 한정하고 있을 뿐만 아니라 각 소정의 행위가 "반국가단체의 목적수행을 위한 행위"일 것을 그 구성요건으로 하고 있어 "행위주체"와 "행위태양"의 면에서 제한을 하고 있고, 또 "국가기밀"의 일반적 의미를 위와 같이 헌법합치적으로 한정해석을 하는 이상, 위 "나"목의 구성요건이 다소 불명확하다고 하더라도 그 사실만으로는 위 "나"목의 규정이 헌법에 위반된다고 할 정도로 죄형법정주의가 요구하는 명확성의 원칙에 반한다거나 국민의 표현의 자유 내지 "알 권리"를 과도하게 제한하는 것이라고는 볼 수 없다.

(4) 따라서 같은 법 제4조 제1항 제2호 "나"목은, 그 소정의 "군사상 기밀 또는 국가기밀"을 일반인에게 알려지지 아니한 것으로서 그 내용이 누설되는 경우 국가의 안전에 명백한 위험을 초래한다고 볼 만큼의 실질가치를 지닌 사실, 물건 또는 지식이라고 해석하는 한 헌법에 위반되지 아니한다고 할 것이다.

4. 결론

이상과 같은 이유로, ① 구법 제7조 제1항·제3항·제5항 및 제8조 제1항은, 각 그 소정의 행위가 국가의 존립·안전이나 자유민주적 기본질서에 해악을 끼칠 명백한 위험이 있는 경우에 적용된다 할 것이므로, 그러한 해석 하에 헌법에 위반되지 아니하고, ② 신법 제6조 제1항, 제7조 제1항·제3항·제5항 및 제8조 제1항은 모두 헌법에 위반되지 아니하며, ③ 신법 제4조 제1항 제2호 "나"목은 그 소정의 "군사상 기밀 또는 국가기밀"을 일반인에게 알려지지 아니한 것으로서 그 내용이 누설되는 경우 국가의 안전에 명백한 위험을 초래한다고 볼 만큼의 실질가치를 지닌 사실, 물건 또는 지식이라고 해석하는 한 헌법에 위반되지 아니한다.

5. 재판관 조승형의 반대의견

(1) 신 국가보안법 제7조 제1항·제3항·제5항은, 우리 재판소가 문언해석상 법률명확성의 원칙에 위배된다고 판시한 구 국가보안법 제7조 제1항 상의 문언 중 "기타의 방법" "이롭게 한"에 대하여서만 다수의견이 지적한 바와 같이 개정하였을 뿐 "구성원", "활동", "동조" 등의 문언을 여전히 존치시키고 있으므로 우리 재판소로서는 이 3개 문언부분에 대하여서만은 여전히 그 위헌성을 지적하여야 할 것이다.

(2) 또한 신 국가보안법 규정에 "국가의 존립·안전이나 자유민주적 기본질서를 위태롭게 한다는 정을 알면서"라는 주관적 구성요건이 추가됨으로써 확대해석의 위험이 거의 제거되었다고도 주장하나, 알고 있는 위태성이 명백하지도 않으며, 그 행위가 실질적으로 해악을 끼치지 아니하는 경우나, 반국가단체에 아무런 이득을 주지 못하는 경우에도, 위태롭게 할 수도 있다는 막연한 생각을 가지고, 찬양·고무·선전 또는 동조하거나 국가변란을 선전 선동만 하면, 처벌위험은 여전히 상존한다고 할 것이므로, 위 주관적 요건 이외에 "반국가단체를 위하여"라는 주

관적 요건과 "반국가단체에 실질적인 이득을 제공한 때"라는 객관적인 요건을 추가하지 않는 한 위 결정이 지적하는 위헌성을 모면하기는 어렵다고 할 것이다.

(3) 따라서 위 신법조항들이 여전히 위헌성을 모면할 수 없고 위 종전결정(헌재 1990. 4. 2. 선고 89헌가113 결정) 중 그 결정이 지적하고 있는, 헌법상의 언론·출판·학문·예술 및 양심의 자유를 위축시킬 염려, 형벌과잉을 초래할 염려, 국가안전보장이나 자유민주적 기본질서의 수호와는 관계가 없는 경우까지 확대 적용될 만큼 불투명하고 구체성이 결여되어 헌법 제37조 제2항의 한계를 넘은 제한인 점, 법 집행자에 의한 자의적 집행을 허용할 소지가 있는 점, 죄형법정주의에 위배된다는 취지의 종전 판시내용은 여전히 이 사건의 경우에도 타당하다.

② 해설

이 사건 청구인은 북한의 반국가단체성을 부인하고 이를 전제로 국가보안법의 위헌성을 주장하면서 국가보안법에 대하여 위헌법률심판제청을 하였으나, 담당법원이 이를 기각하자 헌법재판소에 헌법소원심판을 청구하였다. 이 사건의 재판을 담당하는 서울형사지방법원은 위헌법률심판제청신청에 대하여 국가보안법은 북한을 반국가단체로 직접 규정한 바 없으므로 남북한관계에 어떠한 변화가 있다는 사정만으로는 국가보안법상의 위 법률조항들을 위헌이라고 볼 수는 없다고 판단하였다. 또한, 북한의 반국가단체성에 대하여도 남북한이 국제연합(UN)에 동시가입한 것이 상호 간에 국가승인의 효력을 발생시킨다고는 볼 수 없고 남북합의서의 서명과 발효로써 북한이 대남 적화혁명노선을 명백히 포기하였다고 볼 수도 없다고 판단하였다. 이는 헌법재판소가 국가보안법에 대하여 한정합헌결정을 하면서 논리적 근거로 제시한 북한의 법적 지위와 관련된 기초사실이 근본적으로 변화된 것이 아니라고 판단한 대법원의 견해를 그대로 유지하고 있는 것이다.

헌법재판소는 이 결정에서 국가보안법과 북한의 반국가단체성에 대하여 남북합의서의 채택·발효 후에도 북한이 여전히 적화통일의 목표를 버리지 않고 각종 도발을 자행하고 있으며 남북한의 정치, 군사적 대결이나 긴장관계가 조금도 해소되지 않고 있음이 엄연한 현실이므로 북한의 반국가단체성이나 국가보안법의 필요성에 관하여는 어떠한 상황 변화가 있었다고 할 수 없다고 판단하였다. 또한, 「남북교류협력에 관한 법률」 등이 공포·시행되었다 하여 국가보안법의 필요성이 소멸되었다거나 북한의 반국가단체성이 소멸되었다고는 할 수 없다는 종전의 견해를 그대로 유지하고 있다. 또한, 헌법재판소는 국가의 존립·안전과 국민의 생존 및 자유를 수호하기 위하여 국가보안법의 해석·적용상 북한을 반국가단체로 보고 이에 동조하는 반국가활동을 규제하는 것 자체가 헌법이 규정하는 국제평화주의나 평화통일의 원칙에 위반된다고 할 수 없다고 확인하였다.

한편, 헌법재판소는 이미 국가보안법의 일부 조항에 대하여 이 조항에 해당하는 행위라 할지라도 그 가운데서 국가의 존립·안전이나 자유민주적 기본질서에 무해한 행위는 처벌에서 제외하고 이에 위해를 줄 명백한 위험성이 있는 경우에만 이를 적용하도록 처벌범위를 축소·제한하는 경우에는 헌법규정들에 합치되는 합헌적 해석이 되고 그 위헌성이 제거된다고 하여 한정합헌결정을 하였다.[2] 헌법재판소는 이 결정에서도 위와 같이 한정합헌결정을 한 이후에 이를 변경할 근본적인 변화가 없으므로 그와 달리 판단하여야 할 다른 사정변경이 있다고도 인정되지 않는다고 판시하였다.

---

2 헌재 1990. 4. 2. 89헌가113, 헌재 1990. 6. 25. 90헌가11, 헌재 1992. 1. 28. 89헌가8 등.

2) 관련판례 요지

(1) 대법원 1991. 4. 23. 91도212 【국가보안법위반】

국가보안법 제2조에서 반국가단체의 개념을 규정하고 있는바, 북한은 6.25전쟁을 도발하여 남침을 감행하였고, 휴전 이후에도 대한민국에 도발행위를 계속하고 있으며, 그 헌법과 형법에 적화통일의 의지를 드러내고 있을 뿐 아니라 막강한 군사력으로 대한민국과 대치하면서 대한민국의 자유민주적 기본 체제를 전복할 것을 완전히 포기하였다는 명백한 징후를 보이지 않고 있어 우리의 자유민주적 기본질서에 대한 위협이 되고 있음이 분명한 상황에서, 대한민국의 헌법과 「남북교류협력에 관한 법률」이 평화통일원칙을 선언하고 이를 실현하기 위한 노력의 일환으로 제한적인 남북교류를 규정하고 있다거나, 우리 정부가 북한 당국자의 명칭을 쓰면서 남북 국회회담과 총리회담을 병행하고 정상회담을 도모하며 UN 동시가입을 추진하는 등 한다 하여 북한이 국가보안법상의 반국가단체가 아니라 할 수 없으니 논지는 이유 없다.

(2) 대법원 1993. 10. 8. 93도1951 【국가보안법위반】

북한이 반국가단체가 아니라거나 피고인의 각 행위가 국가의 존립·안전이나 자유민주적 기본질서에 대한 위해가 되지 않는다는 주장 등에 대하여 북한집단은 남북합의서의 발효와 UN가입 후에도 여전히 대한민국과 대치하면서 대한민국의 자유민주적 기본 체제를 전복할 것을 완전히 포기하였다는 명백한 징후를 보이지 않고 있고, 그들 내부에서의 민주적 변화도 없는 상태에서 대한민국에 대한 무력도발과 각종의 선전·선동 및 이른바 통일전선전술에 의하여 대한민국의 자유민주체제의 붕괴를 지속적으로 획책하고 있으므로, 국가보안법의 보호법익인 국가의 존립·안전과 자유민주적 기본질서에 대한 최대의 현실적 위해집단으로서 반국가단체라 함이 당원의 견해이고, 북한을 반국가단체로 본다고 하여 헌법상 평화통일의 원칙에 배치된다 할 수 없다(당원 1993. 2. 9. 선고 92도1815 판결, 1992. 8. 14. 선고 92도1211 판결, 1992. 3. 31. 선고 91도3279 판결 등 각 참조).

(3) 대법원 1997. 7. 16. 97도985 【국가보안법위반】

우리 헌법이 전문과 제4조, 제5조에서 천명한 국제평화주의와 평화통일의 원칙은 자유민주적 기본질서라는 우리 헌법의 대전제를 해치지 않는 것을 전제로 하는 것이므로, 아직도 북한이 막강한 군사력으로 우리와 대치하면서 우리 사회의 자유민주적 기본질서를 전복할 것을 포기하였다는 명백한 징후는 보이지 않고 있어 우리의 자유민주적 기본질서에 위협이 되고 있음이 분명한 상황에서 국가의 안전을 위태롭게 하는 반국가활동을 규제함으로써 국가의 안전과 국민의 생존 및 자유를 확보함을 목적으로 하는 국가보안법이 헌법에 위배되는 법률이라고 할 수 없고, 국가보안법의 규정을 그 법률의 목적에 비추어 합리적으로 해석하는 한 국가보안법에 정한 각 범죄구성요건의 개념이 모호하고 광범위하여 죄형법정주의의 본질적 내용을 침해하는 것이라고 볼 수도 없으며(대법원 1996. 12. 23. 선고 96도2673 판결 참조), 헌법상 보장된 양심의 자유, 언론출판의 자유 등은 헌법이 보장하는 기본적 권리이기는 하나 무제한한 것이 아니고, 헌법 제37조 제2항에 의하여 국가안전보장, 질서유지 또는 공공복리를 위하여 필요한 경우에는 그 자유와 권리의 본질적인 내용을 침해하지 아니하는 한도 내에서 제한할 수 있는 것이므로, 국가보안법 규정의 입법목적과 적용한계를 위와 같이 자유와 권리의 본질적인 내용을 침해하지 아니하는 한도 내에서 이를 제한하는 데에 있는 것으로 해석하는 한 위헌이라고 볼 것은 아니라고 할 것이다.

(4) 대법원 1999. 10. 8. 99도2437 【국가보안법등위반】

국가의 안전을 위태롭게 하는 반국가활동을 규제함으로써 국가의 안전과 국민의 생존 및 자유를 확보함을 목적으로 하는 국가보안법이 헌법에 위배되는 법률이라거나 사회정의에 반하는 악법이라고 할 수 없고, 이러한 원리는 우리 헌법이 전문과 제4조, 제5조에서 국제평화주의와 평화통일의 원칙을 천명하고 있고, 남북한이 UN에 동시가입함으로써 북한이 국제사회에서 하나의 주권국가로 승인을 받았으며, 남한과 북한 사이의 상호교류와 협력을 촉진하기 위하여 「남북교류협력에 관한 법률」이 시행되고 있다고 할지라도 달라지지 않는다.

한편, 국가보안법 제7조 제3항에 규정된 소위 '이적단체'라 함은 반국가단체 등의 활동을 찬양·고무·선전 또는 이에 동조하거나 국가의 변란을 선전·선동할 목적으로 특정 다수인에 의하여 결성된 계속적이고 독자적인 결합체라고 할 것인데, 이러한 이적단체의 인정은 국가보안법 제1조에서 규정하고 있는 위 법의 목적 등 및 유추해석이나 확대해석을 금지하는 죄형법정주의의 기본정신에 비추어서 그 구성요건을 엄격히 제한 해석하여야 할 것이다. 따라서 피고인이 가입한 '98조선녹두대'라는 단체 자체의 본래 목적을 규명하기 전에는, 단지 정치적, 사회적 쟁점에 대하여 자신들의 견해를 밝히면서 남총련 주최의 불법시위에 여러 차례 참가하였다는 사실만으로 '98조선녹두대'가 남총련 산하의 '민족해방군'과 구별되는 별도의 이적성을 띤 단체라고 인정하기는 어렵다고 할 것이다.

(5) 대법원 1999. 12. 28. 99도4027 【국가보안법위반(잠입·탈출 등)】

북한이 우리의 자유민주주의적 기본질서에 위협이 되고 있음이 분명한 상황에서, 남북한이 UN에 동시가입을 하였고 그로써 북한이 국제사회에서 하나의 주권국가로 승인을 받았으며, 남북한 총리들이 '남북 사이의 화해, 불가침 및 교류에 관한 합의서'에 서명을 하였다는 등의 사유가 있었다고 하더라도 북한이 국가보안법상 반국가단체가 아니라고 할 수는 없다(위 98도1395 판결과 대법원 1997. 2. 28. 선고 96도1817 판결,

1996. 12. 23. 선고 96도2673 판결 등 참조).

우리 헌법이 전문과 제4조, 제5조에서 천명한 국제평화주의와 평화통일의 원칙은 자유민주주의적 기본질서라는 우리 헌법의 대전제를 해치지 않는 것을 전제로 하는 것이므로, 아직도 북한이 막강한 군사력으로 우리와 대치하면서 우리 사회의 자유민주적 기본질서를 전복할 것을 포기하였다는 명백한 징후가 보이지 않고 있어 우리의 자유민주적 기본질서에 위협이 되고 있음이 분명한 상황에서, 국가의 안전을 위태롭게 하는 반국가활동을 규제함으로써 국가의 안전과 국민의 생존 및 자유를 확보함을 목적으로 하는 국가보안법이 헌법에 위배되는 법률이라고 할 수 없다. 또한, 국가보안법의 규정을 그 법률의 목적에 비추어 합리적으로 해석하는 한 국가보안법이 정하는 각 범죄의 구성요건의 개념이 모호하고 광범위하여 죄형법정주의의 본질적 내용을 침해하는 것이라고 볼 수 없으며, 양심의 자유, 언론·출판의 자유 등은 우리 헌법이 보장하는 기본적인 권리이기는 하지만 아무런 제한이 없는 것은 아니고, 헌법 제37조 제2항에 의하여 국가의 안전보장, 질서유지 또는 공공복리를 위하여 필요한 경우에는 그 자유와 권리의 본질적인 내용을 침해하지 아니하는 범위 내에서 제한할 수 있는 것이므로, 국가보안법의 입법목적과 적용한계를 위와 같이 자유와 권리의 본질적인 내용을 침해하지 않는 한도 내에서 이를 제한하는 데에 있는 것으로 해석하는 한 위헌이라고 볼 수 없다.

(6) 대법원 2004. 8. 30. 2004도3212【국가보안법등위반】

비록 남북 사이에 정상회담이 개최되고 그 결과로서 공동선언이 발표되는 등 평화와 화해를 위한 획기적인 전기가 마련되고 있다 하더라도, 그에 따라 남북관계가 더욱 진전되어 남북 사이에 화해와 평화적 공존의 구도가 정착됨으로써 앞으로 북한의 반국가단체성이 소멸되는 것은 별론으로 하고, 지금의 현실로는 북한이 여전히 우리나라와 대치하면서 우리나라의 자유민주주의 체제를 전복하고자 하는 적화통일노선을 완전히 포기하였다는 명백한 징후를 보이지 않고 있고, 그들 내부에 뚜렷한 민주적 변화도 보이지 않고 있는 이상, 북한은 조국의 평화적 통일을 위한 대화와 협력의 동반자임과 동시에 적화통일노선을 고수하면서 우리의 자유민주주의 체제를 전복하고자 획책하는 반국가단체라는 성격도 아울러 가지고 있다고 보아야 하고, 남북 사이에 정상회담이 개최되고 남북한 사이의 교류와 협력이 이루어지고 있다고 하여 바로 북한의 반국가단체성이 소멸하였다거나 대한민국의 안전을 위태롭게 하는 반국가활동을 규제함으로써 국가의 안전과 국민의 생존 및 자유를 확보함을 목적으로 하는 국가보안법의 규범력이 상실되었다고 볼 수는 없다는 것이 대법원의 확립된 견해이다(대법원 2003. 4. 8. 선고 2002도7281 판결, 2003. 9. 23. 선고 2001도4328 판결 등 참조).

이러한 견해와는 달리 북한이 이제는 우리의 자유민주주의 체제를 전복시키려는 시도를 할 가능성이 없다거나 혹은 형법상의 내란죄나 간첩죄 등의 규정만으로도 국가안보를 지킬 수 있다는 등의 이유로 국가보안법의 규범력을 소멸시키거나 북한을 반국가단체에서 제외하는 등의 전향적인 입장을 취해야 한다는 주장도 제기되고 있다. 그러나 북한은 50여 년 전에 적화통일을 위하여 불의의 무력남침을 감행함으로써 민족적 재앙을 일으켰고 그 이후 오늘에 이르기까지 크고 작은 수많은 도발과 위협을 계속해오고 있다는 경험적 사실을 잊어서는 안 될 뿐만 아니라, 향후로도 우리가 역사적으로 우월함이 증명된 자유민주주의와 시장경제의 헌법 체제를 양보하고 북한이 주장하는 이념과 요구에 그대로 따라갈 수는 없는 이상, 북한이 직접 또는 간접 등 온갖 방법으로 우리의 체제를 전복하고자 시도할 가능성은 항상 열려 있다고 할 것이다. 이러한 사정이라면 스스로 일방적인 무장해제를 가져오는 조치에는 신중을 기하지 않으면 안 된다. 나라의 체제는 한번 무너지면 다시 회복할 수 없는 것이므로 국가의 안보에는 한 치의 허술함이나 안이한 판단을 허용할 수 없다.

(7) 대법원 2011. 7. 28. 2009도9152 【국가보안법등위반】

북한은 조국의 평화적 통일을 위한 대화와 협력의 동반자이기도 하지만 다른 한편 남북한관계의 변화에도 불구하고 여전히 적화통일노선을 고수하면서 우리의 자유민주주의 체제를 전복하고자 획책하는 반국가단체로서의 성격도 아울러 가지고 있고, 그 때문에 반국가단체 등을 규율하는 국가보안법의 규범력도 계속 유효하다는 것이 대법원의 확립된 견해이다(대법원 2010. 7. 23. 선고 2010도1189 전원합의체 판결 참조). 그러므로 원심이 같은 취지에서 북한의 반국가단체성이 소멸하였다고 볼 수 없다고 판단한 것은 정당하고, 거기에 상고이유 주장과 같은 국가보안법 제2조에서 정한 반국가단체에 관한 법리 등을 오해한 위법이 없다.

(8) 헌재 1993. 7. 29. 92헌바48 【「남북교류협력에 관한 법률」 제3조 위헌소원】

국가보안법은 국가의 안정을 위태롭게 하는 반국가활동을 규제함으로써 국가의 안전과 국민의 생존 및 자유를 확보함을 목적으로 하여(그 법률 제1조) 제정된 법률이고, 「남북교류협력에 관한 법률」은 남한과 북한의 상호교류와 협력을 촉진하기 위하여 필요한 사항을 규정함을 목적으로 하여(그 법률 제1조) 제정된 법률로서 상호 그 입법취지와 규제대상을 달리하고 있다. 그뿐만 아니라, 구 국가보안법 제6조 제1항의 잠입·탈출죄는 국가의 존립·안전을 위태롭게 하거나 자유민주적 기본질서에 위해를 준다는 정을 알면서 반국가단체의 지배하에 있는 지역으로부터 "잠입"하거나 그 지역으로 "탈출"하는 경우에 성립한다고 해석되고(현행 국가보안법 제6조 제1항, 당재판소 1990.4.2 선고, 89헌가113 결정 각 참조) 「남북교류협력에 관한 법률」 제27조 제2항 제1호의 죄는 재외국민이 재외공관의 장에게 신고하지 아니하고 외국에서 북한을 "왕래"한 경우에 성립하며 여기서 말하는 "왕래"라 함은 남한과 북한 간의 상호 교류 및 협력을 목적으로 하는 왕래에 한한다고 해석되므로(위 법률 제3조 참조) 양자는 그 구성요건을 달리한다.

현 단계에서 북한은 조국의 평화적 통일을 위한 대화와 협력의 동반자임과 동시에 대남적화노선을 고수하면서 우리 자유민주체제의 전복을 획책하고 있는 반국가단체라는 성격도 함께 갖고 있음이 엄연한 현실인 점에 비추어, 헌법 제4조가 천명하는 자유민주적 기본질서에 입각한 평화적 통일정책을 수립하고 이를 추진하는 한편 국가의 안전을 위태롭게 하는 반국가활동을 규제하기 위한 법적 장치로서, 전자를 위하여는 「남북교류협력에 관한 법률」 등의 시행으로써 이에 대처하고 후자를 위하여는 국가보안법의 시행으로써 이에 대처하고 있는 것이다. 이와 같이 국가보안법(1991. 5. 31. 개정의 전후를 막론하고)과 「남북교류협력에 관한 법률」은 상호 그 입법목적과 규제대상을 달리하고 있다.

(9) 헌재 2000. 7. 20. 98헌바63 【「남북교류협력에 관한 법률」 제9조 제3항 위헌소원】

헌법상 통일관련 규정들은 통일의 달성이 우리의 국민적·국가적 과제요 사명임을 밝힘과 동시에 자유민주적 기본질서에 입각한 평화적 통일원칙을 천명하고 있다. 따라서 우리 헌법에서 지향하는 통일은 대한민국의 존립과 안전을 부정하는 것이 아니고, 또 자유민주적 기본질서에 위해를 주는 것이 아니라 그것에 바탕을 둔 통일인 것이다. 그러나 평화적 통일을 위하여서는 북한과 적대관계를 지속하면서 접촉·대화를 무조건 피하는 것으로 일관할 수는 없고, 자유민주적 기본질서에 입각하여 상호 접촉하고 대화하면서 협력과 교류의 길로 나아가는 것이 평화적 통일을 위한 초석이 되는 것이며, 순수한 동포애의 발휘로서 서로 도와주고 일정한 범위 내에서 경제적, 기술적 지원과 협조를 도모하여 단일민족이라는 공감대를 형성하는 것이야말로 헌법 전문의 평화적 통일의 사명에 입각하여 민족의 단결을 공고히 하는 방편으로서 헌법정신에 합치되는 것이다(헌재 1990. 4. 2. 89헌가113, 판례집 2, 49, 60-61 참조).

그런데 이 법은 앞서 본 바와 같이 기본적으로 북한을 평화적 통일을 위한 대화와 협력의 동반자로 인정하면서 남북대결을 지양하고, 자유왕래를 위한 문호개방의 단계로 나아가기 위하여 종전에 원칙적으로 금지되었던 대북한 접촉을 허용하며, 이를 법률적으로 지원하기 위하여 제정된 것으로서, 그 입법목적은 평화적 통일을 지향하는 헌법의 제반 규정에 부합하는 것이다. 이 법이 없다면 남북한 간의 교류, 협력행위는 국가보안법에 의하여 처벌될 수 있으나, 이 법에서 남북관계에 관한 기본적 용어정리, 통신·왕래·교역·협력사업 등에 관한 포괄적 규정(제9조 내지 제23조)과 타 법률에 대한 우선적용(제3조) 등을 규정하고 있는 관계로 그 적용범위 내에서 국가보안법의 적용이 배제된다는 점에서, 이 법은 평화적 통일을 지향하기 위한 기본법으로서의 성격을 갖고 있다고 할 수 있다.

(10) 헌재 2003. 5. 15. 2000헌바66 【국가보안법 제8조 제1항 등 위헌소원】

헌법재판소는 1997. 1. 16. 선고한 92헌바6등, 2002. 4. 25. 선고한 99헌바27등 결정에서 국가보안법 제8조 제1항, 제3항에 대하여 구법 제8조 제1항의 구성요건 가운데 "이익이 된다는 정을 알면서"라는 부분은 지나치게 포괄적이고 그 적용범위가 광범하여 이 조항을 그 문리대로 해석·적용하면 국가의 존립·안전이나 자유민주적 기본질서 또는 국민의 생존 및 자유에 아무런 해악을 끼칠 우려가 없는 사항에 관한 회합·통신 등마저 처벌대상이 될 우려가 있어 위헌적 소지가 있었으나 신법 제8조 제1항은 "이익이 된다는 정을 알면서"라는 부분을 삭제하고 그 대신 "국가의 존립·안전이나 자유민주적 기본질서를 위태롭게 한다는 정을 알면서"라는 주관적 구성요건을 추가함으로써 구법 규정의 위헌적 요소를 제거하였고, 국가보안법 제1조 제2항은 "이 법을 해석 적용함에 있어서 제1항의 목적달성을 위하여 필요한 최소한도에 그쳐야 하며, 이를 확대해석하거나 헌법상 보장된 국민의 기본적 인권을 부당하게 제한하는 일이 있어서는 아니 된다"고 규정하고 있으므로 이에 따라 위 제8조 제1항을 위와 같은 법의 목적에 비추어 합리적으로 해석하여 그 조항에 규정된 행위를 "국가의 존립·안전이나 자유민주적 기본질서에 해악을 끼칠 명백한 위험이 있는 경우"의 것으로 한정하는 한 위 조항 문구의 개념이나 구성요건이 막연하고 모호하여 죄형법정주의의 본질적 내용을 침해하는 것이라고 볼 수 없다는 이유로 헌법에 위반되지 아니한다고 결정한 바 있다.

1998. 11. 금강산 관광을 통한 남북교류협력이 시작된 이후 2000. 3. 베를린선언을 통한 남북 간 화해협력 분위기가 크게 조성되고 이에 따라 남북한 정상 간의 만남, 대북사업의 활성화 등이 이루어지고 있는 등 최근 남북한 관계가 기왕의 대결적 냉전구도를 허물고 화해협력의 기조로 대폭 개선되고 있는 점은 인정되나, 이러한 사정만으로 곧 국가보안법 제8조 제1항 등이 헌법에 위반되지 않는다는 위 결정을 변경할 만한 특수한 사정변경이 있다고 단정하기는 어렵다.

(11) 헌재 2005. 6. 30. 2003헌바114 【구 외국환거래법 제27조 제1항 제8호 등 위헌소원】

우리 헌법이 "대한민국의 영토는 한반도와 그 부속도서로 한다"는 영토조항(제3조)을 두고 있는 이상 대한민국의 헌법은 북한지역을 포함한 한반도 전체에 그 효력이 미치고 따라서 북한지역은 당연히 대한민국의 영토가 되므로, 북한을 법 소정의 "외국"으로, 북한의 주민 또는 법인 등을 "비거주자"로 바로 인정하기는 어렵지만, 개별 법률의 적용 내지 준용에 있어서는 남북한의 특수 관계적 성격을 고려하여 북한지역을 외국에 준하는 지역으로, 북한주민 등을 외국인에 준하는 지위에 있는 자로 규정할 수 있다고 할 것이다(대법원 2004. 11. 12. 선고 2004도4044 판결 참조).

3) 평가

(1) 대법원 판결

북한의 법적 지위에 대한 대법원의 판결은 현행헌법의 개정을 기준으로 그 이전과 그 이후를 구분하여 검토할 필요가 있다. 즉, 1987년 개정된 현행헌법은 헌법 제4조에서 "대한민국은 통일을 지향하며, 자유민주적 기본질서에 입각한 평화적 통일을 수립하고 이를 추진한다"고 규정하여 평화통일원칙을 선언하고 있다. 앞에서 검토한 바와 같이 우리 헌법 제3조의 영토조항은 1948년 건국헌법에서 규정된 이후 현재까지 내용의 변경이 없이 계속해서 유지되고 있으며, 이는 국가 영토의 범위를 선언한 것으로서 대한민국의 국가 정체성을 밝히고 있는 것이다. 헌법 제3조의 영토조항은 대한민국에서 북한이 가지는 법적 지위를 헌법 규범적으로 선언하고 있으며, 사법부가 남북한관계와 북한의 법적 지위를 판단하면서 헌법과 법률을 해석하는 기준으로 제시한 조문이다. 그러나 1987년 현행헌법에서 제4조의 평화통일조항이 신설됨에 따라서 헌법 제3조는 제4조에서 규정하는 헌법적 이념과 조화를 이루고 체계정합성을 유지하기 위하여 새로운 규범적 의미를 가지게 되었다. 대법원의 판결도 이러한 규범조화적 해석에 따라서 변화된 모습을 보이고 있다.

현행헌법이 개정되기 이전까지 대법원은 건국헌법에서 밝힌 헌법제정권력자의 의지를 바탕으로 제3조의 영토조항을 해석하였으며, 이를 충실하게 반영하여 제3조의 법적 규범력을 철저하게 인정함으로써 국가보안법과 그와 관련된 판결을 통하여 북한의 반국가단체성을 확고하게 인정하였다. 이러한 태도는 1972년 제7차 개정헌법을 통하여 헌법에서 한반도의 분단과 통일의 헌법적 의무를 규정한 이후에도 그대로 유지되었다. 대법원은 헌법 제3조의 규범력을 바탕으로 "북한괴뢰집단은 우리 헌법상 반국가적인 불법단체로서 국가로 볼 수 없으나, 간첩죄의 적용에 있어서는 이를 국가에 준하여 취급하여야 한다"고 판결하였고,[3] "헌법이 지향하는 조국의 평화통일과 자유민주적 기본질서를 부인하면서 공산계열인 북한공산집단 등 불법집단이 우리나라를 적화변란하려는 활동을 봉쇄하고 국가의 안전과 국민의 자유를 확보하기 위하여 제정된 국가보안법이 헌법에 위반된다고 할 수 없다"고 판결하였다.[4]

대법원은 북한을 반국가단체 또는 불법단체로 인정하는 헌법적 근거로서 헌법 제3조를 제시하였는데, 이러한 태도는 한반도에서 대한민국이 합법성과 정통성을 지닌 유일한 정부라는 것을 전제로 북한지역은 대한민국이 아직 수복하지 못한 곳이라는 인식을 바탕으로 한 것이었다. 이러한 태도는 북한이 대한민국의 법적 지위에 대하여 가지고 있는 인식과 기본적으로 동일한 것으로 평가된다. 즉, 북한은 1948년 헌법 제103조에서 "조선민주주의인민공화국의 수부는 서울시다"라고 규정함으로써 북한지역은 물론 남한지역도 모두 북한의 영토라는 것을 선언하고 있었다. 북한은 1972년 헌법에서 위 규정을 개정하여 제149조에서 "조선민주주의인민공화국의 수도는 평양이다"라고 규정하여 남북한의 분단 상황을 헌법규범으로 인정하였으나 여전히 남한을 불법단체로 인식하고 있다고 판단된다.

대법원은 1987년 개정된 현행헌법에서 제4조에 평화통일조항을 신설한 이후에도 제3조에 대하여는 그 규범력을 그대로 인정하여, 이를 정치적 선언규정이 아니라 헌법제정권력자의 의지가 규범화되어 법적 효력을 지닌 규정으로 이해하고 있다. 즉, 북한의 법적 지위에 대해서 헌

---

3 대법원 1983. 3. 22. 82도3036.

4 대법원 1986. 10. 28. 86도1784, 대법원 1987. 7. 21. 87도1081 등

법 제3조의 영토조항과 제4조의 평화통일조항의 규범조화적 관계에도 불구하고 북한의 국가성을 부인하고, 자유민주적 기본질서를 수호하는 헌법원칙을 근거로 북한을 반국가단체 또는 불법단체에 불과한 것으로 인식하였다. 따라서 국가의 안전과 국민의 자유를 확보하는 것을 목적으로 하는 국가보안법이 합헌이라는 입장을 일관되게 유지하고 있다. 특히, 대법원은 남북한의 UN 동시가입, 남북기본합의서의 체결, 「남북교류협력에 관한 법률」의 제정·시행, 6.15 남북공동선언, 2002년 이후에 체결된 이른바 '4개 경협합의서' 등을 비롯한 남북합의서의 체결과 발효 등에서 볼 수 있듯이 남한이 북한을 평화통일을 위한 대화와 협력의 당사자로 인정하고 이에 기반을 두고 통일정책을 수행하고 있다는 것을 인정하면서도, 북한이 헌법상 반국가단체 또는 불법단체라는 지위를 가지는 점은 아무런 변화가 없다는 입장을 견지하고 있다.

이는 대법원이 헌법 제3조 영토조항을 헌법본질적인 가치규범으로 인식하고 제4조는 그 범위 안에서 제한적으로 적용된다는 것을 확인하고 있는 것으로 평가할 수 있다. 즉, 제4조에서 규정하고 있는 평화통일의 원칙은 우리 헌법의 본질적인 가치인 자유민주적 기본질서에 위배되지 않는 범위 내에서 추구되어야 할 뿐만 아니라 국가의 안전과 국민의 자유보장이라는 헌법적 가치를 준수하면서 이루어져야 한다는 규범적 한계를 가진다는 것이다. 그리고 1990년대 이후 남북교류협력의 확대와 국제정세의 변화에 따라 남북한관계가 변화되었다고 하더라도 이는 통일정책의 수행과정에서 발생하는 사실상의 문제에 불과하며 법규범적으로는 여전히 북한이 헌법상 불법단체라는 지위를 갖는 것에는 아무런 변화가 없다는 입장을 유지하고 있다.

대법원의 이러한 법논리를 그대로 적용하게 되면, 우리 헌법에 따라 제정·시행된 모든 법령의 효력은 북한지역에도 당연히 미치고, 대한민국의 주권과 부딪치는 어떠한 정치체제도 한반도에서 인정될 수 없다는 결론이 된다. 그러나 대법원은 2000년 6.15남북공동선언 이후 남북한관계의 변화를 수용하여 북한의 이중적 지위에 따라 북한을 평화통일을 위한 대화와 협력의 당사자로 인정하고 이것을 바탕으로 북한과 평화통일을 달성하기 위한 교류협력의 헌법적 정당성을 인정하고 있다.[5] 최근 대법원이 평화통일정책에 대하여 헌법 제4조를 직접적으로 제시하고 있는 것은 이러한 인식을 바탕으로 하는 것으로 평가할 수 있다.

북한의 법적 지위에 대해 대법원이 가진 인식에 있어서 특징적인 것은 북한을 반국가단체 또는 불법단체로 인식하는 근거로 헌법 제3조만을 제시하는 것이 아니라 그 이외에도 '국가의 안전과 국민의 자유', '자유민주적 기본체제의 수호', '국가의 존립·안전과 자유민주적 기본질서의 수호' 등 헌법이념 또는 가치를 함께 제시하고 있는 것이다. 이는 현행헌법이 제4조에서 평화통일조항을 신설한 이후 헌법에서 규정하는 통일이념과 원칙을 제3조와 규범조화적으로 해석하려는 대법원의 노력이 반영된 것으로 판단된다.

한편, 대법원이 헌법 제3조의 규범력과 관련해서는 이 규정만으로는 북한의 반국가단체성 또는 불법단체성을 인정하기에 부족하며, 따라서 헌법 제4조의 신설로 인하여 제3조의 규범력이 약화되는 방향으로 변화한 것을 수용한 것이라고 평가할 수도 있다. 즉, 영토조항이 건국헌법에 도입될 당시에는 헌법현실 속에서 갖는 규범력이 강력하였으나, 1972년 개정헌법에 조국의 평화통일에 관한 규정을 신설한 이후 현행헌법에서 제4조를 신설하고, 남북한관계가 진전되고 국제정세도 급격하게 변화함에 따라 그 규범력이 약화되었다는 것이다. 이러한 입장에서는 대법원이 과거의 냉전주의적 이분법적 현실인식에서 반동적이고 보수적인 입장을 탈피하여 남북한 분단의 헌법현실을 직시하고 이를 반영한 결과 제3조의 규범력을 약화시켜 해석하고 있다고 볼 수도 있다.

그러나 대법원은 헌법 제4조의 규정에도 불구하고 제3조의 규범적

---

5 대법원 2000. 9. 29. 2000도2536.

효력을 그대로 인정하고 있는 것으로 평가하여야 할 것이다. 이는 대법원이 헌법 제3조의 규범력을 약화시켜 해석하는 것이 아니라 제4조와 함께 조화로운 맥락에서 고려하여 상호 불가분의 관계에 있는 다양한 헌법적 가치를 전체로서 통합하여 이해함으로써 헌법의 규범성을 강화하는 방향으로 해석하려는 것이라고 할 수 있다. 즉, 헌법 제3조는 우리가 평화통일정책을 추진하는 정당성의 근거이자 한계로서 기능하며, 제4조는 자유민주적 기본질서, 국가의 안전, 국민의 생존과 자유라는 헌법의 기본가치를 전제로 하고 있으므로 제3조가 가지는 헌법의 본질적 가치와 그 규범적 효력의 범위 안에서 합리적이고 적실성 있는 해석원칙으로 기능하는 것으로 이해하고 있는 것이다. 대법원은 이러한 입장을 최근 평화통일정책의 헌법적 근거로서 헌법 제4조를 제시한 이후에도 동일하게 유지하고 있는 것으로 판단된다.

(2) 헌법재판소 결정

헌법재판소는 현행헌법에 따라 비로소 헌법기관으로 구성되어 설치되었으므로 대법원의 경우와 같이 제4조의 평화통일조항이 도입되기 이전과 이후로 나누어 그 입장을 비교하여 판단하는 것이 불가능하다. 물론 현재의 헌법재판소가 담당하는 헌법재판 이전에도 헌법재판을 담당하는 헌법기관으로서 1948년의 제헌헌법에 따른 헌법위원회, 1960년 제3차 개정헌법에 따른 헌법재판소, 1972년 제7차 개정헌법과 1980년 제8차 개정헌법에 따른 헌법위원회가 설치된 적이 있었으나 헌법재판이 활성화되지 못하였으며 이들 기관이 북한의 법적 지위에 대하여 결정한 사례도 없었다. 따라서 앞에서 설명한 바와 같이 대법원이 북한의 법적 지위를 반국가단체 또는 불법단체로 인정하고 국가보안법에 대하여 헌법에 합치된다고 판단하였을 뿐이었다.

헌법재판소는 현행헌법에서 제4조를 신설한 이후 국가보안법 또는 「남북교류협력에 관한 법률」에 대한 사건에서 북한은 남북한의 UN 동시

가입, 남북기본합의서의 체결에도 불구하고 여전히 적화통일의 목표를 버리지 않고 각종 도발을 자행하고 있으며 남북한의 정치, 군사적 대결이나 긴장관계가 조금도 해소되지 않고 있다는 것을 엄연한 현실로 인정하고, 북한의 반국가단체성이나 국가보안법의 필요성에 관하여는 아무런 상황변화가 없다고 판단하여 대체로 대법원의 견해를 그대로 유지하고 있다. 이와 같이 헌법재판소는 헌법 제3조의 규범력을 그대로 인정하는 것을 전제로 북한을 반국가단체 또는 불법단체로 인정하는 한편, 평화통일정책의 수립·추진을 위해서는 자유민주적 기본질서를 저해하지 않는 범위 안에서 북한을 대화와 협력의 일방 당사자로 인정할 수밖에 없다는 인식에 기초하여 일찍부터 북한에 대하여 이중적 지위를 인정하였다.[6]

헌법재판소의 주장은 대법원의 주장과 비교할 때 다음 두 가지 특징이 있다.

첫째, 헌법재판소는 1993년부터 남북한관계의 특수성을 반영하여 북한의 이중적 지위를 인정하여 북한을 대화와 협력의 일방 당사자로 인정하는 헌법적 근거로서 제4조를 직접적으로 제시하고 있다. 이는 남북한특수관계를 헌법적 차원에서 인정하고 해석한 것으로 「남북교류협력에 관한 법률」에 대한 헌법적 근거를 제시하는 동시에 북한을 상대로 한 교류협력정책에 대하여 헌법적 정당성을 부여하였다는 점에 큰 의의가 있다. 즉, 종래에는 반국가단체인 북한을 상대로 한 각종 교류협력정책을 대통령의 통치행위라는 비법치주의적 이론으로 설명하였다. 그러나 이제는 북한의 법적 지위를 헌법적 차원에서 적극적으로 해석하여 정부의 통일정책을 법치주의적 영역으로 수용함으로써 남북한이 한층 더 안정적으로 통일정책을 수행할 수 있는 법제도적 기반을 마련하게 된 것으로 평가할 수 있다.

---

6 헌재 1993. 7. 29. 92헌바48 등

2000년 이후 이루어진 남북교류협력의 다양한 분야에서 남북합의서를 체결하고 그 합의서에 규범력을 부여하고 있으며, 남북한이 각각 남북교류협력과 관련된 법률들을 제정하고, 특히 개성공업지구법령과 금강산관광지구법령을 제정하여 시행하는 것은 헌법적 차원에서 헌법 제4조의 규범력을 제고하는 노력에 바탕을 두고 있는 것으로 평가할 수 있다. 이는 통일 과정이나 통일 이후 남북한의 법률통합과 법치주의에 기초한 사회통합을 달성하는 데에도 기여할 수 있는 법제도적 기초라고 할 수 있어 매우 중요한 의미를 가진다고 할 것이다.

둘째, 헌법재판소는 대법원과는 달리 북한의 이중적 지위를 인정하면서도 북한을 반국가단체 또는 불법단체로서 인정하는 법적 근거로 "국가의 안전과 국민의 자유보장, 자유민주적 기본질서의 유지라는 헌법적 가치를 위협하고 있는 객관적 실체라는 점"을 제시하고 있을 뿐, 헌법 제3조를 직접적인 근거로 제시하지 않고 있다. 헌법재판소가 북한의 반국가단체성의 근거로 헌법 제3조를 제시하지 않은 것은 제3조의 현실적인 규범력을 제4조와 맺는 관계 속에서 상대적인 것으로 이해하려고 하는 노력으로 판단된다. 즉, 제3조의 규범력은 우리 헌법이념과 통일원칙에서 확정적이고 고정적인 것이 아니라 남북한 헌법가치의 근본적인 변화, 남북교류협력의 확대와 발전양상, 국제사회 속 남북한의 지위 변화 등에 따라 유동적이고 가변적일 수 있다는 것을 인정한 것으로 평가할 수 있다.

(3) 종합적 평가

대법원과 헌법재판소는 앞에서 검토한 바와 같이 법리적 접근방식과 강조하는 부분을 다소 달리하고 있으나, 기본적으로는 헌법 제3조의 규범력을 인정한다는 전제하에 헌법 제4조와 규범조화적으로 해석하여 북한의 이중적 지위를 인정하고 있다. 또한, 북한이 가진 반국가단체성 또는 불법단체라는 지위를 인정하는 근거로서 공통적으로 '북한이 여전히 적화통일의 목표를 버리지 않고 자유민주주의체제를 전복할 것을 완전히 포기하였다는 명백한 징후를 보이지 않고 있는 엄연한 현실'을 제시하고 있다. 이러한 태도는 북한이 적화통일의 목표를 버리고 자유민주주의체제를 전복할 것을 완전히 포기하였다는 것이 명백하게 된다면 북한은 더는 반국가단체 또는 불법단체가 아닐 수 있다는 것을 의미한다.

이러한 의미에서 북한의 법적 지위, 특히 반국가단체성과 불법단체성은 헌법 제3조 또는 제3조와 제4조의 관계에서 직접적이고 무조건적으로 도출되는 것이 아니라 북한의 실체와 활동내용에 따라 결정되므로 제3조와 제4조의 실질적 규범력도 이러한 헌법현실의 변화가 탄력적으로 반영된다는 것으로 해석하고 있는 것으로 평가된다. 특히, 대법원이 "남북관계가 더욱 진전되어 남북 사이에 화해와 평화적 공존의 구도가 정착됨으로써 앞으로 북한의 반국가단체성이 소멸되는 것은 별론으로 하고"라고 판시하고 있는 것과,[7] 헌법재판소가 북한의 반국가단체성의 근거로 헌법 제3조를 제시하지 않고 있는 것도 위와 같은 해석을 뒷받침하고 있다.

대법원의 견해에 대해서는 헌법규정의 규범력을 실효적으로 강화하는 방향으로 해석하는 것에는 공감하지만, 우리 헌법원칙에 부합하는 규범체계로서 구체적인 사안에 적용할 수 있는 체계적인 법이론을 논리적으로 제시하지 못하는 문제점이 있다. 즉, 헌법 제3조의 규범력과 관련하여 형식적이고 냉전주의적 사고의 틀을 벗어나 남북교류협력의 과정에서 발생하는 다양한 법적 쟁점을 해결할 수 있는 구체적인 기준을 제시하지 못하고 있다는 것이다. 다만, 최근 대법원이 남북교류협력의 범위에서 북한주민의 법적 지위를 헌법 제3조에서 직접 도출하는 것을 자제하는 입장을 보인 것은, 헌법 제3조를 북한의 반국가단체성 또

7 대법원 2003. 5. 13. 2003도604.

는 불법단체성의 헌법적 근거로만 인식하는 냉전주의적 사고에서 벗어나는 모습을 보여주는 것이라고 평가할 수 있다. 대법원은 헌법재판소가 1993년부터 북한의 이중적 지위를 적극적으로 인정한 것과 달리 2000년 이후에야 비로소 이를 수용하였는데, 2008년 판결에서 남북한관계의 발전에 대하여 평화통일정책이라는 국가목표의 수립과 그 수행에 있어서 헌법 제4조를 헌법적 근거로 직접적으로 제시한 것은 진전된 모습을 보이는 것이라고 평가할 수 있다.[8]

한편, 헌법재판소의 견해에 대해서는 헌법 제4조의 규범력을 제시함으로써 남북한관계와 평화통일을 헌법적 차원에서 적극적으로 수용하였으며, 이를 통하여 남북한의 특수한 현실을 법치주의에 적절하게 반영하였다는 긍정적인 측면이 있으나, 헌법 제3조와 제4조의 규범체계 문제에 있어서는 법리적인 판단을 회피하였다는 문제점이 있다. 헌법 제3조의 규범적 효력은 정부의 통일정책은 물론 남북한관계와 관련된 법집행이나 법해석에 있어서 기본적인 기준과 지침을 제공하므로, 헌법해석의 최종기관인 헌법재판소는 헌법 제4조와 관련하여 이에 대한 분명한 입장을 밝혀야 할 것이다. 그리고 북한의 이중적 지위에 대해서도 반국가단체라는 지위와 평화통일을 위한 교류 협력의 당사자라는 지위를 동등한 차원에서 인정해야 하는 것인지를 중심으로 논란이 지속되고 있다. 이러한 논란을 정리하고 남북한관계를 법치주의 원칙에 따라 규율하기 위해서도 헌법재판소는 남북교류협력에 관한 규범체계를 정립하는 규범적 기준을 적극적으로 제시할 필요가 있다.

---

8 대법원 2008. 4. 17. 2003도758.

2. 대한민국 국민

1) 대표판례

(1) 대법원 1996. 11. 12. 96누1221【강제퇴거명령처분 무효확인 등】

① 판례요지

1. 사건의 개요

① 원고는 1937. 3. 17. 강원도 화천군 상서면 사향리에서 조선인인 아버지와 어머니에게서 출생한 자로서 8.15 광복에 이은 남북분단 이후 북한지역에서 거주하던 중 6.25전쟁으로 부모를 잃고 북한의 여러 지역을 돌아다니며 생활하다가 1960년경 중국으로 건너갔다. 그리고 중국에 건너간 직후인 1961년경 한국계 중국인과 결혼하였다가 1963년경 이혼하였고, 1979년경 다시 다른 한국계 중국인과 재혼하여 살았다.

② 그는 1992. 7. 13. 중국 정부에서 중국 여권을 발급받고 대한민국 법무부장관에게서 체류 자격을 방문목적으로 하고 체류기간을 30일로 하는 사증을 발급받아 1992. 9. 1. 남편과 함께 대한민국에 입국하였다.

③ 한편, 원고는 중국에 거주하던 1977. 8. 25. 중국 주재 북한대사관에서 해외공민증을 발급받았고, 1987. 3. 1.에는 중국 정부에게서 유효기간을 1992. 3. 1.까지로 하는 외국인거류증을 발급받았으며, 1992. 3. 1.에는 그 기간을 1997. 3. 1.까지로 연장받았다.

④ 원고는 함께 입국한 한국계 중국인인 남편이 1993. 11. 23. 취객에게 맞아 사망하였을 당시 가해자 측과 다투던 합의금 수령 문제로 부부관계인 사실을 입증할 필요가 있어 중국에 거주하는 망자의 전처의 딸에게 원고가 망자와 결혼하였음을 증명하는 결혼증명을 보내줄 것을 부탁하였다. 하지만 망자의 전처의 딸은 원고가 중국 국적을 보유하고 있지 않기 때문에 위 합의금의 정당한 수령권자가 될 수 없고 중국 국적을 보유하고 있는 직계비속인 자신이 위 합의금의 정당한 수령권자

라고 주장하면서 원고의 부탁을 거절하고 자신의 남편과 함께 1994. 2. 3. 대한민국에 입국하였다.

⑤ 그러자 원고는 다시 중국에 거주하는 친아들에게 연락하여 원고가 망자와 결혼하였음을 증명하는 결혼증명과 함께 중국 주재 북한대사관에서 발급받은 해외공민증 및 중국정부에게서 발급받은 외국인거류증을 우편으로 전달받은 후, 망자의 전처의 딸과 함께 대한민국 주재 중국영사관에 찾아가 위 합의금의 정당한 수령권자가 누구인지에 대하여 유권해석을 구하여 상 모 영사로부터 원고의 국적에 불구하고 배우자의 자격에서 합의금을 수령할 수 있다는 유권해석을 받아 가까스로 위 합의금을 수령할 수 있었다.

⑥ 한편 법무부에서는 1994. 4. 15.자로 대한민국 주재 중국대사관에 대하여 원고의 국적을 조회하였고, 같은 달 26.자로 원고가 중국 거주허가를 받았는지의 점에 관하여도 조회를 하였는데, 위 중국대사관에서는 위 조회일로부터 1년 반이 넘은 원심 변론종결 시까지도 아무런 회답이 없는 상태다.

2. 판결요지

[1] 북한법에 의하여 북한 국적을 취득한 자가 대한민국 국민인지 여부

남조선과도정부 법률 제11호 국적에 관한 임시조례 제2조 제1호는 조선인을 부친으로 하여 출생한 자는 조선의 국적을 가지는 것으로 규정하고 있고, 제헌헌법은 제3조에서 대한민국의 국민 되는 요건을 법률로써 정한다고 규정하면서 제100조에서 현행 법령은 이 헌법에 저촉되지 아니하는 한 효력을 가진다고 규정하고 있는바, 원고는 조선인을 부친으로 하여 출생함으로써 위 임시조례의 규정에 따라 조선 국적을 취득하였다가 1948. 7. 17. 제헌헌법의 공포와 동시에 대한민국 국적을 취득하였다 할 것이고, 설사 원고가 북한법의 규정에 따라 북한 국적을 취득하여 1977. 8. 25. 중국 주재 북한대사관으로부터 북한의 해외공민

증을 발급받은 자라 하더라도 북한지역 역시 대한민국의 영토에 속하는 한반도의 일부를 이루는 것이어서 대한민국의 주권이 미칠 뿐이고, 대한민국의 주권과 부딪치는 어떠한 국가단체나 주권을 법리상 인정할 수 없는 점에 비추어볼 때 이러한 사정은 원고가 대한민국 국적을 취득하고, 이를 유지함에 있어 아무런 영향을 끼칠 수 없다.

[2] 출입국관리법 제46조에 의한 강제퇴거의 요건과 그 입증책임

출입국관리법 제46조는 대한민국 밖으로 강제퇴거시킬 수 있는 대상자를 동조 각 호 소정의 일정한 사유에 해당하는 외국인으로 한정하고 있고, 제2조 제2호는 외국인이라 함은 대한민국의 국적을 가지지 아니한 자를 말한다고 규정하고 있는바, 위 관계 규정의 취지에 비추어보면 출입국관리법 소정의 외국인으로서 대한민국 밖으로 강제퇴거를 시키기 위하여는 상대방이 대한민국의 국적을 가지지 아니한 외국인이라고 단정할 수 있어야 할 것이다.

따라서 재외 국민이 다른 나라의 여권을 소지하고 대한민국에 입국하였다 하더라도 그가 당초에 대한민국의 국민이었던 점이 판시와 같이 인정되는 이상 다른 나라의 여권을 소지한 사실 자체만으로는 그 나라의 국적을 취득하였다거나 대한민국의 국적을 상실한 것으로 추정·의제되는 것이 아니므로, 다른 특별한 사정이 없는 한 위와 같은 재외 국민을 외국인으로 볼 것은 아니라 할 것이고, 다른 나라의 여권을 소지하고 입국한 재외 국민이 그 나라의 국적을 취득하였다거나 대한민국의 국적을 상실한 외국인이라는 점에 대하여는 관할 외국인보호소장 등 처분청이 이를 입증하여야 할 것이다.

원심판결 이유에 따르면 원심은 원고가 대한민국에 입국할 때 중국 국적을 취득한 자에게만 발급되는 것이 원칙인 중국 여권을 소지하고 입국하였으므로, 원고가 1992. 3. 1. 중국 정부에게서 외국인거류증의 연장을 받은 이후 1992. 7. 13. 중국 정부에게서 중국 여권을 발급받기

이전까지의 기간 동안 중국 국적을 취득한 것은 아닌지 의심이 가고, 피고 서울외국인보호소장도 이를 근거로 원고가 중국 국적을 가졌다고 주장하고 있으며, 국적법 제12조는 대한민국의 국민으로서 자진하여 외국의 국적을 취득한 자는 대한민국의 국적을 상실하는 것으로 규정하고 있으므로, 과연 원고가 소지하고 있던 중국여권이 원고가 1992. 3. 1. 이후 중국 국적을 취득함으로써 정당하게 발급된 것인지에 대하여 살피기로 한다고 전제하고 나서, 원고가 소지하고 있던 중국 여권이 원고가 중국 국적을 취득함으로써 정당하게 발급받은 것이라고 인정하기 어렵고, 오히려 위 중국 여권은 원고의 남편인 소외 4가 중국의 관계공무원들을 통하여 부정하게 발급받은 것이라고 인정함이 상당하다고 할 것이므로, 원고가 이처럼 부정하게 발급받은 위 중국 여권을 소지하고 있었다는 점 하나만으로 원고가 중국 국적을 취득하였다고 볼 수는 없고, 따라서 원고는 여전히 대한민국 국민으로서의 지위를 가진다고 판단하였다.

기록과 위에서 본 법리에 비추어 살펴보면 원심의 위 사실인정 및 판단은 정당하고, 거기에 소론과 같이 출입국관리법 제46조 소정의 외국인의 입증책임에 관한 법리를 오해하였다거나 심리를 제대로 하지 아니한 위법이 있다고 할 수 없다. 논지도 이유 없다.

[3] 하자 있는 행정처분이 당연 무효로 되기 위한 요건과 그 판단기준

하자 있는 행정처분이 당연 무효가 되기 위하여는 그 하자가 법규의 중요한 부분을 위반한 중대한 것으로서 객관적으로 명백한 것이어야 하며, 하자가 중대하고 명백한 것인지 여부를 판별함에 있어서는 그 법규의 목적, 의미, 기능 등을 목적론적으로 고찰함과 동시에 구체적 사안 자체의 특수성에 관하여도 합리적으로 고찰함을 요한다고 할 것이다(당원 1995. 7. 11. 선고 94누4615 전원합의체 판결 참조).

원심은 위에서 본 바와 같은 원고의 출생과 중국으로의 이주, 한국계

중국인과의 결혼, 북한의 해외공민증과 중국의 외국인거류증 및 중국 정부가 발행한 중국 여권을 소지하게 된 경위 등에 관한 사실과 원고가 여전히 대한민국 국민으로서의 지위를 가지고 있는 사실을 인정한 다음, 원고에 대한 이 사건 강제퇴거명령이나 보호명령은 그 처분의 대상이 될 수 없는 대한민국 국민에 대하여 행하여진 처분으로서 그 하자가 중대하다고 할 것이나, 원고는 중국 여권을 소지하고 있어 일응 중국 국적을 보유하고 있는 자라고 판단될 만한 외관을 가지고 있었던 이상 그 하자가 객관적으로 명백한 것이라고는 할 수 없다 할 것이므로, 위 강제퇴거명령 및 보호명령을 당연 무효로 볼 수는 없다 할 것이고 다만 취소할 수 있음에 그친다고 판단하였는바, 기록과 위에서 본 법리에 비추어 살펴보면 원심의 위 인정 판단은 정당하고, 거기에 소론과 같이 사실을 오인하였거나 행정처분의 무효에 관한 법리를 오해한 위법이 있다고 할 수 없으므로 논지는 이유가 없다.

② 해설

대법원의 이 판결은 중국 여권을 발급받아 남한에 입국한 북한주민이 외국 국적을 취득하지 않은 이상 대한민국 국민의 자격을 그대로 보유한다는 것을 확인한 것이다. 우리 1948년 건국헌법은 제3조에서 "대한민국의 국민되는 요건은 법률로써 정한다"고 규정하여 국적법정주의를 선언하여 국민의 요건과 자격에 관한 구체적인 사항을 법률에 위임하였다. 한편, 국적법은 1948년 12월 20일 제정되었으며 대한민국 국적을 취득하는 요건을 제2조 제1항에서 "출생한 당시에 부 또는 모가 대한민국 국민인 때"로 규정함으로써 그 법률이 제정되기 이전에 이미 대한민국 국민이 존재함을 전제로 하여 국민의 요건과 범위를 확정하는 입법형식을 취하였다.

대법원은 남조선과도정부법률 제11호 국적에 관한 임시조례 제2조 제1호가 "조선인을 부친으로 하여 출생한 자는 조선의 국적을 가지는 것"으로 규정하고 있고, 건국헌법은 제100조에서 "현행법령은 이 헌법에 저촉되지 아니하는 한 효력을 가진다"고 규정하고 있다는 것을 근거로 하여 이 사건 원고인 북한주민은 조선인을 부친으로 하여 출생함으로써 위 임시조례의 규정에 따라 조선 국적을 취득하였다가 1948년 7월 17일 헌법의 공포와 동시에 대한민국 국적을 취득하였다고 판단하였다.

대법원은 북한법에 따라 북한 국적을 취득한 북한주민이 중국 주재 북한대사관에서 북한의 해외공민증을 발급받은 자라 하더라도 북한지역 역시 대한민국 영토에 속하는 한반도의 일부를 이루는 것이어서 대한민국의 주권이 미칠 뿐이며, 한반도에는 대한민국의 주권과 부딪치는 어떠한 국가단체나 주권을 법리상 인정할 수 없다고 판단하여 헌법 제3조의 영토조항의 규범력을 인정하였다. 또한, 이 판결은 북한주민도 대한민국 국민이라는 것을 전제로 하여 북한주민은 외국인이 아니며, 외국 국적을 취득하지 아니한 이상 출입국관리법 제46조의 강제퇴거의 대상이 되지 않는다고 판단하였다. 따라서 북한주민이 부정하게 발급받은 중국 여권을 소지하고 있었다고 하더라도 중국 국적을 취득하지 아니한 이상 여전히 대한민국 국민의 지위를 가진다고 보았다.

한편, 대법원은 대한민국 정부가 북한주민에 대하여 강제퇴거명령이나 보호명령을 한 것은 그 처분의 대상이 될 수 없는 대한민국 국민에 대하여 행해진 것으로 그 하자가 중대하다고 할 것이나, 중국 여권을 가지고 있어 일단 중국 국적을 보유하고 있는 자로 판단할 만한 외관을 가지고 있었으므로 그 하자가 객관적이고 명백한 것이라고는 할 수 없다는 이유로 이는 당연무효가 아니라 취소할 수 있는 사유에 그친다고 판단하였다.

(2) 헌재 2005. 6. 30. 2003헌바114 【구 외국환거래법 제27조 제1항 제8호 등 위헌소원】

① 판례요지

1. 사건의 개요와 심판의 대상

가. 사건의 개요

청구인은 청구외 김○규 등과 공모하여 재정경제부장관에게 신고하지 아니하고, ○○ 주식회사가 30년간 독점하여 북한 통천지역의 경공업지구 조성부지, 통천비행장 부지의 사용권, 철도·통신·전력·관광사업 등의 개발·운영권 등을 취득하는 것을 내용으로 하여 2000. 5. 3. 북한의 조선아시아태평양위원회(이하 '아태위원회'라 한다)와 체결한 경제협력사업권에 관한 잠정합의(이하 '이 사건 잠정합의'라 한다)의 대가 명목으로 2000. 6. 9. 미화 2억 달러를 Bank of China 마카오 지점에 개설된 아태위원회 지정의 3개 명의의 계좌로 송금하는 방법으로 그 지급을 하고, 같은 날 미화 5천만 달러를 △△ 주식회사 런던지사를 통하여 Raiffcisen Zentral Bank의 Wien 지점 등에 개설된 아태위원회 지정의 2개 명의의 계좌로 송금하고, 미화 1억 달러를 위 △△ 주식회사 싱가포르 지점을 통하여 HSBC의 미국 RNNY 지점 등에 개설된 아태위원회 지정의 8개 명의의 계좌로 송금하는 방법으로 그 지급을 하였다는 공소사실 등으로 서울지방법원에 공소 제기되었다(서울지방법원 2003고합642, 2003고합933[병합] 특정 경제 범죄 가중처벌 등에 관한 법률 위반[배임] 등).

청구인은 위 재판 계속 중 외국환거래법 제27조 제1항 제8호, 제15조 제3항에 대하여 위헌법률심판제청신청을 하였으나(2003초기2109), 위 법원은 2003. 12. 12. 위 공소사실에 대하여 유죄판결을 선고하면서 위헌법률심판제청신청을 기각하였다. 이에 청구인은 같은 달 26. 헌법재판소법 제68조 제2항의 규정에 따라 이 사건 헌법소원심판을 청구하였다.

나. 심판대상

심판의 대상은 외국환거래법(1998. 9. 16. 법률 제5550호로 제정된 것. 이하 '법'이라 한다) 제27조 제1항 제8호 후단 및 제15조 제3항 중 각 미신고 외국환 지급의 금지 부분(이하 이들 조항을 '이 사건 법률조항'이라 한다)의 위헌 여부다. 심판대상조항의 내용은 다음과 같다.

법 제15조(지급 등의 허가)

③ 이 법에 의하여 허가를 받거나 신고를 하여야 하는 거래 또는 행위를 하고자 하는 거주자 또는 비거주자는 그 허가를 받지 아니하거나 신고를 하지 아니하고는 당해 거래 또는 행위에 관한 지급 등을 하여서는 아니 된다.

법 제27조(벌칙)

① 다음 각 호의 1에 해당하는 자는 3년 이하의 징역 또는 2억 원 이하의 벌금에 처한다. 다만, 위반행위의 목적물의 가액의 3배가 2억 원을 초과하는 경우에는 그 벌금을 목적물의 가액의 3배 이하로 한다.

8. 제15조 제1항의 규정에 의한 허가를 받지 아니하거나 허위 기타 부정한 방법으로 허가를 받고 지급 등을 한 자 또는 동조 제3항의 규정에 위반하여 지급 등을 한 자

2. 청구인의 주장, 법원의 제청신청 기각이유

가. 청구인의 주장요지

(1) 법 제15조 제1항의 규정을 고려하면 같은 조 제3항이 규제하려는 외국환 지급의 태양은 ① 국내로부터 외국에 지급하는 경우와 ② 비거주자와 거주자 사이의 지급이다. 청구인에 대한 공소사실은 위 두 가지 중 어디에 해당하는지 분명하지 않으나, 피지급자를 "북한쪽 명의의 계좌"라고 표시함으로써 북한사람에게 지급되었음을 명확히 하고 있다.

그런데 청구인에 대한 공소사실이 위 ①의 경우로서 북한이라는 외국에 지급하였다는 것이라면 이는 대한민국의 영토를 한반도와 그 부속도서로 하고 있는 헌법 제3조에 위반된다. 한편, 위 공소사실이 위 ②의 경우라면, 법 제3조 제1항 제12호 및 제13호가 규정하고 있는 거주자의 개념인 '대한민국 안에 주소 또는 거소를 둔 개인과 대한민국 안에 주된 사무소를 둔 법인'에 비추어볼 때 피지급자인 북한사람이 거주자인지 비거주자인지 명확하지 않다. 나아가 북한사람을 비거주자, 즉 대한민국 영토 내에 거소를 두지 않은 자로 보는 것이 법 제15조 제1항의 취지라면 이 역시 헌법 제3조에 위반한다.

(2) 법 제15조 제3항의 "이 법에 의하여 신고를 하여야 하는 거래 또는 행위"는 그 의미가 너무 포괄적이어서 불명확하므로 명확성의 원칙에 위반된다.

(3) 결국, 법 제15조 제1항의 위와 같은 위헌성은 금지규정인 법 제15조 제3항과 처벌규정인 법 제27조 제1항 제8호에 반영되어 있으므로, 총체적으로 형벌법규를 구성하는 이 사건 법률조항은 헌법에 위반된다.

나. 법원의 제청신청 기각결정의 이유요지

이 사건 법률조항에 포함된 단어들은 대부분 법률용어로서 그 의미에 혼동을 초래할 정도의 불명확한 것이 없고, 특히 대한민국에 반대되는 뜻으로서 '외국'의 의미 또한 불명확하지 않으므로, 이 사건 법률조항은 헌법이 정한 명확성의 원칙에 반하지 않는다. 나아가 북한이 외국인지 및 북한에 주소 또는 거소를 둔 개인 또는 북한에 주된 사무소를 둔 법인이 비거주자인지 여부는 당해 사건의 유·무죄와 관련된 헌법 및 법률 해석의 문제일 뿐이며, 이 사건 법률조항 자체에서 북한을 외국으로, 북한에 주소 또는 거소를 둔 개인 또는 북한에 주된 사무소를 둔 법인을 '비거주자'로 직접 규정하고 있지 않으므로 헌법 제3조의 영토조항에 위반되지 않는다.

3. 판단

가. 쟁점의 정리

이 사건 법률조항은 형벌법규로서, 법에 의하여 신고를 하여야 하는 거래 또는 행위를 하고자 하는 거주자 또는 비거주자는 그 신고를 하지 아니하고는 당해 거래 또는 행위에 관한 지급을 해서는 아니되고(제15조 제3항), 이를 위반하여 지급을 한 자에 대하여는 3년 이하의 징역 또는 2억 원 이하의 벌금에 처한다(제27조 제1항 제8호 후단)는 내용의 규정이다.

형벌법규에 대하여는 죄형법정주의의 한 내용인 명확성의 원칙이 요구된다. 그런데 이 사건 법률조항은 그 구성요건에서 "이 법에 의하여 신고를 하여야 하는 거래 또는 행위를 하고자 하는 거주자 또는 비거주자"라고 규정함으로써, 첫째 '이 법에 의하여 신고의 대상이 되는 거래 또는 행위'가 무엇을 의미하는지, 둘째 헌법 제3조의 영토조항과 관련하여 위 아태위원회가 '거주자 또는 비거주자'의 어디에 해당하는지가 불분명하여 명확성의 원칙에 위배되는 것이 아닌가 하는 의문이 제기된다.

나. 명확성 원칙의 위배 여부

(1) 명확성 원칙의 의의 및 그 판단방법

일반적으로 죄형법정주의의 원칙은 법률이 처벌하고자 하는 행위가 무엇이며 그에 대한 형벌이 어떠한 것인지를 누구나 예견할 수 있고, 그에 따라 자신의 행위를 결정할 수 있도록 구성요건을 명확하게 규정할 것을 요구한다. 형벌법규의 내용이 모호하거나 추상적이어서 불명확하면 무엇이 금지된 행위인지를 국민이 알 수 없어 법을 지키기가 어려울 뿐더러 범죄의 성립 여부가 법관의 자의적인 해석에 맡겨져 죄형법정주의에 의하여 국민의 자유와 권리를 보장하려는 법치주의의 이념은 실현될 수 없기 때문이다(헌재 1998. 7. 16. 97헌바23, 판례집 10-2, 243, 260).

이와 같은 형벌규정에 대한 예측가능성의 유무 내지는 법 적용자에 대한 해석지침 여부에 대하여는 당해 특정조항 하나만을 가지고 판단할 것이 아니라 관련 법조항 전체를 유기적·체계적으로 종합·판단하여야 하며, 각 대상 법률의 성질에 따라 구체적·개별적으로 검토하여야 한다는 것이 우리 재판소의 확립된 판례다(헌재 1996. 2. 29. 94헌마13, 판례집 8-1, 126, 137; 2001. 1. 18. 99헌바112, 판례집 13-1, 85, 94).

(2) "이 법에 의하여 신고를 하여야 하는 거래 또는 행위" 부분에 대한 판단

(가) 법은 외국환거래 기타 대외거래의 자유를 보장하고 시장기능을 활성화하여 대외거래의 원활화 및 국제수지의 균형과 통화가치의 안정을 도모함으로써 국민경제의 건전한 발전에 이바지하는 것을 목적으로 한다(제1조).

이와 같은 목적을 달성하기 위하여 법은 외국환거래 기타 대외거래를 합리적으로 조정·관리하기 위한 장치를 두고 있는데, 모든 외국환거래행위에 대하여 '원인행위', '지급 및 영수행위', 그리고 '지급 및 영수방법' 등 3가지 측면에서 절차를 정하고 있고, 이 중 '지급 및 영수행위'가 그 기본이 된다고 할 수 있다.

법 제15조는 경상거래에 따른 지급 및 영수에 관한 일반적 규정으로서, 재정경제부장관은 우리나라가 체결한 조약 및 일반적으로 승인된 국제외국환거래법규의 성실한 이행을 위하여 불가피한 경우와 국제평화 및 안전유지를 위한 국제적 노력에 특히 기여할 필요가 있는 경우에는 거주자 또는 비거주자로 하여금 경상적 지급 및 영수에 관하여 허가를 받도록 할 수 있다(제1항). 나아가, 법에 의하여 신고를 하여야 하는 거래 또는 행위에 대하여 신고를 하지 않고는 당해 거래 또는 행위에 관한 지급 또는 영수를 하여서는 아니 되며(제3항), 이를 위반할 경우 법 제27조 제1항 제8호 후단에 의하여 처벌하고 있다.

(나) 여기에서 법 제15조 제3항의 "이 법에 의하여 신고를 하여야 하

는 거래 또는 행위"가 무엇인가를 살펴볼 필요가 있다. 앞에서 본 바와 같이 외국환거래의 규제절차는 원인행위, 지급 및 영수행위, 그리고 지급 및 영수 방법에서 각각 이루어지고 있는데, 자본거래에 대하여는 원인행위를 중심으로, 경상적 거래에 대하여는 지급 및 영수 행위를 중심으로 각 규제하고 있으며, 자본거래를 제한하는 일반조항은 법 제18조(자본거래의 신고 등)이고, 지급 및 영수 행위를 제한하는 일반조항은 법 제15조(지급 등의 허가)라고 할 수 있다.

먼저, 법 제18조 제1항 본문은 원칙적으로 외국환관리에 영향을 미칠 수 있는 자본거래에 대하여는 재정경제부장관에게 신고하도록 하고 있고, 동법시행령 제30조 제2항은 법 제18조 제1항 단서의 규정에 의하여 신고를 하지 아니하여도 되는 자본거래를 지정한 때에는 재정경제부장관이 이를 고시하여야 한다고 규정하였다. 이에 따라 1999. 3. 31. 재정경제부고시 제1999-9호로 '외국환거래규정'이 제정되었는데, 동 규정 제7-2조에서 자본거래에 대한 허가 및 신고의 예외를 정함으로써 원인행위 단계에서의 외국환거래를 제한하고 있다. 이와 같은 신고의무 있는 자본거래를 신고하지 않고 행한 경우 이를 처벌하는 규정이 법 제28조 제1항 제4호이다.

그런데 이렇게 신고의무 있는 자본거래를 신고하지 아니하고 행한 경우에서 더 나아가 위 자본거래를 원인으로 하여 신고 없이 외국환을 '지급'한 경우는 그 위법성이 더욱 높다고 할 것인데, 이를 규율하는 것이 바로 이 사건 법률조항이다. 당해 사건의 경우, 청구인이 재정경제부장관에게 신고하지 않은 채 북한의 아태위원회와 사이에 이 사건 잠정합의를 한 행위는 신고의무 있는 자본거래를 신고하지 않고 행한 것에 해당하여 법 제18조 제1항을 위반한 것이고, 나아가 이 사건 잠정합의를 원인으로 하여 재정경제부장관에게 신고하지 않고 외국은행에 송금한 행위는 미신고 외국환 지급의 금지를 규정한 법 제15조 제3항을 위반한 것이다. 따라서 청구인의 행위는 법 제18조 제1항 및 제15조 제3

항을 모두 위반한 것인데, 검찰은 제15조 제3항 위반만을 적용하여 공소를 제기하였다.

(다) 한편, 그 밖에 법이 규정하고 있는 신고의무와 그를 위반한 자에 대한 처벌규정을 보면 다음과 같다.

1) 법 제8조(외국환업무의 등록 등) 제4항의 규정에 따르면, 같은 조 제1항 본문의 규정에 의하여 외국환업무의 등록을 한 금융기관과 제3항의 규정에 의하여 환전업무의 등록을 한 자가 그 등록사항 중 대통령령이 정하는 사항을 변경하고자 하거나 외국환업무 또는 환전업무를 폐지하고자 하는 때에는 대통령령이 정하는 바에 의하여 재정경제부장관에게 미리 이를 신고하여야 하는데, 그 변경신고를 하지 아니하거나 허위로 변경신고를 하고 외국환업무 또는 환전업무를 영위한 자 또는 그 폐지신고를 허위로 하고 외국환업무 및 환전업무를 영위한 자는 형벌에 처하고(법 제29조 제1항 제1호, 제27조 제1항 제5호·제6호), 그 폐지신고를 하지 아니한 자는 과태료에 처한다(법 제32조 제1항 제1호).

2) 법 제9조(외국환중개업무 등) 제2항의 규정에 따르면, 같은 조 제1항의 규정에 의한 외국환중개업무의 인가를 받은 자가 합병 또는 해산, 영업의 전부 또는 일부를 폐지·양도·양수하거나 인가사항 중 대통령령이 정하는 중요 사항을 변경하고자 하는 때에는 대통령령이 정하는 구분에 따라 재정경제부장관의 인가를 받거나 재정경제부장관에게 신고하여야 하는데, 이에 따른 합병·해산, 양도·양수 또는 폐지신고를 허위로 하고 외국환중개 업무를 영위한 자 또는 그 변경신고를 하지 아니하거나 허위로 변경신고를 하고 외국환중개 업무를 영위한 자는 형벌에 처하고(법 제27조 제1항 제7호, 제29조 제1항 제3호), 그 합병·해산, 양도·양수 또는 폐지신고를 하지 아니한 자는 과태료에 처한다(법 제32조 제1항 제2호).

3) 법 제16조(지급 등의 방법의 신고)의 규정에 따르면, 거주자와 비거주자 간 또는 비거주자 상호 간의 거래 또는 행위에 따른 채권·채무의

결제에 있어서 거주자가 일정한 행위를 하는 경우에는 대통령령이 정하는 바에 의하여 그 지급 또는 영수의 방법에 대하여 재정경제부장관에게 미리 신고하여야 하는데, 이에 따른 신고를 하지 아니하거나 허위로 신고하고 지급 또는 영수를 한 자는 형벌에 처한다(법 제28조 제1항 제2호).

4) 법 제17조(지급수단 등의 수출입의 허가 등)의 규정에 따르면, 재정경제부장관은 이 법의 실효성을 확보하기 위하여 필요하다고 인정되어 대통령령이 정하는 경우에는 지급수단·귀금속 또는 증권을 수출 또는 수입하고자 하는 거주자나 비거주자로 하여금 당해 지급수단·귀금속 또는 증권을 수출 또는 수입함에 있어서 대통령령이 정하는 바에 의하여 허가를 받도록 하거나 세관에 신고하게 할 수 있는데, 이에 따른 신고를 하지 아니하거나 허위로 신고하고 지급수단·귀금속 또는 증권을 수출 또는 수입한 자는 형벌에 처한다(법 제28조 제1항 제3호).

(라) 이와 같이 법은 제16조에서 지급 등의 방법의 신고를, 제17조에서 지급수단 등의 수출입의 신고를 각각 규정하고 있는데, 이를 위반하였을 경우 별도의 처벌규정(제28조 제1항 제2호·제3호)을 두고 있으므로 이 사건 법률조항(특히 법 제27조 제1항 제8호 후단)이 적용될 수 없고, 그 밖에 변경신고·폐지신고 등을 규정한 법 제8조 제4항, 제9조 제2항에 대하여도 이에 대응하는 처벌규정(제27조 제1항 제5호·제6호·제7호, 제29조 제1항 제1호·제3호)이나 과태료규정(제32조 제1항 제1호·제2호)이 있으므로 이들에 대하여도 이 사건 법률조항이 적용되지 않음이 명백하다. 결국, 이 법에서 이 사건 법률조항이 적용되는 경우는 오직 당해사건과 같이 무신고 자본거래를 한 후 이를 원인으로 한 무신고 외국환의 지급 또는 영수행위가 유일한 것이다.

그러므로 법 제15조 제3항 중 "이 법에 의하여 신고를 하여야 하는 거래 또는 행위" 및 나아가 "그 신고를 하지 아니하고는 당해 거래 또는 행위에 관한 지급 등을 하여서는 아니 된다"는 부분이 의미하는 바는 앞서 본 바와 같은 이 법의 목적, 외국환거래 제한의 태양(態樣)과 절차, 법 제15조와 제18조의 의미, 법상 신고의무규정·금지규정과 처벌규정의 상관관계 등에 비추어 관련 법조항 전체를 유기적·체계적으로 종합판단하면 그 의미가 불명확하다고 할 수 없으므로, 죄형법정주의가 요구하는 명확성의 원칙에 위배되는 것이라고 할 수 없다.

(3) "거주자 또는 비거주자" 부분에 대한 판단

(가) '거주자 및 비거주자'의 개념은 외국환거래법 전반에 걸쳐 사용되고 있는 외국환관리의 기본적인 개념이다. 즉, 외국환관리의 원리는 거주자와 비거주자 간의 채권·채무 관계를 규제하는 것인바, 거주자와 비거주자를 구분하는 거주성(居住性) 개념은 국적과는 관계없이 일정기간을 거주하고 있거나 거주할 의사를 가지고 있고 경제적으로 밀착되어 있는 지역을 기준으로 한다. 즉, 외국 국적을 가진 사람이 대한민국에 경제이익의 중심을 두고 있는 경우에는 외국인이라고 하여도 거주자로 취급되므로, 거주성의 개념이 국적과 논리 필연적인 관계에 있는 것은 아니다.

법은 거주자 개념의 중요성을 감안하여 거주자와 비거주자의 개념을 정의하고 있다. 즉, 제3조 제1항 제12호의 규정에 따르면 "거주자"라 함은 대한민국 안에 주소 또는 거소를 둔 개인과 대한민국 안에 주된 사무소를 둔 법인을 말하고, 동 조항 제13호의 규정에 따르면 "비거주자"라 함은 거주자 외의 개인 및 법인을 말하는데, 다만 비거주자의 대한민국 안의 지점·출장소 기타의 사무소는 법률상 대리권의 유무에도 불구하고 거주자로 본다.

이와 같은 거주자 개념 정의는 앞에서 본 거주성의 기본적인 원리에 따른 것이고, 이들 조항에 포함된 단어들은 대부분 법률용어로서 서술적인 개념을 사용하고 있어 그 의미에 혼동을 초래할 정도로 불명확한 것은 없다고 할 것이므로, 죄형법정주의가 요구하는 명확성의 원칙에 위배되는 것이라고 할 수 없다.

(나) 한편, 우리 헌법이 "대한민국의 영토는 한반도와 그 부속도서로 한다"는 영토조항(제3조)을 두고 있는 이상 대한민국의 헌법은 북한지역을 포함한 한반도 전체에 그 효력이 미치고 따라서 북한지역은 당연히 대한민국의 영토가 되므로, 북한을 법 소정의 "외국"으로, 북한의 주민 또는 법인 등을 "비거주자"로 바로 인정하기는 어렵지만, 개별 법률의 적용 내지 준용에 있어서는 남북한의 특수 관계적 성격을 고려하여 북한지역을 외국에 준하는 지역으로, 북한주민 등을 외국인에 준하는 지위에 있는 자로 규정할 수 있다고 할 것이다(대법원 2004. 11. 12. 선고 2004도4044 판결 참조).

1988. 7. 7. 남북한 간의 화해를 위한 6개항의 대북한 제의인 이른바 "7. 7. 선언"이 발표된 후 그 동안 원칙적으로 금지되었던 북한주민과의 접촉, 왕래 및 교류 등을 허용·지원하고, 우리 국민들의 북한 방문 및 남북한 왕래·교류에 대한 요구를 적절히 수용하기 위한 법률적 후속조치로서 「남북교류협력에 관한 법률」(이하 '남북교류협력법'이라 한다)이 1990. 8. 1. 법률 제4239호로 제정되었다. 남북교류협력법은 군사분계선 이남지역(남한)과 그 이북지역(북한) 간의 상호교류와 협력을 촉진하기 위하여 필요한 사항을 규정함을 목적으로 하고 있으며(제1조), 남북교류와 협력을 목적으로 하는 행위에 관하여는 다른 법률에 우선하여 동법을 적용하도록 규정하고 있는(제3조) 점에 비추어보면 동법은 평화적 통일과 남북교류를 위한 기본법으로서의 성격을 갖고 있다(헌재 2000. 7. 20. 98헌바63, 판례집 12-2, 52, 61 참조).

남북교류협력법 제26조 제3항은 남한과 북한 간의 투자, 물품의 반출·반입 기타 경제에 관한 협력사업 및 이에 수반되는 거래에 대하여는 대통령령이 정하는 바에 의하여 외국환거래법 등을 준용하고, 같은 조 제4항은 제3항의 규정에 의하여 다른 법률을 준용함에 있어서는 대통령령으로 그에 대한 특례를 정할 수 있다고 규정하고 있다. 그리고 동법 시행령 제50조 제6항에서는 동법 제26조 제4항의 규정에 의한 특례는 관계 행정기관의 장이 협의회의 의결을 거쳐 고시한다고 규정하고 있으며, 그에 따라 외국환거래법 소정의 거주자 등이 북한에 투자를 목적으로 수행하는 행위 또는 거래에 관하여 외국환거래법을 준용함에 있어 그 특례를 정할 목적으로 1995. 6. 28. 재정경제원고시 1995-23호로 '대북투자 등에 관한 외국환관리지침'이 제정되었다.

위 규정들을 종합하여보면, 남한과 북한의 주민(법인, 단체 포함) 사이의 투자 기타 경제에 관한 협력사업 및 이에 수반되는 거래에 대하여는 우선적으로 남북교류협력법과 동법시행령 및 위 외국환관리지침이 적용되며, 관련 범위 내에서 외국환거래법이 준용된다. 즉, '남한과 북한의 주민'이라는 행위 주체 사이에 '투자 기타 경제에 관한 협력사업'이라는 행위를 할 경우에는 남북교류협력법이 다른 법률보다 우선적으로 적용되고, 필요한 범위 내에서 외국환거래법 등이 준용되는 것이다.

그 결과 당해 사건과 같이 남한과 북한주민 사이의 외국환 거래에 대하여는 법 제15조 제3항에 규정되어 있는 "거주자 또는 비거주자" 부분 즉 대한민국 안에 주소를 둔 개인 또는 법인인지 여부가 문제되는 것이 아니라, 남북교류협력법 제26조 제3항의 "남한과 북한" 즉 군사분계선 이남지역과 그 이북지역의 주민인지 여부가 문제되는 것이다. 즉, 외국환거래의 일방 당사자가 북한의 주민일 경우 그는 이 사건 법률조항의 '거주자' 또는 '비거주자'가 아니라 남북교류협력법의 '북한의 주민'에 해당하는 것이다. 그러므로 당해 사건에서 아태위원회가 법 제15조 제3항에서 말하는 '거주자'나 '비거주자'에 해당하는지 또는 남북교류협력법상 '북한의 주민'에 해당하는지 여부는 위에서 본 바와 같은 법률해석의 문제에 불과한 것이고, 헌법 제3조의 영토조항과는 관련이 없는 것이다.

4. 결론

따라서 이 사건 법률조항은 헌법에 위반되지 아니하므로 재판관 전원의 일치된 의견으로 주문과 같이 결정한다.

② 해설

이 사건 청구인은 외국환거래법에서 규정하는 미신고 외국환지급의 금지에 있어서 북한을 외국으로 인정하거나 북한주민을 '대한민국 안에 주소 또는 거소를 둔 개인과 대한민국 안에 주된 사무소를 둔 법인'인 거주자가 아닌 비거주자로 인정하는 것은 헌법 제3조의 영토조항에 위반된다는 취지로 위헌법률심판제청신청을 하였으나, 담당 법원이 이를 기각하자 헌법소원심판을 청구하였다. 이 사건을 재판하는 담당 법원은 북한이 외국인지 및 북한에 주소 또는 거소를 둔 개인 또는 북한에 주된 사무소를 둔 법인이 비거주자인지 여부는 당해 사건의 유무죄와 관련된 헌법 및 법률 해석의 문제일 뿐이라고 판단하였다. 따라서 외국환관리법 조항 자체에서 북한을 외국으로, 북한에 주소 또는 거소를 둔 개인, 또는 북한에 주된 사무소를 둔 법인을 '비거주자'로 직접 규정하고 있지 않으므로 헌법 제3조의 영토조항에 위반되지 않는다고 판단하였다.

헌법재판소도 이 결정에서 외국환거래의 일방 당사자가 북한주민일 경우에는 이 사건 법률조항의 '거주자' 또는 '비거주자'가 아니라 「남북교류협력에 관한 법률」의 '북한의 주민'에 해당하는 것으로서 '거주자'나 '비거주자'에 해당하는지 또는 「남북교류협력에 관한 법률」에서 규정하는 '북한의 주민'에 해당하는지 여부는 법률해석의 문제에 불과하고 헌법 제3조의 영토조항과는 관련이 없는 것이라고 판단하였다. 따라서 헌법재판소는 북한주민이 대한민국 국민이라는 것을 직접적으로 밝힌 것은 아니다.

헌법재판소의 이러한 입장은 대법원과는 달리 헌법 제3조에서 북한주민이 대한민국 국민이라는 것을 직접 도출하는 것에 소극적인 입장을 표명한 것으로 해석할 수도 있다. 그러나 헌법재판소는 이 결정에서 외국환거래법상의 '거주자'나 '비거주자'를 구분하는 거주성의 개념이 국적과 논리필연적인 관계에 있는 것은 아니라고 밝혔다. 「남북교류협력에 관한 법률」도 제1조에서 '북한'에 대해서만 군사분계선 이북 지역이라고 정의하고 있을 뿐, '북한주민'에 대해서는 정의규정을 두고 있지 않다. 따라서 헌법재판소가 이러한 판단을 한 것은 이 사건에서는 헌법 제3조 영토조항과 북한주민의 국적에 대한 언급이 불필요하다는 인식에 기초하고 있다고 이해하는 것이 타당하다.

헌법재판소는 이 결정에서 "대한민국의 헌법은 북한지역을 포함한 한반도 전체에 그 효력이 미치고 따라서 북한지역은 당연히 대한민국의 영토가 되므로, 북한을 법 소정의 '외국'으로, 북한의 주민 또는 법인 등을 '비거주자'로 바로 인정하기는 어렵지만, 개별 법률의 적용 내지 준용에 있어서는 남북한의 특수관계적 성격을 고려하여 북한지역을 외국에 준하는 지역으로, 북한주민 등을 외국인에 준하는 지위에 있는 자로 규정할 수 있다고 할 것이다"고 판단하여 대법원의 주장을 그대로 수용함으로써 기본적으로는 대법원의 입장과 마찬가지로 북한주민도 대한민국 국민이라는 견해를 취하고 있는 것으로 판단된다.

2) 관련판례 요지

(1) 대법원 1990. 9. 28. 89누6396【출판금지처분 무효확인】

저작권법의 규정들(제36조 제1항, 제41조, 제42조, 제47조 제1항)에 따르면 저작자의 저작물을 복제, 배포, 발행하고자 하는 자는 저작자로부터 저작재산권의 일부 또는 전부를 양수하거나 그의 저작물 이용허락을 받아야 하고, 상당한 노력을 기울였어도 공표된 저작물의 저작재산권자나 그의 거소를 알 수 없어 그 저작물의 이용허락을 받을 수 없는 경우에는 대통령령이 정하는 바에 의하여 문화부장관(정부조직법 1989. 12. 30. 법률 제4183호 부칙 제6조)의 승인을 얻고 문화부장관이 소정의 보상금 기준에 의하여 정한 보상금을 공탁하고 이를 이용할 수 있다고 되어 있으며, 이러한 저작재산권은 특별한 경우를 제외하고는 저작자가 생존하는 동안과 사망 후 50년간 존속한다고 규정하고 있다. 그리고 이 법 규정의 효력은 대한민국 헌법 제3조에 의하여 여전히 대한민국의 주권범위 내에 있는 북한지역에도 미치는 것이다.

원심판결 목록기재 저작자들은 모두 6.25전쟁 전후에 납북되거나 월북한 문인들로서, 그들이 저작한 위 목록기재 작품을 발행하려면 아직 그 저작재산권의 존속기간이 만료되지 아니하였음이 역수(歷數) 상 명백한 만큼, 동인들이나 그 상속인들로부터 저작재산권의 양수 또는 저작물이용허락을 받거나 문화부장관의 승인을 얻었음을 인정할 자료가 없는 이 사건에 있어서 원고는 이 사건 처분의 부존재확인을 구할 법률상 지위에 있는 자라고 할 수 없다.

(2) 서울민사지법 1989. 7. 26. 89카13692 【저작권침해금지가처분】

우리 헌법 제3조에 따르면 대한민국의 영토는 한반도와 부속도서로 한다고 규정하고 있는데 북한지역은 한반도의 일부이므로 이 지역은 대한민국의 영토에 해당되고, 따라서 이 지역은 여전히 대한민국의 주권범위 내에 있으며 대한민국의 주권과 부딪치는 어떠한 주권의 정치도 법리상 인정될 수 없는 것이고(대법원 1961.9.28. 선고 4292행상48 판결 참조), 따라서 우리 헌법에 의거하여 제정 시행된 저작권법이나 민법 등 모든 법령의 효력은 당연히 북한지역에 미친다고 보아야 하며, 설사 주권국가인 대한민국과 북한의 정치집단이 상호 대등한 자격으로 만나 자주적·평화적 통일원칙, 무력충돌의 방지, 다방면적인 교류 등을 추진하기로 하는 7.4남북공동성명을 합의하였다거나 오늘날 남북한 간에 상호교역, 이산가족찾기, 남북당국자회담 등 남북통일을 위한 다각적인 교류가 추진됨에 있어 북한지역을 지배하는 정치집단의 실체를 인정하고 사실상의 지배세력과 상호 대등한 관계에서 대화를 추진하다고 하더라도, 이는 대한민국의 통치권이 사실상 북한지역에 미치지 아니하며 이 지역을 지배하는 별개의 정치집단이 존재함으로 인한, 남북대화를 추진함에 있어서의 현실적인 필요에 의한 것일 뿐이며, 먼저 우리 헌법 제3조의 규정이 개정되거나 남북한이 서로 주권을 인정하고 국가로 승인하거나 또는 1개의 국가 내에서 서로 다른 법률체제를 상호 인정하기로 하는 헌법적 효력을 가지는 조약이 체결된 바가 없는 이상, 북한지역이 우리 주권의 범위 밖에 있다거나 우리 법령의 적용 밖에 있다고 볼 수 없으며, 더구나 북한주민의 상속인이 남한에 있어 그에 대한 우리 법령상의 보호를 부여하고자 하는 경우에는 더욱 그러하다고 할 것이다.

그렇다면 이 사건의 경우에 있어서도 비록 위 이기영이 북한지역에 거주하였으며 이 사건 저작물을 북한에서 저작하였다고 하더라도 그는 우리 저작권법에 의해 보호되는 저작권을 취득하였으며 그가 사망함으로써 남한에 있는 장남 이종원이 그 상속지분에 따라 저작권을 상속하였다고 할 것이므로 이와 다른 견해에 선 피신청인들의 위 주장은 받아들일 수 없다.

(3) 헌재 2000. 8. 31. 97헌가12 【국적법 제2조 제1항 제1호 위헌제청】

우리 헌법은 제헌헌법 이래로 "대한민국의 영토는 한반도와 그 부속도서로 한다"(제헌헌법 제4조, 현행헌법 제3조)는 규정을 두고 있다.

대법원은 이를 근거로 하여 북한지역도 대한민국의 영토에 속하는 한반도의 일부를 이루는 것이어서 대한민국의 주권이 미치고 북한주민도 대한민국 국적을 취득·유지하는 데 아무런 영향이 없는 것으로 해석하고 있다. 그리하여, 국적에 관한 임시조례(1948. 5. 11. 남조선과도정부법률 제11호) 제2조 제1호는 조선인을 부친으로 하여 출생한 자는 조선의 국적을 가지는 것으로 규정하고 있고, 제헌헌법은 제3조에서 대한민국의 국민 되는 요건을 법률로써 정한다고 규정하면서 제100조에서 현행법령은 이 헌법에 저촉되지 아니하는 한 효력을 가진다고 규정하고 있으므로, 조선인을 부친으로 하여 출생한 자는 설사 그가 북한법의 규정에 따라 북한 국적을 취득하였다고 하더라도, 위 임시조례의 규정에 따라 조선 국적을 취득하였다가 1948. 7. 17. 제헌헌법의 공포와 동시에 대한민국 국적을 취득하였다고 한다(대법원 1996. 11. 12. 96누1221, 공1996하, 3602).

(4) 헌재 2006. 11. 30. 2006헌마679 【북한 한의사자격 불인정 위헌확인】

청구인은 자신이 북한에서 의사 자격을 취득하여 종합진료소 임상의사로 근무하였음에도, 북한에서 취득한 의사 자격을 입증할 자격증을 소지하지 않았고 대한민국에서 한의과대학을 졸업하지 아니하였다는 이유로 한의사 자격을 부여할 수 없다는 취지의 보건복지부장관 및 국회 보건복지위원장의 민원회신을 받았고, 이로 인해 자신의 직업선택의 자유가 침해되었다고 주장한다.

하지만, 의료법 제5조는 의사면허 등 의료면허의 취득에 관하여 규정하면서 국내 대학 졸업자와 외국대학 졸업자를 구별하여 그 요건을 달리 정하고 있는데, 북한의 의과대학이 헌법 제3조의 영토조항에도 불구하고 국내 대학으로 인정될 수 없고 또한 보건복지부장관이 인정하는 외국의 대학에도 해당하지 아니하므로, 북한의 의과대학 등을 졸업한 탈북의료인의 경우 국내 의료면허취득은 「북한이탈주민의 보호 및 정착지원에 관한 법률」 제14조에 의할 수밖에 없다.

3) 평가

(1) 대한민국 국민의 규범적 의미

전통적인 국가 3요소론에 따르면 국민은 영토, 주권과 함께 국가를 구성하는 필수적 요소이며, 국가의 항구적 소속원으로서 국가의 영토

내에서는 어디에서든지 국가의 통치권이 미치는 인적 범위와 한계를 의미한다. 대한민국 현행헌법은 영토에 관한 규정과 달리 국민에 대하여는 직접적으로 그 요건과 범위를 규정하지 않고 법률에 위임하고 있다. 북한주민의 법적 지위에 있어서는 일반적으로 북한 국적법에 따라 국민의 자격이 인정되는 자를 의미하는 북한주민이 대한민국 국민에 해당하느냐의 문제가 핵심 쟁점이다.[9] 이는 대한민국 법률의 인적 관할권의 범위와 외교적 보호권의 행사를 위한 전제조건으로서 기능하기 때문에 남북한 법률적용의 문제, 이산가족의 혼인과 상속문제, 북한주민의 지적재산권 보유와 행사, 제3국에 대한 외교적 보호권 인정 여부 등을 결정하는 요건사실이 된다. 개인의 국적 문제는 그가 소속된 국가를 전제로 하여 결정되는 법률 문제이므로 북한주민의 법적 지위는 법논리적으로 북한의 법적 지위의 문제와 직접적 관련성을 가지게 된다. 따라서 북한주민의 법적 지위는 헌법 제3조 영토조항과 제4조 평화통일조항의 해석을 바탕으로 하여 도출되는 북한의 법적 지위에 대한 판단에 따라 그 규범적 의미가 결정된다. 우리 헌법과 국적법은 북한주민의 법적 지위에 관하여 아무런 규정을 두지 않고 있으며, 「북한이탈주민의 보호 및 정착지원에 관한 법률」에서 '북한이탈주민'에 대하여 정의규정을 둠으로써 간접적으로 규정하고 있을 뿐이다. 따라서 북한주민의 법적 지위에 대하여는 우리 헌법과 관련 법률의 규정, 북한의 국내법적 지위 등을 종합적으로 고려하여 판단하여야 한다.

헌법과 국적법이 규정하는 국민의 요건과 자격에 관한 규정을 해석함에 있어서 입법체계 및 형식과 관련하여 유의해야 할 사항이 있다. 현행헌법이 국적법정주의를 규정하고 있는 것을 형식적으로 이해할 경

---

9 북한주민의 용어와 관련하여, 북한을 사실상의 국가로 인정하는 것을 전제로 그 주권적 통치지배를 받는 국민의 자격을 가진 자에 대하여 '북한주민', '북한국적자', '북한적자', '북한공민', '북한공민증 소지자' 등 용어가 사용되고 있으나 이 책에서는 '북한주민'이라는 용어를 사용한다.

우에는 헌법의 위임에 따라 하위법률인 국적법이 국민의 국적에 대하여 임의로 규정함으로써 국민의 요건과 자격을 확정할 수 있는 것으로 해석할 수 있다. 그러나 헌법을 정점으로 한 입법체계와 법논리에 따르면 국민과 국적은 국가를 전제로 하고 있는 것이므로 그 요건과 범위를 확정하는 것은 국가공동체의 기본이 되는 내용으로서 헌법적 규범사항이며 법률이 국적을 임의로 확정할 수 있는 것이 아니다. 즉, 국민의 요건과 자격을 의미하는 국적을 국적법에 규정하는 것은 헌법규범 자체에서 확정되는 기본적 내용을 법률로써 구체화하는 것이며, 이러한 입법행위는 입법 형성의 자유가 축소되는 경우라고 할 수 있다.

헌법재판소도 국적법에 대하여 "국적은 국가와 그의 구성원 간의 법적 유대이고 보호와 복종 관계를 뜻하므로 이를 분리하여 생각할 수 없다. 즉, 국적은 국가의 생성과 더불어 발생하고 국가의 소멸은 바로 국적의 상실사유이며, 국적은 성문의 법령을 통해서가 아니라 국가의 생성과 더불어 존재하는 것이므로 헌법의 위임에 따라 국적법이 제정되나 그 내용은 국가의 구성요소인 국민의 범위를 구체화, 현실화하는 헌법사항을 규율하고 있는 것이다"라고 판시하였다.[10] 이는 헌법 제2조가 규정한 국적법정주의의 규범적 내용과 효력을 명확히 한 것으로서 국적에 관한 요건사실은 기본적으로 헌법적 사항이지 법률의 규정을 통해 창설되는 것이 아니라는 점을 밝힌 것이라고 판단된다. 요컨대, 우리 헌법은 북한주민의 법적 지위에 대하여 직접적으로 규정하지 않고 있으므로 헌법에서 규정하는 '대한민국 국민'의 요건과 범위, 북한의 국내법적 지위 등을 종합적으로 고려하여 결정하여야 한다. 현행 국적법, 「재외동포의 출입국과 법적 지위에 관한 법률」, 「북한이탈주민의 보호 및 정착지원에 관한 법률」 등 관련 법률은 북한주민도 당연히 대한민국 국민에 포함된다는 것을 전제로 하는 것으로 판단된다.

---

10 헌재 2000. 8. 31. 97헌가12.

(2) 북한주민의 법적 지위[11]

북한주민의 법적 지위는 앞에서 설명하였듯이 헌법 제3조와 제4조의 해석을 바탕으로 하여 도출되는 북한의 법적 지위에 대한 판단에 따라 그 규범적 의미가 결정되는데, 이는 남북한특수관계론에 바탕을 두고 그 규범영역에 따라서 구체적인 법적 지위와 권리의무가 차별적으로 확정된다고 하겠다. 한편, 대법원은 위 판결에서 살펴본 바와 같이 헌법 제3조를 근거로 하여 북한주민도 대한민국 국민에 포함된다고 명확하게 밝히고 있으나, 북한주민이 대한민국 국민에 포함되는 근거로는 헌법 제4조를 제시하지 않고 있다. 즉, 헌법 제3조에 기초하여 북한지역도 대한민국 영토의 일부이며 대한민국의 주권과 법률이 적용된다는 것을 전제로 하는 기존의 입장을 그대로 유지하고, 북한의 이중적 지위를 인정하여 헌법 제3조를 근거조항으로 제시하면서도 헌법 제4조를 전혀 언급하지 않고 있다. 이와 관련하여 북한주민은 그 규범영역에 따라서 상이한 법적 지위를 가지며, 헌법규범적으로는 대한민국 국민에 포함되지만 현실적으로 그 규범의 실효성이 제한되는 특수한 지위를 가지는 것으로 파악하여야 할 것이므로 구체적으로 그 실효성이 제한되는 내용과 범위를 결정하는 것이 중요하다.

북한주민은 헌법 제3조에 따라 원칙적·법규범적으로 대한민국 국민으로 인정되고 헌법 제4조에 따라서 그 특수한 지위가 인정되는 것이므로 헌법 제4조의 현실적인 규범력의 정도와 범위에 따라서 그 규범적 의미가 구체적으로 결정된다. 앞에서 검토한 바와 같이 헌법 제3조는 목적적·가치적 규범력을 가지고 제4조에 대하여 평화통일을 추진하는 헌법적 근거와 정당성을 제공함과 동시에 구체적인 통일정책의 수립과 집행의 헌법적 범위와 한계를 제시한다. 한편, 헌법 제4조는 제3조의 규

---

11 북한주민의 법적 지위에 대하여 남북한특수관계론을 적용하여 설명한 내용은 이효원, 앞의 책, 169-183쪽.

범력의 범위 내에서 실천적·수단적 규범력을 가지고 있으므로 제3조와의 관계에서 유동적이고 가변적이라고 할 것이다.

이러한 점을 고려할 때, 정치적 통일체로서 국가공동체를 구성하는 국민의 국적귀속의 문제는 국가를 구성하는 기본요소로서 고도의 안정성이 요구되므로 규범영역에 따라 달라질 수는 없다. 그러므로 북한주민에 대하여 일정한 규범영역에서 특수한 법적 지위를 인정한다는 것도 대한민국 국민이라는 법적 지위를 기본적인 바탕으로 하고, 구체적 사안에 따라 남북한관계의 특수성을 반영하여 법률의 근거에 따라서 특별한 취급을 할 수 있다는 의미로 국한된다. 이러한 의미에서 북한주민의 법적 지위에 관하여는 헌법 제3조의 규범적 효력이 제4조에 비하여 우월적으로 적용된다고 판단된다.

북한주민의 법적 지위에 관하여는 국내법상 북한의 이중적 지위를 고려하여 북한을 불법단체로 인정하는 규범영역에서는 물론이고 북한을 평화통일을 위한 대화와 협력의 동반자로 인정하여야 할 규범영역에서도 당사자가 희망하는 경우에는 대한민국 국민의 지위를 인정하여야 한다. 다만, 북한을 평화통일을 위한 대화와 협력의 동반자로 인정하여야 할 규범영역에서는 남북회담을 위하여 또는 남북한 사이의 합의에 따라 남한을 방문한 북한주민이나 우연한 사고로 남한에 입경한 북한주민, 남북교류협력의 과정에서 발생하는 각종 사건사고와 관련된 북한주민에 대하여 당사자가 대한민국 국민으로서 인정받기를 거부하는 의사를 표시한 경우에는 그 의사에 반하여 대한민국 국민임을 강제할 수는 없다. 이러한 관점에서 그 동안 유엔인권위원회에서 북한주민의 인권 상황 개선을 촉구하면서 채택한 북한인권결의안에 대하여 우리 정부가 불참과 기권 등 소극적인 태도를 보였으나 2006년부터 그 채택에 찬성하고, 2008년부터는 공동제안국으로 적극 참여하는 것은 바람직한 태도라고 판단된다.

(3) 판례에 대한 평가

대법원은 헌법 제3조를 근거로 하여 북한주민도 대한민국 국민에 포함된다고 판단하였으며, 하급심 판례도 동일한 원칙을 그대로 유지하고 있다.[12] 대법원은 위 판결에서 북한주민이 대한민국 국민이라는 근거로 건국헌법뿐만 아니라 미군정 당시의 '국적에관한임시조례'를 들고 있는데, 이는 국적법이 '최초의 대한민국 국민'에 대하여 아무런 규정을 두지 않아 국적법이 제정되기 이전에 출생한 자에게 대한민국 국적을 부여하기 위하여 위 임시조례에 따라 조선 국적을 취득하고 이어서 건국헌법의 공포와 동시에 대한민국 국적을 취득한다는 논리를 구성한 것으로 판단된다.

한편, 북한헌법은 제62조에서 "조선민주주의인민공화국 공민이 되는 조건은 국적에 관한 법으로 규정한다. 공민은 주거지에 관계없이 조선민주주의인민공화국의 보호를 받는다"고 규정하고, 북한 국적법은 조선민주주의인민공화국 공민의 자격에 대하여 제2조에서 "공화국 창건 이전에 조선의 국적을 소유하였던 조선 사람과 그 자녀로서 본법 공포일까지 그 국적을 포기하지 않은 자"로, 제3조에서 "조선민주주의인민공화국 공민은 거주지나 체류지에 관계없이 공화국의 법적 보호를 받는다"고 각각 규정하고 있다. 결국 북한의 헌법과 국적법은 북한주민은 물론 남한주민도 모두 조선인민민주주의공화국 공민에 포함되는 것으로 인정하고 있는 것으로 해석된다.

대법원과 하급심은 우리 저작권법의 적용과 관련하여 북한주민도 대한민국 국민이라는 것을 전제로 하여 대한민국의 헌법과 법률을 적용하였는데, "우리 헌법에 의거하여 제정된 저작권법이나 민법 등 모든 법령의 효력은 당연히 북한지역에 미친다 할 것이므로 월북작가가 북한지역에 거주

---

12 대법원 1990. 9. 28. 89누6396, 서울고법 1999. 10. 12. 99라130, 서울지법 2003. 6. 27. 2002나60862 등.

하면서 저작한 저작물이라 하더라도 우리 저작권법에 따라 보호되는 저작권을 취득하였다 할 것이고 그가 사망한 경우에는 남한에 있는 그의 상속인이 이를 상속한 것으로 보아야 한다"고 결정하고 그 헌법적 근거로 헌법 제3조를 제시하였다.[13] 또한, 대법원은 "타인의 저작물을 복제, 배포, 발행함에 필요한 요건과 저작재산권의 존속기간을 규정한 저작권법의 효력은 대한민국 헌법 제3조에 의하여 여전히 대한민국의 주권 범위 내에 있는 북한지역에도 미치는 것이므로"라고 판시하였다.[14] 이 외에도 서울가정법원은 북한이탈주민의 이혼소송에서도 북한이탈주민은 물론 북한주민도 대한민국 국민임을 인정한다고 판단하였다.[15]

한편, 헌법재판소는 북한주민이 대한민국 국민에 포함된다는 것을 직접적으로 선언하지는 않고 있으나 북한주민의 법적 지위에 대한 대법원의 판결내용을 수용하고 있어 간접적으로 북한주민도 대한민국 국민에 포함된다는 입장을 취하고 있다고 판단된다. 즉, 헌법재판소는 북한주민인 모(母)의 자(子)가 헌법 및 국적법상 대한민국 국민임을 주장하면서 강제퇴거명령의 무효확인을 구하는 소송을 본안소송으로 하는 국적법 제2조 제1항 제1호에 대한 위헌제청사건에서 부칙조항의 재판의 전제성을 인정하고, 위 대법원의 판결 취지를 그대로 인용하고 있다.[16] 또한, 재외국민에 대한 선거권 부여에 관한 공직선거법 위헌 여부 결정에서 "대법원 판결에 따르면 북한주민이나 조총련계 재일교포도 우리나라 국민이라는 점에는 의문이 없으므로"라고 판시하였고,[17] "국토가 분단되어 남북한이 대치하고 있는 상황에서 모든 재외국민에게 선거권을 인정한다면 북한주민이나 조총련계 재일동포들도 선거권을 행사함

---

13 서울민사지법 1989. 7. 26. 89카13692.
14 대법원 1990. 9. 28. 89누6396.
15 서울가정법원 2004. 2. 6. 2003드단58877 등.
16 헌재 2000. 8. 31. 97헌가12.
17 헌재 1999. 1. 28. 97헌마253·270(병합).

으로써 국가의 안위 및 국민의 생존, 자유가 위협받을 수 있고, 재외국민에 대한 체류국의 정책과 충돌함으로써 외교적 마찰이 발생할 수 있다"고 판시하여 북한주민이 대한민국 국민이라고 밝히고 있다.[18] 이러한 헌법재판소의 입장에 대하여는 북한의 법적 지위에 대한 결정에서와 마찬가지로 남북한특수관계의 규범체계를 법논리적으로 제시하지 못하고 있다는 문제점이 있다. 즉, 헌법재판소는 헌법 제3조 영토조항을 근거로 하여 원칙적으로 북한주민을 대한민국 국민으로 인정하고 있다고 해석되나, 헌법 제3조와 제4조의 관계를 정립하고 이들을 통일적·규범조화적으로 해석하여 북한주민의 특수한 법적 지위와 내용을 구체화할 수 있도록 규범적 기준을 적극적으로 제시하여야 함에도 이러한 노력을 회피하였다고 할 수 있다.

3. 국제평화주의, 국군의 사명 등

1) 대표판례: 헌재 2009. 5. 28. 2007헌마369 【2007년 전시증원연습 등 위헌확인】

① 판례요지

1. 사건의 개요와 심판의 대상

가. 사건의 개요

(1) 한미연합사령부는 2007. 3. 6. '2007 전시증원연습인 RSOI(Reception, Staging, Onward Movement and Integration 수용, 대기, 전방 이동 및 통합)

18 헌재 2007. 6. 28. 2004헌마644, 2005헌마360(병합). 이 결정은 종전의 결정을 변경한 것이지만 북한주민을 대한민국 주민으로 인정하고 있는 대법원의 입장이나 종전의 결정을 달리 판단한 것은 아니며, 북한주민이나 조총련계 재일동포가 선거에 영향을 미칠 위험성이 있다는 것이 재외국민의 선거권 행사를 부정하는 근거가 되기는 어렵다는 취지로 종전의 결정을 변경하였다.

연습과 이와 연계된 연합/합동 야외기동 훈련인 독수리 연습(Foal Eagles, FE)을 2007. 3. 25.부터 같은 달 31.까지 대한민국 전역에서 실시하며, 이는 방어적인 연습(a defensive oriented exercise)으로서 외부의 공격으로부터 대한민국을 방어할 수 있는 연합사의 능력을 향상시키는 데 중점을 둔 것'이라는 취지를 발표하였다(이하 위 2개의 군사연습을 통틀어 '이 사건 연습'이라 한다).

(2) RSOI 연습은 1994년부터 연례적으로 실시하고 있는 연례 연합/합동 지휘소 연습(joint/combined command-post exercise)으로, 전시 한반도에 증원될 미 증원군의 최초 도착에서 전방 이동 및 전장으로 통합되는 일련의 절차와 이에 대한 한국군의 전시지원, 상호 군수지원, 동원 및 전투력 복원 절차 등을 익히기 위한 것이다.

또한, 독수리 연습(FE)은 1961년부터 매년 실시해 전투부대들의 전군내 연합/합동 야외기동연습(theater-wide joint and combined field training exercise)으로, 개전 초기 한국의 후방지역에 북한의 특수전 부대가 침투하는 것에 대비하는 연습과 군단급 야외기동훈련, 주요 장비의 전방 이동, 기타 훈련 활동 등으로 이루어지며, 2002년부터 RSOI 연습과 통합하여 매년 3월 하순에 RSOI/FE 연습으로 실시되고 있다.

(3) 이 사건 연습은 한미상호방위조약(대한민국과 아메리카합중국 간의 상호방위조약)에 의거하여 매년 행해왔던 것이며, 유엔사령부를 통해 북한 측에게도 그때마다 사전에 통보되었다.

(4) 청구인들은 "이 사건 연습이 북한에 대한 선제적 공격연습으로서 한반도의 전쟁발발 위험을 고조시켜 동북아 및 세계 평화를 위협하므로 청구인들의 평화적 생존권을 침해한다"고 주장하면서 2007. 3. 22. 이 사건 헌법소원심판을 청구하였다.

나. 심판의 대상

청구인들은 ① 국군통수권자인 피청구인이 이 사건 연습을 하기로 한 결정(이하 '이 사건 연습결정'이라 한다) 및 ② 이에 따라 국방부장관 등이 구체적, 개별적인 지휘·감독권을 행사함으로써 대한민국 정부가 실시하는 이 사건 연습 등 2가지를 기본권 침해의 원인이 되는 공권력의 행사로서 주장한다.

그런데 이 사건 연습은 피청구인의 국군통수권 행사의 일환으로 한미합동 군사훈련을 하기로 한 결정에 따라 이루어진 사실행위에 불과하고, 그 자체로서 청구인들에게 일방적으로 어떤 의무나 행위를 강제하는 결과를 초래하는 권력적 사실행위 등 공권력의 행사로 보기는 어렵다. 따라서 이 사건 심판의 대상은 이 사건 연습결정이 청구인들의 기본권을 침해하는지 여부로 한정하기로 한다.

2. 당사자들의 주장 및 이해관계인의 의견요지

가. 청구인들의 주장요지

이 사건 연습은 북한을 상대로 한 특정 작전계획에 따른 선제적 공격훈련이 명백하며, 이는 헌법 전문(평화적 통일, 항구적인 세계평화), 헌법 제4조(평화적 통일정책), 헌법 제5조(국제평화의 유지, 침략적 전쟁 부인)에 위반되는 것이다.

또한, 피청구인이 헌법을 수호할 책무(헌법 제66조 제2항)를 위반하여 국군통수권을 행사하고, 이에 따라 국방부장관 및 합동참모의장, 각 군 참모총장, 해병대사령관이 구체적, 개별적인 지휘·감독권을 행사함으로써 대한민국 정부가 위헌적인 이 사건 연습에 참여하게 되었는바, 이것은 휴전 상태의 한반도에 예측불허의 전쟁 발발의 위험성을 고조시켜 한반도를 비롯한 동북아지역의 평화, 나아가 항구적인 세계평화를 위협하고, 제5차 6자회담 3단계회의에서 참여국들이 합의한 9.19 공동성명의 초기 이행 조치에 관한 2.13 합의의 이행에 난관을 조성하여 평화공존을 위한 대화와 협상을 저해하며, 냉전적 남북대결을 조장하여 남북교류·협력·화해·화합에 배치되는 권력적 행위다. 청구인들은 이로써 헌법 제10조 및 헌법 제37조 제1항으로부터 인정되는 평화적 생존권을 침해받았다.

나. 이해관계인 국방부장관의 의견요지

(1) 이 사건 연습은 국민의 기본권에 영향을 미치는 대외적 효력을 가진 공권력의 행사로 볼 수 없으므로 헌법소원의 심판 대상으로 삼을 수 없고, 설령 심판 대상으로 하더라도 이 사건 연습의 실시 자체만으로 청구인들의 기본권에 직접적으로 어떠한 침해를 발생시킬 가능성은 더더욱 없다.

(2) 나아가 이 사건 연습으로 인하여 평화적 생존권 침해가 직접적으로 당장 발생할 수 있는 것도 아니고, 남북관계 및 북미관계의 정세변화 등을 포함하는 수많은 요인이 청구인들이 우려하는 방향으로 진전될 것을 전제로 하는 하나의 가설에 불과한 것으로 기본권 침해의 현재성이 인정되지 않는다.

(3) 이 사건 연습은 피청구인인 대통령의 국군통수권 행사 및 한반도를 둘러싼 국제정치관계 등 관련 제반 상황을 종합적으로 고려한 고도의 정치적 결단의 결과물인바, 이는 통치행위에 해당하여 사법심사의 대상이 되지 않는다.

(4) 설령 청구인들의 주장이 적법요건을 구비하였다고 하더라도, 이 사건 연습으로 인하여 평화적 생존권 침해의 위험성은 가정적 판단에 불과하고 위와 같이 수많은 정치적 상황 변화에 대한 하나의 가설에 지나지 않으므로, 기본권 침해의 성숙 정도가 헌법재판소의 심리에 필요한 최소한의 수준에도 미치지 못하는 것으로 이유 없다.

3. 적법요건에 관한 판단

가. 통치행위에 해당하는지 여부

통치행위란 고도의 정치적 결단에 의한 국가행위로서 그 결단을 존중하여야 할 필요성이 있어 사법적 심사의 대상으로 삼기에 적절하지 못한 행위라고 일반적으로 정의되고 있는바, 궁극적으로 국민 내지 국익에 영향을 미치는 복잡하고도 중요한 문제로서 국내 및 국제 정치관계 등 제반 상황을 고려하여 미래를 예측하고 목표를 설정하는 등 고도의 정치적 결단이 요구되는 사안에 관하여, 현행 헌법이 채택하고 있는 대의민주제 통치구조하에서 대의기관인 대통령과 국회가 내린 결정은 가급적 존중되어야 할 것이다.

그러나 한미연합군사훈련은 1978. 한미연합사령부의 창설 및 1979. 2. 15. 한미연합연습양해각서의 체결 이후 연례적으로 실시되어왔고, 특히 이 사건 연습은 대표적인 한미연합군사훈련으로서, 피청구인이 2007. 3.경에 한 이 사건 연습결정이 새삼 국방에 관련되는 고도의 정치적 결단에 해당하여 사법심사를 자제하여야 하는 통치행위에 해당된다고 보기 어렵다.

나. 평화적 생존권이 헌법상 보장된 기본권인지 여부

(1) 우리 헌법은 전문에서 "조국의 평화적 통일", "항구적인 세계평화"를 추구할 이념 내지 목적으로 규정하고 있고, 제1장 총강에서 평화적 통일정책에 관하여(제4조), 국제평화 유지의 노력과 침략전쟁의 부인에 관하여(제5조 제1항), 국제법규 존중에 관하여(제6조 제1항) 각 규정하고 있을 뿐, 제2장 국민의 권리와 의무에서 "평화적 생존권"이란 기본권을 따로 규정하고 있지는 않다. 따라서 "평화적 생존권"이 헌법상 보장된 기본권인지 여부는 이를 헌법상 열거되지 아니한 기본권으로 인정할 것인지 여부의 문제다.

(2) 헌법 전문 및 제1장 총강에 나타난 "평화"에 관한 규정에 따르면, 우리 헌법은 침략적 전쟁을 부인하고 조국의 평화적 통일을 지향하며 항구적인 세계평화의 유지에 노력하여야 함을 이념 내지 목적으로 삼고 있음은 분명하다. 따라서 국가는 국민이 전쟁과 테러 등 무력행위로

부터 자유로운 평화 속에서 생활을 영위하면서 인간의 존엄과 가치를 지키고 헌법상 보장된 기본권을 최대한 누릴 수 있도록 노력하여야 할 책무가 있음은 부인할 수 없다.

그러나 평화주의가 헌법적 이념 또는 목적이라고 하여 이것으로부터 국민 개인의 평화적 생존권이 바로 도출될 수 있는 것은 아니다. 헌법에 열거되지 아니한 기본권을 새롭게 인정하려면, 그 필요성이 특별히 인정되고, 그 권리내용(보호영역)이 비교적 명확하여 구체적 기본권으로서의 실체 즉, 권리내용을 규범 상대방에게 요구할 힘이 있고 그 실현이 방해되는 경우 재판에 의하여 그 실현을 보장받을 수 있는 구체적 권리로서의 실질에 부합하여야 할 것이다.

그런데 평화적 생존권을 구체적 기본권으로 인정한다고 가정할 때, 그 권리내용이란 우선 "침략전쟁에 대한 것"에서 찾을 수밖에 없을 것이다. 왜냐하면 "침략전쟁이나 방어전쟁을 불문하고 전쟁이 없는 평화"란 자국의 노력만으로 이룰 수 있는 것이 아니라 세계 각국이 함께 노력하여 형성하는 평화로운 국제질서의 확립에 의해 달성할 수 있는 것일 뿐만 아니라 우리 헌법이 세계평화의 원칙을 규정하면서도 침략전쟁만을 부인하고 있기 때문이다. 따라서 평화적 생존권의 권리내용으로서 상정할 수 있는 것은 "침략전쟁에 강제로 동원되지 아니할 권리", "침략전쟁을 위한 군사연습, 군사기지 건설, 살상무기의 제조 및 수입 등 전쟁준비 행위가 국민에게 중대한 공포를 초래할 경우 관련 공권력 행사의 정지를 구할 권리" 등일 것이다.

그러나 침략전쟁과 방어전쟁의 구별이 불분명할 뿐만 아니라 전시나 전시에 준한 국가비상 상황에서의 전쟁준비나 선전포고 등 행위가 침략전쟁에 해당하는지 여부에 관한 판단은 고도의 정치적 결단에 해당하여 사법심사를 자제할 대상으로 보아야 할 경우가 대부분일 것이다 (헌재 2004. 4. 29. 2003헌마814 판례집 16-1, 601, 607 참조).

또한, 평상시의 군사연습, 군사기지 건설, 무기의 제조 및 수입 등 군비확충 등의 행위가 "침략적" 전쟁준비에 해당한다고 볼 수 있는 경우란 거의 없거나 "침략적 성격" 및 "중대한 공포" 등에 관한 규명이 사실상 곤란하므로, 이에 대하여 평화적 생존권이라는 이름으로 관련 공권력 행사를 중지시키려는 것은 실효적으로 보호받을 가능성을 긍정하기 쉽지 않다.

이러한 사정을 종합적으로 고려해보면, 평화적 생존권을 헌법에 열거되지 아니한 기본권으로서 특별히 새롭게 인정할 필요성이 있다거나 그 권리내용이 비교적 명확하여 구체적 권리로서의 실질에 부합한다고 보기 어렵다 할 것이다.

(3) 한편 평화적 생존권이란 개념의 연원은 일본 헌법 전문 2단의 "평화 속에 생존할 권리"라는 표현이 계기가 되어 일본의 일부 학계와 하급심 법원이 이를 기본권으로 인정한 데에 있다 할 것이다. 그런데 일본 최고재판소는 일본 헌법이 위와 같은 헌법 전문의 "평화 속에 생존할 권리"라는 문구 외에 제9조에서 전쟁을 포기하고 전력 및 교전권을 부인하는 규정까지 두고 있음에도 평화적 생존권으로 주장된 "평화"란 이념 내지 목적으로서의 추상적 개념이고, 그 자체가 독립된 권리가 될 수 없다고 하여 구체적 기본권성을 부정하였다.

우리 헌법은 일본 헌법과 같이 평화적 생존권을 직접적으로 도출할 표현을 두고 있지 아니하고, 다만 전문이나 총강에서 "평화적 통일", "세계평화", "국제평화", "침략전쟁의 부인" 등의 규정을 갖고 있을 뿐이다. 앞서 본 바와 같이 평화적 생존권을 헌법에 열거되지 아니한 기본권으로서 새롭게 인정할 필요성이 있다거나 평화적 생존권이 구체적 권리로서의 실질에 부합한다고 보기 어려운 이상, 우리 헌법 전문이나 총강에 나타난 평화에 관한 몇몇 규정에 기초하여 헌법 제10조 및 제37조 제1항을 근거로 평화적 생존권을 헌법상 보장된 기본권으로 쉽사리 인정할 수는 없다고 할 것이다. 우리 헌법보다 더 강한 평화에 관한 규정을 기본법에 두고 있는 독일의 경우 평화적 생존권에 관한 논의가 학계나 실무에서 이루어지지 않은 것도 같은 이유일 것이다.

(4) 결국 청구인들이 평화적 생존권이란 이름으로 주장하고 있는 평화란 헌법의 이념 내지 목적으로서 추상적인 개념에 지나지 아니하고, 개인의 구체적 권리로서 국가에 대하여 침략전쟁에 강제되지 않고 평화적 생존을 할 수 있도록 요청할 수 있는 효력 등을 지닌 것이라고 볼 수 없다. 따라서 평화적 생존권은 헌법상 보장되는 기본권이라고 할 수는 없다 할 것이다.

다. 소결론

그렇다면, 청구인들이 자신들의 헌법상 보장된 기본권의 침해가 있었음을 전제로 하여 구하는 이 사건 심판청구는 더 나아가 살펴볼 필요 없이 부적법하다.

4. 결론

이 사건 심판청구는 부적법하므로 이를 각하하기로 하여 주문과 같이 결정한다.

종전에 헌법재판소가 이 결정과 견해를 달리하여 "평화적 생존권을 헌법 제10조와 제37조 제1항에 의하여 인정된 기본권으로서 침략전쟁에 강제되지 않고 평화적 생존을 할 수 있도록 국가에 요청할 수 있는 권리"라고 판시한 2003. 2. 23. 2005헌마268 결정은 이 결정과 저촉되는 범위 내에서 이를 변경한다.

5. 재판관 김종대의 다수의견에 대한 보충의견

나는 다수의견과 같이 평화적 생존권이 헌법상 보장된 구체적 기본권이라고 볼 수 없다는 데 뜻을 같이하고, 아래와 같이 '전쟁과 기본권'에 관한 견해를 밝히면서 다수의견을 보충하고자 한다.

(1) 기본권이란 헌법에서 어떤 법익을 기본적 권리로 인정하고 이를

보장할 때 생겨나는 것이어서 헌법을 떠나 기본권이란 개념을 생각할 수 없고, 헌법은 국가의 존립을 전제로 하므로, 결국 기본권은 국가의 존립을 떠나서 관념할 수 없다. 따라서 국가의 존립은 기본권의 개념적 기초이자 기본권 보장의 전제라 할 것이다.

국가 간에 전쟁이 일어나면 기본권의 전제가 된 국가의 존립이 위협받게 된다. 전쟁은 적국(반국가단체 또는 사실상 국가체제를 갖춘 집단 등 포함)과의 생존을 건 싸움이기 때문이다. 전쟁의 승패에 따라 국가의 생존도 국민의 기본권도 기약 없이 될 수밖에 없으므로, 국민은 전쟁에서 승리하거나 휴전하여 국가의 존립을 유지한 때에만 헌법을 지켜내고 기본권을 향유할 수 있는 것이지 패전하면 송두리째 기본권을 잃어버리고 마는 위험 속에 빠지고 만다. 또한, 오늘날 전쟁은 복잡 미묘한 국제정세 속에서 당사국의 주관적 국익과 명분 아래 갑작스럽게 발발하게 되므로 실제 어느 전쟁이 침략적 전쟁인지 방어적 전쟁인지 그 구별이 명백하지도 않다.

이와 같이 국가비상사태라 할 수 있는 전쟁이 어떤 이유로든 일단 발발하게 되면 그 승패에 따라 국가의 존립을 좌우할 수밖에 없는 엄청난 결과를 초래하므로 국가는 반드시 군사훈련을 지속하는 등 전쟁에 대비한 준비를 소홀히 해서는 안 되고, 따라서 국군통수권자인 대통령은 국가의 독립·영토의 보전·국가의 계속성과 헌법을 수호할 책무를 지고 있으므로 언제 발발할지 모르는 전쟁에 대비해 평소 군사훈련, 군비확충 등으로 전력을 최고조로 유지하고 병사들로 하여금 필승의 신념으로 국가를 수호할 수 있도록 정신전력을 강화시켜나가야 한다.

(2) 피청구인의 이 사건 연습결정은 전쟁에 대비해 연합국과 함께 적국을 물리치는 훈련을 하도록 한 것이다. 이와 같이 전쟁으로부터 국민의 생존과 기본권을 지키기 위해 군사훈련을 할 수밖에 없다면 그 훈련에 필연적으로 따라오는 기본권의 제한적 상황을 두고 이를 기본권(평화적 생존권)의 침해라고 관념해 국가에 대한 군사훈련의 금지를 요청할

수는 없다고 해야 할 것이다.

평화적 생존권을 구체적 기본권으로 인정하자는 견해는 평화적 생존권을 "침략전쟁에 강제로 동원되지 않고 평화적 생존을 할 수 있도록 국가에 요청할 수 있는 권리"로 관념하고 있다. 그런데 앞서 지적한 바와 같이 전쟁은 그 특성상 침략적 전쟁인지 방어적 전쟁인지의 구분이 불명확하여 그 같은 관념의 전제 자체가 성립하기 어려울 뿐만 아니라, 명백하지도 아니한 "침략전쟁"임을 내세워 전시 상황에 대비한 준비행위를 막을 수 있는 권리를 인정하려는 것은 어떤 전쟁에서도 일단 항복하자는 뜻이 아니라면 전쟁이라는 특수 상황, 즉 전쟁발발의 불가예측성과 비윤리성 및 패전의 참혹성을 간과한 생각에서 비롯된 것이라고 하지 않을 수 없다.

(3) 우리 헌법은 평화를 중요한 이념으로 표방하고 침략전쟁을 부인하고 있다. 따라서 국가의 모든 기능은 전쟁이 아니라 평화를 향해 이루어져야 한다는 것은 우리 헌법의 기본원리상으로도 당연한 이치다. 그러나 여기서의 평화가 전쟁 없이 적국에 예속되는 것까지 감수하는 평화를 의미한다고 볼 수 없는 이상, 전쟁에 대비한 군사훈련을 하지 말아야 한다는 명분이 되어서는 안 된다.

그러므로 나는 청구인들이 주장하는 평화적 생존권도 우리 헌법의 기초적 가치로서 이 같은 테두리 속에서 관념하면 되지 굳이 이를 구체적 기본권으로 관념하여 이를 근거로 전시에 대비한 군사훈련마저 저지하기 위한 독립된 대국가적 권리로 인정할 이유는 없다고 본다.

6. 재판관 조대현·재판관 목영준·재판관 송두환의 별개의견

우리는 다수의견과 달리, '평화적 생존권'이 우리 국민이 향유하고 있는 헌법상 기본권이자, 국민이 그에 대한 침해를 이유로 헌법소원심판에 의한 법적 구제를 구할 수 있는 재판규범이라고 생각하므로, 다음과 같이 별개의견을 밝힌다.

가. 우리 헌법의 규정

우리 헌법은 전문에서 "우리 대한민국은 (……) 평화적 통일의 사명에 입각하여 (……) 밖으로는 항구적인 세계평화와 인류공영에 이바지함으로써"라고 규정하고 있고, 제4조에서 "자유민주적 기본질서에 입각한 평화적 통일정책을 수립하고"라고 규정하고 있으며, 제5조 제1항에서 "대한민국은 국제평화의 유지에 노력하고 침략적 전쟁을 부인한다"라고 규정함으로써, '평화'를 우리 헌법상 최고의 가치 중 하나로 명시하고 있다.

한편, 헌법 제10조는, "모든 국민은 인간으로서의 존엄과 가치를 가지며 행복을 추구할 권리를 가진다. 국가는 개인이 가지는 불가침의 기본적 인권을 확인하고 이를 보장할 의무를 진다"라고 규정함으로써, 국가는 국민이 인간으로서의 존엄과 가치를 유지하고 행복을 추구할 일반적 행동의 자유를 보장하도록 하고 있다.

나아가 헌법 제37조 제1항은, "국민의 자유와 권리는 헌법에 열거되지 아니한 이유로 경시되지 아니한다"라고 규정하여 헌법상 보호하여야 할 가치에 대하여는 비록 헌법에 문언상 명시되지 않았더라도 헌법상 기본권으로 보장하여야 한다고 선언하고 있다.

나. 평화적 생존권의 의미

위와 같은 헌법 규정에 비추어볼 때, 국민은 인간으로서의 존엄과 가치를 유지하면서 행복을 추구하기 위하여 침략전쟁이나 테러 등의 위해를 받지 않고 평화롭게 살아갈 권리, 즉 평화적 생존권을 가지고, 국가는 국민들의 이러한 권리를 보장하기 위하여 침략전쟁·테러·범죄 등으로부터 국민의 생명과 신체의 안전을 보호하여야 할 의무가 있을 뿐 아니라, 불가피하거나 불가항력적이지 않은 침략전쟁을 회피하거나 부인하여야 할 책무도 있다고 할 것이다.

물론 전쟁이 없는 평화가 자국(自國)의 의지와 노력만으로 이룰 수 있는 것이 아니므로, 평화적 생존권이라고 하여 일체의 전쟁 없이 살 권리를 의미하는 것도 아니고 일체의 전쟁수행이나 군사 활동을 모두 부인하는 권리도 아니다. 국민의 모든 기본권은 국가의 존립과 자유민주적 기본질서를 전제로만 존재할 수 있으므로, 국민의 기본권을 보장하기 위해서라도 국토와 국민을 방위하고 자유민주주의를 지키기 위한 전쟁수행 기타 군사 활동은 불가피하다. 그러므로 이를 위하여 국민에게 국토방위의 의무를 부과하고 국군을 조직·유지하며 군사 활동의 훈련을 실시하는 것도 허용된다.

그러나 국가가 위와 같은 목적을 현저히 벗어나 국민에게 국제적 평화를 파괴하는 침략적 전쟁에 참여하도록 요구할 수는 없다(헌법 제5조 제1항). 또한, 침략전쟁과 테러 혹은 무력행위로부터 자유로워야 하는 것은 인간의 존엄과 가치를 실현하고 행복을 추구하기 위한 기본 전제이므로(헌재 2006. 2. 23. 2005헌마268, 판례집 18-1상, 298, 302-304), 국민을 침략적 전쟁에 동원하거나 테러의 위해 속에 방치하는 것은 헌법 제10조가 선언한 국가의 헌법상 책무에도 반한다. 그러므로 국민은 국가에 대하여 침략전쟁에 강제되지 않고 테러 등의 위해를 받지 않으면서 평화적 생존을 할 수 있도록 요청할 수 있는 권리를 가지고 있고, 이는 헌법상 기본권으로서 비록 헌법상 문언에 명시되어 있지 않다 하더라도, 국가에 대하여 요청할 수 있는 구체적 권리라고 할 것이다.

다. 통치행위와 실효성 문제

다수의견은, 침략전쟁과 방어전쟁의 구별이 불분명할 뿐 아니라 국가의 행위가 침략전쟁에 해당하는지 여부에 대한 판단은 고도의 정치적 결단에 해당하여 사법심사를 자제할 대상, 이른바 통치행위인 경우가 대부분일 것이고, 침략적 성격에 대한 규명이 사실상 곤란하므로 이를 평화적 생존권이란 이름으로 중지시키려는 것은 실효적으로 보호받기 어렵기 때문에, 헌법 제37조 제1항에 의하여 평화적 생존권을 특별히 새롭게 인정할 필요성이 없다고 주장한다.

그러나 평화적 생존권을 국민의 기본권으로 인정할지의 문제와, 국가의 군사적 행위가 통치행위로서 사법심사의 대상이 되는지 또는 침략적 성격의 규명이 사실상 곤란한지의 문제는 전혀 차원이 다른 별개의 문제다. 앞에서 본 바와 같이, 국민의 평화적 생존권은 우리 헌법의 문언상 열거되어 있지는 않지만 헌법 자체에 내재되어 있는 국민의 기본권으로 보호되어야 하는 것이고, 이를 침해할 가능성이 있는 국가의 군사적 행위가 통치행위인지 여부 및 침략적 전쟁인지 여부는 이를 심사하는 사법절차에서 판단될 문제인 것이다.

라. 소결

결국, 국민은 국가에 대하여 침략전쟁이나 테러 등의 위해를 받지 않고 평화롭게 생존할 수 있도록 국가에 요청할 수 있는 권리, 즉 평화적 생존권을 가지고 있다고 할 것이고, 국가 공권력이 이러한 기본권을 부당하게 침해한다면 이는 헌법에 위반된다고 할 것이다.

다만, 이 사건 연습결정은 1994년부터 연례적으로 실시하고 있는 연합전시증원 연습으로서 한미상호방위조약에 의거하여 매년 행해왔던 점, 이 사건 연습의 근거인 한미상호방위조약은 "외부로부터의 무력공격이 있을 것"을 전제하여 공동방위를 목적으로 하고 있는 점, 한반도 비상사태에 대비하여 미군이 주둔하고 있는 이상 비상사태에 효과적으로 대처하기 위한 한미 합동군사훈련이 필요한 점 등에 비추어볼 때, 청구인들 주장과 같이 이 사건 연습결정이 국민들에게 예측불허의 침략적 전쟁에 휩싸이게 할 가능성, 즉 국민의 평화적 생존권을 침해할 가능성이 있다고 볼 수 없다.

따라서 이 사건 헌법소원심판청구는 기본권침해 가능성이 결여된 부적법한 청구로서 각하되어야 한다.

7. 재판관 조대현의 별개의견에 대한 보충의견

다수의견은 평화적 생존권이 헌법상 기본권으로 규정되어 있지 않고 그것을 기본권으로 인정할 필요가 없으며 그 내용의 실현을 보장받기 어려운 이념에 불과하다는 이유로 평화적 생존권의 기본권성을 부인하지만, 찬성하기 어렵다.

인간의 존엄과 가치 및 행복추구권은 국가나 헌법에 의하여 창설되거나 인정되는 것이 아니고 국가와 헌법 이전에 천부적(天賦的)으로 보유하는 것이다. 국가는 인간의 존엄과 가치 및 행복추구권을 확인하고 존중하여야 하며, 이를 위하여 기본적 인권을 보장할 의무를 지고(헌법 제10조), 개인의 기본적 인권은 헌법에 열거된 것이든 아니든 존중되고 보장되어야 하는 것이다(헌법 제37조 제1항). 대한민국헌법이 전문에서 "우리들과 우리들의 자손의 안전과 자유와 행복을 영원히 확보할 것을 다짐"한 바와 같이, 대한민국의 국가와 헌법과 헌법재판소는 국민의 기본적 인권을 보장하기 위하여 존재하는 것이다.

인간이 존엄과 가치를 누리면서 행복을 추구하려면 생명과 신체의 안전을 위협받지 않고 평화롭게 생존할 수 있어야 한다. 이처럼 "인간이 생명과 신체의 안전을 위협받지 않고 평화롭게 생존할 수 있는 자유와 권리"를 평화적 생존권이라고 부를 수 있고, 그것은 인간의 존엄과 가치를 누리면서 행복을 추구하기 위하여 필요하고 불가결한 기본조건이기 때문에, 인간의 활동의 자유나 재산권이나 인간다운 생활을 할 권리와 같은 다른 기본권보다 우선적으로 보장되어야 한다. 생명과 신체의 안전이 폭력 범죄로부터 보호되어야 함은 물론, 전쟁·테러·무력행위 등에 의하여 인간의 평화적 생존이 위협받지 않도록 국제적 평화와 국내의 평화가 아울러 보장되어야 한다. 생명·신체의 안전권이 기본권으로 보장된다고 하여 그와 별도로 평화적으로 생존할 자유와 권리를 기본권으로 인정할 필요가 없는 것은 아니다.

이처럼 인간이 생명과 신체의 안전을 위협받지 않고 평화롭게 생존할 수 있는 권리는 인간이 국가와 헌법 이전에 천부적으로 가지는 기본권이라고 보아야 한다. 대한민국헌법에 평화적 생존권을 보장하는 명문 규정이 없다고 하여 그 기본권성을 부인해서는 안 된다. 우리 헌법상 평화적 생존권은 인간의 존엄과 가치 및 행복추구권을 보장하는 제10조와 열거되지 아니한 기본권도 존중하라는 제37조 제1항에 의하여 보장되는 기본권이라고 보아야 한다. 더 나아가 국가와 헌법은 국민들의 평화적 생존권을 보장하기 위하여 존재하는 것이라고 보아야 하고, 국민들이 국가를 세우고 통치조직을 만들고 군대와 경찰을 유지하는 것도 모두 평화적 생존권을 보장받기 위한 것이라고 보아야 한다.

국가는 국민들의 평화적 생존권을 보장하기 위하여, 침략전쟁을 부인하고 국제평화의 유지에 노력하여야 하며(헌법 제5조 제1항), 국군을 조직하여 국가의 안전보장과 국토방위의 사명을 담당하게 하여야 하고(헌법 제5조 제2항), 국민들에게 국토방위의 의무를 부과할 수 있으며(헌법 제39조 제1항), 사회질서를 유지하여야 하고(헌법 제37조 제2항), 전쟁·테러·무력행위 등으로부터 국민들의 평화적 생존권이 위해나 위협을 받지 않도록 보호하는 조치를 취하여야 한다.

그러나 평화적 생존권도 국가안전보장이나 질서유지를 위하여 필요한 경우에는 최소한의 범위에서 제한될 수 있다(헌법 제37조 제2항). 국가가 국군을 유지하고 미군을 주둔시키며 함께 군사훈련을 하는 것은 국가안전보장을 위하여 필요한 것이지만, 그러한 군사훈련이 국민의 생명과 신체의 안전을 해치거나 위협하는 경우에는 평화적 생존권을 침해하는 것이므로 헌법 제37조 제2항의 통제를 받아야 한다. 그리고 그러한 군사훈련이 침략전쟁을 위한 것이라면, 국제평화의 유지에 노력하고 침략적 전쟁을 부인하도록 요구하는 헌법 제5조 제1항에 위반되는 것이므로, 평화적 생존권의 침해를 정당화하는 사유로 되지 못한다고 할 것이다.

그런데 이 사건 연습은 외적의 침략전쟁에 대비하여 국가와 국민들의 안전을 방어하기 위한 훈련으로서 국가안전보장을 위하여 필요한 것이라고 생각되고, 그로 인하여 청구인들의 평화적 생존권이 침해되었거나 침해될 위험이 있었다는 점을 엿볼 수 없으므로, 이 사건 연습은 청구인들의 평화적 생존권을 침해할 가능성이 있다고 보기 어렵다.

② 해설

이 사건 청구인은 한미상호방위조약에 따라서 이루어진 한미연합사령부의 전시증원연습결정과 연습실시에 대하여 이는 헌법 전문에서 규정하는 평화적 통일과 항구적인 세계평화, 헌법 제4조의 평화통일정책, 그리고 헌법 제5조의 국제평화의 유지와 침략적 전쟁 부인을 위반한 것으로서 헌법 제10조와 제37조 제1항을 통해 인정되는 평화적 생존권을 침해하였다는 이유로 헌법소원을 청구하였다. 헌법재판소는 심판대상인 전시증원연습결정이 사법심사를 자제해야 하는 통치행위에 해당하지 않는다고 판단한 다음, 청구인이 주장하는 평화적 생존권은 헌법상 기본권에 해당하지 않는다는 이유로 본안심리에 들어가지 않고 부적법하다는 이유로 각하결정하였다.

헌법재판소는 이 사건 연습결정이 국방과 관련되는 고도의 정치적 결단에 해당하여 사법심사를 자제하여야 하는 통치행위에 해당한다고 보기 어렵다고 판단하였다. 또한, 평화적 생존권이 헌법상 기본권인지 여부에 대하여는 평화적 생존권을 헌법에 열거되지 아니한 기본권으로서 특별히 새롭게 인정할 필요성이 있다거나 그 권리내용이 비교적 명확하여 구체적 권리의 실질에 부합한다고 보기 어렵다고 판단하였다. 즉, 평화적 생존권은 헌법에서 명시적으로 규정하는 기본권이 아니며, 헌법에 열거되지 아니한 기본권을 새롭게 인정하려면 그 필요성이 특별히 인정되고, 그 권리내용(보호영역)이 비교적 명확하여 구체적 기본권의 실체 즉, 권리내용을 규범 상대방에게 요구할 힘이 있고 그 실현이 방해되는 경우 재판으로써 그 실현을 보장받을 수 있는 구체적 권리의 실질에 부합하여야 한다고 판시하였다. 그러나 평화적 생존권을 헌법에 열거되지 아니한 기본권으로서 특별히 새롭게 인정할 필요성이 있다거나 그 권리내용이 비교적 명확하여 구체적 권리의 실질에 부합한다고 보기 어렵다는 것이다.

헌법재판소의 이러한 결정은 종전 결정을 변경한 것이다. 즉, 헌법재판소는 종전에 "평화적 생존권은 헌법 제10조와 제37조 제1항에 의하여 인정된 기본권으로서 침략전쟁에 강제되지 않고 평화적 생존을 할 수 있도록 국가에 요청할 수 있는 권리이며 오늘날 전쟁과 테러 혹은 무력행위로부터 자유로워야 하는 것은 인간의 존엄과 가치를 실현하고 행복을 추구하기 위한 기본 전제가 되는 것이므로, 달리 이를 보호하는 명시적 기본권이 없다면 헌법 제10조와 제37조 제1항으로부터 평화적 생존권이라는 이름으로 이를 보호하는 것이 필요하다. 그 기본 내용은 침략전쟁에 강제되지 않고 평화적 생존을 할 수 있도록 국가에 요청할 수 있는 권리라고 볼 수 있을 것"이라고 하여 평화적 생존권을 헌법 제10조에서 도출되거나 헌법에 열거되지 아니한 구체적 기본권으로 인정하였다.[19]

한편, 반대의견은 이 사건 연습결정이 통치행위에 해당하지 않는다는 부분에 대하여는 다수의견과 동일하지만, 평화적 생존권에 대하여는 "국민은 국가에 대하여 침략전쟁에 강제되지 않고 테러 등의 위해를 받지 않으면서 평화적 생존을 할 수 있도록 요청할 수 있는 권리를 가지고 있고, 이는 헌법상 기본권으로서 비록 헌법상 문언에 명시되어 있지 않다 하더라도, 국가에 대하여 요청할 수 있는 구체적 권리라고 할 것이다"라고 판시하여 헌법상 기본권으로 인정하였다. 그러나 이 사건 연습결정이 청구인이 주장하는 바와 같이 평화적 생존권을 침해할 가능성이 없다는 이유로 각하되어야 한다고 판단하여 주문의 결정에는 다

19 헌재 2006. 2. 23. 2005헌마268.

수의견과 동일한 견해를 취하였다.

2) 관련판례 요지

(1) 대법원 2004. 3. 26. 2003도7878【대북송금사건】

고도의 정치성을 띤 국가행위에 대하여는 이른바 통치행위라 하여 법원 스스로 사법심사권의 행사를 억제하여 그 심사대상에서 제외하는 영역이 있으나, 이와 같이 통치행위의 개념을 인정한다고 하더라도 과도한 사법심사의 자제가 기본권을 보장하고 법치주의 이념을 구현하여야 할 법원의 의무를 태만히 하거나 포기하는 것이 되지 않도록 그 인정을 지극히 신중하게 하여야 하며, 그 판단은 오로지 사법부만에 의하여 이루어져야 한다. 남북정상회담의 개최는 고도의 정치적 성격을 지니고 있는 행위라 할 것이므로 특별한 사정이 없는 한 그 당부를 심판하는 것은 사법권의 내재적 본질적 한계를 넘어서는 것이 되어 적절하지 못하지만, 남북정상회담의 개최 과정에서 재정경제부장관에게 신고하지 아니하거나 통일부장관의 협력사업 승인을 받지 아니한 채 북한측에 사업권의 대가 명목으로 송금한 행위 자체는 헌법상 법치국가의 원리와 법 앞에 평등원칙 등에 비추어볼 때 사법심사의 대상이 된다.

(2) 서울중앙지방법원 2011. 11. 17. 2011가합26501【손해배상 등】

2010. 3. 26. 서해상에서 훈련 중이던 남한의 천안함이 북한의 공격으로 침몰하는 사건이 발생하였고, 이에 통일부는 2010. 5. 24. 개성공단을 제외한 대북 교역 및 경협 사업의 전면적인 중단조치(이하 '5.24조치'라고 한다)를 취하였다. 그런데 원고는 5.24조치 이전에 이 사건 임가공 계약에 따라 의류 자재를 북한으로 보냈고, 5.24조치 이후 제품을 납품받을 예정이었으나 제품을 제대로 납품받지 못하였다.

5.24조치는 북한과의 군사적 대치 상태에서 천안함 침몰 사건이 발생

하자 더는 북한의 안보위협과 군사도발을 좌시할 수 없다는 판단 아래 이루어진 피고의 고도의 정치적 행위인 점, 특히 5.24조치는 2010. 3. 26. 천안함 침몰 사건 이후 남북한 간 극도의 긴장국면에서 전격적으로 이루어진 것으로서 피고의 일반 행정작용과 동일하게 보기 어려운 점 등의 사정을 종합해보면, 결국 피고의 5.24조치는 남북한 긴장관계 속에서 천안함 침몰 사건을 계기로 전격적으로 이루어진 피고의 고도의 정치적 행위이고, 피고는 원고를 포함한 남북교역업체들의 피해를 최소화하기 위하여 나름의 조치를 취하였다고 보이는바, 피고가 고의 또는 과실로 인한 위법한 공무집행으로 원고에게 손해를 가하였다고 볼 수 없으므로, 원고의 위 주장은 이유 없다.

(3) 헌재 2003. 12. 18. 2003헌마255·256(병합) 【이라크전쟁 파견결정 등 위헌확인, 이라크전쟁 파견동의안 동의 위헌확인】

청구인들은 이 사건 파견결정에 관하여 일반 국민의 지위에서 사실상의 또는 간접적인 이해관계를 가진다고 할 수는 있으나, 이 사건 파견결정으로 인하여 청구인들이 주장하는 바와 같은 인간의 존엄과 가치, 행복추구권 등 헌법상 보장된 청구인들 자신의 기본권을 현재 그리고 직접적으로 침해받는다고는 할 수 없다. 청구인들은 "이 사건 파견결정으로 인해 타인의 생명을 존중하고 타인과 공존하는 데서 자신의 인간다움을 확인하려는 양심과 인간성에 심각한 타격을 받게 되고 앞으로 한반도에서의 부시 행정부의 부적절한 대응으로 긴장이 고조되면 피해자로서 무력충돌에 휘말리게 될 위험성도 배제할 수 없게 됨으로써 헌법상 보장된 청구인들의 평화적 생존권을 침해받는다"는 취지의 주장을 하고 있다. 그러나 청구인들이 그 주장과 같은 이유로 양심과 인간성의 타격을 받을 수 있다 하더라도 그러한 내용의 피해는 국민의, 또는 인류의 일원으로서 입는 사실상의, 또는 간접적인 성격을 지닌 것이고 법적으로 포착될 수 있는 이익 또는 권리라고 보기는 어렵다(위 97

헌마404, 판례집10-2, 563, 565 참조).

또 한반도에서의 무력충돌로 인한 기본권 침해에 관한 위 주장은, 청구인들의 주장 자체에서 나타나 있듯이 외국 정부의 독자적인 별도의 행동과 현재로서는 예측하기 어려운 향후의 여러 가지 정세변화가 청구인들이 우려하는 특정한 방향으로 진전될 것을 전제로 하여 그러한 일들이 일어난다면 청구인들의 기본권이 침해될 것이라는 하나의 가설을 들고 있는 것이어서 이 사건 파병으로 인하여 청구인들의 기본권이 현재, 직접 침해되었다고 볼 근거가 될 수는 없다.

(4) 헌재 2004. 4. 29. 2003헌마814【일반사병 이라크파병 위헌확인】

외국에의 국군의 파견결정은 파견군인의 생명과 신체의 안전뿐만 아니라 국제사회에서의 우리나라의 지위와 역할, 동맹국과의 관계, 국가안보문제 등 궁극적으로 국민 내지 국익에 영향을 미치는 복잡하고도 중요한 문제로서 국내 및 국제정치관계 등 제반 상황을 고려하여 향후 우리나라의 바람직한 위치, 앞으로 나아가야 할 방향 등 미래를 예측하고 목표를 설정하는 등 고도의 정치적 결단이 요구되는 사안이다. 따라서 그와 같은 결정은 그 문제에 대해 정치적 책임을 질 수 있는 국민의 대의기관이 관계 분야의 전문가들과 광범위하고 심도 있는 논의를 거쳐 신중히 결정하는 것이 바람직하며 우리 헌법도 그 권한을 국민으로부터 직접 선출되고 국민에게 직접 책임을 지는 대통령에게 부여하고 그 권한행사에 신중을 기하도록 하기 위해 국회로 하여금 파병에 대한 동의 여부를 결정할 수 있도록 하고 있는바, 현행 헌법이 채택하고 있는 대의민주제 통치구조하에서 대의기관인 대통령과 국회의 그와 같은 고도의 정치적 결단은 가급적 존중되어야 한다.

이 사건 파견결정의 그 성격상 국방 및 외교에 관련된 고도의 정치적 결단을 요하는 문제로서 헌법과 법률이 정하는 절차를 지켜 이루어진 이상, 대통령과 국회의 판단은 존중되어야 하고 헌법재판소가 사법적 기준만으로 이를 심판하는 것은 자제되어야 한다. 이 사건과 같은 파견결정이 헌법에 위반되는지의 여부, 즉 세계평화와 인류공영에 이바지하는 것인지 여부, 국가안보에 보탬이 됨으로써 궁극적으로는 국민과 국익에 이로운 것이 될 것인지 여부 및 이른바 이라크전쟁이 국제규범에 어긋나는 침략전쟁인지 여부 등에 대한 판단은 대의기관인 대통령과 국회의 몫이고, 성질상 한정된 자료만을 가지고 있는 우리 헌법재판소가 판단하는 것은 바람직하지 않다고 할 것이며, 우리 헌법재판소의 판단이 대통령과 국회의 그것보다 더 옳다거나 정확하다고 단정짓기 어려움은 물론 재판 결과에 대하여 국민들의 신뢰를 확보하기도 어렵다고 하지 않을 수 없다.

3) 평가

우리 헌법은 전문과 제4조 등 규정을 통하여 평화통일주의를 기본원리로 채택하고 있는데, 이와 동시에 제5조 제1항에서 "대한민국은 국제평화의 유지에 노력하고 침략적 전쟁을 부인한다"고, 제2항에서 "국군은 국가의 안전보장과 국토방위의 신성한 의무를 수행함을 사명으로 하며, 그 정치적 중립성은 보장된다"고 각각 규정하여 국제평화주의를 선언하고 있다. 또한, 제6조 제1항에서 "헌법에 의하여 체결·공포된 조약과 일반적으로 승인된 국제법규는 국내법과 같은 효력을 가진다"고 규정하여 국제법존중주의도 채택하고 있다. 따라서 남북한관계와 통일에 대한 국가정책의 결정과 집행은 국제평화주의와 국제법존중주의와 규범적으로 조화를 이루어야 한다. 이에 따라 대법원은 "북한이 아직도 우리나라의 자유민주적 기본질서에 대한 위협이 되고 있는 현 상황에 있어 국가보안법이 북한을 반국가단체로 규정한 것이 우리 헌법이 천명한 국제평화주의나 평화통일의 원칙(헌법 전문, 제4조, 제5조)과 모순되는 법률이라고 볼 수 없다"고 판시하였고,[20] 헌법재판소도 "국가의 존립·안전과 국민의 생존 및 자유를 수호하기 위하여 국가보안법의 해석·적용상 북한을 반국가단체로 보고 이에 동조하는 반국가활동을 규제하는 것 자체가 헌법이 규정하는 국제평화주의나 평화통일의 원칙에 위반된다고 할 수 없다"고 결정하였다.[21]

남북한관계 또는 평화통일정책의 구체적인 내용은 남한과 북한의 상황, 국제정세 등에 따라서 다양하게 결정되어야 하므로 고도의 정치적 고려나 결단이 반영되어야 한다. 또한, 우리 헌법은 제72조에서 "대통령은 필요하다고 인정할 때에는 외교·국방·통일 기타 국가안위에 관한 중요정책을 국민투표에 붙일 수 있다"고 규정하고 있다. 따라서 남북한관계와 통일에 대한 정책결정은 통치행위로 인정될 가능성이 크고, 통치행위의 인정 여부는 사법심사의 대상에서 제외되는 문제와 직접적으로 연관된다. 대법원과 헌법재판소가 통치행위의 개념을 인정하는지 여부, 그 요건과 범위 등에 대하여 분석하는 것은 남북한관계와 통일에 대한 사법심사의 규범적 기준을 정립하기 위하여 중요하고 필요한 작업이라고 할 수 있다.

이른바 통치행위의 개념은 프랑스, 독일, 미국 등에서 판례를 통하여 발전되었으며, 통치행위가 사법심사의 대상이 되는지 여부에 대하여는 통치행위의 개념 자체를 긍정하는 견해와 이를 부정하는 견해로 구분된다. 이를 인정하는 견해도 내재적 제약설, 권력분립설, 자유재량행위설, 사법적 자기제약설 등 다양한 근거를 제시하고 있다.[22] 그동안 법원은 주로 대통령의 비상계엄선포행위에 대하여 통치행위를 인정한 사례가 있었는데, 내재적 제약설, 권력분립설, 자유재량행위설, 사법자제설에 따라 판단한 것으로 이해된다.[23] 한편, 대법원은 '12.12 군사반란과

---

20 대법원 1991. 11. 22. 91도2341 등.

21 헌재 1997. 1. 16. 89헌마240.

22 통치행위에 대한 자세한 내용은 성낙인, 『헌법학』, 법문사, 2011, 1214-1221쪽 등.

23 서울고법 1964. 7. 16. 64로159, 대법원 1964. 7. 21, 64초4, 대법원 1979. 12. 7. 79초

5.18 내란 등 사건'에서 "대통령의 비상계엄의 선포나 확대행위에 대하여 통치행위성을 인정하지만, 그것이 국헌문란의 목적을 달성하기 위하여 행하여진 경우에는 법원이 그 자체가 범죄행위에 해당하는지의 여부에 관하여 심사할 수 있다"고 판시하였다.[24] 대법원은 앞에서 설명한 바와 같이 '대북송금 사건'에서도 통치행위 자체의 개념을 인정하면서도 그 요건과 범위를 엄격히 제한함으로써 사법심사의 대상에서 제외되는 범위를 최소화하고 있다. 또한, 최근 창원지방법원은 2010년 서해상에서 훈련 중이던 남한의 천안함이 북한의 공격으로 침몰하는 사건이 발생한 이후 통일부가 개성공단을 제외한 대북 교역 및 경협사업의 전면적인 중단을 결정한 이른바 5.24조치에 대하여 이를 직접적으로 통치행위로 인정한 것은 아니지만 고도의 정치적 행위로 인정하였다. 즉, 통일부가 5.24조치를 취한 것은 북한과의 군사적 대치 상태에서 천안함 침몰 사건이 발생하자 더는 북한의 안보위협과 군사도발을 좌시할 수 없다는 판단 아래 이루어진 고도의 정치적 행위라고 판단하였다.[25]

한편, 현행헌법에서 헌법재판제도가 도입된 이후 헌법재판소는 외국에 대한 파병결정과 군사훈련에 대한 헌법소원사건에서 통치행위의 개념과 요건에 대하여 판단하고 있다. 헌법재판소는 대법원과 마찬가지로 통치행위의 개념을 인정하지만 대법원에 비하여 통치행위에 해당하는 요건을 한층 더 구체적으로 제시하여 적극적으로 사법심사의 대상으로 인정하고 있으나, 최근에는 사법심사의 대상으로 인정하지 않는 결정도 하였다. 즉, 헌법재판소는 1996년 '금융실명거래 및 비밀보장에 관한 긴급재정경제명령 사건'에서는 "이른바 통치행위를 포함하여 모든 국가작용은 국민의 기본권적 가치를 실현하기 위한 수단이라는 한계를 반드

70, 대법원 1981. 4. 28. 81도874 등.

24 대법원 1997. 4. 17. 96도3376.

25 창원지방법원 2011. 11. 17. 2011가합26501.

시 지켜야 하는 것이고, 헌법재판소는 헌법의 수호와 국민의 기본권 보장을 사명으로 하는 국가기관이므로 비록 고도의 정치적 결단에 의하여 행해지는 국가작용이라고 할지라도 그것이 국민의 기본권 침해와 직접 관련되는 경우에는 당연히 헌법재판소의 심판대상이 될 수 있는 것일 뿐만 아니라, 긴급재정경제명령은 법률의 효력을 갖는 것이므로 마땅히 헌법에 기속되어야 할 것이다"고 판시하였다.[26]

헌법재판소는 고도의 정치적 결단에 따른 통치행위라고 하더라도 헌법과 법률이 정한 절차를 위반하거나 국민의 기본권 침해와 직접 관련되는 경우에는 사법심사의 대상이 된다고 판단하여 구체적인 기준을 제시하였다. 그러나 헌법재판소는 2004년 4월 29일 결정한 '일반사병 이라크파병 위헌확인 사건'에서 "국방 및 외교에 관련된 고도의 정치적 결단을 요하는 문제로서 헌법과 법률이 정하는 절차를 지켜 이루어진 이상, 대통령과 국회의 판단은 존중되어야 하고 헌법재판소가 사법적 기준만으로 이를 심판하는 것은 자제되어야 한다"고 판시하기도 하였다.

대법원과 헌법재판소가 남북한관계와 통일에 대한 국가정책의 결정과 집행에 대하여 그것이 통치행위인지 여부를 직접적으로 판단한 사례는 앞에서 설명한 바와 같이 대법원이 판결한 '대북송금 사건'이 유일하다. 하지만, 남북한특수관계론에 따른 북한의 법적 지위의 특수성을 고려할 때 앞으로 예상되는 위와 같은 국가정책에 대한 구체적인 내용은 고도의 정치적 고려나 결단에 의하여 결정될 것이다. 또한, 대통령은 남북한관계의 발전과 국제정세에 따라서 통일에 대한 중요정책을 국민투표에 부칠 수도 있을 것이다. 이러한 점을 고려할 때 대법원과 헌법재판소가 통치행위의 개념과 요건에 대하여 위와 같이 규범적인 기준을 구체적으로 제시하는 것은 바람직한 것이라고 평가된다. 이러한 기

---

26 헌재 1996. 2. 29. 93헌마186.

준은 남북한관계와 통일에 대한 사법심사에 대하여도 그대로 적용될 수 있을 것이다.

제3장

국가보안법에 관한 판례

1. 반국가단체의 구성·가입

1) 대표판례: 대법원 2004. 8. 30. 2004도3212 【국가보안법(찬양·고무 등)등위반】

① 판례요지

1. 사건의 개요

① 제10기 한국대학총학생회연합(이하 '한총련'이라 한다)은 그 지향하는 노선이 반국가단체인 북한의 통일노선과 그 궤를 같이하고 있다.

② 피고인 1이 취득·소지한 '제10기 한총련 정기대의원대회 자료집' 등의 내용은 북한의 주체사상을 한총련의 지도사상으로 설정하고, 민중민주주의실현을 주장하면서 자유민주주의체제를 부정하며, 북한의 대남투쟁 3대과제인 자주·민주·통일 노선을 추종하는 등 북한공산집단의 선전선동내용을 그대로 추종하여 한국정부를 친미예속 식민지 파쇼정권으로 매도하고, 주한미군 철수·국가보안법 폐지·정권퇴진투쟁을 벌여 궁극적으로 북한공산집단의 주장과 같은 자주·민주·통일 투쟁을 달성하자고 선전선동하고 있다.

③ 피고인 2는 2001. 10. 20. 황○관 등 경원대학교 총학생회 회원·경인총련 소속 청년학생들과 함께 서울역 광장에서 개최된 집회와 명동성당으로의 가두행진에 참가한 후 같은 날 20:00경 을지로 3가역 지하 1층과 2층 연결 계단에서 수배자를 검거하기 위하여 위 피고인 등을 미행 중이던 경기지방경찰청 보안수사대 소속 경장과 마주쳤다.

④ 이에 피고인 2는 "야 짭새다"라고 소리를 질러 주위에 있던 황○관 등 경원대학교 및 경인총련 소속 성명불상 학생 등 30여 명을 불러모아 위 학생들로 하여금 경장을 잡게 한 후 그를 을지로 3가역 지하 2층 개찰구를 통해 3층 승강장으로 끌고갔고, 성명불상의 학생 5~6명이 그의 안면 및 목·가슴·등허리 등을 주먹과 발로 수회 차고 때리고 양팔을 꺾어 반항하는 그를 억압하였다.

⑤ 피고인 2는 경장의 바로 앞에 서서 위 학생들이 그로부터 신분증과 현금 20만 원이 들어있던 지갑 1개를 바지주머니에서 빼앗는 것을 지켜본 후 그로 하여금 신분증을 들고 있게 하고 성명불상의 여학생으로 하여금 사진을 찍도록 지시하였으며, 그로부터 신분증과 지갑을 돌려 달라는 요구를 받았음에도 불구하고 다른 학생들과 함께 마침 역에 들어온 지하철을 타고 그대로 가 버렸다.

⑥ 경기지방경찰청 보안수사대 소속 경사 이○선은 2003. 10. 11. 서울 광화문 등지에서 개최된 집회에 참가한 피고인 2가 박○성 등과 함께 시내버스를 타고 같은 날 21:20경 경원대학교 정문 앞 버스정류장에 하차하는 것을 보고 다른 경찰관들과 함께 위 피고인에게 발부된 체포영장을 집행하기 위하여 위 피고인의 이름을 불렀다.

⑦ 그러자 피고인 2는 이○선이 자신을 체포하기 위한 경찰관임을 알고 이○선을 밀치면서 도주하려고 하였고, 박○성은 소지하고 있던 깃봉(길이 약 150cm)을 경찰관에게 휘두르는 등 저항하였으며, 그 과정에서 위 피고인은 이○선의 우측다리를 물어 상해를 입혔다.

⑧ 이○선은 다른 경찰관들과 함께 실력을 행사하여 피고인 2를 검거

하여 승합차에 태운 후 위 피고인에게 범죄사실의 요지·변호인 선임권 등을 고지하였다. 이처럼 경사 이○선이 피고인 2에 대한 체포영장을 집행하기 위하여 범죄사실의 요지·변호인 선임권 등을 고지하기 전에 이미 위 피고인은 이○선이 경찰관으로서 자신을 체포하려는 것임을 알고 이○선을 밀치면서 도주하려고 시도하였고, 이에 이○선 등 경찰관들이 실력을 행사하여 위 피고인을 검거한 후 바로 위와 같은 고지를 한 것이다.

2. 판결요지

[1] 남북정상회담의 성사 등으로 북한의 반국가단체성이 소멸하였다거나 국가보안법의 규범력이 상실되었다고 볼 수 있는지 여부(소극)

비록 남북 사이에 정상회담이 개최되고 그 결과로서 공동선언이 발표되는 등 평화와 화해를 위한 획기적인 전기가 마련되고 있다 하더라도, 그에 따라 남북관계가 더욱 진전되어 남북 사이에 화해와 평화적 공존의 구도가 정착됨으로써 앞으로 북한의 반국가단체성이 소멸되는 것은 별론으로 하고, 지금의 현실로는 북한이 여전히 우리나라와 대치하면서 우리나라의 자유민주주의 체제를 전복하고자 하는 적화통일노선을 완전히 포기하였다는 명백한 징후를 보이지 않고 있고, 그들 내부에 뚜렷한 민주적 변화도 보이지 않고 있는 이상, 북한은 조국의 평화적 통일을 위한 대화와 협력의 동반자임과 동시에 적화통일노선을 고수하면서 우리의 자유민주주의 체제를 전복하고자 획책하는 반국가단체라는 성격도 있다고 보아야 하고, 남북 사이에 정상회담이 개최되고 남북한 사이의 교류와 협력이 이루어지고 있다고 하여 바로 북한의 반국가단체성이 소멸하였다거나 대한민국의 안전을 위태롭게 하는 반국가활동을 규제함으로써 국가의 안전과 국민의 생존 및 자유를 확보함을 목적으로 하는 국가보안법의 규범력이 상실되었다고 볼 수는 없다는 것이 대법원의 견해이다(대법원 2003. 4. 8. 선고 2002도7281 판결, 2003.

9. 23. 선고 2001도4328 판결 등 참조).

이러한 견해와는 달리 북한이 이제는 우리의 자유민주주의 체제를 전복시키려는 시도를 할 가능성이 없다거나 혹은 형법상의 내란죄나 간첩죄 등의 규정만으로도 국가안보를 지킬 수 있다는 등의 이유로 국가보안법의 규범력을 소멸시키거나 북한을 반국가단체에서 제외하는 등의 전향적인 입장을 취해야 한다는 주장도 제기되고 있다. 그러나 북한은 50여 년 전에 적화통일을 위하여 불의의 무력남침을 감행함으로써 민족적 재앙을 일으켰고 그 이후 오늘에 이르기까지 크고 작은 수많은 도발과 위협을 계속해 오고 있다는 경험적 사실을 잊어서는 안 될 뿐만 아니라, 향후로도 우리가 역사적으로 우월함이 증명된 자유민주주의와 시장경제의 헌법 체제를 양보하고 북한이 주장하는 이념과 요구에 그대로 따라갈 수는 없는 이상, 북한이 직접 또는 간접 등 온갖 방법으로 우리의 체제를 전복시키고자 시도할 가능성은 항상 열려 있다고 할 것이다. 이러한 사정이라면 스스로 일방적인 무장해제를 가져오는 조치에는 여간 신중을 기하지 않으면 안 된다. 나라의 체제는 한번 무너지면 다시 회복할 수 없는 것이므로 국가의 안보에는 한 치의 허술함이나 안이한 판단을 허용할 수 없다.

[2] 제10기 한국대학총학생회연합이 이적단체인지 여부(적극)

제10기 한국대학총학생회연합(이하 '한총련'이라 한다)은 그 강령 및 규약의 일부 변경에도 불구하고 그 사상과 투쟁목표에 있어서 종전의 한총련과 근본적인 변화가 있었다고 볼 수 없고, 그 지향하는 노선이 반국가단체인 북한의 통일노선과 그 궤를 같이함으로써 북한의 활동을 찬양·고무·선전하거나 적어도 이에 동조하는 행위를 목적으로 하는 이적단체라고 판단할 수밖에 없으므로(대법원 2003. 5. 13. 선고 2003도604 판결 참조), 원심이 제10기 한총련을 이적단체로 판단한 것은 정당하고, 이를 다투는 상고이유에서의 주장은 이유 없다.

[3] 국가보안법상 이적표현물로 인정되기 위한 요건 및 그 판단 기준

국가보안법상 이적표현물로 인정되기 위하여는 그 표현물의 내용이 국가보안법의 보호법익인 대한민국의 존립·안정과 자유민주주의 체제를 위협하는 적극적이고 공격적인 것이어야 하고, 표현물에 이와 같은 이적성이 있는지 여부는 표현물의 전체적인 내용뿐만 아니라 그 작성의 동기는 물론 표현행위 자체의 태양 및 외부와의 관련사항·표현행위 당시의 정황 등 모든 사정을 종합하여 결정하여야 한다(대법원 2001. 2. 23. 선고 99도5117 판결, 위 2003도604 판결 등 참조).

[4] 『제10기 한국대학총학생회연합 정기대의원대회 자료집』 등이 국가보안법상 이적표현물에 해당한다고 한 사례

원심이 유지한 제1심의 채택증거들에 따르면, 피고인 1이 취득·소지한 '제10기 한총련 정기대의원대회 자료집' 등 판시 표현물의 내용은 대한민국의 존립·안정과 자유민주주의 체제를 위협하는 적극적이고 공격적인 것으로서 국가보안법상 이적표현물로 인정하기에 충분하다고 할 것이다.

자유민주주의하에서는 표현의 자유, 사상과 양심의 자유 등이 보장되어야 하므로 체제를 위협하는 표현 등의 자유까지도 널리 허용해주는 것이 자유민주주의의 이념적 정당성을 제고시키는 길이라거나, 또는 우리 사회가 이미 상당히 성숙되어 있어 그러한 표현이나 이에 따른 행동이라도 능히 소화해낼 수 있으므로 오히려 이를 널리 포용하고 관용을 베푸는 것이 사회를 더욱 발전시키는 길이라는 주장도 제기되고 있다. 그러나 아무리 자유민주주의 사회라 하더라도 자유민주주의 체제를 전복시키려는 자유까지 허용함으로써 스스로를 붕괴시켜 그토록 추구하던 자유와 인권을 모두 잃어버리는 어리석음을 범하여서는 아니 되므로 체제를 위협하는 활동은 헌법 제37조 제2항에 의한 제한의 대상이 될 수 있는 것이고, 더욱이 오늘날 북한에 동조하는 세력이 늘어가고

통일전선의 형성이 우려되는 상황임을 직시할 때 체제수호를 위하여 허용과 관용에는 한계가 있어야 한다.

[5] 국가보안법 제7조 제5항의 이적 목적의 의미

국가보안법 제7조 제5항에서의 '목적'이란 찬양·고무 등 행위에 대한 적극적 의욕이나 확정적 인식까지는 필요 없고 미필적 인식으로 족하므로, 표현물의 내용이 객관적으로 보아 반국가단체의 활동에 동조하는 등의 이적성을 담고 있는 것임을 인식하고, 나아가 그와 같은 행위가 이적행위가 될지도 모른다는 미필적 인식이 있으면 구성요건이 충족되는 것인바(대법원 2003. 3. 11. 선고 2002도4665 판결, 2002도7281 판결 등 참조), 기록에 비추어 살펴보면, 원심이 피고인 1에게 이적목적이 있다고 판단한 것은 정당하다.

[6] 사법경찰관 등이 체포영장을 소지하고 피의자를 체포하는 경우, 범죄사실의 요지와 구속의 이유 및 변호인 선임권 등을 고지하여야 하는 시기

사법경찰관 등이 체포영장을 소지하고 피의자를 체포하기 위하여는 체포 당시에 피의자에 대한 범죄사실의 요지, 구속의 이유와 변호인을 선임할 수 있음을 말하고 변명할 기회를 주어야 하는데, 이와 같은 고지는 체포를 위한 실력행사에 들어가기 이전에 미리 하여야 하는 것이 원칙이나, 달아나는 피의자를 쫓아가 붙들거나 폭력으로 대항하는 피의자를 실력으로 제압하는 경우에는 붙들거나 제압하는 과정에서 하거나, 그것이 여의치 않은 경우에라도 일단 붙들거나 제압한 후에 지체 없이 행하여야 한다(대법원 2000. 7. 4. 선고 99도4341 판결 참조).

원심판결 이유에 따르면, 원심은 그 채택 증거를 종합하여, 피고인 2의 특수공무집행방해치상의 점을 유죄로 처단한 제1심 판결을 유지하였다. 앞서 본 법리와 기록에 비추어 살펴보면, 원심의 인정과 판단은 정

당하다.

[7] 공모공동정범에 있어서 공모관계의 성립 요건

2인 이상이 범죄에 공동 가공하는 공범관계에서 공모는 법률상 어떤 정형을 요구하는 것이 아니고, 2인 이상이 공모하여 어느 범죄에 공동 가공하여 그 범죄를 실현하려는 의사의 결합만 있으면 되는 것으로서, 비록 전체의 모의과정이 없었다고 하더라도 수인 사이에 순차적으로 또는 암묵적으로 상통하여 그 의사의 결합이 이루어지면 공모관계가 성립하고, 이러한 공모가 이루어진 이상 실행행위에 직접 관여하지 아니한 자라도 다른 공모자의 행위에 대하여 공동정범으로서의 형사책임을 진다(대법원 2003. 1. 24. 선고 2002도6103 판결, 2004. 5. 28. 선고 2004도1465 판결 등 참조).

이러한 법리와 기록에 비추어 살펴보면, 원심이 피고인들의 각 야간 흉기휴대 상해로 인한 「폭력행위 등 처벌에 관한 법률」 위반의 점, 피고인 1의 특수공무집행방해치상, 2001. 12. 2.자 「집회 및 시위에 관한 법률」 위반의 점 및 피고인 2의 흉기휴대 건조물침입으로 인한 「폭력행위 등 처벌에 관한 법률」 위반의 점을 각 유죄로 처단한 제1심 판결을 유지한 조치는 정당하다.

[8] 구체적으로 출입을 제지당하지 않았다고 하더라도 관리자의 의사에 반하여 건조물인 대학교에 들어간 경우, 건조물침입죄가 성립하는지 여부(적극)

대학교가 교내에서의 집회를 허용하지 아니하고 집회와 관련된 외부인의 출입을 금지하였는데도 집회를 위하여 그 대학교에 들어간 것이라면 비록 대학교에 들어갈 때 구체적으로 제지를 받지 아니하였다고 하더라도 대학교관리자의 의사에 반하여 건조물에 들어간 것으로써 건조물침입죄가 성립한다(위 2003도604 판결, 2001도4328 판결 등 참조).

이러한 법리와 기록에 비추어 살펴보면, 원심이 피고인 1의 각 야간 공동 건조물침입으로 인한 「폭력행위 등 처벌에 관한 법률」 위반의 점을 각 유죄로 처단한 제1심 판결을 유지한 조치는 정당하다.

② 해설

대법원의 이 판결은 북한에 대하여 반국가단체성을 인정하는 종전 입장을 그대로 유지하면서, 이를 전제로 전국 대학생조직체인 이른바 '한총련'을 이적단체로 인정하였다. 대법원은 앞에서 살펴본 바와 같이 북한은 조국의 평화적 통일을 위한 대화와 협력의 동반자임과 동시에 적화통일노선을 고수하면서 우리의 자유민주주의 체제를 전복하고자 획책하는 반국가단체라는 성격도 아울러 가지고 있다고 판시하여 북한의 이중적 지위를 인정하고, 국가보안법도 그 규범력을 가진다는 것을 밝혔다. 특히, 대법원은 이 판결을 통하여 "북한이 직접 또는 간접 등 온갖 방법으로 우리의 체제를 전복시키고자 시도할 가능성은 항상 열려 있다고 할 것이다. 이러한 사정이라면 스스로 일방적인 무장해제를 가져오는 조치에는 여간 신중을 기하지 않으면 안 된다. 나라의 체제는 한번 무너지면 다시 회복할 수 없는 것이므로 국가의 안보에는 한 치의 허술함이나 안이한 판단을 허용할 수 없다"고 선언하여 자유민주주의와 시장경제에 바탕을 둔 헌법 체제의 유지와 국가의 안전보장을 강조하였다.

대법원은 제10기 한총련에 대하여도 비록 그 강령 및 규약이 일부 변경되었지만, 그 사상과 투쟁목표에 있어서 종전의 한총련과 근본적인 변화가 있었다고 볼 수 없고, 그 지향하는 노선이 반국가단체인 북한의 통일노선과 그 궤를 같이하고 있으므로 북한의 활동을 찬양·고무·선전하거나 적어도 이에 동조하는 행위를 목적으로 하는 이적단체에 해당한다고 판단하였다. 또한, '제10기 한총련 정기대의원대회 자료집' 등 표현물의 내용은 대한민국의 존립·안전과 자유민주주의 체제를 위협하는 적극적이고 공격적인 것으로서 국가보안법상 이적표현물로 인정하기에 충분하다고 판단하였다. 이와 동시에 대법원은 국가보안법상 이적표현물로 인정되기 위한 요건으로서 그 표현물의 내용이 국가보안법의 보호법익인 대한민국의 존립·안전과 자유민주주의 체제를 위협하는 적극적이고 공격적이어야 할 것을 제시하였다. 이때 이적성이 있는지 여부는 표현물의 전체적인 내용뿐만 아니라 그 작성의 동기는 물론 표현행위 자체의 태양, 외부와 맺는 관련사항, 표현행위 당시의 정황 등 모든 사정을 종합하여 결정하여야 한다는 종전 입장을 다시 확인하였다.

한편, 국가보안법 제7조 제5항에서 규정하는 초과주관적 구성요건인 '목적'에 대하여도 이는 찬양·고무 등 행위에 대한 적극적 의욕이나 확정적 인식까지는 필요 없고 미필적 인식으로 충분하다고 하였다. 즉, 표현물의 내용이 객관적으로 보아 반국가단체의 활동에 동조하는 등의 이적성을 담고 있는 것임을 인식하고, 나아가 그와 같은 행위가 이적행위가 될지도 모른다는 미필적 인식이 있으면 구성요건이 충족되는 것이라고 판시하였다.

2) 관련판례 요지

(1) 북한의 반국가단체성

① 대법원 1993. 9. 28. 93도1730【국가보안법위반】

북한이 대남적화통일을 기본목표로 설정하고 변증법적 유물론의 역사관에 서서 한국의 역사를 지배계급에 대한 피지배계급의 계급투쟁으로 규정하고 있으며 대남민족해방과 인민민주주의 혁명전략의 목적을 달성하기 위한 전술로 남한이 미 제국주의에 종속된 식민지이고 남한정권이 반동적 파쇼정권이라고 매도하면서 남한의 노동자·농민을 혁명의 주력군으로, 지식인·청년 학생·도시 소시민 등에 이르는 각계각

층을 그 보조군으로 삼아서 반미·반정부통일전선을 형성하여 폭력·비폭력·합법·반합법·비합법 등의 모든 수단을 써서 미 제국주의와 군사파쇼독재정부 및 매판자본가를 타도하여야 한다고 선전·선동하고 통일방안으로 이른바 고려연방제를 제의하면서 그 선결조건으로 남한에서의 반공정권 퇴진, 반공정책과 국가보안법 폐지, 미국과 북한 간의 평화협정체결 및 주한미군철수 등을 내세우고 있는 외에 제3국의 공작거점 및 해외 반한교민단체를 전위조직으로 하여 위장평화 공세를 전개함과 아울러 국내 반정부인사 및 운동권학생을 입북시켜 연공통일전선을 구축하고자 획책하고 있음은 공지의 사실에 속하는 것으로서 그 인정에 반드시 증거를 요하지 아니한다고(당원 1986. 10. 28. 선고 86도1764 판결, 1991. 4. 23. 선고 91도212 판결 등 참조), 북한이 우리의 자유민주적 기본질서에 대한 위협이 되고 있음이 분명한 상황에서 대통령이 취임사에서 북한당국자의 명칭을 쓰면서 남북동포 간의 화해와 협력 그리고 통일을 논의하기 위한 정상회담을 제의하고 7.4남북공동성명과 전임대통령의 7.7선언 등 정부의 대북관련 개방정책선언이 있었으며 남북한이 UN에 동시에 가입하였고 이로써 북한이 국제사회에서 하나의 주권국가로 승인받았거나 남북한의 총리들이 '남북 사이의 화해·불가침 및 교류협력에 관한 합의서'에 서명하고 위 합의서가 발효되었다는 등의 사유가 있다 하여 북한이 국가보안법상의 반국가단체가 아니라고 할 수 없다(당원 1990. 9. 25. 선고 90도1451 판결, 1991. 4. 23. 선고 91도212 판결, 1992. 3. 31. 선고 91도3279 판결, 1992. 8. 14. 선고 92도1211 판결, 1993. 2. 9. 선고 92도1711 판결, 같은 날 선고 92도2583 판결, 1993. 2. 23. 선고 92도3157 판결 등 참조).

② 대법원 1996. 12. 23. 96도2673【국가보안법위반·상해 등】

북한이 우리의 자유민주주의적 기본질서에 대한 위협이 되고 있음이 분명한 상황에서 우리 정부가 북한 당국자의 명칭을 쓰면서 남북동포 간의 화해와 협력, 그리고 통일을 논의하기 위한 정상회담을 제의하고

7.4 남북공동성명과 7.7 선언 등 대북 관련 개방정책 선언이 있었으며 남북한이 UN에 동시에 가입하였고 남북한 총리들이 남북 사이의 화해·불가침 및 교류에 관한 합의서에 서명하였다는 등의 사유가 있었다고 하더라도 북한이 국가보안법상 반국가단체가 아니라고 할 수는 없다.

③ 대법원 2008. 4. 17. 2003도758【국가보안법위반】

우리 헌법이 전문과 제4조, 제5조에서 천명한 국제평화주의와 평화통일의 원칙은 자유민주주의적 기본질서라는 우리 헌법의 대전제를 해치지 않는 것을 전제로 하는 것이다. 그런데 북한은 현 시점에서도 우리 헌법의 기본원리와 서로 조화될 수 없으며 적대적이기도 한 그들의 사회주의 헌법과 그 헌법까지도 영도하는 조선로동당규약을 통하여 북한의 최종 목적이 주체사상화와 공산주의 사회를 건설하는 데에 있다는 것과 이러한 적화통일의 목표를 위하여 이른바 남한의 사회 민주화와 반외세 투쟁을 적극 지원하는 정책을 명문으로 선언하고 그에 따른 정책들을 수행하면서 이에 대하여 변경을 가할 징후를 보이고 있지 않다. 그러므로 북한이 남북관계의 발전에 따라 더는 우리의 자유민주주의 체제에 위협이 되지 않는다는 명백한 변화를 보이고 그에 따라 법률이 정비되지 않는 한, 국가의 안전을 위태롭게 하는 반국가활동을 규제함으로써 국가의 안전과 국민의 생존 및 자유를 확보함을 목적으로 하는 국가보안법이 헌법에 위반되는 법률이라거나 그 규범력을 상실하였다고 볼 수는 없고, 나아가 국가보안법의 규정을 그 법률의 목적에 비추어 합리적으로 해석하는 한 국가보안법이 정하는 각 범죄의 구성요건의 개념이 모호하고 광범위하여 죄형법정주의의 본질적 내용을 침해하는 것이라고 볼 수도 없다.

양심의 자유, 언론·출판의 자유 등은 우리 헌법이 보장하는 기본적인 권리이기는 하지만 아무런 제한이 없는 것은 아니며, 헌법 제37조 제2항에 의하여 국가의 안전보장, 질서유지 또는 공공복리를 위하여 필요한 경우에는 그 자유와 권리의 본질적인 내용을 침해하지 아니하는 범위 내에서 제한할 수 있는 것이므로, 국가보안법의 입법목적과 적용한계를 위와 같이 자유와 권리의 본질적인 내용을 침해하지 아니하는 한도 내에서 이를 제한하는 데에 있는 것으로 해석하는 한 헌법에 위반된다고 볼 수 없다.

따라서 종래 대법원이 국가보안법과 북한에 대하여 표명하여 온 견해 즉, 북한은 조국의 평화적 통일을 위한 대화와 협력의 동반자이나 동시에 남북한관계의 변화에도 불구하고, 적화통일노선을 고수하면서 우리의 자유민주주의 체제를 전복하고자 획책하는 반국가단체라는 성격도 아울러 가지고 있고, 반국가단체 등을 규율하는 국가보안법의 규범력이 상실되었다고 볼 수는 없다고 하여 온 판시(대법원 1992. 8. 14. 선고 92도1211 판결, 대법원 1999. 12. 28. 선고 99도4027 판결, 대법원 2003. 5. 13. 선고 2003도604 판결, 대법원 2003. 9. 23. 2001도4328 판결 등)는 현 시점에서도 그대로 유지되어야 할 것이다.

④ 헌재 1997. 1. 16. 89헌마240【국가보안법 등의 위헌여부에 관한 헌법소원】

북한이 남북한의 UN 동시가입, 소위 남북합의서의 채택·발효 및 「남북교류협력에 관한 법률」 등의 시행 후에도 대남적화노선을 고수하면서 우리 자유민주주의체제의 전복을 획책하고 지금도 각종 도발을 계속하고 있음이 엄연한 현실인 점에 비추어, 국가의 존립·안전과 국민의 생존 및 자유를 수호하기 위하여 국가보안법의 해석·적용상 북한을 반국가단체로 보고 이에 동조하는 반국가활동을 규제하는 것 자체가 헌법이 규정하는 국제평화주의나 평화통일의 원칙에 위반된다고 할 수 없다.

(2) 북한 이외의 집단 또는 단체의 반국가단체성

① 대법원 1991. 11. 22. 91도2341【국가보안법위반 등】

북한이 아직도 우리나라의 자유민주적 기본질서에 위협이 되고 있는 현 상황에서 국가보안법이 북한을 반국가단체로 규정한 것이 우리 헌법이 천명한 국제평화주의나 평화통일의 원칙(헌법전문 제4조, 제5조)과 모순되는 법률이라고 볼 수 없고(당원 1990. 6. 8. 선고 90도646 판결, 1990. 9. 25. 선고 90도1586 판결 각 참조), 또한 국가보안법은 동법 소정의 행위가 국가의 존립, 안전을 위태롭게 하거나 자유민주적 기본질서에 위해를 줄 경우에 적용되는 한에 있어서는 헌법상 보장된 국민의 권리를 침해하는 것이라고 볼 수 없으므로 이를 헌법에 위배된 무효의 법률이라고 할 수 없다.

원심이 적법히 채택한 증거들에 따르면 원심 판시의 소위 자주, 민주, 통일 그룹(이하 '자민통'이라 한다)은 북한의 주체사상을 그 이념으로 하여 북한공산집단의 대남적화통일의 전위조직인 한국민족민주전선의 강령과 지도노선에 따라 결정적 시기에 민중봉기를 유발하여 헌법이 상정하고 있지 아니한 방법으로 현 정권을 타도하고, 외세를 축출한 후 민중이 국가권력을 장악하여 민족자주정권을 수립한 다음 연방제로 남북을 통일할 것을 목적으로 구성된 전국적 규모의 지하조직으로서 판시와 같은 부서들을 두고 기관지『자주, 민주, 통일』과『새세대』등을 발간하여 오는 등 국가보안법 제2조 제1항 소정의 반국가단체로서의 실체를 갖추었음을 알 수 있고 피고인은 판시와 같이 이에 가입하고 회합한 사실도 분명하므로 같은 취지로 판시한 원심의 사실인정과 판단은 정당하고 거기에 소론과 같은 채증법칙위배나 법리오해의 위법이 있다할 수 없다.

② 대법원 1993. 5. 14. 93도739【국가보안법위반】

원심은 제1심이 적법하게 조사 채택한 증거를 종합하여 남한사회주의노동자동맹(이하 '사노맹'이라 한다)은 현실의 사회체제를 소수의 자본가가 절대 다수의 노동자를 지배 착취하는 단순 대립구조라고 획일화한 나머지 대한민국의 현실을 미국 등 제국주의에 예속된 파쇼권력과 소수 독점재벌이 노동자 등 민중을 임금노예의 사슬로 지배착취하고 있는 신식민지국가 독점자본주의 체제라고 인식하고, 노동자계급의 입장에서 파쇼권력과 독점재벌을 타도하고 노동자가 주인이 되는 사회를 이루는 것만이 노동해방을 이루는 길이라고 단정하여 이를 이룩하기 위하여는 합법적 수단만으로는 불가능하므로 제1단계로 전위활동가들에 의한 비합법적인 선전·선동활동 등을 통하여 노동자계급을 중심으로 통일전선을 구축하여 민중봉기로써(사노맹 스스로가 봉기의 주체가 된다는 것이 아니라 선전·선동활동과 사회혼란을 조장하는 등으로 노동자계급 중심의 봉기를 일으켜) 대한민국 체제를 타도한 후 노동자계급이 국가권력을 장악함으로써 민족민주혁명을 이루어 민중공화국을 수립하고, 제2단계로 반동관료·독점재벌 등을 숙청하고 토지 기타 생산수단을 몰수·국유화하는 사회주의혁명을 이루어 완전한 프롤레타리아 사회주의국가를 건설할 것을 목적으로 하는 노동자계급의 전위정당임을 표방하고, 엄격한 자격심사를 통하여 조직원들을 선발하여 훈련시키고, 최고의결기관으로 중앙위원회를, 그 상무를 담당하는 상임중앙위원회를 두는 한편, 중앙위원회와 그 산하에 정책분과위원회, 조직위원회를 두고 위 각 위원회 산하에 연락부, 경제 분과 등의 부·과 등을 설치하여 중앙조직을 갖추고, 전국에 4개 지역위원회를 설치한 다음 그 산하에 각 지역별 위원회를 설치하여 이에 따라 의사결정 및 지시·집행 등이 이루어지는 지휘통솔체제를 갖추고, 각종 유인물을 제작, 배포하여 사회주의 폭력혁명을 선동하고, 노사분규 현장에의 개입 등 사회혼란을 조성함과 동시에 정당·학원 등에 조직원을 은밀히 투입시켜 거점을 확보하는 등 계속적으로 구체적인 활동을 하여 온 사실을 인정하였다.

원심이 인용한 제1심 채택의 증거들을 기록에 비추어 대조하면 원심의 위와 같은 사실인정은 정당한 것으로 수긍이 가고 이와 같은 사실관계 아래서라면 남한사회주의노동자동맹은 국가의 존립·안전을 위태롭게 하거나 헌법의 대전제인 자유민주적 기본질서를 파괴하려는 단체로서 국가보안법 제2조 소정의 국가변란을 목적으로 하는 반국가단체에 해당한다 할 것이므로(당원 1991. 12. 24. 선고 91도2419 판결, 1992. 4. 14. 선고 92도214 판결, 1992. 4. 24. 선고 92도256 판결 각 참조), 이와 같은 취지의 원심의 판단은 정당하다.

그리고 사노맹이 스스로 무장봉기의 주체가 되려는 것이 아니고 선전·선동활동과 사회혼란을 조장하여 노동자계급 중심의 봉기를 일으킬 것을 예정하고 있다 하더라도 그러한 선전·선동활동과 사회혼란의 조장도 폭력혁명을 성취하기 위한 방법의 일환이므로 사노맹이 무장봉기의 주체가 되지 못할 것을 예정하고 있었다는 이유만으로 사노맹의 반국가단체성을 부인할 수 없다 할 것이다.

③ 대법원 1995. 7. 28. 95도1121【국가보안법위반】

원심이 피고인은 반국가단체인 북한의 대남지도부로부터 지령을 받은 일본의 상부선이 보낸 창당선언문·강령·규약 등을 그대로 채택하여 1993. 1. 초순경 북한 대남혁명전략인 민족해방 민주주의 혁명노선에 따라 조선노동당의 남조선 지하당인 혁명의 전위조직인 "구국전위"를 구성하였는바, 위 구국전위는 조선노동당의 주체위업을 계승하여 김일성·김정일 주의의 정수분자들로 구성된 민족해방 민주주의 혁명을 위한 민중의 전위부대로서 미 제국주의 식민지통치 및 현 파쇼독재체제를 청산·소탕하고 통일적 중앙정부를 수립할 목적으로 조직된 것으로, 조직의 체계는 3형태의 중앙조직과 지구당조직으로 구성하며 조직활동에 전략 전술적 문제가 제기될 경우에는 중앙에 건의하여 중앙의 비준을 받아 집행하는 철저한 비합법적 조직이며, 조직의 성격은 주체사상을 유일한 지도이념으로 삼는 김일성주의 지하조직으로 규정하는 등의 내용을 그 규약으로 한 사실을 인정한 다음, 위 구국전위를 그 목적·성격·조직체계 등에서 보듯이 북한공산집단의 민족해방 인민민주주의 혁명노선에 따라 국가를 변란할 목적의 지휘통솔체계를 갖춘 반국가단체라고 보았다.

원심이 인정한 바와 같은 사실관계라면 위 구국전위는 피고인을 수괴로 하여 그 나머지 구성원들과의 사이에 일정한 위계와 분담 등의 지휘통솔체계를 갖춘 조직체로서 정부참칭이나 국가변란을 직접적이고도 1차적인 목적으로 하는 반국가단체로 봄이 상당하므로, 원심의 위 사실인정과 판단은 정당하다.

④ 대법원 1996. 9. 10. 95도939【국가보안법위반】

원심은 사회민주주의 청년연맹(이하 '사민청'이라 한다)은 사회주의를 기본강령으로 하고, 우리 사회를 계급 간 적대가 존재하는 계급사회로, 우리나라를 외세에 예속된 식민지로 규정하고 있으며, 노동 대중의 의식화·조직화사업을 통한 사회적 해방을 완수하고, 일제의 제국주의 침략을 배제하고 군부 파시즘을 종식시키며, 자본의 국유화 등으로 사유재산제도를 변혁시키고, 외세의 영향력 하에 있는 정권을 청산하기 위하여 그 변혁을 불가능하게 하는 모든 세력에 대하여는 대중정치 투쟁과 민중항쟁 등을 포함한 모든 방법을 동원하여 제거, 타파시키는 것을 목적으로 하는 단체인 사실 및 그 밖에 제1심이 판시한 피고인의 범죄사실이 충분히 인정된다고 한 후 이에 대하여 국가보안법 제7조 제1항·제3항·제5항을 적용·처단한 제1심 판결을 유지하고 있는바, 원심이 인용하고 있는 제1심 판결 채용 증거를 기록에 의하여 살펴보면, 원심의 위와 같은 사실인정 및 판단은 옳다.

⑤ 대법원 1999. 9. 3. 99도2317【국가보안법위반(찬양·고무 등)】

원심은 '영남위원회'가 직접적이고도 1차적 목적으로 삼고 있는 것은 반국가단체인 북한의 주체사상을 선전·전파하여 장차 북한이 지향하는 목적에 동조하여 국가를 변란하고 새로운 정부를 수립하는 것이고, 달리 그 자체로서 폭력적 방법으로 정부를 전복하고 새로운 정부를 수립하는 국가변란을 직접적인 1차적 목적으로 삼고 있다고 보기는 어렵다고 인정하고, 반국가단체의 구성·가입 및 반국가단체 구성원과의 회합·통신에 대한 주위적 공소사실을 모두 무죄로 판단하였는바, 위와 같은 원심의 사실인정 및 판단은 옳다.

⑥ 대법원 2011. 1. 20. 2008재도11 【국가보안법위반, 진보당사건】

구 국가보안법(1958. 12. 26. 법률 제500호로 폐지제정되기 전의 것) 제1조, 제3조는 "국헌을 위배하여 정부를 참칭하거나 그에 부수하여 국가를 변란할 목적으로 결사 또는 집단을 구성한 자로서 수괴와 간부는 무기, 3년 이상의 징역 또는 금고에 처하고, 그 목적으로서 그 목적한 사항의 실행을 협의 선동 또는 선전한 자는 10년 이하의 징역에 처한다"고 규정하고 있다. 여기에서 '국헌을 위배하여'라 함은 대한민국 헌법에 위반하는 것을, '정부를 참칭한다'고 함은 합법적 절차에 의하지 않고 임의로 정부를 조직하여 진정한 정부인 것처럼 사칭하는 것을, '국가를 변란한다'고 함은 정부를 전복하여 새로운 정부를 구성하는 것을 각 의미하고, '결사 또는 집단'이라 함은 공동의 목적을 가진 2명 이상 특정 다수인의 임의적인 계속적 또는 일시적 결합체를 말한다. 그러므로 위 법 제1조, 제3조의 구성요건을 충족하기 위해서는 그 구성된 결사나 집단의 공동목적으로서 정부를 참칭하거나 그에 부수하여 국가를 변란할 목적, 즉 주관적 요건을 갖추어야 하고, 그와 같은 목적을 가지고 있는지 여부는 그 결사나 집단의 강령이나 규약에 의하여 판단하는 것이 보통이나, 외부적으로 표방한 목적이 무엇인가에 구애되지 않고 그 결사 또는 집단이 실제로 추구하는 목적이 무엇인가에 의하여 판단되어야 하며, 어느 구성원 한 사람의 내심의 의도를 가지고 그 결사 또는 집단의 공동목적이라고 단정해서는 아니 된다.

피고인이 평화통일의 실현 등을 강령·정책으로 하여 결성한 '진보당'은 그 경제정책이 사회적 민주주의의 방식에 의하여 자본주의 경제체제의 부작용이나 모순점을 완화·수정하려고 하였을 뿐 사유재산제와 시장경제체제의 골간을 전면 부인하는 취지가 아니고, 정치형태 역시 주권재민과 대의제도, 국민의 자유와 권리의 보장 등을 목표로 하였을 뿐 자유민주주의를 부정하는 내용이 아니어서 그 결성 목적이 대한민국 헌법에 위배된다고 할 수 없고, 또한 진보당의 통일정책인 평화통일론이 북한의 위장평화통일론에 부수하는 것으로 인정되지 아니하고 이를 인정할 다른 아무런 증거도 없어 그 결성이 북한에 부수하여 국가를 변란할 목적으로 이루어진 것으로 볼 수 없으므로, 구 국가보안법(1958. 12. 26. 법률 제500호로 폐지제정되기 전의 것) 제1조, 제3조에 정한 '불법결사'에 해당하지 않는다고 한 사례.

(3) 국가보안법상 반국가단체와 이적단체의 의미

① 대법원 1982. 7. 13. 82도1219【국가보안법위반·반공법위반】

구 국가보안법(1960. 6. 10. 법률 제549호) 제1조의 정부를 참칭하고 국가를 변란한다는 것은 정부를 전복하기 위하여 집단을 구성하는 것으로 정부전복을 기도하고 정부전복 후의 새로운 정부의 수립을 구체적으로 구상함을 요하나 공산주의자들이 정부를 전복하기 위하여 단체를 구성하였다면 경험칙상 또는 사리상 당연히 정부전복 후에는 구체적으로 북괴와 같은 형태의 정부를 구상하였을 것이라고 보아야 할 것이므로 이에 대하여는 정부수립 후의 새로운 통치기구를 수립하는 점에 대하여는 새삼스럽게 정부를 참칭하거나 국가 변란의 목적을 따질 필요가 없다.

국가보안법이나 폐지된 반공법(1961. 7. 3. 법률 제643호)은 다같이 국가의 안전을 위태롭게 하는 반국가활동을 규제함으로써 국가의 안전과 국민의 생존 및 자유를 확보함을 그 목적으로 하므로 반국가단체의 구성을 처벌함은 물론, 그 반국가단체의 구체적 활동도 이를 규제하여야 할 것이므로 반국가단체 구성원 상호간의 회합 또한 국가보안법 제8조 제1항(구반공법 제5조)의 죄를 구성한다고 풀이함이 상당하여 이와 같은 취지에서 원심이 유지한 제1심 판결이 피고인이 같은 한울회 구성원들과 회합한 것을 국가보안법 제8조 제1항 위반으로 의율한 조치는 정당하고 반국가단체의 구성원끼리의 회합 등은 반국가단체 구성죄에 포괄되어 별도로 회합죄를 구성하지 않는다는 소론 논지는 그 독자적 견해에 불과하여 채용할 수 없다.

② 대법원 1982. 9. 28. 82도2016【계엄법위반·국가보안법위반·반공법위반·집회및시위에관한법률위반】

국가보안법 제3조의 정부를 참칭하거나 국가를 변란할 목적으로 결사나 집단을 구성하는 행위규정 중 첫째, 결사라 함은 공동의 목적을 가진 특정다수인의 임의적인 계속적 결합체라 할 것이며, (1) 결사에는 구성원인 2명 이상임을 필요로 하고, (2) 결사에는 공동목적이 있어야 하고 그 공동목적이 있는 이상 그것이 결사조직의 유일한 목적임을 요하지 않고 다른 목적이 있어도 무방하고, (3) 결사는 다수인의 임의적 결합이어야 하고, (4) 결사는 계속성이 있어야 한다. 그러나 이 계속은 사실상 계속하여 존재함을 요하지 않고 계속시킬 의도하에서 결합된 이상 결사임에는 틀림없다. 이상의 4요건을 구비한 결합은 결사인 것으로 구성원이 회합을 한 사실이 없거나, 사칙이 정하여 있지 않거나, 간부가 없어도 결사의 성립에는 영향이 없고, 결단식 또는 결당식, 창립의 모임 같은 형식을 거치지 아니하였어도 결사의 성립에는 지장이 없으며, 또 결사의 명칭이나 대표자가 정하여 있지 아니하여도 무방한 것이라고 풀이된다(당원 1966. 4. 22. 선고 66도152 판결 참조). 둘째, 집단(집회, 군중 등 유사개념이 있음)은 위 결사와 같이 공동목적을 가진 특정다수인의 결합이지만 결사가 계속적인 집합체임에 대하여 집단은 일시적인 점에서 상이하다 할 것이고, 셋째, 구성이란 개념은 결사나 집단을 창설하려고 하는 2명 이상의 자 간에 이를 창설하려는 데 대하여 의사가 합치된 순간에 성립하는 것으로서 따라서 스스로 결사나 집단에 가입하는 의사를 가지고 단순히 외부에서 그 결성의 정신적, 물질적 지도를 맡는 것도 여기의 결사나 단체의 조직에 포함된다 할 것이다.

국가보안법 제3조의 반국가단체구성죄의 구성요건을 충족하기 위하여서는 위 설시한 결사나 집단을 구성하는 외에 정부를 참칭하거나 국가를 변란할 목적 즉, 주관적 요건이 필요한 것임은 재언의 여지가 없는 것이다. 위의 정부를 참칭하거나 국가를 변란할 목적은 결국 정부를 전복시키려는 목적이라 할 것이며, 따라서 위 같은 법 제3조의 정부를 참칭하고 국가를 변란한다는 것은 정부를 전복하기 위하여 결사나 집단을 구성하는 것으로 정부전복을 기도하고 정부전복 후의 새로운 정부의 수립을 구체적으로 구상함을 요하나 공산주의자 및 그 동조자들이 정부를 전복하기 위하여 결사나 집단을 구성하였다면 경험칙상 또는 사리상 당연히 정부전복 후에는 구체적으로 북괴와 같은 형태 또는 북괴와 소위 합작을 쉽사리 추진할 수 있는 형태의 정부를 구상하였을 것이라고 보아야 할 것이므로 이에 대하여는 대한민국정부전복 후의 새로운 통치기구를 수립하는 점에 관하여는 새삼스럽게 정부를 참칭하거나 국가변란의 목적을 따질 필요가 없다고 할 것이다(당원 1982. 7. 13. 선고 82도1219 판결 참조).

피고인들은 이 사건 '아람회'의 구성에 이르기까지 이미 대한민국정부를 전복하려는 목적과 그 실천방법 및 임무분담 내용을 정하고 이에 따라 활동하기로 숙의 결정함으로써 국가를 변란할 목적으로 불법비밀결사를 계 형식의 위장조직으로 구성한 사실을 인정할 수 있음에도 불구하고 원심은 위 '아람회'의 목적과 임무가 공소장 기재와 같이 특정되었다고 볼 수 없다 하여 이 사건 공소사실 중 반국가단체 구성의 점에 대하여 무죄를 선고하고, 위 '아람회'가 반국가단체임을 전제로 하는 반국가단체 구성원과의 회합, 통신, 허위사실유포의 각 점에 대하여서도 무죄를 선고하였음은 앞에서 보아온 바와 같으나 이는 국가보안법 제3조, 제2조의 반국가단체의 구성요건인 정부를 참칭하거나 국가를 변란할 목적의 유무를 결정함에 있어 반국가단체 규정법리를 오해하였거나 채증법칙을 어긴 위법이 있다고 아니할 수 없으므로 상고이유 논리 전개 내용이 위 설시와는 다소 차이가 있다 할지라도 결국 이 점에 관한 논지는 이유 있다.

③ 대법원 1995. 5. 12. 94도1813【국가보안법위반】

1. 국가보안법상 반국가단체와 이적단체를 구분하는 기준

구 국가보안법(1991. 5. 31. 개정되기 전의 법)이 반국가단체의 의미에 대하여 제2조 제1항에서 "정부를 참칭하거나 국가를 변란할 것을 목적으로 하는 국내외의 결사 또는 집단"으로 규정하는 외에, 한편으로 제7조 제3항에서는 반국가단체나 그 구성원 또는 그 지령을 받은 자의 활동을 찬양·고무·동조하거나 기타의 방법으로 반국가단체를 이롭게 하는 행위(이하, 찬양·고무·동조 및 기타의 방법으로 이롭게 하는 행위를 통틀어서 '동조'라 한다)를 목적으로 하는 단체(이를 통상 '이적단체'라 부른다)를 따로이 규정하고 있으며, 반국가단체와 관련하여서는 반국가단체를 구성하거나 가입 또는 가입을 권유하는 행위(제3조), 반국가단체의 구성원 또는 그 지령을 받은 자가 그 목적수행을 위하여 하는 여러 가지 행위, 특히 사회질서의 혼란을 조성할 우려가 있는 사항에 관하여 허위사실을 날조·유포하거나 사실을 왜곡하여 전파하는 행위(제4조 제1항 제6호) 등을 처벌하는 규정을 두는 한편, 이적단체와 관련하여서도 이적단체를 구성하거나 가입하는 행위(제7조 제3항), 이적단체의 구성원이 사회질서의 혼란을 조성할 우려가 있는 사항에 관하여 허위사실을 날조·유포하거나 사실을 왜곡하여 전파하는 행위(제7조 제4항) 등을 처벌하는 규정

을 따로이 둠으로써 단체의 구성·가입, 허위사실의 날조·유포·사실의 왜곡전파 등 동일한 형태의 행위에 대하여도 그 관련된 단체가 반국가단체냐 이적단체냐에 따라서 그 처벌을 달리하고 있다(1991. 5. 31. 개정된 현행법의 규정도 위와 대동소이하다).

따라서 국가보안법에 저촉된 단체의 성격이 반국가단체인지 또는 단순한 이적단체에 지나지 아니하는 것인지는 그 처벌규정을 가리기 위하여도 엄격하게 구별될 필요성이 있다 할 것인바, 반국가단체는 정부를 참칭하거나 국가를 변란할 것을 목적으로 하는 단체로 규정되어 있고, 이적단체는 반국가단체나 그 구성원 또는 지령 받은 자의 활동에 동조하는 행위를 목적으로 하는 단체로 규정되어 있으므로 이적단체 역시 그 궁극적인 목적은 반국가단체가 지향하는 목적에 동조하여 국가를 변란하고 새로운 정부를 수립하는 것에 두고 있다 할 것이므로, 결국 반국가단체나 이적단체 모두 그 궁극적인 목적은 동일한 것에 귀결된다 할 것이니 반국가단체와 이적단체를 구별하기 위하여는 각 단체가 그 활동을 통하여 직접 달성하려고 하는 목적을 기준으로 하여, 그 단체가 정부참칭이나 국가의 변란 자체를 직접적이고도 1차적인 목적으로 삼고 있는 때에는 반국가단체에 해당되고, 별개의 반국가단체의 존재를 전제로 하여 그 반국가단체의 활동에 동조하는 것을 직접적·1차적 목적으로 하는 경우에는 이적단체에 해당한다고 보아야 할 것이다.

2. '남한사회주의과학원'을 반국가단체라고 인정할 수 없다고 한 사례

원심이 인정한 사실관계를 종합하여 볼 때 남한사회주의과학원(이하 '사과원'이라 한다)이 그 직접적이고도 1차적 목적으로 삼고 있는 것은 사회주의 이론을 연구하여 이를 선전·전파하고 장차 성립하게 될 사회주의 정당의 강령을 기초함으로써 전체 사회주의운동에 이론적 기초를 제공하는 데에 있다고 할 것이고, 사과원이 그 자체로써 폭력적 방법으로 정부를 전복하고 새로운 정부를 수립하는 국가변란을 직접적인 1차

적 목적으로 삼고 있다고 보기는 어려우므로 사과원은 반국가단체라고는 인정할 수 없다고 판시하였다.

원심의 반국가단체와 이적단체를 구별하는 기준에 관한 판시나 원심이 그 판시 사실관계에 터 잡아 사과원을 반국가단체로 인정할 수 없다고 한 판단은 모두 정당하고 거기에 소론과 같이 반국가단체에 관한 법리를 오해한 위법이 있다고 할 수 없다. 논지는 이유 없다.

3. '남한사회주의 노동자동맹'은 반국가단체에 해당한다고 한 사례

원심은, 남한사회주의 노동자동맹(이른바 '사노맹')이 기본적으로 대한민국의 현실을 제국주의에 예속된 파쇼권력과 소수 독점재벌 등 자본가들이 노동자 등 민중을 지배·착취하는 신식민지 국가독점자본주의 체제로 인식하고, 전위활동가들에 의한 비합법적 선전선동활동을 통하여 노동자계급의 통일전선을 구축하여 국가권력을 장악하는 사회주의 혁명으로 민중민주공화국을 수립할 것을 목표로 하는 노동자계급의 전위조직임을 표방하면서, 최고의결기관인 중앙위원회를 정점으로 정책위원회 및 조직위원회를 두고 그 산하에 체계적이고 전국적인 기능별, 지역별 조직체계를 구축, 뚜렷한 위계질서 하에서 의사결정 및 지시와 그 집행 및 보고가 일사불란하게 이루어지는 지휘통솔체계를 갖추고 엄격한 자격 및 성분 심사를 통하여 조직원을 선별하는 등 정예조직을 유지하면서, 각종 학생 노동단체와 관련을 맺으며 각종 선전선동 유인물 제작 배포, 노사분규현장 및 각종 재야단체에의 조직원 잠입, 가두투쟁 등 타격전의 선봉에 서서 노동자 전위정당 건설을 위한 구체적 활동을 전개하여온 사실 및 사노맹은 근자에 이르러 국내 정치 상황의 변화에 따라 구체적 활동방향이 다소 수정되었으나 그 목적·조직 및 노선 등 기본적 골격은 변함없이 유지되고 있는 사실을 인정한 다음, 사노맹은 위 목적·조직 및 활동형태와 내용 등에 비추어 국가보안법 제2조 제1항 소정의 반국가단체에 해당한다고 판시하고 있는바, 위의 사실관계

에 따르면 사노맹은 국가의 존립·안전을 위태롭게 하거나 헌법의 대전제인 자유민주적 기본질서를 파괴하려는 단체로서 국가보안법 제2조 제1항 소정의 국가변란을 목적으로 하는 반국가단체에 해당한다고 할 것이므로(당원 1991. 12. 24. 선고 91도2419 판결, 1992. 4. 24. 선고 92도256 판결, 1993. 5. 14. 선고 93도739 판결 참조), 원심의 위와 같은 판단은 정당하다.

④ 대법원 1995. 7. 25. 95도1148【국가보안법위반】

1. 북한의 반국가단체성에 대하여

북한이 국가보안법상의 반국가단체라는 것은 당원의 확립된 견해인바(당원 1993. 9. 28. 선고 93도1730 판결, 1993. 10. 8. 선고 93도1951 판결, 1994. 5. 24. 선고 94도930 판결 등 참조), 현재 남북한 간에 쌀 교류와 경수로 건설이 추진되고 있다는 등의 논하는 바와 같은 사정만으로 북한이 국가보안법상의 반국가단체성을 상실하게 되었다고 볼 수 없으므로, 논지는 이유가 없다.

2. 구국전위의 반국가단체성에 대하여

국가보안법 제2조는 "반국가단체라 함은 정부를 참칭하거나 국가를 변란할 것을 목적으로 하는 국내외의 결사 또는 집단으로서 지휘통솔체제를 갖춘 단체를 말한다"고 규정하고 있는바, 여기에서 말하는 지휘통솔체계를 갖춘 단체로 되기 위하여는 2명 이상의 특정 다수인이 단체의 내부질서를 유지하고 그 단체를 유지하기 위하여 일정한 위계와 행위의 분담 등의 체계를 갖추어 결합하면 충분하다고 할 것이다.

3) 평가

(1) 반국가단체의 개념과 범위

국가보안법 제2조 제1항은 "이 법에서 '반국가단체'라 함은 정부를 참칭하거나 국가를 변란할 것을 목적으로 하는 국내외의 결사 또는 집단으로서 지휘통솔체제를 갖춘 단체를 말한다"고 규정하고 있다. 대법원은 그동안 북한이 대한민국의 합법성과 정통성을 부정하고 대남적화통일을 기본목표로 정부를 참칭하고 있다고 판단하면서 그 조직과 활동에 대하여는 공지의 사실로서 그 인정에 반드시 증거를 요하지 않는다고 판시하여 그 반국가단체성을 당연한 것으로 인정하였다.[1] 현행헌법에서 제4조의 평화통일조항이 신설되고 나서도 대법원은 북한의 반국가단체성을 그대로 인정하고 있는데, 그 규범적 판단 근거와 기준에 다소 변화를 보이고 있으며, 헌법재판소도 북한의 반국가단체성을 인정하면서도 부분적으로 대법원과 다른 논리를 구성하고 있다는 것은 앞에서 분석한 바와 같다.

대법원은 북한 이외의 단체에 대하여 반국가단체성을 인정하면서 반국가단체의 구성요건으로서 국가를 변란할 것을 목적으로 한다는 것의 규범적 기준을 제시하고 있다. 즉, 대법원은 반국가단체로 인정되기 위해서는 그 단체가 국가를 변란하고 새로운 정부를 수립하는 것을 목적으로 하여야 한다고 판시하였다. 이때 주관적 요건으로서 국가를 변란하여 새로운 정부를 수립하는 목적은 결국 정부를 전복하려는 목적이라고 할 것이며, 정부를 전복하기 위하여 결사나 집단을 구성하는 것으로 정부전복을 기도하고 정부전복 후의 새로운 정부의 수립을 구체적으로 구상함을 요한다고 하였다. 그러나 공산주의자 및 그 동조자들이 정부를 전복하기 위하여 결사나 집단을 구성하였다면 경험칙 또는 사리에 따라 당연히 정부전복 후에는 구체적으로 북괴와 같은 형태 또는 북괴와 소위 합작을 쉽사리 추진할 수 있는 형태의 정부를 구상하였을 것이라고 보아야 할 것이므로 대한민국 정부의 전복 이후 새로운 통치기구를 수립하는 점에 관하여는 새삼스럽게 정부를 참칭하거나 국가변

1 대법원 1986. 10. 28. 86도1764, 대법원 1991. 4. 23. 91도212 등.

란의 목적을 따질 필요가 없다고 판시하였다. 이러한 대법원의 입장은 정부의 전복이란 대한민국 정부를 전복하는 것을 의미하며 반드시 공산국가나 군주국가 등 자유민주적 기본질서와 부합하지 아니하는 국가체제를 수립하는 것을 필요로 하는 것은 아니라고 판단한 것으로 해석된다. 한편, 국가변란의 의미와 관련하여 국가보안법은 북한의 체제위협으로부터 자유민주주의를 국시로 하는 대한민국의 존립과 안전을 보호하는 데 목적이 있으므로 내란죄와 외환죄로 규율할 수 없는 분야를 적용대상으로 하는 것이 타당하고, 따라서 새로운 정부수립이란 공산국가나 군주국가 등 자유민주적 기본질서에 반하는 국가에 해당하는 정도에 이르러야 한다는 견해도 있다.[2]

대법원은 반국가단체의 객관적 구성요건인 결사 또는 집단에 대하여도 자세하게 정의하고 있다. 즉, 결사란 공동의 목적을 가진 특정 다수인의 임의적인 계속적 결합체로서 2명 이상의 구성원이 필요하고, 공동목적이 있어야 하고 그 공동목적이 있는 이상 그것이 결사조직의 유일한 목적임을 요하지 않고 다른 목적이 있어도 무방하며, 다수인의 임의적 결합이어야 하고, 계속성이 있어야 한다고 하였다. 그러나 이 계속성은 사실상 계속하여 존재함을 요하지 않고 계속할 의도 하에서 결합한 이상 결사에 해당한다고 하였다. 이상의 4가지 요건을 구비한 결합은 결사인 것으로 구성원이 회합을 한 사실이 없거나, 사칙이 정하여 있지 않거나, 간부가 없어도 결사의 성립에는 영향이 없고, 결단식 또는 결당식, 창립의 모임 같은 형식을 거치지 아니하였어도 결사의 성립에는 지장이 없으며, 결사의 명칭이나 대표자가 정해져 있지 아니하여도 무방하다고 판시하였다. 또한, 집단이란 결사와 같이 공동목적을 가진 특정

2 국가변란의 의미에 대한 학설의 대립에 대하여는 황교안, 「반국가단체 구성·가입죄의 본질」, 『저스티스』 제31권 제4호, 한국법학원, 1998. 12, 70쪽; 제성호, 「국가보안법상 '반국가단체'의 개념과 범위: 대법원 판례를 중심으로」, 『법조』 647권, 법조협회, 2010. 8, 11-12쪽 등.

다수인의 결합이지만, 결사가 계속적인 집합체임에 대하여 집단은 일시적인 점에서 상이하다고 판시하였다.

국가보안법 제2조의 반국가단체의 정의규정은 1991년 5월 31일 개정되었는데, "제1항의 목적으로 공산계열의 노선에 따라 활동하는 국내외의 결사 또는 집단도 반국가단체로 본다"는 규정을 삭제하고, 제1항에서 '지휘통솔체제를 갖춘 단체'를 새롭게 추가하여 반국가단체의 구성요건과 범위를 엄격하게 규정하였다. 대법원은 지휘통솔체제를 갖춘 단체로 되기 위해서는 2명 이상의 특정 다수인이 단체의 내부 질서를 유지하고 그 단체를 유지하기 위하여 일정한 위계와 행위의 분담 등의 체계를 갖추어 결합하면 충분하다고 판시하여 지휘통솔체제의 범위를 비교적 넓게 인정하였다.

한편, 대법원은 과거에는 반국가단체의 구성·가입죄의 성격에 대하여 반국가단체의 해체 또는 탈퇴가 없는 한, 구성·가입행위가 계속된다고 판단하여 이를 계속범으로 보았다. 그러나 대법원은 1960년 이후 국가보안법상 반국가단체의 지도적 임무에 종사한 자의 공소시효가 그 반국가단체에 가입한 때부터 진행한다고 보아 반국가단체의 구성·가입죄에 대하여 이를 즉시범으로 판단함으로써 종전의 판시내용을 변경하였다.[3] 그 이후 대법원은 반국가단체의 구성·가입죄를 계속범이 아닌 즉시범으로 판단하는 입장을 유지하고 있다.

대법원과 헌법재판소는 북한 이외의 단체에 대하여 비교적 엄격하게 심사하여 반국가단체로 인정하고 있는데, 1996년까지 '자주, 민주, 통일', '남한사회주의 노동자동맹', '구국전위', '사회민주주의 청년연맹'을 반국가단체로 인정한 이후 새로운 단체에 대하여 반국가단체로 인정한 사례는 없다. 그러나 대법원은 2010년까지 '한총련', '아람회', '남북공동선언 실천연대' 등 다수의 단체에 대해서 국가보안법 제2조와 제3조에

---

3 대법원 1960. 4. 5. 선고 60도57(4293형상57).

서 규정하는 반국가단체는 아니지만 제7조 제3항에서 규정하는 이적단체로 인정하고 있다.

(2) 반국가단체와 이적단체의 구별

국가보안법이 처벌대상으로 하는 단체로서 반국가단체와는 구별하여야 할 개념이 이적단체이다. 국가보안법 제7조 제1항은 "국가의 존립·안전이나 자유민주적 기본질서를 위태롭게 한다는 정을 알면서 반국가단체나 그 구성원 또는 그 지령을 받은 자의 활동을 찬양·고무·선전 또는 이에 동조하거나 국가변란을 선전·선동한 자는 7년 이하의 징역에 처한다"고 규정하고, 제3항은 "제1항의 행위를 목적으로 하는 단체를 구성하거나 이에 가입한 자는 1년 이상의 유기징역에 처한다"고 규정하고 있다. 즉, 국가보안법이 규정하는 이적단체는 국가의 존립·안전이나 자유민주적 기본질서를 위태롭게 한다는 정을 알면서 위와 같은 행위를 목적으로 하여 특정 다수인이 결성한 계속적이고 독자적인 결합체를 의미한다.

대법원은 반국가단체와 이적단체는 그 처벌조항을 달리하고 있으므로 엄격하게 구분하여야 한다고 하면서 그 구별기준으로 해당 단체의 직접적이고 1차적인 목적이 무엇인지를 제시하고 있다. 즉, 반국가단체와 이적단체는 국가를 변란하고 새로운 정부를 수립하는 것을 궁극적 목적으로 한다는 점에서는 동일하다. 하지만, 반국가단체는 이를 직접적이고 1차적인 목적으로 하지만, 이적단체는 반국가단체를 전제로 하여 그 단체의 활동에 동조하거나 국가변란을 선전 또는 선동하는 것을 직접적이고 1차적인 목적으로 하는 것이라고 한다. 즉, 대법원은 반국가단체는 정부를 참칭하거나 국가를 변란할 것을 목적으로 하는 단체로 규정되어 있고, 이적단체는 반국가단체나 그 구성원 또는 지령 받은 자의 활동에 동조하는 행위를 목적으로 하는 단체로 규정되어 있으므로 이적단체 역시 그 궁극적인 목적은 반국가단체가 지향하는 목적에 동조하여 국가를 변란하고 새로운 정부를 수립하는 것에 두고 있다 할 것이므로, 결국 반국가단체나 이적단체 모두 그 궁극적인 목적은 동일한 것에 귀결된다고 판시하였다.[4]

어떤 단체가 이적단체에 해당하는지 여부에 대하여 대법원은 "어느 단체가 표면적으로는 강령·규약 등에 반국가단체 등의 활동을 찬양·고무·선전·동조하는 등의 활동을 목적으로 내걸지 않았더라도 그 단체가 주장하는 내용·활동내용·반국가단체 등과 의사 연락을 통한 연계성 여부 등을 종합해볼 때, 그 단체가 실질적으로 위와 같은 활동을 그 단체의 목적으로 삼았고 그 단체의 실제 활동에서 그 단체가 국가의 존립·안전이나 자유민주적 기본질서에 실질적 해악을 끼칠 위험성을 가지고 있다고 인정된다면 그 단체를 이적단체로 보아야 한다"는 견해를 그대로 유지하고 있다. 이에 대하여 대법원의 소수의견은 이적단체의 구성·가입죄에서 요구하는 "국가의 존립·안전이나 자유민주적 기본질서를 위태롭게 한다는 정을 알면서"라는 위험성 요건은 "실질적 해악을 끼칠 위험성"만으로 충족되는 것이 아니라 "명백하고 현존하는 위험의 기준"에 따라야 한다는 견해를 제시하고 있다.[5]

이적단체성의 인정을 둘러싸고 견해가 대립하는 것은 국가보안법에 대한 기본적 인식의 차이에서 비롯된 것으로 판단된다. 즉, 우선적으로 북한의 주장과 같은 내용을 주장하는 것이 자유민주적 기본질서에 대하여 해악을 끼치는 행위인지에 대하여 규범적으로 다르게 평가하고 있다. 이러한 인식의 차이는 개인이 아닌 단체의 사상 또는 주장 표명이 그 자체로서 자유민주적 기본질서에 대하여 해악을 끼치는 행위로서 규제의 대상이 될 수 있는지 여부에 있어서 결론을 달리하게 된다. 또한, 이러한 차이점은 단체의 이적성을 인정하기 위해서 단체의 활동

---

4 대법원 1995. 5. 12. 94도1813.

5 대법원 2008. 4. 17. 2003도758, 대법원 2010. 7. 23. 2010도1189 등.

이 자유민주적 기본질서에서 허용될 수 없는 폭력적인 방법을 사용하는 데에까지 이르러야 하는지, 아니면 자유민주적 기본질서가 허용할 수 없는 주장을 하는 이상 찬양과 고무·동조행위를 하는 것으로 충분한 것인지 여부에 있어서도 달리 평가하게 된다. 개인이 아닌 단체의 사상 또는 주장 표명이 그 자체로서 자유민주적 기본질서에 해악을 끼치는 행위로서 규제의 대상이 될 수 있는지 여부에 대하여 다수의견은 북한의 활동을 찬양·고무·선전하거나 적어도 이에 동조하는 행위를 목적으로 하므로 그 이적성이 있다고 판단하고 있고, 소수의견은 실제 활동이 수반되지 않는 단체의 사상과 주장의 표명행위는 사상의 자유시장에서 그와 반대의 생각을 가진 단체 혹은 불특정 다수의 개인으로부터 지지나 비난을 받으며 다른 사상들과 함께 균형을 이루어야 하므로 명백하고 현존한 위험이 있는 경우에 해당하지 않는다고 판단하였다.[6]

구체적인 사건에 있어서 어떤 단체를 이적단체로 인정할 것인지 여부에 대하여 다수의견과 소수의견의 가장 큰 차이는 그 단체의 이적성이 현실적으로 표현되는 내용과 정도라고 하겠다. 대법원은 그동안 다수의견을 통하여 그 단체의 이적성을 인정하기 위해서는 그 단체가 자유민주적 기본질서가 허용할 수 없는 주장을 함으로써 찬양·고무·선전 또는 이에 동조하거나 국가변란을 선전·선동하는 행위를 목적으로 하는 것으로 충분한 것으로 판단하였다. 그러나 소수의견은 이것만으로는 부족하고 그 사상과 주장의 내용이 자유민주적 기본질서와 양립할 수 없는 주장이라 하더라도 무장봉기나 폭력혁명 등 자유민주적 기본질서에 반하는 방법을 동원하여 이를 실현시키려는 경우에 한하여 명백하고 현존하는 위험을 인정하여야 한다고 하였다.[7]

---

6 대법원 2007. 12. 13. 2007도7257 등.
7 대법원 2010. 7. 23. 2010도1189.

2. 목적수행

1) 대표판례: 대법원 1997. 7. 16. 97도985 【국가보안법위반(간첩 등)】

① 판례요지

1. 사건의 개요

① 조국통일범민족연합(약칭 '범민련')은 1988. 8. 1. 재야 운동권인사들이 한반도의 평화통일을 위한 세계대회 및 범민족대회 추진본부를 구성하기로 하고, 그 발기취지문에서 남한·북한·해외동포들이 참여하는 범민족대회를 개최할 것을 제안하여 북한 조국평화통일위원회와 접촉을 통해 조국통일범민족연합의 구성을 논의하여 1990. 11. 19. 및 11. 20. 독일 베를린에서 북한 조국평화통일위원회 대표 전○철, 범민족대회 해외추진본부 대표 정○명·임○식·황○영 및 범민족대회 남측추진본부 대표 조○술·이○학·조○우 등이 모여 조국의 평화통일을 위한 범민족통일기구 결성 3자 실무회담을 개최하여 조직과 사무국 구성 및 사업계획 등을 결정한 후 범민련 해외본부 및 북한에서의 범민련 북측본부는 결성되었으나 국내에서는 국민적 공감대 형성이 되지 않고, 소위 통일운동세력 간에 이견이 표출되는 등 진통을 겪다가 1991. 1. 23. 향린교회에서 범민련 남측본부 준비위원회가 결성되어 문○환이 위원장으로 선출되었으나, 그 다음날인 1. 24. 이○복 등 간부들이 대거 구속되는 사태가 발생하여 활동이 위축되고, 조직의 내분과 갈등으로 문○환 등이 탈퇴하는 등의 사태가 발생하여 범민련 남측본부가 정식으로 출범하지 못하자 이를 타개하기 위하여 1993. 12. 15. 연세대학교 강당에서 전○일·강○우·이○린 등이 모여 범민련 남측본부 결성준비위원회 제20차 의장단·고문단·실행위원 연석회의를 개최하여 민족의 자주·평화통일·민족대단결의 조국통일 3대 원칙에 대한 범민련의 강령 및

규약을 확정, 발표하는 등 범민련 남측본부의 결성을 추진하여왔으나, 1994. 9. 의장인 강○우가 구속되는 등 당국의 저지로 지연되어오다가 1995. 2. 25.경 한양대학교 구내에서 피고인·강○우·전○일·김○권·이○재·이○린·곽○준 등 범민련 남측본부 준비위원회 회원과 시민, 학생 등 120여 명이 모여 범민련 남측본부 결성대회를 열고, 연방제통일방안에 의한 범민족 통일국가의 건설, 외국군대의 철수, 군비축소, 한반도의 비핵지대화 등을 내용으로 하는 강령과 통일 3대원칙·구성·조직·운영 등을 규정한 규약을 채택하고 의장단 등 집행부를 구성하여 범민련 남측본부가 정식으로 결성되었다.

② 일명 강○철은 1991. 8. 17. 북한에 들어가 그 구성원으로부터 국내 정세나 재야단체의 동향을 파악하여 알려달라는 지령을 받은 이외에 수차례 북한의 구성원들과 접촉하여 지령을 받아 그 목적을 수행하여온 자이고, 피고인으로서도 그와 국내에서 접촉하여 그의 연락처를 알아냈고, 그에게 가족을 찾아달라는 부탁을 하는 취지의 서신연락으로 시작되기는 하였지만 그 이후 그의 위와 같은 역할을 알고서도 그의 부탁을 받고 1992. 1. 21.부터 1994. 5. 4.까지 12회에 걸쳐 동아일보, 한겨레신문 등 국내 일간지와 월간 『말』지 등 잡지·방송 등을 통하거나 범민련 등 재야 운동단체 사무실 등지를 출입하면서 입수한 자료를 탐지·수집한 후 이를 종합하여 국내의 정치상, 재야 운동단체들의 활동, 범민련 남측본부 인사들의 구속 및 재판 과정 등을 상세히 기재한 편지와 녹음테이프를 그에게 우송하였다.

③ 피고인은 1994. 12. 26.부터 1995. 7. 23.까지 6회에 걸쳐 반국가단체인 북한의 지령을 받은 강민철과 통신연락을 하였고, 1995. 3. 27.경부터 1996. 5. 9.까지 10회에 걸쳐 범민련 공동사무국을 통하여 모사전송방식으로 평양에 있는 범민련 북측본부와 문건을 받거나 보냄으로써 통신·연락을 하였으며, 범민련 공동사무국의 사무차장이 재일조선인총연합회 인물로 북한의 지령에 따라 활동 중인 자라는 점을 알았음에도

불구하고, 1996. 2. 1.부터 같은 해 5. 1.까지 7회에 걸쳐 그와 국제전화로 통화함으로써 통신연락을 하였다.

④ 피고인은 1995. 8. 12. 18:15경 강○우·전○일·이○인·이○재·○관·박○률·곽○준·주○순·김○옥·김○제·신○길 등 범민련 회원 및 시민, 학생 등 100여 명과 함께 연방제통일, 국가보안법 철폐, 평화협정체결, 미군철수 및 이를 실현하기 위한 통일전선의 형성, 통일투쟁 등 북한의 대남혁명전략에 따른 통일노선을 추종하는 내용으로 제6차 범민족대회를 진행하였다.

2. 판결요지

[1] 국가보안법이 위헌인지 여부(소극)

우리 헌법이 전문과 제4조, 제5조에서 천명한 국제평화주의와 평화통일의 원칙은 자유민주적 기본질서라는 우리 헌법의 대전제를 해치지 않는 것을 전제로 하는 것이므로, 아직도 북한이 막강한 군사력으로 우리와 대치하면서 우리 사회의 자유민주적 기본질서를 전복할 것을 포기하였다는 명백한 징후는 보이지 않고 있어 우리의 자유민주적 기본질서에 위협이 되고 있음이 분명한 상황에서 국가의 안전을 위태롭게 하는 반국가활동을 규제함으로써 국가의 안전과 국민의 생존 및 자유를 확보함을 목적으로 하는 국가보안법이 헌법에 위배되는 법률이라고 할 수 없고, 국가보안법의 규정을 그 법률의 목적에 비추어 합리적으로 해석하는 한 국가보안법에 정한 각 범죄구성요건의 개념이 모호하고 광범위하여 죄형법정주의의 본질적 내용을 침해하는 것이라고 볼 수도 없으며(대법원 1996. 12. 23. 선고 96도2673 판결 참조), 헌법상 보장된 양심의 자유·언론출판의 자유 등은 헌법이 보장하는 기본적 권리이기는 하나 무제한한 것이 아니고, 헌법 제37조 제2항에 의하여 국가안전보장, 질서유지 또는 공공복리를 위하여 필요한 경우에는 그 자유와 권리의 본질적인 내용을 침해하지 아니하는 한도 내에서 제한할 수 있는 것이므로, 국가보안법 규정의 입법목적과 적용한계를 위와 같이 자유와 권리의 본질적인 내용을 침해하지 아니하는 한도 내에서 이를 제한하는 데에 있는 것으로 해석하는 한 위헌이라고 볼 것은 아니라고 할 것이다 (대법원 1993. 9. 28. 선고 93도1730 판결 참조).

같은 취지로 판단한 원심은 정당하고, 거기에 상고이유가 지적하는 것과 같은 위법이 있다고 할 수 없다.

[2] 국가보안법 제4조 제1항 제2호 (나)목에 정한 국가기밀의 개념 및 그 판단기준

[다수의견]

원심은 국가보안법 제4조 제1항 제2호에 정한 국가기밀이라 함은 반국가단체에 대하여 비밀로 하거나 확인되지 아니함이 대한민국의 이익을 위하여 필요한 모든 정보자료로서, 순전한 의미에서의 국가기밀에 한하지 아니하고 정치·경제·사회·문화 등 각 방면에 관한 국가의 모든 기밀사항이 포함되며, 그것이 국내에서의 적법한 절차 등을 거쳐 널리 알려진 공지의 사항이라고 하더라도 반국가단체인 북한에게는 유리한 자료가 되고, 대한민국에는 불이익을 초래할 수도 있는 것이면 국가기밀에 속한다고 할 것이며, 또 지령의 수수는 상명하복의 지배관계가 필요하지 않음은 물론 구두·서신 등 그 형식에도 아무런 제한이 없는 점에 비추어 피고인이 강민철의 지령에 따라 위와 같이 국내의 정치 상황, 재야 운동단체들의 활동, 범민련 남측본부 인사들의 구속 및 재판과정 등을 전달한 행위는 국가보안법 제4조 제1항 제2호 (나)목의 국가기밀 수집·전달에 해당한다고 판단하였다.

그러나 국가보안법 제1조 제1항은 이 법은 국가의 안전을 위태롭게 하는 반국가활동을 규제함으로써 국가의 안전과 국민의 생존 및 자유를 확보함을 목적으로 한다고 규정하고, 그 제2항에서 이 법을 해석 적용함에 있어서는 제1항의 목적달성을 위하여 필요한 최소한도에 그쳐

야 하며, 이를 확대 해석하거나 헌법상 보장된 국민의 기본적 인권을 부당하게 제한하는 일이 있어서는 아니 된다고 규정하고 있을 뿐 아니라, 유추해석이나 확대해석을 금지하는 죄형법정주의의 기본정신에 비추어서도 그 구성요건을 엄격히 제한 해석하여야 할 것이다.

따라서 현행 국가보안법 제4조 제1항 제2호 (나)목에 정한 기밀을 해석함에 있어서 그 기밀은 정치·경제·사회·문화 등 각 방면에 관하여 반국가단체에 대하여 비밀로 하거나 확인되지 아니함이 대한민국의 이익이 되는 모든 사실, 물건 또는 지식으로서 그것들이 국내에서의 적법한 절차 등을 거쳐 이미 일반인에게 널리 알려진 공지의 사실, 물건 또는 지식에 속하지 아니한 것이어야 하고, 또 그 내용이 누설되는 경우 국가의 안전에 위험을 초래할 우려가 있어 기밀로 보호할 실질가치를 갖춘 것이어야 할 것이다.

다만 국가보안법 제4조(목적수행)가 반국가단체의 구성원 또는 그 지령을 받은 자의 목적수행행위를 처벌하는 규정이므로 그것들이 공지된 것인지 여부는 신문·방송 등 대중매체나 통신수단 등의 발달 정도, 독자 및 청취의 범위, 공표의 주체 등 여러 사정에 비추어보아 반국가단체 또는 그 지령을 받은 자가 더는 탐지·수집이나 확인·확증의 필요가 없는 것이라고 판단되는 경우 등이라 할 것이고, 누설할 경우 실질적 위험성이 있는지 여부는 그 기밀을 수집할 당시의 대한민국과 북한 또는 기타 반국가단체와의 대치현황과 안보사항 등이 고려되는 건전한 상식과 사회통념에 따라 판단하여야 할 것이며, 그 기밀이 사소한 것이라 하더라도 누설될 경우 반국가단체에는 이익이 되고 대한민국에는 불이익을 초래할 위험성이 명백하다면 이에 해당한다 할 것이다 .

따라서 이와 일부 다른 견해를 취한 대법원 1993. 10. 8. 선고 93도1951 판결, 1994. 5. 24. 선고 94도930 판결, 1995. 7. 28. 선고 95도1121 판결, 1995. 9. 26. 선고 95도1624 판결 및 이와 같은 취지의 종전 판결들은 이를 변경하기로 한다.

이 점에 대하여는 대법관 천경송·대법관 정귀호·대법관 이임수의 별개의견이 있다.

이제 이 사건에 돌아와보건대, 원심으로서는 피고인이 탐지·수집·전달하였다는 위와 같은 공소사실의 기밀의 내용 중에는 신문·방송 등 대중매체나 통신수단 등의 발달 정도, 독자 및 청취의 범위, 공표의 주체 등 여러 사정에 비추어보아 반국가단체인 북한이나 그 지령을 받은 강민철 또는 피고인이 더는 탐지·수집이나 확인·확증의 필요가 없는 것이라고 판단되어 공지의 사실에 속하는 것도 포함되어 있는 것으로 보이므로, 과연 피고인이 탐지·수집·전달한 내용에 위와 같은 공지된 사실에 속하는 것이 있는지 여부를 심리하고, 나아가 위에서 설시한 판단기준에 비추어 그 내용을 누설할 경우 국가의 안전에 위험을 초래할 우려가 있어 기밀로 보호할 실질가치를 가지고 있는지 여부 등에 관하여 좀 더 심리하여 그것이 국가보안법 제4조 제1항 제2호 (나)목에 정한 '국가기밀'에 해당하는지 여부를 가려보았어야 할 것이다.

그럼에도 불구하고 이러한 조치를 취하지 아니한 원심판결에는 국가보안법 제4조 제1항 제2호 (나)목에 정한 '국가기밀'에 관한 법리를 오해한 위법이 있다고 할 것이고, 이는 판결에 영향을 미쳤음이 분명하다고 할 것이다. 이 점을 지적하는 상고이유는 받아들이기로 한다.

[대법관 천경송·대법관 정귀호·대법관 이임수의 별개의견]

원심판결 중 그 판시 제1죄 부분을 파기하여야 할 것이라는 다수의견에 관하여 그 결론에는 찬성하나, 그 이유와 국가보안법 제4조 제1항 제2호 (나)목에 정한 기밀에 관한 종전 대법원 판례를 변경하여야 한다는 점에는 찬동하지 아니한다. 그 이유는 다음과 같다.

첫째, 우리 대법원은 종래 일관하여 "반국가단체에 대하여 비밀로 하거나 확인되지 아니함이 대한민국의 이익을 위하여 필요한 모든 정보자료로서, 순전한 의미에서의 국가기밀에 한하지 아니하고 정치·경제·

사회·문화 등 각 방면에 관한 국가의 모든 기밀사항이 포함되며, 그것이 국내에서의 적법한 절차 등을 거쳐 널리 알려진 공지의 사항이라고 하더라도 반국가단체인 북한에게는 유리한 자료가 되고 대한민국에는 불이익을 초래할 수도 있는 것이면 국가기밀에 속한다"고 판시하여왔는바(대법원 1995. 9. 26. 선고 95도1624 판결, 1995. 7. 28. 선고 95도1121 판결, 1995. 7. 25. 선고 95도1148 판결, 1994. 4. 15. 선고 94도126 판결, 1993. 10. 8. 선고 93도1951 판결 등 참조), 우리 대법원이 외교상비밀누설죄(형법 제113조)·공무상비밀누설죄(형법 제127조)·군사기밀보호법상의 군사기밀누설 등의 죄의 경우와는 달리, 위와 같이 국가보안법상의 국가기밀의 범위를 넓게 인정하여온 것은, 국가보안법이 무력에 의한 대남적화통일의 야욕을 포기하지 않고 있는 북한공산집단과 대치하고 있는 우리만의 특수한 상황 아래에서 우리의 안전과 생존 및 자유를 확보하기 위하여 반국가단체나 그 지령을 받은 자가 그 목적수행을 위하여 국가기밀을 탐지·수집·전달하는 행위를 처벌하기 위하여 제정된 법률이고, 오늘날 각국의 첩보활동이나 북한공산집단의 대남적화통일전략에 비추어볼 때, 국가보안법상의 기밀의 의미를 북한공산집단이 우리의 전체적 잠재력을 체계적으로 탐색·파악하거나 남한 내의 지지세력 확보와 대남적화전략을 수행하기 위하여 필요한 일체의 공개되거나 공개되지 아니하는 정보라고 보는 것이 상당하다고 할 것이기 때문이다.

다수의견처럼 국가기밀의 개념을 좁게 해석하는 경우에는, 국가기밀의 탐지·수집·전달 등의 죄로 처벌하여야 할 필요성이 있음에도 불구하고 이를 처벌하지 못하는 결과가 되어 대한민국의 안전에 위험을 초래하게 되는 수가 있을 것이다. 그리고 위와 같은, 우리가 처하여 있는 특수상황이 현재에도 아무런 변화가 없이 계속되어오고 있다는 것이 우리의 인식이므로, 아직은 종전의 대법원의 견해를 변경할 때가 아니라고 보는 것이다.

둘째, 다수의견은 기밀로 인정되기 위하여서는 기밀로 보호할 실질가치가 있는 것이어야 한다고 하고 있는바, 이는 종전의 대법원 판례의 판단기준인 "반국가단체인 북한에게는 유리한 자료가 되고 대한민국에는 불이익을 초래할 수 있는 것"과 그 적용범위에 별다른 차이가 없다고 생각한다. 생각건대, 국가기밀의 개념 그 자체는 절대적인 것이 아니고 상대적인 것으로서 시기와 장소 및 상황에 따라 달리 평가될 수 있는 것이므로 남북대치 현황 등 상황의 변경 여부에 따라 국가기밀의 범위의 판단기준을 신축성 있게 해석하여야 할 것이고, 오늘날 전자매체의 발달로 국내에서 발간되는 신문이나 잡지 등이 세계 각국으로 배포되고 있고 인터넷을 통하여서도 정보를 얻을 수 있는 점 등에 비추어보면, 이미 반국가단체인 북한이 손쉽게 접근·파악할 수 있는 사항 등은 이제는, 탐지·수집·전달 등의 대상이 되는, "북한에게는 유리한 자료가 되고 대한민국에는 불이익을 초래할 수 있는 것"에 해당하지 아니한다고 판단되므로, 이 점에서도 굳이 종전 판례의 견해를 변경할 필요까지는 없다고 할 것이다.

따라서 이 사건의 경우, 피고인이 탐지·수집·전달하였다는 공소사실의 기밀의 내용 중에는 종전 대법원 판례의 판단기준에 따르더라도 국가기밀로 볼 수 없는 것도 일부 포함되어 있는 것으로 보이므로, 원심으로서는 이 점에 관하여 좀 더 심리하여 그것이 국가보안법 제4조 제1항 제2호 (나)목에 정한 '국가기밀'에 해당하는지 여부를 가려보았어야 할 것이다. 결국, 원심판결 중 국가기밀 탐지·수집·전달에 관한 판시 제1죄 부분은 국가보안법 제4조 제1항 제2호 (나)목에 정한 '국가기밀'에 관한 법리를 오해한 위법이 있다는 이유로 파기하여야 할 것이다.

[3] 이적단체구성의 점에 관하여

원심은 비록 냉전시대가 저물고 대화를 통한 평화적 통일모색의 단계로 접어든 근간의 남북정세를 감안한다 하더라도 통일의 모색과 북한과의 접촉에 있어 일관된 조율과 신중한 정책추진이 필요한 현 실정에서 학생들 또는 재야인사들의 무분별한 북한과의 접촉을 통한 통일 논의 및 이를 위한 활동은 현 단계에서 통일을 촉진한다기보다는 반국가단체인 북한에 동조함으로써 오히려 대한민국의 존립·안정이나 자유민주적 기본질서를 위태롭게 한다고 볼 것이고, 강령의 일부로서 북한이 주장하는 바와 같은 외국군 철수, 핵무기철거, 휴전협정의 평화협정으로의 대체, 국가보안법을 비롯한 제반 악법의 철폐 등을 채택하고, 이를 실현하기 위한 목적으로 구성한 범민련 남측본부는 이적단체임이 분명하고, 피고인으로서는 범민련 남측본부의 구성이 대한민국의 존립·안전이나 자유민주적 기본질서를 위태롭게 한다는 정을 알고 있었다고 볼 것이라고 판단하였다.

기록에 비추어 살펴보면 원심의 위와 같은 사실인정 및 판단은 정당하다고 여겨진다.

[4] 국가보안법상 통신연락죄 소정의 '회합·통신 기타의 방법으로 연락'의 의미

원심판결 및 원심이 인용한 제1심 판결 이유에 따르면, 원심은, 국가보안법 제8조 제1항에 정한 통신연락죄는 국가의 존립·안전이나 자유민주적 기본질서를 위태롭게 한다는 정을 알면서 반국가단체의 구성원이나 그 지령을 받은 자와 회합·통신 기타의 방법으로 연락을 하면 성립하는 범죄로서, 여기의 '회합·통신 기타의 방법으로 연락'이라고 함은 반국가단체 구성원 또는 그 지령을 받은 자를 직접 상대방으로 하는 경우는 물론이고 제3자를 이용하여 통신 기타의 방법으로 연락하는 것을 말하는 것이라고 전제한 다음, 행위를 함에 있어서 피고인의 지식정도로 보아 행위가 국가의 존립·안전이나 자유민주적 기본질서를 위태롭게 한다는 정을 충분히 알 수 있었다고 인정하여 위 각 행위를 국가보안법 제8조 제1항에 정한 통신연락죄로 의율한 제1심을 그대로 유지하고 있다.

기록에 비추어 살펴본즉 원심의 위와 같은 조처는 정당하다.

[5] 이적표현물 제작·반포의 점에 관하여

원심판결 이유에 따르면, 원심은, 피고인이 범민련의 활동으로서 제작·반포한 제1심 판시의 각종 표현물은 반국가단체인 북한의 대남혁명전략에 따른 통일노선을 그대로 답습한 주장으로서, 피고인의 지식 정도로 보아 피고인은 위 행위가 대한민국의 안전·존립이나 자유민주적 기본질서를 위태롭게 하는 내용이라는 것을 인식하고 있었다고 볼 수 있으며, 객관적으로 반국가단체인 북한의 대남선전·선동 등의 활동에 동조하는 등 이적성이 있는 내용이 담긴 표현물을 그와 같은 인식을 하면서도 이를 제작·반포하였다면 피고인은 적어도 북한의 활동에 동조하는 행위가 될지도 모른다는 미필적 인식은 있는 것으로 추정되는 것이고, 그 밖에 달리 피고인의 위 행위에 북한의 활동에 동조하려는 목적이 없었다는 다른 자료가 나타나지 않는 한 적어도 미필적 인식으로서의 목적 또한 있었다고 보아야 할 것이라고 판단하였다.

기록에 비추어 살펴보면 원심의 위와 같은 조처는 정당하다.

② 해설

대법원의 이 판결은 조국통일범민족연합 남측본부가 이적단체임을 인정하고, 국가보안법상 통신연락죄 소정의 '회합·통신 기타의 방법으로 연락'의 의미를 반국가단체 구성원 또는 그 지령을 받은 자를 직접 상대방으로 하는 경우는 물론이고 제3자를 이용하여 통신 기타의 방법으로 연락하는 것을 포함하는 것이라고 판단하였다. 이 판결은 국가보안법 제4조 제1항 제2호에서 규정하고 있는 국가기밀의 개념과 그 판단기준에 대하여 종전의 판례를 변경하여 더욱 엄격한 기준을 제시하였다.

대법원은 종전에는 "국가보안법 제4조 제1항 제2호에 정한 국가기밀이라 함은 반국가단체에 대하여 비밀로 하거나 확인되지 아니함이 대한민국의 이익을 위하여 필요한 모든 정보자료로서, 순전한 의미에서의 국가기밀에 한하지 아니하고 정치·경제·사회·문화 등 각 방면에 관한 국가의 모든 기밀사항이 포함되며, 그것이 국내에서의 적법한 절차 등을 거쳐 널리 알려진 공지의 사항이라고 하더라도 반국가단체인 북한에게는 유리한 자료가 되고, 대한민국에는 불이익을 초래할 수도 있는 것이면 국가기밀에 속한다"고 하였다. 따라서 국가기밀인지 여부를 판단하는 기준으로 공지 여부는 문제가 되지 않았으며, 그 누설로 인하여 대한민국에게 불이익을 초래하고, 북한에 유리한 경우에는 널리 국가기밀에 해당하는 것으로 판단하였다.[8]

대법원은 이 판결에서 국가보안법 제1조 제1항과 제2항에서 선언하고 있는 입법목적을 충분히 고려하고 유추해석이나 확대해석을 금지하는 죄형법정주의의 기본정신을 반영하여 그 구성요건을 엄격히 제한하였다. 즉, 이 판결은 "국가보안법 제4조 제1항 제2호 (나)목에 정한 기밀을 해석함에 있어서 그 기밀은 정치·경제·사회·문화 등 각 방면에 관하여 반국가단체에 대하여 비밀로 하거나 확인되지 아니함이 대한민국의 이익이 되는 모든 사실, 물건 또는 지식으로서 그것들이 국내에서의 적법한 절차 등을 거쳐 이미 일반인에게 널리 알려진 공지의 사실, 물건 또는 지식에 속하지 아니한 것이어야 하고, 또 그 내용이 누설되는 경우 국가의 안전에 위험을 초래할 우려가 있어 기밀로 보호할 실질가치를 갖춘 것이어야 할 것이다"고 판시함으로써 국가기밀에 해당하는 구체적 요건으로 비공지성(非公知性)과 실질가치성(實質價值性)을 제시하였다.

또한, 비공지성 여부를 판단하는 기준으로는 "신문·방송 등 대중매체나 통신수단 등의 발달 정도, 독자 및 청취의 범위, 공표의 주체 등 여러 사정에 비추어보아 반국가단체 또는 그 지령을 받은 자가 더 이상

---

8 대법원 1993. 10. 8. 93도1951 등.

탐지·수집이나 확인·확증의 필요가 없는 것이라고 판단되는 경우"를 제시하고, 실질가치성 여부를 판단하는 기준으로는 "그 기밀을 수집할 당시의 대한민국과 북한 또는 기타 반국가단체와의 대치현황과 안보사항 등이 고려되는 건전한 상식과 사회통념에 따라 판단하여야 할 것이며, 그 기밀이 사소한 것이라 하더라도 누설될 경우 반국가단체에는 이익이 되고 대한민국에는 불이익을 초래할 위험성이 명백하다면 이에 해당한다"고 판시하였다.

한편, 이 판결의 소수의견은 국가기밀의 개념 그 자체는 절대적인 것이 아니고 상대적인 것으로서 시기와 장소 및 상황에 따라 달리 평가될 수 있는 것이므로 남북대치 현황 등 상황의 변경 여부에 따라 국가기밀의 범위를 판단하는 기준을 신축성 있게 해석하여야 한다고 하였다. 만약, 다수의견처럼 국가기밀의 개념을 좁게 해석하는 경우에는 국가기밀의 탐지·수집·전달 등의 죄로 처벌하여야 할 필요성이 있는 경우임에도 불구하고 이를 처벌하지 못하여 대한민국의 안전에 위험을 초래하게 되는 경우가 있을 수 있으므로 굳이 종전 판례의 견해를 변경할 필요까지는 없다고 하였다.

2) 관련판례 요지

(1) 국가기밀의 의미

① 대법원 1994. 4. 15. 94도126【국가보안법위반】

현행 국가보안법 제4조 제1항 제2호 (나)목 소정의 국가기밀이라 함은, 반국가단체에 대하여 비밀로 하거나 확인되지 아니함이 대한민국의 이익을 위하여 필요한 모든 정보자료로써, 순전한 의미에서의 국가기밀에 한하지 않고 정치·경제·사회·문화 등 각 방면에 관한 국가의 모든 기밀사항이 포함되며, 그것이 국내에서의 적법한 절차 등을 거쳐 널리 알려진 공지의 사항이라도 반국가단체인 북한에게는 유리한 자료가 되고, 대한민국에는 불이익을 초래할 수 있는 것이면 국가기밀에 속한다 할 것이다(당원 1992. 10. 27. 선고 92도2068 판결, 1993. 10. 8. 선고 93도1951 판결 등 참조).

기록에 따르면, 피고인이 탐지하였다는 정보는 "대전엑스포 93"의 개최 일시, 장소, 준비 위원장, 기본성격, 참가 예정 국가 수, 개최로 얻게 될 효과 등에 관한 기초적이고도 일반적인 정보로서, 그 내용은 오히려 정부에서 국내외에 적극적으로 홍보에 힘써온 것임을 알 수 있으므로, 이러한 정보가 새삼스레 북한에게는 유리한 자료가 되고, 대한민국에는 불이익을 초래할 수 있는 것이라고 볼 수 없다 할 것인바, 원심이 그 이유 설시를 달리하나 결국 무죄를 선고한 조치는 정당하다.

② 대법원 1997. 7. 25. 97도1295 【국가보안법위반(회합·통신 등)】

원심은 피고인이 반국가단체인 북한공산집단의 지령을 받고 1984. 4. 29. 대한민국에 잠입한 다음, 조선일보 등 국내 일간지와 시사 월간지 또는 방송보도를 통하거나 주변 인물들을 탐문하는 방식으로, 1984. 10. 경부터 1996. 7. 초순경까지 56회에 걸쳐, 북한적십자사가 보낸 수재 구호물 관련 등 국내 정세, 12대 국회의원 총선 동향, 전두환 대통령의 1985. 4. 23.자 방미 목적·결과와 한미관계, 남북경제회담과 관련된 국내 여론, 남북한 인적교류에 관한 남측반응 등 국내 정세, 1985년경 국내 학생운동권 동향, 팀 스피리트 86 한미합동군사훈련 동향, 개헌논의 정국 등 정치현안에 관한 국내 정세, 제10회 아시안게임준비 관련 상황, 제10회 아시안게임 결과, 4.13호헌조치 관련 동향, 6.29선언 관련 국내 정세, 1987년 각 당의 대통령 후보 선정 및 당선가능성 등 대선 관련 국내 정치정세, 대통령 선거 관련 정치권 동향, 노태우 대통령 취임 관련 국내 정세 동향, 총선 전망과 북한의 올림픽 참가 여부 관련 동향, 남북 고위당국자 회담·학생회담·노 대통령의 7.7선언 등 관련 동향, 남북 국회회담 및 올림픽 관련 국내 동향, 남북 정상회담 제의 관련 동향 및 올림픽 결과, 5공 청문회 관련 동향, 1989. 3. 9. 열릴 예정인 제1차 남북체육회담 남측대표단장의 동정·국내 재야활동 관련 동향, 1990. 1.경 국내 정치권 및 학원·재야 동향, 3당 합당 관련 동향과 이에 따른 향후 정세 전망, 1990. 3.경 한미 군사 관련 동향 및 정치 관련 동향, 남북총리회담 및 정치 관련 동향, 한소수교 관련 동향, 연형묵 총리의 방한 및 노 대통령의 방소 정상회담 관련 동향, 걸프전 관련 동향, 지방자치 선거 관련 동향, 1991. 5.경 국내 정치정세 및 강경대 치사사건 동향, 1991. 8.경 미군기지 이전 관련 동향, 팀 스피리트 훈련 및 비핵화 선언 관련 동향, 1991. 11.경 국방산업 장비에 대한 현황, 남북고위급 회담 관련 동향 및 국내 정세, 14대 국회의원선거 관련 동향, 우루과이 라운드 협상·대권문제 등 국내 주요정세, 1992. 8.경 주요 군사·정치 동향, 한중·한대만관계 등에 대한 국내 동향, 국내 정치정세 동향, 대통령선거 직후 국내 주요 정세, 금융실명제·사정당국·재산공개와 관련된 동향, 1994. 1.경 국내 군사 및 정치 관련 동향, 1994. 3.경 소위 북한의 불바다 발언 관련 동향, 남북 정상회담 제의 관련 동향, 김일성 사망 관련 동향, 경수로 관련 동향, 북한의 원자력발전소 건설과 관련한 경수로 지원 동향, 자치단체장 선거 등 관련 동향, 1995. 10.~11.경 정치·군사 관련 동향, 1996. 1.경 대북정책 관련 동향, 1996. 3.경 총선전망·외교군사 등 정세·아시아횡단철도 등에 관한 동향, 제주도 한·미 정상회담 등 관련 동향, 4자 회담 관련 한국 측 대표구성 등에 대한 내용, 5.10 총선 후 정세, 대북 쌀 지원책 및 15대 국회개원 관련 동향, 1996. 6.경 군사정세자료 등을 탐지·수집한 후 약정된 대북연락체계에 따라 북한에 보고한 행위가 구 국가보안법(1991. 5. 31. 법률 제4373호로 전문 개정되기 전의 것) 제4조 제1항 제2호, 현행 국가보안법 제4조 제1항 제2호 (나)목에 정한 국가기밀의 탐지·수집·전달에 해당한다고 판단하였다.

그러나 국가보안법 제4조 제1항 제2호 (나)목과 구 국가보안법 제4조 제1항 제2호에 정한 기밀을 해석함에 있어서 그 기밀은 정치·경제·

사회·문화·군사 등 각 방면에 관하여 반국가단체에 대하여 비밀로 하거나 확인되지 아니함이 대한민국의 이익을 위하여 필요한 모든 사실·물건 또는 지식으로서, 그것들이 국내에서 적법한 절차 등을 거쳐 이미 일반인에게 널리 알려진 공지의 사실·물건 또는 지식에 속하지 아니한 것이어야 하고, 또 그 내용이 누설되는 경우 국가의 안전에 위험을 초래할 우려가 있어 기밀로 보호할 실질가치를 갖춘 것이어야 할 것이며, 다만 국가보안법 제4조(목적수행)가 반국가단체의 구성원 또는 그 지령을 받은 자의 목적수행행위를 처벌하는 규정이므로 그것들이 공지된 것인지 여부는 신문·방송 등 대중매체나 통신수단의 발달 정도, 독자 및 청취의 범위, 공표의 주체 등 여러 사정에 비추어보아 반국가단체 또는 그 지령을 받은 자가 더는 탐지·수집이나 확인·확증의 필요가 없을 것이라고 판단되는 경우 등이라 할 것이고, 누설할 경우 실질적 위험성이 있는지 여부는 그 기밀을 수집할 당시의 대한민국과 북한 또는 기타 반국가단체와의 대치현황과 안보 상황 등이 고려되는 건전한 상식과 사회통념에 따라 판단해야 할 것이며, 그 기밀이 사소한 것이라 하더라도 누설될 경우 반국가단체에는 이익이 되고 대한민국에는 불이익을 초래할 위험성이 명백하다면 이에 해당한다 할 것이다(대법원 1997. 7. 16. 선고 97도985 전원합의체 판결 참조).

돌이켜 이 사건에 관하여 살펴본다.

기록에 따르면 피고인에 대한 이 사건 국가기밀 탐지·수집·전달에 관한 공소사실 중, 14의 자항은 "피고인이 1991. 11. 하순경 국제국방산업박람회에 참관하여 탱크장비·항공기·군용 헬리콥터·소총 등 총기류·금속탐지장비·무전기 등 통신장비·통신장비 탑재 군용트럭·레이더 탑재 트럭 등 대한민국의 개별 국방장비를 설명한 팸플릿을 탐지·수집하였다"는 것이고, 23의 가항은 "피고인이 1995. 3. 24. 아태재단강연회에서 만난 외교안보연구원 김국진은 남한은 경수로 건설비의 저이자 장기상환이나 협정문에는 남한형 경수로임을 명시하나 장비에는 표시하지 않거나 미·일 기업을 통한 장비의 간접 제공 등 편법으로 북의 남한형 경수로 접수를 유도할 것이나 성공가능성 희박하여 부차적인 경수로 문제로 북의 지연전술에 말려들어갈 수 있으므로 조속한 타결을 미에 촉구한다고 말하였다는 사실을 탐지·수집·전달하였다"는 것인바, 위 각 공소사실 부분의 사실은, 한정된 범위 내의 사람만이 참관할 수 있는 국방산업박람회나 특정 개인으로부터 탐지·수집한 것이어서 북한공산집단이나 그 지령을 받은 피고인이 더는 탐지·수집이나 확인·확증이 필요 없는 것이라고 판단되지 아니하므로 공지의 사실이 아닐 뿐만 아니라, 그 탐지·수집·전달한 내용을 위에서 본 바와 같은 판단기준에 비추어 살펴보면 그 내용이 북한공산집단에게 알려질 경우 대한민국의 안전에 위험을 초래할 우려가 있다고 볼 만한 실질가치가 있다고 판단되므로 국가보안법 제4조 제1항 제2호 (나)목에 정한 국가기밀에 해당한다고 할 것이어서 이와 같은 결론의 원심판단은 정당하다.

그러나 이 사건 국가기밀 탐지·수집·전달에 관한 공소사실 중 위 14의 자항·23의 가항을 제외한 나머지 공소사실은, 기록에 따르면 조선일보·동아일보·세계일보 등 일간신문에 게재되거나 방송으로 보도되었거나 주변 인물들을 탐문하는 등의 방법으로 탐지·수집하였다는 것이므로 그 공소사실의 내용 중에는 신문·방송 등 대중매체나 통신수단의 발달 정도, 독자 및 청취의 범위, 공표의 주체 등 여러 사정에 비추어보아 북한공산집단이나 그 지령을 받은 피고인이 더는 탐지·수집이나 확인·확증이 필요 없는 것이라고 판단되는 공지의 사실에 속하는 사항도 일부 포함되어 있는 것으로 보이므로, 과연 어느 부분이 위와 같은 공지의 사실에 속하는 것인지 여부를 심리하여 이를 국가기밀에서 제외하고, 나아가 공지의 사실이 아닌 것으로 인정되는 부분에 대하여는 위에서 설시한 판단기준에 비추어 그 내용을 누설할 경우 국가의 안전에 위험을 초래할 우려가 있어 기밀로 보호할 실질가치가 있는지 여부 등에 관하여 좀 더 심리하여 그것이 실질가치가 있다고 판단되는 부분(여기에는 당해 공소사실 전부가 실질가치가 있다고 판단되는 경우와 그 공소사실의 일부만이 실질가치가 있다고 판단되는 경우가 있을 것이다)에 대하여만 국가보안법 제4조 제1항 제2호 (나)목 또는 구 국가보안법 제4조 제1항 제2호에 정한 '국가기밀'의 탐지·수집·전달죄로 처벌하였어야 할 것이다.

그럼에도 불구하고 이러한 조치를 취하지 아니한 원심판결에는 국가보안법 제4조 제1항 제2호 (나)목 또는 구 국가보안법 제4조 제1항 제2호에 정한 '국가기밀'에 관한 법리를 오해한 위법이 있다고 할 것이고, 이는 판결에 영향을 미쳤음이 분명하다.

따라서 간첩으로 인한 국가보안법위반죄 중 14의 자항, 23의 가항을 제외한 나머지 부분은 국가보안법 제4조 제1항 제2호에 정한 국가기밀에 관한 법리를 오해한 위법이 있어 파기를 면치 못한다 할 것인바, 이 파기되는 부분은 위 14의 자항·23의 가항의 간첩으로 인한 국가보안법위반죄 및 원심판시 잠입·탈출, 회합·통신, 금품수수로 인한 각 국가보안법위반의 죄와 사이에 형법 제37조 전단의 경합범관계에 있으므로 원심판결은 전부 파기를 면할 수 없다.

③ 대법원 1997. 9. 9. 97도1656 【국가보안법위반(탈출·회합 등)】

원심이 같은 취지에서, 피고인이 반국가단체의 구성원에게 누설하였다는 공소사실의 내용은 남한의 미전향 장기수들의 인적사항·수감교도소·복역실태·생활실태 등과 휴전선 부근의 지리 상황·땅굴 발견을 위한 남한의 동태 등으로서 위와 같은 내용들은 탐지·수집이나 확인·확증의 필요가 없을 정도로 일반인에게 널리 알려진 공지의 사실이 아닐 뿐만 아니라 국가의 안전에 대한 불이익을 방지하기 위하여는 반국가단체에 알려지지 아니하도록 할 필요성 및 그것이 누설되는 경우 국가의 안전에 명백한 위험을 초래한다고 볼 만한 실질적인 가치성도 있다고 보아, 피고인이 위 누설한 내용은 국가보안법 제4조 제1항 제2호 (나)목 소정의 기밀에 해당한다고 판단한 것은 정당하다.

④ 대법원 1997. 11. 20. 97도2021【국가보안법위반】

원심이 같은 취지에서, 피고인에 대한 국가기밀의 탐지·수집·전달에 관한 국가보안법위반의 점에 대한 공소사실의 내용은 피고인이 1991. 12. 하순부터 1993. 3. 28.까지 동아일보 등 국내 일간지와 잡지·방송 등을 통하거나 범민련 등 재야운동단체 사무실 등지를 출입하면서 입수한 자료들을 탐지·수집한 후 이를 종합하여 국내 총선 관련 정당 및 총선과 관련하여 재야 단체들의 입장, 14대 국회의원선거결과, 3당 합당, 대통령후보들의 성향, 김영삼 대통령에 대한 평가 등에 관한 내용으로서, 위와 같은 내용들은 피고인이 더 이상 탐지·수집이나 확인·확증의 필요가 없는 공지의 사실에 속하는 것이거나 의견·평가에 해당하고 그 내용이 누설되는 경우 국가의 안전에 위험을 초래한다고 볼 만한 실질가치가 없다고 보아, 피고인이 탐지·수집·전달한 위 내용은 국가보안법 제4조 제1항 제2호 (나)목에 정한 기밀에 해당하지 아니라고 판단하는 한편, 국가기밀의 탐지·수집·전달에 관한 공소사실의 내용 중, 민주주의 민족통일 전국연합이라는 재야단체의 구성과 이를 구성하고 있는 단체들의 구체적인 주장과 그들이 추구하고 있는 기본과제·재야인사들의 구체적 동향·민족자주 평화통일 중앙회의 의장들의 이름·범민족연합의 95년 사업계획(안) 등을 내용으로 하는 것으로서, 위와 같은 내용들은 위에서 말하는 공지의 사실이라고 볼 수 없을 뿐만 아니라, 그 내용이 누설되는 경우 국가의 안전에 위험을 초래한다고 볼 만한 실질가치도 있다고 보아, 위 내용은 국가보안법 제4조 제1항 제2호 (나)목에 정한 기밀에 해당한다고 판단한 것은 정당하다.

⑤ 대법원 2007. 12. 13. 2007도7257 【국가보안법위반(간첩 등)】

원심이 이러한 법리에 따라 피고인 3이 피고인 5로부터 건네받은 판시 각 문건의 내용 혹은 이를 토대로 피고인 3이 작성한 판시 문건의 내용을 국가보안법 제4조 제1항 제2호 (나)목에 정한 국가기밀에 해당한다고 판단하는 한편, 나머지 문건들에 대하여는 그 작성자에 의하여 성립의 진정함이 증명되지 않아 그 기재 내용을 증거로 할 수 없고, 또 그 내용이 피고인들의 주관적인 평가·계획 등에 불과하여 기밀로서 보호할 실질가치를 갖추었다고 보기 어렵거나 이미 언론 보도를 통하여 대외적으로 공포된 이른바 공지의 사실 또는 지식이라는 등의 이유로 국가기밀에 해당하지 않는다고 판단한 것은 옳다.

⑥ 헌재 1997. 1. 16. 92헌바6·26, 93헌바34·35·36(병합) 【국가보안법 위헌소원】

(1) 일반적으로 국가기밀은 일반인에게 알려지지 아니한 것 즉 비공지의 사실(넓은 의미)로서 국가의 안전에 대한 불이익의 발생을 방지하기 위하여 그것이 적국 또는 반국가단체에 알려지지 아니하도록 할 필요성 즉 "요비닉성"이 있는 동시에, 그것이 누설되는 경우 국가의 안전에 명백한 위험을 초래한다고 볼 만큼의 실질적 가치가 있는 것 즉 "실질비성"을 갖춘 것이어야 한다.

(2) 신 국가보안법 제4조 제1항 제2호의 "가"목과 "나"목에 공통적인 "국가기밀"의 의미는, 결국 일반인에게 알려지지 아니한 것으로서 그 내용이 누설되는 경우 국가의 안전에 명백한 위험을 초래한다고 볼 만큼의 실질가치를 지닌 사실·물건 또는 지식이라고 한정 해석해야 하고, 그중 "가"목 소정의 국가기밀은 그 중요성과 가치의 정도에 있어서 "한정된 사람에게만 지득이 허용되고" 또 "보다 고도의" 국가기밀을 의미하며 그 이외의 것은 "나"목 소정의 국가기밀에 해당한다고 이해할 수 있다. 그리고 구체적으로 어떤 경우가 위 "나"목 소정의 국가기밀에 해

당하는가의 판단은 결국 법적용 당국이 위에서 제시한 해석 기준에 비추어 한정된 사람에게만 지득이 허용되고 있는지의 여부와 당해 기밀사항이 국가안전보장에 미치는 기능 등을 합리적으로 판단하여 결정할 수밖에 없다.

(3) 같은 법 제4조 제1항은 그 행위 주체를 "반국가단체의 구성원 또는 그 지령을 받은 자"로 한정하고 있을 뿐만 아니라 각 소정의 행위가 "반국가단체의 목적수행을 위한 행위"일 것을 그 구성요건으로 하고 있어 "행위주체"와 "행위태양"의 면에서 제한을 하고 있고, 또 "국가기밀"의 일반적 의미를 위와 같이 헌법합치적으로 한정해석을 하는 이상, 위 "나"목의 구성요건이 다소 불명확하다고 하더라도 그 사실만으로는 위 "나"목의 규정이 헌법에 위반된다고 할 정도로 죄형법정주의가 요구하는 명확성의 원칙에 반한다거나 국민의 표현의 자유 내지 "알 권리"를 과도하게 제한하는 것이라고는 볼 수 없다.

(4) 따라서 같은 법 제4조 제1항 제2호 "나"목은, 그 소정의 "군사상 기밀 또는 국가기밀"을 일반인에게 알려지지 아니한 것으로서 그 내용이 누설되는 경우 국가의 안전에 명백한 위험을 초래한다고 볼 만큼의 실질가치를 지닌 사실·물건 또는 지식이라고 해석하는 한 헌법에 위반되지 아니한다고 할 것이다.

(2) 간첩방조

① 대법원 1986. 2. 25. 85도2533【국가보안법위반·반공법위반】

간첩이라 함은 적국을 위하여 국가기밀을 탐지·수집하는 행위를 말하는 것이므로 간첩방조의 죄가 성립하려면 간첩의 활동을 방조할 의사로서 그의 기밀의 탐지·수집행위를 용이하게 하는 행위가 있어야 하고 단순히 숙식을 제공한다느니 또는 무전기를 매몰하는 행위를 도와주었다느니 하는 사실만으로서는 간첩방조죄가 성립할 수 없다 함은 과연 소론과 같으나 원심이 인용한 제1심 판결이 확정한 사실은 피고인이 1971. 2. 초순경 남파북괴간첩에게 공군사관학교의 소재지와 그 생도의 선발 및 교육기간과 졸업 후 임관관계·공군사병교육과 그 선발·편성·근무연한 및 병력·비행기 수리항공창의 소재지 공군훈련 비행관계·공군조종사와 정비사의 교육 및 미 군사고문단의 기술교육지도 등과 5호 다이알의 개발, 제작 및 그 성능 등에 관한 사항 등을 제보하여 그의 간첩행위를 용이하게 하여 이를 방조하였다는 데 있고 소론지적과 같은 그에게 은신처를 제공하고 위장업체를 동업하여 동인의 활동을 비호하였다는 등의 사실은 간첩방조죄로서 죄가 되는 사실로 확정한 바가 아님이 그 판문상 명백한 터이므로 이와 같은 원심조치에 소론 간첩방조죄의 법리오해로 인한 사실오인·이유 불비 내지 의율착오 등의 위법이 없다.

원심이 인용한 제1심판결 거시의 증거를 모아보면 원심판시 피고인의 간첩방조 사실을 인정하기에 넉넉하여 원심이 이를 유죄로 확정한 조치는 정당하다고 수긍이 되고 원심의 이에 이르는 심리과정이나 증거판단에 소론과 같은 위법사유가 있다고 할 수 없다.

② 대법원 1994. 3. 11. 93도3145【국가보안법·간첩방조】

원심에서 변경된 이 부분 공소사실의 요지는, 피고인은 북한의 지령을 받은 공소외인이 북한의 공작금을 기금으로 하여 평화통일연구회를 설립·운영하면서 통일문제와 관련된 각종 국가기밀과 군사기밀을 탐지·수집하고 있는 간첩이라는 정을 알면서도 1992. 3. 하순경부터 같은 해 7. 하순경까지 그 기재와 같은 논문 또는 자료 등을 그에게 제공하여 그가 각종 국가 및 군사상 기밀을 탐지·수집하도록 조력하여 이를 방조하였다는 것인바, 이에 대하여 원심은, 피고인에 대한 판시의 불고지죄가 인정되는 이상 피고인이 공소외인과 1968년도 이후 형제처럼 친밀히 지내온 사이이고, 고대 민우회 사건으로 함께 실형을 복역하여 누구보다도 그의 친북성향을 잘 알고 있었으므로 적어도 그가 북한의 지령을 받고 그 목적수행을 위하여 통일과 관련된 국가기밀을 탐지·수집하려는 정을 알았다고 봄이 상당하고, 제1심 판결의 거시증거에 의하면 피고인이 그를 도와 통일관련 활동 등을 하면서 이 부분 공소사실과 같은 행위를 하였음을 인정할 수 있다는 이유로 이를 유죄로 인정하고서 국가보안법 제4조 제1항 제2호 나.목·형법 제98조 제1항을 적용하였다.

살피건대, 기록에 따르면 이 부분 공소사실 기재의 논문이나 자료의 내용이 국가보안법 제4조 제1항 제2호 나.목 소정의 국가기밀사항에 해당됨은 인정된다고 하겠으나(당원 1993. 10. 8. 선고 93도1951 판결 참조), 국가보안법 제4조 제1항 제2호·형법 제98조 제1항에 의한 반국가단체의 구성원 또는 그 지령을 받은 자에 대한 간첩방조죄가 성립하기 위하여는 행위자는 그 방조의 상대방이 반국가단체의 간첩임을 인식하면서 간첩행위를 원조하여 용이하게 하는 행위가 요구된다 할 것인데, 피고인의 경우에 그가 공소외인이 반국가단체의 간첩인 점을 알았는가에 관하여 살피건대, 위 공소사실 자체에 의하여도 피고인은 공소외인이 간첩임을 언제부터 알았는지에 관한 명백한 기재가 없거니와, 공소외인이 위 1990. 10.경의 피고인과의 대화 이후에도 수차에 걸쳐 피고인에게 그가 북한과 연락하고 있다는 사실의 묵비를 요구하였다고 된 수사기록의 진술기재는 피고인의 검찰 이래의 진술과, 공소외인의 제1심 법정에서의 진술로 모두 번복되었음에 비추어 사실이 아니라고 보이고, 공소외인이 북한의 공작금으로 평화통일연구회를 설립·운영하고 있다는 사실을 피고인이 알았다고 단정할 합리적 증거도 없다고 보이므로, 결국 원심은 앞서 본 불고지죄 성립의 원인된 사실관계와 그 판시의 정황에 의하여 공소외인이 간첩인 정을 알고 있었다고 본 것이라 할 것이다.

그러나 위와 같은 불고지죄의 원인이 된 1990. 10. 하순경의 피고인과 공소외인과의 대화내용에다 원심이 판시한 위와 같은 정황을 보태어 보더라고, 공소외인이 바로 대한민국의 군사상 기밀이나 국가기밀을 탐지·수집할 것을 지령 받은 간첩이라는 정을 피고인이 알았다고는 쉽사리 단정할 수 없고, 달리 원심이 들고 있는 제1심 판결의 채택증거와 기록을 살펴보아도 이를 뒷받침할 만한 명백한 증거가 없다 할 것이므로, 피고인이 그 판시와 같은 평화통일연구회 활동에 의하여 공소외인의 국가기밀의 탐지·수집행위를 도왔다 하더라도 피고인이 반국가단체의 간첩임을 인식하면서 그의 공소사실과 같은 간첩행위를 조력하였다고는 볼 수 없다 할 것이니 이 점을 지적하는 논지는 이유 있다 할 것이다.

그럼에도 불구하고, 원심이 그 판시와 같은 이유만으로 이 부분 공소사실을 유죄로 인정한 것은 국가보안법상 반국가단체의 간첩방조죄에 관한 법리를 오해하였거나, 심리미진 내지 채증법칙을 위반하여 사실을 오인한 위법이 있어 판결에 영향을 미쳤다 하겠으므로 이에 관한 원심판결은 유지될 수 없다 할 것이고, 이 부분 공소사실은 원심판시의 다른 죄들과 형법 제37조 전단의 경합범관계에 있으므로 나머지 상고이유에 대한 판단을 생략한 채 원심판결을 전부 파기한다.

(3) 허위사실 유포·지령수수

① 대법원 1987. 5. 26. 87도432【국가보안법위반】

국가보안법 제4조 제1항 제6호 소정의 사회질서의 혼란을 조성할 우려가 있는 사항에 관하여 허위사실을 유포하는 행위라 함은 그 행위의 내용이 객관적으로 사회질서의 혼란을 조성할 우려가 있는 사항에 관한 허위사실이어야 하고, 주관적으로 그 행위가 사회질서의 혼란을 조성할 우려가 있는 사항에 관한 허위사실이라는 것을 인식하거나 적어도 그러한 우려가 있을 수 있다는 미필적 인식하에 이를 유포하면 되고, 반드시 그 목적한 결과를 가져오게 할 것까지를 요하는 것은 아니라 할 것인바, 피고인이 친구인 마창수·김지훈에게 그 판시와 같은 발언을 한 행위가 모두 사회질서의 혼란을 조성할 우려가 있는 사항에 관한 허위사실임은 분명하고 피고인의 학식과 경험으로 보아 피고인의 행위가 사회질서의 혼란을 조성할 우려가 있는 사항에 관한 허위사실이라는 것을 충분히 인식하고 있었다 할 것이므로 같은 취지에서 판단한 원심조치는 정당하다.

② 대법원 1997. 5. 16. 96도2696【국가보안법위반】

국가보안법에서 '반국가단체의 지령을 받은 자'라 함은 반국가단체로부터 직접 지령을 받은 자뿐만 아니라 위 지령을 받은 자로부터 다시 받은 자도 포함되고, 이때의 지령은 지시와 명령을 포함하는 개념으로 반드시 상명하복의 지배관계가 있을 것을 필요로 하지 아니함은 물론 그 형식에도 아무런 제한이 없다 할 것이나(대법원 1972. 5. 23. 선고 72도687 판결, 1990. 6. 8. 선고 90도646 판결, 1995. 9. 26. 선고 95도1624 판결 등 참조), 지령을 받은 자로서는 적어도 그 지령에 대한 미필적 인식이라도 있어야 하는 것이다.

3) 평가

(1) 대법원의 입장

국가보안법 제4조 제1항 제2호는 "형법 제98조에 규정된 행위를 하거나 국가기밀을 탐지·수집·누설·전달하거나 중개한 때에는 다음의 구별에 따라 처벌한다. 가. 군사상 기밀 또는 국가기밀이 국가안전에 대한 중대한 불이익을 회피하기 위하여 한정된 사람에게만 지득(知得)이 허용되고 적국 또는 반국가단체에 비밀로 하여야 할 사실, 물건 또는 지식인 경우에는 사형 또는 무기징역에 처한다. 나. 가목 외의 군사상 기밀 또는 국가기밀의 경우에는 사형·무기 또는 7년 이상의 징역에 처한다"고 규정하고 있다.

대법원은 앞에서 검토한 바와 같이 '대법원 1997. 7. 16. 97도985' 판결을 통하여 국가기밀의 개념에 대하여 엄격한 기준을 제시하였다. 대법원은 그 이전까지는 국가기밀인지 여부를 판단하는 기준으로 공지성 여부를 요구하지 않았다. 즉, 널리 알려진 공지의 사항이라고 하더라도 그 누설로 인하여 대한민국에게 불이익을 초래하고, 북한에 유리한 경우에는 널리 국가기밀에 해당하는 것으로 판단하였다.[9] 따라서 대법원은 "국내에서 신문·라디오 등에 보도되어 공지의 사실이라 하여도 북한을 위하여서는 유리한 자료가 될 때에는 국가기밀이 된다"고,[10] "구 국가보안법 제3조 제1호에서 말하는 국가기밀 중에는 비록 그 내용사실이 우리 대한민국에 있어서는 상식에 속하는 것이라 할지라도 이것이 반국가단체를 위하여 유리한 자료가 될 경우에는 이러한 사실도 여기에 포함된다"고 각각 판시하였다.[11]

대법원은 1997년 위 판결을 통하여 국가기밀의 요건으로서 비공지성과 실질가치성을 제시하였다. 즉, 국가기밀에 대하여 "정치·경제·사회·문화 등 각 방면에 관하여 반국가단체에 대하여 비밀로 하거나 확인되지 아니함이 대한민국의 이익이 되는 모든 사실·물건 또는 지식으로서, 그것들이 국내에서의 적법한 절차 등을 거쳐 이미 일반인에게 널리 알려진 공지의 사실·물건 또는 지식에 속하지 아니한 것이어야 하고, 또 그 내용이 누설되는 경우 국가의 안전에 위험을 초래할 우려가 있어 기밀로 보호할 실질가치를 갖춘 것이어야 한다"고 하였다. 이는 1990년대 이후 남북한관계의 발전에 따라 북한의 법적 지위와 관련하여 변화된 모습을 반영한 것으로 판단된다. 즉, 대법원의 종전의 견해에 대하여 공지되어 있지 아니하고 비밀의 실질가치가 없는 경우도 모두 국가기밀 또는 군사기밀의 범위 안으로 포섭함으로써 국가기밀의 범위를 지나치게 확장시켰다는 비판을 수용하여 죄형법정주의에 맞게 국가기밀의 요

9 대법원 1986. 2. 25. 85도2533 등.
10 대법원 1991. 3. 12. 91도3 등.
11 대법원 1967. 11. 14. 67도1190.

건을 강화한 것으로 평가된다. 이에 따라 국가기밀에 해당하는지 여부는 결국 비공지성과 실질가치성을 어떻게 판단할 것인지에 따라서 결정된다고 하겠다.

먼저, 비공지성 여부와 범위에 대하여는 국내에서 널리 알려진 공지의 사실이라고 하더라도 반국가단체인 북한에 유리한 자료가 되고, 대한민국에는 불이익을 초래할 수도 있는 사항은 국가기밀에 포함시키는 견해, 상대적 비밀개념에 따라 국내에서는 공지의 사실이라고 하더라도 북한에서 공지의 사실이 아니라면 국가기밀에 속한다는 견해, 더 이상의 탐지·수집이나 확인이 필요 없는 공지의 사실은 국가기밀이 아니라는 견해, 특정인이나 특정집단만이 알고 있는 은밀한 사항만을 국가기밀로 보는 견해 등으로 구분할 수 있다.[12] 대법원은 종전에는 기본적으로 국내에서 널리 알려진 공지의 사실이라고 하더라도 반국가단체인 북한에게 유리한 자료가 되고, 대한민국에는 불이익을 초래할 수도 있는 사항은 국가기밀에 포함하는 견해를 취하였다. 그러나 대법원은 예외적으로 "남한의 테두리를 벗어나는 전 세계적 공지의 사실이어서 북한에서도 잘 알 수 있는 사실은 국가기밀이 아니다"고 판시한 적도 있다.[13] 한편, 대법원이 위와 같이 판결을 변경한 이후에도 "탐지·수집이나 확인·확증의 필요가 없을 정도로 일반인에게 널리 알려진 공지의 사실이 아닐 뿐만 아니라 국가의 안전에 대한 불이익을 방지하기 위해서는 반국가단체에 알려지지 아니하도록 할 필요성도 있어야 한다"고 판시하여 비공지성 이외에 '요비닉성(要秘匿性)'을 추가로 요구하기도 하였다.[14]

---

12 이에 대한 자세한 논의는 김성천, 「간첩죄」, 『형사판례연구』 제9권, 형사판례연구회, 2001, 320-322쪽; 정진홍, 「간첩죄에 있어서 국가기밀의 개념과 요건해석의 재정립: 최근 판례분석을 중심으로」, 한국공안행정학회 회보 제10호, 한국공안행정학회, 2000. 10, 243-245쪽 등.

13 대법원 1994. 4. 15. 94도126.

14 대법원 1997. 9. 9. 97도1656.

한편, 실질가치성에 대하여는 대한민국의 이익을 위하여 반국가단체에게 비밀로 하거나 확인되지 않도록 할 필요가 있는 모든 정보자료로서 순전한 의미의 국가기밀에 한하지 아니하고 정치·경제·사회·문화 등 각 방면에 관한 국가의 모든 기밀사항이 국가기밀에 포함된다는 견해, 국가의 안전에 위험을 초래할 우려가 있는 기밀로 보호할 실질가치를 갖춘 것이어야 한다는 한층 더 완화된 실질비성(實質秘性)을 국가기밀에 요구하는 견해, 그리고 그 내용이 누설되는 경우 국가의 안전에 명백한 위험을 초래한다고 볼 만큼의 실질가치를 지닌 사실·물건 또는 지식이 국가기밀이라고 보는 견해로 구분할 수 있다.[15] 대법원은 그동안 대한민국의 이익을 위하여 반국가단체에 대하여 비밀로 하거나 확인되지 않도록 할 필요가 있는 모든 정보자료로서 기밀로 보호할 실질가치와 무관하게 국가의 모든 기밀사항이 국가기밀에 포함된다는 입장이었으나, 1997년 위 판결을 통하여 국가의 안전에 위험을 초래할 우려가 있는 기밀로 보호할 실질적인 가치를 갖춘 것이어야 한다는 입장을 취하여 국가기밀에 실질비성을 요구하였다.

다만, 대법원이 "그 기밀이 사소한 것이라 하더라도 누설될 경우 반국가단체에는 이익이 되고 대한민국에는 불이익을 초래할 위험성이 명백하다면 이에 해당한다"고 판시한 것은 실질가치성에 대한 종전의 국가기밀에 관한 해석에서 완전히 벗어나지 못한 것으로 평가된다. 한편, 국가보안법상의 간첩죄는 일반인의 기밀탐지 등을 문제 삼는 것이 아니라 반국가단체의 구성원 또는 그 지령을 받은 자의 국내 활동을 규제하는 것이며, 그중에서도 국가안전을 위협하는 반국가적 활동을 위해 수행하는 행위만을 처벌하는 것이므로 그와 같은 신분을 가진 자의 목

---

15 김병운, 「국가보안법 제4조 제1항 제2호 나목 소정의 국가기밀」, 『형사재판의 제문제』 제2권, 형사법실무연구회, 박영사, 1999, 223-224쪽; 신동운, 「간첩죄와 국가기밀」, 『고시연구』, 고시연구사, 1998. 1, 221-222쪽.

적수행 활동인 탐지·수집 등의 대상이 되는 기밀의 개념은 가급적 폭넓게 해석하여야 한다는 견해도 있다.[16] 이는 국가안전보장을 위하여 반국가단체의 지령을 받은 자 또는 그 구성원의 자유를 제한하는 것에는 일반인의 자유를 제한하는 것과 다른 기준을 적용해야 한다는 취지로 이해된다.

한편, 대법원은 국가보안법 제4조 제1항 제2호의 국가기밀 탐지 등의 죄를 처벌하는 사건과 형법상 간첩죄를 처벌하는 사건에서 북한의 지위에 관하여 일관되지 않은 태도를 보이고 있다. 즉, 대법원은 국가보안법을 적용함에 있어서는 북한을 반국가단체로 판단하면서도 형법상 간첩죄로 처벌함에 있어서는 "북한괴뢰집단은 우리 헌법상 반국가적인 불법단체로서 국가로 볼 수 없으나, 간첩죄의 적용에 있어서는 이를 국가에 준하여 취급하여야 한다"고 판결한 것을 비롯하여 북한을 적국으로 판단하고 있다.[17] 이와 같이 북한의 법적 지위에 있어서 발생하는 모순된 법적 판단에 대하여는 최종적으로 관련 법률의 개정을 통하여 해결하여야 할 것이다.[18]

(2) 헌법재판소의 입장

헌법재판소는 국가기밀을 인정하는 요건과 범위에 대하여 대법원보다 훨씬 엄격한 태도를 취하고 있다. 헌법재판소는 이미 1992년에 군사기밀보호법상의 군사기밀에 대하여 "군사기밀이라 함은 비공지의 사실로서 관계기관에 의하여 적법절차에 따라 군사기밀로 분류표시 또는 고지된 군사관련 사항이어야 할 뿐만 아니라 아울러 그 내용이 누설될

---

16 황교안, 『국가보안법』, 박영사, 2011, 103-110쪽.

17 대법원 1983. 3. 22. 82도3036.

18 이에 관한 자세한 내용은 박미숙, 「간첩죄 개정방향에 대한 소고」, 『비교형사법 연구』 제11권 제1호, 한국비교형사법학회, 2009. 7, 216-226쪽; 정영일·황태정, 「간첩죄의 해석론과 개선방향」, 『형사정책』 제21권 제2호, 한국형사정책학회, 2009. 12, 395-398쪽.

경우 국가의 안전보장에 명백한 위험이 초래된다고 할 수 있을 정도로 그 내용 자체가 실질적인 비밀가치를 지닌 비공지의 사실에 한하는 것이라고 한정해석되어야 할 것이다. 군사기밀의 내용이 명백히 국가의 안전보장에 관련된 사항(진성비밀[眞性秘密])이 아니고 다만 정부의 정치적 이익 내지 행정편의에 관련된 사항(의사비밀[擬似秘密] 내지 가성비밀[假性秘密])임에 불과할 때에는 군사기밀보호법의 보호대상이 아닌 것이다. 기밀이라는 용어 자체가 한정된 사람에게만 알려진 사항을 의미하며 통상의 지식·경험을 갖추고 있는 보통의 사람이 상식으로 알고 있는 사실이라면 이미 더는 기밀이 될 수 없을 것이며 따라서 공지의 사실을 누설(고지라고 하는 것이 옳은 표현일 것이다)하였다면 군사기밀보호법위반으로 의율하여서는 안 될 것이다"고 판시하여 군사기밀에 대하여 비공지성 이외에 실질비성을 요구함으로써 대법원에 비하여 엄격한 요건을 제시하였다.[19]

헌법재판소의 이 결정은 군사기밀보호법상에 관한 것으로서 군사기밀은 I·II·III급 비밀로 구분되고 각 그에 상응하는 표지를 갖추게 되어 있어 실제에 있어 그 애매성이 문제될 소지는 크지 않으므로 국가보안법상의 국가기밀 내지 군사기밀과는 경우가 다르다고 할 것이다. 그러나 적어도 국가에서 기밀로 관리하는 사실·물건·지식의 범위와 속성이 어떠한지, 즉 기밀을 누설하지 않아야 하는 수범자의 입장에서 기밀과 기밀이 아닌 것을 용이하게 구별할 수 있는 기밀의 실질이 무엇인지 여부에 대하여 설명하였다는 점에서 그 이후의 헌법재판소 결정과 대법원의 판결에도 큰 영향을 미쳤다고 판단된다.

이에 따라 헌법재판소는 1997년 결정에서 "일반적으로 국가기밀은 일반인에게 알려지지 아니한 것 즉 비공지의 사실로서 국가의 안전에 대한 불이익의 발생을 방지하기 위하여 그것이 적국 또는 반국가단체

---

19 헌재 1992. 2. 25. 89헌가104.

에 알려지지 아니하도록 할 필요성 즉 '요비닉성'이 있는 동시에, 그것이 누설되는 경우 국가의 안전에 명백한 위험을 초래한다고 볼 만큼의 실질적 가치가 있는 것 즉 '실질비성'을 갖춘 것이어야 한다"고 판시하였다. 또한, 헌법재판소는 국가보안법 제4조 제1항 제2호의 가.목과 나.목에서 규정하는 국가기밀의 요건과 범위를 구별하고 있다. 즉, 가.목과 나.목의 국가기밀은 공통적으로 일반인에게 알려지지 아니한 것으로서 그 내용이 누설되는 경우 국가의 안전에 명백한 위험을 초래한다고 볼 만큼의 실질가치를 지닌 사실·물건 또는 지식이라고 한정해석하였다. 한편, 가.목의 국가기밀은 그 중요성과 가치가 한정된 사람에게만 지득이 허용될 만큼 높은 국가기밀을 의미하며, 나.목의 국가기밀은 그 이외의 것을 의미한다고 하였다. 그리고 나.목의 국가기밀에 해당하는지 여부에 대한 판단은 법적용 당국이 위 기준에 비추어 한정된 사람에게만 지득이 허용되고 있는지의 여부와 그 기밀사항이 국가안전보장에 미치는 기능 등을 합리적으로 판단하여 결정할 수밖에 없다고 판시하였다. 이와 동시에 헌법재판소는 대법원의 국가기밀에 대한 종전의 해석은 국가기밀이라는 문언의 문의적(文意的) 한계를 훨씬 벗어나고, 기밀의 실질적 요건을 헐어버린 것으로서 죄형법정주의에 위배된다고 비판하였다.[20]

대법원의 태도가 국가기밀에 엄격한 요건을 요구하는 것으로 변화된 것도 이와 같은 헌법재판소 결정의 영향을 크게 받은 것으로 판단된다. 그러나 국가기밀의 실질가치성에 대하여 헌법재판소가 국가의 안전에 명백한 위험을 주는지 여부를 기준으로 판시하는 반면, 대법원은 반국가단체에 이익이 되고 대한민국에 불이익이 되는지 여부를 기준으로 제시하고 있어 대법원에서 인정하는 국가기밀의 범위가 더 광범위하다고 평가할 수 있다. 이러한 차이점은 대법원이 "그 기밀이 사소한 것이

---

20 헌재 1997. 1. 16. 92헌바6·26, 93헌바34·35·36(병합).

라 하더라도 그것이 누설될 경우 반국가단체에는 이익이 되고, 대한민국에는 불이익을 초래할 위험성이 명백하다면 이에 해당한다"고 판시하고 있는 반면, 헌법재판소는 "국가의 안전에 명백한 위험을 초래한다고 볼 만큼의 실질가치를 지닌 사실·물건 또는 지식을 국가기밀로 인정한다"고 판시하는 것에서 분명하게 나타난다.

한편, 국가안전보장을 위한 국가적 보호법익인 '국가기밀'에 대하여는 개별법률에서 그 용어를 달리 규정하고 있으며, 그 개념과 보호법익의 범위도 다소 다르게 판단하고 있다. 즉, 국가보안법 제4조에서는 '국가기밀'을, 형법 제98조와 군형법 제13조와 제80조에서는 '군사상 기밀'을, 군사기밀보호법 제2조에서는 '군사기밀'을 각각 규정하고 있다. 앞에서 검토한 바와 같이 헌법재판소가 군사기밀보호법의 군사기밀에 대하여는 더 엄격한 요건을 제시하여 그 개념과 범위를 제한하였으며, 대법원은 군형법의 군사상 기밀에 대하여는 더 완화된 요건을 제시하여 "군사상의 기밀이란 반드시 법령에 의하여 기밀사항으로 규정되었거나 기밀로 분류 명시된 사항에 한하지 아니하고 군사상의 필요에 따라 기밀로 된 사항은 물론 객관적, 일반적인 입장에서 외부에 알려지지 않는 것에 상당한 이익이 있는 사항도 포함한다고 할 것이나, 외부로 알려지지 않는 것에 상당한 이익이 있는지 여부는 자료의 작성 경위 및 과정, 누설된 자료의 구체적인 내용, 자료가 외부에 알려질 경우 군사목적상 위해한 결과를 초래할 가능성, 자료가 실무적으로 활용되고 있는 현황, 자료가 외부에 공개된 정도, 국민의 알권리와의 관계 등을 종합적으로 고려하여 판단하여야 한다"고 판단하였다.[21] 대법원과 헌법재판소는 국가기밀의 개념을 엄격하게 제한하고 있는데, 이로 인하여 발생할 수 있는 형사처벌의 공백은 형법 등 다른 형사처벌 규정을 통하여 보완할 수

---

21 대법원 1990. 8. 28. 90도230, 대법원 2000. 1. 28. 99도4022, 대법원 2007. 12. 13. 2007도3450 등.

있을 것이다. 즉, 행위자가 누설한 사항이 국가기밀에 해당되지 않는 경우에는 형법상의 일반이적죄, 공무상 비밀누설죄, 외교상 비밀누설죄, 국가보안법상의 통신연락죄 등을 통해 처벌할 수 있을 것이다.

3. 자진지원·금품수수, 잠입·탈출, 찬양·고무 등

1) 대표판례

(1) 대법원 2008. 4. 17. 2004도4899【국가보안법위반(반국가단체의 구성, 잠입·탈출, 회합·통신 등)·사기미수】

① 판례요지

1. 사건의 개요

① 피고인은 독일 국적을 취득함에 따라 대한민국 국적을 상실하기 전인 1991. 5.부터 1993. 3.까지 모두 4회에 걸쳐 북한 사회과학원·북한의 조선사회과학자협회 부위원장 등의 초청을 받고 북한에 갔다.

② 그는 북한에 들어가서는 주체철학 등에 관하여 학술좌담회를 개최하여 발언하거나, 학술토론회에 참석하여 토론하거나, 주체철학 강의를 듣거나 학습하고 관련 자료를 받고, 김일성 또는 북한 간부들과 면담하면서 강의 요청 등을 받았으며, 독일 내의 친북 학술단체인 한국학술연구원 재개설을 위한 협의를 하고 그 운영자금의 지원을 요청하였으며, 김일성 생가 등 관광·북한 간부 무덤 앞에서의 묵상을 하는 한편, 북한 방문의 여행경비로 2,000달러, 1,000달러 등을 받았다.

③ 피고인이 좌담회 등에서 발언하거나 김일성 등과의 면담에서 이야기 나눈 내용은 남쪽에서도 주체사상에 대한 관심이 일어나고 있다고 말하거나, 자본주의에 대한 강의 요청을 받고, 사회주의 체제와 북한체제와 차이점, 남북한 UN가입, 주한미군 보유핵 철수 문제, 한반도 비

핵화 방안 등에 관하여 대담하는 것이었다.

④ 피고인은 대한민국 국적을 상실한 이후인 1994. 3. 12. 거주지인 독일에서 출발하여 북한을 방문하였다.

⑤ 피고인은 저술활동과 통일학술회의 개최 주관 활동 등을 수행하였고, 김일성 장례식에 참석·조문하고 김정일에게 명절·생일 축하 편지를 보냈으며 통일학술회의 개최를 위해 북한을 방문하여 관계자를 만났다.

⑥ 대한민국 국적을 상실한 피고인은 독일 내에서 북한의 지령을 받아 1997. 7. 7. 베를린 주재 북한이익대표부를 방문하고 그곳에서 북한 공작원을 만났다.

2. 판결요지

[1] 대한민국 국민이 외국에 거주하다가 반국가단체의 지배하에 있는 지역으로 들어간 행위가 국가보안법 제6조 제2항의 '탈출'에 해당하는지 여부(적극)

[다수의견]

먼저, 대한민국 국민이던 피고인이 독일 국적을 취득함에 따라 대한민국 국적을 상실하기 전인 1991. 5.부터 1993. 3.까지 모두 4회에 걸쳐 거주하고 있던 독일에서 출발하여 북한을 방문하였다는 부분에 대하여 본다.

국가보안법 제6조 제1항은 "국가의 존립·안전이나 자유민주적 기본질서를 위태롭게 한다는 정을 알면서 반국가단체의 지배하에 있는 지역으로부터 잠입하거나 그 지역으로 탈출한 자는 10년 이하의 징역에 처한다"고 규정하고 있고, 같은 조 제2항은 "반국가단체나 그 구성원의 지령을 받거나 받기 위하여 또는 그 목적수행을 협의하거나 협의하기 위하여 잠입하거나 탈출한 자는 사형·무기 또는 5년 이상의 징역에 처한다"고 규정하고 있다.

국가보안법 제6조 제1항·제2항의 탈출이 어디로부터 또는 무엇으로부터의 탈출을 뜻하는 것인지 국가보안법 자체에서 명시하고 있지는 아니하나, 한반도와 그 부속도서 및 국민을 존립의 본질적 요소로 삼고 있는 대한민국의 안전과 계속성 그리고 국민의 생존과 자유 확보를 목적으로 하는 국가보안법의 입법 취지와 위 각 조항의 문언의 의미, 특히 탈출이라는 용어는 일반적으로 구속 상태나 제한 상황에서 벗어나는 행위 또는 빠져나가는 행위를 뜻한다는 점 등을 종합해볼 때, 위 각 조항의 탈출이란 대한민국의 통치권 또는 지배력에서 벗어나는 행위를 뜻한다고 볼 것이고, 대한민국의 통치권은 대한민국의 영역은 물론 국민에 대하여도 미치는 것이므로 그러한 통치권이 실지로 미치는 지역 또는 상태에서 벗어나 통치권이 사실상 행사되기 어려운 지역 또는 상태로 이탈하는 행위는 모두 위 각 조항의 탈출에 해당될 수 있는 것이다.

따라서 위 법 제6조 제1항의 탈출에는 누구라도 대한민국의 통치권이 실지로 미치는 지역을 떠나 직접 또는 외국을 거쳐 바로 반국가단체의 지배하에 있는 지역으로 들어가는 행위 외에 대한민국 국민이 외국에 거주하다가 그곳을 떠나 그에 대한 대한민국의 통치권이 사실상 행사되기 어려운 반국가단체의 지배하에 있는 지역으로 들어가는 행위도 포함되며, 제6조 제2항의 탈출에는 위 행위 외에 누구라도 대한민국의 통치권이 실지로 미치는 지역을 떠나 외국으로 나가는 행위까지 포함된다고 해석하는 것이 옳다.

나아가, 국가보안법 제6조 제2항 구성요건의 문언은 합헌적 해석이 가능하고, 그 소정의 행위는 국가의 존립·안전이나 자유민주적 기본질서에 해악을 끼칠 명백한 위험이 있는 경우에 한하여 처벌되는 것이므로 위 조항이 헌법에 위반된다고 볼 수 없고(헌법재판소 2002. 4. 25. 선고 99헌바27, 51 결정 등), 위 조항에서의 지령은 그 주고받은 사람 사이에 상명하복의 지배관계가 있을 것을 필요로 하지 아니함은 물론 지령의 형식에도 아무런 제한이 없고, 은밀한 방법에 의하여 전달될 필요도 없다(대법원 1990. 6. 8. 선고 90도646 판결 등 참조).

같은 취지에서, 피고인이 대한민국 국적을 상실하기 전인 1991. 5.부터 1993. 3.까지 모두 4회에 걸쳐 북한의 초청에 응하여 거주하고 있던 독일에서 출발하여 북한을 방문하고 김일성 등을 만나 북한 체제유지·존속에 협력한 행위에 대하여 국가보안법 제6조 제2항의 탈출에 관한 죄책을 인정한 원심은 정당하고, 거기에 상고이유에서 주장하는 바와 같은 법리오해 등의 위법사유는 없다. 이 부분 피고인의 상고이유는 받아들이지 아니한다.

[대법관 김지형·대법관 전수안·대법관 안대희의 별개의견]

다수의견은 국가보안법 제6조 제1항·제2항의 탈출이란 대한민국의 통치권 또는 지배력으로부터 벗어나는 행위를 뜻한다고 볼 것이고, 대한민국의 통치권은 대한민국의 영역은 물론 국민에 대하여도 미치는 것이므로 그러한 통치권이 실지로 미치는 지역 또는 상태에서 벗어나 통치권이 사실상 행사되기 어려운 지역 또는 상태로 이탈하는 행위는 모두 위 각 조항의 탈출에 해당될 수 있는 것이라고 한다. 그러나 위 각 조항에서의 탈출은 대한민국의 영역에 대한 통치권이 실지로 미치는 지역으로부터 이탈하는 행위만을 의미할 뿐 대한민국의 국민에 대한 통치권이 미치는 상태에서 벗어나는 행위까지 포함하는 것은 아니라고 보아야 하는바, 그 이유를 아래에서 밝혀두고자 한다.

원래 국가보안법의 입법 목적이, 반국가단체인 북한이 한반도의 일부 지역을 사실상 지배하면서 대한민국의 영토 참절을 기도하는 등 대한민국의 존립과 안전을 위협하는 상황에 맞서, 대한민국의 존립과 안전 및 계속성을 보장하고, 그 영토인 한반도와 부속도서를 보전하며 그에 대한 실효적 지배력을 확보하기 위한 것임을 고려할 때, 국가보안법 제6조 제1항·제2항에서 말하는 탈출이란 대한민국의 이른바 영토고권이 현실적으로 미치고 있는 남한 지역으로부터 이탈하는 행위를 말하는 것으로 보는 것이 옳다.

다수의견은, 대한민국 국민이 이른바 대인고권이 미치는 상태에서 벗어나 사실상 대인고권이 행사되기 어려운 상태로 이탈하는 행위 역시 위 각 조항에서 말하는 탈출에 해당할 수 있다고 하나, 이에는 찬성하기 어렵다.

무엇보다 대한민국의 남한 지역에 대한 이른바 영토고권은 국가기관과 제도 및 법령 등을 통하여 현실적이고 직접적·구체적으로 행사되고 있는 실효적인 지배권인 데 비하여, 외국에 머무르고 있는 대한민국 국민에 대해서는 그 외국 국가의 영토고권에 의한 지배력이 실효적으로 미치게 되어 그에 대한 대한민국의 이른바 대인고권은 해당 국가와 대한민국 사이의 외교관계 등을 통하여 간접적으로 행사될 여지가 있을 뿐인 추상적이고 관념적인 지배력에 불과하여 양자를 동일하게 취급하기는 어렵다. 특히, 국제기구나 조약 등을 통한 긴밀한 협력관계가 형성되어 있지 않은 국가에 거주하는 국민에 대한 대한민국의 이른바 대인고권은 지극히 관념적인 것에 불과하고 현실적으로는 아무런 의미가 없거나 전혀 기능하지 않는 것일 수도 있다. 따라서 대한민국의 이른바 대인고권으로부터의 이탈이라는 유형의 탈출 개념을 일반적·추상적으로 설정하는 것은 구체적인 사실관계와 괴리될 가능성이 적지 않다.

또, 대한민국의 이른바 영토고권이 현실적으로 미치고 있는 남한 지역으로부터 떠나는 행위는 절차적인 면에서나 행위자의 인식 면에서도 대한민국의 통치권 내지 지배력으로부터 벗어난다고 보기에 부족함이 없으나, 외국에 거주하던 국민이 대한민국의 이른바 대인고권으로부터 벗어나는 행위라는 것은 지극히 추상적이고 관념적인 것에 불과하여 절차적으로는 물론 행위자의 인식 면에서도 이를 대한민국의 통치권 내지 지배력으로부터 이탈한다고 보기 곤란하다. 따라서 외국에 거주하는 국민이 대한민국의 이른바 대인고권으로부터 벗어나 대인고권이 사실상 행사되기 어려운 지역으로 들어가는 행위까지 국가보안법 제6조

제1항·제2항에서 정한 탈출에 해당할 수 있다고 본다면, 외국에 거주하던 국민으로서는 구체적으로 자신의 어떤 행위가 대한민국의 이른바 대인고권으로부터 벗어나는 행위가 되어 처벌받게 되는지 알기 어려워 국민의 이전의 자유 또는 일반적 행동의 자유를 필요 이상으로 침해할 우려가 적지 않다.

국가보안법은 제1조 제2항에서 "이 법을 해석 적용함에 있어서는 제1항의 목적달성을 위하여 필요한 최소한도에 그쳐야 하며, 이를 확대해석하거나 헌법상 보장된 국민의 기본적 인권을 부당하게 제한하는 일이 있어서는 아니 된다"고 규정하여 국가보안법상의 처벌조항에 대한 무리한 확대 해석적용 등을 엄격히 경계하고 있는바, 국가보안법 제6조 제1항·제2항의 탈출 개념을 해석함에 있어서도 이를 충분히 유념해야 할 것이다.

한편, 다수의견은 국가보안법 제6조 제1항·제2항의 탈출이란 대한민국의 통치권 또는 지배력으로부터 벗어나는 행위를 뜻한다고 하면서도, 실제로는 대한민국의 통치권 또는 지배력으로부터 벗어나는 행위가 아닌 경우까지 탈출로 인정하는 모순을 범하고 있다. 즉, 다수의견은 대한민국 국민이 대한민국의 이른바 영토고권이 실지로 미치는 지역을 떠나 외국으로 나가는 행위를 탈출로 인정하고 있으나, 위와 같은 경우 대한민국의 이른바 대인고권은 아무런 변화 없이 여전히 미치고 있으므로 위 행위를 대한민국의 통치권 또는 지배력으로부터 벗어나는 행위에 해당한다고 보기는 어렵다. 본질적으로 대한민국의 대인고권은, 대한민국의 영토고권이 실지로 미치는 지역을 모두 포함하는 그보다 더 넓은 지역에 거주하는 대한민국 국민에게 미치는 것인바, 대한민국 국민의 경우 대한민국의 영토고권이 실지로 미치는 지역을 떠난다고 하더라도 여전히 대한민국의 대인고권이 미치는 상태 안에 머물러 있는 이상, 대한민국의 통치권 또는 지배력으로부터 벗어났다고 볼 수 없는 것이다. 다수의견의 이러한 문제점은 결국, 실효적인 지배력으로 평가하기 곤란한 대인고권으로부터 벗어나는 행위까지 탈출 개념에 무리하게 포함시킨 데서 비롯된 것이어서 받아들일 수 없다.

나아가 다수의견에 따르면 실제 법적용에 있어서도, 대한민국 국적을 가지고 있다가 외국 국적을 취득한 사람과 외국에 영주권 등 체류 자격을 가지고 거주하는 대한민국 국민과의 사이에 국가보안법 제6조 제1항·제2항의 탈출의 개념을 달리하게 하여 그 처벌에 있어 현격한 차이를 초래하는 결과가 예상되는바, 이는 본질적으로 별다른 차이가 없는 것을 합리적인 이유 없이 지나치게 달리 취급하는 것이어서 납득하기 어렵다.

따라서 대한민국의 영역 밖에서 거주하다가 반국가단체의 지배하에 있는 지역으로 들어가는 행위는 그 행위자가 대한민국 국민이든 대한민국 국민이 아니든 가리지 않고 모두 국가보안법 제6조 제1항·제2항에서 정한 탈출에 해당하지 않는 것으로 보는 것이 옳다.

이와 달리 대한민국의 영역 밖에서 거주하던 사람이 반국가단체의 지배하에 있는 지역으로 들어가는 행위는 그 행위자가 대한민국 국민이든 아니든 가리지 않고 모두 국가보안법 제6조 제1항·제2항에서 정한 탈출에 해당된다는 취지로 판시한 대법원 1997. 11. 20. 선고 97도2021 전원합의체 판결 등은 위 견해에 배치되는 범위 내에서 변경되어야 한다.

결국, 이 사건에서 독일에 거주하던 피고인이 1991. 5.부터 1994. 3. 12.까지 모두 5회에 걸쳐 북한의 초청에 응하여 북한을 방문한 행위는 그 중간에 피고인의 국적이 대한민국에서 독일로 바뀐 것과 무관하게 모두 국가보안법 제6조 제2항의 탈출 개념에 포함될 수 없는 것이다. 위 방문 행위가 모두 위 조항의 탈출 개념에 포함된다고 본 원심판결에는 탈출 개념에 관한 법리오해의 위법이 있어 그대로 유지될 수 없다.

그러므로 원심판결 중 피고인의 북한 방문으로 인한 국가보안법 위반 유죄 부분은 그 부분에 관한 피고인의 나머지 상고이유에 대하여 나아가 살필 필요 없이 파기를 면할 수 없는바, 이 부분이 파기되어야 한다는 다수의견과 결론은 같이하나, 위에서 본 바와 같이 그 파기의 이유를 달리하므로 별개의견을 밝혀 두는 것이다.

[대법관 박시환의 별개의견]

(가) 국가보안법 제6조 제1항과 제2항에 규정된 "탈출"의 개념

우선, 국가보안법 제6조 제1항과 제2항에 규정된 "탈출"의 의미와 관련하여, 이는 대한민국의 영역에 대한 통치권이 실지로 미치는 지역으로부터 이탈하는 행위만을 의미할 뿐 대한민국의 국민에 대한 통치권이 미치는 상태에서 벗어나는 행위까지 포함하는 것은 아니므로 대한민국의 영역 밖에서 거주하다가 반국가단체의 지배하에 있는 지역으로 들어가는 행위는 위 조항에서 말하는 "탈출"에는 해당하지 않는다고 본 대법관 김지형·대법관 전수안·대법관 안대희의 별개의견과 뜻을 같이 하면서, 그에 추가하여 아래와 같은 의견을 제시한다.

국가보안법 제6조 제1항은 "국가의 존립·안전이나 자유민주적 기본질서를 위태롭게 한다는 정을 알면서 반국가단체의 지배하에 있는 (……) 지역으로 탈출"하는 행위를 처벌대상으로 규정하고 있고, 제2항은 "반국가단체나 그 구성원의 지령을 받거나 받기 위하여 또는 그 목적수행을 협의하거나 협의하기 위하여 (……) 탈출"하는 행위를 처벌대상으로 규정하고 있다.

위 제1항은 "탈출"의 개념에 관하여 "반국가단체의 지배하에 있는 지역으로 탈출한 자"로 규정하여 탈출의 목적지를 명시하고 있는 반면에, 제2항은 목적지를 언급하지 아니한 채 단순히 "탈출한 자"로 규정하여, 제1항과 제2항의 "탈출"을 동일한 개념으로 볼 것인지 아니면 다른 개념으로 볼 것인지가 분명하지 않다. 다수의견은 이에 대하여 위 두 탈출의 의미를 동일하지 아니한 것으로 보아, 제1항의 탈출은 "대한민국의 통치권이 실지로 미치는 지역을 떠나 직접 또는 외국을 거쳐 바로

반국가단체의 지배하에 있는 지역으로 들어가는 행위"라고 해석하여, 법문에 명시된 대로 반국가단체의 지배하에 있는 지역으로 들어간 경우에만 탈출에 해당하는 것으로 보는 반면에, 제2항의 탈출은 "위 제1항의 행위 외에 대한민국의 통치권이 실지로 미치는 지역을 떠나 외국으로 나가는 행위"까지 포함된다고 해석하여, 제2항의 탈출은 반국가단체의 지배하에 있는 지역으로 들어가지 않더라도 대한민국의 통치권이 실지로 미치는 지역으로부터 이탈하는 행위 자체만으로 탈출죄가 성립하는 것으로 보고 있다.

그러나 다수의견의 위와 같은 해석에는 동의할 수 없다. 국가보안법 제6조는 제1항에서 "반국가단체의 지배하에 있는 지역으로부터 잠입하거나 탈출하는" 행위를 처벌대상으로 규정하면서, 제2항에서는 "반국가단체나 그 구성원의 지령을 받거나 받기 위하여 또는 그 목적수행을 협의하거나 협의하기 위하여 잠입하거나 탈출하는" 행위를 가중 처벌하는 형태로 되어 있다. 따라서 제6조 제2항은 제1항의 범죄를 기본구성요건으로 하여 일정한 목적이 추가된 경우에 이를 목적범으로 가중 처벌하는 구조로 되어 있다고 보는 것이 자연스러운 해석이 될 것이며, 그러한 해석에 따른다면 제1항의 "탈출"의 의미와 제2항의 "탈출"의 의미가 서로 다를 수가 없는 것이다. 제2항이 제1항의 구성요건을 당연한 전제로 하여 이를 이어받아 중복되는 표현을 생략한 채 단순히 "잠입 또는 탈출"이라고만 기재한 것이라고 보는 것이 자연스럽다는 근거는, 국가보안법이 처벌의 대상으로 삼는 모든 행위에 국가의 존립·안전이나 자유민주적 기본질서를 해칠 위험성이 있는 경우에만 처벌할 수 있다는 위험성의 요소를 구성요건으로 하고 있으면서 제6조 제2항에서만 이를 명시적으로 언급하지 않고 있다는 점에서도 찾아볼 수 있다. 즉 국가보안법에서 반국가단체와 관련된 행위를 처벌하는 모든 처벌규정에는 "국가의 존립·안전이나 자유민주적 기본질서를 위태롭게 한다는 정을 알면서"라는 요건을 구성요건으로 규정하고 있는데(제3조와 제4조는 처벌대상이 되는 행위 자체가 그러한 위험성을 당연히 내포하는 행위이므로 따로 위험성의 요소를 구성요건으로 규정하지 않았을 뿐이다), 유독 제6조 제2항에서만 그 위험성의 요소를 규정하지 않고 있다. 그런데 국가보안법이 제6조 제2항의 목적수행 또는 협의를 위한 잠입·탈출행위에 한하여 국가나 자유민주적 기본질서에 대한 위험성이 없는 경우에도 항상 처벌하겠다는 의사를 나타낸 것이라고 해석할 이유가 없다. 제6조 제2항에서 목적으로 규정된 반국가단체나 그 구성원의 지령 또는 그와의 협의의 내용 중에는 대한민국의 존립·안전이나 자유민주적 기본질서와는 아무런 관련이 없는, 즉 아무런 위험성이 없는 지령·협의 등이 얼마든지 있을 수 있을 것인데, 그 모든 행위를 반국가 사범으로 처벌하는 것은 위헌적인 법적용이 된다는 점에 관하여는 헌법재판소와 대법원이 여러 차례 판시한 적이 있을 뿐만 아니라(헌법재판소 1990. 4. 2. 선고 89헌가113 결정, 헌법재판소 1997. 1. 16. 선고 89헌마240 결정, 헌법재판소 1998. 8. 27. 선고 97헌바85 결정, 헌법재판소 2002. 4. 25. 선고 99헌바27·51 결정, 대법원 1995. 9. 26. 선고 95도1624 판결 등) 이 사건의 다수의견도 이에 대하여는 의견을 달리하지 않고 있다.

따라서 제6조 제2항의 잠입·탈출에 대하여도 위험성이 있는 경우에만 처벌할 수 있다고 해석하여야 할 것인데, 제6조 제2항에서만 유독 그 위험성의 요소를 규정하지 않고 있는 이유 역시 제2항이 제1항의 범죄를 기본구성요건으로 하여 이를 이어받아 중복되는 표현은 생략한 채 구성요건을 기재한 데에 있다고 보아야 할 것이다. 그리고 이와 같이 엄격하게 해석하는 것이 국가보안법 제1조 제2항이 국가보안법을 적용할 때에 필요한 최소한도에 그치도록 하고 확대해석하거나 기본적 인권을 부당하게 제한하는 일이 있어서는 아니 된다고 규정한 취지에도 맞는 것이다.

이와 같이 국가보안법 제6조 제2항은 제1항의 구성요건을 전제로 이와 동일한 잠입·탈출행위를 처벌대상으로 하면서 목적범의 가중처벌만을 규정한 조항이라고 보아야 할 것이고, 그렇다면 제2항의 "탈출"은 제1항의 "탈출"과 동일한 개념으로서 제1항에서 규정한 "반국가단체의 지배하에 있는 지역으로 탈출"한다는 요건을 갖춘 행위에 대하여만 제2항의 처벌대상으로 삼을 수 있다고 보아야 한다. 그런 점에서 대한민국의 통치권이 실지로 미치는 지역으로부터 이탈하는 행위 자체로 제2항의 탈출죄가 성립한다는 다수의견의 해석에는 동의할 수 없는 것이며, 다수의견과 같은 취지로 판시한 대법원 1997. 11. 20. 선고 97도2021 전원합의체 판결 등은 위 견해에 배치되는 범위 내에서 변경되어야 한다.

(나) 피고인의 북한 방문행위에 위험성이 있는지 여부

(1) 국가보안법 제6조 제2항이 "국가의 존립·안전이나 자유민주적 기본질서를 위태롭게 한다는 정을 알면서"라는 위험성의 요소를 구성요건으로 명시적으로 규정하고 있지는 않지만, 제1항에서 규정한 위험성의 요소를 제2항이 그대로 이어받아 이를 전제로 가중처벌요건만을 규정하고 있는 것으로 해석하여야 하므로 위 제2항의 탈출죄에도 위험성이 있다고 인정되는 경우에만 처벌할 수 있다는 점은 위에서 본 바와 같다.

(2) 다수의견은, 피고인이 대한민국 국적을 상실하기 전인 1991. 5.부터 1993. 3.까지 사이에 4회에 걸쳐 북한의 초청에 응하여 북한을 방문하고 김일성 등을 만나 북한체제 유지·존속에 협력한 행위에 국가의 존립·안전이나 자유민주적 기본질서에 해악을 끼칠 명백한 위험이 있다고 보아 이를 유죄로 인정한 원심의 판단에 법리오해 등의 위법이 없다고 판단하였다.

그러나 피고인의 북한 방문행위에 국가보안법에서 요구하는 정도의 위험성이 있다고 본 다수의견에는 동의할 수 없다.

(3) 우선 국가보안법에서 반국가단체와 관련된 행위를 처벌하기 위한 구성요건으로 요구하는 위험성의 의미와 정도에 관하여 살펴볼 필요가 있다.

사람은 누구나 자기 나름으로의 생각이 있을 수 있고, 그 생각이 옳다는 신념을 가지고 이를 외부로 표현하고, 다른 사람이 자기와 같은 생각을 하도록 설득하고, 나아가 자기의 생각을 행동으로 옮겨서 자기의 생각이 실현되도록 할 권리가 있다. 그것은 권리이기 이전에 생각하는 동물이라는 인간이 가지고 있는 본능적인 욕구이며 천부적인 것이다. 그런데 사람들의 생각은 모두 같을 수가 없고 서로 다른 것이 너무나 당연하다. 각자의 생각이 서로 다를 수밖에 없으므로 어느 한 편이 다른 편을 상대로 자기와 생각이 다르다고 그를 공격하거나 그 생각을 제한하는 것은 서로 다른 생각을 가진 사람들이 함께 생활해 가는 인간 공동체에서는 허용될 수가 없는 것이다. 비록 어떤 생각에 있어서 절대 다수자라 하더라도 그 반대편인 소수자가 갖고 있는 반대의견에 대하여 제한을 가할 수 없다는 점은 마찬가지이다. 다수자의 생각이든 소수자의 생각이든 그 생각이 가지고 있는 가치와 의미는 동등한 것이며, 다수자와 소수자라는 요소는 얼마든지 바뀔 수 있는 우연한 요소에 불과하다.

다만, 다른 사람의 생각에 대하여 제한을 가할 수 있는 유일한 예외가 있다. 그것은 그 생각이 사회공동체와 구성원에게 위험을 가하기 때문에 도저히 그 생각을 그대로 둘 수 없는 부득이한 경우에 한정된다. 그러면 어떤 생각을 제한할 수 있기 위해서는 어떤 위험이 어느 정도 수반될 것을 요구할 것인가? 사람들은 자기와 다른 것에 대해서는 본능적으로 거부감을 느끼고 불안감과 두려움을 느끼게 된다. 그 불안감과 두려움은 근거가 있는 경우도 있지만 근거 없는 막연한 불안감과 두려움에 그치는 경우도 많다. 그런데 그 불안감과 두려움을 느끼는 자가 다수일 때 근거 없는 막연한 불안감과 두려움은 더 이상의 근거를 찾지 못한 상태에서도 다수자가 느끼는 거부감의 힘을 빌려 이를 느끼는 자가 다수라는 이유만으로 정당성을 얻고 그 원인을 제공한 소수자의 생각은 위험한 것으로 규정되어 소수자의 생각에 제한을 가하게 될 가능성이 다분하다. 이와 같은 경향은 과거 시대 마녀사냥 등의 사례를 통하여 역사가 충분히 증명하고 있다. 과거는 물론 오늘날에도 소수자와 약자의 생각은 다수자가 느끼는 거부감과 불안감이 위험성으로 둔갑되고 사소한 위험성이 과도하게 과장되어 결국, 소수자와 약자의 생각은 필요 이상으로 억압과 제한을 받는 일이 비일비재하다.

서로 동등한 가치를 가지고 동등한 기회를 제공받아야 할 다수자와 소수자의 생각 사이에 적용되는 이와 같은 불균형과 불합리를 제거하기 위하여 인류는 오랫동안 노력해왔으며, 그 결과물로 찾아낸 원칙이 어떤 생각이 명백하고 현존하는 위험을 수반할 때에 한하여 비로소 규제가 가능하다는 원칙이다. 다수자의 막연한 거부감과 두려움에 의하여 추정되고 의제된 위험이 아니라 실제로 존재하는 직접적이고 중대한 위험이 명백하게 인정될 경우에 한하여 비로소 소수자·반대자의 생각을 규제할 수 있다는 원칙이다. 그러나 그 원칙의 타당성이 널리 인정받고 있는 지금에 와서도 다수자·강자는 소수자·약자의 자기와 다른 생각에 대하여 끊임없이 위험성의 의구심을 놓지 않으려 하고 있으며, 가능하면 이리저리 위험성의 덧칠을 하여 이를 규제하고자 하는 욕구를 억제하지 않고 있다.

이러한 상황 하에서 우리가 해야 할 일은 그 위험성의 판단 기준을 더욱 엄격히 세우고, 이를 적용함에 있어 다수자·강자의 소수자·약자를 억압하고자 하는 욕구와 유혹에 맞서 사상과 표현의 자유를 강력하게 보호하는 일이라 할 것이다.

이와 같은 관점에서 사람의 생각을 규제하기 위한 요건인 위험성의 의미와 기준을 정리해보면, 첫째로 그 위험은 명백하게 존재하는 것이어야 한다. 확실하지 않은 요소들을 가지고 추정하거나 여러 가지 해석이 가능한 사항을 가지고 한쪽으로 의미 부여를 하여 의제된 위험으로 다른 사람의 생각을 규제할 수는 없다. 둘째로 그 위험은 직접적인 위험이어야 한다. 여러 단계의 인과관계 추론과정을 거쳐 우회적으로 위험과 연결되는 간접적 원인 요소를 모두 규제하는 것은 부당하다. 위험에 필연적이고도 직접적으로 연결되는 생각에 한하여 규제할 수 있는 것이다. 셋째로 그 위험은 당장 급박하게 발생할 가능성이 높은 현존하는 위험이어야 한다. 어느 생각이 옳고 어느 생각이 위험한 것인지는 다른 반대 생각들과 함께 비교·토론의 과정을 거쳐 논증된 뒤에 결론 지어져야 하는 것이 원칙이고, 사상의 공개시장에 동등하게 올려져 자유경쟁을 통하여 판가름 나야 하는 것이다. 그와 같은 토론과 자유경쟁을 거칠 시간 여유가 없을 만큼 급박하고 현존하는 위험을 수반하는 생각에 한하여 비로소 규제의 대상으로 삼을 수 있는 것이다. 넷째로 그 위험은 중대한 위험이어야 한다. 사상의 자유가 자유민주주의 체제하에서 가지는 중요한 가치를 생각하면 중대한 위험, 즉 그 사회공동체가 감수하기 어렵거나 과도한 희생을 요구하는 위험에 한하여 이를 규제할 수 있는 것이며, 다소간의 불이익과 사소한 위험을 동반하는 생각에 대하여 침묵을 요구할 수는 없는 것이다. 마지막으로 위에 열거한 조건을 모두 갖춘 위험한 생각이라 하더라도 생각 그 자체는 절대적 자유의 영역에 속하는 것으로서 제한할 수 없다. 위험한 생각을 가지고 있는 것 자체 또는 그 생각을 있는 그대로 외부로 표시만 하는 행위 자체는 그 생각의 외부표출 자체가 별도의 법익을 현실적으로 침해하여 허용될 수 없는 예외적인 경우를 제외하고는 이를 규제할 수 없다. 그 생각이 갖고 있는 위험의 요소들이 실현되는 단계로 나아가는 지점이 비로소 법의 관여가 시작되는 경계점이며, 그 이전 단계의 생각 자체나 생각의 단순한 표현 자체로는 위에서 말한 정도의 위험성이 실제 발현되지 않기 때문이다.

그리고 이와 같은 사상과 표현의 자유의 제한에 대한 엄격한 해석은, 지난 시기에 국가보안법이 정권안보 차원이나 비판세력에 대한 탄압수단으로 오·남용되고 공안담당기관의 과잉의욕에 의하여 무리한 법집행이 이루어짐으로써 국민의 인권이 침해당하고 오히려 자유민주적 기본질서의 중핵인 기본권이 위태롭게 되었던 지난 시대를 정리하고 다시는 그런 전철이 되풀이되지 않도록 과거로부터 확실한 단절을 긋는다는 의미에서도 반드시 확실히 해 두어야 할 부분이기도 하다. 따라서 국가보안법에서 말하는 위험성의 기준과 의미에 관하여 위에서 제시한 엄격한 기준과 달리 더 완화된 기준을 제시하거나 완화된 기준을 적용하여 유죄를 인정한 다수의 대법원 판결들은 모두 변경되어야 할 것이다.

(4) 위와 같은 기준에 따라 이 사건 피고인의 북한 방문행위가 국가보안법에서 요구하는 위험성 요건을 갖추었는지에 관하여 살펴본다.

원심판결이 인정한 범죄 사실을 기초로 피고인의 이 부분 탈출죄와 관련된 행위를 요약하면, 피고인이 1991. 5.부터 1993. 3.까지 사이에 4회에 걸쳐(원심판결에서 유죄로 인정한 1994. 3. 12.자 북한 방문행위에 대하여는 다수의견이 당시 피고인이 한국 국적을 갖고 있지 아니하였다는 이유로 무죄로 판단하였고 나 역시 그 판단에 동의하는 바이므로 더 나아가 살펴볼 필요가 없으나, 그 행위의 위험성 측면에서는 아래에서 살펴볼 그 이전 4회의 방북행위와 별다른 차이가 없으므로 같은 결론이 나올 수 있다는 점을 언급하여 둔다) 북한으로 들어가 일정기간 머무르다 독일로 돌아온 사실이 있는데, 당초 북한 사회과학원, 북한의 조선사회과학자협회 부위원장 등의 초청을 받고 북한에 가게 되었고, 북한에 들어가서는 주체철학 등에 관하여 학술좌담회를 개최하여 발언하거나, 학술토론회에 참석하여 토론하거나, 주체철학 강의를 듣거나 학습하고 관련 자료를 받고, 김일성 또는 북한 간부들과 면담하면서 강의 요청 등을 받았으며, 독일 내의 친북 학술단체인 한국 학술연구원 재개설을 위한 협의를 하고 그 운영자금의 지원을 요청하였으며, 김일성 생가 등 관광, 북한 간부 무덤 앞에서의 묵상, 북한 방문의 여행경비로 2,000달러, 1,000달러 등을 받는 등 행위를 하였다는 것이다. 그리고 피고인이 좌담회 등에서 발언하거나 김일성 등과의 면담에서 이야기 나눈 내용은 남쪽에서도 주체사상에 대한 관심이 일어나고 있다고 말하거나, 자본주의에 대한 강의 요청을 받고, 사회주의 체제와 북한 체제와 차이점, 남북한 UN 가입, 주한미군보유 핵 철수 문제, 한반도 비핵화 방안 등에 관하여 대담하는 정도였다.

위와 같은 행위를 하기 위하여, 또는 그런 행위들에 대한 지시나 요청을 받고 북한을 방문한 피고인의 행위에 국가보안법에서 요구하는 위험성이 있는지를 보면, 우선 앞에서 말한 바와 같이 사상 그 자체는 아무리 위험성을 내포한 것이라 하더라도 절대적 자유의 영역에 속하는 것이므로 사상의 내용 그 자체의 위험성을 이유로 이를 제한할 수 없는 것이고, 그 사상을 있는 그대로 외부로 표출만 하는 행위 역시 마찬가지라는 점은 앞에서 말한 바와 같다. 피고인이 한 행위를 한마디로 요약하면, 피고인이 친북사상을 가졌다고 가정하더라도 피고인은 학자로서 자신이 가진 친북사상이나 주체사상 등에 관하여 같은 생각을 가진 북한 내의 학자들과 모여 서로 생각을 나누고 토론을 하고 그 사상을 학습하는 행위와 이에 부수되는 행위를 하였다는 것에 불과하다. 통상 어떤 위험한 생각을 하는 사람들이라 하더라도 같은 생각을 하고 있는 사람들끼리 모여 자신들의 생각을 나누고 토론하고 학습한다고 하여 새삼스럽게 위험이 더 발생하거나 그 위험성의 강도가 크게 변한다고 볼 수는 없다. 경우에 따라서는 각자가 개별적으로 또는 소수의 사람들이 함께 가지고 있던 위험한 생각을 다수가 모여 확인하고 공감대를 넓혀감으로써 위험성이 현저히 증가하게 되는 일이 있을 수는 있을 것이다. 그러나 그러한 경우에도 그 위험한 생각을 서로 나누는 단계를 넘어서서 생각의 실현으로 위험성이 현실화되는 단계에까지 이르지 않는다면 역시 위에서 말한 정도의 위험성이 있다고 말할 수는 없을 것이며, 이 사건에서 피고인 등이 토론하고 학습하였다는 친북사상이나 주체사상은 이미 북한 지역에서 지배 사상으로 지위를 확보하고 있는 생각으로서 피고인 등의 토론과 학습으로 비로소 그 세가 넓혀졌다거나 강화되었다고 볼 여지가 없다. 그리고 그 토론과 학습이 이루어진 곳이

학자들이 모인 학술토론회의 성격 정도에 그친 경우에는 더욱 그러하다. 앞에서 말한 것처럼 누구나 자기 생각을 외부로 나타내고 같은 생각을 가진 사람들끼리 모여 생각을 나누고 그 생각을 더욱 심화시켜 가고 싶은 것은 당연한 욕구이고, 사상의 자유로부터 자연스럽게 도출되는 권리이다. 그에 따른 행위가 특별히 별도의 위험을 새로 유발하거나 본래 그 사상이 갖고 있는 위험성을 크게 강화시키는 예외적인 사정이 없는 한 그러한 행위는 사상의 자유 자체가 갖고 있는 불가침의 영역에 놓아두어야 한다. 다수자가 소수자의 사상이나 생각이 마음에 들지 않는다고 하여 소수자들이 자기들 생각을 외부로 표현하고 소수자들끼리 모여 자기들 생각을 이야기 나누는 것 자체마저 막을 수는 없다. 더구나 피고인의 이 사건 행위는 그러한 생각이 지배하고 있는 영역인 북한 내의 지역에서 일어난 일이다. 그러한 생각이 지배하고 있는 영역 내에서 그러한 생각을 가진 사람들이 모여 그 생각들을 나누고 토론하고 학습하였다고 하여 그 영역 외부에 대하여까지 새삼스럽게 현실적인 위험을 따로 더 발생시키지는 않을 것이다. 그들이 실제로 나눈 학습의 내용도 주체사상 등의 본래 내용의 범주를 벗어나지는 않은 것으로 보이고 종전과 달리 특별히 위험성을 가중시키는 새로운 내용을 추가하거나 새로운 시도나 계획 등이 포함되어 있다고 볼 자료가 없다.

(5) 결국, 이 사건에서 피고인이 한 행위라는 것은, 피고인이 자기가 좋아하는 사상을 추구하며 같은 사상을 가진 사회에 들어가 이를 공부하였다는 것에 불과하다. 우리 사회가 그 사상이 마음에 들지 않는다고 하여 자기가 좋아하는 사상을 따라가는 것까지 막아야 할 정도로 각박하거나 취약한 사회라고는 생각하지 않는다. 이제는 우리도 사상의 자유의 면에서 좀 더 성숙하고 여유 있는 자세를 취해도 될 때가 되었다고 생각한다.

(다) 국가보안법의 위헌성 여부에 관하여

다수의견은, 국가보안법 제6조 제2항은 합헌적 해석이 가능하고, 국가의 존립·안전이나 자유민주적 기본질서에 해악을 끼칠 명백한 위험이 있는 경우에 한하여 처벌되는 것이므로 위 조항이 헌법에 위반되지 않는다고 하면서, 피고인의 이 사건 방북행위가 북한체제의 유지·존속에 협조한 행위로서 그와 같은 위험성이 있는 행위라고 보고 있다.

헌법재판소는 국가보안법 제7조 제1항, 제5항에 대한 1990. 4. 2. 선고 89헌가113 결정 등에서, 국가보안법의 여러 조항이 형벌법규의 명확성을 결여한 죄형법정주의 위배, 언론·출판의 자유와 학문·예술의 자유 및 사상의 자유에 대한 본질적 침해, 자의적 선별 법집행을 가능하게 한 평등권 위배, 헌법 전문과 헌법 제4조의 평화통일 규정 위배 등 위헌적 요소가 많다고 하면서도, 국가의 존립·안전이나 자유민주적 기본질서에 실질적 해악을 줄 명백한 위험성이 있는 경우에 한하여 적용되는 것으로 해석한다면 위헌성을 피할 수 있다는 이유로 한정합헌결정을 하였다(위 헌법재판소 사건에서 법무부장관은 실질적 해악을 끼칠 "명백하고 현존하는 위험"을 기준으로 제시하였다). 그리고 이와 같은 헌법재판소의 결정에 따라 국가보안법은 1991. 5. 31.자로 개정되면서 거의 모든 조항에 "국가의 존립·안전이나 자유민주적 기본질서를 위태롭게 한다는 정을 알면서"라는 요건이 추가로 규정되었으며, 그 이후 선고된 다수의 대법원 판결에서는 공소제기된 행위가 국가의 존립·안전이나 자유민주적 기본질서에 실질적 해악을 끼칠 명백한 위험성이 있는 경우에만 처벌한다고 하면서 상당수 사건에서 그러한 위험성을 인정하여 유죄판결을 하고 있다.

그런데 헌법재판소가 국가보안법의 여러 조항에 대하여 위헌적 요소가 많음을 인정하면서도 이를 전부 무효화하는 위헌결정을 하지 않고 한정합헌결정을 한 이유는 국가보안법이 사상과 학문·예술의 자유, 표현의 자유 등을 침해하지 않도록 엄격한 기준에 따라 제한적으로 해석될 것을 전제로 한 것이었고, 대법원 또한 그러한 취지를 받아들였음에도 불구하고, 국가보안법의 실제 적용현실을 보면 위 헌법재판소 결정과 국가보안법 개정 이후에도 그 전과 비교하여 실질적 의미가 있는 변화가 있다고는 보이지 않는다.

위 헌법재판소 결정과 대법원 1992. 3. 31. 선고 90도2033 전원합의체 판결의 각 반대의견이 적절히 지적하고 있는 바와 같이, 개정된 국가보안법에서 요건으로 추가된 위험성의 요소를 엄격히 해석하지 않으면 국민의 자유와 기본권이 본질적으로 침해되며, 자유민주주의 체제의 근간이 되는 사상의 자유가 심각하게 훼손될 위험이 있음에도 불구하고, 수사기관과 검찰은 종전과 조금도 변함없는 기준에 따라 국가보안법 위반혐의에 대하여 수사와 기소를 하고 있고, 법원 역시 종전과 별 차이 없이 결과적으로 북한을 이롭게 할 가능성이 있고 그에 대한 미필적 고의가 있기만 하면 사상의 자유를 제한하기에 족한 위험성이 있다고 보아 유죄판결을 하고 있다. 대법원은 판결마다 "실질적 해악을 끼칠 명백한 위험성"이라는 기준을 제시하면서도 실제로는 실질적이지도 않고 명백하지도 않은 추정된 위험이나 단순한 위험의 개연성만을 가지고 유죄로 인정하는 판결을 계속함으로써 결국, 국가보안법에 대한 헌법재판소의 한정위헌결정과 법 개정을 통하여 추가된 위험성의 요건은 실질적인 기능을 하지 못하는 유명무실한 요건으로 되어버린 것으로 보인다.

우리 법원이 국가보안법 위반사범에 대하여 법 개정 전과 실질적으로 아무런 차이가 없는 기준을 적용하여 위험성을 인정하는 견해를 계속 유지하고 다수의견 역시 그 견해를 따름으로써, 명백하고 현존하는 위험의 정도에 이르지 못한 행위들에 대하여도 국가보안법이 요구하는 위험성을 갖춘 것으로 인정하여 그 적용을 피할 수 없는 것이라고 본다면, 그와 같은 행위를 처벌할 것을 요구하는 현행 국가보안법 조항은 여전히 위헌성의 요소를 제거하지 못한 것이라고 할 수밖에 없고, 그와 같이 위헌적 요소가 제거되지 못한 국가보안법은 마땅히 폐지되거나 근본적으로 개정되어야 할 것이며, 법원으로서는 이 사건 국가보안법

조항에 대하여 다시 한 번 위헌법률심판제청을 하는 것이 합리적인 태도라고 할 것이다.

(라) 결론적으로, 이 사건에서 피고인이 대한민국의 영역이 아닌 독일에 거주하다가 북한으로 들어간 행위는 국가보안법 제6조 제2항에서 말하는 "탈출"에는 해당하지 아니할 뿐만 아니라, 피고인이 북한을 방문하여 한 행위들에는 합헌적 해석기준에 맞는 정도의 위험성이 있다고 인정하기 어렵고, 따라서 그러한 행위를 하기 위하여 북한으로 들어간 피고인의 방북행위 역시 국가의 존립·안전과 자유민주적 기본질서를 위태롭게 할 위험성이 있는 행위라고 인정하기 어려우므로 피고인의 이 사건 북한 방문행위 전체에 대하여 무죄를 선고하여야 할 것이며, 위험성의 기준에 관하여 다수의견과 같은 해석에 따른다면 이 사건 국가보안법 조항에 대하여 위헌법률심판제청을 하여야 할 것임에도, 이를 그대로 유죄로 인정한 원심판결에는 법리오해의 위법이 있어 그대로 유지될 수 없다.

그러므로 원심판결 중 피고인의 북한 방문행위에 대한 유죄 부분이 모두 파기되어야 한다는 결론에서는 다수의견과 의견을 같이하지만 그 이유는 달리하므로 별개의견으로 이를 밝혀둔다.

[대법관 김황식·대법관 박일환의 다수의견에 대한 보충의견]

국가보안법 제6조 제1항의 탈출 개념과 같은 조 제2항의 탈출 개념은 서로 다른 것으로 해석하여야 하는바 그 이유를 다음과 같이 밝혀둔다.

무엇보다, 위 두 조항의 탈출 개념을 동일하게 해석하는 것은 국가보안법 제6조 제1항, 제2항의 문언에 명백히 반한다. 즉, 국가보안법 제6조 제1항은 "국가의 존립·안전이나 자유민주적 기본질서를 위태롭게 한다는 정을 알면서 반국가단체의 지배하에 있는 지역으로부터 잠입하거나 그 지역으로 탈출한 자는 10년 이하의 징역에 처한다"라고 규정하여 "반국가단체의 지배하에 있는 지역"으로의 탈출 행위만을 구성요건

행위로 삼는다는 취지를 명시하는 한편, 같은 조 제2항은 "반국가단체나 그 구성원의 지령을 받거나 받기 위하여 또는 그 목적수행을 협의하거나 협의하기 위하여 잠입하거나 탈출한 자는 사형·무기 또는 5년 이상의 징역에 처한다"고 규정하여 같은 조 제1항과는 달리 탈출 행위의 목적지가 "반국가단체의 지배하에 있는 지역"으로 한정되지 않는다는 취지를 분명하게 나타내고 있다.

만약, 입법자가 국가보안법 제6조 제2항을 같은 조 제1항에 목적요건이 추가된 가중처벌조항으로 하여 두 조항의 탈출 개념을 동일한 것으로 할 의도였다면, 같은 조 제2항을 "반국가단체나 그 구성원의 지령을 받거나 받기 위하여 또는 그 목적수행을 협의하거나 협의하기 위하여 제1항의 행위를 한 자는 사형·무기 또는 5년 이상의 징역에 처한다"라는 단순하고도 명료한 형식을 취하였을 것이다. 입법자가 이러한 형식을 취하지 않고 굳이 별도로 "반국가단체의 지배하에 있는 지역"이라는 장소적 한정이 부과되지 않은 탈출이라는 문언을 같은 조 제2항에서 직접 사용한 것은 그 탈출의 의미가 제1항의 그것과는 다르다는 것을 분명히 하기 위한 것이었다고 이해하는 것이 자연스럽다. 위와 같이 명백히 같은 조 제1항보다 넓은 개념으로 규정되어 있는 같은 조 제2항의 탈출 개념을 함부로 제1항과 같은 범위 내로 좁혀 해석하는 것은, 입법자의 입법의사를 무시하는 것으로 권력분립원칙에 반하며 가능한 법률해석의 범위를 넘어서는 것이어서 허용될 수 없다.

또, 국가보안법 제6조 제2항은 같은 조 제1항보다 본질적으로 위험성이 더 큰 행위를 규율대상으로 삼고 있다는 것에 주목할 필요가 있다.

원래 국가보안법 제6조 제1항의 구성요건 행위인 "반국가단체의 지배하에 있는 지역으로의 탈출 행위"는, 주관적 구성요건요소인 "국가의 존립·안전이나 자유민주적 기본질서를 위태롭게 한다는 정을 알면서"라는 요건과 결합되지 않는 한, 그 행위 자체가 국가보안법상 처벌대상으로 삼을 정도의 위험성을 본질적으로 내포하고 있는 것은 아니다.

그러나 같은 조 제2항의 구성요건행위인 "반국가단체나 그 구성원의 지령을 받거나 받기 위하여 또는 그 목적수행을 협의하거나 협의하기 위한 탈출 행위"는 이미 반국가단체의 목적수행 또는 이에 협력하기 위한 활동, 즉 대한민국의 존립·안전이나 자유민주적 기본질서를 위태롭게 하는 행위로서의 성격이 농후하기 때문에, 그 행위 자체만으로도 국가보안법상 처벌대상으로 삼을 정도의 위험성을 상당부분 내포하고 있는 것이다. 이로 인하여, 같은 조 제2항의 목적을 가진 탈출 행위는 그러한 목적을 가지지 않은 제1항의 탈출 행위에 비하여 상대적으로 폭넓게 규율의 대상으로 삼을 필요성이 있는 것이고, 같은 조 제2항이 구태여 "국가의 존립·안전이나 자유민주적 기본질서를 위태롭게 한다는 정을 알면서"라는 주관적 구성요건요소를 따로 명시하지 않은 것도 제2항의 구성요건 행위가 가지는 위와 같은 본질적인 성격에서 비롯된 것으로 이해하는 것이 옳다.

나아가, 한반도의 실제 상황에서 반국가단체인 북한의 목적·활동에 동조하는 사람이, 실제로 외부에서 북한이 지배하고 있는 지역 안으로 들어가 지령을 받거나 목적수행을 협의하는 것은 현실적으로 여러 가지 장애가 있고, 이로 인하여 종래 북한은 일본이나 중국과 같은 한반도 인접 국가들에서 이들과 접촉하여 대한민국의 존립·안전이나 자유민주적 기본질서를 위태롭게 하는 활동을 부추기는 지령을 전달하거나 목적수행을 협의하는 방법을 빈번하게 사용해왔는바, 국가보안법 제6조 제2항은 같은 조 제1항보다 탈출 개념을 넓게 설정함으로써 위와 같은 목적의 탈출 행위까지 처벌대상으로 삼겠다는 입법자의 의도를 분명히 한 것으로 보인다.

따라서 국가보안법 제6조 제2항의 탈출 개념은 문언을 있는 그대로 보아, "반국가단체의 지배하에 있는 지역"으로 목적지를 한정하고 있는 같은 조 제1항의 탈출 개념과는 구별된다고 해석하는 것이 옳다.

[2] 외국인이 외국에 거주하다가 반국가단체의 지배하에 있는 지역으로 들어간 행위가 국가보안법 제6조 제1항, 제2항의 '탈출'에 해당하는지 여부(소극)

다음은, 피고인이 대한민국 국적을 상실한 이후인 1994. 3. 12. 거주지인 독일에서 출발하여 북한을 방문하였다는 부분에 대하여 본다.

앞서 본 바와 같이, 대한민국 국민이 외국에 거주하다가 그곳을 떠나 그에 대한 대한민국의 통치권이 사실상 행사되기 어려운 반국가단체의 지배하에 있는 지역으로 들어가는 행위는, 대한민국의 국민에 대한 통치권으로부터 벗어나는 행위에 해당하여 국가보안법 제6조 제1항·제2항의 탈출 개념에 포함된다.

그러나 대한민국 국민이 아닌 사람이 외국에 거주하다가 그곳을 떠나 반국가단체의 지배하에 있는 지역으로 들어가는 행위는, 대한민국의 영역에 대한 통치권이 실지로 미치는 지역을 떠나는 행위 또는 대한민국의 국민에 대한 통치권에서 벗어나는 행위 어디에도 해당하지 않으므로, 이는 국가보안법 제6조 제1항·제2항의 탈출 개념에 포함되지 않는 것이다.

이와 달리, 대한민국 국민이 아닌 사람이 외국에 거주하다가 반국가단체의 지배하에 있는 지역으로 들어가는 행위 역시 국가보안법 제6조 제1항·제2항에서 정한 탈출 개념에 포함된다는 취지로 판시한 대법원 1997. 11. 20. 선고 97도2021 전원합의체 판결 등은 이 판결의 견해에 배치되는 범위 안에서 이를 변경하기로 한다.

원심은, 피고인이 독일 국적을 취득함에 따라 대한민국 국적을 상실한 이후 독일에 거주하다가 1994. 3. 12. 독일에서 출발하여 북한을 방문한 행위가 국가보안법 제6조 제2항에서 정한 탈출 개념에 포함된다고 판단하였는바, 이는 대한민국 국민이 아닌 사람이 외국에 거주하다가 그곳을 떠나 반국가단체의 지배하에 있는 지역으로 들어가는 행위는 국가보안법 제6조 제2항의 탈출 개념에 포함되지 않는다는 법리를 위반한 위법을 범한 것이고, 그 잘못은 판결 결과에 영향을 미쳤음이 분명하다.

그러므로 원심판결 중 피고인의 1994. 3. 12. 북한 방문으로 인한 국가보안법 위반 유죄 부분은 이에 관한 피고인의 나머지 상고이유에 대하여 더 나아가 살필 필요 없이, 그대로 유지될 수 없다.

[3] 외국인이 북한의 지령을 받아 외국 주재 북한이익대표부를 방문하여 북한공작원을 만남으로 인한 국가보안법 위반행위가 외국인의 국외범에 해당하는지 여부(적극)

국가보안법 제6조 제2항의 "반국가단체나 그 구성원의 지령을 받거나 받기 위하여 또는 그 목적수행을 협의하거나 협의하기 위하여 잠입하거나 탈출한 자" 및 같은 법 제8조 제1항의 "국가의 존립·안전이나 자유민주적 기본질서를 위태롭게 한다는 정을 알면서 반국가단체의 구성원 또는 그 지령을 받은 자와 회합·통신 기타의 방법으로 연락을 한 자"의 적용과 관련하여, 독일인이 독일 내에서 북한의 지령을 받아 베를린 주재 북한이익대표부를 방문하고 그곳에서 북한공작원을 만났다면 위 각 구성요건상 범죄지는 모두 독일이므로 이는 외국인의 국외범에 해당하여, 형법 제5조와 제6조에서 정한 요건에 해당하지 않는 이상 위 각 조항을 적용하여 처벌할 수 없는 것이다.

같은 취지에서, 독일 국적을 취득함에 따라 대한민국 국적을 상실한 피고인이 독일 내에서 북한의 지령을 받아 1997. 7. 7. 베를린 주재 북한이익대표부를 방문하고 그곳에서 북한공작원을 만난 행위는 외국인의 국외범에 해당한다는 이유로 무죄를 선고한 원심은 정당하고, 거기에 상고이유에서 지적하는 바와 같은 위법은 없다. 독일 베를린 주재 북한이익대표부는 대한민국의 영토로 볼 수 있다는 주장 등은 모두 독자적인 견해에 불과하여 받아들일 수 없다. 이 부분 상고이유도 받아들이지 않는다.

② 해설

이 사건은 재독일 학자 송두율 교수의 방북행위에 대한 국가보안법 위반 등에 대한 사건이다. 대법원의 이 판결은 국가보안법 제6조 제1항과 제2항에서 규정하는 '탈출'의 개념, 위 규정의 적용대상과 범위를 명확하게 판시하면서 종전 판례의 견해를 변경하였다. 국가보안법 제6조 제1항은 "국가의 존립·안전이나 자유민주적 기본질서를 위태롭게 한다는 정을 알면서 반국가단체의 지배하에 있는 지역으로부터 잠입하거나 그 지역으로 탈출한 자는 10년 이하의 징역에 처한다"고, 같은 조 제2항은 "반국가단체나 그 구성원의 지령을 받거나 받기 위하여 또는 그 목적수행을 협의하거나 협의하기 위하여 잠입하거나 탈출한 자는 사형·무기 또는 5년 이상의 징역에 처한다"고 각각 규정하여 탈출에 대하여 다소 다르게 표현하고 있다.

대법원은 이 판결에서 제6조 제1항은 "반국가단체의 지배하에 있는 지역"으로 탈출하는 행위만을 구성요건행위로 삼지만, 제2항은 이와 달리 탈출행위의 목적지가 "반국가단체의 지배하에 있는 지역"으로 한정되지 않는다고 하여 양자를 엄격하게 구별하였다. 이에 따라 제6조 제1항의 탈출에는 누구라도 대한민국의 통치권이 실지로 미치는 지역을 떠나 직접 또는 외국을 거쳐 바로 반국가단체의 지배하에 있는 지역으로 들어가는 행위 외에 대한민국 국민이 외국에 거주하다가 그곳을 떠나 그에 대한 대한민국의 통치권이 사실상 행사되기 어려운 반국가단체의 지배하에 있는 지역으로 들어가는 행위도 포함된다고 해석하였다. 한편, 제6조 제2항의 탈출에는 위와 같은 행위 이외에도 누구라도 대한민국의 통치권이 실지로 미치는 지역을 떠나 외국으로 나가는 행위까지 포함되지만, 대한민국 국민이 아닌 사람이 외국에 거주하다가 그곳을 떠나 반국가단체의 지배하에 있는 지역으로 들어가는 행위는 대한민국의 영역에 대한 통치권이 실지로 미치는 지역을 떠나는 행위 또는 대한민국의 국민에 대한 통치권에서 벗어나는 행위 어디에도 해당하지 않으므로 국가보안법 제6조 제1항 또는 제2항의 탈출에는 포함되지 않는다고 해석하였다.

한편, 이 판결에서 대법관 김지형 등 3명은 별개의견을 통해 국가보안법 제6조 제1항·제2항의 탈출은 대한민국의 영역에 대한 통치권이 실지로 미치는 지역에서 이탈하는 행위만을 의미할 뿐, 대한민국의 국민에 대한 통치권이 미치는 상태에서 벗어나는 행위까지 포함하는 것은 아니며, 대한민국의 영역 밖에서 거주하다가 반국가단체의 지배하에 있는 지역으로 들어가는 행위는 그 행위자가 대한민국 국민이든 대한민국 국민이 아니든 가리지 않고 모두 국가보안법 제6조 제1항 또는 제2항에서 정한 탈출에 해당하지 않는다고 하였다. 또한, 대법관 박시환은 별개의견을 통해 "피고인이 대한민국의 영역이 아닌 독일에 거주하다가 북한으로 들어간 행위는 국가보안법 제6조 제2항에서 말하는 탈출에는 해당하지 아니할 뿐만 아니라, 피고인이 북한을 방문하여 한 행위들에는 합헌적 해석기준에 맞는 정도의 위험성이 있다고 인정하기 어렵다"고 하였다.

대법원은 종전에 위 탈출의 개념과 관련하여 그 적용범위에 있어서 대한민국 국민이 아닌 사람이 외국에 거주하다가 반국가단체의 지배하에 있는 지역으로 들어가는 행위도 역시 국가보안법 제6조 제1항과 제2항에서 규정한 탈출에 포함되며, 북한은 대한민국 영토에 해당하므로 외국인의 위 탈출행위는 국외범에 해당하지 않는다는 것을 전제로 외국인이 제3국에서 북한에 들어가는 행위도 국가보안법상 탈출죄에 해당한다고 판시하였다.[22] 그러나 대법원은 이 판결에서 종전 판례를 변경하여 앞에서 설명한 바와 같이 대한민국 국민이 아닌 사람이 외국에 거주하다가 그곳을 떠나 반국가단체의 지배하에 있는 지역으로 들어가는 행위는 국가보안법 제6조 제1항과 제2항에서 규정하는 탈출의 개념

---

22 대법원 1997. 11. 20. 97도2021.

에 포함되지 않는다고 판단하였다. 이에 따라 피고인이 대한민국 국적을 상실하기 이전에 독일에 거주하다 북한을 방문한 행위는 탈출에 포함되지만, 대한민국 국적을 상실한 이후에 거주지인 독일을 출발하여 북한을 방문한 행위는 탈출에 해당하지 않는다고 판단하였다.

(2) 대법원 2010. 7. 23. 2010도1189 【특수공무집행방해치상·일반교통방해·국가보안법위반·집회 및 시위에 관한 법률위반】

① 판례요지

1. 사건의 개요

① 피고인은 2007. 8. 10. 다른 시위참가자들과 공모 공동하여 다중의 위력으로 시위질서 유지의 직무를 집행하는 경찰관을 폭행하여 상해에 이르게 하였다.

② 남북공동선언실천연대(이하 '실천연대'라 한다)는 2000년 6.15공동선언 이후인 2000. 10. 21. '민중의 기본권 보장과 양심수 석방 공동대책위원회', '미국과 일본의 전쟁책동 경제침탈 분쇄와 국가보안법 완전철폐 공안탄압 분쇄를 위한 범국민투쟁본부', '미·일의 한반도 전쟁책동 분쇄, 자주평화통일 비상대책위원회' 등 3개 단체가 통합하여, 6.15공동선언의 실천을 총체적으로 전개함으로써 민족자주와 조국통일을 앞당기는 데 기여할 것을 표방하며 모임 형태로 출범하였다가, 2001. 12. 15. 제1차 정기총회에서 강령을 제정하여 목적을 구체화하고 규약을 개정하여 지휘통솔체계를 확립함으로써 조직으로서의 외관을 갖춘 민간단체로서, 회원은 2,000여 명에 이르고 전국 7곳에 지역조직을 두고 있다.

③ 실천연대는 2005. 8. 19.에는 통일부에 비영리민간단체로 공식등록을 마쳤으며, 2006년과 2007년에는 공익 활동에 수여하는 정부보조금까지 지원받았다. 이와 같이 실천연대는 2001년에 단체로 조직을 갖춘 이래 정권이 세 번째 바뀐 시점에 이르기까지 10년 가까운 기간 동안 적법 영역 내의 단체로 인정받아 활동하며 정부지원까지 받아온 단

체였다.

④ 실천연대의 강령·규약·출범식 보도문 등에 나타나는 그 구체적인 강령 내용에는 '반미자주화', '미국의 한반도 지배양식 제거' 등이 있으며, 그 밖에 실천연대가 주장하거나 활동하여온 내용의 상당 부분은 북한의 주체사상, 선군정치, 강성대국론, 핵실험에 대한 찬양·홍보와 그에 기한 사상교육의 시도, 반미자주화를 위한 물리력 행사와 민중 폭력의 당위성 강조 등이다.

⑤ 실천연대는 대법원 판결에 의하여 반국가단체로서의 북한과의 연계성을 이유로 이적단체임이 확인된 조국통일범민족연합(이하 '범민련'이라 한다)에 참여한 단체들을 주축으로 구성되어 위 범민련 정신의 실천을 위해 노력할 것을 밝히고 있고, 실천연대의 주요 구성원들은 국가보안법위반 전력자이고 그 주요 직책 역시 대법원 판결에 의하여 이적단체임이 확인된 기수의 한국대학총학생회연합 간부였던 자들이 담당하고 있다.

⑥ 실천연대는 남북교류를 빙자하여 북한 대남공작기구 소속원으로부터 '미군철수 남북공대위 결성', '선군정치 선전' 등의 지령을 받아 이에 따라 활동하였고, 매년 대의원대회에서 북한의 방송·신문·반제민족민주전선 홈페이지 등에 나타나는 '반미자주화 투쟁의 대중화·전국화, 북한의 핵 보유 및 김정일과 선군정치의 업적을 알리는 대중선전활동' 등 주요 사안별 투쟁지침을 인용·동조하여 그 총 노선으로 채택한 후 각종 반미·반정부 투쟁을 전개하여왔으며, 북한 역시 이에 맞추어 방송을 통해 실천연대의 활동을 지속적으로 보도하면서 체제선전에 이용하였다.

⑦ 실천연대는 6.15공동선언 기념행사·통일대토론회·통일문화제·거리캠페인 등 6.15공동선언 지지이행을 위한 활동 및 통일문제·한미관계·북미관계 등 한반도 정세와 관련된 분야의 연구 활동을 하였고, 부설기관인 6.15학원은 6.15시대 일꾼양성, 진보적 의식과 남북화해 통

일의식의 고양, 연구사업의 활성화를 통한 실천연대 활동의 다변화를 목표로 하는 기관으로서, 현대철학의 흐름 분석, 한국사회의 현실 실증, 남북 간에 합의한 통일정신 교양을 강의하였다. 그 과정에서 실천연대는 북한방송 녹취록·노동신문·구국전선·북한영화·주체사상총서 등 북한자료들을 구해서 그 내용을 인용한 강의교재로 6.15학원에서 청년일꾼 교육 작업을 하기도 하였고, 그 내용에는 북한의 사상과 체제 운용방식의 소개와 북한의 주체사상과 선군정치 등을 긍정적으로 평가하는 부분도 있다.

⑧ 이 단체는 청년들을 상대로 한 교육활동, 인터넷 선전활동, 토론회·집회 등의 개최와 참가, 각종 선전물 제작 등을 통한 대내외적 의견표명 등의 활동을 벌였다.

⑨ 2004. 12. 북경회담은 실천연대의 구성원 중 1명이 참여한 것으로 통일부의 승인하에 승인받은 목적 범위 내에서 승인받은 상대방과 대화한 것이다.

⑩ 피고인이 소지한 이 사건 각 표현물 중 실천연대 '2008년 정기 대의원대회 자료집'의 주된 요지는 자주적 평화통일을 이룩하기 위하여 2000. 6. 15. 남북 정상 사이에 채택된 6.15공동선언의 내용을 제대로 실천해 나가자는 것으로서, 이를 위한 구체적인 목표로 미국의 간섭을 배제하고 미군을 철수시켜 한반도에 자주 민주정부를 수립하는 일, 한반도 평화 정착을 위하여 평화협정을 체결하고 전쟁을 종결시키는 일, 민주노동당 등 진보 진영과 연대하고 역량을 강화하여 총선 승리를 위한 투쟁을 전개하는 일 등을 제시하면서, 통일 강성대국 건설 사업의 추진과 선군 정치를 앞세운 북한의 노력이 6.15공동선언에서 지향점으로 삼은 낮은 단계의 통일로 다가가는 데에 도움이 된다는 내용이다. 이는 전체적으로 반국가단체로서의 북한이 주장하는 선군정치와 핵실험을 찬양·고무하고, 2012년 강성대국 건설을 주장하는 북한에 전적으로 동조하며, 북한의 주한미군 철수, 친미반통일세력 척결, 국가보안법 철폐

등 상투적인 대남선전선동 활동을 찬양·고무·선전하거나 이에 동조하는 내용일 뿐만 아니라, 그 작성 주체 및 경위도 실천연대가 2008년 정기 대의원대회에서 2007년도의 활동내용을 보고하고 2008년 한해의 활동목표·총노선 등을 정하기 위해 작성한 것이다.

⑪ 피고인이 소지한 『우리민족끼리』 책자의 내용요지는 미국은 한국분단과 6.25전쟁의 원인을 제공한 책임자로서 지금까지도 주한미군과 작전지휘권 등을 통하여 한국을 식민지와 같이 지배하고 있고, 미국의 지배를 벗어나 자주평화통일을 이루기 위해서는 평화협정체결, 미군철수, 국가보안법폐지, 연방제통일을 향한 민족대단결, 진보정치세력의 결집을 통한 민주정부수립 등 노력을 하여야 하며, 북한은 주체사상에 철학적 기초를 둔 바람직한 사회주의국가로서 선군정치를 앞세워 미국에 대응하는 투쟁을 효과적으로 진행하고 있다는 것으로, 한국이 미 제국주의의 식민지에 불과하나 북한은 집단주의와 하나의 당, 뛰어난 지도자에 의해 사회기능이 일관되게 작동하는 사회로서 평등을 이루고 있다고 규정하고, 6.25전쟁을 일으킨 미 제국주의는 도시빈민 등 이 땅의 만악의 근원이므로 민중이 단결하여 이를 철거하고 또한 국가보안법철폐 등을 통하여 북한이 주장하는 연방제통일방안의 전제조건을 달성하여 우리 민족끼리 통일을 이루어야 하며, 북한의 주체사상은 과학적으로 논증된 세계에 대한 새롭고 위대한 견해이고, 군사 문제를 최우선의 원칙으로 혁명과 건설을 풀어나가며 군대를 국사의 근간으로 내세워 사회주의 위업과 자주통일 문제를 전반적으로 밀고나가는 정치인 선군정치는 미 제국주의로부터 북한을 지키는 수단으로 옹호되어야 하고, 김정일은 바른 정치철학을 가지고 이를 훌륭하게 구현하는 지도자라는 등의 내용으로, 대부분 다수의 북한 원전의 주장과 표현을 그대로 베끼거나 인용한 것으로, 전체적으로 반국가단체로서의 북한이 주장하는 주체사상·선군정치·연방제통일방안 등을 찬양·동조하고, 반제자주화투쟁·주한미군철수·국가보안법철폐 등 북한의 상투적인 대남선전선

동활동을 적극적으로 찬양·고무·선전하거나 이에 동조하는 내용일 뿐만 아니라, 이적단체인 실천연대의 상임대표가 그 작성자이다.

⑫ 피고인은 이적단체인 '한국대학총학생회연합'과 '조국통일범민족청년학생연합'에 가입하여 이적표현물을 취득·소지·제작·반포하고 불법적인 집회·시위에 참가하여 시위 진압 경찰관들에게 상해를 가한 범죄사실 등으로 징역 3년에 집행유예 5년을 선고받아 확정된 전력이 있는 자로서, 사건 당시에는 이적단체인 실천연대의 집행위원 겸 중앙사무처 사무국원으로서 적극 활동하고 있었다.

2. 판결요지

[1] 국가보안법 제2조에서 정한 반국가단체에 관한 법리오해 등 주장에 대하여

[다수의견]

북한은 조국의 평화적 통일을 위한 대화와 협력의 동반자이기도 하지만 다른 한편 남북한 관계의 변화에도 불구하고 여전히 적화통일노선을 고수하면서 우리의 자유민주주의 체제를 전복하고자 획책하는 반국가단체로서의 성격도 아울러 가지고 있고, 그 때문에 반국가단체 등을 규율하는 국가보안법의 규범력도 계속 유효하다는 것이 대법원의 확립된 견해이다(대법원 2008. 4. 17. 선고 2003도758 전원합의체 판결 참조).

위 법리에 따르면 원심이 같은 취지의 제1심 판단을 그대로 유지한 것은 정당하고, 거기에 상고이유 주장과 같이 국가보안법 제2조에서 정한 반국가단체에 관한 법리 등을 오해하여 판결에 영향을 미친 위법이 없다.

[대법관 박시환의 반대의견]

북한을 그 자체로 단순히 반국가단체라고 보는 다수의견에는 동의할 수 없다. 종래의 대법원 판례 등에서 누차 확인해온 바와 같이, 대한민

국과 북한은 1971년의 남북적십자회담 개회 이래 수십 년간 대화와 교류를 꾸준히 지속해왔으며, 그 폭과 내용이 갈수록 확대되고 실질화되어 1991년에는 UN 동시가입, 그 이후 두 차례의 정상회담과 수시로 이루어지는 장관급·장성급 회담, 상당규모의 민간투자와 경제교역까지 이루어지고 매년 십 수만 명이 왕래를 하고 있는 실정이다. 한편 헌법은 전문과 제4조에서 평화통일원칙을 천명함으로써 통일을 위한 북한과의 대화와 타협은 필수적인 과정으로 규범화되어 있다고 보아야 하며, 그 일환으로 1990년에 「남북교류협력에 관한 법률」과 남북협력기금법이 제정되고 2005년에는 남북관계 발전에 관한 법률이 제정되어 남북의 교류와 협력은 대한민국의 합법적 법질서 내로 편입되고 있다.

이 같은 상황하에서, 북한이 과거에 대한민국과 전쟁을 치른 적이 있고 아직도 군사대치 상태가 유지되고 있으며 사회주의체제를 유지하고 있다는 사정을 강조하여 북한을 그 자체로 반국가단체로 규정하고, 북한과 관련된 일체의 사항을 원칙적으로 반국가단체와 관련된 것으로 보아 국가보안법의 적용대상이 될 수 있는 것으로 보는 다수의견과 대법원 판례의 입장은 현실과 동떨어진 무리한 해석이다. 북한이 실질적으로 국가와 다름없는 체제와 구조를 갖추고 국제사회에서 국가로 활동하고 있으며, 대한민국 역시 북한을 여느 국가와 크게 다르지 않게 상대하여 각종 교류와 접촉을 하고 있으면서, 한편으로는 북한을 대한민국의 전복을 노리고 있는 반국가단체라고만 할 수는 없는 것이다.

북한이 아직까지 사회주의헌법과 조선로동당규약을 통하여 주체사상화와 공산주의 사회의 건설 및 적화통일을 목적으로 선언하고 있어 북한의 반국가단체성이 소멸되지 않았다고 본다 하더라도, 그러한 성격은 북한이 갖고 있는 한쪽 측면에 불과하다고 보아야 하고, 대한민국과 교류·협력하면서 남북의 공존을 지향하는 부분 역시 또 다른 측면으로서 함께 병존한다는 사실을 부인할 수 없다. 따라서 북한의 반국가단체성을 규명할 때에도 북한의 그와 같은 이중적 성격에 맞추어서 보아야 하고, 북한과 관련된 일체의 사항에 대하여 원칙적으로 국가보안법의 반국가단체를 전제로 한 규정이 자동적으로 적용되는 것이 아니라, 북한의 반국가단체적 측면과 직접적으로 연관되는 사항에 한하여 북한을 반국가단체로 취급하여야 할 것이다. 북한과 관련된 모든 행위에 대하여 북한의 반국가단체적 측면과 연관되었는지 여부와 상관없이 일단 반국가단체와 관련된 행위로 보아 그 행위를 국가보안법의 적용대상으로 삼은 뒤, 남북의 교류·협력을 목적으로 하는 등 대한민국의 존립·안전에 위해가 없는 행위임이 밝혀진 경우에 한하여 국가보안법의 적용을 면제해주는 식의 법적용은 국가보안법의 제정목적·국가보안법 제1조 제2항의 엄격적용원칙, 헌법 제37조의 기본권보장규정 등에 비추어 타당하지 않다. 그리고 이는 어떤 행위를 국가보안법 위반으로 처벌하기 위해서는 검사가 그 구성요건 해당사실을 증명해야 한다는 형사소송절차의 기본원칙에도 어긋나는 해석이다.

북한의 반국가단체성에 관하여 위와 같이 제한적으로 해석하지 않는 경우에는, 북한과 관련된 행위를 한 모든 사람, 심지어는 대통령을 비롯한 정부 고위관료나 경제계의 지도급 인사, 종교문화계 인사 등 누구를 막론하고 일단 반국가단체와 접촉한 자가 되어 국가보안법의 적용대상이 되고, 그 행위가 통치행위에 해당한다거나 국가나 자유민주적 기본질서에 위험성이 없는 행위라는 점이 증명되지 못하는 경우에는 처벌을 피할 수 없는 처지에 있게 된다. 그 결과 공안담당기관은 북한과 관련을 맺은 모든 사람에 대하여 일단 국가보안법 위반으로 수사를 개시할 수 있는 권한을 확보하게 되고, 그중에서 정부의 정책에 호응하지 않는 반대자 등을 선별적으로 골라 수사와 처벌을 할 수 있는 과도한 권한을 행사함으로써 소수자·반대자를 억압하는 수단으로 오·남용될 위험이 다분하다. 더구나 아래에서 보는 바와 같이 국가와 자유민주적 기본질서에 대한 위험을 인정하는 기준 자체도 애매하고 느슨하게 적용되고 있는 현재의 법집행 상황 하에서는 그러한 위험성은 더욱

커진다.

그러므로 북한의 반국가단체성이 여전히 유지되고 있다고 보아 북한과 관련된 모든 사항에 대하여 일단 국가보안법을 적용할 수 있다고 보는 다수의견에는 동의할 수 없고, 북한의 이중적 성격 중에서 반국가단체적 측면에 직접 연결되는 사항에 한하여 북한의 반국가단체성을 인정하여 국가보안법을 적용할 수 있는 것으로 보아야 한다. 따라서 이 사건 실천연대의 이적단체성, 이 사건 각 표현물의 이적성 등을 판단함에 있어서도 위와 같은 법리에 따라 피고인의 행위가 북한의 반국가단체적 측면과 연관된 것으로서 반국가단체라는 구성요건을 충족하였는지 아니면 통일운동단체의 입장에서 통일을 지향한 교류와 협력의 상대방으로서 북한과 관계를 한 것인지 여부를 가려본 뒤에 그러한 점이 증명된 경우에 한하여 이를 처벌할 수 있다고 보아야 한다.

[대법관 양승태·대법관 김능환·대법관 차한성·대법관 민일영의 다수의견에 대한 보충의견]

북한의 반국가단체성 등에 관한 대법관 박시환의 반대의견은, 북한은 반국가단체라는 측면과 대한민국과 교류·협력하면서 남북의 공존을 지향하는 부분으로서의 측면이 병존하기 때문에 북한과 관련된 모든 사항에 대하여 일단 국가보안법을 적용할 수 있다고 보는 다수의견에는 동의할 수 없고, 이와 같은 다수의견의 입장을 고수한다면 국가보안법은 위헌으로서 마땅히 폐지 또는 근본적인 개정이 이루어져야 한다는 것이다.

대법원은 그동안 수없이 누적된 판례를 거쳐 최근 선고된 2008. 4. 17. 선고 2003도758 전원합의체 판결에서 북한이 여전히 반국가단체임을 선언하면서, 북한은 대한민국 헌법의 기본원리에 적대적이고 그와 결코 조화될 수 없는 그들의 사회주의 헌법 및 그 헌법까지도 영도하는 조선로동당규약을 통하여 그들의 최종 목적이 대한민국을 주체사상화하고 그 위에 공산주의 사회를 건설하는 데에 있음과 이러한 적화통일의 목표를 위하여 이른바 남한의 민주화와 반외세 투쟁을 적극 지원한다는 정책을 명문으로 선언하고 그에 따른 정책들을 수행하고 있음을 확인한 바 있다. 그리고 위 전원합의체 판결 선고 이후 이 시점에 이르기까지 이러한 북한의 실체에 어떠한 변화가 있었다고 볼 아무런 증거도 없다. 이러한 상황에서 위 반대의견이 갑자기 북한의 반국가단체성을 종전과 달리 보자고 하는 것은 위와 같이 확립된 대법원 판례의 역사적 의미를 도외시한 것이라고 아니할 수 없다.

위 반대의견은 남북한이 UN에 동시 가입되고 그동안 남북 간의 교류와 협력관계가 꾸준히 확대되어왔으며 이를 위한 법적 뒷받침까지 마련되는 등 현실에 변화가 있음을 그 이유로 내세우고 있다. 물론 분단된 국토 양쪽에서 남북한이 서로 대치하고 있는 현실을 타개하고 조국의 평화적 통일과 긴장의 완화를 이루기 위하여 가능한 모든 노력을 다하여야 한다는 데에는 의문이 없다. 이 때문에 대한민국은 북한을 대화의 상대방 또는 협력의 동반자로 삼아야 한다는 정책적 고려 아래 남북한의 교류를 확대하고 이를 제도적으로도 뒷받침하여온 것이다. 그러나 이러한 사실은 위와 같이 대법원 판례를 형성함에 있어서 면밀히 검토하여 이미 반영된 것일 뿐만 아니라 현재 북한의 실체에 관하여 어떠한 변화가 생겼다는 아무런 증거가 없음에도 불구하고 위와 같은 대한민국의 노력과 정책적 고려가 있었다고 하여 북한의 반국가단체성을 달리 보아야 할 것은 아니다. 이와 반대의 입장에 선 위 반대의견은 논리를 전도하거나 현실을 지나치게 일방적인 시각에서 평가하는 잘못을 범한 것이라고 말하지 않을 수 없다. 더구나 위 반대의견 자체도 북한의 일면에 반국가단체성이 소멸되지 않고 있음을 인정하고 있는데, 국가보안법은 각 개별조문에서 "국가의 존립·안전이나 자유민주적 기본질서를 위태롭게 한다는 정을 알면서"라는 등의 구성요건 요소를 통해 반국가단체성과 관련 있는 행위만을 처벌대상으로 삼고 있고, 다수의견

또한 구성요건적 행위가 아닌 행위를 북한과 관련되었다는 이유만으로 모두 처벌하여야 한다는 것은 아니므로, 북한의 이중적 성격 중 반국가단체성과 관련 없는 행위에 대하여는 국가보안법을 적용하여서는 아니된다는 위 반대의견의 논지는 무의미할 뿐 아니라 다수의견의 취지를 오해한 것이다.

그리고 위 전원합의체 판결에서 이미 밝힌 것처럼, 북한이 남북관계의 발전에 따라 더는 우리의 자유민주주의 체제에 위협이 되지 않는다는 명백한 변화를 보이고 그에 따라 법률이 정비되지 않는 한, 국가의 안전을 위태롭게 하는 반국가활동을 규제함으로써 국가의 안전과 국민의 생존 및 자유를 확보함을 목적으로 하는 국가보안법이 헌법에 위배되는 법률이라거나 그 규범력을 상실하였다고 볼 수 없는 것이다. 또한 이미 헌법재판소가 국가보안법에 대하여 합헌결정을 하였고 국회 역시 국가보안법을 존치한 상황을 고려할 때 이제 와서 또다시 국가보안법에 대하여 위헌론을 제기하는 것은 부적절하다.

[2] 국가보안법 제7조 제3항이 규정한 이적단체의 판단 기준 및 '남북공동선언실천연대'가 이적단체에 해당하는지 여부(적극)

[다수의견]

(가) 국가보안법 제7조 제1항, 제3항이 규정하는 이른바 '이적단체'라 함은 국가의 존립·안전이나 자유민주적 기본질서를 위태롭게 한다는 정을 알면서 반국가단체나 그 구성원 또는 그 지령을 받은 자(이하 '반국가단체 등'이라 한다)의 활동을 찬양·고무·선전 또는 이에 동조하거나 국가변란을 선전·선동하는 행위를 목적으로 하여 특정 다수인이 결성한 계속적이고 독자적인 결합체를 가리킨다. 이와 같은 이적단체 구성, 가입죄의 구성요건을 해석할 때에는, "국가의 안전을 위태롭게 하는 반국가활동을 규제함으로써 국가의 안전과 국민의 생존 및 자유를 확보한다"는 국가보안법의 목적(같은 법 제1조 제1항)과 "이 법을 해석·적

용함에 있어서는 이 법의 목적 달성을 위하여 필요한 최소한도에 그쳐야 하며 이를 확대해석하거나 헌법상 보장된 국민의 기본적 인권을 부당하게 제한하는 일이 있어서는 아니 된다"는 국가보안법 해석·적용의 기본원칙(같은 법 제1조 제2항), 유추해석이나 확대해석을 금지하는 죄형법정주의의 기본정신에 비추어서 엄격히 제한하여 해석하여야 한다. 다만, 어느 단체가 표면적으로는 강령·규약 등에 반국가단체 등의 활동을 찬양·고무·선전·동조하는 등의 활동을 목적으로 내걸지 않았더라도 그 단체가 주장하는 내용, 활동 내용, 반국가단체 등과 의사 연락을 통한 연계성 여부 등을 종합해볼 때, 그 단체가 실질적으로 위와 같은 활동을 그 단체의 목적으로 삼았고 그 단체의 실제 활동에서 그 단체가 국가의 존립·안전이나 자유민주적 기본질서에 실질적 해악을 끼칠 위험성을 가지고 있다고 인정된다면 그 단체를 이적단체로 보아야 한다(대법원 2008. 4. 17. 선고 2003도758 전원합의체 판결 참조).

(나) 남북공동선언실천연대(이하 '실천연대'라 한다)의 강령·규약·출범식 보도문 등에 나타나는 그 구체적인 강령 내용과 실천연대가 주장하거나 활동하여온 내용의 상당 부분은 그 실질에서 반국가단체로서의 북한의 활동을 찬양·고무·선전하거나 이에 동조하고자 하는 의도의 표현으로 볼 수 있는 점, 실천연대 구성원들의 면면 및 그들이 작성한 문건 등에 비추어보면 실천연대는 조직 내부적으로 북한의 주체사상과 선군정치를 추종·동조하는 세력으로 구성되어 있는 것으로 보이는 점, 실천연대는 외부적으로도 반국가단체로서의 북한과 직·간접적 의사연락을 통한 연계성을 가진 것으로 보이는 점 등의 사정들을 종합하여 살펴보면, 피고인이 가입하여 주도적으로 활동하여온 위 실천연대가 비록 표면적으로는 정식 사회단체로 관청에 등록하여 비영리민간단체지원법이 정한 형식적·절차적 요건까지 구비하여 정부의 보조금을 지원받은 적이 있다 하여도, 그 실질에서는 반국가단체로서의 북한의 활동을 찬양·고무·선전하거나 이에 동조하는 행위를 목적으로 삼았고, 실제 활

동 또한 국가의 존립·안전과 자유민주적 기본질서에 실질적 해악을 끼칠 위험성을 가지고 있는, 이른바 이적단체에 해당한다고 보기에 충분하다.

[대법관 박시환·대법관 김지형·대법관 이홍훈·대법관 전수안의 반대의견]

(가) 이적단체의 구성·가입죄를 규정한 국가보안법 제7조 제1항과 제3항의 '국가의 존립·안전이나 자유민주적 기본질서를 위태롭게 한다는 정을 알면서'라는 위험성 요건을 해석할 때에도 명백·현존하는 위험의 기준에 따라야 할 것은 당연하고, 그 기준을 완화하여 다수의견과 같이 실질적 해악을 끼칠 (명백한) 위험의 기준에 따른다고 하더라도, 그 위험은 위험의 단순한 경향성 또는 개연성이나 추상적 해악의 통상적 가능성만으로는 부족하고, 구체적 해악의 현실적 가능성이 있는 경우에만 인정되어야 한다.

(나) 남북공동선언실천연대는 '명백·현존의 위험' 기준뿐만 아니라 다수의견이 주장하는 '실질적 해악의 (명백한) 위험' 기준에 따르더라도 대한민국의 존립·안전이나 자유민주적 기본질서에 대한 위험이 있는 이적단체에 해당한다고 말할 수는 없다.

[3] 국가보안법 제7조 제5항의 이적표현물로 인정하기 위한 요건과 그 판단 기준 및 남북공동선언실천연대의 『2008년 정기 대의원대회 자료집』, 『우리민족끼리』 책자 등이 이적표현물에 해당하는지 여부(적극)

[다수의견]

(가) 국가보안법상 이적표현물로 인정되기 위해서는 그 표현물의 내용이 국가보안법의 보호법익인 국가의 존립·안전과 자유민주적 기본질서를 위협하는 적극적이고 공격적인 것이어야 하고, 표현물에 이와 같은 이적성이 있는지 여부는 표현물의 전체적인 내용뿐만 아니라 그

작성의 동기는 물론 표현행위 자체의 태양 및 외부와의 관련사항, 표현행위 당시의 정황 등 제반 사정을 종합하여 결정하여야 한다(대법원 2009. 1. 30. 선고 2008도9163 판결, 대법원 2009. 10. 29. 선고 2008도2912 판결 등 참조).

(나) 남북공동선언실천연대의 『2008년 정기 대의원대회 자료집』과 『우리민족끼리』 책자 등은 그 내용이 국가보안법의 보호법익인 국가의 존립·안전과 자유민주적 기본질서를 위협하는 적극적이고 공격적인 것으로서, 표현의 자유의 한계를 벗어난 국가보안법상의 이적표현물에 해당한다고 보기에 충분하다.

[대법관 박시환·대법관 김지형·대법관 이홍훈·대법관 전수안의 반대의견]

(가) 국가보안법 제7조 제5항의 처벌대상이 되는 이적표현물이 되기 위해서는 대법원 판례와 다수의견이 요구하는 대한민국의 안전과 자유민주주의 체제를 위협하는 "적극적이고 공격적인 표현"이라는 요건 외에 국가의 존립·안전이나 자유민주적 기본질서에 대한 '위험'을 가진 표현물일 것을 요한다고 보아야 하며, 이와 같은 위험성 요건을 인정하는 기준 역시 "명백하고 현존하는 위험"의 기준이 적용되어야 한다.

(나) 남북공동선언실천연대의 『2008년 정기 대의원대회 자료집』과 『우리민족끼리』 책자 등을 이적표현물이라고 본 다수의견에는 동의할 수 없고, 이는 국가보안법 제7조 제5항이 요구하는 위험의 기준을 충족하지 못하는 표현물로서 이적표현물에 해당하지 않는다.

[4] 국가보안법 제7조 제5항에 규정된 이적표현물에 관한 죄의 법적 성격 및 이적행위를 할 목적의 증명책임 소재(=검사)와 그 증명 방법

[다수의견]

(가) 국가보안법 제7조 제5항의 죄는 제1·3·4항에 규정된 이적행위

를 할 목적으로 문서·도화 기타의 표현물을 제작·수입·복사·소지·운반·반포·판매 또는 취득하는 것으로서 이른바 목적범임이 명백하다. 목적범에서의 목적은 범죄 성립을 위한 초과주관적 위법요소로서 고의 외에 별도로 요구되는 것이므로, 행위자가 표현물의 이적성을 인식하고 제5항 소정의 행위를 하였다고 하더라도 이적행위를 할 목적이 인정되지 아니하면 그 구성요건은 충족되지 아니하는 것이다. 그리고 형사재판에서 공소가 제기된 범죄의 구성요건을 이루는 사실에 대한 증명책임은 검사에게 있으므로 행위자에게 이적행위를 할 목적이 있었다는 점은 검사가 증명하여야 하며, 행위자가 이적표현물임을 인식하고 제5항 소정의 행위를 하였다는 사실만으로 그에게 이적행위를 할 목적이 있었다고 추정해서는 아니 된다. 이 경우 행위자에게 이적행위 목적이 있음을 증명할 직접증거가 없는 때에는 앞에서 본 표현물의 이적성의 징표가 되는 여러 사정에 더하여 피고인의 경력과 지위, 피고인이 이적표현물과 관련하여 제5항 소정의 행위를 하게 된 경위, 피고인의 이적단체 가입 여부 및 이적표현물과 피고인이 소속한 이적단체의 실질적인 목표 및 활동과의 연관성 등 간접사실을 종합적으로 고려하여 판단할 수 있는 것이다.

(나) 이와 달리 이적표현물임을 인식하면서 취득·소지 또는 제작·반포하였다면 그 행위자에게는 위 표현물의 내용과 같은 이적행위를 할 목적이 있는 것으로 추정된다는 취지로 판시한 대법원 1992. 3. 31. 선고 90도2033 전원합의체 판결, 대법원 1996. 12. 23. 선고 95도1035 판결, 대법원 1997. 6. 13. 선고 96도2606 판결, 대법원 1997. 10. 24. 선고 96도1327 판결, 대법원 1999. 12. 7. 선고 98도4398 판결, 대법원 2000. 5. 26. 선고 98도4101 판결, 대법원 2002. 11. 22. 선고 2002도2246 판결과 그 밖에 이 판결의 견해와 다른 대법원 판결들은 모두 이 판결의 견해에 배치되는 범위 안에서 이를 변경하기로 한다.

(다) 위 법리와 원심 판결 및 제1심 판결 이유에 의하여 알 수 있는

사정들, 즉 피고인은 이적단체인 '한국대학총학생회연합'과 '조국통일범민족청년학생연합'에 가입하여 이적표현물을 취득·소지·제작·반포하고 불법적인 집회·시위에 참가하여 시위 진압 경찰관들에게 상해를 가한 범죄사실 등으로 징역 3년에 집행유예 5년을 선고받아 확정된 전력이 있는 자로서 이 사건 당시에는 이적단체인 실천연대의 집행위원 겸 중앙사무처 사무국원으로서 적극 활동하고 있었던 점, 실천연대는 앞서 본 바와 같이 북한의 주체사상, 선군정치, 강성대국론, 핵실험에 대한 찬양·홍보와 그에 기한 사상교육의 시도, 반미자주화를 위한 물리력 행사와 민중 폭력의 당위성 등을 강조하고 이러한 노선에 따라 각종 반미·반정부 투쟁을 전개해왔는데, 이 사건 각 표현물은 이러한 실천연대의 목표와 노선 및 북한의 상투적인 대남선전선동 활동을 적극적으로 찬양·고무·선전하거나 이에 동조하는 내용 등을 수록하고 있으며, 피고인은 이 사건 각 표현물을 실천연대 간부로서 활동하는 지침으로 사용하였던 것으로 보이는 점, 피고인이 학술연구나 영리 등 목적을 주된 동기로 이 사건 각 표현물을 소지한 것으로 볼 만한 사정이 없는 점 등을 종합하여 살펴보면, 피고인으로서는 이 사건 각 표현물의 내용이 이적성을 담고 있음을 인식하고 이 사건 각 표현물로써 반국가단체 등의 활동에 대한 찬양·고무 등 이적행위를 할 목적으로 이 사건 각 표현물을 소지하였다고 인정할 수 있다. 원심이 같은 취지에서 이 사건 각 표현물을 소지한 피고인에게 이적행위 목적이 인정된다고 본 제1심의 판단을 유지한 것은 정당하다.

[대법관 박시환·대법관 김지형·대법관 이홍훈·대법관 전수안의 반대의견]

국가보안법 제7조 제5항이 규정하는 각종 행위는 모두 사상의 표현행위에 해당하므로 이를 금지하고 처벌하기 위해서는 명백·현존하는 위험을 구체적으로 유발시킬 목적이나 의도를 가지고 있다는 점을 엄격한 증명에 의하여 입증하여야 한다. 따라서 이적표현물에 관한 죄에는 종전 대법원 판례 중 이적행위가 될지도 모른다는 (미필적) 인식이 있기만 하면 바로 이적행위 목적을 인정할 수 있다는 부분도 마저 변경되어야 한다.

[대법관 김영란의 반대의견]

이적표현물 소지죄에서 이적행위 목적이 지니는 특수한 성질에 비추어 이적표현물 소지자에게 이적행위를 할 목적이 있었다는 점은 향후 그 표현물을 가지고 어떠한 이적행위를 할 계획이나 의사를 가지고 있는지가 구체적으로 드러나고 증명이 되는 경우에만 인정될 수 있다. 따라서 이적표현물 소지자가 향후 그 표현물 또는 그 표현물의 내용을 사용하여 어떻게 반국가단체 등의 활동을 찬양·고무·선전 또는 이에 동조하려 하는 것인지 등이 구체적으로 밝혀져야 한다.

[5] 특수공무집행방해치상죄에 있어서 공모공동정범에 관한 법리오해 주장에 대하여

어느 범죄에 2명 이상이 공동 가공하는 경우 공모는 법률상 어떠한 정형을 요구하는 것이 아니고 2명 이상이 공모하여 범죄에 공동 가공하여 범죄를 실현하려는 의사의 결합만 있으면 되는 것으로, 비록 암묵적으로라도 수인 사이에 의사가 상통하여 의사의 결합이 이루어지면 공모관계가 성립하고, 이러한 공모가 이루어진 이상 실행행위에 직접 관여하지 아니한 자라도 다른 공모자의 행위에 대하여 공동정범으로서 형사책임을 진다(대법원 2007. 5. 11. 선고 2007도171 판결 참조). 또한, 특수공무집행방해치상죄는 단체 또는 다중의 위력을 보이거나 위험한 물건을 휴대하여 직무를 집행하는 공무원을 폭행·협박하여 사상에 이르게 한 경우에 성립하는 결과적 가중범으로서, 이러한 결과적 가중범의 공동정범은 기본행위를 공동으로 할 의사가 있으면 성립하고 결과를 공

동으로 할 의사는 필요 없으므로 행위자가 그 결과를 의도하지 않더라도 그 결과의 발생을 예견할 수 있으면 족하다(대법원 2003. 7. 11. 선고 2002도919 판결 참조).

위 법리와 원심이 인정한 판시 각 사정을 종합하여 살펴보면, 피고인이 2007. 8. 10. 다른 시위참가자들과 공모공동하여 다중의 위력으로 시위질서 유지의 직무를 집행하는 경찰관을 폭행하여 상해에 이르게 한 것으로 본 원심의 판단은 정당하다.

② 해설

대법원은 2010년에 선고한 이 판결에서 북한의 반국가단체성을 다시 확인하였으며, 국가보안법 제7조에서 규정하는 이적단체와 이적표현물의 구성요건과 범위를 구체적으로 제시하였다.

대법원의 이 판결은 북한의 법적 지위에 대하여 조국의 평화적 통일을 위한 대화와 협력의 동반자이기도 하지만 다른 한편 남북한관계의 변화에도 불구하고 여전히 적화통일노선을 고수하면서 우리의 자유민주주의 체제를 전복하고자 획책하는 반국가단체라는 성격도 아울러 가지고 있다는 이중적 지위를 인정한다는 입장을 그대로 유지하고 있다. 한편, 대법관 박시환은 반대의견을 통하여 북한의 이중적 지위를 인정하면서도 그 이중적 성격 중에서 반국가단체적 측면에 직접 연결되는 사항에 한하여 북한의 반국가단체성을 인정하여 국가보안법을 적용하여야 한다고 하였다. 이에 대하여 대법관 양승태 등 4명은 다수의견에 대한 보충의견을 통하여 대법원이 그동안 수없이 누적된 판례를 통하여 확인한 북한의 반국가단체성을 재차 강조하고 북한의 실체에 어떠한 변화가 있었다고 볼 아무런 증거가 없는 상태에서 북한의 반국가단체성을 달리 볼 이유가 없으며, 국가보안법이 각 개별조문에서 "국가의 존립·안전이나 자유민주적 기본질서를 위태롭게 한다는 정을 알면서" 라는 등의 구성요건요소를 통해 반국가단체성과 관련 있는 행위만을 처벌대상으로 삼고 있으므로 종전 입장을 그대로 유지하여야 한다고 하였다.

대법원은 이 판결에서 "어느 단체가 표면적으로는 강령·규약 등에 반국가단체 등의 활동을 찬양·고무·선전·동조하는 등의 활동을 목적으로 내걸지 않았더라도 그 단체가 주장하는 내용·활동내용·반국가단체 등과 의사연락을 통한 연계성 여부 등을 종합해볼 때, 그 단체가 실질적으로 위와 같은 활동을 그 단체의 목적으로 삼았고 그 단체의 실제 활동에서 그 단체가 국가의 존립·안전이나 자유민주적 기본질서에 실질적 해악을 끼칠 위험성을 가지고 있다고 인정된다면 그 단체를 이적단체로 보아야 한다"는 종전 입장을 그대로 유지하면서 이 사건 '실천연대'가 위와 같은 실질적 해악을 끼칠 위험성이 있다고 판단하여 이적단체로 인정하였다.

이에 대하여 대법관 박시환 등 4명은 반대의견을 통하여 "이적단체의 구성·가입죄에서 요구하는 국가의 존립·안전이나 자유민주적 기본질서를 위태롭게 한다는 정을 알면서"라는 위험성 요건은 명백하고 현존하는 위험의 기준에 따라야 하며, 이 사건의 경우에는 설사 그 기준을 완화하여 다수의견과 같이 실질적 해악을 끼칠 (명백한) 위험의 기준에 따른다고 하더라도, 그 위험은 위험의 단순한 경향성 또는 개연성이나 추상적 해악의 통상적 가능성만으로는 부족하고, 구체적 해악의 현실적 가능성이 있는 경우에만 인정되어야 하므로 이적단체에 해당한다고 말할 수 없다"고 하였다. 또한, "설령 실천연대의 주장 중에 자유민주주의 체제를 부정하고 국가의 존립·안전이나 자유민주적 기본질서에 해악을 끼칠 위험성 있는 내용이 있다고 보더라도, 그 주장 실현을 위해 위 단체가 활동을 벌인 것은 청년들을 상대로 한 교육활동, 인터넷 선전활동, 토론회·집회 등의 개최와 참가, 각종 선전물 제작 등을 통한 대내외적 의견표명 등에 불과하고, 무장봉기나 폭력혁명 등 자유민주적 체제가 용인할 수 없는 방법을 사용하였다고 말할 수는 없다. 따라서 실천연대는 대한민국의 존립·안전이나 자유민주적 기본질서에 해악을 끼칠 명백·현존하는 위험을 가진 이적단체라고는 볼 수 없다"고 하였다.[23]

대법원은 이적표현물의 요건에 대하여도 그 표현물의 내용이 국가의 존립·안전과 자유민주적 기본질서를 위협하는 적극적이고 공격적인 것이어야 한다고 선언하고, 표현물에 이와 같은 이적성이 있는지 여부는 표현물의 전체적인 내용뿐만 아니라 그 작성의 동기는 물론 표현행위 자체의 태양 및 외부와 맺는 관련사항·표현행위 당시의 정황 등 제반 사정을 종합하여 결정하여야 하며, 이 사건의 '우리민족끼리' 등 표현물은 이적표현물에 충분히 해당한다고 판시하였다. 한편, 대법관 박시환 등 4명은 반대의견을 통하여 이적표현물로 인정하기 위해서는 적극적이고 공격적인 표현이라는 요건 외에 국가의 존립·안전이나 자유민주적 기본질서에 대한 위험을 가진 표현물이어야 하며, 그 위험성 요건을 인정하는 기준은 명백하고 현존하는 위험의 기준이 적용되어야 한다고 밝히면서 이 사건 표현물은 위와 같은 기준을 충족하지 못하여 이적표현물에 해당하지 않는다고 하였다.

대법원은 이 판결에서 "이적표현물의 제작 등 행위는 목적범으로서 범죄 성립을 위해서는 초과주관적 위법요소로서 고의 이외에 행위자가

---

23 이와 같은 입장 차이는 대법원 2008. 4. 17. 선고 2003도758 전원합의체 판결에서도 유사하게 나타났다. 이 판결에서 다수의견은 ① 범민련 남측본부가 북한 정권과 조선로동당이 일관되게 주장하는 바와 그 주장의 궤를 같이하여 왔고, ② 범민련 남측본부가 범민족대회의 개최를 저지하는 경찰과 물리적 충돌을 빚었으며, ③ 범민련 남측본부가 반국가단체의 구성원 및 그 지령을 받은 자 또는 다른 이적단체와 연계성을 유지하였다는 점을 근거로 제시하여 이적단체성을 인정하였다. 한편, 대법관 박시환·김지형·전수안의 반대의견은 ① 범민련 남측본부가 국가의 존립·안전이나 자유민주적 기본질서를 직접 위협하는 주장을 펴거나 이를 위한 활동을 벌인 것이 없고, ② 그 주장 실현을 위해 이 단체가 한 활동은 성명발표·범민족대회 등 집회개최·기자회견·공개서한 발송에 불과하며 그 과정에서 경찰과의 충돌이 있었다고 하더라도 자유민주적 기본질서가 용인할 수 없는 방법을 사용한 것은 아니라는 점을 근거로 제시하여 이적단체성을 부인하였다.

표현물의 이적성을 인식하였다고 하더라도 이적행위를 할 목적이 인정되지 아니하면 그 구성요건은 충족되지 않고, 행위자가 이적표현물임을 인식하고 위와 같은 행위를 하였다는 사실만으로 그에게 이적행위를 할 목적이 있었다고 추정해서는 안 된다"고 판시하였다. 따라서 행위자에게 이적행위의 목적을 증명할 직접증거가 없는 경우에는 표현물의 이적성의 징표가 되는 여러 사정에 더하여 행위자의 경력과 지위, 위와 같은 행위를 하게 된 경위, 이적단체에의 가입 여부 및 이적표현물과 행위자가 소속한 이적단체의 실질적인 목표 및 활동의 연관성 등 간접사실을 종합적으로 고려하여 판단할 것이 요구된다. 대법원은 이 판결을 통하여 판례의 종전 견해를 변경하였는데, 종전에는 "이적표현물임을 인식하면서 취득·소지 또는 제작·반포하였다면 그 행위자에게는 위 표현물의 내용과 같은 이적행위를 할 목적이 있는 것으로 추정된다"고 판시하였다.

이에 반하여 대법관 박시환 등 4명은 반대의견을 통하여 "사상의 표현행위에 해당하는 위 행위를 금지하고 처벌하기 위해서는 명백하고 현존하는 위험을 구체적으로 유발시킬 목적이나 의도를 가지고 있다는 점을 엄격한 증명에 의하여 입증하여야 하므로 이적표현물에 관한 죄에는 종전 대법원 판례 중 이적행위가 될지도 모른다는 (미필적) 인식이 있기만 하면 바로 이적행위 목적을 인정할 수 있다는 부분도 변경되어야 한다"고 하였고, 대법관 김영란은 "이적표현물 소지죄에서 이적행위 목적이 지니는 특수한 성질에 비추어 이적표현물 소지자에게 이적행위를 할 목적이 있었다는 점은 향후 그 표현물을 가지고 어떠한 이적행위를 할 계획이나 의사를 가지고 있는지가 구체적으로 드러나고 증명이 되는 경우에만 인정될 수 있으므로 이적표현물 소지자가 향후 그 표현물 또는 그 표현물의 내용을 사용하여 어떻게 반국가단체 등의 활동을 찬양·고무·선전 또는 이에 동조하려 하는 것인지 등이 구체적으로 밝혀져야 한다"고 판시하여 한층 더 엄격한 기준을 요구하였다.

(3) 헌재 1996. 10. 4. 95헌가2【국가보안법 제7조 제1항 등 위헌제청】

① 판례요지

1. 사건의 개요와 심판의 대상 등

가. 사건의 개요

(1) 위 당해 사건의 피고인 정○경은 1994. 11. 12. 제청법원에 국가보안법위반죄로 기소되어 현재 재판계속 중에 있다. 그 공소사실의 요지는, 피고인은 (가) 1994. 7. 일자불상경(日字不詳頃) 부산에서 국가의 존립·안전이나 자유민주적 기본질서를 위태롭게 한다는 정을 알면서 국가변란을 선전·선동하는 행위를 목적으로 하는 단체인 소위 국제 사회주의자들 그룹(International Socialists, IS)에 가입하고, (나) 1991. 1. 초순경부터 1994. 10. 9.경까지 사이에 경남 양산·부산 등지에서 6회에 걸쳐 국가의 존립·안전이나 자유민주적 기본질서를 위태롭게 한다는 정을 알면서 반국가단체인 북한공산집단의 활동에 동조하거나 국가변란을 선전·선동할 목적으로 "혁명적 신문" 1부 등 책자나 유인물 형태의 표현물 9점을 취득·소지하였는바, 위 (가)항의 소위는 국가보안법 제7조 제3항 제1항에, (나)항의 소위는 같은 법 제7조 제5항 제1항에 각 해당한다는 것이다.

(2) 이에 제청법원은 1995. 1. 17. 직권으로 위 당해 사건의 재판의 전제가 되는 국가보안법 제7조 제1항·제3항 및 제5항에 대한 위헌제청결정을 하였고, 그 결정은 같은 해 2. 14. 당 재판소에 접수되었다.

나. 심판의 대상

그러므로 이 사건 위헌여부심판의 대상은 1991. 5. 31. 법률 제4373호로 개정된 국가보안법(이하 '신법'이라 한다) 제7조 제1항·제3항 및 제5항이 헌법에 위반되는지의 여부인바, 그 규정내용은 다음과 같다.

국가보안법 제7조 【찬양·고무 등】

① 국가의 존립·안전이나 자유민주적 기본질서를 위태롭게 한다는 정을 알면서 반국가단체나 그 구성원 또는 그 지령을 받은 자의 활동을 찬양·고무·선전 또는 이에 동조하거나 국가변란을 선전·선동한 자는 7년 이하의 징역에 처한다.

③ 제1항의 행위를 목적으로 하는 단체를 구성하거나 이에 가입한 자는 1년 이상의 유기징역에 처한다.

⑤ 제1항·제3항 또는 제4항의 행위를 할 목적으로 문서·도화 기타의 표현물을 제작·수입·복사·소지·운반·반포·판매 또는 취득한 자는 그 각 항에 정한 형에 처한다.

다. 구 국가보안법 제7조의 규정내용

설명의 편의를 위하여, 1991. 5. 31. 법률 제4373호로 개정되기 전의 국가보안법(이하 '구법'이라 한다) 제7조의 규정내용을 보면 다음과 같다.

① 반국가단체나 그 구성원 또는 그 지령을 받은 자의 활동을 찬양·고무 또는 이에 동조하거나 기타의 방법으로 반국가단체를 이롭게 한 자는 7년 이하의 징역에 처한다.

② 국외공산계열의 활동을 찬양·고무 또는 이에 동조하거나 기타의 방법으로 반국가단체를 이롭게 한 자도 제1항의 형과 같다.

③ 제1항 및 제2항의 행위를 목적으로 하는 단체를 구성하거나 이에 가입한 자는 1년 이상의 유기징역에 처한다.

④ 제3항에 규정된 단체의 구성원으로서 사회질서의 혼란을 조성할 우려가 있는 사항에 관하여 허위사실을 날조·유포 또는 사실을 왜곡하여 전파한 자는 2년 이상의 유기징역에 처한다.

⑤ 제1항 내지 제4항의 행위를 할 목적으로 문서·도화 기타의 표현물을 제작·수입·복사·소지·운반·반포·판매 또는 취득한 자는 그 각 항에 정한 형에 처한다.

⑥ 제1항 내지 제5항의 미수범은 처벌한다.

⑦ 제1항 내지 제5항의 죄를 범할 목적으로 예비 또는 음모한 자는 5년 이하의 징역에 처한다.

2. 제청법원의 제청이유와 관계기관의 의견

가. 제청법원의 제청이유

국가보안법 제7조 제1항·제3항·제5항은 헌법 제12조 제1항 후문의 죄형법정주의와 제37조 제2항 후문의 기본권의 본질적 내용 침해금지 규정 등 헌법규정과 합치하지 아니한다는 의심이 있다.

먼저, 우리 헌법은 사상의 자유와 집회 결사의 자유 등 여러 가지 표현의 자유를 규정하고 있는바, 우리의 국가 기본질서의 기초인 자유민주주의의 이념은 새삼스럽게 설명할 필요도 없이 자유와 평등이고, 그것은 개인의 인권과 인격의 존중에 밑바탕을 둔 것으로서 집단보다도 개인에게서 더 높은 인간의 가치를 인정하는 것이다. 그러므로 개인이 집단 또는 반대자의 의사와 상반되는 자신의 의사를 표명할 수 있는 자유는 자유민주주의의 필요적 요건의 하나일 뿐 아니라 그 대표적 징표이기도 하다. 이러한 의사표현의 자유는 개인의 가치표현이라는 측면만이 아니라, 적극적으로 정치적 의사결정에 참가할 수 있는 민주적 정치참여의 권리 확보라는 측면에서도 필요불가결한 것이다.

그런데 이러한 표현의 자유는 사상의 경쟁이 자유롭게 허용되는 사회에서만 건전하고 실질적으로 보장될 수 있다. 한 시대 또는 한 사회에서의 기존의 진리와 가치는 사상의 자유경쟁과 도전을 거쳐 새로운 진리와 가치로 발전 또는 창조되어 나아가는 것이고, 우리는 이것을 역사의 발전과정으로 인식한다. 이러한 새로운 진리와 가치의 발전과 창조는 때로는 기존의 진리와 가치를 부정하고 극복함으로써 이루어지는 것이므로 기존의 사상·이념에 반한다 하여 무조건 배척하거나 억제할 것이 아니라 무가치하고 유해한 사상과 이념이라고 할지라도 가급적 자유경쟁의 시장에서 비판되고 도태되는 과정을 거치게 함으로써 건전한 국가와 사회체제의 기초가 형성될 수 있는 것이다. 오늘날과 같이 대중매체가 고도로 발달되고 조직화되어 사상의 전달과 형성이 인위적으로 조작 가능한 시대에 있어서는 자유방임에 의한 경쟁원리가 그대로 통용되지 않는다는 반론이 없는 것은 아니나, 사상의 경쟁이 자유민주주의 사회의 유지와 발전에 있어서 필요불가결한 요소임은 부정할 수 없다.

그런데 위와 같이 자유민주주의 이념이 표현의 자유를 그 대표적 징표로 삼고 심지어 기존의 사상과 가치체계를 부정하는 사상의 표현에 대해서조차도 관용을 베푸는 것은 사상의 경쟁을 통하여 민주주의 사회의 건전한 보전과 발전을 도모하려는 데에 있는 것이지, 자유민주주의의 질서와 체제 자체를 파괴하려는 행위까지도 관용하려는 것은 물론 아니며, 이러한 행위는 표현의 자유의 한계 밖에 있고 그 한계를 벗어나는 행위의 규제는 자유민주주의 자체의 방어를 위하여 당연하다고 할 것이나 기존 질서의 이념과 가치를 부정하거나 이와 상반되는 사상·의견을 표명한다는 것은 기존 질서 측에서 볼 때에는 매우 불쾌한 공격임에는 틀림없으나, 그것이 자유민주주의 체제의 폐지, 전복을 유도, 선동하는 행위의 일환으로 즉 대한민국의 존립·안전과 자유민주적 기본질서를 파괴할 "구체적이고 가능한 위험"이 있는 표현행위라는 등의 특별한 사정이 없는 한 위와 같은 사상·의견에 대해서도 표현의 자유를 허용하는 것이 바로 자유민주주의의 존재이유인 것이다.

민주주의 사회는 그 구성원들의 다양한 사상, 다양한 생활방식 즉 다원성이 보장되는 사회로서 우리 헌법 또한 국민의 사상의 자유·양심의 자유 등을 규정하고 있고 민주주의의 제도적 보장이라고 할 수 있는 표현의 자유의 우월적 지위는 널리 인식되고 있는 바이며 표현의 자유는 민주정치의 필수불가결하고도 전제가 되는 것으로 표현의 자유가 보장되지 않는 국가는 민주정치국가라 할 수 없으며 이와 같은 표현의 자유는 민주주의의 제도적 토대라고 할 수 있어 헌법에서 보장된 여러 기본권 가운데에서도 특히 중요한 기본권이며, 그러기에 의사표현에 대하여 형벌을 과하는 법률은 최고도의 명확성이 요구될 뿐더러 그 의사표현 행위를 처벌하기 위해서는 그것이 장래에 있어 국가나 사회에 단지 해로운 결과를 가져올 수 있는 성향을 띠었다는 것만으로는 부족하고, 법률에 의하여 금지된 해악을 초래할 명백하고도 현실적인 위험성이 입증된 경우에 한정되어야 한다는 명백하고도 현존하는 위험의 원칙 외에도 사전억제금지의 이론, 표현의 자유를 제약하는 입법의 합헌성추정의 배제원칙, 막연하기 때문에 무효의 이론, 필요최소한도의 규제수단의 선택에 관한 원칙, 비교형량의 원칙과 이중기준의 원칙 등이 발전되어오고 있는 것이므로 국민의 사상과 신념의 자유, 이를 표현하는 자유는 그 제한에 있어서 위 여러 원칙에 합당하게 이루어져야 한다고 보인다. 이에 따라 헌법 제37조 제2항 후문에서 규정하고 있는 기본권의 본질적 내용의 침해금지 규정의 적용에 있어서도 그 대상이 표현의 자유라면 보다 엄격하게 그 제한 법률을 규정하고 해석하여야 할 것이다.

그런데 국가보안법 제7조 제1항에서는 국가의 존립·안전이나 자유민주적 기본질서를 위태롭게 하는 정을 알면서도 국가변란을 선전·선동하는 자를 처벌하고, 제3항에서는 제1항의 목적으로 하는 단체를 구성하거나 이에 가입한 자에 대한 처벌규정을 두고 또한 제5항에서는 그러한 행위를 할 목적으로 문서 등 표현물을 제작하거나 소지하는 등의 행위를 처벌할 것을 규정하고 있는바, 이는 표현범죄에 대한 반국가활동성을 처벌하는 것으로서 위에서 살펴본 바와 같은 엄격한 기준에 이르러야 표현의 자유의 본질적 내용을 침해할 위험성이 없다고 할 것이나, 국가의 존립·안전이나 자유민주적 기본질서를 위태롭게 한다는 정을 알고 국가변란을 선전하는 자를 처벌하도록 규정되어 있어 그 해석이나 적용에 있어서 표현의 자유의 본질적 내용을 침해할 위험성이 내포되어 있다고 보인다. 즉 기존의 체제를 비판하거나 반대하는 사상임을 인식하고 이를 표현하는 행위라면 위 조항을 문리적으로 해석할 때 처벌하도록 되어 있어 국민의 사상의 다양성을 사전에 봉쇄할 수도 있는 것이다.

이 사건을 살펴보면 피고인은 대우정밀의 한 노동자로서 우리 사회 현실의 문제점을 그 나름으로 인식하고 더 나은 사회가 되려면 어떻게 하여야 할 것인가에 관해 고민하고 비슷한 생각을 가진 다른 사람들과 정기적이며 조직적인 모임을 가지며 토론하고 '노동자 연대'라는 같은 성향의 정치신문을 읽어본 것으로서 비록 그 목표로서 주장하는 바가 기존의 체제와는 상반되는 노동자당을 건설하고 노동자들이 지배계급이 되는 사회를 이상으로 보고 있으나, 피고인은 현재의 북한사회도 노동자들의 혁명이 필요한 왜곡된 사회라고 비판하고 있으며 비록 목표 달성을 위한 현재 가능한 수단으로서 과격한 방법을 내세우고 있으나 피고인이 자신의 생각을 실현시키기 위해서 혁명의 구체적 실현을 준비하거나 그를 위하여 폭력 등을 행사한 사실이 없고, 자신들이 가지는 생각들에 관하여 서로 토론을 거듭한 순수이념단체적인 성격도 가진다고 할 것이므로 위와 같은 표현내용이 우리에게 당혹스러운 느낌을 주는 것은 사실이나 그것은 이러한 종류의 표현이 북한이 종전에 펴온 간접침략정책에 의한 선전내용과 흡사하여 그 동안 국가안전보장을 이유로 철저하게 금지되어온 것이어서, 그 내용의 실제적 위험성보다도 금기된 표현물이 갖는 상징적 위험성이 더 강하게 느껴지기 때문이라고 보이나 피고인이 참여한 모임은 북한도 비판하고 있는 점에서 위와 같은 상징적 위험성도 약하다고 할 것이다. 피고인의 위와 같은 사상과 표현물도 사상의 경쟁시장에 상장되면 그 허구성과 무가치한 실체가 드러나서 저절로 스러져버릴 표현물이라고 할지라도 이를 금기시함으로써 상징적 위험성을 지니게 만드는 것이므로, 이 사건 표현물의 내용이 기존의 이념과 가치를 부정하고 공격하는 내용이어서 당장은 당혹스럽고 불쾌한 것이라고 하더라도, 이를 과감하게 허용, 피고인이 주장하는 노동자당의 결성 등도 허용하여 현실에서의 사상의 경쟁을 거쳐 현실정치의 상황에 순응하게 함으로써 그 상징적 위험성을 제거하는 것이 자유민주주의 체제의 정도라고 보인다.

국민의 지지와 정당성을 갖추고 문민정부가 출범한 이래 대한민국의 자유민주적 기본질서에 기초한 현재의 체제에 대한 우월성을 바탕으로 과거와 달리 북한과의 교류와 협력을 넓히면서 사상의 다양성을 폭넓게 수용, 세계화를 향하여 나아가고 있는 현재의 시대의 변화에 비추어서도 지금은 과거와 달리 사상의 포용성을 한층 더 높여도 대한민국의 존립이나 안전이 위협받지 않으리라고 보이는바, 서구의 여러 선진민주주의 국가의 경우를 보더라도 사회당이나 공산당이 합법적으로 활동하고 있음을 알 수 있으므로 세계화를 향한 현 시점에서 이러한 사정 또한 참작되어야 할 것이다.

그러므로 위와 같이 피고인이 국가체제에 비판적 사상을 가졌다는 행위를 국가존립 등을 위태롭게 한다는 정을 알면서 국가변란을 선전하는 것으로 보아 처벌하는 국가보안법 제7조 제1항은 표현의 자유의 제한의 엄격성의 기준에 철저하지 못하며 다음에서 보는 바와 같이 죄형법정주의에도 철저하지 못한 점이 있어 헌법 제37조 제2항 후문의 본질적 내용의 침해가능성의 소지가 있다고 보인다.

헌법 제12조 제1항 후문은 이른바 죄형법정주의를 규정한 것으로서 죄형법정주의에서 말하는 법률은 국민이 처벌가능성을 예측할 수 있을 정도로 구체적이고 명확하게 규정되어야 하고 지나치게 포괄적이고 애매하거나 막연하고 불명확한 처벌법규는 자의적인 행정권의 행사에 의한 국민의 기본권 침해의 여지를 가지게 되기 때문에 삼권분립 내지 법치주의 이념과 죄형법정주의 원칙에 어긋나는 위헌의 법률이라고 할 것인데, 구 국가보안법 제7조 제1항·제5항에 대하여는 이미 헌법재판소에서 제1항의 '구성원'·'활동'·'동조' 등의 용어가 지나치게 다의적이고 그 적용범위가 광범위하여 문언을 그대로 해석 적용한다면 헌법상의 언론·출판·학문·예술의 자유 및 양심의 자유를 침해할 가능성이 있고 법 운영 당국에 의한 자의적 집행이 가능하여 법치주의원리에 반하고 법의 집행을 받는 자에 대한 평등권 침해가 되며 헌법 전문 및 헌법 제4조의 평화적 통일 지향의 규정에 양립하기 어려운 문제가 생길 수 있으나 그 소정행위에 의하여 국가의 존립·안전이나 자유민주적 기본질서에 "실질적 해악을 줄 명백한 위험성"이 있는 경우에 적용되는 것으로 해석하여야 한다고 위 조항의 위헌의 소지가 있음을 밝힌 바 있고 이에 따라 국가보안법의 위 규정이 현행과 같이 개정되어 제7조 제1항에는 "국가의 존립·안전이나 자유민주적 기본질서를 위태롭게 한다는 정을 알면서"란 모두의 요건이 추가되었고, "기타의 방법으로", "이롭게 한"이라는 부분은 삭제되면서 구법 같은 조 제2항의 국외공산계열에 관한 조항이 삭제되고 대신 제1항에 "국가변란을 선전·선동하는"을 추가하는 것으로 바뀐 바 있다. 그런데 개정조항들이 헌법재판소의 결정취지를 어느 정도 수용한 면은 있으나 여전히 "구성원", "활동", "동조" 등의 용어가 남아 있어 기왕에 논의되었던 위헌의 시비를 아직까지도 불식하지 못하고 있고, "국가의 존립·안전이나 자유민주적 기본질서를 위태롭게 한다는 정을 알면서"란 모두의 주관적 구성요건으로 기왕의 위헌의 소지를 줄이려고 하고 있으나 이는 행위자의 내심에 관한 사항을 규정한 것으로서 이를 인정하는 기준이 불명확할 뿐 아니라 어떠한 행위가 행위자의 내심의 의사를 어떻게 평가하는가에 따라 범죄가 되기도 하고 안 되기도 하며 무엇이 국가의 존립·안전이나 자유민주적 기본질서를 위태롭게 하는 것인지 아무런 내용이 규정되어 있지 않아 여전히 그 해석의 기준이 불명확함에 따르는 해석기관의 자의에 따른 적용이 가능하다는 우려를 가지고 있다.

또한, '국가변란'이라는 개념도 그 의미나 내용이 명확하지 아니할 뿐 아니라 단순히 '국가변란'이라고만 정의하고 있는데 형법상의 내란죄의 경우 '폭동할 것'이라는 보다 명확한 개념을 구성요건으로 두고 있음에도 같은 법 제91조에 국헌문란에 대한 자세한 정의규정을 별도로 두고 있는 것과 비교하여보아도 '국가변란'이 형법상 규정된 국헌문란과 어떠한 차이가 있는지 불분명하다고 할 것이고, 국가변란을 목적으로 폭동하는 등의 행위는 그 행위가 가지는 구체적이고 가능한 위험성을 가려내어 형법에 규정된 내란죄의 각 구성요건에 맞추어 처벌하는 것이 가능할 뿐 아니라 타당하다고 보이며 그 처벌도 가볍지 아니하여 국가보안법의 위 제 규정들은 형법규정과 중복되는 점도 있다고 보이므로 표현의 자유의 필요최소한도의 제한원칙과도 부합되지 아니하는 점이 있어 그 필요성에서도 어느 정도 의문이 있다고 할 것이다.

위에서 살펴본 바와 같이 이 사건 재판의 전제가 되는 국가보안법 제7조 제1항·제3항·제5항은 헌법상의 죄형법정주의와 표현의 자유의 우월적 보장, 기본권의 본질적 침해금지 규정 등에 합치하지 아니하는 의심이 있다.

나. 법무부장관 및 부산지방검찰청 검사장의 의견

(1) 기본권제한 법률의 내용이 외견상 추상적인 것으로 보이더라도 합리적 해석에 의하여 그 내용을 충분히 알 수 있다면 이를 두고 죄형법정주의에 반한다고 할 수 없는 것인바, 이 사건 심판대상 법률조항들의 의미는 이미 판례·학설 등에 의하여 명확히 정립되어 있으므로 이를 지나치게 다의적이라거나 포괄적이라고 할 수 없어, 죄형법정주의에 위배되지 아니한다.

(2) 남북이 분단된 채 군사적으로 대치하고 있는 우리나라의 현실 및 표현과 행동을 이분적으로 명확히 나눌 수 없다는 점에 비추어보면, 자신의 생각을 실현하기 위하여 구체적 활동을 준비하거나 폭력 등을 행사하지 않더라도 표현만으로도 충분히 국가안보에 실질적 해악을 초래할 수 있는 명백하고도 현존하는 위험이 있다고 할 것이므로, 국가안보를 위하여 이를 규제하는 것을 두고 표현의 자유의 본질적 내용을 침해

하는 것이라고 할 수 없다.

3. 판단

가. 구법 제7조와 신법 제7조의 대비

구법 제7조와 신법 제7조를 대비하여 보면 다음과 같은 규정내용의 변경이 있었음을 알 수 있다.

(1) 제1항에 관하여

신법 제1항에서는 구법 제1항에는 없던 "국가의 존립·안전이나 자유민주적 기본질서를 위태롭게 한다는 정을 알면서"라는 주관적 구성요건이 추가되어 있고, 또 구법 제1항 후단에 규정되어 있던 "기타의 방법으로 반국가단체를 이롭게 한 자"라는 부분이 삭제된 대신 "국가변란을 선전·선동한 자"라는 부분이 새로 들어가 있으며, 또 구법 전단의 "(활동을) 찬양·고무 또는 이에 동조하거나"라는 부분이 신법에서는 "(활동을) 찬양·고무·선전 또는 이에 동조하거나"로 개정되었다.

(2) 제2항·제3항에 관하여

구법 제2항(국외공산계열의 활동에 대한 찬양·고무 등)이 삭제되었고, 제3항의 규정 그 자체에는 실질적인 변경이 없었다.

(3) 제4항, 제5항에 관하여

구법 제4항 후단의 (사회질서의 혼란을 조성할 우려가 있는 사항에 관하여) "사실을 왜곡하여 전파"하는 행위가 삭제되었고, 제5항의 규정 자체에는 실질적인 변경이 없었다.

(4) 제6항, 제7항에 관하여

제6항의 규정 그 자체에는 실질적인 변경이 없었고, 다만 구법 제7항은 "제1항 내지 제5항의 죄를 범할 목적으로 예비 또는 음모한 자"를 처벌대상으로 하였으나, 신법 제7항은 그중 "제3항의 죄를 범할 목적으로 예비 또는 음모한 자"만을 처벌대상으로 규정함으로써 예비·음모죄의 처벌범위를 축소하였다.

이상으로 보건대, 구법 제7조와 신법 제7조의 가장 큰 상이점은 신법 제1항에 있어서 "국가의 존립·안전이나 자유민주적 기본질서를 위태롭게 한다는 정을 알면서"라는 주관적 구성요건이 추가된 점과 그 제1항 후단에 있어서 "기타의 방법으로 반국가단체를 이롭게 한 자"라는 부분이 삭제된 대신 "국가변란을 선전·선동한 자"라는 새로운 구성요건이 추가된 점 및 구법 제2항이 삭제된 점이라 할 수 있다.

나. 구법 제7조 제1항 및 제5항의 위헌성에 관한 헌법재판소의 결정 요지

(1) 우리 재판소는 1990. 4. 2. 선고 89헌가113 결정, 같은 해 6. 25. 선고 90헌가11 결정 및 1992. 1. 28. 선고 89헌가8 결정에서 구법 제7조 제1항 및 제5항의 위헌성에 관하여 그 견해를 밝힌 바 있는데, 그 요지는 다음과 같다.

(가) 구법 제7조 제1항에 관하여

이 조항은 "구성원", "활동", "동조", "기타의 방법", "이롭게 한" 등의 용어가 지나치게 다의적이고 그 적용범위가 광범하여 이를 문언 그대로 해석·운영할 경우에는, 첫째로 헌법상 언론·출판, 학문·예술의 자유를 침해할 개연성이 있고 나아가 그 같은 자유의 전제가 되는 양심의 자유도 침해할 가능성이 있으며, 둘째로 법 운영 당국의 자의적 집행을 허용할 소지가 있어 법치주의에 위배되고 결국 법의 집행을 받는 자에 대한 평등권의 침해가 되며 죄형법정주의에 위배될 소지가 생기고, 셋째로 헌법전문과 헌법 제4조가 천명한 평화적 통일지향의 규정과 양립하기 어려운 문제점 등이 생길 수 있다.

그렇다고 해서 이 조항을 완전 폐기하는 경우에는 완전 폐기에서 오는 법의 공백과 혼란도 문제지만 남북 간에 일찍이 전쟁이 있었고 아직도 휴전 상태에서 남북이 군사력으로 대치하고 있으며 긴장 상태가 계속되고 있는 상황 하에서는 이 조항의 완전 폐기에서 오는 국가적 불이

익이 폐기함에서 오는 이익보다 이익형량상 더 클 것이고, 또 평화시대를 기조로 한 형법상의 내란죄나 외환죄만으로는 오늘날 우리가 처한 현실에서 국가의 안전보장에 미흡하여 이와 별도로 이 조항의 존재의의가 있다고 할 것이며 국가의 존립·안전에 대한 침해나 민주체제 전복을 부추기는 내용의 언동까지도 표현의 자유라는 이름으로 보호하는 것이 헌법이 아닐진대 여기에 합헌적이고 긍정적인 면도 간과할 수 없고, 문제의 소재가 법문의 다의성과 그 적용범위의 광범성에 있는 만큼 이를 헌법합치적으로 축소·제한하면 앞서 본 이 조항의 위헌성은 제거될 수 있다.

그렇다면 문리 해석상으로는 일응 이 조항에 해당하는 행위라 할지라도 그 가운데서 국가의 존립·안전이나 자유민주적 기본질서에 무해(無害)한 행위는 처벌에서 제외하고 이에 위해를 줄 명백한 위험성이 있는 경우에만 이를 적용하도록 처벌범위를 축소 제한하는 경우에는 앞서 본 헌법전문이나 헌법규정들에 합치되는 합헌적 해석이 되고, 그 위헌성이 제거된다.

(나) 구법 제7조 제5항에 관하여

이 조항은 제1항을 그 요건으로 하고 있는데 앞서 본 바와 같이 제1항의 개념들이 다의적이고 광범위한 데에 문제점이 있는 이상 문리에 충실한 해석을 하면 제5항에도 같은 위헌적인 요소가 생길 수 있다. 따라서 이 조항도 제1항의 경우와 마찬가지로 국가보안법의 입법목적 등에 비추어 그 소정의 행위에 의하여 국가의 존립·안전이나 자유민주적 기본질서에 위해를 줄 명백한 위험성이 있는 경우에 한하여 적용되는 것으로 해석하여야 할 것이다. 여기서 국가의 존립·안전이나 자유민주적 기본질서에 위해를 줄 명백한 위험성이 있는 경우란 일응 그 표현물의 내용이 그와 같이 된 경우를 말한다고 할 것이고 따라서 국가의 존립·안전이나 자유민주적 기본질서에 실질적 해악이 될 정도가 못 된다거나 해악이 되는지의 여부가 불분명한 때에는 그 적용이 배제된다고 할 것이며, 문제의 표현물과 외부관련성의 정도 또한 여기의 위험성 유무를 판단하는 기준이 된다고 부연하면서 이와 같은 해석 하에서는 구법 제7조 제5항이 헌법에 위반되지 아니한다는 요지로 판시하였다.

(2) 우리 재판소의 위 1990. 4. 2. 선고 89헌가113 결정 및 같은 해 6. 25. 선고 90헌가11 결정 후에 남북한이 1991. 9. 17. 동시에 UN에 가입하고 또 남북한의 정부 당국자가 같은 해 12. 13. 소위 남북합의서에 서명하여 이것이 발효되었는바 이러한 사실들이 위의 결정내용에 어떠한 영향을 미치는가에 관하여 보건대, 남북한의 UN 동시가입이 곧 남북한 상호간에 국가 승인의 효력을 발생시켰다고는 볼 수 없고 또 남북합의서의 서명과 그 발효로써 바로 북한이 대남 적화혁명노선을 명백히 포기하였다고 볼 수도 없으며 지금도 이 노선에 따른 각종 도발이 여전히 계속되고 있으므로, 위와 같은 사정변경만으로는 우리 재판소가 위와 같이 한정합헌결정을 한 후에 그 결정의 논리적 내지 현실적 근거가 된 사실에 근본적인 변화가 있었다고 할 수 없고, 지금에 이르러 위와 달리 판단하여야 할 다른 사정변경이 있다고도 인정되지 아니한다.

다. 신법 제7조 제1항·제3항 및 제5항의 합헌성

우선, 신법 제7조 제1항에 관하여 보건대, 이 조항은 구법 제7조 제1항과 대비하여 보면 두 가지 점에서 뚜렷한 변경이 있었는바, 그 하나는 "국가의 존립·안전이나 자유민주적 기본질서를 위태롭게 한다는 정을 알면서"라는 주관적 구성요건을 추가한 점이고 다른 하나는 구법 제7조 제1항 후단의 "기타의 방법으로 반국가단체를 이롭게 한 자"라는 부분을 삭제한 대신 "국가변란을 선전·선동한 자"라는 부분을 삽입한 점이다.

신법 제7조 제1항에 위와 같은 주관적 구성요건이 추가된 것은 우리 재판소의 위 한정합헌결정의 취지를 받아들인 것으로 보이며 구법 규정보다는 그 구성요건이 훨씬 명확히 규정되었다고 보여지나 아직도 구법규정의 결함이었던 법문의 다의성(多義性)과 적용범위의 광범성이 조금은 남아 있다.

그래서 문제는, 이 정도의 결함 때문에 신법 제7조 제1항에 대하여서도 다시 그 구법 규정에 대한 것처럼 한정합헌의 결정을 할 것인가, 아니면 이 정도의 규정내용으로 구법 규정에 있던 위헌적 요소는 제거되었다고 보고 그래도 남은 용어의 추상성은 법적용·집행자의 합헌적·합리적 해석에 맡기기로 하여 단순합헌의 결정을 할 것인가에 있다.

이 문제에 관하여 우리 재판소는 우선 헌법이 보장하고 있는 국민의 기본적 인권 특히 이른바 "표현의 자유"는 그 어떤 경우에도 부당하게 제한되거나 침해되어서는 아니 된다는 기본적 입장에 서 있지만, 아래와 같은 이유로 신법 제7조 제1항은 헌법에 위반되지 아니한다고 판단하게 되었다.

첫째로, 구법 제7조 제1항의 가장 큰 위헌적 요소는 법문의 다의성과 적용범위의 광범성 때문에 이를 법문의 문리대로 해석하는 경우 행위자의 행위의 동기나 그 행위가 국가의 존립·안전이나 그 헌법적 기반인 자유민주적 기본질서에 미치는 영향 등을 불문하고 객관적으로 나타난 언행(言行)만을 형식논리의 잣대로 재어서 이 조항을 함부로 적용할 위험성이 있었기 때문인데, 신법 제7조 제1항에서는 "국가의 존립·안전이나 자유민주적 기본질서를 위태롭게 한다는 정을 알면서"라는 주관적 구성요건이 추가됨으로써 이 법의 입법목적(신·구법 제1조)을 일탈하는 확대해석의 위험은 거의 제거되었다고 볼 수 있다.

더구나 신법은 제2조 "반국가단체"의 정의규정에서 이 법의 적용대상이 되는 반국가단체의 범위를 축소하였고(신·구법 제2조 참조), 또 제1조 제2항에서 "이 법을 해석 적용함에 있어서는 제1항의 목적달성을 위하여 필요한 최소한도에 그쳐야 하며, 이를 확대해석하거나 헌법상 보장된 국민의 기본적 인권을 부당하게 제한하는 일이 있어서는 아니 된다"고 규정함으로써 이 법의 해석·적용에 관한 기본준칙을 신설한 점에 유의할 필요가 있다. 이러한 규정내용은 비단 국가보안법뿐만 아니라 모든 형벌법규의 해석·적용에 있어서 법 집행자가 의당 지켜야 할 준칙이라 할 것인데도, 신법이 특히 그 제1조에서 이를 천명한 것은 비록 이를 위반한 경우의 벌칙규정은 없다고 하더라도 법 집행자의 합헌적인 법 해석·적용을 이끌어내는 데 중대한 역할을 할 수 있다고 본다(이와 비슷한 규정이 1958. 12. 26. 법률 제500호로 제정된 구 국가보안법 제2조에 "주의규정"이라는 표제로 규정되어 있다가 1960. 6. 10. 법률 제549호로 국가보안법이 전문 개정되면서 삭제되어 그 이후에는 줄곧 없던 규정인데, 신법 제1조 제2항에서 다시 신설된 것이다).

둘째로, 신법 제7조 제1항의 "국가의 존립·안전이나 자유민주적 기본질서를 위태롭게 한다는 정을 알면서"라는 구성요건도 그 내용이 다소 추상적이어서 불명확하다는 느낌이 들 수도 있다. 그러나 "자유민주적 기본질서"란 무엇을 말하는가에 관하여는 앞서 본 우리 재판소의 결정내용이나 학설·판례에 의하여 그 개념 정립이 되어 있고, "위태롭게 한다는 정을 알면서"라는 부분도 우리 재판소의 위 결정들의 판시취지에 따라 이를 합법적(특히 이 법의 입법목적을 규정한 신법 제1조 제1항과 그 해석준칙을 규정한 같은 조 제2항의 규정취지에 따라), 합리적으로 해석한다면 개념의 불명확성은 제거될 수 있다고 본다. 이러한 관점에서 풀이하면, 신법 제7조 제1항은 그 소정의 행위가 국가의 존립·안전이나 자유민주적 기본질서에 해악(害惡)을 끼칠 명백한 위험성이 있는 경우에만 적용되어야 한다(이러한 견해는 우리 재판소의 종전 결정들의 주문내용과는 표현상 약간의 차이가 있으나, 그 기본적 견해에 변경이 있는 것은 아니므로 종전의 판례를 변경하는 것은 아니다).

셋째로, 신법 제7조 제1항 후단에 새로이 신설된 "국가변란을 선전·선동한 자"라는 구성요건 중 "변란(變亂)"이라는 개념은 1948. 12. 1. 법률 제10호로 공포, 시행되었던 구 국가보안법에서부터 계속 사용되어 온 용어이고 신법 제2조의 "반국가단체"의 정의규정에서도 사용되고 있는 용어로서 이미 판례에 의하여 그 개념이 상당한 정도로 정립되어 있다. 더구나 이 부분 즉 "국가변란을 선전·선동한 자"라는 구성요건은 같은 항 전단의 "국가의 존립·안전이나 자유민주적 기본질서를 위태롭게 한다는 정을 알면서"라는 부분과 연결되어 하나의 구성요건을 이루고 있다고 보여지므로 그 개념의 불명확성은 제거되었다고 볼 수 있다.

넷째로, 신법 제7조 제1항에서도 "구성원", "활동", "동조" 등 다의적이고 적용범위가 넓은 개념이 그대로 사용되고 있으나, 구법 규정과는 달리 이들 개념은 모두 같은 항 앞머리의 "국가의 존립·안전이나 자유민주적 기본질서를 위태롭게 한다는 정을 알면서"라는 주관적 구성요건과 결합하여 하나의 구성요건을 이루고 있고 이 주관적 구성요건을 우리 재판소의 위 견해와 같이 제한 해석한다면 이들 개념의 다의성과 적용범위의 광범성은 제거된다. 그리고 신법 제7조는 형법상의 내란죄 등 규정의 존재와는 별도로 그 독자적 존재의의가 있는 것이어서 표현의 자유의 필요최소한도의 제한원칙에 반하는 것이 아님은, 앞서 본 우리 재판소의 결정내용에서 이미 밝힌 바 있다.

다음으로, 신법 제7조 제3항 및 제5항에 관하여 보건대, 이 조항들은 모두 같은 조 제1항을 전제로 하는 조항들로서 위에서 본 바와 같이 제1항에서 그 위헌성이 제거된 이상 이들 조항도 그 구법 규정이 띠고 있던 위헌성은 제거된 것으로 보여지고 달리 이 조항들 그 자체에 따로이 어떤 독립적인 위헌적 요소가 있다고도 볼 수 없다.

그렇다면, 신법 제7조 제1항·제3항 및 제5항은 제청법원이 주장하는 바와 같이 표현의 자유의 본질적 내용을 침해하거나 이를 필요이상으로 지나치게 제한할 위험성이 있다고 할 수 없고 또 죄형법정주의에 위배된다고도 할 수 없다.

4. 결론

따라서 신법 제7조 제1항·제3항 및 제5항은 모두 헌법에 위반되지 아니한다고 할 것이므로 이에 주문과 같이 결정한다.

이 결정은 재판관 조승형의 아래와 같은 반대의견이 있는 외에는 그 나머지 관여 재판관 전원의 의견일치에 따른 것이다.

5. 재판관 조승형의 반대의견

이 사건 심판대상 조항들은 그 개정에도 불구하고 헌법재판소 1990. 4. 2. 선고 89헌가113 결정 등이 지적한 헌법상의 언론·출판·학문·예술 및 양심의 자유를 위축시킬 염려, 형벌과잉을 초래할 염려, 국가안전보장이나 자유민주적 기본질서의 수호와 관계없는 경우까지 확대 적용될 만큼 불투명하고 구체성이 결여되어 헌법 제37조 제2항의 한계를 넘는 제한인 점, 법 집행자의 자의적 집행을 허용할 소지가 있는 점, 죄형법정주의에 위배된다는 점 등이 충분히 해소되지 않고 있으므로 헌법에 위배된다.

② 해설

헌법재판소의 이 결정은 구(舊) 국가보안법 제7조에 대하여 헌법재판소가 한정합헌결정을 한 이후,[24] 1991년 5월 31일 관련 규정을 개정한 조항에 대하여 처음으로 그 위헌성 여부를 판단한 것이다. 즉, 국가보안법은 헌법재판소의 위와 같은 한정합헌결정의 취지를 반영하여 신법 제1항에 "국가의 존립·안전이나 자유민주적 기본질서를 위태롭게 한다는 정을 알면서"라는 주관적 구성요건을 추가하였으며, 그 제1항 후단에서 "기타의 방법으로 반국가단체를 이롭게 한 자"라는 부분을 삭제하고, 그 대신 "국가변란을 선전·선동한 자"라는 새로운 구성요건을 추가하면서 구법 제2항을 삭제하였다.

이 사건은 국가보안법 위반 사건을 담당하는 법원이 직권으로 당해

---

24 헌재 1990. 4. 2. 89헌가113 등.

사건의 재판의 전제가 되는 국가보안법 제7조 제1항, 제3항, 제5항에 대하여 비록 위 규정이 개정되었음에도 불구하고 여전히 표현의 자유를 제한할 때 요구되는 엄격한 기준에 철저하지 못하고, 죄형법정주의에도 철저하지 못하여 헌법 제37조 제2항 후문의 기본권의 본질적 내용을 침해할 가능성이 있다고 판단하고 헌법재판소에 위헌제청결정을 한 것이다.

헌법재판소는 이 결정에서 개정된 국가보안법 제7조 제1항에 위와 같이 주관적 구성요건을 추가한 것은 헌법재판소의 한정합헌결정의 취지를 반영한 것이며, 이로써 그 구성요건이 훨씬 명확하게 규정되었다고 판단하고, 그 행위가 국가의 존립·안전이나 자유민주적 기본질서에 해악을 끼칠 명백한 위험성이 있는 경우에만 적용되어야 하고, 위 규정은 이와 같이 해석할 수 있으므로 헌법에 위반되지 않는다고 판시하였다. 또한, 이러한 견해는 헌법재판소의 종전 결정들의 주문내용과는 표현상 약간의 차이가 있으나, 그 기본적 견해에 변경이 있는 것은 아니므로 종전의 판례를 변경하는 것은 아니라고 확인하였다.

이에 반하여 재판관 조승형은 반대의견을 통하여 위 규정들이 개정되었음에도 불구하고 종전의 헌법재판소가 지적한 바와 같이 이 사건 심판대상 조항들은 여전히 불투명하고 구체성이 결여되어 헌법재판소가 종전에 지적한 헌법상의 언론·출판·학문·예술 및 양심의 자유를 위축시킬 염려가 있고, 형벌과잉을 초래함으로써 국가안전보장이나 자유민주적 기본질서의 수호와 관계없는 경우까지 확대하여 적용될 우려가 있어 헌법에 위반된다고 하였다.

2) 관련판례 요지

(1) 자진지원·금품수수

① 대법원 1985. 12. 10. 85도1367【국가보안법위반】

국가보안법 제5조 제2항에서 반국가단체의 구성원 또는 그 지령을 받은 자로부터 그 정을 알고 금품을 수수한 자라 함은 금품을 교부하는 상대방이 반국가단체의 구성원 또는 그 지령을 받은 자라는 정을 알고 그가 교부하는 금품을 수수한 자라는 뜻이므로 동조 동항 소정의 금품수수죄는 금품을 교부하는 자가 반국가단체의 구성원 또는 그 지령을 받은 자라는 정을 알면서 그로부터 금품을 수수하면 금품수수의 목적이 무엇이건 가리지 않고 성립되는 것이고(당원 1962. 4. 4. 선고 62도24 판결, 1971. 1. 26. 선고 70도2357 판결, 1971. 9. 28. 선고 71도1124 판결, 1982. 7. 13. 선고 82도968 판결, 1984. 10. 10. 선고 84도1796 판결 등 참조), 그밖에 더 나아가서 반국가단체의 이익이 된다는 정을 알고 금품수수를 할 것과 그 금품수수가 반국가단체의 목적수행과 관련이 있어야만 할 것 등은 같은 죄의 성립요건이 아니라 할 것이다(목적수행과의 관련성에 관하여 당원 1972.10.31. 선고 72도2049 판결 참조). 소론이 들고 있는 당원 1968. 7. 30. 선고 68도754 판결에서의 판시 내용은 국가보안법 제5조 제2항 소정의 금품수수죄와는 그 구성요건을 달리하고 있던 구 반공법 제5조 제1항의 죄에 관한 것이므로 이 사건에 적절한 선례가 될 수 없고, 당원이 1970. 10. 13. 선고 70도1763 판결과 1980. 2. 12. 선고 78도90 판결에서 표명한 이와 상반되는 취지의 견해는 이 판결로써 폐기하기로 한다.

② 헌재 1997. 1. 16. 89헌마240【국가보안법 등의 위헌 여부에 관한 헌법소원】

구법 제5조 제2항의 구성요건은 지나치게 포괄적이고 광범위하여 이를 문리대로 해석하면, 금품을 교부하는 자가 반국가단체의 구성원 또는 그 지령을 받은 자라는 정을 알면서 그로부터 금품을 수수하면 그 금품의 가액이나 가치는 물론 금품수수의 목적을 가리지 않고 이 조항의 죄(금품수수죄)가 성립되며, 그 금품수수가 반국가단체의 이익이 된다는 정을 알 것이라든가 반국가단체의 목적수행과 관련이 있을 것 등은 이 죄의 성립요건이 아니게 된다(대법원 1985. 12. 10. 선고 85도1367 전원합의체판결 등 참조). 따라서 반국가단체의 목적수행과 관련성이 없고 국가의 안전이나 자유민주적 기본질서에 해악을 끼칠 위험이 없는 경우까지도 형사처벌이 확대될 위험이 있고, 이는 죄형법정주의·평화통일의 원칙과 저촉될 뿐만 아니라 행복추구권에서 도출되는 국민의 일반적 행동의 자유, 경제활동의 자유 등에 대한 과도한 제한을 초래할 가능성이 있다.

이러한 사실은 신법 제5조 제2항이 위 구법조항의 구성요건에 "국가의 존립·안전이나 자유민주적 기본질서를 위태롭게 한다는 정을 알면서"라는 주관적 구성요건을 추가하고서도 더 나아가 신법 제1조 제2항에서 이 법을 해석 적용함에 있어서는 "이를 확대해석하거나 헌법상 보장된 국민의 기본적 인권을 부당하게 제한하는 일이 있어서는 아니된다"고 그 해석준칙을 천명한 것에서도 뚜렷이 엿볼 수 있다.

따라서 구법 제5조 제2항에 관하여서도 우리 재판소 1990. 4. 2. 선고 89헌가113 결정의 취지에 따라, 위 각 조항 소정의 행위 가운데 국가의 존립·안전이나 자유민주적 기본질서에 무해한 행위는 처벌에서 배제하고 이에 해악을 끼칠 명백한 위험이 있는 경우에만 이 조항들을 적용하도록 그 적용범위를 축소제한하면 헌법에 합치되고 위와 같은 위헌성은 제거된다.

(2) 잠입·탈출

① 대법원 2008. 4. 17. 2003도758【국가보안법위반】

[다수의견]

구 「남북교류협력에 관한 법률」(2005. 5. 31. 법률 제7539호로 개정되기 전의 것) 제3조에서 말하는 남한과 북한을 왕래하는 행위가 "남북교류와 협력을 목적으로 하는 행위"로서 "정당하다고 인정"되는지 여부는 북한 왕래를 하게 된 경위, 같은 법 제9조 제1항에서 정한 바에 따라 방문증명서를 발급받았는지 여부, 북한 왕래의 구체적인 목적이 같은 법에서 정하고 있는 교역 및 협력 사업에 해당하는지 여부, 북한 왕래자가 그 교역 및 협력 사업을 실제로 행하였는지 여부, 북한 왕래 전후의 행적 등을 종합적으로 고려하여 객관적으로 판단하여야 한다. 북한 방문을 희망하는 사람으로부터 방문증명서 발급 신청을 받은 통일부장관은 그 방문목적이 같은 법에서 허용되는 것인지 여부를 구체적으로 심사하고 그 방문을 허용함에 따라 발생될 수 있는 긍정적·부정적인 면을 함께 전체적·종합적으로 고려한 다음, 그 사람이 북한을 방문하여 그 방문목적으로 정한 행위를 하도록 허용하는 것이 남북교류와 협력에 도움이 된다고 판단될 경우에 그 방문목적이 기재된 북한 방문증명서를 발급한다(같은 법 시행령 제9조 제4항). 따라서 통일부장관으로부터 북한 방문증명서를 발급받아 북한을 방문하여 그 방문증명서에 기재된 방문목적을 행한 경우에는 원칙적으로 그 방문은 남북교류와 협력을 목적으로 하는 행위로서 정당하다고 보는 것이 옳다.

물론, 대한민국의 존립·안전이나 자유민주적 기본질서를 위태롭게 하는 행위를 할 명백한 의도를 가진 사람이 방문목적을 속여 북한 방문증명서를 받은 다음 그 방문증명서에 기재된 방문목적에 따른 행위는 전혀 하지 않고 다른 행위를 한 예외적인 경우에는, 북한 방문증명서에 기재된 방문목적은 방문증명서를 받기 위한 외형상의 구실에 불과하여 방문증명서를 받았다는 이유만으로 그 북한 방문이 남북교류와 협력을 목적으로 하는 행위로서 정당하다고 볼 수는 없으므로, 그 북한 방문행위가 국가보안법이 정한 탈출죄의 구성요건을 충족하는 경우에는 그에 따른 죄책을 면할 수 없다.

그러나 이러한 예외적인 경우를 함부로 인정하게 되면 남북교류와 협력을 촉진하려는 같은 법의 목적 내지 통일부장관이 북한 방문을 허용한 정책적 판단의 취지를 가볍게 부정하는 결과를 낳게 될 것이다. 따라서 북한 방문자가 통일부장관이 허용한 방문목적에 부합하는 행위를 실제로 하는 한편, 그 방문 기회를 이용하여 법률상 허용될 수 없는 다른 행위를 하였다고 하더라도, 하나의 북한 방문행위에 대한 정당성 여부를 방문목적별로 나누어서 따로 평가할 수는 없다. 그러므로 북한 방문자가 오로지 법률상 허용될 수 없는 다른 행위를 하기 위하여 북한을 방문한 것이고 밖으로 내세운 방문목적은 단지 북한 방문증명서를 받아내기 위한 명목상의 구실에 불과한 것이었다고 볼 수 있는 경우가 아니라면 그 북한 방문행위 자체는 정당성이 인정된다고 볼 것이고, 그 다른 행위에 대하여 해당 처벌 조항에 따른 죄책을 묻는 것은 별론으로 하더라도, 더 나아가 북한 방문행위 자체를 통일부장관이 허용한 방문목적과 전혀 다른 행위를 한 위의 경우와 동일시하여 남북교류와 협력을 위한 행위로서의 정당성을 전면 부정하고 국가보안법상의 탈출행위로 처벌하여서는 아니 된다.

[대법관 전수안의 별개의견]

북한을 방문하고자 하는 사람이 통일부장관으로부터 북한 방문증명서를 발급받아 북한을 방문하였다면, 그와 같은 절차를 제대로 거쳐 남한에서 북한으로 가는 행위는 국가보안법이 정한 탈출죄의 구성요건 자체에 해당할 여지가 없어, 어떠한 경우에도 국가보안법상 탈출죄로 처벌할 수는 없다. 이는 다수의견에서, 그 북한 방문목적에 따라 국가보안법상의 탈출죄에 해당한다고 보는 경우인 "대한민국의 존립·안전이나 자유민주적 기본질서를 위태롭게 하는 행위를 할 명백한 의도를 가진 사람이 방문목적을 속여 북한 방문증명서를 받은 다음 그 방문증명서에 기재된 방문목적에 따른 행위는 전혀 하지 않고 다른 행위를 한 경우" 등과 같은 때에도 마찬가지라고 할 것인바, 그와 같은 행위가 구 「남북교류협력에 관한 법률」(2005. 5. 31. 법률 제7539호로 개정되기 전의 것) 이 정한 "사위 기타 부정한 방법으로 북한 방문증명서를 발급받은 때" (제27조 제1항)에 해당한다고 보아 그 죄책을 지우거나 북한 방문 중에 행한 구체적인 행위를 개별적으로 평가하여 위 법률이나 국가보안법의 해당 규정에 따라 처벌하는 것은 별론으로 하고, 애당초 탈출이라고 볼 수 없는 행위가 그 숨은 방문목적이 어떠하였는지에 따라 탈출로 평가되어서는 안 되며, 통일부장관의 북한 방문증명서 발급이 적정한 것이었는지에 따라 탈출죄의 적용 여부를 달리하여서도 아니 된다.

② 대법원 2009. 5. 14. 2009도329 【국가보안법등위반】

국가보안법 제6조 제2항 소정의 잠입·탈출죄에서 지령을 받는다고 함은 반국가단체 또는 그 구성원으로부터 직접 지령을 받는 경우뿐만 아니라 그 지령을 받는 자로부터 다시 지령을 받는 경우까지를 포함하는 것이고, 또한 그 지령은 지시와 명령을 포함하는 개념으로서 반드시 상명하복의 지배관계가 있을 것을 요하지 아니하고 그 지령의 형식에도 아무런 제한이 없다(대법원 1990. 8. 24. 선고 90도1285 판결 등 참조).

③ 대법원 2011. 7. 28. 2009도9152 【국가보안법위반】

국가의 존립·안전이나 자유민주적 기본질서에 실질적 해악을 끼칠 명백한 위험성이 있는 경우에 한하여 국가보안법이 제한적으로 적용되어야 한다는 해석 원리는 국가보안법 제6조에서 정하고 있는 잠입·탈출죄, 제8조에서 정하고 있는 회합·통신 등 죄에 대하여도 그대로 적용된다.

위 법리와 기록에 비추어 원심판결 이유를 살펴보면, 원심이 그 판시와 같은 사정을 들어 피고인의 이 사건 북한 방문 및 북한을 방문하려고 한 행위와 2004. 7.경 회합, 2007. 1. 14. 회합 및 2007. 5. 초순경 회합 행위에 국가의 존립·안전이나 자유민주적 기본질서에 실질적 해악을 끼칠 명백한 위험성이 있다고 판단한 것은 정당하고, 거기에 상고이유의 주장과 같은 국가의 존립·안전이나 자유민주적 기본질서에 실질적 해악을 끼칠 명백한 위험성의 판단에 관한 법리오해 등의 위법이 없다.

④ 헌재 1997. 1. 16. 92헌바6·26, 93헌바34·35·36(병합) 【국가보안법 위헌소원】

구법 제6조 제1항을 문리 그대로 해석·운영한다면 "잠입"과 "탈출"의 동기나 목적 또는 수단·방법을 가리지 아니하고 반국가단체의 지배하에 있는 지역으로부터 우리나라에 들어오거나 그곳으로 나가는 행위(특히 제3국에 거주하다가 그 지역으로 나가는 행위)가 모두 그 처벌대상이 될 수 있다. 따라서 국가의 존립·안전이나 자유민주적 기본질서에 해악을 끼칠 명백한 위험이 없는 경우까지도 형사처벌이 확대될 위헌적 요소가 있었다. 그러나 신법 제6조 제1항은 "국가의 존립·안전이나 자유민주적 기본질서를 위태롭게 한다는 정을 알면서"라는 주관적 구성요건을 이에 추가함으로써 구법 규정이 띠고 있던 위헌적 요소는 제거되었다고 볼 수 있다.

(3) 찬양·고무 등

① 대법원 1992. 3. 31. 90도2033 【국가보안법위반】

[다수의견]

원심판시 사실과 거시증거에 의하여 원심이 이적표현물로 인정한 판시 각 책자 및 게재물의 내용을 보면, 『임금의 기초이론』이라는 제목의 책자는 우리 헌법의 기본질서 중의 하나인 자유경제체제의 붕괴와 임금제도의 최종적 폐지를 주장하면서 노동자계급은 자본가계급 전체와 투쟁하여 자신들을 해방시켜야 하고, 임금인상투쟁은 자본주의체제를 붕괴시키는 데에 그 목적을 두어야 한다고 선동하는 내용이고, "미국, 누구를 위한 미국인가?"라는 제목의 게재물은 전체적으로 대한민국을 친일매국노와 미국이 합작하여 세운 미국의 식민지 정부라는 관점에서 대한민국의 정통성을 부정하고 북한의 인민공화국과 같은 정통성 운운하여 그 정통성을 시인하면서 미국을 매도하고 제주폭동을 미 제국주의에 대한 민중의 궐기라고 표현한 내용이며, 『새벽 6호』라는 책자는 노동자계급이 중심이 되어 반민주자주화투쟁과 반독재민주화투쟁 및 조국통일운동을 삼위일체적으로 수행하면서 민족·민주·통일전선을 구축하고 민주정부 수립을 위해 식민통치하의 한국사회를 변혁시켜야 하고 반합법적이고 비합법적인 대중조직도 광범하고 다양하게 건설해 나갈 것을 주장하는 내용으로 되어 있는바, 위 각 표현물의 내용은 국가보안법(1991. 5. 31. 법률 제4393호로 개정되기 전의 것)의 보호법익인 대한민국의 안전과 자유민주주의체제를 위협하는 적극적이고 공격적인 표현으로서 표현의 자유의 한계를 벗어난 것이라고 볼 것이므로, 원심이 위 각 표현물을 취득·소지하거나 제작·반포한 피고인의 판시행위에 대하여 국가보안법 제7조 제5항, 제1항을 적용한 조치는 정당하고 소론과 같은 법리오해의 위법이 없다.

[반대의견]

같은 법 제7조가 규정하는 표현범죄에 있어서 반국가활동성, 즉 불법성의 판단기준은 자유민주주의의 방어를 위한 표현 자유의 한계에 그 근거를 두어야 할 것이며, 이러한 관점에서 국가보안법의 규제대상인 불법한 표현행위란 국가의 안전 등을 위협하는 표현행위, 즉 대한민국의 존립 안전과 자유민주적 기본질서를 파괴할 "구체적이고 가능한 위험"이 있는 표현행위를 말한다고 보는 것이 타당하다.

같은 조 제5항의 죄의 객체인 문서·도화 기타 표현물은 그 자체에 반국가활동성, 즉 국가의 존립 안전과 자유민주적 기본질서를 위태롭게 하는 구체적이고 가능한 위험성이 표현된 것이어야 하는바, 표현물의 내용이 대한민국의 자유민주체제를 비판하거나 이와 반대되는 의견을 표명한 것만으로는 부족하고, 적어도 폭력 기타 비합법적 방법에 의하여 대한민국의 존립 안전과 헌법의 기본질서를 폐지 전복할 것을 유도 또는 선동하는 내용이 표현되어 있어야만 구체적이고 가능한 위험성 있는 불법한 표현물이라고 할 수 있다.

"미국, 누구를 위한 미국인가?"라는 표현물의 내용은 현재 대한민국의 존립 안전이나 헌법의 기본질서를 위태롭게 할 구체적이고 가능한 위험성이 없다고 볼 것이므로 국가보안법의 규제대상인 반국가활동성 있는 불법표현물에 미치지 못하는 것으로 보아야 할 것이다.

② 대법원 2007. 5. 31. 2004도254 【국가보안법위반(찬양·고무 등)】

(1) 어떤 표현물이 이적성이 있는가 여부의 판단은 결국 경험법칙과 논리법칙에 따라 자유 심증에 의하여 판단할 것이고, 표현물의 전체적인 내용뿐만 아니라 그 작성의 동기는 물론 표현행위 자체의 태양과 외부와 관련 사항, 표현행위 당시의 정황 등 여러 사정을 종합하여 결정하여야 할 것이며, 해당 표현물의 어느 표현 하나만을 따로 떼어놓고 볼 것이 아니라 문맥을 통해 그 전체적 내용을 객관적으로 분석하여 이적성 유무를 판단하여야 한다(대법원 1993. 2. 9. 선고 92도1711 판결, 1996. 12. 23. 선고 95도1035 판결 등 참조).

(2) 기록에 따르면, (이름 생략)대학교 언론학(신문방송학과) 교수로 근무하던 피고인이 신문방송학과 3학년을 상대로 한 "언론학 연구방법론"이라는 강의를 위해 만든 교재인 이 사건 서적의 내용 중에는 객관적인 세계의 인식방법으로서 철학적 관념론과 형이상학을 비판하면서 마르크스주의 변증법적 유물론을 주장하고, 사회현상을 계급론적으로 보아

사회변혁의 주체가 민중이고 민중의 투쟁에 의하여 역사가 발전한다는 취지가 포함된 사정은 인정되나, 다른 한편으로 이 사건 서적에서 명시적, 묵시적으로 반국가단체인 북한의 선전활동에 동조하거나 독점자본을 국유화하고 노동자계급의 폭력혁명을 통하여 사회주의를 실현하여야 한다는 등의 내용은 찾아볼 수 없고, 오히려 이 사건 서적의 말미의 결론 부분에서 "결국 비교적 평화롭고 향상된 삶의 길은, 자본주의적 자유경쟁의 장점과 사회주의적 평등·복지 지향의 장점을 함께 살릴 수 있는 '상하한선 경계 안에서 자율성을 보장해주는' 법과 제도와 도덕적 행동준칙을 만들어내고 지켜내는 데에 사회성원 모두가 합심 노력하는 방법만이 최선의 길인 것 같다"고 기재함으로써 결국 법과 제도에 의한 개혁 및 준법을 강조하는 등, 전체적으로는 자유민주적 기본질서 내에서의 개혁을 주장하고 있을 뿐임을 알 수 있다.

학문의 연구는 기존의 사상 및 가치에 대하여 의문을 제기하고 비판을 가함으로써 이를 개선하거나 새로운 것을 창출하려는 노력이므로 그 연구의 자료가 사회에서 현재 받아들여지고 있는 기존의 사상 및 가치체계와 상반되거나 저촉된다고 하여도 용인되어야 할 것이고(대법원 1982. 5. 25. 선고 82도716 판결 등 참조), 학문연구의 방법으로서 마르크스주의 방법론을 수용하고, 이에 입각하여 단순한 현실의 묘사나 이에 따른 분석·예측 또는 설명을 시도하는 것 자체는 그것이 이론적인 영역을 넘어 직접적으로 그 이념이 추구하는 사회적인 행동을 지향하는 것이 아닌 한, 헌법이 보장하는 학문의 자유의 범주 내에 속하는 것이라 할 것인바(대법원 1993. 2. 9. 선고 92도1711 판결, 2005. 3. 11. 선고 2002도4278 판결 등 참조), 사정이 위와 같다면 이 사건 서적의 내용 중 공소사실 기재 발췌부분만을 내세워 이 사건 서적이 국가의 존립·안전이나 자유민주적 기본질서를 위협하는 적극적이고 공격적인 표현을 담은 국가보안법상의 이적표현물이라고 보기는 어렵다고 할 것이다.

(3) 그리고 기록에 따르면, 이 사건 서적 중 피고인이 다른 서적으로

부터 인용 혹은 발췌하여 이 사건 서적에 게재한 한국의 근현대사·사회운동의 전개과정의 서술 부분에는 공소사실에서 기재되어 있는 바와 같이 민족해방운동사에서 직접적인 친일세력뿐만 아니라 일부 언론기관의 친일행적을 비판하고, 이승만을 친미 사대세력으로 비판하며, 해방 이후 미군정사·남북분단과정 등을 통하여 미국을 비판한 반면, 북한이 주장하는 김일성의 1926년 타도제국주의동맹, 1931년 항일유격대 활동, 1936년 조국광복회 활동 등을 자주 독립투쟁으로 파악하는 내용이 포함된 사실을 알 수 있어, 전체적으로 북한의 역사적 관점과 비슷한 시각에서 한국 근대사를 약술한 부분이 일부 포함되어 있기는 하나, 전체적으로 저자가 북한 공산집단의 주장을 적극적이고 직접적인 방법으로 찬양하거나 이에 동조하는 듯한 내용은 없는 점에 비추어보면, 이것 역시 학문적으로 그 진위의 검증이 가능한 역사서술로서 한국 현대사에 대하여 바라볼 수 있는 여러 가지 역사적인 관점 또는 견해에 불과하며 그 내용이 현재 대한민국의 존립과 헌법의 기본 질서에 대한 적극적인 공격성을 가지는 것이라 단정할 수 없다(대법원 2002. 2. 22. 선고 2000도1632 판결 등 참조).

③ 대법원 2007. 12. 13. 2007도7257【국가보안법위반(간첩 등)】

(1) 이적표현물 제작·소지·반포의 점에 대하여

국가보안법 제7조 제5항 표현물은 그 내용이 국가보안법의 보호법익인 대한민국의 존립·안전과 자유민주주의 체제를 위협하는 적극적이고 공격적인 것으로서 표현의 자유의 한계를 벗어난 것을 말한다. 표현물이 이에 해당하는지 여부는 표현물의 전체적인 내용뿐만 아니라 그 작성의 동기는 물론 표현행위 자체의 태양 및 외부와의 관련사항, 표현행위 당시의 정황 등 모든 사정을 종합하여 결정하여야 하고, 표현물의 내용이 일반인에게 공개된 서적이나 인터넷사이트 등에서 수집·인용되었다는 이유만으로 그에 대한 평가가 달라져야 하는 것은 아니다(대법원 1993. 9. 28. 선고 93도1730 판결, 대법원 2006. 6. 16. 선고 2004도851 판결 등 참조).

원심이 유지한 제1심이 적법하게 채택한 증거들에 따르면, 피고인 2·4·5가 소지하고, 피고인 4가 제작·반포한 판시 문건들은 모두 주체사상·선군사상을 찬양하거나 우리나라를 미국의 식민지로 규정하고 민족자주정권을 수립한 후 연방제 방식의 통일을 주장하는 북한의 선전 내용을 담고 있음을 알 수 있는바, 앞서 본 법리에 따르면, 위 피고인들이 국가보안법 제7조 제5항이 정한 목적으로 판시 문건을 소지·제작·반포한 사실을 인정할 수 있으므로, 위 피고인들에 대하여 국가보안법 제7조 제5항의 죄책을 인정한 원심판결은 정당하다.

자유민주주의 하에서 표현의 자유, 사상과 양심의 자유는 기본적 권리이기는 하나 무제한의 것이 아니라 국가의 안전보장, 질서유지 또는 공공복리를 위하여 필요한 경우에는 그 자유의 본질적인 내용을 침해하지 않는 한도 내에서 제한할 수 있는바, 피고인 4가 판시 "대망의 새 세기 주체 91년을 맞아 21세기의 태양이신 위대한 영도자 김정일 장군께 열렬한 경모의 마음을 담아 충성의 새해인사를 드립니다"라고 시작하는 문건과 '민족의 운명을 가늠하는 미사일 정국의 본질'이라는 제목의 문건에서 주장하는 내용은 모두 반국가단체인 북한의 활동에 동조하는 것으로서 헌법이 보장하는 자유의 한계를 벗어난 것이라고 보아야 한다. 같은 취지의 원심판단은 옳고 주장과 같은 위법이 없다.

(2) 이적단체 구성 및 가입의 점에 대하여

국가보안법 제7조 제3항에 규정된 이른바 '이적단체'란 국가보안법 제2조 소정의 반국가단체 등의 활동을 찬양·고무·선전 또는 이에 동조하거나 국가의 변란을 선전·선동하는 행위를 하는 것을 그 목적으로 하여 특정 다수인에 의하여 결성된 계속적이고 독자적인 결합체를 가리키는데, 이러한 이적단체를 인정할 때에는 국가보안법 제1조에서 규정하고 있는 위 법의 목적과 유추해석이나 확대해석을 금지하는 죄형법정주의의 기본정신에 비추어서 그 구성요건을 엄격히 제한하여 해석하여야 한다(대법원 1999. 10. 8. 선고 99도2437 판결, 대법원 2003. 12. 12. 선고 2001도1099 판결, 대법원 2004. 7. 9. 선고 2000도987 판결, 대법원 2004. 7. 22. 선고 2002도539 판결 등 참조).

제1심은 그 채용 증거들을 종합하여 피고인 장 마이클이 결성한 사회적 결합체는 반국가단체인 북한의 활동을 찬양·고무·선전하거나 적어도 이에 동조하는 행위를 목적으로 하였으므로 그 '이적성'은 충분히 인정된다고 판단하고, 이어서 소위 '일심회'는 그 구성원이 피고인 장 마이클, 피고인 2·3·4 등 4명 정도에 불과한 점, 피고인들은 조직 목표·이념·강령·조직체계·조직운영방식 등을 확정하는 조직 결성식 등을 거치지 아니한 채 개별적으로 활동해온 것으로 보이고, 피고인 장 마이클의 진술에 의하더라도 피고인들은 개별적으로 한민전 강령을 일심회의 강령으로 원용하기로 한 다음 각자 인터넷을 통해 이를 읽어보기로 하였을 뿐 자체 강령·규율 등을 별도로 규정하지는 않았던 것으로 보이는 점, 특히 피고인 장 마이클을 제외한 나머지 피고인들은 조직의 명칭과 서로의 활동 내용뿐만 아니라 서로가 같은 조직의 구성원이라는 사실 자체도 몰랐던 점, 피고인들이 2002. 1.경 '일심회'라는 이적단체를 구성하였다고 볼 만한 외부적 징표나 특별한 행위태양을 발견할 수 없고, 게다가 2002. 1.경을 전후하여 피고인들의 상호관계에 별다른 변동이 있었다고 볼만한 아무런 자료도 없는 점, 또한 피고인들이 조직의 구성이나 가입에 관한 특별한 절차를 거치지 않아 이적단체의 구성에 관한 의사합치에까지 이르렀다고 보기도 어려운 점 등에 비추어보면, '일심회'의 경우 단체의 내부질서를 유지하고 그 단체를 주도하기 위하여 일정한 위계 및 분담 등의 체계를 갖추는 등 조직적 결합체에까지 이르렀다고 보기는 어렵다고 판단하였고, 원심도 제1심의 판단을 유지하였다.

국가보안법상 이적단체의 인정에 있어서 그 구성요건을 엄격히 제한하여 해석하여야 한다는 법리를 토대로 기록을 살펴보면, 위와 같은 제1심의 판단과 이를 유지한 원심의 판단은 정당하다.

④ 대법원 2009. 8. 20 2008도8213【국가보안법위반(찬양·고무 등)】

국가보안법 제7조 제5항에서의 '목적'이란 찬양·고무 등 행위에 대한 적극적 의욕이나 확정적 인식까지는 필요 없고 미필적 인식으로 족하므로, 표현물의 내용이 객관적으로 보아 반국가단체의 활동에 동조하는 등의 이적성을 담고 있는 것임을 인식하고, 나아가 그와 같은 행위가 이적행위가 될지도 모른다는 미필적 인식이 있으면 구성요건이 충족되는 것이고(대법원 2004. 8. 30. 선고 2004도3212 판결 등 참조), 한편 증거의 취사선택과 사실인정은 논리와 경험칙에 반하지 않는 한 사실심의 전권에 속하는 것이다.

위 법리와 기록에 비추어 살펴보면, 원심이 그 채택 증거를 종합하여 그 판시와 같은 이유에서 피고인이 이 사건 공소사실 제1의 가.항과 아.항의 이적표현물을 취득·소지한 데에 이적의 목적이 있고, 이 사건 공소사실 제2항과 같이 금지된 집회에 참가하고 교통을 방해하였다고 인정한 것은 정당하고, 거기에 이적목적에 관한 법리오해, 채증법칙 위반으로 인한 사실오인 등의 위법이 없다.

⑤ 대법원 2010. 12. 9. 2007도10121【국가보안법위반(찬양·고무 등)】

(1) 북한은 조국의 평화적 통일을 위한 대화와 협력의 동반자이기도 하지만 다른 한편 남·북한 관계의 변화에도 불구하고 여전히 적화통일 노선을 고수하면서 우리의 자유민주주의 체제를 전복하고자 획책하는 반국가단체로서의 성격도 아울러 가지고 있고, 그 때문에 반국가단체 등을 규율하는 국가보안법의 규범력도 계속 유효하다는 것이 대법원의 확립된 견해이다. 그리고 양심의 자유, 언론·출판의 자유, 학문의 자유 등은 우리 헌법이 보장하는 기본적인 권리이기는 하지만 아무런 제한

이 없는 것은 아니며, 헌법 제37조 제2항에 의하여 국가의 안전보장, 질서유지 또는 공공복리를 위하여 필요한 경우에는 그 자유와 권리의 본질적인 내용을 침해하지 아니하는 범위 내에서 제한할 수 있는 것이므로, 국가보안법의 입법목적과 적용한계를 위와 같이 자유와 권리의 본질적인 내용을 침해하지 아니하는 한도 내에서 이를 제한하는 데에 있는 것으로 해석하는 한 헌법에 위반된다고 볼 수 없다.

(2) 행위자가 이적표현물임을 인식하고 국가보안법 제7조 제5항에서 정한 행위를 하였다는 사실만으로 그에게 이적행위를 할 목적이 있었다고 추정해서는 아니되고, 이 경우 행위자에게 이적행위 목적이 있음을 증명할 직접증거가 없는 때에는 표현물의 이적성의 징표가 되는 여러 사정에 더하여 피고인의 경력과 지위, 피고인이 이적표현물과 관련하여 제5항의 행위를 하게 된 경위, 피고인의 이적단체 가입 여부 및 이적표현물과 피고인이 소속한 이적단체의 실질적인 목표 및 활동과의 연관성 등 간접사실을 종합적으로 고려하여 판단할 수 있다.

(3) 대학교수인 피고인이 이적표현물인 「6.25전쟁과 민족통일」이라는 제목의 논문을 제작·반포하였다는 내용으로 기소된 사안에서, 위 논문은 6.25전쟁에 대한 북한과 소련 및 중국의 책임은 의도적으로 축소하거나 언급하지 않고 남한과 미국의 책임만 부각시키는 등 전체적으로 6.25전쟁을 조국통일해방전쟁이라고 주장하면서 미국과 남한에 전쟁책임이 있다고 선전하고 있는 반국가단체로서의 북한의 활동을 찬양·고무·선전 또는 이에 동조하는 내용인 점, 피고인이 여러 대학에서 열린 각 주체사상 토론회에서 반국가단체로서의 북한의 활동을 찬양·고무·선전 또는 이에 동조하는 내용으로 행한 강연 중에 위 논문에서 주장한 것과 유사한 내용이 포함되어 있고, 잡지와 인터넷신문 등에 수회 게재한 기고문 중에 위 논문에서 주장한 것과 유사한 내용이 포함되어 있으며, 인천 통일연대 주최 토론회에서 위 논문에서 주장한 것과 유사한 내용을 강연하는 등 피고인이 위 논문과 같은 내용을 주장하는

행위는 일회적·우발적인 것이 아니고, 피고인은 오랜 기간 동안 지속적·반복적인 강연과 기고 등을 통하여 이를 전파하는 과정에서 그 전파 내용의 객관적 의미와 효과, 법률적 문제 등에 관하여 충분히 숙고, 인식하였을 것으로 볼 수 있는 점, 위 논문이 비록 학문적인 연구물의 외형을 지니고 있고 피고인이 북한문제와 통일문제를 연구하는 학자이자 교수라는 점을 감안하더라도, 그 수록 내용이 현재 우리 사회에서 보편적으로 받아들여지는 객관적, 역사적 진실에 반하는 극단적 경향성과 편파성을 띠고 있고 이를 전파하려는 데 그 주된 목적이 있는 것으로 볼 수 있는 이상, 피고인이 순수한 학문적인 동기와 목적 아래 위 논문을 제작·반포한 것으로는 보기 어려운 점, 위 논문이 잡지에 게재·반포된 결과 반국가단체로서의 북한의 활동을 찬양·고무·선전 또는 이에 동조하는 내용의 위 논문이 가지는 이적(利敵) 효과가 전파되어 달성될 가능성 내지 개연성이 큰 점 등을 종합할 때, 피고인으로서는 위 논문의 내용이 이적성을 담고 있음을 인식하고 위 논문으로써 반국가단체 등의 활동에 대한 찬양·고무·선전 또는 이에 동조할 목적으로 제작·반포하였다고 인정할 수 있다는 이유로, 같은 취지에서 피고인에게 이적행위 목적이 있었다고 본 원심판단은 정당하다.

(4) 대학교수인 피고인이 제작·반포한 「6.25전쟁과 민족통일」이라는 제목의 논문 및 피고인이 작성한 강연 자료, 기고문 등의 이적표현물에 대하여, 그 반포·게재된 경위 및 피고인의 사회단체 활동 내용 등에 비추어 피고인이 절대적으로 누릴 수 있는 연구의 자유의 영역을 벗어나 헌법 제37조 제2항과 국가보안법 제7조 제1항, 제5항에 따른 제한의 대상이 되었고, 또한 피고인이 북한문제와 통일문제를 연구하는 학자로서 순수한 학문적인 동기와 목적 아래 위 논문 등을 제작·반포하거나 발표하였다고 볼 수 없을 뿐만 아니라, 피고인이 반국가단체로서의 북한의 활동을 찬양·고무·선전 또는 이에 동조할 목적 아래 위 논문 등을 제작·반포하거나 발표한 것이어서 그것이 헌법이 보장하는 학문의 자

유의 범위 내에 있지 않다고 본 원심판단을 수긍한다.

⑥ 대법원 2011. 3. 10. 2009도12235【국가보안법위반(찬양·고무 등)】

(1) 「동지애, 동지획득」이라는 인쇄물 소지로 인한 국가보안법 위반의 점에 관하여 원심은, 피고인이 이적표현물인 「동지애, 동지획득」이라는 인쇄물을 소지하였다는 요지의 이 부분 공소사실에 관하여, ① 피고인은 「동지애, 동지획득」 압수 당시 ○○대학교 학생회 간부였는데, 대학교 운동권 내에서는 각종 인쇄물이 상당히 광범위하게 다양한 경로로 유통되는 것으로 보이는 점, ② 실제로 압수 당시 「동지애, 동지획득」 외에도 피고인의 가방에 「21세기 연합의 '새로운 통일운동론'을 비판한다」 「자유주의·급진주의·페미니즘을 비판한다」 「○○대여, 미몽에서 깨어나라」 「세계를 바꾸는 역사」 등 여러 종류의 인쇄물이 함께 들어 있었던 점, ③ 노동운동 또는 학생운동을 하는 사람들 사이에서는 '동지'라는 단어가 흔히 쓰이고 '동지획득'이라는 단어도 낯선 단어가 아닌 것으로 보이는 점, ④ 「동지애, 동지획득」에 필기, 메모, 밑줄 등 누군가가 이 사건 인쇄물을 읽었다고 볼 만한 흔적을 발견할 수 없는 점 등에 비추어보면, 피고인이 미처 인식하지 못한 상태에서 「동지애, 동지획득」이 다른 인쇄물과 섞여 피고인의 가방에 들어갔을 가능성이 없었다거나 피고인이 「동지애, 동지획득」의 내용을 인식하고 있었다고 단정하기 어렵다는 이유로, 위 인쇄물 소지로 인한 국가보안법 위반의 공소사실을 무죄로 판단한 제1심판결을 그대로 유지하였다.

원심판결 이유를 기록에 비추어 살펴보면, 원심의 위와 같은 판단은 정당한 것으로 수긍할 수 있고, 거기에 채증법칙을 위반하거나 국가보안법위반죄에 있어서 이적성의 인식에 관한 법리를 오해한 잘못이 없다.

(2) 「21세기 연합의 '새로운 통일운동론'을 비판한다」라는 인쇄물과 「마르크스-레닌주의 민족이론」이라는 책자 소지로 인한 각 국가보안법 위반, 「집회 및 시위에 관한 법률」 위반 교사, 공무집행방해, 특수공무집

행방해치상, 군사시설보호법 위반, 공용물건손상의 점에 관하여

원심판결 이유를 기록에 비추어 살펴보면, 원심이 그 판시와 같은 이유에서 피고인에 대한 이 부분 공소사실에 대하여 무죄를 선고한 제1심 판결을 그대로 유지한 것은 정당하고, 거기에 채증법칙을 위반하거나 「집회 및 시위에 관한 법률」 위반죄의 교사범에 관한 법리를 오해한 잘못이 없다.

⑦ 대법원 2011. 7. 28. 2009도9152 【국가보안법위반】

국가보안법상 이적표현물로 인정되기 위해서는 그 표현물의 내용이 국가보안법의 보호법익인 국가의 존립·안전과 자유민주적 기본질서를 위협하는 적극적이고 공격적인 것이어야 하고, 표현물에 이와 같은 이적성이 있는지 여부는 표현물의 전체적인 내용뿐만 아니라 그 작성의 동기는 물론 표현행위 자체의 태양 및 외부와의 관련사항, 표현행위 당시의 정황 등 제반 사정을 종합하여 결정하여야 한다(대법원 2010. 7. 23. 선고 2010도1189 전원합의체 판결 참조).

위 법리와 기록에 비추어 원심판결 이유를 살펴보면, 원심이 그 판시와 같은 이유를 들어 피고인이 소지한 「세기와 더불어」와 「닻은 올랐다」를 이적표현물에 해당한다고 판단한 것은 정당하고, 거기에 상고이유의 주장과 같은 이적표현물에 관한 법리오해 등의 위법이 없다.

⑧ 창원지법 2011. 9. 22. 2011노365 【국가보안법위반(찬양·고무 등)】

1. 이적표현물 해당 여부의 판단 방법

국가보안법상 이적표현물로 인정되기 위해서는 그 표현물의 내용이 국가보안법의 보호법익인 국가의 존립·안전과 자유민주적 기본질서를 위협하는 적극적이고 공격적인 것이어야 하는바(대법원 2010. 7. 23. 선고 2010도1189 전원합의체 판결 참조), 어떤 표현물이 이적성이 있는가 여부의 판단은 결국 경험법칙과 논리법칙에 따라 자유심증에 의하여 판단할

것이고, 표현물의 전체적인 내용뿐만 아니라 그 작성의 동기는 물론 표현행위 자체의 태양과 외부와의 관련 사항, 표현행위 당시의 정황 등 여러 사정을 종합하여 결정하여야 하며, 해당 표현물의 어느 표현 하나만을 따로 떼어놓고 볼 것이 아니라 문맥을 통해 그 전체적 내용을 객관적으로 분석하여 이적성 유무를 판단하여야 한다(대법원 2009. 8. 20. 선고 2007도7042 판결 참조).

그리고 여기서 국가의 존립·안전을 위태롭게 한다 함은 대한민국의 독립을 위협, 침해하고 영토를 침략하여 헌법과 법률의 기능 및 헌법기관을 파괴·마비시키는 것으로 외형적인 적화공작 등일 것이며, 자유민주적 기본질서에 위해를 준다 함은 모든 폭력적 지배와 자의적 지배 즉, 반국가단체의 일인독재 내지 일당독재를 배제하고 다수의 의사에 의한 국민의 자치, 자유·평등의 기본원칙에 의한 법치주의적 통치질서의 유지를 어렵게 만드는 것이고, 이를 보다 구체적으로 말하면 기본적 인권의 존중, 권력분립, 의회제도, 복수정당제도, 선거제도, 사유재산과 시장경제를 골간으로 한 경제질서 및 사법권의 독립 등 우리의 내부 체제를 파괴·변혁시키려는 것이며, 국가보안법 제7조 제1항 및 제5항은 각 그 소정행위가 국가의 존립·안전을 위태롭게 하거나 자유민주적 기본질서에 위해를 줄 명백한 위험성이 있는 경우에 적용된다(헌법재판소 1990. 4. 2. 선고 89헌가113 전원재판부 결정, 헌법재판소 2004. 8. 26. 선고 2003헌바85, 102 전원재판부 결정 등 참조).

2. 이적목적 유무의 판단 방법

국가보안법 제7조 제5항의 죄는 제1, 3, 4항에 규정된 이적행위를 할 목적으로 문서·도화 기타의 표현물을 제작·수입·복사·소지·운반·반포·판매 또는 취득하는 것으로서 이른바 목적범임이 명백하다. 목적범에서의 목적은 범죄 성립을 위한 초과주관적 위법요소로서 고의 외에 별도로 요구되는 것이므로, 행위자가 표현물의 이적성을 인식하고 제5

항 소정의 행위를 하였다고 하더라도 이적행위를 할 목적이 인정되지 아니하면 그 구성요건은 충족되지 아니하는 것이다. 그리고 형사재판에서 공소가 제기된 범죄의 구성요건을 이루는 사실에 대한 증명책임은 검사에게 있으므로 행위자에게 이적행위를 할 목적이 있었다는 점은 검사가 증명하여야 하며, 행위자가 이적표현물임을 인식하고 제5항 소정의 행위를 하였다는 사실만으로 그에게 이적행위를 할 목적이 있었다고 추정해서는 아니 된다. 이 경우 행위자에게 이적행위 목적이 있음을 증명할 직접증거가 없는 때에는 앞에서 본 표현물의 이적성의 징표가 되는 여러 사정에 더하여 피고인의 경력과 지위, 피고인이 이적표현물과 관련하여 제5항 소정의 행위를 하게 된 경위, 피고인의 이적단체 가입 여부 및 이적표현물과 피고인이 소속한 이적단체의 실질적인 목표 및 활동과의 연관성 등 간접사실을 종합적으로 고려하여 판단할 수 있는 것이다(대법원 2010. 7. 23. 선고 2010도1189 전원합의체 판결 참조).

⑨ 헌재 1990. 4. 2. 89헌가113 【국가보안법 제7조에 대한 위헌심판】

(1) 먼저 국가보안법 제7조 제1항에 관하여 본다.

여기에서 "반국가단체나 그 구성원 또는 그 지령을 받은 자의 활동을 찬양·고무 또는 이에 동조하거나 기타의 방법으로 반국가단체를 이롭게 한 자는 7년 이하의 징역에 처한다"고 규정하고 있다.

우선 위 조문의 문제점들을 차례로 살펴보기로 한다. 먼저 문제될 것은 단순히 반국가단체의 "구성원"의 활동에 대하여 찬양·고무 또는 이에 동조하였으면 동조 제1항 소정의 범죄구성요건에 해당되도록 규정한 것인데 문자 그대로 보면 반국가단체의 간부나 지도적 임무에 종사하는 자나 반국가단체의 통치이념의 추종자가 아닌 단순한 구성원 즉 북한집단의 주민이면 모두 포함되게 되어 있는 점이다. 따라서 어느 북한 어린이를 두고 노래를 잘한다는 말을 하는 경우까지도 동 조항의 찬양·고무죄의 구성요건에 해당될 여지가 있다. 여기에다가 "활동" 역시 어떠한 제한도 가하고 있지 아니하다. 문리해석을 하면 반국가단체나 그 구성원 또는 그 지령을 받은 자의 정치·군사·경제·사회·문화·체육 등 모든 분야의 활동을 포괄하는 것일 수밖에 없으며 대한민국의 존립·안전을 위태롭게 하거나 자유민주적 기본질서에 위해를 줄 수 있는 활동이 아닌 것까지도 미치게 될 광범위한 개념이다. 예를 들면 어느 북한학자의 학문적 업적에 대한 높은 평가진술, 체육인의 기량이나 예술인의 예술 활동을 찬양하는 경우라도 문언대로라면 당연히 본 찬양·고무 등 죄(이하 '찬양·고무죄'라 한다)가 성립될 여지가 있다.

다음 "동조" 부문에 관하여 보면 문리대로 한다면 반국가단체나 그 구성원 또는 그 지령을 받은 자의 활동에 동조하는 것만으로 범죄가 성립되게 되어 있으므로 북한집단의 주장과 일치하기만 하면 그 내용에 관계없이 그 의사발표의 동기를 불문하고 모두 처벌받을 위험이 있는 포괄성을 띠고 있다. 예를 들면 북한 측이 남북문화교류 제의를 하였을 때나 국제경기에 남북단일팀 출전 제의를 하였을 때에도 이에 찬의만 표해도 구성요건에 해당될 만큼 광범위하다. 나아가 "기타의 방법으로 반국가단체를 이롭게" 하는 부분 또한 문제가 있는 것이라 하겠다. 국가보안법 제7조의 조문표제가 "이적"으로가 아니라 "찬양·고무 등"으로 되어 있고, 또 "기타의 방법" 이하가 조문 전단의 "(……)의 활동"에 직접 연결되기 어려우며 그 자체로서 독립 절을 구성하고 있는 점으로 미루어(이 점이 다른 법조의 "기타" 운운과 차이라고 할 것이다) 찬양죄·고무죄·동조죄 그리고 이적죄 등 네 가지로 분화되어 있는데다가 지금까지의 판례의 경향을 함께 종합하면, 반국가단체의 활동의 찬양·고무 또는 이에 버금가는 방법이라기보다는, 반국가단체의 활동을 찬양·고무 또는 이에 동조하는 방법이 아닌 다른 모든 방법으로 반국가단체를 이롭게 하는 행위를 가리키는 것으로 보여진다. 따라서 사물의 변별능력을 제대로 갖춘 일반인의 이해와 판단으로서는 행위유형을 정형화할 해석의 합리적 기준을 찾기 어려운 개념이며 구성요건의 내포와 외연이 미치는 한계를 가리기 어려운 광범성을 지닌 것임에 틀림없다.

기타의 방법 이하의 부분인 반국가단체를 "이롭게 한" 행위는 군사·정치·경제·사회·문화·체육 등 어떠한 영역에서든 이롭게 하는 행위라면 모두 포함된다. 대한민국과 반국가단체인 북한집단과는 적대관계가 지속되어 왔음에 비추어 대한민국정부에 해가 되는 경우라면 반사적으로 북한집단을 이롭게 하는 행위가 될 수밖에 없다. 제7조 제1항의 찬양·고무죄가 목적범이나 의욕범이 아니고 고의범으로서 반국가단체를 이롭게 한다는 것을 인식하거나 또는 이익이 될 수 있다는 미필적 인식만 있으면 그 구성요건에 해당하도록 되어 있으므로, 그 의도가 어디에 있건 정부에 신랄한 비판이면 결국 여기의 "기타의 방법으로 이롭게 한" 경우에 견강부회를 시킬 여지가 있다. 이렇듯 제7조 제1항의 찬양·고무죄는 "구성원", "활동", "동조", "기타의 방법", "이롭게 한" 등 무려 다섯 군데의 용어가 지나치게 다의적이고 그 적용범위가 광범위하다.

그러나 이와 같은 문언해석 그대로의 내용이 국가보안법 제7조 제1항의 제도 본지일 것으로는 결코 보여지지 않으며, 문언을 그대로 해석·운영한다면 다음과 같은 문제가 생긴다.

첫째로, 만일 문리 그대로 해석·운영한다면 헌법상의 언론·출판, 학문·예술의 자유를 위축시킬 염려가 있다. 북한을 반국가단체로 보는 한 북한집단 자체뿐 아니라 그 구성원인 주민의 모든 분야의 활동도 찬양·고무해서는 아니 되며, 북한집단이나 그 주민의 주장과 일치되는 언동을 하여서는 아니 되고 그 밖의 북한집단에 이롭게 된다는 인식하에 북한집단에 대해 일체 긍정적인 평가활동을 하여서는 안 된다. 그 언동의 동기나 의도 혹은 그 내용은 묻지 않으며, 그 내용이 국가의 존립·안전이나 자유민주적 기본질서에 명백한 위해를 줄 정도의 것이든 아니든 막론하고 금지되고 이를 어기면 형사 처벌받게 되는 형벌과잉을 초래할 염려가 있다. 개인적으로는 자기가 행한 행위가 헌법상 보장된다고 생각되어도 그것이 법률의 문언상 규제 대상에 포함될 수 있기 때문에 북한 문제에 관한 한 비난 빼고는 하고 싶은 말, 쓰고 싶은 글, 그리고 학술적 활동이나 예술 활동이 일체 금기가 될 소지가 생길 것이며 북한의 남침정책이나 대한민국의 체제전복과 관계가 없는 무해한 표현행위라 하더라도 안심하고 자기 의사의 창달이 힘들게 된다. 다시 말하면 국가의 존립·안전의 법익 수호의 목적도 달함이 없이 국민의 표현의 자유만 위협하고 위축시킬 경우가 나타날 것이다. 헌법 제37조 제2항은 국민의 자유와 권리는 질서유지 또는 공공복리 이외 국가안전보장을 위하여 필요한 경우에 한하여 법률로써 제한할 수 있도록 규정하였다. 따라서 국가의 안전보장의 희생 위에 언론·출판의 자유, 학문·예술의 자유가 보장될 수는 없지만, 국가안전보장과 관계없는 경우에는 그것이 북한 집단이나 그 구성원인 주민에 관한 것이라 하여도 그와 같은 자유를 보장하는 것이 헌법이다. 국가는 헌법이 수호하려는 최고의 가치인 자유민주적 기본질서(헌법 전문·제4조·제8조 제4항)를 전복하려는 언동 등에 대하여는 단호히 대처를 할 수밖에 없지만, 그와 무관한 경우에는 개인이 갖는 기본적 인권을 최대한 보장할 의무를 지는 것이다. 따라서 국가보안법 제7조 제1항이 국가안전보장이나 자유민주적 기본질서의 수호에 관계없는 경우까지 확대 적용될 만큼 불투명하고 구체성이 결여되어 있다는 것은 분명히 헌법 제37조 제2항을 어겨 헌법 제21조 제1항의 언론·출판의 자유와 헌법 제22조 제1항의 학문·예술의 자유를 침해할 개연성, 나아가 그와 같은 자유의 전제가 되는 헌법 제19조의 양심의 자유의 침해가능성을 남기는 것이다.

둘째로, 문리 그대로 적용범위가 과도하게 광범위하고 다의적인 것이 되면 법 운영 당국에 의한 자의적(恣意的) 집행을 허용할 소지가 생길 것이다. 차별적으로 법을 집행하는 이른바 선별집행이 가능할 수 있다. 법규의 문언대로 확대 적용하느냐 한정적으로 축소 적용하느냐는 법 운영 당국의 재량의 여지가 있으므로 사람에 따라서는 법규의 문언 그대로 적용하여 합헌적인 행위까지도 처벌하여 기본적 인권을 침해할 수 있는가 하면, 그 운영 당국은 가능한 한의 축소해석을 통해 위헌성을 띠는 행위마저 처벌을 면제시킬 수 있다. 다시 말하면 법 운영 당국으로서 가장 경계하여야 할 편의적·자의적 법운영이 가능할 수 있다. 특히 국가권력과 통치자에 대한 비판이 우연히 북한집단의 주장과 맥을 같이하는 바가 있으면 여기의 찬양·고무죄의 적용범위에 포함될 수 있으며 정부의 정책 비판이라도 북한 측이 원용하여 선전수단으로 삼을 수 있다는 인식만 있었다면 이적죄의 고리에 걸 수 있는 포괄성이 있기 때문에 정부비판세력을 견제하는 수단으로 오용 내지는 남용의 소지를 안고 있다. 돌이켜 찬양·고무죄의 구성요건에 대하여 넓게 보았느냐·좁게 보았느냐의 해석범위의 문제와 당시 처해 있던 시대적 상황과 밀접한 관련이 있었던 것은 부인될 수 없는 사실이며, 이것은 여기의 찬양·고무죄의 적용범위의 과도한 광범성과 그 다의성이 큰 요인이었다고 볼 것이다. 무릇 법 운영에 있어서 객관적인 자의성을 주는 것은 법치주의 원리에 반하는 것이고 결국 법의 집행을 받는 자에 대한 헌법 제11조의 평등권 침해가 되는 것이다. 나아가 법규의 적용범위가 과도하게 광범위해지면 어떠한 경우에 법을 적용하여야 합헌적인 것이 될 수 있는가 즉 법을 적용하여도 좋은 경우와 적용하여서는 안 되는 경우가 법 집행자에게도 불확실하고 애매해지는 사태가 온다. 이러한 의미에서도 과도한 광범성은 잠재적인 명확성 결여의 경우로 볼 수 있기 때문에 형벌법규에 관한 명확성의 원칙에 위배되는 한 가지 예에 해당될 수 있다. 이리하여 어떠한 것이 범죄인가를 법제정 기관인 입법자가 법률로 확정하는 것이 아니라 사실상 법 운영 당국이 재량으로 정하는 결과가 되어 법치주의에 위배되고 죄형법정주의에 저촉될 소지가 생겨날 것이다.

셋째로, 제7조 제1항의 찬양·고무죄를 문언 그대로 해석한다면 헌법 전문의 "평화적 통일의 사명에 입각하여 정의·인도와 동포애로써 민족의 단결을 공고히 하고"의 부분과 헌법 제4조의 평화적 통일지향의 규정에 양립하기 어려운 문제점이 생길 수도 있다. 물론, 여기의 통일은 대한민국의 존립과 안전을 부정하는 것은 아니고 또 자유민주적 기본질서에 위해를 주는 것도 아니며 오히려 그에 바탕을 둔 통일인 것이다. 그러나 제6공화국 헌법이 지향하는 통일은 평화적 통일이기 때문에 마치 냉전시대처럼 빙탄불상용의 적대관계에서 접촉·대화를 무조건 피하는 것으로 일관할 수는 없는 것이고 자유민주적 기본질서에 입각한 통일을 위하여 때로는 북한을 정치적 실체로 인정함도 불가피하게 된다. 북한집단과 접촉·대화 및 타협하는 과정에서 자유민주적 기본질서에 위해를 주지 않는 범위 내에서 때로는 그들의 주장을 일부 수용하여야 할 경우도 나타날 수 있다. 순수한 동포애의 발휘로서 서로 도와주는 일, 체제 문제와 관계없이 협력하는 일은 단일민족으로서의 공감대 형성이며, 이는 헌법 전문의 평화적 통일의 사명에 입각하여 민족의 단결을 공고히 하는 소위인 것으로서 헌법정신에 합치되는 것일 수도 있다. 그러나 앞서 본 바와 같은 찬양·고무죄의 처벌범위의 광범성 때문에 자유민주적 기본질서에 입각한 통일정책의 추구나 단순한 동포애의 발휘에 지나지 않을 경우라도 그 문언상으로는 북한의 활동에 동조하거나 북한을 이롭게 하는 것이 된다는 해석으로 처벌될 위험이 있다.

이상 본 바 문제의 소재는 법문의 다의성과 그 적용범위의 광범성에 있으며 이 때문에 국가존립·안전을 위태롭게 하거나 자유민주적 기본질서에 해악을 줄 구체적인 위험이 없는 경우까지도 형사처벌이 확대될 위헌적 요소가 생기게 되어 있는 점이며, 이는 단순한 입법 정책의 문제를 떠난 것이다. 그러나 제7조 제1항의 그 다의성 때문에 위헌 문제가 생길 수 있다고 해서 전면위헌으로 완전 폐기되어야 할 규정으로는 보지 않으며 완전폐기에서 오는 법의 공백과 혼란도 문제지만, 남북간에 일찍이 전쟁이 있었고 아직도 휴전 상태에서 남북이 막강한 군사력으로 대치하며 긴장 상태가 계속되고 있는 마당에서는 완전 폐기함에서 오는 국가적 불이익이 폐기함으로써 오는 이익보다는 이익형량상 더 클 것이다. 분명히 평화시대를 기조로 한 형법상의 내란죄나 외환죄는 고전적이어서 오늘날 우리가 처한 국가의 자기안전·방어에는 다소 미흡하다. 따라서 제7조 제1항은 이와 별도로 그 존재의의가 있다고 할 것이며 또 침략행위나 민주체제 전복을 부추기는 내용의 언동까지도 표현의 자유라는 이름으로 보호하는 것이 헌법이 아닐진대 여기에 합헌적이고 긍정적인 면도 간과할 수 없을 것으로, 다만 위헌적 요소가 있어서 정비되어야 할 불완전한 것일 뿐이다. 어떤 법률의 개념이 다의적이고 그 어의의 테두리 안에서 여러 가지 해석이 가능할 때 헌법을 그 최고 법규로 하는 통일적인 법질서의 형성을 위하여 헌법에 합치되는 해석 즉 합헌적인 해석을 택하여야 하며, 이에 의하여 위헌적인 결과가 될 해석을 배제하면서 합헌적이고 긍정적인 면은 살려야 한다는 것이 헌법의 일반 법리이다. 이러한 합헌적 제한해석과 주문례는 헌법재판제도가 정착된 여러 나라에 있어서 널리 활용되는 통례인 것으로서 법률에 일부 합헌적 요소가 있음에도 불구하고 위헌적 요소 때문에 전면위헌을 선언할 때 생길 수 있는 큰 충격을 완화하기 위한 방안이기도 하다. 국가보안법 제7조 제1항 소정의 찬양·고무·동조 그리고 이롭게 하는 행위 모두가 곧바로 국가의 존립·안전을 위태롭게 하거나 또는 자유민주적 기본질서에 위해를 줄 위험이 있는 것이 아니므로 그 행위일체를 어의대로 해석하여 모두 처벌한다면 합헌적인 행위까지도 처벌하게 되어 위헌이 되게 된다는 것은 앞서 본 바이다. 그렇다면 그 가운데서 국가의 존립·안전이나 자유민주적 기본질서에 무해한 행위는 처벌에서 배제하고, 이에 실질적 해악을 미칠 명백한 위험성이 있는 경우로 처벌을 축소 제한하는 것이 헌법 전문·제4조·제8조 제4항·제37조 제2항에 합치되는 해석일 것이다. 이러한 제한해석은 표현의 자유의 우월적 지위에 비추어 당연한 요청이라 하겠다. 여기에 해당되는가의 여부는 제7조 제1항 소정의 행위와 위험과의 근접 정도도 기준이 되겠지만 특히 해악이 크냐 작으냐의 정도에 따라 결정함이 합당할 것이다. 국가보안법 제1조는 "이 법은 국가의 안전을 위태롭게 하는 반국가활동을 규제함으로써 국가의 안전과 국민의 생존 및 자유를 확보함을 목적으로 한다"고 규정하고 있다. 결국 국가보안법은 국가의 안전을 보장하고 자유민주적 기본질서의 파괴에 대처하기 위한 데 그 목적이 있는 것이므로 위에 밝힌 제한해석은 그 입법목적에도 부합하는 것이 될 것이다. 구 국가보안법(1958. 12. 26. 법률 제500호) 제2조에서도 "본 법은 헌법에 보장된 국민의 권리, 자유와 밀접한 관련이 있으므로 본 법을 적용하고 해석함에 있어서는 국민이 향유하는 모든 권리와 자유가 부당하게 제한되는 일이 없도록 특히 주의하여야 한다"고 규정된 것을 상기할 필요가 있다. 이처럼 입법목적 등 합리적 기준으로 위 다의적인 규정을 한정적 제한해석을 할 때 제7조 제1항의 보호법익을 살리면서도 전면위헌의 문제를 피할 길이 열릴 것이며 이로써 언론·출판의 자유나 학문·예술 또는 양심의 자유의 위축 문제나 이와 같은 기본권의 본질적 침해의 우려는 해소될 것이고, 허용될 행위와 금지되는 행위의 기준 제시로 법 운영 당국의 제도외적 오용 내지 남용으로 인한 기본권침해의 사태는 피해질 것이며, 이 정도의 기준 제시로 처벌범위를 좁히면 외국의 입법례나 판례·학설에 비추어 법 운영 당국의 해석권에 의하여 제도 본지를 충분히 살릴 수 있을 것으로 처벌범위의 불명확성 때문에 생기는 죄형법정주의 위배의 소지는 없어지고, 나아가 국가의 존립·안전을 저해함이 없이 자유민주적 기본질서에 입각한 평화적 통일정책추진의 헌법적 과제는 이룩할 수 있을 것이다. 그러므로 제7조 제1항이 헌법의 규정에 전면 위배된다는 주장은 받아들이기 어렵다고 할 것이다. 다만 여기에서 국가의 존립·안전을 위태롭게 한다 함은 대한민국의 독립을 위협 침해하고 영토를 침략하여 헌법과 법률의 기능 및 헌법기관을 파괴 마비시키는 것으로 외형적인 적화공작 등일 것이며, 자유민주적 기본질서에 위해를 준다 함은 모든 폭력적 지배와 자의적 지배 즉 반국가단체의 일인독재 내지 일당독재를 배제하고 다수의 의사에 의한 국민의 자치, 자유·평등의 기본 원칙에 의한 법치주의적 통치 질서의 유지를 어렵게 만드는 것이고, 이를 더 구체적으로 말하면 기본적 인권의 존중·권력분립·의회제도·복수정당제도·선거제도·사유재산과 시장경제를 골간으로 한 경제질서 및 사법권의 독립 등 우리의 내부 체제를 파괴·변혁시키려는 것으로 풀이할 수 있을 것이다.

(2) 다음 국가보안법 제7조 제5항의 규정에 관하여 본다.

이는 제1항 내지 제4항의 행위를 할 목적으로 문·서도화 기타의 표현물을 제작·수입·복사·소지·운반·반포·판매 또는 취득한 행위에 대한 처벌규정이다. 제5항은 제1항을 요건으로 하고 있는데, 제1항에 앞서 본 바와 같이 그 개념이 다의적이고 광범위한 문제점이 있는 이상 문리에 충실한 해석을 하면 제5항에도 같은 위헌적인 요소가 생길 수 있으며, 제2항은 제1항과의 관계에서 반국가단체 대신 국외 공산계열로 바뀌어졌다는 것뿐이므로 결국 제2항 때문에도 제5항에 위헌적 요소가 있다 하겠고, 제3·4항은 제1·2항을 전제로 하고 있으므로 제3·4항 때문에도 제5항에 앞서 본 바와 같은 문제가 생길 수 있을 것이다. 특히, 프롤레타리아 독재의 기조 위에서 언론·출판의 자유가 전혀 인정되지 않고 따라서 대정부 비판의 자유나 기본적 인권이 없는 북한이나 국외 공산계열의 국가라면 특단의 사정이 없는 한 자국에 불리한 서적이나 표현물을 간행할 자유 또한 없다 할 것이므로, 일응 이러한 곳의 발행 서적이면 어느 서적이나 그들에게 이롭지 아니한 서적은 없다고 하여도 과언이 아닐 것이며, 제7조 제5항 문언대로라면 북한을 비롯한 공산국가 발행의 서적이라면 민주주의 체제를 전복하고 공산화를 획책하기 위한 수단이 아닌 것까지도 이적표현물이 되어 이에의 접근이 무제한하게 금기가 될 위험이 있다. 또 국내외 간행의 서적이라도 예컨대 북한이나 공산계열 국가의 문화·예술 활동을 서술한 간행물까지도 쉬운 접근이 어려워질 것이다. 이로써 앞서 제7조 제1항에 대해서 본 바 같은 표현의 자유 등의 위축 문제, 민주체제 전복으로부터의 방어의 차원에서 국가존립·안전에 무해한 서적의 제작·소지 등까지 처벌되는 자의적 집행의 우려, 또 자유민주적 기본질서에 입각한 평화정착의 노력과 통일정책의 추진을 위한 남북 간의 문화교류에 지장을 줄 가능성이 있다. 따라서 제7조 제5항도 제1항의 경우와 마찬가지로 국가보안법의 입법목적 등에 맞추어 그 소정행위에 의하여 국가의 존립·안전이나 자유민주적 기본질서에 실질적 해악을 줄 명백한 위험성이 있는 경우에 적용되는 것으로 해석할 것이다. 이와 같이 해석되는 이상, 제7조 제5항 역시 전면위헌이라고 할 수 없다. 여기에서 국가의 존립안전이나 자유민주적 기본질서에 실질적 해악을 줄 명백한 위험성이 있는 경우란 특단의 사정이 없는 한 그 표현물의 내용이 그와 같은 경우일 때라고 볼 것이고 국가의 존립·안전이나 자유민주적 기본질서에 실질적 해악이 될 정도가 못 되거나 해악이 되는지 여부가 불분명한 경우에는 배제된다고 할 것이다. 그밖에 문제의 표현물과 외부관련성의 정도도 여기의 위험성의 유무를 판단하는 별도의 기준이라 할 것이다.

(3) 결론

국가보안법 제7조 제1항 및 제5항은 각 그 소정행위가 국가의 존립·안전을 위태롭게 하거나 자유민주적 기본질서에 위해를 줄 명백한 위험성이 있는 경우에 적용된다고 할 것이므로 이와 같은 해석 하에서는 헌법에 위반되지 아니한다고 할 것이다.

⑩ 헌재 2004. 8. 26. 2003헌바85·102(병합) 【국가보안법 제7조 제1항 등 위헌소원】

(1) 구법과 달리 현행 국가보안법 제7조 제1항에는 "국가의 존립·안전이나 자유민주적 기본질서를 위태롭게 한다는 정을 알면서"라는 주관적 구성요건이 추가되었는바, 그중 "자유민주적 기본질서" 및 "위태롭게 한다는 정을 알면서"라는 부분은 헌법재판소의 기존 결정의 판시

취지에 따라 이를 합법적·합리적으로 해석한다면 개념의 불명확성은 제거될 수 있다. 또한, 위와 같은 주관적 구성요건이 추가됨으로써 이 법의 입법목적을 일탈하는 확대해석의 위험은 거의 제거되었다.

국가보안법 제7조 제1항에서 사용되는 "구성원", "활동", "동조", "국가변란을 선전·선동한 자" 등의 개념도 위와 같은 주관적 구성요건과 결합하여 하나의 구성요건을 이루고 있으므로 이들 개념의 다의성과 적용범위의 광범성은 제거되고, 국가보안법 제7조는 형법상의 내란죄 등 규정의 존재와는 별도로 그 독자적 존재의의가 있는 것이어서 표현의 자유에 대한 필요 최소한도의 제한원칙에 반하는 것이 아니다.

(2) 국가보안법 제7조 제5항에서 이적표현물 소지행위를 처벌하는 것은 국가의 존립·안전이나 자유민주적 기본질서를 위태롭게 하는 행위를 할 목적으로 소지행위에 이른 경우로 제한하고 있으며 이러한 목적을 가진 소지행위는 그 표현물의 이적내용에 대한 전파가능성을 배제하기 어렵고 소지행위 자체도 제작·수입행위 등과 같이 국가의 존립·안전에 대한 위험성이 있다고 할 것이다. 한편, 이러한 위험성을 갖지 아니한 행위 즉, 단순한 학문연구나 순수 예술 활동의 목적으로 이적표현물을 소지·보관하는 경우에는 국가보안법 제7조 제5항이 적용되지 않으므로(대법원 93. 2. 9. 선고 92도1711 판결, 94. 9. 9. 선고 94도135 판결 등 참조) 국가보안법 제7조 제5항에서 이적표현물의 소지행위를 처벌하는 것이 양심 또는 사상의 자유를 본질적으로 침해하는 것은 아니라고 할 것이다.

(3) 국가보안법 제7조 제1항·제5항은 관계 법률의 체계적 해석으로 구체화 될 수 있으며 법문의 용어가 지나치게 추상적이기 때문에 죄형법정주의에 위반한다고 할 수도 없을 뿐만 아니라 국가의 존립·안전을 위하여 비례의 원칙 범위 내에서 양심·사상·학문·예술·언론·출판의 자유를 제한하는 것으로서 그 본질적 내용을 침해하거나 이를 지나치게 제한하는 것이라고는 인정되지 아니하므로 헌법에 위반되지 아니한다.

3) 평가

(1) 탈출의 개념

국가보안법은 제6조 제1항에서 "국가의 존립·안전이나 자유민주적 기본질서를 위태롭게 한다는 정을 알면서 반국가단체의 지배하에 있는 지역으로부터 잠입하거나 그 지역으로 탈출한 자는 10년 이하의 징역에 처한다"고 규정하고, 제2항에서는 "반국가단체나 그 구성원의 지령을 받거나 받기 위하여 또는 그 목적수행을 협의하거나 협의하기 위하여 잠입하거나 탈출한 자는 사형·무기 또는 5년 이상의 징역에 처한다"고 규정하고 있다. 제1항과 제2항은 탈출의 구성요건적 행위를 다르게 표현하고 있고, 탈출의 문언적 해석은 어느 지역에서 빠져나가는 것을 의미하는 한편, 국가보안법에서 처벌하는 탈출의 행위유형은 이러한 문언적 해석 이외에 입법론적이고 체계적인 해석을 통하여 그 정확한 의미를 확정할 수 있다는 점에서 그 개념과 적용범위가 쟁점이 되어왔다.[25]

국가보안법 제1항과 제2항의 적용과 관련하여 현실적으로 예상할 수 있는 탈출의 행위유형은 ① 대한민국에서 북한으로 직접 탈출하는 경우, ② 대한민국에서 제3국을 거쳐 북한으로 탈출하는 경우, ③ 제3국에 거주하면서 북한으로 탈출하는 경우, ④ 대한민국의 통치권이 미치는 지역을 벗어나 외국으로 나가는 경우로 구분할 수 있다. 대법원은 종전에 국가보안법 제1항의 탈출의 개념에는 그 행위주체가 대한민국 국민이거나 외국인이거나를 불문하고 ①, ②, ③의 유형이 포함되고, 제2항의 탈출의 개념에는 ①, ②, ③, ④의 유형이 모두 포함된다고 판시하였

---

25 국가보안법 제6조의 탈출의 개념에 대한 학설에 관하여는 박이규, 「국가보안법 제6조 탈출의 의미」, 『대법원 판례해설』 제76호, 법원도서관, 2008, 500-506쪽; 변종필, 「대법원의 형법해석론에 대한 비판적 고찰」, 『비교형사법연구』 제7권 제1호, 한국비교형사법학회, 2005. 7, 13-14쪽; 하태훈, 「형벌법규의 해석과 죄형법정원칙: 대법원 판례를 중심으로」, 『형사판례연구』 11(지송 이재상교수 화갑기념호), 형사판례연구회, 2003, 22-23쪽 등.

다.[26] 이는 헌법 제3조의 영토조항에 따라 북한지역도 대한민국의 영토에 포함되므로 대한민국 국민이 아닌 외국인이 대한민국의 통치권이 실지로 미치는 지역을 떠나 외국으로 나가는 경우는 물론 외국인이 외국에 거주하다가 그곳을 떠나 북한에 들어가는 경우도 위 제1항 또는 제2항의 탈출에 포함된다고 판단한 것이다.

대법원은 2008년 종전의 입장을 변경하여 대한민국 국민이 아닌 외국인이 외국에 거주하다가 그곳을 떠나 북한으로 들어가는 행위는 탈출의 개념에 포함되지 않는다고 판시하였다. 이에 따르면 국가보안법 제1항의 탈출의 개념에는 위 ①, ②, ③의 유형이 포함되고, 제2항의 탈출의 개념에는 ①, ②, ③, ④의 유형이 모두 포함되지만 외국인의 경우에는 ③의 유형이 탈출의 개념에서 제외되는 결과가 된다.[27] 대법원의 위 판결에서 대법관 김지형 등 3명의 소수의견은 대한민국의 대인고권에서 벗어나는 행위까지 탈출의 개념에 포함시킬 수는 없으므로 대한민국 국민이든지 외국인이든지 대한민국의 영역 밖에서 거주하는 사람이 북한으로 들어가는 위 ③ 유형은 탈출에서 제외하여야 한다고 하였다. 이에 따르면 국가보안법 제1항의 탈출의 개념에는 위 ①, ② 유형이 포함되고, 제2항의 탈출의 개념에는 위 ①, ②, ④ 유형만 포함된다. 한편, 대법관 박시환의 소수의견은 국가보안법 제6조 제2항은 제1항을 기본적 구성요건으로 하고 "지령을 받거나 받기 위하여 또는 그 목적수행을 협의하거나 협의하기 위하여"라는 목적이 추가된 가중적 구성요건이므로 그 탈출의 개념을 동일한 것으로 파악하고 모두 위 ①과 ②의 유형만을 포함한다고 하였다.

헌법재판소도 국가보안법 제6조 제1항에 대하여 잠입과 탈출의 동기나 목적 또는 수단·방법을 가리지 아니하고 반국가단체의 지배하에 있

26 대법원 1997. 11. 20. 97도2021.
27 대법원 2008. 4. 17. 2004도4899.

는 지역에서 우리나라에 들어오거나 그곳으로 나가는 행위는 물론, 제3국에 거주하다가 그 지역으로 나가는 행위도 모두 그 처벌대상이 될 수 있으므로 국가의 존립·안전이나 자유민주적 기본질서에 해악을 끼칠 명백한 위험이 없는 경우까지도 형사처벌이 확대될 위헌적 요소가 있었으나, 법률 개정을 통하여 "국가의 존립·안전이나 자유민주적 기본질서를 위태롭게 한다는 정을 알면서"라는 주관적 구성요건을 추가함으로써 위헌적 요소는 제거되었다고 판시하여 기본적으로 변경된 대법원의 입장과 동일하게 판단하고 있다.[28] 대법원과 헌법재판소는 국가보안법을 적용할 때 국가의 안전보장을 위하여 탈출의 개념을 문의적으로 해석할 뿐만 아니라 체계적이고 목적론적으로 해석하고 있으나, 탈출의 개념에서 외국인이 외국에서 북한에 들어가는 것을 제외하여 국가보안법과 형법의 적용범위를 엄격하게 해석함으로써 국가보안법을 현실에 부합하도록 적용하기 위해 노력하고 있다고 평가된다.

(2) 통일부장관에게서 북한 방문증명서를 발급받아 북한에 들어간 경우의 탈출죄 성립 여부

북한을 방문하기 위하여 통일부장관에게서 「남북교류협력에 관한 법률」이 규정하는 방북승인을 받은 경우에도 국가보안법 제6조에서 규정하는 탈출죄를 적용할 수 있는지가 문제된다.[29] 이러한 사례는 「남북교류협력에 관한 법률」이 제정된 이후에 그 법률과 국가보안법의 상호 관계와 적용범위를 둘러싸고 현실적으로 발생하였다. 이에 대하여 대법원은 전제적 사실로 「남북교류협력에 관한 법률」 제3조가 "남한과 북한과

---

28 헌재 1997. 1. 16. 92헌바6·26, 93헌바34·35·36(병합).

29 통일부장관에게서 북한 방문증명서를 발급받아 북한을 방문한 경우에 국가보안법상 탈출죄를 적용할 수 있는지에 대한 학설에 관하여는 박이규, 「북한 방문증명서를 발급받아 북한을 방문한 경우 국가보안법상 탈출죄 성부」, 『대법원 판례해설』 제76호, 법원도서관, 2008, 533-538쪽.

의 왕래·교역·협력사업 및 통신역무의 제공 등 남북교류와 협력을 목적으로 하는 행위에 관하여는 정당하다고 인정되는 범위 안에서 다른 법률에 우선하여 이 법을 적용한다"고 규정하고 있고, 이때 '다른 법률'에는 국가보안법이 포함된다고 판단하였다.[30] 이에 따라 대법원은 통일부장관에게서 북한 방문증명서를 발급받아 북한을 방문하여 그 방문증명서에 기재된 방문목적을 행한 경우에는 원칙적으로 그 방문은 남북교류와 협력을 목적으로 하는 행위로서 정당하므로 국가보안법의 적용을 받지 않는다고 보았다. 그러나 대한민국의 존립·안전이나 자유민주적 기본질서를 위태롭게 하는 행위를 할 명백한 의도를 가진 사람이 방문목적을 속여 북한 방문증명서를 받은 다음 그 방문증명서에 기재된 방문목적에 따른 행위는 전혀 하지 않고 다른 행위를 한 경우에는 북한 방문증명서에 기재된 방문목적은 방문증명서를 받기 위한 외형상의 구실에 불과하여 방문증명서를 받았다는 이유만으로 그 북한 방문이 남북교류와 협력을 목적으로 하는 행위로서 정당하다고 볼 수는 없으므로, 그 북한 방문행위에 대하여는 국가보안법의 탈출죄를 적용할 수 있다고 판단하였다.

대법원은 이와 동시에 북한을 방문한 행위에 대한 정당성 여부를 방문목적별로 나누어 따로 평가할 수는 없으므로 오직 법률상 허용될 수 없는 다른 행위를 하기 위하여 북한을 방문한 것이고 밖으로 내세운 방문목적은 단지 북한 방문증명서를 받아내기 위한 명목상의 구실에 불과한 것이었다고 볼 수 있는 경우가 아니라면 그 북한 방문행위 자체는 정당성이 인정되므로 국가보안법상의 탈출죄로 처벌하여서는 안 된다고 하여 위와 같은 예외적인 경우를 엄격하게 제한하였다. 한편, 대법원의 위 판결에서 대법관 전수안의 소수의견은 북한을 방문하고자 하는 사람이 통일부장관에게서 북한 방문증명서를 발급받아 북한을 방문한

30 대법원 1993. 2. 9. 92도1815, 대법원 2008. 4. 17. 2003도758 등.

경우에는 국가보안법이 정한 탈출죄의 구성요건 자체에 해당할 여지가 없어 어떠한 경우에도 국가보안법상 탈출죄로 처벌할 수는 없다고 하였다.[31] 이러한 소수의견은 국가보안법상의 탈출죄가 성립하기 위해서는 객관적 요건으로 「남북교류협력에 관한 법률」상의 방북승인을 받지 않았다는 것과 주관적 요건으로 국가보안법에 위배되는 행위를 목적으로 방북을 하였다는 것이 모두 필요하므로 방북증명서를 발급받아 방북한 이상 객관적 요건을 구비하지 못하여 국가보안법상 탈출죄를 적용할 수 없다고 하였다. 다만, 그와 같은 행위에 대하여는 「남북교류협력에 관한 법률」이 규정하는 "사위 기타 부정한 방법으로 북한 방문증명서를 발급받은 때"(제27조 제1항)에 해당하므로 그 죄책을 물을 수 있고, 북한 방문 중에 행한 구체적인 행위에 대하여는 이를 개별적으로 평가하여 처벌할 수는 있다고 하였다.

통일부장관에게서 북한 방문증명서를 발급받은 자가 북한을 방문한 경우에 구체적 사건에서 「남북교류협력에 관한 법률」 제3조의 남북교류와 협력을 목적으로 하는 방문행위와 국가보안법의 국가의 존립·안전이나 자유민주적 기본질서를 위태롭게 하는 정을 알면서 하는 방문행위를 어떻게 구별할 것인지가 문제된다. 현실적으로 이러한 구분이 쉽지 않을 뿐만 아니라, 실제로 북한을 방문하는 사람이 위 양자에 모두 해당하는 경우도 있기 때문이다. 헌법재판소는 국가보안법과 「남북교류협력에 관한 법률」의 관계에 대하여 이들은 상호 그 입법목적과 규제대상을 달리하는 것으로 국가보안법은 국가의 안전을 위태롭게 하는 반국가활동을 규율하기 위한 법률이고, 「남북교류협력에 관한 법률」은 자유민주적 기본질서에 입각한 평화적 통일정책을 수립하고 이를 추진하기 위한 법률이므로 헌법의 규범조화적 해석을 통하여 양자는 서로 양립할 수 있다고 하였다.[32] 이러한 입장에 따를 경우에는 「남북교류협

---

31 대법원 2008. 4. 17. 2003도758.

력에 관한 법률」과 국가보안법은 각각 그 구성요건을 판단하여 적용하게 되므로 서로 모순되고 충돌될 여지가 없고 위와 같은 주관적 구성요건을 입증하여 위 법률을 각각 적용할 수 있을 것이다. 그러나 북한을 방문하는 사람이 위 법률에서 규정하는 주관적 구성요건을 모두 충족하고 있는 경우도 있으므로 이러한 경우를 해결하기 위한 규범적 기준이 필요하다고 할 것이다.

대법원은 앞에서 본 바와 같이 국가보안법을 「남북교류협력에 관한 법률」 제3조에서 규정하는 '다른 법률'에 포함시킴으로써 「남북교류협력에 관한 법률」을 국가보안법의 특별법으로 인식하고 있는 것으로 평가할 수 있다. 이러한 입장에 따를 경우에는 「남북교류협력에 관한 법률」이 규정하는 남북교류와 협력을 목적으로 하는 방문행위인지 여부를 우선적으로 판단하여야 할 것이다. 이에 대한 판단기준으로는 그 행위의 객관적 내용을 평가하여 결정해야 한다는 견해, 방문행위의 주된 목적과 종된 목적을 구별하여 주된 목적을 기준으로 판단하여야 한다는 견해, 국가보안법이 규정하고 있는 범죄의 구성요건을 명백히 충족하는 경우에 한하여 이를 남북교류협력을 목적으로 하는 행위에서 제외해야 한다는 견해, 통일부장관이 방북증명서를 발급해준 이상 남북교류협력을 목적으로 하는 행위라고 인정해야 한다는 견해 등으로 구분할 수 있다.[33]

「남북교류협력에 관한 법률」과 국가보안법은 그 입법취지와 입법체계는 상이하지만 남한에 대하여 이중적 지위를 갖는 북한과 관계를 가지는 일정한 사항에 대하여는 동일한 규율대상에 대하여 적용되므로 이러한 범위에서는 일반법과 특별법의 관계에 있다고 해석하는 것이 타당하다. 「남북교류협력에 관한 법률」은 "이 법의 목적범위 안에서 다

---

32 헌재 1993. 7. 29. 92헌바48 등.
33 박이규, 앞의 논문, 543쪽.

른 법률에 우선하여 이 법을 적용한다"고 규정하여 그 입법형식은 다른 법률의 특별법으로서 성격을 갖는 것으로 표현하고 있으나, 국가보안법과 동일한 규율대상에 대해 적용하는 경우에는 위와 같이 해석하는 것이 체계적이고 규범조화적인 해석이라고 하겠다. 한편, 2005년 「남북교류협력에 관한 법률」 제3조는 "남북교류와 협력을 목적으로 하는 행위에 관하여는 이 법의 목적범위 안에서 다른 법률에 우선하여 이 법을 적용한다"고 규정하여 종전의 "정당하다고 인정되는 범위 안에서"를 '이 법의 목적범위 안에서'로 개정하였다.

따라서 북한 방문증명서를 발급받아 북한을 방문하는 경우에는 국가보안법의 국가의 존립·안전이나 자유민주적 기본질서를 위태롭게 하는 정을 알면서 하는 방문행위인지 여부를 우선적으로 판단하여 이에 해당할 경우에는 국가보안법의 잠입·탈출죄를 적용할 수 있을 것이다. 이때 주관적 구성요건으로는 그것이 주된 목적인지 종된 목적인지를 구별하지 않고 그 요건을 충족하는 경우에는 국가보안법을 적용할 수 있을 것이다. 이와 같이 국가보안법의 적용 가능성에 대하여 우선적으로 판단하여 국가보안법을 적용할 수 없는 경우에 비로소 남북교류와 협력을 목적으로 하는 방문행위인지 여부를 판단하여 「남북교류협력에 관한 법률」의 적용 여부를 결정하여야 할 것이다. 이러한 해석을 통하여 남북교류협력을 가장하여 국가보안법의 범행을 저지르는 경우에 효과적으로 대처할 수 있을 것이다.

(3) 찬양·고무 등과 이적성 판단기준

국가보안법은 제7조(찬양·고무 등) 제1항에서 국가의 존립·안전이나 자유민주적 기본질서를 위태롭게 한다는 정을 알면서 반국가단체나 그 구성원 또는 그 지령을 받은 자의 활동을 찬양·고무·선전 또는 이에 동조하거나 국가변란을 선전·선동하는 행위를 처벌하고 있다. 제2항에서는 이적동조 등 죄를, 제3항에서는 이적단체의 구성·가입죄를, 제4항에서는 허위사실 날조·유포죄를, 제5항에서는 이적표현물 제작 등 죄를 각각 규정하고 있다. 이러한 범죄는 그 구성요건으로 이적성을 전제로 하고 있어 이적단체와 이적표현물의 개념적 요건이 된다. 특히 이적표현물의 경우에는 이적성이 인정되는지 여부는 표현의 자유를 어디까지 보장할 것인지와 직접적으로 연관되어 이적성을 인정하는 요건과 범위가 매우 중요한 의미를 가지게 된다.[34] 우리 대법원과 헌법재판소도 이적성의 판단기준에 다양한 견해를 제시하고 있다.

대법원은 종전에 이적표현물의 이적성과 관련하여 반국가단체에게 이익이 된다는 것은 구체적·객관적으로 이익이 될 수 있다는 명백한 증거가 필요하지 않고 추상적으로 이익이 될 수 있는 개연성만 있으면 인정된다는 입장을 취하였다.[35] 그 이후 대법원은 표현물의 전체적인 내용뿐만 아니라 그 작성의 동기는 물론 표현행위 자체의 태양 및 외부와 관련이 있는 사항·표현행위 당시의 정황 등 제반 사정을 종합하여 그 표현물의 내용이 국가의 존립·안전과 자유민주적 기본질서를 위협하는 적극적이고 공격적인 것이면 이적표현물이라고 판단하였으며,[36] 이러한 입장이 현재까지 대법원의 다수의견을 이루고 있다. 한편, 종전 대법원의 소수의견은 이적표현물이란 국가의 안전 등을 위협하는 표현

34 이적표현물의 이적성 판단기준에 대한 학설 등에 대한 자세한 내용은 황교안, 앞의 책, 276-278쪽; 장호순, 「국가안보를 위협하는 이적표현의 범위」, 『한국언론학보』 제43-4호(1999. 여름), 한국언론학회, 1999, 204·213-214쪽; 강금실, 「국가보안법 제7조의 이적성에 관한 두 가지 견해」, 『인권과 정의』 277권, 대한변호사협회, 1999. 9, 116쪽; 민병로, 「국가보안법의 과거·현재·그리고 미래: 헌법재판소 결정에 대한 비판적 고찰」, 『법학과 행정학의 현대적 과제』(유소 이방기 교수 정년기념논문집), 2000, 167-168쪽; 김대휘, 「국가보안법 제7조 제1항·제5항의 해석기준」, 『법과 정의: 이회창 대법관판결의 연구』, 경사 이회창 선생 화갑기념 논문집 간행위원회, 1995, 47-48쪽; 이광범, 「국가보안법 제7조 제5항·제1항의 해석기준에 관한 대법원 판례의 동향」, 『형사재판의 제문제』 2권, 박영사, 1999, 247쪽 등.

35 대법원 1984. 11. 27. 84도2310.

36 대법원 1992. 3. 31. 90도2033, 대법원 1997. 11. 20. 97도2021, 대법원 2010. 7. 23. 2010도1189, 대법원 2011. 7. 28. 2009도9152, 창원지법 2011. 9. 22. 2011노365 등.

행위로서 국가의 존립·안전과 자유민주적 기본질서를 파괴할 구체적이고 가능한 위험이 있는 표현행위에 해당하여야 한다고 하였다. 이때 구체적이고 가능한 위험은 법익을 침해하는 해악의 내용이 구체적이고, 그로 인한 법익 침해의 결과 발생이 가능한 것을 의미하며, 해악의 내용이 구체적이라는 것은 추상적인 것이 아니라 실질적이고 중대한 것을 의미하고, 법익 침해의 결과 발생이 가능하다는 것은 법익 침해의 결과가 초래될 상당한 개연성이 있는 것을 의미한다고 하였다.[37] 그러나 최근 대법원의 소수의견은 이적표현물로 인정하기 위해서는 적극적이고 공격적인 표현이라는 요건 외에 국가의 존립·안전이나 자유민주적 기본질서에 대한 위험을 가진 표현물이어야 하며, 그 위험성 요건을 인정하는 기준은 명백하고 현존하는 위험의 기준이 적용되어야 한다고 요구하여 훨씬 더 엄격한 기준을 제시하였다.[38]

대법원이 기본적으로 제시하고 있는 이적성 판단기준에 대하여 이는 위험경향의 원칙 또는 해악경향의 원칙에 입각한 것으로 평가되며, 1992년 판결에서 소수의견이 제시한 구체적이고 가능한 위험의 법리는 위험경향의 원칙보다 엄격한 요건을 요구하지만 명백하고 현존하는 위험의 원칙에서 요구하는 명백성을 완화한 것이다. 이에 대하여는 독일 형법상의 '잠재적 위험범'에서 도입된 것이라는 견해가 있는데, 잠재적 위험범은 추상적 위험범과 구체적 위험범의 중간적인 지위에 있는 것으로 이적단체 또는 이적표현물이 그 자체로서 구체적인 사안에서 구체적 위험성을 야기할 수 있어야 하지만 실제로 국가적 법익에 구체적 위험을 발생시킬 필요는 없다는 것이다.[39] 또한, 대법원의 입장은 명백하고 현존하는 위험의 법리와 상당한 차이가 있으나, 명백하고 현존하

37 대법원 1992. 3. 31. 90도2033의 대법관 이회창 등 3명의 소수의견.
38 대법원 2010. 7. 23. 2010도1189의 대법관 박시환 등 4명의 소수의견.
39 김대휘, 앞의 논문, 47–48쪽.

는 위험의 법리가 아니더라도 표현의 자유를 제한하는 다른 법리를 이용하여 대법원의 기존 해석론을 보완할 수 있다는 견해가 있다. 이 견해는 헌법재판소가 명백하고 현존하는 위험의 법리의 영향을 받아 명백성이라는 기준을 제시하고 있지만, 대법원의 해석론을 국가의 존립·안전이나 자유민주적 기본질서에 무해한 행위는 처벌에서 배제하려는 취지로 보는 한 양자의 기준 사이에는 큰 차이가 없다고 한다.[40] 한편, 2010년 대법원 판결에서 소수의견은 앞에서 검토한 바와 같이 명백하고 현존하는 위험이라는 가장 엄격한 기준을 제시하였다.

대법원은 이적표현물 관련 범죄의 목적성 여부에 대하여도 종전 판례를 변경하여 초과주관적 구성요소인 이적행위의 목적을 추정할 수 없다고 판단하였으며,[41] 행위자에게 이적행위의 목적이 있음을 증명할 직접증거가 없는 때에는 표현물의 이적성의 징표가 되는 여러 사정에 더하여 피고인의 경력과 지위, 피고인이 이적표현물과 관련하여 행위를 하게 된 경위, 피고인의 이적단체 가입 여부 및 이적표현물과 피고인이 소속한 이적단체의 실질적인 목표 및 활동 사이의 연관성 등 간접사실을 종합적으로 고려하여 판단할 수 있다고 하였다.[42] 대법원은 종전에 "이적표현물에 북한에게 이익이 될 수 있는 내용이 담겨 있다는 인식을 하면서도 이를 취득·소지 또는 제작·반포하였다면 그 행위자에게는 위 표현물의 내용과 같은 이적행위가 될지도 모른다는 미필적 인식은 있는 것으로 추정되는 것이고, 학문적인 연구나 영리추구 및 호기심에 의한 것이라는 등 이적목적이 없었다고 보여지는 자료가 나타나지 않는 한 초과주관적 위법요소인 목적의 요건은 충족된다"고 판결하였다.[43] 이에 따르면, 주관적 구성요건인 이적성의 인식이 인정되면 초과

40 이광범, 앞의 논문, 240-241쪽.
41 대법원 2010. 7. 23. 2010도1189.
42 대법원 2010. 12. 9. 2007도10121.
43 대법원 1992. 3. 31. 90도2033. 이 판결에서 소수의견은 "반포와 판매와 같이 표현물

주관적 구성요건인 목적성이 추정되므로 검사는 위 인식만 입증하면 충분하고, 피고인이 학문적인 연구 등 특별한 사정으로 이적목적이 없었다는 것을 입증하여야 하였다. 대법원이 위 판례를 변경함으로써 피고인의 초과주관적 구성요건인 이적행위의 목적에 대하여도 검사에게 입증책임이 있다고 판단한 것이다. 그 이후 하급심도 대법원의 이러한 입장에 따라 행위자가 표현물의 이적성을 인식하였다고 하더라도 이적행위를 할 목적이 인정되지 아니하면 그 구성요건은 충족되지 않는다고 하면서 범죄의 구성요건을 이루는 사실에 대한 증명책임은 검사에게 있으므로 행위자에게 이적행위를 할 목적이 있었다는 점은 검사가 증명하여야 하며, 행위자가 이적표현물임을 인식하였다는 사실만으로 그에게 이적행위를 할 목적이 있었다고 추정해서는 아니 된다고 판단하였다.[44]

그러나 대법원은 주관적 구성요건인 이적성의 인식에는 반드시 확정적인 인식이 필요한 것은 아니고 미필적 인식만으로 충분하다는 입장은 그대로 유지하고 있다. 한편, 대법원의 소수의견은 이적표현물의 반포·판매 행위와 제작·취득·소지 행위를 구분하여, 후자는 그 구성요건적 행위 자체만으로는 바로 이적효과라는 목적을 달성할 가능성이 극히 적으므로 이적표현물을 제작·취득·소지하는 등 행위를 하였다고 하여 바로 이적행위를 할 목적을 갖고 있었다고 할 수는 없으며, 이적행위를 추가로 할 의사나 계획을 갖고 있다는 것이 입증되어야 한다고 하였다. 이는 종전 판례의 소수의견이 반포나 판매의 경우에는 이적행위의 인식을 추정할 수 있다고 하였던 것보다 엄격한 기준을 요구한 것으로 판단된다.[45] 나아가 대법원의 일부 소수의견은 이적행위의 목적을

의 전파 또는 확산을 본질적 내용으로 하는 행위에 있어서는 이적행위의 인식이 있다는 것을 추정할 수 있으나, 그 외의 행위에까지 그와 같은 추정을 확장할 수 없다"는 의견을 제시한 바 있다.

44 창원지법 2011. 9. 22. 2011노365.

인정하기 위해서는 이적표현물 소지자가 향후 그 표현물이나 그 내용을 사용하여 어떻게 반국가단체 등의 활동을 찬양·고무·선전 또는 이에 동조하려 하는 것인지 등이 구체적으로 증명되어야 한다고 더욱 엄격한 기준을 요구하였다.[46]

헌법재판소는 이적표현물의 이적성에 대하여 국가보안법의 입법목적에 부합하도록 국가의 존립·안전이나 자유민주적 기본질서에 실질적 해악을 줄 명백한 위험성이 있는 경우에 적용되며, 이는 특단의 사정이 없는 한 그 표현물의 내용이 그와 같은 경우일 때라고 볼 것이고, 그 표현물과 외부관련성도 이러한 위험성을 판단하는 기준이 된다고 하였다.[47] 헌법재판소는 이와 같이 이적성에 대하여 처음부터 대법원보다 엄격한 기준을 제시하였으며, 이러한 입장이 주류를 이루고 있다. 한편, 헌법재판소의 소수의견은 명백하고도 현존하는 위험의 원칙에 따라서 법률에 의하여 금지된 해악을 초래할 명백하고도 현실적인 위험성이 입증된 경우에 한정되어야 하므로 국가보안법 제7조 제1항의 규정은 표현의 자유의 본질적 내용을 침해하고, 명확성의 원칙에도 반한다고 하였다.[48]

헌법재판소가 제시하는 실질적 해악을 줄 명백한 위험성에 대하여는 이것이 미국 연방대법원의 판례를 통하여 확립된 "명백하고 현존하는 위험의 원칙(clear and present danger rule)"에 해당하는지 여부에 대해서 견해가 나뉜다. 헌법재판소는 그 표현과 위험의 발생 사이에 명백한 인과관계를 요구하고 있으나 그 위험이 발생하는 시간적 근접성에 대하여는 구체적으로 언급하지 않고 있다. 이에 대하여는 명백하고 현존하는 위험의 법리와 유사하거나 그 영향을 받은 것이라는 견해도 있고,[49] 명

---

45 대법원 2010. 7. 23. 2010도1189의 대법관 박시환·김지형·이홍훈·전수안의 반대의견.
46 대법원 2010. 7. 23. 2010도1189의 대법관 김영란의 반대의견.
47 헌재 1990. 4. 2. 89헌가113.
48 헌재 1990. 4. 2. 89헌가113의 재판관 변정수의 소수의견.

백하고 현존하는 위험의 법리와 구별된다는 견해도 있다.[50] 헌법재판소가 제시하고 있는 실질적 해악을 줄 명백한 위험성은 위험의 현존과 시간적 근접성을 엄격하게 요구하지 않으며, 소수의견이 명백하고 현존하는 위험의 법리를 적용할 것을 주장하는 점에 비추어 그것이 명백하고 현존하는 위험의 법리와 동일한 것은 아니라고 해석된다. 다만, 대법원에서 제시하는 기준에 비하여 훨씬 더 엄격한 요건을 요구하고 있는 것으로 명백하고 현존하는 위험의 법리의 영향을 받거나 이를 반영한 것으로 평가할 수 있을 것이다. 이와 달리 헌법재판소의 소수의견은 명백하고 현존하는 위험의 원칙을 전면적으로 수용하고 있다. 한편, 최근에 대법원이 이적단체의 이적성을 판단하는 기준으로 헌법재판소가 제시한 실질적 해악을 줄 명백한 위험성을 수용하고 있는 것은 주목할 만하다. 즉, 대법원은 헌법재판소의 실질적 해악을 줄 명백한 위험성을 그대로 인용하였으며,[51] 이를 이적동조죄와 회합·통신의 죄의 성립 여부를 판단하는 기준으로 제시하였다.[52]

이적표현물의 이적성 여부에 대하여는 국제연합에서도 일정한 기준을 제시하고 있다. 즉, 유엔인권이사회는 대법원 1986. 9. 23. 선고 86도1429 판결과 관련하여 표현행위 규제의 기준을 제시한 적이 있으며, 유엔인권위원회는 사법적 판단기준에 따라 국가안보를 해치는 표현행위를 처벌하려면 어떤 표현이 법적으로 금지된 표현인지 명확히 규정되어야 하고, 해당 표현의 허용이 국가안보에 위태로운 결과를 가져왔다는 사실을 정부가 입증해야 한다는 의견을 제시하였다.[53]

---

49 양건, 「표현의 자유에 관한 법과 현실의 변화」, 『법학논총』 제12집, 한양대학교 법학연구소, 1995. 10, 214쪽; 강금실, 앞의 논문, 116쪽; 김대휘, 앞의 논문, 48쪽.

50 민병로, 앞의 논문, 167–168쪽.

51 대법원 2004. 7. 9. 2000도987, 대법원 2007. 3. 30. 2003도8165 등.

52 대법원 2008. 4. 17. 2003도758.

53 장호순, 앞의 논문, 195쪽.

4. 회합·통신 등, 편의제공, 불고지

1) 대표판례: 헌재 1992. 4. 14. 90헌바23 【국가보안법 제9조 제2항에 대한 헌법소원】

① 판례요지

1. 사건의 개요 및 심판의 대상

가. 사건의 개요

청구인은 개정 전 국가보안법(1980. 12. 31. 법률 제3318호) 제9조 제2항 위반을 이유로 서울형사지방법원에 기소되어(위 법원 89고단7813 사건) 위 법원에서 1990. 2. 20. 징역 2년 및 자격정지 2년의 형을 선고받고 항소하여 항소심인 서울형사지방법원에 위 사건 재판의 전제가 된 위 개정 전 국가보안법 제9조 제2항이 헌법에 위반된다는 이유로 헌법재판소법 제41조 제2항에 의한 위헌제청의 신청을 하였으나(위 법원 90초2036 사건) 위 법원은 1990. 6. 15. 위 신청을 기각하였다. 이에 청구인은 같은 달 28. 헌법재판소에 위 개정 전 국가보안법 제9조 제2항에 대하여 헌법재판소법 제68조 제2항에 의한 이 사건 헌법소원을 청구하였다.

한편 위 항소심 법원은 위 위헌제청신청을 기각하면서 같은 날 청구인에 대한 제1심판결을 파기하고 청구인에 대하여 징역 1년 6월 및 자격정지 1년 6월을 선고하였으며(위 법원 1990. 6. 15. 선고, 90노2503 판결), 이에 대하여 청구인이 제기한 상고가 기각되어(대법원 1990. 9. 14. 선고 90도1518 판결) 위 항소심 판결은 그대로 확정되었다.

나. 심판의 대상

그러므로 이 사건 심판의 대상은 위 개정 전 국가보안법 제9조 제2항이 헌법에 위반되는지의 여부이고 위 개정 전 국가보안법 제9조는 다음과 같다.

개정 전 국가보안법 제9조(편의제공)

① 이 법의 죄를 범하거나 범하려는 자라는 정을 알면서 총포·탄약·화약 기타 무기를 제공한 자는 5년 이상의 유기징역에 처한다.

② 이 법의 죄를 범하거나 범하려는 자라는 정을 알면서 금품 기타 재산상의 이익을 제공하거나 잠복·회합·통신·연락을 위한 장소를 제공하거나 기타의 방법으로 편의를 제공한 자는 10년 이하의 징역에 처한다. 다만 본범과 친족관계에 있는 때에는 그 형을 감경 또는 면제할 수 있다.

③ 제1항 및 제2항의 미수범은 처벌한다.

④ 제1항의 죄를 범할 목적으로 예비 또는 음모한 자는 1년 이상의 유기징역에 처한다.

⑤ 제2항의 죄를 범할 목적으로 예비 또는 음모한 자는 7년 이하의 징역에 처 한다.

한편 위 국가보안법은 1991. 5. 31. 법률 제4373호에 의하여 일부 개정되어 위 제9조 제1항 및 제2항 중 "이 법의 죄"가 "이 법 제3조 내지 제8조의 죄"로 바뀌었고, 동조 제5항은 삭제되었으나 위 개정법률 부칙 제2조는 위 개정 법률 공포시행 전의 행위에 대한 벌칙의 적용에 있어서는 종전의 규정에 의한다고 규정하고 있으므로 이 사건 심판의 대상은 여전히 위 개정 전 국가보안법 제9조 제2항이다.

2. 당사자 및 이해관계인들의 주장

가. 청구인의 주장

위 개정 전 국가보안법은 1980. 12. 31. 국가보위입법회의에서 만들어진 것인데 위 국가보위입법회의는 대통령령에 의하여 설치되었던 국가보위비상대책위원회가 1980. 9. 29. 국가보위비상대책위원회 설치령 중 개정령에 의하여 국가보위입법회의로 바뀐 후 같은 해 10. 27. 스스로 제정한 국가보위입법회의법에 의하여 구성된 것으로서 위 국가보위입법회의법은 정당한 입법기관에 의하여 제정된 것이 아니고, 따라서 위 법에 의하여 구성된 위 국가보위입법회의도 정당한 입법기관이 아니어서 위 국가보위입법회의에서 제정한 위 개정 전 국가보안법은 입법권은 국회에 속하도록 규정하고 있는 헌법 제40조, 국민주권의 원리를 천명한 헌법 제1조 제2항 등에 위배되어 법률로서의 효력을 가질 수 없을 뿐만 아니라, 위 개정 전 국가보안법 제9조 제2항 적용의 전제가 되는 국가보안법 소정의 각 죄는 그 구성요건들이 너무나 애매하고 막연한 개념으로 가득 차 있고 위 조항의 구성요건 가운데 "기타의 방법으로 편의를 제공"이라는 부분도 그 자체로서는 도저히 내용을 특정할 수 없는 불명확한 개념이므로 위 조항은 범죄처벌의 구성요건이 명확할 것을 요구하는 헌법 제12조 제1항 소정의 죄형법정주의의 원칙에도 어긋나는 것으로서 헌법에 위반된다.

나. 서울형사지방법원의 위헌제청신청 기각이유

구 헌법(1980. 10. 27. 공포) 부칙 제6조 제1항은 국가보위입법회의가 위 헌법 시행일부터 위 헌법에 의한 국회의 최초의 집회일 전일까지 국회의 권한을 대행하도록 규정하고 있었고, 현행 헌법 부칙 제5조는 위 헌법 시행 당시의 법령은 위 헌법에 위배되지 아니하는 한 효력을 지속한다고 규정하고 있으므로 위 개정 전 국가보안법이 국가보위입법회의에 의하여 전문 개정되었다는 이유만으로는 헌법에 위반된다고 할 수 없고, 국가보안법 제9조 제2항의 규정이나 위 법의 기타 규정을 국가보안법의 목적에 비추어 합리적으로 해석하는 한 위 규정들이 사회과학적으로 개념을 규정하는 것이 불가능할 정도로 모호하고 광범위하여 헌법 제12조 제1항이 규정하는 죄형법정주의의 본질적 내용을 침해하는 것이라거나 기본권 제한의 한계를 규정한 헌법 제37조 제2항과 인간의 존엄성을 규정한 헌법 제10조에 위반되어 위헌이라고는 할 수 없다.

3. 판단

가. 먼저 개정 전 국가보안법은 정당한 입법기관이라 할 수 없는 국가보위입법회의에서 제정된 법이므로 헌법 제1조 제2항·제40조의 각 규정에 위배되는 무효인 법률이라는 주장에 관하여 본다.

1980. 10. 27. 공포된 구 헌법 부칙 제6조 제1항은 국가보위입법회의는 구 헌법시행일로부터 구 헌법에 의한 국회의 최초의 집회일 전일까지 국회의 권한을 대행한다고 규정함으로써 국가보위입법회의에 입법권을 부여하는 합헌적 근거규정을 마련하였고, 동 제3항은 국가보위입법회의가 제정한 법률에 대하여 지속효를 가지며 제소나 이의할 수 없도록 하여 구 헌법하에서 그 제정절차를 다툴 수 없는 유효한 법률임을 명백히 하였으며, 한편 1987. 10. 29. 공포된 현행 헌법 부칙 제5조는 현행 헌법 시행 당시의 법령은 현행 헌법에 위배되지 아니하는 한 효력을 지속한다고 하여 법령의 지속효에 관한 규정을 두고 있는바, 그렇다면 국가보위입법회의에서 제정된 법률의 내용이 현행 헌법에 저촉된다고 하여 다투는 것은 별론으로 하되 현행 헌법하에서도 제정 절차에 위헌적 하자가 있음을 다툴 수는 없다고 보아야 할 것이므로 청구인의 위 주장은 그 이유 없다(특히 여기에서 문제되는 편의제공죄는 일찍이 반공법 제7조에 규정하였던 바를 1980. 12. 31. 국가보위입법회의에 의하여 전문 개정하는 계제에 그대로 계수한 것임을 유의할 필요가 있다).

나. 나아가 본안 문제인 개정 전 국가보안법(이하 '구법'이라 한다) 제9조 제2항의 위헌성 여부에 관하여 살핀다. 구법 제9조 제2항에서는 "이 법의 죄를 범하거나 범하려는 자라는 정을 알면서 금품 기타 재산상의 이익을 제공하거나 잠복·회합·통신·연락을 위한 장소를 제공하거나 기타의 방법으로 편의를 제공한 자는 10년 이하의 징역에 처한다"고 규정하고 있다. 이 규정의 문제점을 본다.

첫째로 편의제공죄의 본범이라고 할 편의제공 대상자를 "이 법의 죄를 범하거나 범하려는 자"라고 한 것이다. 여기서 전단의 "죄를 범하는 자"는 이 법 소정의 기수·미수죄를 뜻하고, 후단의 "죄를 범하려는 자"는 이 법 소정의 예비·음모죄를 범하는 자를 뜻하는 것으로 좁게 해석한다 하더라도, "이 법의 죄"라고 하고 있으므로 국가보안법 제3조 내지 제8조 소정의 국가의 안전에 직접 관계있는 죄를 범한 자에 대한 편의제공만이 아니라 국가보안법 소정의 범죄 일체를 망라하여 이에 해당하는 범죄를 범한 자에 대한 편의제공 전부를 포함하게 된다고 할 것이므로, 동법 제10조의 불고지죄를 범한 자에 대한 편의제공, 나아가 제11조의 특수직무유기죄, 제12조의 무고·날조죄와 같은 국가의 안전에 직접 관계없는 죄를 범한 자에 대한 편의제공의 경우에 대해서까지 편의제공죄가 성립될 수 있도록 확장시켜놓고 있다. 이 점을 감안하였음인지 개정된 국가보안법 제9조 제2항은 "이 법 제3조 내지 제8조의 죄를 범하거나 범하려는 자"로 편의제공 대상자의 범위를 축소시켰음을 유의할 필요가 있다.

둘째로 편의제공을 받는 본범의 범죄가 제3조 내지 제8조 소정의 범죄만 가리킨다고 하여도 본범의 구성요건 자체도 매우 다의적이고 그 적용범위가 매우 광범위하다. 특히 구법 제5조 제2항의 금품수수죄, 제6조 제1항의 잠입·탈출죄, 제7조의 찬양고무죄, 제8조의 회합·통신죄 등의 경우가 그러하다. 본범의 행위가 국가의 존립·안전을 위태롭게 하거나 자유민주적 기본질서에 위해를 줄 구체적이고 명백한 위험성이 있는 경우가 아니라도 본범의 구성요건에 해당하게 되어 있으므로 그러한 본범에게 편의를 제공한 자라면 제9조의 편의제공죄가 성립될 수 있게 하였다. 따라서 예를 들면 조총련계 재일동포에게서 고국의 부모가 생계비를 수수받는 과정에서 편의제공, 관광 입북이나 부모형제 방문차 입북하는 자에게 편의제공, 나아가 북한의 운동실력을 높이 칭송하는 자에게 관련 자료의 제공행위까지도 이에 의하여 형사처벌을 받을 소지가 있다.

셋째로 여기에서 열거한 세 가지 편의제공 행위의 유형 즉 금품 기타 재산상의 이익제공행위, 잠복·회합·통신·연락을 위한 장소제공행위, 기타의 방법으로 편의를 제공한 행위 가운데, 특히 뒤의 "기타의 방법으로 편의를 제공한" 것이야말로 가장 포괄적이고 광범위하다. 이는 쉽사리 그 내포와 외연을 가늠하기 어려운 개념으로서, 국가보안법 위반범인에 대한 편의제공이라면 말이든 행동이든, 유형이든 무형이든, 명시적이든 묵시적이든, 적극적이든 소극적이든 그 행위의 태양을 가리지 않는 것이고, 행위의 동기·목적 등을 고려 외에 두는 것이다. 더 나아가 보면 이는 이익제공·장소제공 또는 이에 버금가는 방법이라기보다는 위 두 가지 방법이 아닌 다른 방법으로의 편의제공 일체를 뜻하는 광범위한 개념이다. 따라서 문언해석상으로는 공산계열의 목적수행과는 무관한 학문적 연구나 영리추구 과정에서 도움을 준다 하여도 여기의 편의제공에 해당되지 않는가 하는 의문을 야기시킬 수 있다.

이렇듯 구법 제9조 제2항에서 규제 대상이 되는 편의제공은 그 문언해석상 그 적용범위가 넓고 불명확하므로 헌법 제10조 소정의 행복추구권에서 파생하는 일반적 행동자유권은 물론, 도움은 말로도 줄 수 있는 것이라면 제21조 소정의 표현의 자유마저 위축시킬 수 있다. 비록 대한민국의 체제 전복이나 자유민주적 기본질서에 위해를 초래할 염려가 없는 무해의 편의제공이라 하여도 편의제공죄로 의율될 수 있는 데 문제가 있다. 원래 사회생활이란 사회구성원 간에 서로 편의를 제공하고 제공받는 협동 생활일진대, 국가보안법위반 범인에 대한 편의제공이 무차별하게 여기의 구성요건에 해당된다면 안심하고 사회생활을 영위해 나가는 데 커다란 장애요인이 아닐 수 없다. 특히 국가의 안전과는 무관한 남북 간의 경제·사회·문화·체육 등의 영역에 있어서의 교류에 큰 걸림돌이 될 수밖에 없으며, 또 헌법 제4조에서 천명한바 평화적 통일정책의 추구에도 지대한 지장을 줄 소지가 있다. 그뿐만 아니라 적용범위가 이처럼 과도하게 광범위하다면 법 운영 당국에 의한 자의적 집행의 가능성도 배제할 수 없다(당 재판소 1992. 1. 28. 선고 89헌가8 결정 참조). 법규의 문언대로 적용하느냐 한정적으로 축소 적용하느냐에 대하여 법 운영 당국의 재량의 여지가 있으므로 편의제공자가 누구인가에 따라 법규 문언 그대로 적용하여 합헌 행위까지도 처벌하여 국민의 일반적 행동자유권을 침해할 수 있는가 하면, 반대로 가능한 한의 축소해석을 하여 위헌성을 띠는 행위마저도 처벌대상에서 면제시킬 수 있다. 다시 말하면 법 운영 당국으로서 가장 경계해야 할 편의적·자의적 법 운영을 가능할 수 있게 한다. 무릇 법 운영에 있어서 주관적인 자의성을 주는 것은 법치주의의 원리에 반하는 것이고, 결국 법 집행을 받는 자에 대한 헌법 제11조의 평등권의 침해가 될 것이다. 나아가 어떠한 것이 허용되며 어떠한 것이 범죄의 구성요건이 되는가를 법 제정기관인 입법자가 법률로 정하는 것이 아니라 사실상 법 운영 당국의 재량으로 결정하는 결과가 되어 법치주의에 위배되고 죄형법정주의에도 저촉될 소지가 생겨날 것이다.

이상 본 바로 구법 제9조 제2항을 문리 그대로 해석적용하면 광범위성과 불명확성 때문에 그 적용범위가 국가의 존립·안전을 위태롭게 하거나 자유민주적 기본질서에 위해를 줄 구체적이고 명백한 위험성이 있는 편의제공을 넘어설 수 있게 될 것이므로 만일 그대로 처벌하게 된다면 합헌적인 편의제공마저 처벌하게 되어 기본권 침해의 결과에 이를 수밖에 없고, 따라서 위헌을 면키 어려울 것이다. 그러나 한편 대한민국의 체제 전복이나 자유민주적 기본질서의 파괴를 시도하는 자에 대한 협조적 편의제공의 행위까지 기본권이라는 이름으로 보호하는 것이 헌법이 아닌 것도 유의할 필요가 있다. 그렇다면 처벌의 대상으로 되어야 할 것은 제9조 제2항 소정의 편의제공행위 가운데서 국가의 존립·안전이나 자유민주적 기본질서에 실질적 해악을 미칠 구체적이고 명백한 위험성이 있는 경우로 최소제한하여야 할 것이고, 그와 같은 위험성이 있다고 단정하기 어려운 것은 처벌의 대상에서 배제시켜야 할 것이다. 생각건대 이와 같은 해석이 곧 헌법 전문·제4조·제10조·제11조·제21조의 규정을 존중하는 것이고, 제37조 제2항의 규정에 합치되는 해석일 것이다. 다만 그와 같은 위험성의 존부는 법운영자의 주관적 자의적 심증에 맡길 문제가 아니고 구체적 사안을 놓고 모든 정황을 고려하여 객관적으로 판단되어야 할 사항일 것이다(당 재판소 1992. 1. 28. 선고 89헌가8 결정 참조). 구법 제1조는 "이 법은 국가의 안전을 위태롭게 하는 반국가활동을 규제함으로써 국가의 안전과 국민의 생존 및 자유를 확보함을 목적으로 한다"고 규정하고 있다. 결국 국가보안법은 국가의 안전을 보장하고 자유민주적 기본질서의 파괴에 대처하기 위한 데 그 목적이 있는 것이므로 위에서 밝힌 합헌적 제한해석은 그 입법목적에도 부합하는 것이 될 것이다. 이처럼 입법목적 등을 고려하여 위 다의적인 규정을 한정적 제한 해석할 때에는 구법 제9조 제2항의 보호법익을 살리면서도 전면위헌의 문제를 피할 길이 열릴 것이며, 이로써 국민의 일반적 행동자유나 표현의 자유의 위축문제 또는 이와 같은 기본권의 본질적 침해의 우려는 해소될 수 있을 것이고, 허용될 행위와 금지되는 행위의 기준제시로 법 운영 당국의 자의적이고 제도외적 오용 내지 남용으로 인한 기본권 침해의 사태는 피해질 것이며, 이 정도의 기준제시로 처벌 범위를 좁히면 법 운영 당국의 해석권에 의하여 제도 본지를 충분히 살릴 수 있을 것으로 처벌 범위의 불명확성 때문에 생기는 죄형법정주의 위배의 소지는 없어지고, 나아가 국가의 존립·안전을 저해함이 없이 자유민주적 기본질서에 입각한 평화적 통일정책 추진의 헌법적 과제는 이룩할 수 있을 것이다.

4. 결론

그러므로 구 국가보안법 제9조 제2항은 그 소정행위가 국가의 존립·안전을 위태롭게 하거나 자유민주적 기본질서에 위해를 줄 명백한 위험성이 있는 경우에 한하여 적용된다고 할 것이므로 이와 같은 해석 하에서는 헌법에 위반되지 아니한다고 할 것이다. 다만 재판관 변정수의 반대의견이 있는 외에는 나머지 관여 재판관의 의견일치에 의하여 주문과 같이 결정한다.

5. 재판관 변정수의 반대의견

(1) 나는 일찍이 국가보안법 제7조 제1항 및 제5항에 대한 위헌심판사건의 소수의견에서 국가보안법 제7조 제1항 및 제5항뿐 아니라 국가보안법의 모든 규정이 위헌이라고 주장하고 그 이유로써 우리 헌법이념의 하나인 평화적 통일은 남북한이 무력을 배제하고 서로 대등한 지위에서의 합의를 통하여 통일을 이루는 방법밖에 생각할 수 없고, 그러기 위해서는 우선 남·북이 적대관계를 청산하여 화해하고 협력하며 교류하여야 하는데 이러한 일은 어디까지나 북한이 불법집단 내지 반국가단체로서 처벌대상이 되지 않는다는 전제에서만 가능한 것인데도 불구하고, 국가보안법은 처벌규정의 핵심적 근거로서 "반국가단체"라는 개념을 설정하고, 북한을 반국가단체로 규정지음으로써 북한을 정부를 참칭하거나 국가를 변란할 것을 목적으로 하는 범죄단체임을 전제로 하여 여러 가지 처벌규정을 설정하고 있는데, 이러한 처벌규정이 있는 한, 적대관계의 청산이나 상호화해·협력·교류 등 평화통일사업은 불가능하기 때문에 국가보안법은 결국 헌법의 평화통일이념에 저촉되는 위헌법률이라고 설명한 바 있다. 그리고 그 소신에는 지금도 변함이 없다(당 재판소 1990. 4. 2. 선고 89헌가113 결정, 동 1990. 6. 25. 선고 90헌가11 결정 참조). 더욱이 남북한이 UN에 동시에 가입하였고 우리 정부가 북한을 평화통일협상의 상대방으로 인정하여 "남북 사이의 화해와 불가침 및 교류·협력에 관한 합의서"라는 외교문서까지 교환하면서 남·북 대화를 진행하고 있는 오늘의 상황에서 상호교류·협력의 걸림돌이 되는 국가보안법의 위헌성은 더욱 뚜렷해졌다 할 것이다.

(2) 국가보안법은 대부분 미수범은 물론 예비·음모범까지 처벌하고

있으므로 개정 전 국가보안법(1980. 12. 31. 법률 제3318호) 제9조 제2항이 규정한 편의제공의 상대방인 "이 법의 죄를 범하려는 자"는 결국 예비·음모행위에도 이르지 않는 행위를 한 자 즉 단순히 범죄 실행의 의사만 지녔을 뿐 아직 그 의사가 외부로 표출되지 않은 상태에 있는 자를 가리키는 것으로밖에 볼 수 없다. 따라서 위 법률조항에서 편의제공 상대방에 "이 법의 죄를 범하려는 자"까지 포함시킨 것은 예비, 음모 이전 단계까지 처벌하겠다는 것으로서 이는 의사형법(意思刑法) 내지 심정형법(心情刑法)을 인정하는 것이 되어 "누구든지 생각(사색)만으로는 처벌받지 않는다"는 근대형법의 대원칙에 반한다.

또한, 위 법률조항은 범죄의 경중을 구분하지 아니하고 국가보안법상의 모든 범죄, 예컨대 죄질이 경미한 불고지죄나 찬양·고무·동조 등의 죄, 심지어 제11조의 특수직무유기죄, 제12조의 무고·날조죄와 같은 국가의 안전과 직접 관계없는 죄를 범하거나 또는 이와 같은 죄를 범하려는 자에 대하여 편의를 제공하는 경우까지를 획일적으로 10년 이하의 징역에 처하도록 하여 편의제공행위가 종범적인 성질의 것임에도 불구하고 죄에 따라서는 오히려 편의제공행위의 대상자 즉 정범보다도 더 무겁게 처벌할 수 있도록 함으로써 범죄와 형벌 사이에 정당한 비례관계가 유지되었다고 보기 어렵다 할 것이다. 그뿐만 아니라 입법형식에 있어서도 위 법률조항이 본범 종속적으로 규정되어 있으므로 구태여 위와 같은 형태의 조문이 없더라도 편의제공행위는 경우에 따라 종범(형법 제32조)으로 처벌이 가능하다는 점에서 처벌가치가 없는 일체의 편의제공행위까지 포괄하는 위 법률규정은 형벌필요성의 요구를 벗어남으로써 기본권제한입법의 한계로서 요구되는 과잉금지의 원칙에 위배된 법률이라 할 것이다.

(3) 다수의견은, 국가보안법 제9조 제2항의 규제대상인 편의제공은 그 적용범위가 너무 넓고 불명확하므로 헌법 제10조 소정의 행복추구권에서 파생하는 일반행동자유권은 물론, 헌법 제21조의 표현의 자유마

저 위축시킬 수 있고, 법 운영 당국에 의한 편의적·자의적 집행의 소지도 생길 수 있어 법치주의·죄형법정주의에 위배될 소지도 있으며, 특히 위 법률조항은 국가의 안전과는 무관한 남북 간의 경제·사회·문화·체육 등 영역에 있어서의 큰 걸림돌이 될 수밖에 없으며 헌법 제4조에서 천명한바 평화통일정책의 추구에 큰 지장을 줄 수 있다고 지적한 다음 위 법률조항을 문리 그대로 해석적용하면 광범위성과 불명확성 때문에 국가의 존립·안전을 위태롭게 하거나 자유민주적 기본질서에 위해를 줄 구체적이고 명백한 위험성이 있는 편의제공을 넘어설 수 있게 될 것이므로 만일 그대로 처벌하게 된다면 합헌적인 편의제공마저 처벌하게 되어 기본권 침해의 결과에 이를 수밖에 없고 따라서 위헌을 면하기 어려울 것이므로 위헌을 면하려면 그 소정의 편의제공행위 가운데서 국가의 존립·안전이나 자유민주적 기본질서에 실질적 해악을 미칠 구체적이고 명백한 위험성이 있는 경우로 처벌을 축소 제한하여야 할 것이며 이 정도의 기준제시로 처벌범위를 좁히면 법 운영당국의 해석권에 의하여 위 법률조항의 보호법익을 살리면서 위헌의 소지도 없앨 수 있다고 설명하고 있다.

그러나 위 법률조항은 그와 같은 한정적 적용해석이 가능한 법률도 아닐 뿐더러 죄형법정주의가 적용되는 형벌법규의 경우에는 명확성의 원칙은 철저히 지켜져야 하는 것인 만큼 헌법합치적 해석을 빙자하여 불명확한 법률을 적당히 호도하는 방법으로 합헌이라고 감싸주면서 위헌결정을 회피하는 것은 잘못이라는 것, 광범위하고 불명확한 형벌법규에 대하여 헌법재판소가 “어떠어떠하게 해석되므로” 또는 “어떠어떠하게 해석하는 한”이라는 적용기준을 창설하면 그 위헌성이 치유되어 합헌으로 된다고 한다면 죄형법정주의에 있어서의 명확성의 규칙은 아무 필요가 없게 된다는 것, 그 소정행위가 국가의 존립·안전을 위태롭게 하는 행위냐·아니냐 또는 자유민주적 기본질서에 위해를 줄 행위냐·아니냐 역시 객관적으로 뚜렷한 기준 내지 그 한계를 정할 수 없는 매우 모호하고 불명확한 것이어서 결국 수사기관이나 법관의 주관적 해석에 맡길 수밖에 없는 구성요건이므로, 그러한 적용기준이야말로 죄형법정주의에 반한다는 것, 그리고 이러한 형태의 한정합헌결정이 남용되기 쉬운 형벌법규의 운용에 제동을 걸기는커녕 불명확하고 광범위하여 위헌무효인 형벌법규에 오히려 면죄부(免罪符)를 쥐어주는 역할밖에 할 수 없다는 것 등에 대하여는 이미 내가 1990. 4. 2.에 선고한 89헌가113 국가보안법 제7조에 대한 위헌심판사건, 1990. 6. 25.에 선고한 90헌가11 국가보안법 제7조 제5항의 위헌심판사건 및 1992. 1. 28.에 선고한 89헌가8 국가보안법 제7조 등에 관한 위헌심판사건에서 소수의견으로 자세히 밝힌 바 있으므로 그것을 이 사건에서 원용하기로 하고 여기서는 더 이상의 이유 설명을 생략한다.

이상의 이유로 다수의견에 반대한다.

② 해설

구(舊) 국가보안법 제9조 제2항 편의제공죄로 기소되어 재판 중인 이 사건 청구인이 국가보안법은 국가보위입법회의에서 제정한 것으로서 정당한 입법기관이 제정한 것이 아니며, 국가보안법의 각 죄는 그 구성요건들이 모호하고 막연한 개념이며, 위 편의제공죄의 구성요건인 "기타의 방법으로 편의를 제공"이라는 부분도 그 자체로는 내용을 특정할 수 없는 불명확한 개념이므로 국회의 입법권을 규정한 헌법 제40조, 국민주권주의를 선언한 제1조 제2항, 죄형법정주의를 규정한 제12조 제1항을 위반한 것이라는 이유로 담당 법원에 위헌법률심판제청신청을 하였으나, 담당 법원이 이를 기각하자 헌법소원심판을 청구하였다.

헌법재판소는 이 결정에서 국가보위입법회의의 입법권과 이에 근거한 입법행위에 대하여는 1980년 개정헌법 부칙 제6조 제1항, 제3항과 1987년 개정헌법 부칙 제5항에서 헌법적 근거를 제시하고 있으므로 국가보위입법회의에서 제정한 법률의 내용이 현행헌법에 저촉된다고 하여 다투는 것은 별론으로 하되 현행헌법 하에서도 제정절차에 위헌적 하자가 있음을 다툴 수는 없다고 판단하였다. 이와 함께 편의제공죄의 본범이라고 할 수 있는 국가보안법의 범죄와 제9조 제2항의 규제대상이 되는 편의제공행위에 대하여는 모든 편의제공행위가 아니라 그중에서 국가의 존립·안전이나 자유민주적 기본질서에 실질적 해악을 미칠 구체적이고 명백한 위험성이 있는 경우로 제한하여야 할 것이고, 그와 같은 위험성이 있다고 단정하기 어려운 것은 처벌의 대상에서 배제시켜야 하는 것으로 해석할 수 있으므로 이러한 한정적 해석을 하는 경우에는 헌법에 위반된다고 할 수 없다고 판시하였다.

한편, 재판관 변정수는 반대의견을 통하여 남북한이 UN에 동시에 가입하였고 남북한이 남북기본합의서를 체결하여 남북 대화를 진행하고 있는 오늘의 상황에서 국가보안법은 상호교류·협력의 걸림돌이 되며, 헌법의 평화통일이념에 저촉되는 위헌법률이라는 종전의 입장을 반복하였다. 또한, 국가보안법 제9조 제2항이 규정한 편의제공의 상대방인 “이 법의 죄를 범하려는 자”는 결국 예비·음모행위에도 이르지 않는 행위를 한 자, 즉 단순히 범죄 실행의 의사만 지녔을 뿐 아직 그 의사가 외부로 표출되지 않은 상태에 있는 자를 포함하며, 범죄의 경중을 구분하지 않고 국가보안법상의 모든 범죄에 대하여 획일적으로 징역 10년 이하의 징역에 처하도록 규정한 것은 범죄와 형벌 사이에 정당한 비례관계를 유지하지 못하여 과잉금지원칙에 위배되어 위헌이라고 하였다.

2) 관련판례 요지

(1) 회합·통신 등

① 대법원 1992. 8. 14. 92도1211 【국가보안법위반·공문서위조】

기록에 비추어보면, 원심이 그 증거에 의하여 전대협 대변인인 피고인과 의장인 공소외 김종식 등은 “남북해외 청년학생 통일대축전” 참가를 위한 남북실무회담에 관한 전대협의 제안 등을 북한 조선학생위원회에 알릴 방법을 모색하다가 그 연락방법으로 내외신기자 30여 명이 참석한 가운데 기자회견을 하고, 그 내용을 일간신문 등 방송매체로 보도되게 하여 반국가단체의 구성원인 북한 조선학생위원회와 연락하고, 북한 조선학생위원회는 민민전 방송을 통하여 전대협의 제안을 지지한다는 내용의 방송을 한 사실을 인정하고, 위와 같은 기자회견방식에 의한 연락도 국가보안법상의 "기타의 방법에 의한 연락" 행위에 속하는 것으로서 이는 헌법상 보장된 통신의 자유의 범주를 벗어나 국가보안법상의 연락죄에 해당되고, 위 기자회견 후의 북한 민민전 방송에 대한 피고인의 인식 여부는 범죄 성립에 아무런 영향이 없다고 판단하였는바, 기록에 비추어보면 원심의 위와 같은 사실인정과 판단은 정당하게 수긍된다.

또한, 「남북교류협력에 관한 법률」은 남한과 북한과의 왕래·교역·협력사업 및 통신역무의 제공 등 남북교류와 협력을 목적으로 하는 행위에 관하여 정당하다고 인정되는 범위 안에서 다른 법률에 우선하도록 되어 있으므로, 이 요건을 충족하지 않는 경우에는 같은 법의 적용은 배제된다고 할 것이므로, 위 법률이 정한 요건에 해당되지 않는 피고인의 위와 같은 행위는 위 법률에 의하여 처벌할 수 없다는 논지는 독자적인 것으로서 받아들일 수 없다.

② 대법원 1997. 7. 16. 97도985【국가보안법위반】

원심은 국가보안법 제8조 제1항에 정한 통신연락죄는 국가의 존립·안전이나 자유민주적 기본질서를 위태롭게 한다는 정을 알면서 반국가단체의 구성원이나 그 지령을 받은 자와 회합·통신 기타의 방법으로 연락을 하면 성립하는 범죄로서, 여기의 "회합·통신 기타의 방법으로 연락"이라고 함은 반국가단체 구성원 또는 그 지령을 받은 자를 직접 상대방으로 하는 경우는 물론이고 제3자를 이용하여 통신 기타의 방법으로 연락하는 것을 말하는 것이라고 전제한 다음, 피고인이 1994. 12. 26.부터 1995. 7. 23.까지 6회에 걸쳐 반국가단체인 북한의 지령을 받은 자와 통신연락을 하였고, 1995. 3. 27.경부터 1996. 5. 9.까지 10회에 걸쳐 범민련 공동사무국을 통하여 모사전송방식에 의하여 평양에 있는 범민련 북측본부와 사이에 문건을 받거나 보냄으로써 통신·연락을 하였으며, 범민련 공동사무국의 사무차장이 재일조선인총연합회 인물로 북한의 지령에 따라 활동 중인 자라는 점을 알았음에도 불구하고, 1996. 2. 1.부터 같은 해 5. 1.까지 7회에 걸쳐 그와 국제전화로 통화함으로써 통신연락을 하였는바, 위와 같은 행위를 함에 있어서 피고인의 지식 정도로 보아 그러한 행위가 국가의 존립·안전이나 자유민주적 기본질서를 위태롭게 한다는 정을 충분히 알 수 있었다고 인정하여 위 각 행위를 국가보안법 제8조 제1항에 정한 통신연락죄로 의율한 제1심을 그대로 유지하고 있다. 기록에 비추어 살펴본즉 원심의 위와 같은 조처는 정당하고, 거기에 상고이유가 지적하는 바와 같은 채증법칙을 위배한 사실오인의 위법이나 국가보안법 제8조 제1항에 관한 법리오해의 위법이 있다고 할 수 없다.

③ 대법원 1997. 9. 9. 97도1656 【국가보안법위반(탈출·회합 등)】

원심은 피고인의 나이 및 지식 정도 등과 북한으로의 탈출경위 등에 비추어보면 피고인이 반국가단체의 지배하에 있는 북한지역으로 들어가는 경우 그 구성원과 회합하고, 반국가단체의 활동을 찬양·고무하여야 할 가능성을 충분히 예견할 수 있었음에도 이를 용인한 채 북한으로서의 탈출을 감행한 사실을 인정할 수 있는 점과 그 밖에 피고인이 작성하여 제출한 김일성 회고록에 대한 감상문의 내용 및 피고인의 지식 정도·회합 당시의 상황 등을 종합하여보면, 피고인은 국가의 존립·안전이나 자유민주적 기본질서를 위태롭게 한다는 정을 알면서도 반국가단체의 구성원과 회합하고, 그 활동을 찬양·고무하였던 사실을 충분히 인정할 수 있다고 판단하고 있다. 기록에 의하여 살펴보면 원심의 이러한 판단은 정당하다.

그리고 국가보안법 제8조 제1항의 회합죄는 반국가단체의 이익이 된다는 정을 알면서 또는 국가의 존립·안전이나 자유민주적 기본질서를 위태롭게 한다는 정을 알고서 그 구성원 또는 그 지령을 받은 자와 회합을 하면 성립되는 것으로서, 그것이 의례적·사교적인 차원에서의 전혀 다른 의도하에서의 모임이 아닌 한 회합자 상호간에 사전 공동의사가 있어야 하는 것도 아니고, 회합의 경위나 방법도 불문하여, 반드시 일정한 사항을 논의하거나 결정하여야 하는 것도 아니며, 목적수행을 위한 일련의 활동과정에서의 모임으로 인정되면 족하다고 할 것이다(대법원 1990. 8. 24. 선고 90도1285 판결, 1993. 10. 8. 선고 93도1951 판결, 1995. 9. 26. 선고 95도1624 판결 참조).

④ **대법원 2008. 4. 17. 2003도758【국가보안법위반】**

[다수의견]

(1) 국가보안법 제8조 제1항에 정한 회합·통신죄는 국가의 존립·안전이나 자유민주적 기본질서를 위태롭게 한다는 정을 알면서 반국가단체의 구성원 또는 그 지령을 받은 자와 회합·통신 기타의 방법으로 연락을 하고, 그 회합·통신 등의 행위가 국가의 존립·안전이나 자유민주적 기본질서에 실질적 해악을 끼칠 명백한 위험성이 있을 때 성립한다.

(2) 통일부장관의 북한 방문증명서 발급은 북한 방문 자체를 허용한다는 것일 뿐, 북한 방문 중에 이루어지는 구체적이고 개별적인 행위까지 모두 허용한다거나 정당성을 부여한다는 취지는 아니므로, 북한 방문 중에 이루어진 반국가단체 구성원 등과의 회합 등 행위가 대한민국의 존립·안전이나 자유민주적 기본질서에 실질적 해악을 끼칠 명백한 위험성이 인정되는지 여부는 각 행위마다 별도로 판단하여야 한다. 따라서 북한 방문증명서를 발급받아 북한을 방문하였다고 하더라도 그

기회에 이루어진 반국가단체 구성원 등과의 회합행위 등이 남북교류와 협력을 목적으로 하는 행위로서 정당하다고 인정되는 범위 내에 있다고 볼 수 없고, 오히려 대한민국의 존립·안전이나 자유민주적 기본질서에 실질적 해악을 끼칠 명백한 위험성이 인정되는 경우에는 그로 인한 죄책을 면할 수 없다.

(3) 조국통일범민족연합 회합은 정치적 논의를 금지하는 북한 방문증명서 발급 조건에 위반되는 것이고, 그 협의회 등에서 논의된 조국통일범민족연합 강령·규약은 한반도의 적화통일과 사회주의 혁명을 기본 목표로 하는 북한과 조선로동당의 노선에 따르는 이적단체인 조국통일범민족연합 및 조국통일범민족연합 남측본부의 활동을 구체화하기 위한 것이었으며, 비록 종전보다 내용을 완화하는 취지의 개정안이 논의되었다고는 하지만 이는 여전히 우리의 자유민주적 기본질서 전복과 적화통일 및 사회주의 체제 실현을 추종하는 조국통일범민족연합의 종전 기본노선을 유지하면서 조국통일범민족연합 남측본부의 합법성을 표방하고 대중성을 강화하기 위한 전술의 일환으로 이루어진 것이었으므로, 조국통일범민족연합의 강령·규약 개정을 논의하기 위해 북한 방문을 기화로 조국통일범민족연합 회합을 가진 행위는 남북 교류와 협력을 목적으로 하는 행위에 해당하지 아니하는 것으로서, 국가의 존립·안전이나 자유민주적 기본질서에 실질적 해악을 끼칠 명백한 위험성이 있고, 당시 피고인 또한, 그 행위가 국가의 존립·안전이나 자유민주적 기본질서를 위태롭게 한다는 정을 알고 있었다고 보기에 충분하다.

[대법관 박시환·대법관 김지형·대법관 전수안의 별개의견]

어떤 단체가 국가보안법상 이적단체에 해당하고, 그 단체의 이름으로 그 단체 구성원이 반국가단체 구성원이나 반국가단체의 지령을 받은 자와 회합을 했다 하더라도, 그 모든 회합행위가 국가의 존립·안전과 자유민주적 기본질서에 실질적 해악을 끼칠 위험성이 있는 때에 해당한다고 말할 수는 없고, 그 회합의 경위나 그 회합 석상에서 논의된 내용에서 국가의 존립·안전이나 자유민주적 기본질서에 대한 명백하고 현존하는 실질적 해악성을 인정하기 어렵다면 그 회합에 대하여는 국가보안법상 회합죄로 처벌할 수 없다. 피고인의 조국통일범민족연합 회합행위는 겉으로는 반국가단체 구성원과 회합한 것에 해당하기는 하나, 더 나아가 국가보안법 제8조 제1항이 적용되어야 할, 국가의 존립·안전이나 자유민주적 기본질서에 실질적 해악을 끼칠 명백하고 현존하는 위험성이 있는 경우에 해당한다고 말하기는 어렵다.

⑤ 대법원 2011. 7. 28. 2009도9152 【국가보안법위반】

국가의 존립·안전이나 자유민주적 기본질서에 실질적 해악을 끼칠 명백한 위험성이 있는 경우에 한하여 국가보안법이 제한적으로 적용되어야 한다는 해석 원리는 국가보안법 제6조에서 정하고 있는 잠입·탈출죄, 제8조에서 정하고 있는 회합·통신 등 죄에 대하여도 그대로 적용된다.

위 법리와 기록에 비추어 원심판결 이유를 살펴보면, 원심이 그 판시와 같은 사정을 들어 피고인의 이 사건 북한 방문 및 북한을 방문하려고 한 행위와 2004. 7.경 회합, 2007. 1. 14. 회합 및 2007. 5. 초순경 회합 행위에 국가의 존립·안전이나 자유민주적 기본질서에 실질적 해악을 끼칠 명백한 위험성이 있다고 판단한 것은 정당하고, 거기에 상고이유의 주장과 같은 국가의 존립·안전이나 자유민주적 기본질서에 실질적 해악을 끼칠 명백한 위험성의 판단에 관한 법리오해 등의 위법이 없다.

⑥ 헌재 1997. 1. 16. 89헌마240 【국가보안법 등의 위헌 여부에 관한 헌법소원】

구법 제8조 제1항의 구성요건 가운데 "이익이 된다는 정을 알면서"라는 부분은 지나치게 포괄적이고 그 적용범위가 광범하다. "이익"에는 어떤 영역에서건 유형·무형 또는 직접·간접의 모든 이익이 그 중요성이나 내용을 불문하고 모두 포함될 수 있을 것이므로 이 개념을 형식논리적으로 확대해석하면 회합·통신 기타 연락행위 그 자체가 곧 반국가단체의 "이익"이 된다는 결론에 이를 수도 있다.

따라서 이 조항을 그 문리대로 해석·적용하면 국가의 존립·안전이나 그 헌법적 기반인 자유민주적 기본질서 또는 국민의 생존 및 자유에 아무런 해악도 끼칠 우려가 없는 사항에 관한 회합·통신 등마저 처벌대상이 될 우려가 없지 않다. 이는 구법의 입법목적(제1조)을 벗어난 것일 뿐만 아니라 행복추구권에서 도출되는 국민의 일반적 행동의 자유 및 통신의 자유 등을 본질적으로 침해할 위험성이 있고 죄형법정주의와 평화통일의 원칙에 저촉될 소지가 있다.

이러한 사실은 신법 제8조 제1항이 구법 제8조 제1항의 구성요건 중 "반국가단체의 이익이 된다는 정을 알면서"라는 부분을 삭제한 대신 "국가의 존립·안전이나 자유민주적 기본질서를 위태롭게 한다는 정을 알면서"라는 부분을 추가하고 또 신법 제1조 제2항에서 앞서 본 바와 같은 그 법의 해석준칙을 천명한 것에서도 뚜렷이 엿볼 수 있다.

따라서 구법 제8조 제1항에 관하여서도 위에서 본 우리 재판소 1990. 4. 2. 선고 89헌가113 결정의 취지에 따라, 위 각 조항 소정의 행위 가운데 국가의 존립·안전이나 자유민주적 기본질서에 무해한 행위는 처벌에서 배제하고 이에 해악을 끼칠 명백한 위험이 있는 경우에만 이 조항들을 적용하도록 그 적용범위를 축소제한하면 헌법에 합치되고 위와 같은 위헌성은 제거된다.

⑦ 헌재 1997. 1. 16. 92헌바6·26, 93헌바34·35·36(병합) 【국가보안법 위헌소원】

구법 제8조 제1항의 구성요건 가운데 "이익이 된다는 정을 알면서"라는 부분은 지나치게 포괄적이고 그 적용범위가 광범하여 이 조항을 그 문리대로 해석·적용하면 국가의 존립·안전이나 자유민주적 기본질서 또는 국민의 생존 및 자유에 아무런 해악을 끼칠 우려가 없는 사항에 관한 회합·통신 등마저 처벌대상이 될 우려가 있어 위헌적 소지가 있었다. 그러나 신법 제8조 제1항은 "이익이 된다는 정을 알면서"라는 부분을 삭제하고 그 대신 "국가의 존립·안전이나 자유민주적 기본질서를 위태롭게 한다는 정을 알면서"라는 주관적 구성요건을 추가함으로써 구법규정의 위헌적 요소는 제거되었다. 따라서 신법 제8조 제1항은 헌법에 위반된다고 할 수 없다.

⑧ 헌재 2003. 5. 15. 2000헌바66 【국가보안법 제8조 제1항 등 위헌소원】

헌법재판소는 1997. 1. 16. 선고한 92헌바6 등, 2002. 4. 25. 선고한 99헌바27 등 결정에서 국가보안법 제8조 제1항·제3항에 대하여 구법 제8조 제1항의 구성요건 가운데 "이익이 된다는 정을 알면서"라는 부분은 지나치게 포괄적이고 그 적용범위가 광범하여 이 조항을 그 문리대로 해석·적용하면 국가의 존립·안전이나 자유민주적 기본질서 또는 국민의 생존 및 자유에 아무런 해악을 끼칠 우려가 없는 사항에 관한 회합·통신 등마저 처벌대상이 될 우려가 있어 위헌적 소지가 있었으나 신법 제8조 제1항은 "이익이 된다는 정을 알면서"라는 부분을 삭제하고 그 대신 "국가의 존립·안전이나 자유민주적 기본질서를 위태롭게 한다는 정을 알면서"라는 주관적 구성요건을 추가함으로써 구법 규정의 위헌적 요소를 제거하였고, 국가보안법 제1조 제2항은 "이 법을 해석 적용함에 있어서 제1항의 목적달성을 위하여 필요한 최소한도에 그쳐야 하며, 이를 확대해석하거나 헌법상 보장된 국민의 기본적 인권을 부당하게 제한하는 일이 있어서는 아니 된다"고 규정하고 있으므로 이에 따라 위 제8조 제1항을 위와 같은 법의 목적에 비추어 합리적으로 해석하여 그 조항에 규정된 행위를 "국가의 존립·안전이나 자유민주적 기본질서에 해악을 끼칠 명백한 위험이 있는 경우"의 것으로 한정하는 한 위 조항 문구의 개념이나 구성요건이 막연하고 모호하여 죄형법정주의의 본질적 내용을 침해하는 것이라고 볼 수 없다는 이유로 헌법에 위반되지 아니한다고 결정한 바 있다.

국가보안법 제8조 제1항·제3항이 국민의 거주이전의 자유, 신체의 자유, 통신의 자유, 행복추구권 및 인간의 존엄과 가치 등을 침해하는지 여부에 대하여 국민의 거주이전의 자유 등은 우리 헌법이 보장하는 기본적인 권리이기는 하지만 헌법 제37조 제2항에 의해 국가의 안전보장·질서유지 또는 공공복리를 위하여 필요한 경우에는 그 자유와 권리의 본질적 내용을 침해하지 않는 한도 내에서 이를 제한할 수 있는 것이므로 국가보안법의 입법목적과 적용한계를 위와 같이 제한하여 해석하는 한 위 규정을 위헌이라고 할 수 없다.

(2) 편의제공

① 대법원 1990. 8. 24. 90도1285【국가보안법등위반】

원심은 피고인 4에 대한 항소에 관하여 동 피고인이 1988. 8. 24. 일본 나리다 공항에서 피고인 1이 일화가 없어 귀국할 비행기 표를 사지 못하고 있는 것을 보고 원화를 빌려준 것은 그 두 사람의 평소의 친분관계에 비추어 자연스러운 인정의 발로에 불과하고 국가보안법상의 편의제공죄를 구성할 수 없다는 판단으로 제1심의 무죄 판결을 용인하고 검사의 항소를 기각하였는바 그 이유 설시를 기록과 대조하여 살펴보면 그 판단을 수긍할 수 있는 것이고 그 판단에 논지와 같은 법리오해의 위법이 있다고 할 수 없다.

② 대법원 1994. 3. 11. 93도3145【국가보안법·간첩방조】

기록에 의하여 제1심판결의 증거를 살펴보면, 공소외인이 북한의 지령을 받은 자임을 알고 있는 피고인이 공소외인이 주도적으로 추진한 통일문제연구자료실이나, 평화통일연구회의 설립 및 활동을 위한 제반 준비와 운영 등에 관하여 그와 만나 의논하고 그 판시와 같은 편의를 제공함에 있어 피고인의 위와 같은 행위가 단지 의례적·사교적인 차원의 것이 아니라, 반국가단체인 북한집단을 이롭게 하거나 대한민국의 존립·안전과 자유민주적 기본질서를 위태롭게 한다는 정을 알고서 한 것이 아니라 아니할 수 없으므로, 같은 취지에서 이 부분 공소사실을 모두 유죄로 인정한 원심의 조치 또한 옳다.

(3) 불고지

① 대법원 1993. 9. 28. 93도1969 【국가보안법·경범죄처벌법 등 위반】

원심판결 이유에 의하면 원심은, 제1심판결 채용증거들을 인용하여 피고인이 1990. 1. 초순경 피고인의 주거지에서 이선화가 반국가단체의 구성원인 자로서 공작원으로 남파되어 피고인을 포섭하려는 등 북한의 지령에 따라 활동하는 자라는 정을 알고도 이를 수사기관 또는 정보기관에 고지하지 아니하는 한편 반국가단체의 구성원인 위 이선화로부터 금품을 수수한 사실을 인정한 다음, 구 국가보안법 제10조의 불고지죄는 본범이 같은 법 제3조 내지 제9조의 죄를 범한 자임을 확실히 인식하고서도 이를 수사 정보기관에 고지하지 아니함으로써 성립하는 것임을 전제로 하여, 제1심이 피고인이 위 이선화가 북한공작원인 사실을 알았거나 북한공작원일지도 모른다는 고도의 의심을 가졌을 것이라고 판단하여 불고지죄의 성립을 인정한 것이 잘못이기는 하나, 피고인에 대하여 유죄를 선고한 이상 위와 같은 잘못은 판결결과에 아무런 영향을 미치지 않았으므로 파기사유가 되지 아니한다 하여 이 부분에 관한 제1심 판결을 유지하였다. 기록에 대조 검토하여 볼 때 원심의 위와 같은 사실인정과 판단은 정당하여 수긍이 된다.

3) 평가

(1) 회합·통신

국가보안법 제8조 제1항은 "국가의 존립·안전이나 자유민주적 기본질서를 위태롭게 한다는 정을 알면서 반국가단체의 구성원 또는 그 지령을 받은 자와 회합·통신 기타의 방법으로 연락을 한 자는 10년 이하의 징역에 처한다"고 규정하고 있다. 대법원은 위 회합·통신죄는 그 행위가 국가의 존립·안전이나 자유민주적 기본질서에 실질적 해악을 끼칠 명백한 위험성이 있을 때 성립한다고 판단하였으며,[54] 회합·통신 기타의 방법으로 연락하는 것은 반국가단체 구성원 또는 그 지령을 받은 자를 직접 상대방으로 하는 경우는 물론, 제3자를 이용하여 통신 기타의 방법으로 연락하는 것을 말하는 것이라고 하였다.[55] 따라서 회합자 상호 간에 사전 공동의사가 있어야 하는 것도 아니고, 회합의 경위나 방법도 불문하여, 반드시 일정한 사항을 논의하거나 결정하여야 하는 것도 아니다. 또한, 목적수행을 위한 일련의 활동과정의 모임으로 인정되면 족하며,[56] 전화, 팩시밀리, 편지를 이용하거나 기자회견의 방식으로 연락하는 것도 포함된다고 하였다.[57] 그러나 반국가단체의 구성원과 가진 단순한 대면이나 그의 목적수행을 위한 활동과는 아무런 관련이 없는 전연 다른 의도 하의 모임이나 순수한 인도적인 도움은 국가보안법상의 회합죄에 해당하지 않는다고 판단하였다.[58]

대법원은 통일부장관에게서 북한 방문증명서를 발급받아 북한을 방문한 기간 동안의 행위에 대하여 회합·통신죄를 적용하여 처벌할 수

54 대법원 2008. 4. 17. 2003도758, 대법원 2011. 7. 28. 2009도9152.
55 대법원 1996. 12. 23. 96도2673, 대법원 1997. 7. 16. 97도985
56 대법원 1990. 8. 24. 90도1285, 대법원 1993. 10. 8. 93도1951, 대법원 1995. 9. 26. 95도1624, 대법원 1997. 9. 9. 97도1656 등
57 대법원 1992. 8. 14. 92도1211, 대법원 1995. 9. 26. 95도1624 등.
58 대법원 1993. 9. 28. 93도1969.

있다고 판단하였다. 즉, 통일부장관의 북한 방문증명서 발급은 북한방문 자체를 허용한다는 것일 뿐, 북한 방문 중에 이루어지는 구체적이고 개별적인 행위까지 모두 허용한다거나 정당성을 부여한다는 취지는 아니므로 북한 방문증명서를 발급받아 북한을 방문하였다고 하더라도 그 기회에 반국가단체 구성원 등과 회합하여 조국통일범민족연합의 강령·규약 개정을 논의하기 위해 북한 방문을 기화로 조국통일범민족연합 회합을 가진 행위에 대하여 회합·통신죄를 적용하였다.[59] 한편, 대법원의 위 판결에서 소수의견은 그 회합의 경위나 그 회합 석상에서 논의된 내용에서 국가의 존립·안전이나 자유민주적 기본질서에 대한 명백하고 현존하는 실질적 해악성을 인정하기 어렵다면 그 회합에 대하여는 국가보안법상 회합죄로 처벌할 수 없다고 하였다.[60]

헌법재판소도 국가보안법은 제8조 제1항을 개정하여 "이익이 된다는 정을 알면서"라는 부분을 삭제하고, 그 대신 "국가의 존립·안전이나 자유민주적 기본질서를 위태롭게 한다는 정을 알면서"라는 주관적 구성요건을 추가함으로써 위헌적 요소는 제거되었다고 판단하였다.[61]

(2) 편의제공

국가보안법 제9조는 편의제공죄를 규정하고 있는데, 무기의 제공, 금품 기타의 재산상 이익이나 장소의 제공을 포함하여 '기타의 방법으로 편의를 제공한' 행위를 범죄로 규정하고 있다. 이 규정에 대하여는 그 사용하는 용어가 사회과학적으로 개념을 규정하는 것이 불가능할 정도로 모호하고 광범위하여 헌법 제12조 제1항이 규정하는 죄형법정주의의 본질적 내용을 침해한다는 논란이 있었으나, 대법원과 헌법재판소는

59 대법원 2008. 4. 17. 2003도758.

60 대법원 2008. 4. 17. 2003도758의 대법관 박시환, 김지형, 전수안의 별개의견.

61 헌재 1997. 1. 16. 92헌바6·26, 93헌바34·35·36(병합), 헌재 2003. 5. 15. 2000헌바66.

헌법에 합치된다고 판단하였다.[62]

대법원은 편의제공죄에서 규정하는 '기타의 방법으로 편의를 제공한' 경우에 대하여 국가보안법을 위반한 범인에 대하여 총포, 탄약, 금품 기타 재산상의 이익제공 행위, 잠복, 회합연락을 위한 장소제공 행위를 제외한 모든 방법으로 하는 일체의 편의제공 행위라고 판단하였다.[63] 한편, 대법원은 평소의 친분관계에 비추어 자연스러운 인정의 발로에 불과한 것으로 일화(日貨)가 없어서 귀국할 비행기표를 사지 못하고 있는 것을 보고 원화를 빌려준 행위에 편의제공죄가 성립하지 않는다고 하였고,[64] 단지 의례적·사교적인 차원의 것인 경우에도 편의제공행위에 해당하지 않는다고 판단하였다.[65]

헌법재판소도 국가보안법상의 편의제공죄의 규제대상이 되는 편의제공 행위에 대하여 모든 편의제공 행위가 아니라 그중에서 국가의 존립·안전이나 자유민주적 기본질서에 실질적 해악을 미칠 구체적이고 명백한 위험성이 있는 경우로 제한하여야 할 것이고, 그와 같은 위험성이 있다고 단정하기 어려운 것은 처벌의 대상에서 배제시켜야 한다고 결정하였다.[66] 한편, 헌법재판소의 이 결정에서 재판관 변정수는 소수의견을 통하여 국가보안법은 헌법의 평화통일이념에 저촉되는 위헌법률이며, 편의제공의 상대방에 예비·음모행위에도 이르지 않는 행위를 한 자도 포함하여 국가보안법상의 모든 범죄에 대하여 획일적으로 형사처벌하는 것은 과잉금지의 원칙에 위반된다고 하였다.

---

62 대법원 1990. 9. 14. 90도1518, 헌법재판소 1992. 4. 14. 90헌바23.
63 대법원 1984. 10. 10. 84도1796.
64 대법원 1990. 8. 24. 90도1285.
65 대법원 1994. 3. 11. 93도3145.
66 헌재 1992. 4. 14. 90헌바23.

(3) 불고지

국가보안법은 제10조에서 "제3조, 제4조, 제5조 제1항, 제3항(제1항의 미수범에 한한다), 제4항의 죄를 범한 자라는 정을 알면서 수사기관 또는 정보기관에 고지하지 아니한" 행위를 처벌하고 있다. 다만, 본범과 친족관계가 있을 때에는 그 형을 감경 또는 면제하도록 규정하였다. 대법원은 불고지죄가 위헌이라는 주장을 받아들이지 않고 합헌으로 판단하였으며,[67] 본범이 국가보안법 제3조 내지 제9조의 죄를 범한 자임을 확실히 인식하고서도 이를 수사기관 또는 정보기관에 고지하지 아니함으로써 성립하는 것임을 전제로 특정인이 북한공작원인 사실을 알았거나 북한공작원일지도 모른다는 고도의 의심을 가졌을 것이라고 판단하더라도 확실한 인식이 없는 경우에는 불고지죄가 성립하지 않는다고 판단하였다.[68] 대법원은 이와 같이 불고지죄의 주관적 구성요건으로서 "죄를 범한 자라는 정을 알면서"의 인식은 미필적 인식으로는 부족하고 확실한 인식이 필요하다는 견해를 유지하고 있다.[69]

---

67 대법원 1990. 8. 24. 90도1285.

68 대법원 1966. 7. 12. 66도470, 대법원 1993. 9. 28. 93도1969, 대법원 1994. 3. 11. 93도3145 등.

69 불고지죄에 대한 주관적 구성요건에 대한 학설에 관하여는 황교안, 앞의 책, 484-486쪽.

제4장

남북교류협력에 관한 판례

1. 「남북교류협력에 관한 법률」 관련

1) 대표판례

(1) 헌재 1993. 7. 29. 92헌바48 【남북교류협력에 관한 법률 제3조 위헌소원】

① 판례요지

1. 사건의 개요

청구인은 천주교 전주교구 교구청 소속 신부이고 천주교정의구현전국사제단의 한 사람인데, 천주교정의구현 전국사제단이 1989. 7.경 미국의 영주권자로서 재외국민인 문○현 신부를 북한에 파견한 것이 문제가 되어 청구인은 서울지방검찰청에 의하여 국가보안법 제6조(잠입·탈출) 위반(공동정범)으로 입건되어 서울형사지방법원에 공소 제기되어 동 법원에서 1989. 12. 5. 유죄판결(징역 2년·자격정지 2년·집행유예 3년)을 선고받고 항소하여 같은 법원 항소부에 계속 중 「남북교류협력에 관한 법률」(1990. 8. 1. 법률 제4239호)이 공포·시행되자 동 법률 제3조에 관하여 위헌여부신청을 하였으나 그것이 기각되자(그 결정정본이 1992. 11.

25. 청구인에게 송달되었다), 헌법재판소법 제68조 제2항에 의하여 1992. 12. 7. 이 사건 헌법소원의 심판청구를 한 것이다.

2. 청구인이 위헌이라고 주장하는 법률조항과 이유 요지

청구인이 소속한 천주교 전국사제단이 1989. 7. 미국영주권을 가진 재외국민인 신부 문○현을 북한에 파견한 것은 남한과 북한과의 남북교류 및 협력을 목적으로 한 것이었고, 문○현 신부는 재외공관의 장(뉴욕주재 대한민국 총영사)에게 신고를 마치고 북한을 방문하였는데 이것이 국가보안법 제6조의 잠입·탈출죄에 해당한다 하여 공소 제기되었으나, 그후 남북한의 상호교류와 협력을 촉진하기 위하여(법 제1조) 1990. 8. 1. 법률 제4239호로 「남북교류협력에 관한 법률」이 공포·시행되었고 동법 제9조 제2항은 "재외국민이 외국에서 북한을 왕래하는 때에는 재외공관의 장에게 신고하여야 한다"라고 규정하였으며 벌칙을 규정한 동법 제27조에서도 재외공관의 장에게 신고하고 북한을 왕래한 재외국민은 처벌대상에서 제외시키고 다만 신고를 하지 아니하고 북한을 왕래한 재외국민에 대하여서만 1년 이하의 징역 또는 500만 원 이하의 벌금에 처하도록 하였다(동법 제27조 제2항 제1호). 그러므로 남북한을 왕래한 재외국민의 경우(남북한 주민의 경우도 동법 제9조 제1항·제27조 제1항 제1호에 의하여 또한 같다) 위 법률이 시행된 이후는 국가보안법 제6조 소정의 잠입·탈출죄가 적용될 수 없고 위 법률 제27조 제2항에 의하여서만 처벌 여부가 정하여져야 하며 청구인이 재판을 받고 있는 당해 사건의 경우 청구인의 행위가 국가보안법 제6조 위반이 된다 하더라도 범죄 후 법률의 변경에 의하여 그 행위가 범죄를 구성하지 아니하거나(신고가 유효한 경우) 형이 구법보다 경한 경우(신고가 효력이 없는 경우)에 해당되므로 형법 제1조 제2항에 의하여 당연히 「남북교류협력에 관한 법률」에 의하여 의율되어야 한다.

그런데 심판청구 대상법률인 「남북교류협력에 관한 법률」 제3조는

"남한과 북한과의 왕래·교역·협력사업 및 통신역무의 제공 등 남북교류와 협력을 목적으로 하는 행위에 관하여는 정당하다고 인정되는 범위 안에서 다른 법률에 우선하여 이 법을 적용한다"라고 규정하여 남북한을 왕래한 남북한 주민이나 재외국민에 대하여 「남북교류협력에 관한 법률」의 전면적 적용원칙을 일부 배제하고 "정당하다고 인정되는 범위 안에서"만 적용하도록 하였는데 "정당하다고 인정되는 범위"라는 개념은 매우 애매하여 보는 사람의 입장과 주관에 따라 그 뜻을 달리할 수 있는 막연한 표현이어서 이는 인신보호 대헌장인 죄형법정주의에서 요구되는 형벌법규의 명확성의 원칙에 반한다. 그리하여 남북을 왕래한 행위가 정당한 것이냐의 여부를 오로지 법집행기관이나 재판기관의 주관적 판단에 맡겨짐으로써 이쁘면 처벌하지 않고 미우면 처벌한다는 식의 법률이 되고 만 것이다. 결국 위 법률조항은 죄형법정주의와 평등의원칙에 반하여 위헌이다.

3. 서울형사지방법원(항소부)의 위헌제청신청기각 이유

(1) 「남북교류협력에 관한 법률」 제3조의 위헌 여부는 재판의 전제성이 없다. 만약 이 사건 위헌심판제청의 대상이 된 「남북교류협력에 관한 법률」 제3조가 청구인 주장과 같이 위헌법률이어서 무효라고 한다면 청구인의 당해 사건 행위 후에 그 행위를 범죄가 되지 아니하게 하거나(신고한 경우) 그에 대한 형을 국가보안법보다 가볍게 규정한(신고하지 아니한 경우) 「남북교류협력에 관한 법률」은 적용될 여지가 없게 되어 당연히 종전과 같이 국가보안법 제6조 제1항의 잠입·탈출죄가 적용되어야 할 것이어서 청구인에 대한 당해 사건의 판결주문에 아무런 영향을 미치지 아니하게 되고, 합헌유효라고 인정되는 경우에만 청구인의 당해 사건행위가 「남북교류협력에 관한 법률」 제3조 소정의 정당하다고 인정되는 범위 안인지의 여부를 판단하여 그 범위 안에서만 범죄를 구성하지 아니하거나 그 형이 국가보안법보다 가벼운 「남북교류협

력에 관한 법률」 제27조 제2항 제1호에 따라 처벌할 수 있는 것인데 그렇다면 이 사건 위헌심판제청은 처음부터 불필요한 것이 되어 결국 이 사건 위헌심판제청신청은 처음부터 불필요한 것이 되어 결국 이 사건 위헌심판제청신청은 부적법하다.

(2) 가사 위헌심판제청신청이 적법하다 하더라도 위헌법률이라고 볼 수 없다. 「남북교류협력에 관한 법률」 제3조가 불명확하여 죄형법정주의 또는 평등의 원칙에 위배하여 위헌인지의 여부는 통상의 판단능력을 가진 일반인이 그 구성요건에서 금지 또는 명령되는 행위가 무엇인지를 이해할 수 있는지 여부에 달려 있다 할 것인바 재외국민의 북한 왕래라고 하는 객관적 행위가 「남북교류협력에 관한 법률」 제3조 소정의 정당하다고 인정되는 범위 안인지의 여부는 북한 왕래의 목적 및 방북기간 중의 구체적 행위내용 등에 의하여 통상의 판단능력을 가진 일반인이 충분히 식별할 수 있으므로 「남북교류협력에 관한 법률」 제3조는 불명확하다고 볼 수 없다.

4. 판단

먼저 「남북교류협력에 관한 법률」 제3조의 위헌 여부가 재판의 전제성이 있는지의 여부에 관하여 본다.

헌법 제107조 제1항에 의하면 "법률이 헌법에 위반되는 여부가 재판의 전제가 된 경우에는 법원은 헌법재판소에 제청하여 그 심판에 의하여 재판한다"고 규정되어 있고, 이를 따라 헌법재판소법 제41조 제1항은 "법률이 헌법에 위반되는 여부가 재판의 전제가 된 때에는 당해 사건을 담당하는 법원(군사법원을 포함한다)은 직권 또는 당사자의 신청에 의한 결정으로 헌법재판소에 위헌 여부의 심판을 제청한다"고 규정하였으며, 같은 법 제68조 제2항 전문은 "제41조 제1항의 규정에 의한 법률의 위헌여부심판의 제청신청이 기각된 때에는 그 신청을 한 당사자는 헌법재판소에 헌법소원심판을 청구할 수 있다"고 규정하였다.

따라서 헌법재판소법 제68조 제2항의 규정에 의한 헌법소원은 어떤 법률 또는 법률조항이 헌법에 위반되는 여부가 당해사건에 대한 재판의 전제가 된 경우에만 허용되고 그렇지 아니한 경우에는 재판의 전제성이 결여되었다 하여 부적법한 것으로 각하될 수밖에 없다. 그런데 문제된 법률 또는 법률조항(이하에서는 단순히 '법률'이라 한다)의 위헌 여부가 재판의 전제가 된다고 함은 우선 그 법률이 당해 본안사건에 적용될 법률이어야 하고 또 그 법률이 위헌무효일 때에는 합헌유효일 때와는 본안사건의 담당법원이 다른 내용의 판단을 하여야 할 경우 즉 판결의 결론인 주문이 달라지거나 또는 주문 자체는 달라지지 않는다고 하더라도 그 재판의 내용과 효력에 관한 법률적 의미가 전혀 달라지는 경우이어야 한다(당 재판소 1992. 12. 24. 선고 92헌가8 결정 등 참조).

이 사건에 있어서의 재판의 전제성에 관하여, 청구인의 위헌제청신청을 기각한 서울형사지방법원은 그 이유로서 이 사건 위헌심판제청의 대상이 된 「남북교류협력에 관한 법률」 제3조가 청구인의 주장과 같이 위헌법률조항이어서 무효라고 한다면 청구인에게 「남북교류협력에 관한 법률」은 적용될 여지가 없게 되고 당연히 국가보안법 제6조 제1항의 잠입·탈출죄가 적용되어야 할 것이어서 청구인에 대한 당해 형사 본안사건의 판결주문에 아무런 영향을 미치지 아니하므로 재판의 전제성이 없다고 판시하였음에 반하여, 청구인은 위 법률 제3조가 위헌무효라고 한다면 그에게 적용된 구 국가보안법 제6조 제1항(잠입·탈출죄)은 1980. 12. 31. 법률 제3318호로 공포·시행된 것이고 「남북교류협력에 관한 법률」은 그 후인 1990. 8. 1. 법률 제4239호로 공포시행된 것이므로 가사 청구인의 행위가 구 국가보안법 제6조 제1항에 해당한다고 하더라도 형법 제1조 제2항에 따라 범죄 후 법률의 변경에 의하여 그 행위가 범죄를 구성하지 아니하거나(재외공관의 장에게 신고한 경우) 형이 구법보다 경한 때(위의 신고를 하지 아니한 경우)에 해당하며 당연히 면소판결이 선고되거나 형이 가벼운 「남북교류협력에 관한 법률」 제27조 제1호가 적용되어야 할 것이므로 재판의 전제성이 있다고 주장한다.

그러므로 구 국가보안법 제6조 제1항과 「남북교류협력에 관한 법률」 제27조 제2항 제1호(같은 조문 제1항 제1호 전단의 경우도 같다)가 동일한 행위를 대상으로 한 것으로서 형법 제1조 제2항의 적용을 받는 구법과 신법의 관계에 있는지의 여부에 관하여 보기로 한다.

국가보안법은 국가의 안정을 위태롭게 하는 반국가활동을 규제함으로써 국가의 안전과 국민의 생존 및 자유를 확보함을 목적으로 하여(그 법률 제1조) 제정된 법률이고 「남북교류협력에 관한 법률」은 남한과 북한과의 상호교류와 협력을 촉진하기 위하여 필요한 사항을 규정함을 목적으로 하여(그 법률 제1조) 제정된 법률로서 상호 그 입법취지와 규제대상을 달리하고 있을 뿐만 아니라, 구 국가보안법 제6조 제1항의 잠입·탈출죄는 국가의 존립·안전을 위태롭게 하거나 자유민주적 기본질서에 위해를 준다는 정을 알면서 반국가단체의 지배하에 있는 지역으로부터 "잠입"하거나 그 지역으로 "탈출"하는 경우에 성립한다고 해석되고(현행 국가보안법 제6조 제1항, 당 재판소 1990. 4. 2. 선고 89헌가113 결정 각 참조), 「남북교류협력에 관한 법률」 제27조 제2항 제1호의 죄는 재외국민이 재외공관의 장에게 신고하지 아니하고 외국에서 북한을 "왕래"한 경우에 성립하며 여기서 말하는 "왕래"라 함은 남한과 북한 간의 상호교류 및 협력을 목적으로 하는 왕래에 한한다고 해석되므로(위 법률 제3조 참조) 양자는 그 구성요건을 달리한다.

이는 현 단계에 있어서의 북한은 조국의 평화적 통일을 위한 대화와 협력의 동반자임과 동시에 대남적화노선을 고수하면서 우리 자유민주체제의 전복을 획책하고 있는 반국가단체라는 성격도 함께 갖고 있음이 엄연한 현실인 점에 비추어, 헌법 제4조가 천명하는 자유민주적 기본질서에 입각한 평화적 통일정책을 수립하고 이를 추진하는 한편 국가의 안전을 위태롭게 하는 반국가활동을 규제하기 위한 법적 장치로서, 전자를 위하여는 「남북교류협력에 관한 법률」 등의 시행으로써 이에 대처하고 후자를 위하여는 국가보안법의 시행으로써 이에 대처하고 있는 것이다.

이와 같이 국가보안법(1991. 5. 31. 개정의 전후를 막론하고)과 「남북교류협력에 관한 법률」은 상호 그 입법목적과 규제대상을 달리하고 있으며 따라서 구 국가보안법 제6조 제1항 소정의 잠입·탈출죄와 「남북교류협력에 관한 법률」 제27조 제2항 제1호 소정의 죄(같은 조문 제1항 제1호 전단 소정의 죄도 같다)는 각기 그 구성요건을 달리하고 있는 것이므로 위 두 법률조항에 관하여 형법 제1조 제2항이 적용될 수 없고, 청구인에 대한 공소장기재의 공소사실을 보면 청구인의 행위에 관하여는 「남북교류협력에 관한 법률」은 적용될 여지가 없다고 할 것이므로 그 법률 제3조의 위헌 여부가 당해 형사사건에 관한 재판의 전제가 된 경우라고 할 수 없다.

따라서 이 사건 심판청구는 재판의 전제성을 결여한 것으로서 부적법함이 명백하므로 더 나아가 살펴볼 것도 없이 이를 각하하기로 하여 주문과 같이 결정한다.

이 결정에는 재판관 이시윤·재판관 김양균의 반대의견과 재판관 변정수의 반대의견이 있다(반대의견 내용의 강약에 따른 순서이며 그 정도가 약한 것부터 싣는다).

5. 재판관 이시윤·재판관 김양균의 반대의견

이 사건 헌법소원에서 심판의 대상이 되는 「남북교류협력에 관한 법률」 제3조의 위헌 여부는 서울형사지법 90노1344 국가보안법위반사건인 당해 사건과의 관계에서 재판의 전제성이 없다는 다수의견과는 견해를 달리한다. 「남북교류협력에 관한 법률」의 목적이나 규제대상에 관한 다수의견이 취하는 입장을 따를 수 없으며, 「남북교류협력에 관한 법률」과 국가보안법은 법체계상 특별법과 일반법의 관계에 있다고 할 것으로, 만일 「남북교류협력에 관한 법률」 제3조 중의 "정당하다고 인정하는 범위 안에서"의 부분이 위헌이 되어 위 규정의 구성요건이 단순화된다면 국가보안법의 구성요건과의 사이에 공통성이 생겨 결국 당해 사건에 있어서 범죄 후 법률의 변경이 있는 경우에 해당되어 형법 제1조 제2항에 의하여 법원은 피고인에게 보다 유리한 「남북교류협력에 관한 법률」의 적용을 고려하여야 할 것이고, 더구나 법률적용의 문제는 법원의 직권사항임에 비추어 공소장의 변경과정을 거칠 필요 없이 당연히 당해사건의 판결결과에 영향이 생길 것으로 보인다. 이 점에 관한 더 구체적인 이론구성은 재판관 변정수의 의견을 원용하기로 한다. 다만 다수의견처럼 재판의 전제성을 지나치게 좁히면 국민의 헌법재판에 접근권 즉 액세스(access)권을 형해화시킨다는 점에서 바람직하지 않으며, 독립한 헌법재판소를 두어 법률 등 입법 작용에 대한 합헌적 통제의 기능을 활성화시키려는 우리 헌법의 본의에 배치된다고 할 것이다. 따라서 우리는 이 사건 심판대상인 「남북교류협력에 관한 법률」 제3조의 위헌성 여부에 관하여 본안심리에 들어가 이 중요한 헌법문제를 해명하여야 한다고 보며, 이러한 의미에서 재판의 전제성의 결여를 이유로 한 심판청구각하의 다수의견에 찬성할 수 없다.

6. 재판관 변정수의 반대의견

(1) 다수의견은 「남북교류협력에 관한 법률」 제3조의 위헌 여부는 청구인이 위헌여부심판의 제청신청을 한 당해 사건(서울형사지방법원 90노1344 국가보안법위반)의 재판의 전제가 될 수 없다고 하고 그 이유로서 국가보안법과 「남북교류협력에 관한 법률」은 그 입법목적과 규제대상을 달리하고 있을 뿐더러 청구인에게 적용된 국가보안법 제6조 제1항 소정의 잠입·탈출죄와 「남북교류협력에 관한 법률」 제27조 제2항 제1호 소정의 죄(같은 조문 제1항 제1호 전단 소정의 죄도 같다)는 각기 그 구성요건을 달리하고 있어 청구인의 당해 사건 범행(탈출죄)에 대하여는 「남북교류협력에 관한 법률」이 적용될 여지가 없기 때문이라고 설명하고

있다.

(2) 그러나 다수의견은 「남북교류협력에 관한 법률」의 입법목적이나 규제대상을 잘못 이해하고 있다.

「남북교류협력에 관한 법률」은 그 제1조가 규정하고 있듯이 남한과 북한과의 상호교류와 협력을 촉진하기 위하여 필요한 사항을 규정함을 목적으로 하는 법률이며 거기에는 남한과 북한의 주민 및 재외국민이 남북한을 왕래하거나, 남한의 주민이 북한의 주민 등과 회합·통신 기타의 방법으로 접촉할 수 있는 규정(제9조 제1항 내지 제4항), 해외동포 등(반국가단체에 속하는 지역에 거주하는 자 포함)의 출입보장 규정(제10조), 남한과 북한 간의 물품의 반출·반입(교역)에 관한 규정(제12조 내지 제15조), 협력사업(남한과 북한의 주민이 공동으로 행하는 문화·체육·학술·경제 등에 관한 제반 활동)에 관한 규정(제16조 내지 제18조), 남한과 북한 간에 선박·항공기·철도차량 또는 자동차 등 수송 장비의 운행에 관한 규정(제20조·제21조), 우편역무 및 전기통신역무의 제공에 관한 규정(제22조) 등을 두어 그것들에 관한 여러 가지 조건을 규정하고 그러한 조건을 갖춘 남북교류협력행위를 불가벌적 행위로 하였으며 법 제27조는 위와 같은 남북교류협력에 관한 행위를 하는 데 있어 법이 정한 조건(승인·증명서 발급·신고 또는 조정명령 등)을 갖추지 아니한 자에 대한 벌칙만을 규정하고 있는데 그 처벌내용은 3년 이하의 징역 또는 1,000만 원 이하의 벌금에 해당되는 경우와 1년 이하의 징역 또는 500만 원 이하의 벌금에 해당되는 경우로 분류하고 있다.

이러한 법률을 만들게 된 동기는 우리 민족의 염원이자 과제인 평화적 통일을 위하여서는 우선 남한과 북한이 대립·항쟁을 그만두고 상호교류와 협력을 하여야 하고 교류와 협력을 하려면 최소한 남북한 주민의 상호왕래, 회합·통신 등에 의한 접촉이 있어야 하고 남북한 간에 교역도 하고 문화·체육·학술·경제 등에 관하여 협력사업도 하여야 하며 남한과 북한 간에 선박·항공기·철도차량 및 자동차 등이 운행할 수 있어야 하고 우편과 전기통신에 의한 연락도 할 수 있어야 하는데 이러한 행위는 북한이 반국가단체임을 전제로 한 국가보안법상의 여러 가지 처벌규정 그중에서도 특히 잠입·탈출죄(제6조), 자진지원·금품수수죄(제5조), 찬양·고무·동조죄(제7조), 회합·통신죄(제8조), 편의제공죄(제9조)에 해당될 수 있어 국가보안법을 그대로 두고서는 남북한의 상호교류·협력은 도저히 불가능하고 그렇다고 해서 국가보안법을 아주 철폐하는 것은 우리의 현실 여건상 불가능하다는 전제 아래(이러한 전제는 잘못된 것이다) 이를 그대로 존치시키면서 국가보안법상의 처벌규정에 해당되는 행위라도 앞에 열거된 남북교류와 협력을 위한 행위는 일정한 요건 하에 처벌하지 않거나 처벌하더라도 훨씬 가볍게 처벌하도록 하여 국가보안법으로 인한 남북교류협력의 장애요인을 최소화하자는 데서 제정된 것이 바로 「남북교류협력에 관한 법률」이다.

그러므로 「남북교류협력에 관한 법률」에 규정된 각종 교류·협력행위는 국가보안법상의 처벌규정에도 해당될 수 있는 것을 당연한 전제로 하여 규정된 행위유형이다. 그리하여 「남북교류협력에 관한 법률」에 의하여 처벌되지 않거나 또는 처벌하도록(국가보안법보다도 훨씬 가볍게) 되어 있는 남북교류 및 협력행위는 동시에 국가보안법상의 처벌규정(제5조 내지 제9조)에도 해당될 수 있는 행위이며 위헌여부심판의 제청신청이 된 당해 형사사건에서 청구인에게 적용된 국가보안법 제6조 제1항 소정의 잠입·탈출죄와 「남북교류협력에 관한 법률」 제27조 제2항 소정의 죄(재외국민이 외국에서 제외공관장에게 신고하지 아니하고 북한을 왕래하는 행위)도 다같이 북한왕래행위를 구성요건으로 삼고 있어 규제대상을 같이하고 있다. 그러므로 국가보안법과 「남북교류협력에 관한 법률」의 규제대상이 다르다는 다수의견은 위 두 개 법률의 관계를 잘못 이해하고 있는 데 연유한다.

(3) 또한 다수의견은 국가보안법 제6조 제1항에서는 "잠입·탈출"이라고 규정하고 있고, 「남북교류협력에 관한 법률」 제27조 제2항 제1호

는 "왕래"라고 규정하고 있으므로 양자는 그 구성요건을 달리하고 있다고 주장한다.

그러나 이러한 견해 또는 「남북교류협력에 관한 법률」의 입법목적과 시대적 상황에 대한 오해에서 비롯된 것이라 할 수 있다. 과거 권위주의적 군사정부 하에서는 대북한관계에 대하여 경직된 냉전적 사고로 일관하여 북한을 우리의 자유민주주의 체제의 전복을 획책하는 반국가단체로서만 취급했음은 주지의 사실이다. 바로 이 당시에 이러한 행위를 처벌하기 위하여 제정된 법률이 국가보안법이었으며 동법상의 "잠입·탈출"이라는 행위는 이처럼 과거 북한을 반국가단체로서만 파악하던 냉전시대에서의 행위 유형으로서 그 당시의 입법자의 시각에서는 타도해야 될 반국가단체로서의 북한과의 그 어떤 "왕래"도 바로 "잠입·탈출"에 해당될 수밖에 없었던 것이다. 그러나 북한에게 평화적 통일을 같이 완수해야 하는 동반자·협력자로서의 지위도 부여해야 하는 오늘날 남북한을 오고가는 행위를 모두 "잠입·탈출"이라고 할 수는 없으므로 남북한을 오고가는 행위 중 남북교류협력을 위한 행위는 "왕래"로 분류하여 「남북교류협력에 관한 법률」을 적용하고 그렇지 아니한 경우에는 "잠입·탈출"로 분류하여 국가보안법을 적용시키고자 하는 것이 바로 「남북교류협력에 관한 법률」이다. 그리고 북한과 통모하여 남한정부의 전복을 기도하거나 간첩활동을 위한 것이 아닌 한 남북한을 오고간 행위는 남북교류협력을 위한 "왕래"로 보아 「남북교류협력에 관한 법률」을 적용하여야 한다. 남북한을 오고 간 행위를 국가보안법에서는 "잠입·탈출"이라고 표현하고 「남북교류협력에 관한 법률」에서는 "왕래"라고 표현한 것을 가지고 두 개의 법률이 규제대상을 달리한다고 해석하는 것은 법률용어의 외형상 표현에만 집착한 나머지 법의 입법취지를 도외시한 피상적 형식논리라고 아니할 수 없다.

「남북교류협력에 관한 법률」 제3조는 "남한과 북한과의 왕래·교역·협력사업 및 통신역무의 제공 등 남북교류와 협력을 목적으로 하는 행위에 관하여는 정당하다고 인정되는 범위 안에서 다른 법률에 우선하여 이 법을 적용한다"라고 규정하고 있는바 여기서의 다른 법률에는 국가보안법도 그에 해당됨은 입법취지나 법의 내용으로 보아 의문의 여지가 없으므로 위 법률의 규제대상과 국가보안법의 규제대상이 같다는 것을 전제로 하고 있는 것이다. 만약 다수의견처럼 국가보안법의 처벌규정에 해당되는 행위에는 「남북교류협력에 관한 법률」이 적용될 여지가 없다고 한다면 그 법률에 구태여 제3조와 같은 규정을 둘 필요가 없을 것이다.

(4) 다음 다수의견은 청구인의 당해 사건 범행(탈출죄)에 대하여서는 「남북교류협력에 관한 법률」이 적용될 여지가 없기 때문에 동법 제3조의 위헌 여부가 당해 사건의 재판의 전제가 될 수 없다는 것이므로 그 점에 대하여 본다.

청구인은 1990. 7.경 미국의 영주권자로서 재외국민인 문○현 신부를 북한에 파견(다녀오도록 함)한 것이 문제되어 국가보안법 제6조의 잠입·탈출죄 즉 "반국가단체의 지배하에 있는 지역으로 탈출한 자"의 공동정범에 해당되는 것으로 공소 제기되어 항소심에 계속 중, 1990. 8. 1. 「남북교류협력에 관한 법률」이 공포·시행되었는데 동 법률에는 남북교류를 촉진시키는 방안의 하나로 법 제9조 제2항에서 재외국민이 외국에서 북한을 왕래하고자 할 때에는 재외공관의 장에게 신고만 하도록 하고 법 제27조 제2항 제1호에서는 재외공관의 장에게 신고하고 북한을 왕래한 행위는 처벌대상에서 제외하고 신고하지 아니하고 북한을 왕래한 재외국민에 대하여서만 1년 이하의 징역 또는 500만 원 이하의 벌금에 처하도록 하는 규정을 두고 있다.

그러므로 위 법률이 시행되기 전에는 청구인과 같이 재외국민이 남북교류의 목적으로 외국에서 북한을 다녀오더라도 국가보안법 제6조 제1항의 잠입·탈출죄로 처벌되었으나 「남북교류협력에 관한 법률」이 시행된 이후의 위와 같은 행위는 재외공관의 장에게 미리 신고하였으면 처벌되지 아니하고 재외공관의 장에게 신고하지 아니하고 북한을 다녀왔을 때만 처벌되는데 그 처벌도 국가보안법의 잠입·탈출죄보다는 훨씬 가볍게 정해진 것이므로 청구인의 행위는 결국 범죄 후 법률의 변경에 의하여 그 행위가 범죄를 구성하지 아니하거나(신고가 유효인 경우), 형이 구법보다 경한 때(신고가 무효인 경우)에 해당되어 형법 제1조 제2항에 의하여 「남북교류협력에 관한 법률」이 적용되어야 하는 것이다(청구인에 대한 공소사실을 보더라도 청구인이 북한을 왕래한 것은 남한정부를 전복하거나 간첩활동을 하기 위한 것이 아니고 남북교류와 협력을 촉진시켜 조국의 평화적 통일을 앞당기자는 순수한 동기에 의한 것으로 보인다.). 그런데 위 법률은 남북한 왕래를 비롯하여 그 법에 정해진 남북교류협력행위에 대하여 모두 그 법을 적용하도록 하는 것이 아니라 제3조에 "남한과 북한과의 왕래·교역·협력사업 및 통신무역의 제공 등 남북교류와 협력을 목적으로 하는 행위에 관하여는 정당하다고 인정되는 범위 안에서 다른 법률에 우선하여 이 법을 적용한다"라는 규정을 두어 남북교류와 협력을 목적으로 하는 순수한 행위라도 정부당국이나 법원에 의하여 정당하다고 인정되어야만 위 법률을 적용받을 수 있고 그렇지 아니하는 한 국가보안법에 의하여 처벌받게 되어 있는 것이다. 즉 국가보안법과 「남북교류협력에 관한 법률」이라는 두 개의 법률을 두고 정부당국이나 법원의 임의적 선택에 따라 그중 하나를 적용할 수 있게 한 것인데 청구인의 행위가 형법 제1조 제2항에 의하여 「남북교류협력에 관한 법률」의 적용을 받아야 하는데도 불구하고 그렇지 못하고 만 것도 바로 위 제3조 때문이다.

그리하여 만약 위 제3조가 위헌이어서 무효라면 청구인의 행위에 대하여는 국가보안법의 적용이 배제되고 당연히 「남북교류협력에 관한 법률」이 적용되어야 할 것이므로 위 제3조의 위헌 여부는 청구인에 대한 당해 형사사건의 재판의 전제가 되는 것이 너무도 당연한 것이다. 다수의견의 각하논리(청구인에 대한 공소장기재 공소사실을 보면 청구인의 행위에 관하여는 「남북교류협력에 관한 법률」이 적용될 여지가 없다 할 것이므로 그 법률 제3조의 위헌 여부가 당해 사건의 재판의 전제가 될 수 없다는)도 필경은 위헌 여부의 심판대상이 되어야 할 위 제3조에 의하여 청구인의 행위가 「남북교류협력에 관한 법률」을 적용할 수 있는 "정당하다고 인정되는 범위 안"에 속하지 않다고 보고 있기 때문이라고 보이는데 위헌 여부의 심판청구가 되어 있는 당해 법률규정으로 인하여 재판의 전제성이 부인되어 위헌 여부의 심판청구가 각하된다는 것은 논리적 모순이라 할 것이다.

따라서 다수의견이 재판의 전제성이 없다고 하여 이 사건 심판청구를 각하한 것은 잘못이다.

(5) 끝으로 「남북교류협력에 관한 법률」 제3조의 위헌성에 관하여 한마디 아니할 수 없다. 제3조는 "남한과 북한과의 왕래·교역·협력사업 및 통신무역의 제공 등 남북교류와 협력을 목적으로 하는 행위에 관하여는 정당하다고 인정되는 범위 안에서 다른 법률에 우선하여 이 법을 적용한다"라고 규정하여 법 제9조 내지 제22조에 규정된 남북한 왕래·교역·협력사업 등 남북교류협력을 목적으로 하는 행위라도 "정당하다고 인정되는" 행위에 한하여 처벌대상에서 제외되고 그렇지 아니하는 한 국가보안법 소정의 처벌규정(금품수수죄, 잠입·탈출죄, 회합·통신죄, 편의제공죄)에 의하여 처벌할 수 있도록 하였는바, 위 규정은 남북한 왕래 등 남북교류협력을 목적으로 하는 행위에 대하여 「남북교류협력에 관한 법률」 소정의 남북교류협력행위로 보아 처벌하지 아니하거나 처벌하더라도 가볍게 처벌토록 되어 있는 동법 소정의 벌칙규정을 적용할 것이냐 아니면 국가보안법 소정의 처벌규정을 적용할 것이냐를 가려내는 준거규정이어서 결국 위 규정은 처벌법규의 구성요건적인 성질의 규정이라 할 것이므로 거기에는 죄형법정주의의 원리가 준수될 것이 요구된다.

죄형법정주의는 무엇이 처벌될 행위인가를 국민이 예측 가능한 형식으로 정하도록 하여 개인의 법적 안정성을 보호하고 성문의 형벌법규에 의한 실정법 질서를 확립하여 국가형벌권의 자의적(恣意的) 행사로부터 개인의 자유와 권리를 보장하려는 데 그 의미가 있으므로 처벌법규의 내용 즉 범죄의 구성요건과 형벌내용은 법관이 자의적으로 확장할 수 없는 구체적 개념을 사용하여야 하고 추상적이고 불명확한 개념을 사용하여서는 아니 된다. 형벌법규의 내용이 모호하거나 추상적이어서 불명확하면 무엇이 금지된 행위인지를 국민이 알 수 없어 법을 지키기가 어려울 뿐더러 범죄의 성립 여부가 법관의 자의적인 해석에 맡겨져 죄형법정주의에 의하여 국민의 자유와 권리를 보장하려는 법치주의의 이념은 실현될 수 없기 때문이다.

그런데 법 제3조 소정의 "정당하다고 인정되는 범위 안에서"라는 말은 그 의미를 구체적으로 한정할 수 있는 아무런 기준도 없는 매우 모호하고 추상적 개념이다. 따라서 행위자는 물론 법 집행자조차도 그 의미를 이해할 수 없게 되어 결국 법 집행 당국이 추단하는 행위자의 내심의 의사에 따라 사람을 구별하고 그 사람이 정부당국 내지는 법 집행 당국의 이해관계에 순응하는 사람인가 아닌가를 기준으로 적용 여부를 달리하게 하는 결과를 가져오게 되어 있어 이러한 결과는 범죄구성요건을 명확히 정해야 한다는 죄형법정주의에 반할 뿐더러 똑같은 행위일지라도 사람에 따라 차별대우할 수 있게 하는 것이어서 평등의 원칙에도 위반된다.

(6) 이상과 같이 「남북교류협력에 관한 법률」 제3조의 위헌 여부는 청구인이 법원에 대하여 위헌여부심판의 제청신청을 한 당해 형사사건의 재판의 전제가 될 뿐더러 위 법률조항의 위헌성도 현저하므로 헌법재판소로서는 마땅히 청구인의 심판청구를 받아들여 위헌 선언하여야 하는 것이다. 그럼에도 불구하고 다수의견은 재판의 전제성이 없다고 하여 청구인의 심판청구를 각하하였는바, 이는 매우 부당한 처사로서 나는 거기에 찬성할 수 없어 부득이 반대의견을 개진하는 바이다.

② 해설

이 사건 청구인은 「남북교류협력에 관한 법률」 제3조의 "'정당하다고 인정되는 범위 안에서"라는 규정이 모호하고 막연한 표현이므로 죄형법정주의에서 요구하는 형벌법규의 명확성의 원칙에 위반되고 평등원칙에도 반한다는 이유로 위헌법률심판제청을 신청하였으나, 담당 법원이 이를 기각하자 헌법소원심판을 청구하였다. 담당 법원은 위 법률의 위헌 여부가 청구인에 대한 당해 사건의 판결주문에 아무런 영향을 미치지 않으므로 그 재판의 전제성이 없다고 판단하여 위헌심판제청신청이 부적법한 것으로 보았으며, 설령 적법하다고 하더라도 위 규정이 명확성의 원칙에 위반되는 것도 아니라고 하였다. 헌법재판소는 이 사건에서 담당 법원과 마찬가지로 이 사건 심판청구는 재판의 전제성을 결여한 것으로 부적법하다고 보아 각하결정을 하였다.

이와 동시에 국가보안법과 「남북교류협력에 관한 법률」의 관계에 대하여 양 법률은 상호 그 입법취지와 규제대상을 달리하는 것이라고 판단하였다. 즉, 국가보안법은 국가의 안전을 위태롭게 하는 반국가활동을 규율하기 위한 법률이고, 「남북교류협력에 관한 법률」은 자유민주적 기본질서에 입각한 평화적 통일정책을 수립하고 이를 추진하기 위한 법률이므로 서로 그 입법취지와 규제대상을 달리한다는 것이다.

한편, 재판관 이시윤, 김양균의 소수의견은 「남북교류협력에 관한 법률」과 국가보안법은 법체계상 특별법과 일반법의 관계에 있다고 판단하였다. 재판관 변정수의 소수의견도 「남북교류협력에 관한 법률」 제3조의 "정당하다고 인정되는 범위 안에서 다른 법률에 우선하여 이 법을 적용한다"는 규정에서 '다른 법률'에는 국가보안법도 그에 해당됨은 입법취지나 법의 내용으로 보아 의문의 여지가 없으므로 위 법률의 규제대상과 국가보안법의 규제대상이 같다는 것을 전제로 하고 있다고 판단하고 있어 역시 양 법률의 관계를 일반법과 특별법의 관계로 파악하고 있는 것으로 보인다. 이들 소수의견은 다수의견이 재판의 전제성을 인정하지 않고 있는 것과 달리 재판의 전제성을 인정하여 본안판단을 하여야 한다고 주장하였으며, 재판관 변정수는 본안판단에 들어가 「남북교류협력에 관한 법률」의 위 규정은 모호하고 추상적인 표현으로 죄형법정주의에 위반하고, 평등의 원칙에도 위반된다고 하였다.

(2) 대법원 2004. 3. 26. 2003도7878 판결 【외국환거래법등위반】

① 판례요지

1. 사건의 개요

가. 남북정상회담 추진 배경과 경과

현대그룹은 고(故) 정○영 명예회장(2001. 3. 21. 사망)이 1989. 민간 기업인으로서는 최초로 북한을 방문하여 금강산 관광사업 등을 협의하고 향후 남북경제협력사업의 모태가 되는 의정서를 체결한 이후로 지속적으로 남북경제협력사업에 관심을 가져왔고, 1998. 김대중 대통령이 취임한 이후 두 차례의 소떼 방북을 시작으로 대북사업을 본격 추진하게 되었다

현대는 1998.부터 본격 추진하기 시작한 금강산 관광사업 등 일련의 대북사업을 체계적으로 추진하기 위해 1999. 2.경 현대상선·현대건설 등 8개의 현대 계열사들이 4,500억 원을 출자하여 현대아산을 설립하였고, 정○영의 아들인 정○헌이 현대아산 이사회 회장으로 취임하여 대북사업을 총괄하게 되었으며, 피고인 김○규는 현대아산의 대표이사를 맡게 되었다.

정○헌은 정○영과 함께 북쪽 인사를 접촉하는 과정에서 대북사업을 체계적으로 추진하기 위해서는 남북한관계의 획기적인 진전이 필요하고, 이를 위해 남북정상 간의 직접 만남이 절실하다는 판단을 하게 되었으며, 당시 김대중 대통령이 이끄는 '국민의 정부'도 정부 출범 초기부터 '햇볕 정책'이라는 이름 아래 대북 포용정책을 추진하자, 정○헌은 2000. 초순경 남북정상회담을 추진하기 위한 여건이 어느 정도 조성된

것으로 판단하고, 금강산관광사업 등을 추진하는 데 도움을 준 바 있고 북한 측 인사와 친분이 두터운 조총련계 일본인 사업가인 '요시다'를 통해 북한 측에 남북정상회담 가능성을 타진했고, 북한 측으로부터도 긍정적인 반응을 얻게 되었다.

정○헌은 요시다를 통해 남북정상회담의 가능성을 확인하고, 요시다가 남북정상회담을 위한 예비접촉의 남한 측 대표가 국정원 소속이 아니면 좋겠다는 북한 측의 의사를 전달해 오자, 2000. 초경 당시 문화관광부장관이던 피고인 박○원을 만나 북한이 남북정상회담에 관심이 있다는 의사를 전달했고, 우리 정부에서는 북한의 의사를 여러 경로로 확인하여 남북정상회담의 실현 가능성이 있다는 판단에 따라 2002. 2. 하순경 피고인 박○원을 대통령 특사로, 실무를 담당하여 특사를 돕기 위하여 국정원 대북전략국장을 특사 보좌관으로 각각 임명하여 북한과 정상회담과 관련된 예비접촉을 하겠다는 취지로 정○헌에게 알려주었고, 이에 따라 정○헌은 요시다를 통하여 우리 정부의 입장을 북한에 전달함으로써 남북정상회담을 위한 예비접촉이 시작되었다.

나. 남북정상회담을 위한 남북한 대표의 접촉과 대북송금에 관한 합의

위와 같은 준비과정을 거쳐 요시다의 주선으로 2000. 3. 9. 싱가포르에서 우리 정부를 대표하여 박○원·실무자인 서○ 등이, 북한을 대표하여 아태위원회 부위원장 송○경·황○ 참사와 실무자 1~2명이 참석하여 남북정상회담을 위한 예비접촉을 가졌으나, 그 자리에서는 양측 대표 간에 구체적인 정상회담의 조건 등에 관해서는 언급이 없었고, 상견례를 하면서 앞으로 정상회담이 성사될 수 있도록 양측이 서로 노력하자는 덕담 수준의 대화만 하고 2000. 3. 17. 중국 상하이 시에서 접촉을 계속하기로 합의했다. 그 과정에서 현대에서는 정○헌·이○치 등이 회담장에 같이 참석하여 양측 대표를 소개해준 후 퇴장하여 사실상 양측을 소개해주는 역할을 했다.

2000. 3. 17.부터 3. 18.까지 상하이 시에서 개최된 1차 접촉에서 우리 정부는 북한이 남북정상회담에 응하면 쌀·비료 등과 같은 인도적 지원을 하겠다고 약속했고, 아울러 향후 20-30억 달러에 상당하는 사회간접자본시설(SOC) 지원도 가능할 것이라고 제안했으나, 북한 측에서는 그들의 입장을 드러내기보다는 주로 우리 정부 측의 제안을 듣는 정도였다.

2000. 3. 23. 베이징 시에서 개최된 2차 접촉에서 우리 정부 측은 종전과 같이 인도적 지원과 함께 20-30억 달러 상당의 SOC 지원을 다시 언급했고, 북한 측에서는 정상회담 성사를 위해서는 인도적 지원 외에 현금으로 5억 달러를 지원하여 줄 것을 요구했고, 우리 정부 측은 현금 지원은 곤란하다는 입장을 표명했다. 그러자 북한은 현대를 상대로 그 무렵 북한과 협의 중에 있던 여러 가지 대북사업에 대한 대가로 현금 10억 달러를 지급하여 줄 것을 요구했고, 정○헌은 대북 사업권 대가로 현금 2억 달러 이상은 주기 어렵다고 말하며 북한의 제의를 거부하자 현대와 북한의 협상이 결렬되었고, 우리 정부와 북한 측과의 협상도 결렬되어 3차 접촉의 날짜와 장소에 대하여도 합의하지 못하였다.

2차 접촉이 결렬된 이후에 현대와 요시다의 중재로 2000. 4. 8. 베이징 시에서 다시 개최된 3차 접촉에서 우리 정부와 북한 양측 대표는 종전과 같은 입장만을 되풀이하다 또다시 협상이 결렬되려는 상황에까지 이르렀으나, 그런 상황에서 북한 측은 현대에게 사업권 대가로 현금 7억 달러를 달라고 요구하면서, 그 같은 제안을 거부하면 정상회담을 하지 않겠다고 고집했고, 현대는 3억 달러를 주장하며 실랑이를 하다가 결국 4억 달러를 지급하기로 최종 합의하면서 3억 5,000만 달러는 현금으로 지급하고, 나머지 5,000만 달러는 평양체육관 건립 및 북한 측에 이미 제공한 트럭 등으로 갈음하기로 했으며, 다만 북한 측의 긴급한 자금필요 등을 이유로 3억 5,000만 달러를 정상회담 전에 송금해주기로 하였고(이러한 사실은 국정원 정보보고 등을 통해 늦어도 2000. 5. 초순경 피고인 임

○원에게 보고되었으며, 피고인 임○원 등은 이러한 사실을 김대중 대통령에게도 보고했다), 그렇게 되자 북한 측은 현대와의 협상이 타결된 이후에 다시 우리 정부 측과의 정상회담에 대한 협상을 재개하여, 결국 우리 정부 측을 대표한 박○원이 아태위원회의 송○경과 사이에 남북정상회담 개최 전에 우리 정부가 북한 측에 현금 1억 달러를 지원하기로 합의하고 최종합의서를 교환하였으며, 그 과정에서 송○경은 정○헌에게 우리 정부에서 1억 달러를 주지 않을 경우 현대가 그 지급을 보증할 것을 요구하여 정○헌은 북한 측이 현대에 제공하기로 한 사업권 전부에 대해 독점권을 주고 사업권의 내용에 통신사업을 포함시키는 조건으로 이를 수용하였고, 구체적 사업권 내용은 현대아산의 대표이사인 피고인 김○규와 아태위원회 관계자들이 추후 협상을 통해 구체화하기로 하였다.

우리 정부와 북한 양측은 위와 같이 2000. 4. 8. 베이징 시에서 최종합의서를 교환한 후 귀국하여 2000. 4. 10. 서울과 평양에서 동시에 공동보도문을 통해 2000. 6. 12.부터 2000. 6. 14.까지 평양에서 김대중 대통령과 김정일 국방위원장 사이에 남북정상회담을 개최하기로 합의한 사실을 발표하기에 이르렀다.

다. 현대가 우리 정부 부담분 1억 달러를 포함하여 송금하게 된 경위 및 현대의 박○원 등에 대한 자금 지원 요청 과정 등

현대아산은 2000. 4. 8. 남북정상회담 개최합의 후인 2000. 4. 20.경과 2000. 4. 26.경 베이징 시에서 강○훈 아태위원회 서기장 등과 대북사업권을 위한 협상을 진행하여 2000. 5. 3. 북한의 모든 SOC와 기간산업시설에 대한 개발·건설 및 운영 등에 관한 사업권을 30년간 현대에게만 부여하는 내용을 골자로 하는 "경제협력사업권에 관한 합의"를 체결함과 동시에 그에 포함하여 그 동안 양측이 협의해온 철도·통신·전력·통천공업지구·통천비행장·금강산 저수지 물이용·관광사업 등 이른바, 7대 사업에 관한 '잠정 합의서'를 작성하였다(현대는 이 사건 잠정합의 및

이에 근거한 구체적인 경협사업에 대한 합의를 하고 나서 통일부에 각 사업별로 협력사업자 승인신청이나 협력사업 승인신청을 한 바가 없고, 다만 2002. 12.경에 개성공단건설 사업에 대하여 협력사업자 승인신청을 하였을 뿐이다).

박○원·피고인 임○원·이○호는 2000. 4.과 5.에 국정원 별관에서 4-5차례 만나서 남북정상회담 전에 북한에 전달하기로 한 우리 정부 부담분 1억 달러의 조달방법 등에 대하여 논의하였으나 공개적으로 국회의 동의를 얻어서 남북경제협력기금으로 북한 측에 송금하는 등의 방법은 당시로서는 힘들다고 판단하고 그 1억 달러에 대하여도 현대에 송금을 부탁하기로 결론을 내고 이러한 내용을 김대중 대통령에게 보고하였다.

박○원은 2000. 5. 중순경 정○헌을 만나서 우리 정부에서 부담하기로 약속한 1억 달러를 조달하는 데 어려움이 있으니 현대에서 이를 대신 지급해달라고 요청했고, 정○헌은 이를 수락하는 대신 피고인 박○원에게 당시 현대의 자금 사정이 어려운 것을 설명하면서 현대에 대한 자금지원을 요청하였다.

정○헌은 2000. 5. 23.부터 2000. 5. 25.까지 금강산 고성 항 부두 준공식 참석을 위해 금강산을 방문한 자리에서 북한 측 관계자로부터 대북송금에 필요한 북한 측 계좌내역을 전달받았고, 2000. 5. 31.과 2000. 6. 1. 사이에 김○식 현대상선 대표이사·피고인 김○규(당시 현대건설 대표이사)·현대전자 대표이사 등을 개별적으로 불러 남북정상회담을 앞둔 상황에서 현대의 대북사업에 필요하니 현대상선은 2억 달러, 현대건설은 1억 5,000만 달러, 현대전자는 1억 달러를 마련하여 아태위원회가 지정한 북한 측 계좌로 송금하도록 지시했고, 피고인 김○규에게는 북한 측 계좌내역을 전달하면서 각 계열사가 그 계좌로 나누어 돈을 송금하도록 하라고 지시하였다.

한편, 박○원은 정○헌으로부터 현대에 대한 자금 지원 요청을 받고 2000. 5. 중순경부터 2000. 5. 31.까지 사이에 국정원 별관에서 피고인이○호·임○원과 만난 자리에서 피고인 이○호에게 현대에 대한 지원을 강하게 요청하였고, 아래에서 보는 바와 같이 한국산업은행에서 현대상선에 4,000억 원을 대출해준 후에도 2000. 6. 중순경 국정원 별관에서 박○원·피고인 임○원은 피고인 이○호에게 현대건설에 대한 지원까지 요청했다.

라. 한국산업은행의 현대상선 및 현대건설에 대한 대출

피고인 이○호는 박○원 등의 요청을 받아들인 후 현대에 대한 지원방법을 모색하던 중에, 당시 현대가 정○헌과 정○구 사이의 경영권 싸움과 현대투자신탁 사태 등으로 시장의 신뢰를 상당 부분 상실하였고, 우리 정부도 현대에 대하여 지배구조 개선·계열사 매각 등을 통한 자체 유동성 확보와 재무구조 개선·계열분리 등 강도 높은 구조조정을 요구하는 중이어서 시중은행으로부터 현대에 대한 지원을 기대하기 힘들다고 판단하고, 국책은행인 한국산업은행을 통해 지원해줄 수밖에 없다고 판단하여, 고등학교·대학교 동기로 당시 한국산업은행 영업1본부장인 피고인 박○배에게 2000. 6. 2.경 전화하여 현대에 대한 여신지원이 가능한지 여부를 문의한 결과 피고인 박○배가 동일차주 신용공여한도의 문제가 있으나 금융감독위원회 위원장과 한국산업은행 총재의 승인이 있으면 대출이 가능할 수도 있다는 답변을 들었다.

피고인 이○호는 당시 한국산업은행 총재인 피고인 이○영과 당시 금융감독위원회 위원장이던 이○근에게 연락하여 서울 중구 소공동 소재 롯데호텔 지하에 있는 벤케이 일식당에서 조찬모임을 하면서 피고인 이○영에게 현대에 대한 지원을 조속히 처리해줄 것을 요청했고, 이○근에게는 한국산업은행에서 현대에 대출을 해줄 때 문제가 될 수 있는 '동일차주 신용공여한도' 등 금융감독원(이하 '금감원'이라 한다) 관련 업무를 잘 처리해 달라고 요청하려 했으나 이○근이 현대에 대한 지원을 선뜻 수용하지 않자 이○근에 대하여는 더 이상 부탁을 하지 않고 조찬

모임을 마쳤다.

피고인 이○영은 그 날 오전에 한국산업은행 사무실로 출근한 후 피고인 박○배와 상의하여 현대계열사 중에서 비교적 자금 사정이 좋았던 현대상선에 대하여, 신용위원회의 심의·의결을 거치지 않고 본부장 전결로 처리하여 신속히 대출을 해줄 수 있고 대출한도에 대하여 별도로 사정하지 않아서 대출한도의 설정이 비교적 용이한 일시당좌대월로 자금지원을 해주기로 결정하고, 그 사실을 피고인 이○호에게 알려주었고, 피고인 이○호도 그 무렵 그 사실을 피고인 임○원과 현대 측에 알려주었다.

한국산업은행에서 취급하던 일시당좌대월이라 함은 차주가 자금수지상 일시적인 유동성(현금흐름) 부족이 발생하여 긴급하게 자금을 지원요청할 때 단기간 지원하는 것으로서, 이때 차주가 요청한 긴급자금의 구체적인 사용용도와 일자만을 확인하고 대출한도를 별도로 사정하지 않으며 신용으로 10억 원 이상을 취급하거나 담보부로 20억 원 이상을 취급하는 경우 본부장의 전결로 처리하도록 되어 있고, 구체적인 대출이 이루어지려면 여신담당자인 고객관리역이 차주와 대출상담을 한 후 차입신청서를 접수받고 차주로부터 부채현황표 및 자금수지계획서를 징구하여 검토한 후 현금흐름의 산출을 통한 차주의 단기채무 상환능력을 분석하여 하자가 없다고 판단되면 여신승인신청서를 작성하여 최종 전결권자인 본부장의 승인 결재를 받아 차주와 대출약정을 체결하여야 하고, 한국산업은행의 당시 '단기운영자금 대출세칙', '직무전결세칙' 등에 의하면 일시당좌대월 약정기간은 90일 이내로 하도록 되어 있으며, 한국산업은행 종합기획부에서 1999. 7. 16.과 2000. 3. 22. 여신취급부·점에 시달한 '일시당좌대월 기한연장 불가'와 '일시당좌대월 기한연장 전결권 관련'에 따르면 일시당좌대월은 그 성격상 기한연장이 불가능하므로 1999. 7. 1.부터는 기한연장처리를 할 수 없도록 되어 있었다.

현대상선의 김○식은 2000. 6. 5. 오전경 이○치로부터 한국산업은행에 대출 부탁을 해 두었으니 한국산업은행에 찾아가 보라는 말을 듣고 그 즉시 피고인 이○영·박○배를 찾아가서 북한 측에 송금할 2억 달러를 포함하여 일부는 현대상선의 운영자금으로 쓸 생각에(실제로는 현대건설에 1,000억 원 이상을 기업어음 인수방법으로 빌려주었다) 4,000억 원의 대출이 필요하다고 요청하였고, 실무적인 절차는 현대상선의 김○헌 재정담당 상무가 찾아가서 처리하기로 했다.

김○헌은 2000. 6. 5. 15:00경 한국산업은행을 찾아가서 현대계열II팀장인 이○우와 4,000억 원 규모의 유동성 지원 자금에 대한 대출을 신청했으나, 이○우는 이미 2000. 5. 18. 현대상선에 1,000억 원의 자금이 일시당좌대월로 지원되어 현대상선에 추가적인 유동성 위기가 있다고 보기 어렵고 동일차주 신용공여한도 초과 등의 문제(금감원에 신용공여한도 초과분의 대출에 대해 사전승인을 받아야 한다)로 사실상 대출이 불가능하다는 사실을 피고인 박○배에게 보고했으나, 피고인 박○배는 실무자가 책임질 문제가 아니니까 걱정하지 말고 일시당좌대월로 만기를 2000. 6. 30.(피고인 이○영·박○배로서는 2000. 6. 30.에 4,000억 원이 상환될 수 없을 것이라는 것을 잘 알고 있었다)로 하여 2000. 6. 7.까지 기표할 수 있도록 지시했다(2000. 3. 4. 개정된 한국산업은행법시행령에 따르면, 동일차주에 대하여 은행자기자본의 25%를 초과하는 신용공여를 할 수 없도록 되어 있고, 이를 초과하는 경우에는 2004. 12. 31.까지 이를 해소하기 위한 세부계획을 작성하게 되어 있었다. 2000. 3. 4. 당시에 현대상선이 소속된 현대계열에 대한 신용공여비율은 30.55%로 기준비율을 초과하고 있었고, 한국산업은행 구 신용관리부에서 2000. 4. 1. 금감원에 '신용공여한도 초과 신용공여 감축계획'을 승인신청하면서[당시 관련규정이 마련되지 않아서 금감원이 승인하지는 않았으나 한국산업은행에 반려하지도 않았다] 2000. 6.말까지 현대계열에 대한 신용공여비율을 30.25%로 감축하는 것으로 목표비율을 보고한 상황이었다).

이○우는 피고인 박○배의 대출 지시가 있은 후 현대상선이 부채현황표를 제출하지 않아 현대상선의 채무상환능력, 긴급한 자금의 필요성에 관해 분석하지 못하였고, 차입신청서에 기재된 자금용도(선박용선료 1,500억 원, BBCHP 상환 590억 원, CP 상환 1,740억 원, 회사채 상환 170억 원 등)의 적정성 등 대출에 있어서 필수적인 기본적인 여신심사도 하지 아니한 채(대출지시는 2000. 6. 5. 15:00 이후에 받았고 2000. 6. 6.은 공휴일이며 2000. 6. 7. 오전까지 대출을 위한 모든 준비를 마치기 위해서는 실질적인 심사를 할 수도 없는 상황이었다) 동일차주 신용공여한도를 초과하는 부분에 대하여 금감원장의 승인이 없어서 예외신용공여에 해당하지 않음에도 하는 수 없이 예외신용공여에 해당하는 것으로 기재하고 신용관리부에 여신지원 사실을 알리지도 않고서, 현대상선이 제출한 자금수급계획서에 근거하여 단기지급능력분석의 현금흐름표를 작성하면서 실제로는 만기일인 2000. 6. 30.에 4,000억 원을 상환할 경우 3,406억 원의 현금부족(2000. 6. 29. 1,000억 원 상환)이 발생할 것으로 예상됨에도 불구하고 오히려 만기 시에 여유자금이 594억 원이 발생하는 것으로 분석하여 여신승인신청서를 잘못 작성하여 피고인 박○배의 결재를 받은 후(당좌대월약정서의 한도금액이 40억 원으로 잘못 기재되어 있었고, 당좌대월약정서와 융자금영수증에 날인된 명판이 인감제출증 상의 명판과 달리 현대상선의 본사 주소가 빠져 있으며 현대상선 대표이사 김○식의 서명이 누락되어 있고, 당좌대월약정서의 여신거래기본약관 수령필란에도 현대상선의 명판과 인감이 날인되어 있지 않았을 뿐 아니라 대표이사의 서명이 빠져 있는 등 형식적인 서류의 검토·대조마저도 제대로 이루어지지 않았다.), 2000. 6. 7. 오전에 범죄사실 제4항 기재와 같이 현대상선에 대해 4,000억 원을 대출해주었다(한국산업은행에서는 2000. 7. 13. 금감원에 위 4,000억 원 대출이 예외신용공여에 해당하는 것으로 표시하여 보고했으나, 금감원이 이를 정식으로 접수하지도 않고 반려하지도 않았다).

이○우는 피고인 박○배가 지시한 대로 2000. 6. 7. 현대상선에 대하여 4,000억 원을 2000. 6. 30.을 만기로 하여 아무런 담보나 보증 없이 일시당좌대월로 대출해주었고, 일시당좌대월의 경우 만기연장이 불가능함에도 불구하고, 만기일인 2000. 6. 30.에 일시당좌대월로 신규승인(만기를 2000. 9. 28.)하여 대환조치하였으며, 2000. 9. 27. 300억 원을 상환받고 나머지는 같은 방법으로 만기를 2000. 10. 26.까지 연장하고, 2000. 10. 26. 1,400억 원을 상환받았으며 나머지 대출금에 대해 그 날 외화자원운영자금 1,000억 원과 일시당좌대월 1,300억 원의 신규대출로 대환한 후에 만기연장을 거듭하다가 2003. 1. 16. 전액 상환받았다.

현대상선에 대해 4,000억 원 대출이 이루어진 후에, 피고인 이○호는 박○원, 피고인 임○원의 지원 요청에 따라 피고인 이○영·박○배에게 현대건설에 대한 지원을 요청했고, 피고인 박○배는 현대건설에 대한 지원방법을 모색하던 중에 한국산업은행에서 현대건설에 시설자금을 지원해주지 않아 통상의 대출은 힘들다는 사실을 알고 대신 사모사채를 인수하는 방법으로 사실상 대출을 해주기로 결정하고, 2000. 6. 21. 이○우를 불러서 현대건설에 1,500억 원을 지원하기로 했으니 2000. 6. 26.에 대출과목은 사모사채 인수로 하고 담보나 보증 없이 신용위원회에 부의할 준비를 하라고 지시했고(그러나 범죄사실 기재에서 본 바와 같이 현대건설은 2000년 하반기에 만기 도래하는 회사채의 액수가 7,053억 원 상당이었고, 약 1조 원 상당의 해외 미수금, 현대계열사에 대한 부도설, 그해 지불해야 할 이자가 6,020억 원 상당이지만 1999년의 영업이익은 3,139억 원에 불과하여 사실상 대출을 받더라도 이를 상환하기 어려운 상태였고, 동일차주 신용공여한도[당시는 37.02%였다]를 초과하여 더는 대출을 해주기 어려운 상황이었다.), 이○우에게 신용위원회 부의절차를 밟게 하여 현대건설의 상환능력을 긍정적으로 평가한 여신승인신청서를 작성하여 신용위원회의 심의·의결을 거친 후에 현대건설 발행의 사모사채 1,500억 원을 인수하기에 이르렀다.

통상 사모사채 인수가 이루어지려면, 차주의 재정담당자와 한국산업은행 고객전담역이 융자상담을 통하여 여신지원의 적격성과 필요성을 검토하여 여신지원의 필요성이 인정될 경우 본부장 앞으로 약식보고를 한 후, 그 지시에 따라 신용위원회에의 부의 여부를 결정하여야 하나,

이 사건의 경우 피고인 이○영·박○배의 일방적인 지시에 따라 여신지원의 필요성이나 적격성 여부에 전혀 검토하지 않고, 이○우·심○섭으로 하여금 사모사채 인수에 대해 긍정적인 평가내용을 담은 여신승인신청서를 작성하게 하여 형식적으로 신용위원회의 심의·의결을 거쳐 2000. 6. 26. 현대건설 사모사채 1,500억 원을 만기 1년에 이자율 연 12.5%, 무담보·무보증으로 인수했다(또한 사모사채를 담보나 보증 없이 인수하기 위하여는 차주의 신용평가등급이 'BBB' 등급 이상이어야 하나, 현대건설은 당시 'BB' 등급으로 'BBB' 등급보다 하위 등급이었다).

현대건설은 2000. 10. 30. 1차 부도 처리되었고, 2001. 3. 29. 제3차 현대건설 채권단 협의회에서 사모사채 1,500억 원 중 1,345억 원은 출자전환하고 나머지 155억 원은 산업운영자금 대출로 만기를 연장하기로 결정되었다.

한편, 피고인 이○영·박○배는 2000. 5. 18. 현대상선에 1,000억 원을 일시당좌대월로 지원해줄 때에도 이 사건 4,000억 원을 지원해줄 때와 마찬가지로 이○우에게 현대상선에 대한 대출을 지시하여 이○우 등이 현대상선으로부터 부채현황표를 제출받지 않아서 현대상선의 채무상환능력, 긴급한 자금의 필요성, 자금의 사용용도 등을 분석하지 못하는 등 대출에 있어서 필수적인 기본적인 여신심사도 하지 못한 채 현대상선이 제출한 자금수급계획서에 근거하여 단기지급능력분석의 현금흐름표를 작성하면서 실제로는 만기일인 2000. 6. 29.에 906억 원의 현금부족이 부족할 것으로 예상됨에도 불구하고 오히려 만기 시에 여유자금이 94억 원이 발생하는 것으로 분석하여 여신승인신청서를 작성하였고, 동일차주 신용공여한도를 초과하는 부분에 대하여 금감원장의 승인을 받지 않은 상태에서 대출을 실행하기도 하였다.

현대상선은 한국산업은행으로부터 4,000억 원을 대출받은 후에 1,000억 원은 차입금으로 처리했으나, 나머지 3,000억 원은 회계처리를 하지 않고 있다가 2000. 6. 10. 700억 원을 가수금 계정으로, 2000. 6. 15. 65

억 원을 가수금 계정으로 각각 기표했으며, 2000. 10. 26. 2,170억 원을 자동차 선박 2척과 유조선 1척을 구입한 것으로 처리하였고, 나머지 130억 원은 운항비(가수금에 기표한 65억 원을 포함하여)로 기표하는 등 회계를 분식하였다. 현대건설은 현대전자로부터 송금 받은 후에 북한 측에 송금한 1억 달러에 대하여는 회계처리하지 않았고, 자체적으로 조달하여 송금한 1억 5,000만 달러에 대하여는 본지사 계정 처리하여 본사와 지사 사이에 채권·채무관계가 발생한 것처럼 허위로 기표하였다.

마. 현대상선의 대북송금

김○헌 현대상선 상무는 2000. 6. 7. 한국산업은행 측으로부터 1개 지점에서 4,000억 원을 전액 인출하면 외부에 쉽게 노출될 수 있으니 3개 지점에서 분할하여 당좌를 개설한 후 인출하라는 요청을 받고, 한국산업은행 구로지점에서 1,000억 원, 여의도지점에서 2,000억 원, 본점 영업부에서 1,000억 원 등 합계 4,000억 원을 인출한 후에, 그 날 오후 김○식의 지시로 현대건설의 기업어음(CP) 1,000억 원을 매입하고 나머지는 일단 금고에 보관하였다.

정○헌·피고인 김○규·이○치 등은 현대상선에서 북한 측으로 2억 달러를 바로 송금할 경우 여러 가지 법적인 문제와 사회적인 파장이 있을 것을 예상하여 국정원의 협조를 얻어 송금할 수 있는 방안에 대하여 알아보기로 하고, 피고인 김○규가 국정원에서 2억 달러의 환전 편의를 제공해줄 것을 제의했으며, 피고인 임○원은 그와 같은 내용의 보고를 받은 후에 당시 국정원의 자금관리 등 행정지원업무를 담당하던 피고인 기획조정실장을 통하여 기획조정실 예산관과 지출관에게 현대 측에 협조하여 환전편의를 제공할 것을 지시하였다.

피고인 김○규·김○식이 2000. 6. 8. 서울 서초구 양재동 소재 교육문화회관에서 국정원에서 환전뿐만 아니라 송금 편의도 제공해 달라고 요청하였고, 피고인 임○원은 송금 편의도 제공해줄 것을 지시하였다.

피고인 김○규·김○식은 2000. 6. 8. 서울 서초구 양재동 소재 교육문화회관에서 북한 측에 송금하는 문제에 대해 논의한 후, 김○식은 금고에 보관하고 있던 3,000억 원 중 2,240억 원(100억 원 수표 22장, 10억 원 수표 4장)을 준비하여 2000. 6. 9. 오후에 외환은행 본점 앞 상호불상 커피숍에서 그 돈과 아태위원회가 지정하는 계좌번호 5개가 적힌 서류를 전달했고, 윤근철(실무자로서 당시 외화송금계 과장)의 도움으로 김○식이 건네준 돈은 2억 달러로 환전된 다음 국정원 직원 5명의 명의로 3,700만 달러, 3,800만 달러, 4,300만 달러, 3,700만 달러, 4,500만 달러로 분산되어 중국은행 서울지점을 통해 아태위원회가 지정한 중국은행 마카오 지점 계좌 중 3개 계좌로 송금되었다.

위와 같이 송금된 2억 달러 중 4,500만 달러 부분이 수취인의 계좌명과 계좌번호가 일치하지 않아 제대로 송금되지 않아서(이러한 사실은 국정원에서 먼저 알고 외환은행 측에 알려주었다.), 김○식이 2000. 6. 12. 계좌명과 계좌번호를 정정하여 송금하였다(그러한 과정 중에 북한 측에서는 2000. 6. 10. 국정원에 전화통지문 형식으로 정상회담을 하루 연기한다는 사실을 알려왔다).

한편 피고인 김○규·임○원·정○헌·박○원 등은 위 송금이 남북정상회담 개최와 관련하여 현대가 남북정상회담 전에 북한 측에 지급하는 것임을 알고 있었고, 피고인 1도 그러한 사실을 알고 있었거나 그럴 가능성이 높다는 것을 인지하고 있었다.

바. 현대건설과 현대전자의 대북송금 등

현대건설은 북한 측에 송금할 1억 5,000만 달러를 자체적으로 마련하기가 어려워서 현대상선이 한국산업은행으로부터 대출받은 4,000억 원 중에서 1,000억 원을 기업어음(CP) 발행의 형식으로 빌리고 643억 원 상당은 자체자금으로 충당하여 1억 5,000만 달러를 마련한 후 2000. 6. 8. 현대건설 싱가포르 지사 계좌로 1억 달러, 2000. 6. 9. 현대건설 런던

지사 계좌로 5,000만 달러를 각각 송금하였고, 싱가포르 지사는 2000. 6. 9. HSA USA의 RNNY지점 등에 개설된 아태위원회 지정의 8개 계좌로 1억 달러를, 런던지사는 2000. 6. 9. Raiffcisen Zentral Bank의 Wien지점 등에 개설된 아태위원회 지정의 2개 계좌로 5,000만 달러를 각각 송금하였다.

현대전자 대표이사는 당시 현대전자가 채권단에게 일일보고를 해야 하고 외국계 은행에서 실사를 하고 있어서 직접 북한 측 계좌로 송금하기 어렵다는 이유로 현대건설 관리본부장과 협의하여 현대건설에서 현대전자 대신 1억 달러를 북한 측에 송금해주기로 하고, 2000. 6. 9. 현대전자 일본 법인에서 2,000만 달러, 현대전자 미국법인에서 8,000만 달러를 각각 현대건설 런던지사로 송금하도록 하였다(현대전자 미국법인에서 송금한 8,000만 달러는 2000. 6. 12.에 이르러서야 입금처리되었다). 현대건설 런던지사는 Raiffcisen Zentral Bank의 Wien지점 등에 개설된 아태위원회 지정의 3개 계좌로 2000. 6. 9. 2,000만 달러, 6. 12. 8,000만 달러를 각각 송금하였다.

한편 피고인 김○규·정○헌·임○원·박○원 등은 위 각 송금이 남북정상회담 개최와 관련하여 현대가 남북정상회담 전에 북한 측에 지급하는 것임을 알고 있었다.

사. 남북정상회담 개최와 그 이후의 경과

현대가 4억 5,000만 달러를 모두 북한 측에 송금한 후 2000. 6. 13.부터 2000. 6. 15.까지 평양에서 남북정상회담이 개최되었고(그 과정에서 남북정상회담 시나 정상회담을 위한 준비회담대표단·선발대가 방북할 때에도 모두 통일부장관에게서 증명서를 발급받고 북한 주민 등 접촉승인절차를 밟았다.), 그후 현대는 대북사업권 협상을 본격적으로 진행시켜 2000. 8. 22. 공업지구 건설 및 북쪽 사회간접자본시설 사업 등에 관한 포괄적인 '합의서'를 체결함과 동시에 이를 구체화하는 '금강산·통천·원산지구 협력사업에 관한 합의서', '공업지구 건설운영에 관한 합의서', '경제협력사업권에 관한 합의서' 및 '철도·통신·전력 등 7대 사업에 관한 부속 합의서', '문화·체육 교류에 관한 합의서', '일반 협력사업에 관한 합의서' 등을 체결하여 남북경제협력사업을 구체화하는 과정에 있고, 우리 정부는 2000. 12. 16. '남북 사이의 투자보장에 관한 합의서', '남북 사이의 소득에 관한 이중과세방지 합의서', '남북 사이의 상사분쟁 해결절차에 관한 합의서', '남북 사이의 청산결제에 관한 합의서' 등을 체결하였으며, 우리 국회는 2003. 6. 30. 우리 정부와 북한의 위 각 합의서 체결동의안을 가결하였다.

2. 판결요지

[1] 고도의 정치성을 띤 국가행위인 이른바 통치행위가 사법심사의 대상이 되는지 여부(적극)

입헌적 법치주의국가의 기본원칙은 어떠한 국가행위나 국가작용도 헌법과 법률에 근거하여 그 테두리 안에서 합헌적·합법적으로 행해질 것을 요구하며, 이러한 합헌성과 합법성의 판단은 본질적으로 사법의 권능에 속하는 것이고, 다만 국가행위 중에는 고도의 정치성을 띤 것이 있고, 그러한 고도의 정치행위에 대하여 정치적 책임을 지지 않는 법원이 정치의 합목적성이나 정당성을 도외시한 채 합법성의 심사를 감행함으로써 정책결정이 좌우되는 일은 결코 바람직한 일이 아니며, 법원이 정치문제에 개입되어 그 중립성과 독립성을 침해당할 위험성도 부인할 수 없으므로, 고도의 정치성을 띤 국가행위에 대하여는 이른바 통치행위라 하여 법원 스스로 사법심사권의 행사를 억제하여 그 심사 대상에서 제외하는 영역이 있으나, 이와 같이 통치행위의 개념을 인정한다고 하더라도 과도한 사법심사의 자제가 기본권을 보장하고 법치주의 이념을 구현하여야 할 법원의 책무를 태만히 하거나 포기하는 것이 되지 않도록 그 인정을 지극히 신중하게 하여야 하며, 그 판단은 오로지

사법부만에 의하여 이루어져야 한다.

[2] 남북정상회담의 개최과정에서 북한 측에 사업권의 대가 명목으로 송금한 행위가 사법심사의 대상이 되는지 여부(적극)

남북정상회담의 개최는 고도의 정치적 성격을 지니고 있는 행위라 할 것이므로 특별한 사정이 없는 한 그 당부를 심판하는 것은 사법권의 내재적·본질적 한계를 넘어서는 것이 되어 적절하지 못하지만, 남북정상회담의 개최과정에서 재정경제부장관에게 신고하지 아니하거나 통일부장관의 협력사업 승인을 얻지 아니한 채 북한 측에 사업권의 대가 명목으로 송금한 행위 자체는 헌법상 법치국가의 원리와 법 앞에 평등원칙 등에 비추어볼 때 사법심사의 대상이 된다.

[3] 「남북교류협력에 관한 법률」 제16조에 의한 협력사업자 승인 없이 남북협력사업을 시행한 경우, 같은 법 제27조 제1항 제3호·제17조 제1항에 의하여 처벌할 수 있는지 여부(적극)

「남북교류협력에 관한 법률」 제16조·제17조 문언내용을 종합적으로 해석할 때 협력사업 승인의 전단계인 협력사업자 승인조차 받지 않고 바로 협력사업을 시행한 자도 위 법 제27조 제1항 제3호에 의하여 처벌 가능하다.

[4] 정당행위나 정당방위의 요건

어떠한 행위가 위법성조각사유로서의 정당행위나 정당방위가 되는지의 여부는 구체적인 경우에 따라 합목적적, 합리적으로 가려야 하고, 또 행위의 적법 여부는 국가질서를 벗어나서 이를 가릴 수 없는 것이므로, 정당행위로 인정되려면 첫째 행위의 동기나 목적의 정당성, 둘째 행위의 수단이나 방법의 상당성, 셋째 보호법익과 침해법익과의 법익균형성, 넷째 긴급성, 다섯째 그 행위 이외의 다른 수단이나 방법이 없다는 보충성의 요건을 모두 갖추어야 하고, 정당방위로 인정되려면 그 행위가 자기 또는 타인의 보호법익에 대한 현재의 부당한 침해를 방어하기 위한 것으로서 상당성이 있어야 한다.

[5] 남북정상회담의 개최과정에서 이루어진 대북송금 행위가 형법상 정당행위에 해당되는지 여부(소극)

남북정상회담의 개최과정에서 이루어진 대북송금 행위는 형법상 정당행위에 해당된다고 보기 어렵다.

[6] 업무상배임죄의 주관적 요건과 그 입증방법

업무상배임죄가 성립하려면 주관적 요건으로서 임무위배의 인식과 그로 인하여 자기 또는 제3자가 이익을 취득하고 본인에게 손해를 가한다는 인식, 즉 배임의 고의가 있어야 하는데, 이러한 인식은 미필적 인식으로도 족한바, 피고인이 배임죄의 범의를 부인하는 경우에는 사물의 성질상 배임죄의 주관적 요소로 되는 사실은 고의와 상당한 관련성이 있는 간접사실을 증명하는 방법에 의하여 입증할 수밖에 없고, 이때 무엇이 상당한 관련성이 있는 간접사실에 해당할 것인가는 정상적인 경험칙에 바탕을 두고 치밀한 관찰력이나 분석력에 의하여 사실의 연결상태를 합리적으로 판단하는 것 외에 다른 방법이 없다.

[7] 금융기관의 직원이 대출을 함에 있어 충분한 담보를 제공받는 등 상당하고도 합리적인 채권회수조치를 취하지 아니한 경우, 업무상배임죄의 고의 성립 여부(적극)

금융기관의 임직원들이 대출을 함에 있어 대출채권의 회수를 확실하게 하기 위하여 충분한 담보를 제공받는 등 상당하고도 합리적인 조치를 강구하지 아니한 채 만연히 대출을 해주었다면 업무위배행위로 제3자로 하여금 재산상 이득을 취득하게 하고 금융기관에 손해를 가한다는 인식이 없었다고 볼 수 없다.

[8] 남북정상회담을 전후하여 대북경제협력사업을 추진 중인 기업에 대하여 대규모 여신지원을 한 금융기관이 국책은행이라고 하더라도 은행 관련자들에게 배임의 범의가 인정되는지 여부(적극)

남북정상회담을 전후하여 대북경제협력사업을 추진 중인 기업에 대하여 대규모 여신지원을 한 금융기관이 국책은행이라고 하더라도 은행 관련자들에게 배임의 범의가 인정된다.

[9] 배임죄에 있어 '재산상의 손해를 가한 때'의 의미 및 재산상 손해 유무에 대한 판단 기준(=경제적 관점)

배임죄에 있어 재산상의 손해를 가한 때라 함은 현실적인 손해를 가한 경우뿐만 아니라 재산상 실해 발생의 위험을 초래한 경우도 포함되고, 재산상 손해의 유무에 대한 판단은 본인의 전 재산 상태와의 관계에서 법률적 판단에 의하지 아니하고 경제적 관점에서 파악하여야 하며, 따라서 법률적 판단에 의하여 당해 배임행위가 무효라 하더라도 경제적 관점에서 파악하여 배임행위로 인하여 본인에게 현실적인 손해를 가하였거나 재산상 실해 발생의 위험을 초래한 경우에는 재산상의 손해를 가한 때에 해당한다고 할 것이고, 일단 손해의 위험성을 발생시킨 이상 사후에 담보를 취득하였거나 피해가 회복되었다 하여도 배임죄의 성립에 영향을 주는 것은 아니다.

② 해설

대법원의 이 판결은 분단 이후 처음으로 개최된 2000년 남북정상회담을 준비하고 추진하는 과정에서 현대상선 등이 북한에 대가성 자금을 송금한 행위에 대하여 「남북교류협력에 관한 법률」과 외국환거래법 등을 적용한 것이다. 대법원은 이 판결에서도 통치행위의 개념 자체는 인정하면서도 그 요건과 범위를 엄격히 제한함으로써 사법심사의 대상에서 제외되는 범위를 최소화하고 있다. 즉, 고도의 정치성을 띤 국가행위에 대하여는 이른바 통치행위라 하여 법원 스스로 사법심사권의 행사를 억제하여 그 심사 대상에서 제외하는 영역이 있으나, 이와 같이 통치행위의 개념을 인정한다고 하더라도 과도한 사법심사의 자제가 기본권을 보장하고 법치주의 이념을 구현하여야 할 법원의 책무를 태만히 하거나 포기하는 것이 되지 않도록 그 인정을 지극히 신중하게 하여야 하며, 그 판단은 오로지 사법부만에 의하여 이루어져야 한다고 판단하였다. 이러한 것을 전제로 하여 남북정상회담의 개최는 고도의 정치적 성격을 지니고 있는 행위라 할 것이므로 특별한 사정이 없는 한 그 당부를 심판하는 것은 사법권의 내재적·본질적 한계를 넘어서는 것이 되어 적절하지 못하지만, 남북정상회담의 개최과정에서 재정경제부장관에게 신고하지 아니하거나 통일부장관의 협력사업 승인을 얻지 아니한 채 북한 측에 사업권의 대가 명목으로 송금한 행위 그 자체는 헌법상 법치국가의 원리와 법 앞에 평등원칙 등에 비추어볼 때 사법심사의 대상이 된다고 판단하였다.

이 사건은 대법원과 헌법재판소를 포함하여 남북한관계와 통일에 대한 국가정책의 결정과 집행에 대하여 통치행위인지 여부에 관하여 사법부가 직접적으로 판단한 유일한 사례이다. 대법원과 헌법재판소가 통치행위의 개념과 요건에 대하여 제시한 규범적인 기준은 앞에서 설명한 바와 같이 남북한관계와 통일에 대한 사법심사에 대하여도 동일하게 적용될 수 있을 것이다.

한편, 대법원은 이 사건에서 「남북교류협력에 관한 법률」 제16조에서 규정하는 협력사업자 승인을 받지 않고 남북협력사업을 시행한 경우에는 위 법률 제27조 제1항 제3호·제17조 제1항에 따라 처벌할 수 있다고 하였으며, 남북정상회담의 개최과정에서 이루어진 대북송금 행위는 형법상 정당행위에 해당되지 않는다고 판단하였다.

2) 관련판례 요지

(1) 대법원 1990. 9. 25. 90도1613【국가보안법위반】

북한공산집단으로부터의 초청장이 대한적십자사를 통하여 전국대학생협의회(이하 전대협이라고 한다)에 전달된 바 있다고 하더라도 본래 북한공산집단이 전대협을 초청한 취지는 공식적인 초청과 관계없이 전대협대표자를 밀입국시켜서라도 평양축전에 참가하도록 하라는 의미가 들어 있는 것이라고 보아야 할 것이므로 대학생이 북한에 밀입북하여 평양축전에 참가하고 판문점을 경유하여 국내로 들어온 행위가 그 경위에 비추어 북한공산집단의 지령을 받고 탈출, 잠입한 경우에 해당한다.

「남북교류협력에 관한 법률」은 남한과 북한과의 왕래 교역협력사업 및 통신역무의 제공 등 남북교류와 협력을 목적으로 하는 행위에 관하여 정당하다고 인정되는 범위 안에서 다른 법률에 우선하여 적용하도록 되어 있으므로 이 요건을 충족하지 아니하는 북한에의 왕래(탈출·잠입), 회합행위에 대하여는 위 법을 적용할 수 없고, 따라서 이러한 탈출·잠입·회합 등 행위에 대하여는 위 법의 시행에도 불구하고 형의 폐지나 변경이 있다고 할 수 없으므로 형법 제1조 제2항이 적용될 여지가 없다.

(2) 대법원 1991. 12. 24. 91도2419【국가보안법위반】

우리 헌법이 전문과 제4조, 제5조에서 천명한 평화통일의 원칙과 국제평화주의는 자유민주적 기본질서라는 대전제 하에서 추구되어야 하는 것이므로 아직도 북한이 막강한 군사력으로 우리와 대치하면서 우리사회의 자유민주적 기본체제를 전복할 것을 포기하였다는 명백한 징후를 보이지 않고 있어 자유민주적 기본질서에 대한 위협이 되고 있음이 분명한 상황에서 국가보안법이 북한을 반국가단체로 본다고 하여 우리헌법이 천명한 국제평화주의 등의 원칙과 모순되는 법률이라 할 수 없으며(당원 1990. 6. 8. 선고 90도646 판결, 1990. 9. 25. 선고 90도1451 판결 등 참조), 다음 「남북교류협력에 관한 법률」은 남한과 북한과의 왕래, 교역, 협력사업 및 통신역무의 제공 등 남북교류와 협력을 목적으로 하는 행위에 관하여 정당하다고 인정되는 범위 안에서 다른 법률에 우선하여 적용하도록 되어 있어(동법 제3조) 이 요건을 충족하지 아니하는 경우에는 동법의 적용은 배제된다고 보아야 할 것이므로 국가보안법이 「남북교류협력에 관한 법률」과 상충되는 것이라 할 수도 없다. 논지는 이유 없다.

(3) 대법원 1995. 5. 23. 93도1750 【관세법등위반】

원심판결 이유에 의하면, 원심은 이 사건 물건이 형법 제48조 제1항 제2호에 해당한다고 하여 이를 몰수하고 있는바, 기록에 의하면, 피고인 회사는 북한으로부터 수입한 이 사건 물건이 인천항에 도착하자 이를 인수, 취득하여 보세장치장에 장치한 사실을 알 수 있고, 따라서 이 사건 물건은 피고인 회사가 통일원장관의 반입승인을 받지 아니하고 반입하려다 미수에 그친 범죄행위로 인하여 취득한 것으로 형법 제48조 제1항 제2호의 몰수의 대상이 된다 할 것이다. 상고이유에서 들고 있는 당원 1974. 6. 11. 선고 74도352 판결 및 1982. 3. 9. 선고 81도2930 판결 등은 이 사건에 적절한 것이 되지 아니한다. 나아가, 형법 제48조 제1항에서 규정하고 있는 몰수는 원심법원의 재량사항이라 할 것인바, 이 사건에서 원심법원이 이러한 재량권을 남용하였다고 볼 아무런 자료가 없다.

(4) 대법원 1999. 12. 28. 99도4027 【국가보안법위반(잠입·탈출 등)】

「남북교류협력에 관한 법률」 제3조는 "남한과 북한과의 왕래·교역·협력사업 및 통신역무의 제공 등 남북교류와 협력을 목적으로 하는 행위에 관하여는 정당하다고 인정되는 범위 안에서 다른 법률에 우선하여 이 법을 적용한다"고 규정하고 있으므로, 남한과 북한을 왕래하는 행위가 위 조항에 해당되어 국가보안법의 적용이 배제되기 위하여는 우선 그 왕래행위가 남북교류와 협력을 목적으로 하는 것이라야 한다(대법원 1993. 2. 9. 선고 92도1815 판결, 1997. 9. 9. 선고 97도1656 판결 등 참조).

원심은 적법한 증거조사를 통하여 채택한 증거들에 의하여, 피고인의 이 사건 잠입 및 탈출, 회합 또는 고무, 찬양행위들은 모두 피고인의 입북목적, 동기, 경위, 당시의 상황 등에 비추어볼 때 국가의 존립·안전을 위태롭게 하거나 자유민주적 기본질서에 위해를 가할 위험성이 명백히 존재한다고 할 것이고, 피고인도 그러한 정을 알면서 그와 같은 행위들을 한 사실을 인정하였는바, 관련 증거들을 기록과 대조하여 검토하여 보면 그와 같은 원심의 사실인정은 정당하고, 거기에 논지가 주장하는 바와 같이 이유불비, 채증법칙 위반으로 인한 사실오인 등의 위법이 있다고 할 수 없다. 이 부분을 다투는 논지도 모두 이유가 없다.

(5) 대법원 2003. 12. 26. 2001도6484 판결【남북교류협력에관한법률위반】

「남북교류협력에 관한 법률」 제9조 제3항 및 제27조 제1항 제1호의 규정에 따르면, 남한의 주민이 북한 주민 등과 접촉할 의도나 계획을 가지고 있고 그러한 접촉 가능성이 객관적으로 존재하는 경우라면 그러한 남한의 주민으로서는 그 접촉에 앞서 위 규정에 의한 통일원장관의 승인을 얻어야 하고 이를 위반한 경우 형사처벌의 대상이 되는 것임은 위 각 조문의 규정 그 자체에서 명백하다고 할 것이고, 단지 그러한 접촉의 상대방이 구체적으로 특정되어 있지 아니하다거나 또는 그 접촉의 성사가능성이 다소 유동적인 상태에 놓여 있다는 이유만으로 그와 같은 사전승인을 받을 필요가 없다고 볼 수는 없다(통일원장관의 접촉승인 없이 북한 주민과 접촉한 행위가 정당행위 혹은 적법행위에 대한 기대가능성이 없는 경우에 해당하지 아니한다고 한 사례).

원심판결 이유에 의하면, 원심은 그 채용 증거들을 종합하여, 위 피고인이 판시 회합 당일까지 회합의 성사를 완전히 확신하기 어려웠고 회합 직전까지 회합의 상대방이 구체적으로 누구인지는 몰랐다는 사실은 인정되나, 한편 이 사건 회합은 김○일을 통한 사전의 상당한 준비 끝에 이루어진 것으로 인정된다는 이유로, 위 피고인이 재미교포인 공소외 김○일을 통하여 북측과 접촉을 한 끝에 1997. 11. 20. 15:00경 중국 베이징 시 장성호텔 1632호실에서 위 김○일과 함께 북한의 조국평화통일위원회 부위원장인 안○수(남, 67세)와 아·태평화위원회 참사 강○순(남, 55세)을 비밀리에 만나 '제15대 대통령 선거의 전망, 경제협력, 이산가족문제 및 남북정상회담 개최' 등에 관하여 대화함으로써 북한의 주민과 접촉하였다는 범죄사실을 유죄로 인정하였는바, 원심이 채용한 증거들을 기록에 의하여 살펴보면, 원심의 위와 같은 사실인정과 판단은 수긍이 가고, 거기에 주장과 같은 남북교류협력법에 관한 법리오해나 채증법칙 위배의 위법이 없다.

(6) 대법원 2005. 1. 14. 2004도6646 【특정경제범죄가중처벌등에관한법률위반(횡령)·업무상횡령·배임수재·외국환거래법위반】

피고인이 북한 IOC 위원인 장○에게 미화 20만 달러를 교부할 당시 피고인은 위 금원을 받을 사람이었던 OCA 회장의 승낙을 인식하고 이를 교부하였던 것으로서 횡령의 범의가 없었다고 한 주장에 대하여, 설령 피고인이 주장하는 바와 같은 각 돈을 모두 대북지원금으로 사용한 것이 사실이라 하더라도, 피고인은 위와 같이 대북지원금으로 세계태권도연맹, 국기원, 그리고 부산아시아경기대회 조직위원회의 공금을 집행하면서 사전에 위 각 단체의 적법한 내부의사결정 절차를 거친 바 없고, 사후에도 위 각 단체에 보고하는 등의 절차를 거친 바가 없는 점, 또한 「남북교류협력에 관한 법률」에 의하면, 북한에 대하여 금품을 제공하기 위하여는 통일부장관의 승인을 얻어야 하는데, 피고인은 위 각 돈을 대북지원금으로 사용하면서 사전에 통일부에 대해 승인신청을 한 바도 없기 때문에 위 각 단체로부터 위와 같은 예산집행에 관해 적법한 추인을 받을 수도 없는 점 등에 비추어보면, 피고인이 그 주장과 같이 장○에게 위 각 돈을 대북지원금으로 교부하였다고 하더라도 이는 피고인 개인 자격으로 교부한 것이지 세계태권도연맹, 국기원, 그리고 부산아시아경기대회 조직위원회가 북한에 대한 체육협력지원금으로 지급한 것이라고 볼 수는 없으므로, 피고인에게는 위 각 돈을 사용할 당시 횡령의 범의가 있었다고 인정되고, 그 밖에 원심이 적법하게 채택한 증거들을 종합하여 위 공소사실 부분에 관하여 피고인에게 횡령의 범의가 인정된다고 판단하였다. 관련 법리와 기록에 비추어 살펴보면, 원심의 위와 같은 사실인정과 판단은 정당한 것으로 수긍이 가고, 거기에 주장과 같이 채증법칙에 위반하였다거나 심리를 다하지 아니하여 사실을 오인하는 등의 위법이 없다.

(7) 대법원 2011. 7. 28. 2009도9152【국가보안법위반】

개정 전후의 구「남북교류협력에 관한 법률」제3조가 우선하여 적용되는 "다른 법률"에는 국가보안법도 포함된다 할 것이고, 한편 남한과 북한을 왕래하는 행위가 "남북교류와 협력을 목적으로 하는 행위"로서 "정당하다고 인정"되거나 "위 법률의 목적 범위 안에 있다고 인정"되는지 여부는 북한 왕래를 하게 된 경위, 같은 법 제9조 제1항에서 정한 바에 따라 방문증명서를 발급받았는지 여부, 북한 왕래의 구체적인 목적이 같은 법에서 정하고 있는 교역 및 협력사업에 해당하는지 여부, 북한 왕래자가 그 교역 및 협력사업을 실제로 행하였는지 여부, 북한 왕래 전후의 행적 등을 종합적으로 고려하여 객관적으로 판단하여야 한다. 위 법리와 기록에 비추어 원심판결 이유를 살펴보면, 원심이 그 판시와 같은 이유를 들어 피고인의 이 사건 북한 방문 및 북한을 방문하려고 한 행위는 위 개정 전후의 구「남북교류협력에 관한 법률」제3조 소정의 남북교류와 협력을 목적으로 하는 행위에 해당하지 않는다고 판단한 것은 정당하고, 거기에 상고이유의 주장과 같은 구 「남북교류협력에 관한 법률」 제3조 적용에 관한 법리오해 등의 위법이 없다.

피고인은 이 사건 2004. 7.경 회합, 2007. 1. 14. 회합 및 2007. 5. 초순경 회합 행위에 대하여도 구 「남북교류협력에 관한 법률」 제3조가 적용되어야 한다고 주장하나, 이는 피고인이 상고심에 이르러서야 비로소 내세우는 주장이어서 원심판결에 그에 관한 위법사유가 있다고 할 수 없다.

(8) 헌재 2000. 7. 20. 98헌바63 【남북교류협력에관한법률 제9조 제3항 위헌소원】

1988. 7. 7. 남북한 간의 인사교류를 적극적으로 추진하고, 해외동포들의 남북한 자유왕래를 위하여 문호를 개방하며, 이산가족의 서신왕래·방문 등 교류를 적극적으로 주선·지원하고, 남북한 교역의 문호를 개방하면서 남북교역을 민족내부 교역으로 간주하는 것 등을 주된 내용으로 하는 남북한 간의 화해를 위한 6개항의 대북한 제의인 이른바 '7. 7. 선언'이 발표되었다.

그후 위 선언에 따라 그 동안 원칙적으로 금지되었던 북한주민과의 접촉, 왕래 및 교류 등을 허용·지원하고, 국민들의 북한 방문 및 남북한 왕래·교류에 대한 요구를 적절히 수용하기 위한 법률적 후속조치로서 이 법이 제정되었는바, 그 제1조는 남북한 간의 상호교류와 협력을 촉진하기 위하여 필요한 사항을 규정함을 목적으로 한다고 규정하고 있다. 그리고 제3조 및 입법제안이유에 따르면 남북한의 인적·물적 교류사업과 통신역무의 제공 등에 관하여는 다른 법률에 우선하여 이 법이 적용되고, 이 법에 따라 행하여지는 행위에 대하여는 국가보안법이 적용되지 아니하므로, 이 법은 남북한 간의 교류확대 및 긴장완화에 기여하는 역할을 하고 있다고 할 것이다.

그런데 이 법은 앞서 본 바와 같이 기본적으로 북한을 평화적 통일을 위한 대화와 협력의 동반자로 인정하면서 남북대결을 지양하고, 자유왕래를 위한 문호개방의 단계로 나아가기 위하여 종전에 원칙적으로 금지되었던 대북한 접촉을 허용하며, 이를 법률적으로 지원하기 위하여 제정된 것으로서, 그 입법목적은 평화적 통일을 지향하는 헌법의 제반 규정에 부합하는 것이다. 이 법이 없다면 남북한 간의 교류, 협력행위는 국가보안법에 의하여 처벌될 수 있으나, 이 법에서 남북관계에 관한 기본적 용어정리, 통신·왕래·교역·협력사업 등에 관한 포괄적 규정(제9조 내지 제23조)과 타 법률에 대한 우선적용(제3조) 등을 규정하고 있는 관계로 그 적용범위 내에서 국가보안법의 적용이 배제된다는 점에서, 이 법은 평화적 통일을 지향하기 위한 기본법으로서의 성격을 갖고 있다고 할 수 있다.

(9) 헌재 2006. 7. 27. 2004헌바68 【구 관세법 제179조 제2항 제1호 등 위헌소원】

(1) 구 관세법은 "수출신고가 수리된 물품"(구 관세법 제2조 제1항 제2호)을 인취하는 것도 수입의 개념에 포함시키고 있고 '외국물품'은 "외국으로부터 우리나라에 도착된 물품으로서 수입신고가 수리되기 전의 것과 수출신고가 수리된 물품"을 말하는 것으로(구 관세법 제2조 제3항) 정의하고 있어 수입대상물품의 제조국 또는 가공국 여하를 불문하고 외국으로부터 우리나라에 도착된 물품을 인취하면 모두 수입으로 규정하고 있다. 한편 「남북교류협력에 관한 법률」(이하 '남북교류법'이라 한다)은 "교역"을 남북 간의 물품의 반출·반입으로(남북교류법 제2조 제2호), "반출·반입"을 매매 등을 원인으로 하는 남북 간의 물품의 이동(단순히 제3국을 경유하는 물품의 이동을 포함한다)으로(남북교류법 제2조 제3호) 각 규정하고 있어 제3국을 단순히 경유하지 않은 물품, 즉 제3국에서 수입통관 후 국내 반입된 물품은 남북교역 대상 물품으로 취급되지 않고 일

반수입 물품으로 취급된다. 종합하면 남북교류법은, 교역당사자의 남북간 물품 이동(단순히 제3국을 경유하는 경우를 포함한다)의 경우에만 적용되는 것이고 단순경유지가 아닌, 북한 이외의 제3국으로부터 우리나라에 도착된 물품에는 관세법 등이 적용되므로 남북교류법이 관세법상의 수입의 개념에 영향을 미치지 아니한다. 따라서 이 사건 법률조항들은 법률조항 자체에 불명확성을 의심할 여지가 보이지 아니하므로 형벌법규의 명확성 원칙에 위반되지 아니한다.

(2) 청구인의 주장취지는 결국 당해 사건에서 북한 문화재가 단순경유지가 아닌 제3국으로부터 남한지역에 도착한 경우에도 이 사건 법률조항들을 적용할 것인가의 문제, 즉 순수한 법률의 해석과 적용에 관한 문제로서 헌법재판소의 심판대상이라고 할 수 없고 또한 헌법 제3조의 영토조항과도 관련이 없다.

3) 평가

(1) 「남북교류협력에 관한 법률」과 국가보안법의 관계

「남북교류협력에 관한 법률」은 1990년 제정되어 남북한 주민의 교류협력을 규율하고 있으며, 그 헌법적 근거는 제4조의 평화통일조항이라고 할 수 있다. 대법원은 그동안 「남북교류협력에 관한 법률」이 남북교류와 협력을 목적으로 하는 행위에 관하여 정당하다고 인정되는 범위 안에서 적용되므로 이러한 요건을 충족하지 아니한 경우에는 위 법률을 적용할 수 없다고 판단하였다.[1] 한편, 헌법재판소는 「남북교류협력에 관한 법률」에 대하여 이는 기본적으로 북한을 평화적 통일을 위한 대화와 협력의 동반자로 인정하면서 남북대결을 지양하고, 자유왕래를 위한 문호개방의 단계로 나아가기 위하여 종전에 원칙적으로 금지되었

---

1 대법원 2003. 12. 26. 2001도6484 등.

던 대북한 접촉을 허용하며, 이를 법률적으로 지원하기 위하여 제정된 것으로서 그 입법목적은 평화적 통일을 지향하는 헌법의 제반규정에 부합하는 것으로 판단하였다. 또한, 이 법률의 적용범위 내에서는 국가보안법의 적용이 배제되므로 이 법률은 평화적 통일을 지향하기 위한 기본법의 성격을 갖고 있다고 하였다.[2]

「남북교류협력에 관한 법률」은 헌법 제4조를 직접적인 근거로 하고 있다는 점에서 국가보안법이 헌법 제3조를 직접적인 근거로 하고 있는 것과 대비된다. 이때 헌법 제4조의 규범적 한계와 관련하여 「남북교류협력에 관한 법률」과 국가보안법의 관계를 명확하게 할 필요가 있다. 이는 북한이 이중적 성격을 가지고 반국가단체로 활동하는 동시에 남한과 교류협력을 추진하고 있는 현실에서 이를 규율하는 법률을 체계적이고 규범조화적으로 적용하기 위해서는 반드시 필요한 작업이다. 앞에서 검토한 바와 같이 헌법재판소는 양 법률은 상호 그 입법목적과 규제대상을 달리하는 것이므로 서로 모순되고 충돌되지 않는다는 견해를 유지하고 있고, 대법원도 이러한 견해를 수용하고 있는 것으로 판단된다. 한편, 헌법재판소의 소수의견은 「남북교류협력에 관한 법률」과 국가보안법을 특별법과 일반법의 관계로 파악하고 있다. 헌법재판소와 같이 국가보안법과 「남북교류협력에 관한 법률」을 상이한 법체계에 속하는 것으로 이해할 경우, 남북교류협력은 언제든지 국가보안법으로 족쇄가 채워질 우려가 있고, 평화통일을 달성하기 위해서는 민간 차원의 남북교류협력이 불가피하므로 양 법률의 해석·적용에도 이러한 상황을 반영하여 양 법률을 특별법과 일반법의 관계로 보아야 한다는 견해도 있다.[3]

법령과 법령 상호 간에 발생하는 일반법과 특별법의 관계는 법령의

2 헌재 2000. 7. 20. 98헌마63 등.
3 성낙인, 앞의 책, 298쪽.

입법취지·입법체계 및 그 규율대상이 서로 유사하여 법령 전체가 서로 일반규범과 특별규범의 관계에 있는 경우와 법령의 입법취지 및 입법체계는 상이하지만 일정한 규율 대상에 대하여 서로 일반규범과 특별규범의 관계에 있는 경우로 구분할 수 있다. 「남북교류협력에 관한 법률」과 국가보안법은 입법취지 및 입법체계는 상이하지만 이중적 지위를 가지는 북한과 연관되는 일정한 사항에 대해서는 그 규율대상을 공유하는 경우에 해당한다고 할 수 있다. 따라서 이러한 범위에서 양 법률은 일반법과 특별법의 관계에 있다고 해석하는 것이 타당하다고 판단된다.

특히, 「남북교류협력에 관한 법률」은 2005년 제3조를 개정하여 "남한과 북한의 왕래·접촉·교역·협력사업 및 통신 역무의 제공 등 남한과 북한 간의 상호 교류와 협력(이하 '남북교류·협력'이라 한다)을 목적으로 하는 행위에 관하여는 이 법률의 목적 범위에서 다른 법률에 우선하여 이 법을 적용한다"고 규정하고 있다. 이는 종전에 "정당하다고 인정되는 범위 안에서'라는 부분을 '이 법의 목적범위 안에서"로 개정한 것이며, 이로써 헌법재판소의 결정에서 제기되었던 위 규정에 대한 위헌 여부의 문제는 상당히 해소되었다고 판단된다. 「남북교류협력에 관한 법률」을 이와 같이 개정한 것은 위 법률에 대하여 남북교류협력에 관한 기본법이자 일반법이라는 성격을 강조한 것이라고 평가할 수 있다. 이러한 의미에서 「남북관계발전에 관한 법률」이나 「개성공업지구 지원에 관한 법률」 등 남북교류협력을 규율하는 법령과 국가보안법과의 관계도 일반법과 특별법의 관계라고 해석하는 것이 타당하다.

(2) 「남북교류협력에 관한 법률」의 적용과 변화

「남북교류협력에 관한 법률」을 적용한 판례는 이 법률이 제정된 1990년 이후부터 나타났는데, 남북교류협력이 다양한 분야에서 확대되면서 지속적으로 증가하였다. 대법원은 「남북교류협력에 관한 법률」에서 규정하는 협력사업 승인을 받기 이전에 협력사업자 승인을 받지 않고 바로 협력사업을 시행한 것은 이 법률 제27조 제1항 제3호에 위반된다고 하였으며, 통일원장관의 반입승인을 받지 아니하고 반입하려다 미수에 그친 범죄행위로 인하여 취득한 물건은 형법 제48조 제1항 제2호의 몰수의 대상이 된다고 판단하였다.[4] 또한, 남한주민이 북한주민 등과 접촉할 의도나 계획을 가지고 있고 그러한 접촉 가능성이 객관적으로 존재하는 경우라면 그 접촉에 앞서 통일원장관의 승인을 얻어야 하며, 단지 그러한 접촉의 상대방이 구체적으로 특정되어 있지 아니하다거나 접촉의 성사가능성이 다소 유동적인 상태에 놓여 있다는 이유만으로 사전승인을 받을 필요가 없는 것은 아니라고 하였다. 이러한 사정은 정당행위 또는 적법행위에 대한 기대가능성이 없는 경우에 해당하지 않으므로 「남북교류협력에 관한 법률」을 적용하여 처벌할 수 있다는 것이다.[5]

헌법재판소도 「남북교류협력에 관한 법률」의 적용을 받는 교역이란 교역당사자의 남북 간 물품이동(단순히 제3국을 경유하는 경우를 포함한다)의 경우에만 적용되는 것이고 단순경유지가 아닌, 북한 이외의 제3국으로부터 남한에 도착한 물품에는 관세법 등이 적용된다고 보아 제3국을 단순히 경유하지 않고 제3국에서 수입통관 후 국내에 반입된 물품은 남북교역 대상 물품으로 취급하지 않고 일반수입 물품으로 취급한다고 판단하였다.[6]

남한은 1988년 남북한 주민의 접촉, 왕래 및 교류를 허용하고, 이산가족의 서신왕래와 방문을 지원하며, 남북한 교역의 개방 등 인적·물적 교류를 촉진하는 것을 내용으로 하는 남북한 화해를 위한 '7.7선언'

4 대법원 1995. 5. 23. 93도1750.
5 대법원 2003. 12. 26. 2001도6484.
6 헌재 2006. 7. 27. 2004헌바68.

을 발표하였다. 남한은 이를 실천하기 위한 후속조치로 1990년 「남북교류협력에 관한 법률」과 남북협력기금법을 제정하였다. 이 법률은 남북한의 상호교류와 협력을 촉진하고 한반도의 평화와 통일에 기여함을 목적으로 하며, 이 법률에 따른 행위에 대해서는 다른 법률에 우선하여 적용된다. 또한, 「남북관계발전에 관한 법률」이 남북교류협력에 관하여 국가기관 등 공적 영역을 규율하는 기본법으로 기능함에 비하여 「남북교류협력에 관한 법률」은 개인의 사적 영역에 있어서 남북교류협력의 절차를 규정하는 기본법으로 기능하고 있다.

「남북교류협력에 관한 법률」은 시행령과 시행규칙, 그리고 남북한 왕래, 교역 및 협력사업 등 분야별로 세부사항을 규율하는 하위 규정으로 이루어져 있는데, 남북한 주민의 인적 접촉이나 왕래, 그리고 물적인 교역과 교류를 원칙적으로 금지하되 예외적으로 통일부장관의 승인을 받아 허용하는 것으로 규정하여 남북한 교류를 엄격히 통제하고 있었다. 그러나 2000년 남북정상회담 이후 남북교류협력이 크게 증가하고 그 내용도 다양하게 확대되자 협력사업자 승인제도를 폐지하는 등 행정절차를 간소화하는 내용으로 개정되었다. 또한, 남북한관계의 변화를 반영하여 남북교류협력을 법제도적으로 뒷받침하기 위하여 시행령, 시행규칙 및 하위규정을 제정 또는 개정하였다.

이 법률에 따라 남북교류협력에 관한 정책을 협의·조정하고, 중요사항을 심의·의결하기 위하여 정부위원과 민간위원으로 구성된 남북교류협력추진협의회가 설치되어 운영되고 있다. 남북한의 주민이 북한 또는 남한을 방문하기 위해서는 통일부장관의 방문승인을 받아야 하며, 복수방문증명서는 그 유효기간을 5년까지 정할 수 있다. 남한주민이 북한주민과 회합·통신, 그 밖의 방법으로 접촉하기 위해서는 통일부장관에게 미리 신고하여야 하며, 가족의 생사확인을 위한 경우 등 부득이한 사유가 있을 때에는 사후에 신고할 수도 있다. 다만, 방문증명서를 발급받은 사람이 그 목적범위에서 당연히 인정되는 접촉을 하는 경우에는 접촉신고가 면제된다. 이때 북한의 노선에 따라 활동하는 국외단체의 구성원은 북한의 주민으로 본다.

한편, 남한과 북한 사이에 매매, 교환, 임대차 등을 목적으로 하는 물품 등의 반출과 반입을 하기 위해서는 그 물품 등의 품목, 거래 형태 등에 관하여 통일부장관의 승인을 받아야 한다. 이때 물품 등의 이동인 반출과 반입은 남북한 사이의 직접적인 이동뿐만 아니라 제3국을 단순히 경유하는 경우를 포함하며, 그 대상에는 유체동산, 서비스와 지적재산권과 같은 용역, 그리고 소프트웨어, 디지털 영상물, 전자서적, 데이터베이스 등 전자적 형태의 무체물도 포함된다. 남한주민으로서 북한과 협력사업을 하려는 경우에도 그 협력사업마다 통일부장관의 승인을 받아야 한다. 다만, 개성공업지구 등 특구에서 50만 달러 이하로 소액투자를 하는 경우에는 신고만으로 협력사업을 할 수 있도록 허용하고 있다.

남북협력사업이란 남한과 북한의 주민이나 법인 등 단체가 공동으로 행하는 문화·관광·보건의료·체육·학술·경제 등에 관한 모든 활동을 말하며, 분야에 따라 경제협력사업, 사회문화협력사업, 인도적 대북지원을 위한 협력사업으로 구분된다. 남북협력사업에 대하여는 남북한이 특정 사업을 지속적으로 실시하는 과정에서 인적 왕래와 물자의 반출입, 외환거래 등에 대하여 총괄적으로 관리하고 감독할 필요성이 있어서 남북한 주민의 방문과 물품의 반출입에 대한 승인과 별도로 운영하고 있다. 이 법률은 이외에 결제수단의 취급기관, 운송장비의 운송, 통신역무의 제공, 검역조사, 교류협력의 통계유지와 정보의 수집·분석을 위한 전자적 관리체계의 운영 등 구체적인 지원절차에 대하여도 자세하게 규정하고 있다. 또한, 이 법률은 남북한의 거래에 대하여 국제거래나 국내거래가 아닌 분단국 특유의 거래로 인정하여 이를 국가 사이의 거래가 아닌 민족 내부의 거래로 본다는 것을 명확하게 규정하고 있다. 그러나 북한이 국가의 실체를 가지고 있다는 것을 인정하여 남북한 사이의 투자, 물품의 반출입, 협력사업과 그에 수반되는 거래에 대하여는 대외무역법, 외국환거래법, 법인세법 등을 준용하도록 규정하고 있다.

남북교류협력에 관하여는 남북한 상호 교류협력을 재정적으로 지원하기 위하여 남북협력기금법과 남북협력기금의 운영관리 규정 등을 비롯한 하위법령들이 있고, 이 밖에 남북한 왕래·물적 교류를 위한 교역 및 수송, 남북경제협력사업, 인도적 대북지원사업 등 남북관계·교류협력에 관한 하위법령들이 다수 있다. 「남북교류협력에 관한 법률」을 비롯한 이들 법령은 남북한관계의 발전과 변화에 대응하여 이를 법제도적으로 뒷받침하기 위하여 지속적으로 개정되었다. 이러한 변화에도 불구하고 「남북교류협력에 관한 법률」은 기본적으로 남북교류협력을 통제하고 규율하는 것에 중점을 두고 있어 남북교류협력을 제도적으로 뒷받침하는 데에는 한계가 있다고 하겠다. 향후 「남북교류협력에 관한 법률」은 남북한관계의 발전과 한반도를 둘러싼 국제정세의 변화에 따라서 이를 법률규정에 반영함으로써 평화통일을 견인하는 기본법으로 기능할 수 있을 것이다.

2. 민사법 관련

1) 대표판례

(1) 대법원 2011. 3. 10. 2010다87641 【소유권보존등기말소 등】

① 판례요지

1. 사건의 개요

원고는 조선임야조사령에 따라 작성된 임야조사서 등에 해당토지의 사정명의인과 연고자로 1923년 사망한 고조부가 기재되어 있으므로 고조부를 상속한 원고가 해당토지의 소유자라고 주장하며 국가를 상대로 경기도 연천군 중면 도연리 일대 토지 6필지의 소유권 확인과 국가명의의 소유권보존등기 말소를 청구하였다. 이 사건 토지는 그에 관한 토지대장과 지적도 등의 지적공부가 6.25전쟁으로 모두 멸실되었다가 1980년 12월 31일 그 지적이 일단 복구되었으나, 그후 1991년 8월께 군사분계선 이북에 소재한 토지임을 이유로 지적공부가 폐쇄되어 있는 상태이다.

2. 판결요지

(가) 토지는 지적공부에 1필의 토지로 등록됨으로써 특정되는 것이 원칙이지만 지적공부에 등록되지 아니한 토지도 감정 등에 의하여 특정이 가능한 이상 지적공부에의 등록과 그에 기한 소유권보존등기 등의 경료가 불가능한 것은 아니라고 하겠으나, 이는 어디까지나 토지의 특정이 가능한 것을 전제로 한다(대법원 1996. 7. 30. 선고 95다14794 판결, 대법원 1997. 11. 28. 선고 96다30199 판결 등 참조). 원심은, 비록 이 사건 제1토지('경기 연천군 ** 토지'를 말한다. 이하 같다)에 관한 임야대장 등의 공부는 존재하지 않으나, 갑 제19호증의 기재 및 형상과 변론 전체의 취지에 의하면 지적 소관청인 연천군청에 위 토지의 임야도가 작성되어 있는 사실을 인정할 수 있으므로 토지의 특정이 가능하다고 보아, 원고로서는 소유권보존등기의 경료를 위해 피고를 상대로 그 소유권 확인을 구할 이익이 있다고 판단하였다. 그러나 기록에 따르면, 원고가 제출한 갑 제19호증이 지적 소관청이 작성한 임야도라고 보기는 어렵고 달리 지적 소관청에 위 토지에 관한 지적도 등의 공부가 작성되어 있다고 볼 만한 자료는 찾아볼 수 없으므로, 원심이 들고 있는 증거만으로는 이 사건 제1토지가 특정되었다고 보기는 어렵다. 그럼에도 원심이 위와 같이 단정한 데에는 증거 없이 사실을 인정하였거나 토지의 특정에 관한 법리를 오해한 나머지 필요한 심리를 다하지 아니한 위법이 있고 이는 판결에 영향을 미쳤음이 분명하다. 이 점을 지적하는 상고이유는 이유 있다.

(나) 민사소송에 있어 당사자가 소송물로 하는 권리 또는 법률관계의 목적인 물건은 특정되어야 하고, 소송물이 특정되지 아니한 때에는 법원이 심리·판단할 대상과 재판의 효력범위가 특정되지 않게 되므로, 토지소유권확인소송에서의 소송물인 대상토지가 특정되었는지 여부는 소송요건으로서 법원의 직권조사사항에 속한다. 원심판결 이유 및 기록에 의하면, 이 사건 제5토지('경기 연천군 ** 토지'를 말한다. 이하 같다)의 경우 그에 관한 토지대장과 지적도 등의 지적공부가 6.25전쟁으로 모두 멸실되었다가 1980. 12. 31. 그 지적이 일단 복구되었으나, 그후 1991. 8. 경 위 토지가 군사분계선 이북에 소재한 토지임을 이유로 지적공부가 폐쇄된 사실을 알 수 있는바, 사정이 이와 같다면 제5토지는 군사분계선 이북에 소재한 토지일 개연성이 높아 보이므로 원심으로서는 우선 위 토지가 군사분계선 이북에 소재하는지 여부를 명확히 하여야 하고, 만약 위 토지가 현황의 확인이 불가능한 군사분계선 이북 지역에 있다고 한다면 위와 같은 경위로 폐쇄된 지적공부상에 기재된 토지 등의 지적만으로는 대상토지의 지번·지목·경계 또는 좌표와 면적이 모두 일치하는지 여부를 확인할 방법이 없어 소송물이 특정되었다거나 나아가 이를 전제로 그 소유권보존등기의 경료가 가능한 토지라고 속단하기는 어려울 것이다. 그럼에도 원심은 이러한 점에 관하여는 살펴보지도 아니한 채 그 판시와 같은 이유만으로 제5토지에 관한 소유권보존등기의 경료를 위한 원고들의 소유권확인청구를 받아들였으니, 이러한 원심의 조치에는 소송물의 특정 등에 관한 법리를 오해한 나머지 필요한 심리를 다하지 아니한 위법이 있고, 이는 판결에 영향을 미쳤음이 분명하여 그대로 유지될 수 없다. 이 점을 지적하는 상고이유도 이유 있다.

② 해설

이 사건은 원고가 북한에 소재한 토지를 상속받았다는 것을 이유로 그 토지에 대한 소유권확인과 국가명의의 소유권보존등기의 말소를 청구한 것이다. 원심은 이 토지에 관한 임야대장 등 공부는 존재하지 않지만, 소관 관청에 그 토지의 임야도가 작성되어 있으므로 해당 토지가 특정되었다고 보았으며, 이를 전제로 소유권보전등기의 경료를 위해 소유권 확인을 구할 이익이 있다고 인정하였다. 이에 대하여 대법원은 민사소송에서 당사자가 소송물로 하는 권리 또는 법률관계의 목적인 물건은 특정되어야 한다고 전제하고, 이 토지에 대한 소유권확인소송의 소송물인 대상 토지가 특정되었는지 여부에 대하여 군사분계선 이북에 소재한 토지에 대하여는 폐쇄된 지적공부상에 기재된 지적만으로는 대상토지의 지번·지목·경계 또는 좌표와 면적이 모두 일치하는지 여부를 확인할 방법이 없어 소송물이 특정되었다거나 나아가 이를 전제로 그 소유권보존등기의 경료가 가능한 토지라고 속단하기는 어렵다고 판단하였다.

이 판결은 북한에 소재한 토지에 대하여 상속을 이유로 그 소유권 확인을 구하는 소송으로서 남북교류협력의 사업과는 직접 관련성이 없는 것이다. 하지만, 북한에 소재한 토지라도 정당한 법률상 권원이 있고, 그 대상 토지를 특정할 수 있으면 그 소유권을 인정할 수 있다고 판단한 것으로 평가된다. 북한에 소재한 토지에 대하여는 소유권 등 법적 권리가 있더라도 남북한의 분단과 6.25전쟁의 과정에서 관련 지적공부 등이 멸실되어 이를 특정하여 확인하기가 어려운 것이 현실이다. 그러나 향후 이산가족의 재회와 남북교류협력의 확대는 물론 통일의 과정과 그 이후에도 북한에 소재한 토지 등에 대한 법적 분쟁이 발생할 가능성이 있다고 하겠다. 이러한 의미에서 이 판결은 현행 법률체계에서 북한에 소재한 토지에 대한 소유권 등 법적 권리에 대한 원칙적인 기준을 제시한 것으로 평가할 수 있다.

(2) 서울가법 2010. 12. 1. 2009드단14534【친생자관계존재확인】

① 판례요지

1. 사건의 개요

① 망 갑(피상속인)은 1918. 군사분계선 이북지역인 평안남도 순천군에서 출생하여 1933.경 망 A와 혼인하였고, 망 A는 망 갑과 혼인생활 중 A1·망 A2(1996. 12. 1. 북한에서 사망), 원고 A3·A4·A5·A6 등 여섯 자녀(2남 4녀)를 출산하였다.

② 망 갑은 평안남도 평원군에서 개인의원을 운영하였는데, 6.25전쟁 발발 후 1.4 후퇴 시 큰딸인 A1만을 데리고 피난하였고, 나머지 가족들인 망 A·망 A2 및 원고들은 북한지역에 그대로 남아 있었는데, 그후 휴전이 되고 남북 간 왕래가 단절되면서 이산가족이 되었다.

③ 망 갑은 1953. 6. 16. 군정법령 제179호(호적의 임시조치에 관한 규정)에 의하여 서울 영등포구를 본적으로 새로이 취적신고를 하여 가호적을 편제하였고, 그 후인 1957. 1. 28. 북한에 남아 있는 처 A 및 함께 월남한 장녀 A1에 대하여는 취적허가를 받아 자신의 가호적에 등재하였으나, 북한에 거주하는 나머지 자녀들은 호적에 등재하지 않았다.

④ 망 갑은 동거하고 있던 B가 자녀를 출산하자 1959. 10. 19. 북한의 처 A가 1952. 7. 8. 사망한 것으로 허위 사망신고를 하고(실제 A는 북한에서 거주하다가 1997. 4. 10. 사망하였다), 1959. 10. 20. B와 혼인신고를 마쳤다. 망 갑은 B와의 사이에서 B1·B2·B3·B4 등 네 자녀(2남 2녀)를 두었다.

⑤ 망 갑은 서울 영등포에서 개인의원을 운영하여 상당한 재산을 축척하였으나 1981.경 뇌출혈로 쓰러져 거의 식물인간 상태로 투병생활을 하다가 1987. 11. 24. 사망하였다. 망 갑은 생전에 다수의 부동산을 소유하고 있었으나 사망 후 약 20년간 명의 변경이 이루어지지 않고 있다가 2008. 12. 2. 남한에 거주하는 상속인들에 대하여만 상속등기가 이루어졌는데, 전처 및 후처 가족들 간에 재산과 관련한 다툼이 있었다.

⑥ 망 갑의 장녀 A1은 북한에 두고 온 가족들을 찾기 위하여 2000. 9.

경 남북이산가족 찾기 신청을 하였으나 찾지 못하고 있던 중 2005.경 일본에 거주하고 있는 외삼촌을 통하여 북한에서 모친 A와 동생 A2가 사망하고 나머지 4명의 동생인 원고들이 생존해 있으나 월남자 가족으로 북한에서 반동분자로 몰려 비참한 생활을 해왔다는 소식을 접하였다.

⑦ A1은 2008. 2.경 서울에서 미국 국적의 선교사로서 북한을 자주 왕래하는 을을 만나 북한에 거주하는 형제들의 소재를 파악하고, 이들을 통하여 망인의 상속재산에 대한 소송 및 재산관리권의 위임을 해줄 수 있는지를 의뢰하였다.

⑧ 을은 2008. 2.경부터 2008. 9.경 사이에 수차례 평양을 방문하여, 친분이 있는 북한 국가보위부 관계자를 통하여 원고들의 주소 확인을 부탁하고, 원고 A3의 주소지로 동행하여 찾아간 다음 원고 A3에게 부친의 사망 사실을 알리면서 이 사건 친자확인소송 및 상속권회복청구 등을 위임하겠다는 의사를 확인하였으며, 그후 원고들의 자필 진술서와 서명·무인한 자필 소송위임장, A1을 수임인으로 하는 상속재산에 대한 법적 관리위임장 등 서류일체와 신원 확인을 위하여 채취한 원고들의 모발 및 손톱 샘플과 이러한 전체 과정이 담긴 동영상 및 원고들의 공민증, 북한당국이 보관하는 주민대장, 주민등록문건 등을 카메라로 촬영한 자료가 담긴 디지털카메라 저장장치 등을 교부받았다. 그리고 을은 2008. 9.말경 남한에 입국하여 A1을 만나 이들 서류와 자료 일체를 전달해주었다.

⑨ 원고들의 소송대리인은 위 자료를 기초로 하여 먼저 서울남부지방법원에 가족관계등록창설을 신청하여 2009. 7. 15. 가족관계창설허가 결정을 받았고, 서울가정법원에 인지 및 친생자관계존재확인청구를 제기하였으며, 서울중앙지방법원에 상속회복청구를 제기하였다.

2. 판결요지

[1] 재판관할권 및 준거법

(가) 적용기준

대한민국 헌법 제3조는 "대한민국의 영토는 한반도와 그 부속도서로 한다"고 규정하고 있고, 남북관계 발전에 관한 법률 제3조는 "남한과 북한의 관계는 국가 간의 관계가 아닌 통일을 지향하는 과정에서 잠정적으로 형성되는 특수관계이다"라고 규정하고 있는데, 남북한은 UN에 동시에 가입하였으나 서로 상대측을 국가로 승인하지 않았고 남북한의 교역은 국가 간의 무역이 아닌 민족 내부적 교역으로서 특별한 취급을 받는 점 등의 사정을 고려하여 볼 때 북한을 독립한 외국으로 볼 수는 없고 다만 외국에 준하는 지역으로 볼 수 있으므로, 이 사건과 같은 남북한 사이의 섭외적 법률관계는 국제사법을 그대로 적용할 수는 없되 사안의 실질적 관련성을 고려하여 국제사법의 규정을 유추 적용하여 재판관할권과 준거법을 정할 수 있다.

(나) 재판관할권

국제사법 제2조는 법원은 "당사자 또는 분쟁이 된 사안이 대한민국과 실질적 관련이 있는 경우에 국제재판관할권을 가진다. 이 경우 법원은 실질적 관련의 유무를 판단함에 있어 국제재판관할 배분의 이념에 부합하는 합리적인 원칙에 따라야 한다"고 규정하고 있는데, 원고들이 친자확인을 구하는 망 갑이 남한에서 거주하다가 사망하였고 이로 인한 신분 및 상속관계가 문제되는 등 실질적 관련성이 인정되므로, 북한주민인 원고들이 제기한 이 사건에 관하여 대한민국 법원은 재판관할권을 가진다.

(다) 준거법

국제사법 제40조 제1항은 "혼인중의 친자관계의 성립은 자(子)의 출생 당시 부부 중 일방의 본국법에 의한다"고 규정하고 있어 이 사건에서 북한 지역의 법이 적용될 여지가 있기는 하나, 다른 한편으로 제8조

제1항에서 "이 법에 의하여 지정된 준거법이 해당 법률관계와 근소한 관련이 있을 뿐이고 그 법률관계와 가장 밀접한 관련이 있는 다른 국가의 법이 명백히 존재하는 경우에는 그 다른 국가의 법에 의한다"고 하여 이에 대한 예외를 규정하고 있는데, 원고들의 이 사건 청구는 남한 내에서의 친자관계의 법적 확인과 가족관계등록부에의 등재를 위해 제기된 것이고, 북한 지역에서의 신분상 법률관계를 확정하기 위한 목적이 아닌 점, 원고 또한 대한민국 민법의 규정을 근거로 이 사건 소송을 제기한 점 등을 고려할 때, 국제사법 제8조 제1항을 유추 적용하여 이 사건과 가장 밀접한 관련성을 가진 대한민국 민법을 준거법으로 지정함이 타당하다.

[2] 소송요건에 관한 판단

(가) 소송대리권의 존부

원고들이 북한에서 증인 을을 통하여 자필로 소송위임장을 작성·제출하여 이 사건 소송을 원고 대리인에게 위임한 사실은 분명하므로 이에 관하여 별도의 공증이 필요한 것은 아니라고 판단되고, 소송위임의 진정성과 관련해서도 이 사건 소송은 원고들과 망 갑 사이의 친자관계 확인을 구하는 소송으로서 재산관계가 아닌 신분상의 법적 이익이 있는지 여부를 주된 고려 대상으로 삼아야 하는 점, 소송의 위임 과정에서 북한 국가보위부 관계자의 도움을 받았다 하더라도 친자관계를 확인하는 것이 원고 본인들에게 특별히 불이익이 된다고 볼만한 정황이 없고, 원고들과 같은 남북이산가족들이 부모·자식의 관계를 법적으로 확인받고자 하는 것이 당사자의 진정한 의사에 반하는 것이라고 쉽사리 단정해서는 안 되는 점 등의 사정을 종합하여 볼 때, 원고 대리인의 소송대리권이 인정되지 않는다는 피고 및 보조참가인의 주장은 받아들이지 않는다.(한편, 이와 같은 남북한 주민 사이의 특수한 사정을 고려하여 현재 「남북 주민 사이의 가족관계와 상속 등에 관한 특례법」의 제정 절차가 진행

중에 있으므로, 피고가 주장하는 향후 발생 가능한 문제에 관하여는 위 법에서 구체적인 규율이 정해지리라고 생각된다.)

(나) 제소기간

민법 제865조 제2항은 "친생자관계존부확인의 소는 당사자 일방이 사망한 경우 그 사망을 안 날로부터 2년 이내에 검사를 상대로 소를 제기할 수 있다"고 규정하고 있는데, 원고들은 북한 지역에 거주하고 있어 망 갑의 사망 사실을 사전에 알고 있었다고 보기 어렵고, 증인 을로부터 위 사실을 통고받은 2008. 4.경 비로소 이를 알게 되었다고 봄이 상당하므로, 원고들의 이 사건 소는 제소기간 내에 제기한 것으로 적법하다.

(다) 확인의 이익

원고들이 북한 지역에 거주하고 있고 가까운 장래에 남북한 주민들 간의 자유로운 왕래가 이루어지는 것이 요원하다고 하더라도 이들이 남한에서 법적인 친자관계를 확인하여 이를 가족관계등록부에 등재하도록 하는 것은 확인의 이익이 있다.

[3] 본안에 관한 판단(원고들이 망 갑의 친생자인지 여부)

원고들은 모두 망 갑의 친생자들임을 인정할 수 있다.

② 해설

이 사건은 북한주민이 남한법원인 서울가정법원에 처음으로 친생자관계존재확인청구를 제기하였고, 이에 대하여 서울가정법원이 이를 인용하여 승소판결을 한 최초의 사건이다. 이 판결에 검사가 항소하였으나, 2011년 8월 26일 서울가정법원은 원심과 같이 판결하였다. 원고인 북한주민은 이 사건 이전에 이미 서울남부지방법원에 가족관계등록창설을 신청하여 2009년 7월 15일 가족관계창설허가결정을 받았으며, 서울중앙지방법원에 상속회복청구를 제기하였는데, 2011년 7월 12일 조정이 성립되었다.

서울가정법원은 남한과 북한의 관계는 국가 간의 관계가 아닌 통일을 지향하는 과정에서 잠정적으로 형성되는 특수관계라고 전제하고, 북한을 독립한 외국으로 볼 수는 없으나 외국에 준하는 지역으로 볼 수 있으므로 남북한 사이의 섭외적 법률관계에 대하여는 국제사법의 규정을 유추적용하여 재판관할권과 준거법을 정할 수 있다고 보았다. 이에 따라 이 사건에서 본안판단에 앞서 북한주민이 남한의 법원에 제기한 소송에 대하여 남한 법원에 재판관할권이 있으며, 대한민국 민법이 준거법으로 적용된다는 것을 분명히 밝힘으로써 남북교류협력과 관련하여 남북한 법률의 모순과 충돌에 대한 규범적 기준을 제시하였다는 점에서 큰 의미가 있다고 평가된다. 이와 같은 결론은 남북한특수관계론에 따라서 남북한 교류협력의 영역에 해당하는 이 사안에서 북한의 국가적 실체성을 인정하여 국제사법을 유추적용함으로써 재판관할권과 준거법을 결정한 것으로서 북한의 법적 지위를 고려할 때 법이론적으로 타당하다고 판단된다.

이 사건에서 쟁점이 되었던 것은 소송대리권의 존부였는데, 법원은 소송위임이 원고의 진정한 의사에 의하여 이루어졌는지 여부에 대하여 원고들이 망인의 친자관계의 확인을 구하는 소송이 재산관계가 아닌 신분상의 법적 이익이 있는지 여부를 중점적으로 고려하여 소송위임의 진정성을 인정하였다. 남북한관계의 특수성을 고려할 때 북한주민이 직접 남한법원에 소송을 제기하여 소송활동을 진행하는 것이 현실적으로 불가능하다는 점에서 소송대리권과 위임의 진정성의 문제는 향후 남북한주민 사이의 가족법 또는 재산법에 관한 유사한 소송에서도 중요한 법적 쟁점이 될 것으로 예상된다. 법원은 원고들이 북한지역에 거주하고 있어 부친의 사망 사실을 사전에 알고 있었다고 보기 어렵다는 이유로 제소기간의 적법성도 인정하였으며, 원고들이 북한지역에 거주하고 있고 가까운 장래에 남북한 주민들 간의 자유로운 왕래가 이루어지는 것이 요원하다고 하더라도 이들이 남한에서 법적인 친자관계를 확인하여 이를 가족관계등록부에 등재하도록 하는 것은 확인의 이익이 있다고 판단하였다.

이 판결에서 북한주민인 원고들이 망인의 친생자임이 확인되었는데, 소송요건과 본안에 대한 판단은 그동안 대법원과 헌법재판소가 북한주민을 대한민국 국민으로 인정하는 것을 바탕으로 한 것이며, 사실관계가 입증이 되는 한 그와 같은 결론도 타당하다고 판단된다. 이 판결의 결과는 원고들이 제기한 상속회복청구 사건에도 영향을 미칠 것으로 예상되었으나 상속회복청구에 대하여는 조정이 성립되었다. 이 판결과 상속회복청구의 사건에서 다루어질 실체법 또는 절차법적 문제에 대하여는 남북한특수관계론에 바탕을 두고 관련 법률의 해석론을 통하여 해결하는 것만으로는 법률적용과 법적 안정성에 한계가 있으므로 필요한 사항에 대하여는 관련 법률을 제정함으로써 해결할 필요가 있다.[7]

(3) 서울가법 2010. 10. 29. 2009드단14527【혼인의 취소】

① 판례요지

1. 사건의 개요

가. 소외 망 윤○근(이하 '망인'이라 한다)은 평안남도 순천군에서 출생하였는데, 북한에서 1933. 소외 망 김○화(1997년 북한지역에서 사망)와 혼인하고 혼인신고를 하였으며(1938년 분가신고를 하여 본호적이 편제되었다, 이하 '제1혼인'이라 한다), 그 사이에서 원고, 윤○학(1996년 북한지역에서 사망), 윤○전, 윤○자, 윤○숙, 윤○숙(원고를 제외한 나머지는 북한 거주) 등을 출산하였다.

---

7 법무부는 2011년 1월 11일 남북주민 사이의 가족관계와 상속, 상속 및 수증재산의 관리 등에 대하여 규율하는 내용으로 「남북주민 사이의 가족관계와 상속 등에 관한 특례법」을 입법예고하였다.

나. 망인은 6.25전쟁이 발발하자 원고만 데리고 남하한 후 1953. 6. 16. 군정법령 제179호에 의한 "서울 영등포구 영등포동 ○가 ○번지"를 본적으로 하여 취적신고를 하였다. 망인은 1957. 2. 7. 김○화에 대하여 1957. 1. 28.자 서울지방법원의 허가에 의한 취적신고를 하였고(처 미수복지구 거주), 원고에 대하여는 1957. 2. 6.에 1957. 1. 28.자 서울지방법원의 허가에 의하여 취적신고를 하였다.

다. 한편, 망인은 1959. 10. 19. 김○화에 대하여, 김○화가 1952. 7. 8. 서울 영등포구 영등포동 ○가 ○번지에서 사망한 것으로 사망신고를 하였다. 망인은 그후 1959. 10. 20. 피고와 혼인신고를 하였고(이하 '제2혼인'이라 한다), 그후 그 사이에서 윤○철, 윤○주, 윤○미, 윤○석을 출산하였다. 망인은 1987. 11. 24. 서울 영등포구 여의도동 ○에서 사망하였고, 김○화는 북한에서 계속 거주하다가 1997. 4. 10. 사망하였다.

라. 원고는 이 사건 소송이 계속 중이던 2009. 6. 8. 이 법원 2009즈기666호로 중혼의 취소권자에서 직계비속을 제외한 민법 제818조가 위헌이라는 취지로 위헌법률심판제청신청을 하였고, 이 법원은 2009. 8. 28. 이를 받아들여 헌법재판소에 위헌법률심판제청을 하였다.

이에 대하여 헌법재판소는 2010. 7. 29. 2009헌가8호로 "민법 제818조는 중혼의 취소청구권자로 직계존속과 4촌 이내의 방계혈족을 규정하면서도 직계비속을 제외하였는바, 직계비속을 제외하면서 직계존속만을 취소청구권자로 규정한 것은 가부장적·종법적인 사고에 바탕을 두고 있고, 직계비속이 상속권 등과 관련하여 중혼의 취소청구를 구할 법률적인 이해관계가 직계존속과 4촌 이내의 방계혈족 못지않게 크며, 그 취소청구권자의 하나로 규정된 검사에게 취소청구를 구한다고 하여도 검사로 하여금 직권발동을 촉구하는 것에 지나지 않은 점 등을 고려할 때, 합리적인 이유 없이 직계비속을 차별하고 있어, 평등원칙에 위반된다"는 이유로 "이 사건 법률조항은 헌법에 합치되지 아니한다"고 선언하면서도, 다만, 이 사건 법률조항에 대하여 단순위헌을 선언할 경우에는 기존의 중혼취소청구권자로 규정된 자까지도 중혼취소청구권을 행사할 수 없는 법적 공백 상태가 발생하므로, "이 사건 법률조항은 2011. 12. 31.을 시한으로 입법자의 개선입법이 있을 때까지 계속 적용된다"는 내용의 잠정적용을 명하는 헌법불합치를 선언하는 결정을 하였다(이하 '이 사건 결정'이라 한다).

2. 판결요지

[1] 제2혼인이 중혼에 해당하는지 여부

(가) 제1혼의 유효 여부(재판관할권과 준거법의 문제, 제2혼인의 중혼 여부는 다음에서 보는 바와 같이 먼저 북한법에 따라 제1혼인의 효력을 정해야 되므로 이 사건은 남북한 간의 섭외적 민사법률관계에 해당한다고 할 것이다.)

① 대한민국 헌법 제3조는 "대한민국의 영토는 한반도와 그 부속도서로 한다"라고 규정하고 있으며, 「남북관계 발전에 관한 법률」 제3조는 "남한과 북한의 관계는 국가 간의 관계가 아닌 통일을 지향하는 과정에서 잠정적으로 형성되는 특수관계이다"라고 규정하고 있는 점, 남북한은 UN에 동시에 가입하였으나 서로 상대측을 국가로 승인하지 않았고 남북한의 교역은 국가 간의 무역이 아닌 민족 내부적 교역으로서 특별한 취급을 받는 점 등의 사정을 종합하면, 북한을 독립한 외국으로 볼 수는 없고, 다만 외국에 준하는 지역으로 볼 수 있으므로(대법원 2004. 11. 12. 선고 2004도4044 판결 참조), 이 사건과 같은 남북한 간의 섭외적 민사법률관계는 국제사법을 유추적용하여 재판관할권과 준거법을 결정해야 할 것이다.

그런데 국제사법 제2조는 법원은 "당사자 또는 분쟁이 된 사안이 대한민국과 실질적 관련이 있는 경우에 국제재판관할권을 가진다. 이 경우 법원은 실질적 관련의 유무를 판단함에 있어 국제재판관할 배분의 이념에 부합하는 합리적인 원칙에 따라야 한다"라고 규정하고 있고, 국제재판관할을 결정함에 있어서는 당사자 간의 공평, 재판의 적정, 신속 및 경제를 기한다는 기본이념에 따라야 할 것이며, 구체적으로는 소송당사자들의 공평, 편의 그리고 예측가능성과 같은 개인적인 이익뿐만 아니라 재판의 적정, 신속, 효율 및 판결의 실효성 등과 같은 법원 내지 국가의 이익도 함께 고려하여야 할 것이고, 이러한 다양한 이익 중 어떠한 이익을 보호할 필요가 있을지 여부는 개별 사건에서 법정지와 당사자와의 실질적 관련성 및 법정지와 분쟁이 된 사안과의 실질적 관련성을 객관적인 기준으로 삼아 합리적으로 판단하여야 할 것이므로(대법원 2005. 1. 27. 선고 2002다59788 판결 참조), 이를 참작하면 우리 법원은 당연히 재판관할권을 가진다고 할 것이다.

한편, 국제사법 제37조 제1호에 따르면, 혼인의 일반적 효력은 우선적으로 부부의 동일한 본국법에 따르는바, 이 사건에서 제1혼인은 북한에서 북한 사람들 사이에 체결된 혼인이기 때문에 북한법에 준거법이 된다고 할 것이다.

② 그런데 1945년 해방과 더불어 북한에서는 1945. 11. 16. 북조선 사법국 포고 제2호 '북조선에 시행할 법령에 관한 건'을 발표하여 일제하에서 실시되던 모든 법령의 효력이 상실됨을 원칙으로 하면서 "성질상 조선신국가건설 및 조선고유의 민정과 조리에 부합하지 않는 법령과 조항을 제한 나머지 법령은 신법령을 발표할 때까지 효력을 존속한다"고 하였고, 한편 1922. 12. 7. 제정(制定) 제13호(朝鮮民事令中 改正의 件)에 의하면 1923. 7. 1.부터 형식혼주의로 전환되었으므로, 이 사건에서 제1혼인은 유효한 혼인이라고 할 것이다.

(나) 제2혼인이 중혼에 해당하는지 여부

우리나라 구관습은 중혼을 무효로 하고 있었으나 1960. 1. 1.부터 시행된 민법 부칙(제471호, 1958. 2. 22.) 부칙 제18조 제1항은 "본 법 시행일 전의 혼인 또는 입양에 본 법에 의하여 무효의 원인이 되는 사유가 있는 때에는 이를 무효로 하고 취소의 원인이 되는 사유가 있는 때에는 본법의 규정에 의하여 이를 취소할 수 있다. 이 경우에 취소기간이 있는 때에는 그 기간은 본법 시행일로부터 기산한다"라고 규정하고 있으므로, 1960. 1. 1. 전에 성립한 제2혼인에 대하여도 민법에서 정한 중혼 규정이 적용된다고 할 것이다. 이와 달리 「부재선고 등에 관한 특별조치법」(1967. 1. 16. 법률 제1867호로 제정된 것)에 따른 부재신고를 한 경우에는 전혼은 해소되고 후혼의 유효성이 인정된다고 할 것이어서 중혼에 해당한다고 볼 수 없고, 부재선고(민법에 의한 실종신고도 포함)가 취소될 경우에도 당사자가 악의가 아닌 한 후혼이 중혼이 된다고 볼 수 없다).

[2] 원고적격의 문제(본안전 항변에 대한 판단)

(가) 이 사건 결정은 예컨대 "위 법률조항은 입법자가 0000. 0. 0.까지 개정하지 아니하면 그 효력을 상실한다. 법원 기타 국가기관 및 지방자치단체는 입법자가 개정할 때까지 위 각 법률조항의 적용을 중지하여야 한다"는 형식의 이른바 '적용중지형' 헌법불합치결정이 아니라 "위 법률조항은 2011. 12. 31.을 시한으로 입법자가 개정할 때까지 계속 적용된다"는 이른바 '계속적용형' 헌법불합치결정의 형식을 취하고 있다.

그런데 위와 같은 헌법불합치 결정은 당해 조항의 위헌성이 제거된 개정 법률이 시행되기 이전까지는 종전 법률을 그대로 잠정 적용하는 것을 허용하는 취지의 결정이라고 이해할 수밖에 없고, 그것이 당해 사건이라고 하여 달리 취급하여야 할 이유가 없으므로(대법원 1998. 9. 4. 선고 97누19687 판결) 당해 사건인 이 사건에 대해서도 종전의 법률이 적용된다고 할 것이다.

(나) 따라서 이 사건에 대하여는 현행 민법 제818조가 적용되고 직계비속은 취소청구권자에서 제외되므로, 원고는 당사자적격이 결여되어 이 사건 소는 부적법하다고 할 것이다.

[3] 이산가족의 제2혼인을 취소청구할 수 있는지 여부(권리남용 문제)

설사 원고적격이 인정된다고 하더라도 이 사건의 경우는 이산가족

간의 특수성이 있을 뿐 아니라 제1혼인은 김○화의 사망으로, 제2혼인은 망인의 사망으로 모두 해소된 상태인바, 제2혼인이 중혼이라는 이유로 취소를 청구하는 것은, ① 민족분단이라는 역사적인 이유 즉 불가항력으로 인한 이별이 근본적인 원인이었기 때문에 당시에는 제2혼인이 사회질서에 반한다고 보기 어려운 점, ② 민족의 비극으로 인하여 부부가 격리되어 함께 살 수 없을 뿐만 아니라 생사에 관한 소식조차 들을 수 없는 상황에서 발생한 중혼관계는 부득이한 사정이 있어 이를 일반적인 중혼사건과 동일하게 볼 수 없는 점(민족 비극의 결과를 개인의 책임으로 전가할 수는 없다), ③ 이와 같이 민족의 비극으로 인하여 장기간 실제로 공동생활을 하여 온 제2혼인을 취소하는 것은 제2혼인의 당사자 및 그 친족의 가정생활에 중대한 영향을 미치고 오히려 사회질서에 반할 여지가 있는 점, ④ 당시에는 「북한이탈주민의 보호 및 정착지원에 관한 법률」 제19조의 2에서 정한 바와 같은 이혼특례규정이 없어서 유효한 이혼을 할 방법이 없었던 점 등의 사정에 비추어 제2혼인의 취소를 구하는 것은 권리남용에 해당한다고 할 것이다.

그렇다면 이 사건 소는 부적법하므로 이를 각하하기로 하여 주문과 같이 판결한다.

② 해설

이 사건은 서울가법 2010. 12. 1. 2009드단14534의 친생자관계존재확인의 소송과 동일한 사실관계를 기초로 북한에서 혼인하였음에도 불구하고 남한에서 다시 혼인한 것에 대하여 북한의 직계비속이 혼인취소를 청구한 것이다. 서울가정법원은 이 사건의 재판관할권과 준거법에 대하여 이 사건을 남북한 간의 섭외적 민사법률관계로 파악하여 국제사법을 유추적용하여야 한다고 하였다. 즉, 재판관할권에 대하여는 국제사법 제2조에 따라 법정지와 당사자의 실질적 관련성 및 법정지와 분쟁이 된 사안의 실질적 관련성을 객관적인 기준으로 삼아 우리 법원이 당연히 재판관할권을 가진다고 하였다. 또한, 준거법에 대하여도 국제사법 제37조 제1호에 따르면, 혼인의 일반적 효력은 우선적으로 부부의 동일한 본국법에 따르도록 하였으므로 이 사건의 제1혼인은 북한에서 북한 사람들 사이에 체결된 혼인이기 때문에 북한법이 준거법이 된다고 하였다. 그리고 1945년 해방 이후의 적용법률의 경과규정에 따라서 이 사건의 제1혼인은 유효한 혼인이라고 판단하였다. 서울가정법원의 이러한 판단은 남북한특수관계론에 따라 남북한의 교류협력에 관한 국내법적 규범영역에서 발생하는 민사사건의 해결을 위해서는 국제사법을 유추적용하여야 한다는 것을 수용한 것으로 합리적이고 타당하다고 생각한다.

서울가정법원은 이 사건과 관련하여 헌법재판소가 민법 제818조에 대하여 "계속적용형" 헌법불합치결정을 하였으므로 이 사건에 대하여도 민법 제818조가 적용되므로 직계비속은 혼인취소의 청구권자에서 제외되므로 원고는 당사자적격이 결여되어 부적법하다고 판단하였다. 재판부는 나아가 원고적격이 인정된다고 하더라도 제1혼인과 제2혼인이 모두 망인의 사망으로 해소된 상태에서 제2혼인이 중혼이라는 이유로 취소를 청구하는 것은 권리남용에 해당하므로 부적법하여 각하한다고 판단하였다. 즉, 남북한의 분단으로 인한 이산가족 사이에 발생한 중혼은 민족분단이라는 불가항력으로 인한 이별이 근본적인 원인이기 때문에 당시에는 제2혼인이 사회질서에 반한다고 보기 어려우며, 이를 일반적인 중혼사건과 동일하게 인정하여 개인의 책임으로 전가할 수 없으며, 제2혼인을 취소하는 것은 제2혼인의 당사자 및 그 친족의 가정생활에 중대한 영향을 미치고 오히려 사회질서에 반할 여지가 있고, 현실적으로 이혼을 할 방법이 없었던 점 등을 고려할 때 제2혼인의 취소를 구하는 것은 권리남용에 해당한다는 것이다.

이 판결은 북한법에 따라 이루어진 혼인의 효력을 직접적으로 인정한 것은 아니지만, 북한지역에서 한 혼인의 효력을 인정하고 그 이후 남한에서 적법하게 한 혼인의 효력도 인정하면서 그 혼인에 대하여는 중혼취소를 허용하지 않음으로써 결과적으로 남북한 이산가족 사이에는 중혼이 발생하는 것을 용인하고 있다. 남북한의 혼인관계와 이혼소송에 대하여 재판관할권과 준거법에 대하여 국제사법을 유추적용하는 것뿐만 아니라 중혼에 대하여 이를 무효사유가 아니라 취소사유로 규정하고 있는 우리 민법규정을 고려하여 남북한 분단으로 발생한 중혼에 대하여는 이를 인용하는 것이 타당하다고 판단된다. 이러한 결과는 이산가족 당사자의 혼인관계에만 영향을 미치는 것이 아니라 그 직계비속의 가족관계와 상속관계에까지 큰 영향을 미치므로 남북한 이산가족의 혼인과 상속에 관하여는 법률해석에 의할 것이 아니라 특별법을 제정하여 명확한 기준을 제시해야 한다.[8]

2) 관련판례 요지

(1) 대법원 1962. 12. 27. 62다671 【부동산보존등기말소】

원심판결 이유에 의하면 원심은 증거를 종합하여 원고는 평안남도 강동군 승호리에서 산림주사로 근무할 당시인 1944. 3. 상순경 원고들의 둘째 매부 되는 소외 김동근을 시켜서 소외 박희수의 대리인 소외 노윤택(일명 노시동)으로부터 박희수 소유의 원심판결서 말미 첨부목록 기재 제1, 2목록 토지를 매평 그때 돈으로 1원35전씩에 매수한 후 그 대금을 전부 치르고 원고 명의로 소유권 이전등기를 끝마치고 위 제1목록 기재 토지는 소외 박무준, 제2목록 기재 토지는 소외 홍순정에게 각각 소작을 주었다가 1945년에 해방이 되자 원고는 위 공직을 내놓고 김화읍에 돌아와서 소작인들의 양해를 얻어 소작을 떼어버리고 1949년 봄

8 법무부가 입법예고한 위 「남북주민 사이의 가족관계와 상속 등에 관한 특례법」은 남북한 이산가족의 혼인에 대하여도 예외적으로 중혼을 허용하고 있다.

부터 이를 스스로 경작하였으며 이 토지가 북위 38도 선 이북에 있었던 까닭에 그해 7월에 북한괴뢰 인민위원회의 지시에 의하여 등기제증 문서를 위원회에 내놓았으나 계속하여 원고가 경작하여오던 중 1950. 6. 25. 사변이 나자 그해 11월에 이 토지를 그대로 내버려 둔 채 이남으로 피난 나왔고 1957. 3.경부터 다시 경작하려고 하였으나 군사작전 상 민간인의 출입이 금지되었고 폭격으로 인하여 집과 세간이 다 타버렸기 때문에 몸둘 곳이 없어서 앞으로 민간인이 자유롭게 출입할 수 있는 때가 오기를 기다리고 있던 차에 1958. 4.경부터 피고들이 이 토지들을 점유 경작하고 있는 사실을 알았으나 땅문서를 빼앗긴 원고로서는 즉시 해결을 짓지 못하고 이 소송을 일으키게 되었다고 인정한 끝에 이 토지는 정부에 매수된 토지가 아니고 원고의 자경농지로서 피고들의 보존등기는 말소되어야 한다고 판단하였다.

그러나 원심이 증거로 한 것을 기록에 비추어보면 이 사건 토지를 원고가 전 소유자 박희수로부터 매수하여 등기를 끝마친 사실은 넉넉히 인정할 수 있으나 1945년 8.15해방 후 원고가 평남에서 이 토지 소재지로 돌아와서 당시에 소작하고 있었던 소외 박무준, 홍순정의 양해하에 소작을 떼어버리고 스스로 경작하였다는 사실인정 부분은 북한의 실정에 비추어 쉽사리 인정하기가 매우 곤란하다 할 것이므로 원심의 위 사실인정 부분은 결국에 있어서 채증법칙에 위배한 위법이 있고 이 점에 관한 논지는 이유 있다 할 것이다

(2) 대법원 1964. 11. 10. 64다325【분묘발굴 등】

원심이 본건 분묘가 원고소유 임야 내에 위치하고 있는가 여부를 가리기 위하여 입증책임을 진 원고에게 (비록 변호사 아닌 원고 대표자가 소송을 직접 수행하였다 하더라도) 경계측량감정 등의 증거신청을 종용하지 않았다고 하여서 잘못이라고는 할 수 없고, 따라서 원심에 석명의무를 다하지 않은 잘못이 있다는 논지는 이유 없다 할 것이고 서로 인접해

있는 원피고 소유 본건 임야가 38선 이북에 속하고 상고논지에서 지적하는 바와 같이 임야도도 없고 아직 회복등기조차 되어 있지 않은 본건 임야의 경계를 가리기 위하여 원심에서 경계측량을 하지 않고 판단하였다고 하여서 심리미진으로 인한 이유불비의 잘못이 있다고는 할 수 없을 것이므로 이를 비난하는 논지 역시 이유 없다 할 것이다.

(3) 대법원 1965. 8. 24. 65다1034 【토지인도】

원판결 이유에 의하면 본건 농지는 38이북 지역에 있는 농지인바 원고는 「수복지구에 대한 농지개혁법 시행에 관한 특례에 관한 건」 및 농지개혁법에 의하여 수복지구에 농지개혁법이 시행된 1958. 4. 10 현재 본건 농지를 경작하는 농가가 아니였으므로 본건 농지는 농지개혁법 제5조 제1항 제2호에 의하여 정부에 귀속되고 원고는 그 소유권을 상실하였다 할 것이므로 본건 농지소유권이 원고에게 있음을 전제로 하는 원고의 본건 청구는 나머지 점에 대한 판단을 기다릴 것 없이 이유 없다고하여 배척하였다. 그러나 「수복지구에 관한 농지개혁법시행에 관한 건」(1958. 4. 10. 대통령령 제1360호)은 수복지구의 농지에 관하여 분배절차 등을 38이남 소재의 농지와 일부 달리하게 한 규정임이 동 법문상 명백하고 동 대통령령에 의하여 비로소 수복지구에 대하여 농지개혁법이 시행을 보게 된 것은 아니라고 할 것이다. 그러므로 원심으로서는 마땅히 수복지구에 소재하는 본건 농지에 관하여 농지개혁법 시행 당시 원고가 자경하였는가 만일 자경하지 아니하였다면 자기의 의사에 의한 것인가 또는 외부적 사정 등으로 부득이 자경하지 못하였던가 등 사실에 대하여 심리판단함으로써 비로소 본건 농지가 정부에 매상되어 소유권을 상실하게 되었는가 여부를 결정지을 수 있음에도 불구하고 다만 원고가 동 대통령령 시행 당시에 자경하지 아니하였다는 이유만으로 원고의 본건 농지에 대한 소유권이 상실되었다고 판시한 것은 농지개혁법 및 「수복지구에 대한 농지개혁법에 관한 특례에 관한 건」의 법리를 오해하여 이유불비의 비난을 면치 못할 것으로서 판결결과에 영향을 미쳤음이 분명하다.

(4) 대법원 1965. 11. 11. 65다1527,1528,1529【토지인도】

원판결은 수복지구에 소재하는 농지에 관하여는 「수복지구에 대한 농지개혁법시행에 관한 특례에 관한 건」(1958. 4. 10. 대통령령 제1360호)의 공포시행일인 1958. 4. 10. 현재 지주가 자경하였는가 여부에 따라 농지개혁법 제5조 제1항 제2호가 적용된다는 전제에서 판단하고 있다. 그러나 위 대통령령은 수복지구 소재의 농지에 관하여 분배절차 등을 38이남 소재의 농지와 일부 달리하게 하는 규정임이 동령 법문상 분명하고, 동 대통령령에 의하여 비로소 수복지구 소재의 농지에 대하여 농지개혁법의 시행을 보게 된 것은 아니라고 할 것이다. 그러므로 원심으로서는 마땅히 수복지구에 소재하는 본건 농지에 관하여 농지개혁법 시행 당시 지주인 원고가 자경하였는가 만일 자경하지 아니하였다면 자의에 의한 것인가 또는 외부적 사정으로 부득이 자경하지 못하였던가 등 사실에 대하여 심리판단함으로써 비로소 본건 농지가 정부에 매상되었는가 여부를 결정지을 수 있음에도 불구하고 이 점에 대한 심리판단을 함이 없이 위에서 본 견해로 본건 농지의 정부매상 여부를 판단하였음은 농지개혁법 및 「수복지구에 대한 농지개혁법 시행에 관한 특례에 관한 건」의 법리를 오해하고 나아가서 심리미진의 위법이 있다 할 것이고, 이는 판결에 영향을 미쳤다고 할 것이므로 원판결은 전부 파기를 면치 못할 것이다.

(5) 대법원 1966. 9. 20. 66다1151【소유권보존등기말소 등】

원판결이 확정한 바에 의하면, 본건 농지는 38이북에 소재하던 것으로서 8.15 해방 전에 원고의 동거가족이 경작하다가, 8.15 해방후 원고의 남하로 인하여 부득이 경작하지 못하게 되었고, 그후 수복이 되자 피고 이명성은 본건 토지에 관한 등기부 기타 공부 일체가 멸시된 것을 기화로, 자기 명의로 소유권 보존등기를 마치고, 이어 다른 피고들에게 전전 매도하고, 그 소유권 이전등기를 마치고, 현재 피고 최○녀가 이를 경작하고 있다 함에 있는바, 그렇다면 원고가 본건 농지를 8.15 해방 후 지금에 이르기까지 경작을 하지 못하였다고 하더라도 그것은 원고의 자의에 의한 것이라고는 할 수 없으므로, 본건 농지가 지주의 비자경농지로서 농지개혁법에 의하여 국가에 매수될 리는 없다고 할 것이며, 따라서 본건 농지가 농지개혁법에 의하여 국가에 매수되었다는 전제에서 원판결에 법리오해, 심리미진의 위법이 있다는 주장은 이유 없다.

(6) 대법원 1966. 9. 27. 66다1149【소유권보존등기말소 등】

원심이 적법히 인정한 사실에 의하면, 본건 토지는 원래 소외 망 서허보 소유였으나, 원고의 망 부친인 소외 강○명이 1926년경 매수하여 동인 명의로 소유권 이전등기를 하고, 원고는 본건 토지를 1944. 12. 1. 원고가 원고의 망 부친으로부터 증여받아(미등기) 8.15 해방 당시까지 경작하다가, 8.15 해방 후 원고는 북위38도선 이남으로 남하하게 되고, 본건 토지는 38선 이북에 있는 관계로 농지개혁법 실시 당시 원고가 경작을 못하게 된 바, 그후 본건 토지가 38선 이북에 있는 수복지구로 되자, 피고 이○선은 아무 권한 없이 본건 토지를 경작하면서 자기소유라 주장하여 등기부들이 소실되었음을 기화로 자기 명의로 소유권보존등기를 한 다음, 이를 다른 피고들에게 순차 매도하고, 각각 이전등기를 하여 현재 피고 계○원이 경작 중이라는 것이므로, 원고가 농지개혁법 실시 당시 본건 토지를 경작하지 못한 것은 소유자인 원고의 의사에 의하여 자경하지 아니한 것이 아니므로, 본건 농지가 농지개혁법 실시로 인하여 국가에게 매상되었다 할 수 없을 것인즉, 원고는 구민법 실시 당시는 여전히 그 소유권을 보유하였다 할 것이나 원고가 1965. 12. 31. 까지 소유권에 관한 등기를 하였다거나, 그와 같은 내용의 소송을 제기한 사실이 없음이 명백한즉, 원고는 그 소유권을 상실하였고, 따라서 소유권에 의한 인도청구는 원심이 판단한 바와 같이 부당하다 할 것이나, 증여자의 상속인인 소외 강○선은 수증자인 원고에게 대하여 소유권을 취득케 하기 위하여 이전등기를 하여야 할 의무가 있을 뿐 아니라, 다른 특별한 사정이 없는 한 원고로 하여금 본건 토지를 사용수익케 하고, 또 본건과 같은 특별한 경우에 있어서는 사용수익할 수 있는 상태를 계속 유지케 할 의무가 있다고 해석함이 타당하므로, 위 강○선은 위와 같은 원고에게 대한 의무를 이행하기 위하여 아무 권원 없이 점유중인 피고 계○원에게 본건 토지의 인도를 청구할 수 있은즉, 원심이 원고의 대위권행사에 의하여서의 피고 계○원에게 대한 인도청구를 인용하였음은 정당하다.

(7) 대법원 1967. 2. 28. 66다2178【토지인도】

원심은 본건 토지는 약 25년 전부터 소외 유○임의 소유로서 농지개혁법 실시 당시인 1949년 이전부터 전(田)이었다는 사실과 위 유○임은 동법 시행 당시 그 농지를 자의로 경작하지 아니하고 방치하였다는 사실을 인정한 다음, 농지개혁법 실시 당시 그 소유자인 위 유○임이 자경하지 아니함으로써 본건 농지는 국가에게 매상되었다고 판시하였다. 그러나 일건기록에 따르면, 원고는 석명하기를 "본건 토지는 수복지구에 있는 농지인바, 원래부터 황무지화한 것을 전 소유자인 소외 유○임이 약 8년 전에 개간하였다"라고 석명하였음이 명백하다. 만일 본건 농지가 "수복지구"에 위치하고 있다면 수복지구가 되기 전에 북한괴뢰집단이 사실상 강점하고 있는 지역에 위치하였을 것이요, 만일 북한괴뢰집단의 강점지역으로 되기 전까지는 소유자가 자경을 하였으나 위와 같은 강점에 의하여 부득이 경작을 하지 못하였다면 농지개혁법 실시 당시 그 소유자가 자경을 하지 아니하였다 하여도 이는 자의에 의한 불경작이라 할 수 없을 것이므로 국가에 매상되었다 할 수 없고, 또 만일 본건 토지가 북한괴뢰집단의 강점지역에는 속하지 아니하나 38선 근처에 있는 토지로서 군사작전상 필요에 의하여 일반 민간인의 출입이 금지됨으로서 농지개혁법 실시 당시 부득이 소유자가 자경을 하지 못하였다면 역시 소유자의 자의에 의한 불경작이라 할 수 없을 것인즉, 원심은 본건농지가 과연 "수복지구"에 위치하고 있는가의 여부와 북한 괴뢰집단이 본건 농지를 강점할 당시 그 소유자가 자의로 경작을 하지 아니하였는가의 여부 및 본건 토지가 38선 이북에 위치하지 아니하고 38선 이남에 위치하고 있다면 위와 같은 석명에서 말하는 "수복지구"라는 의미가 과연 군사작전상 민간인의 출입이 금지되었다가 그 금지가 해제되었던 지역이라는 의미인지의 여부의 점 등에 대하여 더욱 석명하고, 심리판단을 하여야 함에도 불구하고, 원심이 위와 같은 점에 대하여 심리판단을 한 바 없이 막연히 농지개혁법 실시 당시 그 소유자인 위유○임이가 자의로 경작을 하지 않고, 방치함으로써 국가에게 매상되었다고 판단하였음은 석명권불행사와 심리미진 및 판단유탈의 위법이 있다고 아니할 수 없으므로 그 외의 상고이유에 대한 판단을 생략하고 원판결은 부당하다 하여 파기하기로 한다.

(8) 대법원 1970. 7. 28. 70므9 **【혼인무효확인】**

원심은 청구인이 15세 때인 1936년경에 이북(함남 혜산)에서 을남과 혼인을 하고 그 신고를 한 후 동거하다가 8.15 해방 후 월남하여 시부모와 같이 동거 중 을남은 서울에서 다시 피청구인과 혼인을 하고 1957년 그 가호적의 취적을 할 때에 피청구인의 본적이 서울 성동구(본적지 생략)임에도 불구하고 함남 혜산군(본적지 생략) 호주(이름 생략)의 딸로서 1942년 이북에서 을남과 혼인신고를 한 부부인양 허위사실을 신고하여 취적한 사실과 을남은 1967년 사망한 사실을 인정한 연후 그렇다면 을남과 피청구인 간에는 해방당시 이북에 혼인신고가 되어 있는 부부가 아니므로 이러한 부부가 아닌 자의 신고에 의한 가호적의 기재는 혼인으로서의 효력을 발생할 수 없다고 판시하고 있는바, 그 인정판단은 정당하고 청구인이 위 가호적에 기재되어 있지 않다 하여도 그 가호적에 기재된 신분관계의 효력을 다툴 수 있고 또 청구인과 위 망 을남 간의 부부관계를 증언에 의하여 인정한 것이 잘못이라 할 수 없으므로 논지는 채용할 수 없다.

(9) 대법원 1971. 10. 22. 71다1636 【손해배상】

원고 2가 부재선고 등에 관한 특별조치법의 규정에 의한 부재자가 아니고 이북에 잔류한 자로서 제적될 대상자에 해당한다 할지라도 이 사실만으로서는 원고 2를 부재자로 한 본건 재산관리인 선임을 당연무효의 것이라고 할 수는 없다 할 것인바 원판결이 이와 같은 취지에서 성립에 다툼이 없는 갑 제2호증(부재자재산관리인 선임결정)의 기재에 따르면 원고 2는 부재자로서 원고 1이 적법한 재산관리인으로 선임된 사실을 인정하였음은 정당하고, 그 밖에 원심은 원고 2가 사망하였다는 사실은 이를 인정할 아무런 증거가 없다고 하였는바, 기록에 의하여 살펴보면 수긍할 수 있고, 이상과 같은 원판시는 소론관계 주장을 배척한 취지로 볼 수 있으므로 원판결에 법률을 오해한 점 있다거나 판단을 유탈한 위법 있다는 논지는 이유 없다.

(10) 대법원 1972. 5. 23. 71다2760 【소유권이전등기말소】

원고와 소외 2 간에 원심 설시와 같은 증여계약이 유효하게 성립하였다고 할지라도 이 사건 부동산의 소유자인 소외 2가 원고에 대한 증여계약의 이행이 있어야 할 것이고 또 증여를 받은 원고가 소외 1에게 그 소유명의를 신탁한다는 의사표시를 하고 이를 받아들이는 소외 1의 의사표시가 있어 그 합의가 성립되어야만 원고와 소외 1 사이에 이 사건 부동산에 관한 명의신탁관계가 성립한다고 하여야 할 것인바, 기록과 원판결을 정사하여 보아도 소외 2의 원고에 대한 원심 설시의 증여계약에 의하여 이 사건 부동산에 대한 2할지분권을 원고에게 증여하는 이행행위가 있었다고 인정할 아무런 자료가 없음은 물론, 원고는 위 증여계약이 성립하기 4년 전인 1950. 7. 31.에 이미 북한으로 납치되었다는 것이므로 그 4년 후에 성립한 증여계약에 의하여 이 사건 부동산의 지분권을 증여받고 그 소유명의를 소외 1에게 신탁한다는 의사표시를 할 수 없었을 것임이 분명함에도 불구하고 원심은 소외 2의 증여의 이행행위의 구체적인 내용이나 위 설시한 바와 같은 원고의 신탁행위가 있었는지의 여부에 관하여 심리판단을 함이 없이 원고의 사전 승낙과 소외 2의 증여의 의사표시가 있었다는 사실만으로 원고와 소외 2 간에는 이 사건 부동산의 2할의 지분권에 대한 증여계약이 성립되었고 원고는 그 공동소유자가 되었으며 소외 1은 자기 지분을 제외한 나머지 3인(원고 포함)의 지분의 명의 수탁자가 되고 이 사건 부동산에 대한 증여계약은 그 이행을 완료할 것이라고 판단하였음은 증여계약의 이행과 명의신탁계약은 법리를 오해하였거나 아니면 이 점에 관한 심리미진 이유불비의 위법을 저지른 것이라고 아니할 수 없다.

(11) 대법원 1977. 1. 11. 76다2171【소유권이전등기말소】

원판결이 인용한 제1심 판결 이유에 의하면, 갑 제1, 2, 3, 9 각 호증에 의하여 이 사건에서 문제가 된 부동산의 원래 소유자이던 소외 망 김○배는 1941. 5. 7.에 사망하고, 동인의 장남인 김○설은 1916. 9. 17.에 차남인 김○설은 1930. 10. 15.에, 장녀인 김○희는 1910. 10. 15.에 각 후사 없이 사망하고, 그의 처인 성씨 역시 1945. 8. 9.에 사망하여 김○배의 재산상속인으로는 동인의 차녀인 원고만이 생존하여 있다는 사실을 인정할 수 있다고 판단하였다. 그러나 기록에 의하여 보면 원심이 증거로 한 갑 제1호증인 제적등본, 갑 제2호증인 주민등록표등본, 갑 제3호증인 호적등본에는 위의 김○배, 김○설, 김○설, 성씨의 사망 여부나 일시에 관하여는 아무러한 기재가 없음을 알 수 있고, 다만 갑 제9호증(사실조회 신청서)의 기재에 의하면, 원고 대리인 변호사 박○남이 신청하되 그 내용에 위의 김○배는 1941. 5. 7. 사망, 성씨는 1945. 8. 9. 사망, 김○설은 1916. 9. 17. 사망 김○설은 1930. 10. 15. 사망하였으나 호적에는 사망신고가 아니 되었는데 각자의 사망일자가 사실인 낙부를 확인하여 주라는 기재를 하여 제출하고, 충북 진천군 만승면장이 위 사실을 확인함이라는 문서임을 알 수 있는바, 위의 확인서는 면장이 그 직무상 법령의 규정에 기하여 작성한 문서가 아님이 명백하고, 한 사람도 아닌 4명이나 되는 사람의 사망 여부 또는 사망일자를 가족 기타 특별한 사정이 보이지 아니하는 본건에 있어서 만승면장이 기억하고 있다가 확인하여준다는 것은 이례적이고, 경험칙에 위배되는 내용의 문서라 아니할 수 없는데 이를 위 사망사실의 인정증거로 하였음은 경험칙을 어긴 채증법칙 위반의 위법이 있고, 원심으로서는 그 작성경위에 관한 심리를 하고, 또 김○배의 차녀라고 하는 원고의 진술에 의하더라도 김○배는 이북에 있는데 돌아가셨으리라고 믿는다는 (기록 494장) 정도의 진술을 하고 있음을 알 수 있으므로 김○배의 사망 또는 실종선고 등 상속개시 요건을 심리판단하였어야 옳았을 것인데 이에 이르지 아니하고 앞에서 본 바와 같은 판단을 하였음은 체증법칙위반 아니면 심리미진의 위법이 있다 할 것인즉 이 점에 대한 상고논지는 이유 있어 다른 논지에 대한 판단을 생략하고, 원판결은 파기를 면치 못할 것이다.

(12) 대법원 1980. 4. 8. 80다173 【소유권이전등기말소】

원심이 원고 구○업의 망 시부이고 나머지 원고들의 망 조부인 박○양이 1942. 7. 1. 소외 조선신탁 주식회사와 맺었다는 그 판시 이 사건 제2, 3목록 토지들에 대한 신탁관계는 1945. 8. 15. 해방과 더불어 위 토지들이 38선 이북에 편입되자 신탁관리를 하지 못하게 되어 신탁의 목적을 달성할 수 없게 된 때 또는 신탁 존속기간의 만료일인 1951. 12. 31의 경과로 종료됨으로써 이 사건 토지들의 소유권이 원고들에게 귀속되게 된 관계를 의사표시에 의한 물권변동이 아니라는 취지에서 민법 제10조가 적용될 여지가 없다고 하였음은 잘못이라 할지라도 원고들이 위 신탁종료로 인하여 위 소외 회사측에 대하여 이 사건 토지들의 소유권을 이전한 신탁등기에 대하여 가지는 그 말소등기청구권은 소멸시효의 대상이 될 수 없다 하여 이에 관한 피고 소송대리인의 주장은 이유 없다고 판단한 원심의 정당한 결론에는 영향이 없다 할 것이므로 논지는 이유 없음에 돌아간다.

(13) 대법원 1982. 12. 28. 81다452·453【재산상속지분확인】

망 석○운에게 원고 ○숙, 소외 망 ○철과 피고 이외에 직계비속인 딸이 한 사람 더 있었다면 이북에 있어 생사불명이라는 이유만으로는 재산상속인에서 제외될 수 없다 할 것이고 기록에 의하여 살펴보면 원고등 소송대리인은 위 망 석○운은 장남 ○숙, 2남 ○철, 장녀 문○성, 2녀 문○성, 3녀 문○희, 3남 문○자의 3남 3녀를 출산하였는데 현재 원고 ○숙과 피고 이외에는 모두 사망하였다고 주장하고 있는바(1980. 5. 7자 준비서면 기록465정 이하), 원심거시의 증거 중 2남 ○철의 사망사실 이외에는 이에 부합하는 자료는 원고 ○숙에 대한 본인 신문결과가 있을 뿐이고 제1심증인 김○만의 증언내용은 위 석○운에게는 장남 ○숙, 2남 ○철의 두 아들과 딸이 문○희와 피고 이외에 한 사람 더 있었는데 딸 문○희는 사망하였다는 것뿐이고 제1심증인 이○화의 증언내용은 동인이 결혼할 때 위 석춘운에게는 장남 ○숙, 2남 ○철, 딸인 피고의 3남매가 있었다고 되어 있을 뿐 장녀 문○성, 2녀 문○성, 3남 문○자의 사망 및 그 시기와 결혼 여부에 대하여 이를 확정할 수 있는 자료가 없다. 그렇다면 위 망 석춘운의 사망으로 인한 재산상속지분권의 확인을 구하는 이 사건에 있어서 원심이 위와 같이 인정 판단하였음은 재산상속에 관한 심리미진과 채증법칙위반 그리고 이유불비의 위법을 범하였다 할 것이고 위 위법은 판결결과에 영향을 미쳤음이 분명하므로 이 점을 지적하는 논지 이유 있다.

(14) 대법원 1987. 2. 24. 86므119 【친생자관계부존재확인】

가호적 취적 시에 이미 원적지에 남녀가 혼인신고를 한 부부인 양 신고하여 그 내용이 가호적에 등재되었다고 하더라도 1945. 8. 15. 현재 38이북 지역의 본적상에 혼인신고가 되어 있지 아니하였다면 가호적의 기재에도 불구하고 혼인의 효력이 발생할 수 없다 할 것이고, 원심이 확정한 바와 같이 청구 외 1과 2 간에는 원적지에서 혼인신고가 없었다는 것이므로 양인 간에는 법률상 부부관계가 성립할 수 없고, 따라서 피청구인과 청구 외 2 간에도 계모자 관계가 없다 할 것이고, 청구인의 피청구인과 청구 외 2 사이의 친생자관계부존재확인의 청구는 확인의 이익이 있다고 한 판단은 정당하고 논지는 피청구인과 청구 외 2 사이에 적어도 계모자 관계가 있는 것을 전제로 하여 편 주장이고 소론 대법원판례는 본건과 사안을 달리하는 것으로 논지는 이유 없다.

(15) 대법원 1987. 3. 24. 86다카1958 【소유권이전등기말소 등】

이 사건에서 원심이 적법히 확정한 바에 의하면, 소외 1은 원고로부터 서울 성동구 가락동 456의2 외 2필지를 매수한 일이 없음에도 불구하고, 1970. 11. 초순경 당시 이북에 거주하여 생사불명인 채로 있던 원고가 마치 서울 성동구 가락동 410에 거주하다가 행방불명된 것처럼 허위로 주소를 기재하여 원고를 상대로 서울민사지방법원에 위 토지에 대한 소유권이전등기청구소송을 제기하고 위 법원으로부터 공시송달명령을 받아낸 다음, 소외 2로 하여금 소외 1이 1948. 4. 10. 위 토지를 원고로부터 매수한 것이라는 취지의 허위증언을 하게 하여 1971. 2. 4. 승소의 판결을 받고 공시송달에 의하여 확정되자 그 당시 복구되어 있던 토지대장을 이용하여 원고 명의로 소유권보존등기를 경료함과 동시에 자신 명의로 소유권이전등기를 경료하였고 이에 터잡아 피고들 또는 피고들의 피상속인들 명의로 소유권이전등기 또는 공유지분이전등기를 마쳤다는 것이니, 원심이 위 판결은 비록 소외 1이 원고의 주소를 허위로 기재하여 얻어낸 것이라고 하더라도 적법한 공시송달의 방법에 의하여 확정되어 기판력을 갖고 있다고 할 것이고, 따라서 위 확정판결이 재심에 의하여 취소되지 않는 한 원고는 위 판결에 기한 소외 1 명의의 등기의 말소를 구할 수 없는 상태에 있다고 할 것인데 이러한 상태에서 원고는 소외 1 명의의 소유권이전등기가 원인무효임을 이유로 하여 그 등기를 바탕으로 하여 이루어진 청구취지 기재 각 등기명의인에 대하여 그 등기의 말소를 구할 수는 없다고 한 판단은 정당하고, 거기에 소론과 같은 법리오해의 위법이 있다고 할 수 없다. 논지는 공시송달의 방법에 의하지 아니하고 허위주소에 송달한 경우에 관한 판례를 들고 독자적인 견해에서 원심판결을 탓하는 것이니 받아들일 수 없다.

(16) 대법원 1990. 2. 27. 88다카4178【소유권이전등기말소】

원심판결에 따르면, (……) 원고로부터 위 종전 토지를 매수한 바가 없는 소외 김○식이 1970. 11. 초순경 당시 이북에 거주하여 생사불명인 채로 있는 원고가 마치 서울 강동구 가락동 410에 거주하다가 행방불명된 것처럼 허위로 주소를 기재하여 원고를 상대로 서울민사지방법원에 소유권이전등기소송(70가14052호)을 제기하고 위 법원으로부터 공시송달명령을 받아낸 다음 소외 유종무로 하여금 위 김○식이 1948. 4. 10. 위 토지를 원고로부터 매수한 것이라는 취지의 허위증언을 하게 하여 1971. 2. 4. 승소판결을 받고 위 판결이 확정되자 그 당시 소유자가 원고로 되어 있는 토지대장 등 관계서류를 근거로 원고 앞으로 소유권보존등기를 경료함과 동시에 위 김○식 앞으로 소유권이전등기를 경료한 사실을 인정하고 있다. 그런데 (……) 원심이 원심판결에서 거시하고 있는 증거들은 원고가 종전 토지를 당초 사정받은 소외 노○순으로부터 정당한 절차에 의하여 승계받았다는 점에 대한 인정자료로 삼기에는 미흡한 증거들인데도 이러한 증거들만에 의하여 이 사건 토지에 대한 원고의 소유권확인청구를 받아들인 것은 심리미진과 채증법칙위반의 위법이 있어 판결결과에 영향을 미쳤다 하겠으므로 이는 「소송촉진 등에 관한 특례법」 제12조 소정의 파기사유에 해당하며 이 점을 지적하는 논지는 이유 있다.

(17) 대법원 1991. 7. 23. 91스3 【호적정정】

이 사건 신청인은 본래 망 갑과 혼인하여 그 가에 입적한 사람인데, 그와 사실상 이혼한 후 을을 만나 동거하면서 동인이 법원의 취적허가를 받아 취적하는 기회에 마치 북한에 있는 종전의 원적지에서 을과 이미 적법하게 혼인신고를 마친 법률상의 처인 양 입적함으로써 이중의 호적을 갖게 되었다. 이에 신청인은 위 을의 호적 중 신청인의 호적기재는 착오에 의한 무효의 이중호적이어서 말소되어야 한다고 주장하며 호적정정허가신청을 하였다.

호적법 제120조가 규정하는 법원의 허가에 의한 호적정정은 그 정정할 사항이 경미한 경우에 한하고 그 정정할 사항이 친족법상 또는 상속법상 중대한 영향을 미치는 것일 경우에는 간이한 호적정정 절차에 의할 수 없고, 반드시 확정판결에 의하여서만 정정할 수 있다는 것이 당원의 견해인바, 위법한 이중호적을 말소하여 본래의 호적으로 단일화하기 위한 경우에도 그 정정으로 인하여 신분관계에 중대한 영향을 미치는 사항이 정정되는 경우에는 역시 확정판결에 의하여서만 정정될 수 있다고 할 것이다. 신청인의 이중호적에는 무효의 혼인이 기재되어 있고 그 기재는 원래의 호적에 이기할 성질의 것도 아니므로 그 호적에서의 신청인의 호적기재를 전부 말소하고 만다면 결국 종전의 호적기재에 비하여 신청인의 신분관계에 중대한 영향을 미칠 사항의 변경이 생기게 되는 셈이 되어 이와 같은 경우에는 확정판결(이중호적에 기재된 혼인의 무효판결 등)에 의하지 아니하고 간이한 호적정정의 방법으로 말소할 수는 없다고 할 것이다.

(18) 대법원 1991. 10. 22. 91다9985【소유권이전등기말소】

원심은, 1944. 8. 16. 소외 서선합동전기주식회사(이하 '소외 회사'라 한다)의 명의로 소유권이전등기가 되어 있던 별지목록 기재의 제1 내지 제3 각 부동산(이하 '이 사건 부동산'이라 한다)에 관하여 1987. 4. 27. 피고들의 피상속인인 망 주○백(1990. 11. 17. 사망하였음. 이하 '피고'라 한다)의 명의로 1945. 6. 10.자 매매를 원인으로 한 소유권이전등기가 되어 있는 사실, 원고가 이 사건 부동산을 농지분배받아 상환을 완료하였다고 주장하는 소외 박○용으로부터 1965. 3. 1. 이 사건 제1 및 제2 부동산을 금 2,592,000원에, 1966. 3. 10. 이 사건 제3 부동산을 금 117,000원에 각 매수한 후, 바로(다만 일부는 1968. 4.에) 인도받아 점유하기 시작하여 현재에 이르기까지 계속하여 점유하고 있는 사실, 피고는 자신이 1945. 6. 10. 소외 회사로부터 이 사건 부동산을 매수한 일이 없음에도 불구하고, 1986. 4. 27.경 서울민사지방법원에 소외 회사를 상대로 1945. 6. 10.자 매매를 원인으로 이 사건 부동산에 관한 소유권이전등기절차의 이행을 청구하는 소를 제기(86가합3934)한 사실, 소외 회사는 본점을 평양시 선교동 46에 둔 휴면법인으로서 회사등기부가 존재하지 아니하였으므로, 피고는 위 소를 제기함에 있어서 소외 회사의 대표자를 소외 회사가 활동할 당시인 1956년경부터 1960년경 사이에 소외 회사의 취체역 사장으로 재직한 바 있는 소외 망 최○우로 표시하고, 소외 회사의 주소를 위 망인의 생존 당시의 주소이던 서울 중구 회현동 2가 71로 표시하여 소장을 작성한 사실, 위 회현동 2가 71로는 그 소장 및 소송서류들의 송달이 불가능하였기 때문에 위 소송은 재판장의 명령에 따라 공시송달에 의하여 그 절차가 진행되게 된 결과, 1986. 11. 20.에 이 사건 부동산에 관하여 피고에게로의 소유권이전등기를 명하는 판결이 선고되어 그 판결이 공시송달에 의하여 송달되고, 그 판결에 기하여 피고의 명의로 위와 같이 소유권이전등기가 된 사실, 그런데 소외 회사의 대표자로 표시된 위 최○우는 1964. 4. 10. 이미 사망하였고, 소외 회사는 그 주소가 북한에 있었던 관계로 그 법인등기부가 존재하지 아니할 뿐더러 활동이 없어 이를 대표할 사람이 정하여지지 않았던 사실 등을 인정한 다음, 원고의 이 사건 부동산에 대한 점유는 소유의 의사로 평온 공연하게 이루어진 것으로 추정되므로, 1985. 3. 1. 또는 1986. 3. 10. 및 1988. 4.에 각 점유로 인한 부동산소유권의 취득기간이 만료됨으로써 원고가 그 당시 등기부 상 소유명의자인 소외 회사에 대하여 이 사건 부동산에 관한 소유권이전등기청구권을 갖게 되었다고 할 것이고, 법인에 대한 송달은 그 대표자에게 하여야 하고, 그 대표자가 없는 경우에는 송달 자체가 불가능하다고 할 것이므로, 위와 같이 사망한 위 최○우를 소외 회사의 대표자로 하여 한 송달은 부적법하다고 할 것인바, 다만 공시송달의 경우에는 재판장이 그 요건이 충족된다고 보아 일단 공시송달을 명한 이상 실제로는 그 요건이 구비되지 아니하여 공시송달을 명할 수 없는 경우였다고 하더라도 그 명령에 의한 공시송달의 송달로서의 효력에는 아무런 영향이 없는 것이기는 하나, 이와 같은 것은 통상의 송달은 가능하나 공시송달의 요건만이 구비되지 아니한 경우에 국한되는 것이고, 이 사건의 경우와 같이 법인의 대표자가 없어 어떠한 송달방법을 택하든 간에 송달 자체가 불가능한 경우에는 그 송달이 공시송달의 방법에 의하여 이루어졌다고 하여 송달로서의 효력을 갖게 된다고 볼 수 없으므로, 결국 위 판결은 아직 소외 회사에 송달되었다고 볼 수 없고 확정되지도 않아 기판력을 가질 수도 없으니, 소외 회사는 위 판결에도 불구하고 피고에게 직접 위 판결에 기하여 된 위 각 소유권이전등기의 말소를 청구할 수 있다고 할 것이라고 판단하였다. (……) 민사소송법 제179조 소정의 공시송달의 요건이 갖추어지지 아니하였다고 하더라도, 재판장의 명에 의하여 공시송달이 된 이상, 원칙적으로 공시송달의 효력에는 영향이 없는 것임은 소론과 같다. 그러나 법인에 대한

송달은 같은 법 제60조 및 제166조에 따라서 그 대표자에게 하여야 되는 것이므로, 이 사건의 경우와 같이 법인의 대표자가 사망하여 버리고 달리 법인을 대표할 자도 정하여지지 아니하였기 때문에 법인에 대하여 송달을 할 수 없는 때에는 공시송달도 할 여지가 없는 것이라고 보아야 할 것이다(당원 1969. 3. 10.자 68마1000 결정; 1978. 2. 28. 선고 77다687 판결 등 참조). 따라서 이와 견해를 같이한 원심판결에 공시송달에 관한 법리를 오해한 위법이 있다는 취지의 논지도 받아들일 것이 못 된다.

(19) 대법원 1992. 1. 21. 91므238 【혼인무효】

1945. 8. 15. 이전에 38도선 이북의 본적상에 혼인신고가 되어 있지 않았던 남녀가 월남하여 군정법령 제179호에 의하여 가호적을 취적하면서 실제로는 혼인신고를 한 바 없음에도 불구하고 마치 본적지에서 이미 혼인신고를 마친 부부인 양 허위의 신고를 하여 혼인관계가 호적상 부부인 것처럼 등재되었다 하더라도 당시에 의용되던 조선호적령에 의한 혼인신고가 없었다면 위 가호적의 기재만으로는 혼인관계가 적법하게 성립될 수 없고 호적상 기재되어 있는 혼인은 무효이다.

(20) 대법원 1993. 3. 12. 91다46854 【소유권보존등기말소】

원심은 (……) 이 사건 부동산은 8.15 해방 후 북한 치하에 있다가 6.25전쟁 이후 수복된 토지로서 그 사이에 등기부가 멸실되었는데, 1979. 6. 1. 이후에 분할과 환지 및 합병으로 인하여 위 제1목록 기재 각 부동산으로 된 사실을 각각 인정할 수 있는바, 그렇다면, 원고와 위 김○남은 원래 위 박○규 소유로 추정되는 위 제1목록 기재 각 부동산을 공동상속하였으므로, 원고가 위 망인 또는 원고 자신이 이를 피고에게 양도한 사실을 부인하고 있음에 반하여, 피고는 위 망인 또는 그 상속인들로부터 이를 승계취득하였다거나 그 밖에 위 소유권보존등기가 실체관계에 부합한다는 주장 입증을 하지 못하고 있는 이상, 피고 명의의 이 사건 보존등기는 원인무효라고 판단한 다음, 피고에 대하여 위 제1 목록 기재 각 부동산 중 1/2지분이 원고의 소유라는 확인을 구함과 동시에 위 각 지분에 관한 이 사건 소유권보존등기의 말소를 구하는 원고의 이 사건 청구를 인용하였다. (……) 원심판결에는 부적절한 증거로 사실을 오인하였거나 증거에 관한 심리를 다하지 아니함으로써 판결에 영향을 미친 위법이 있고, 따라서 이 점을 탓하는 논지는 이유 있다.

(21) 대법원 1993. 3. 26. 92누9272·9289·9296(병합) 【증여세등부과처분취소】

원심은 거시증거들에 의하여, 원고들의 아버지인 소외 조○흠과 소외 이○영은 모두 북한에 있는 신의주에서 출생한 사람들로서 서로 도움을 주고받아 왔고, 위 이○영이 대표이사로 있는 우일설비주식회사가 위 조○흠이 설립한 주식회사 한독의 냉난방시설 공사를 맡아 하였으며, 위 이○영의 처가 대표로 되어 있는 우일정공에서 생산한 시계유리를 위 주식회사 한독에 납품한 사실이 인정되나, 한편 위 조○흠은 1917. 6. 18.생이고, 위 이○영은 1937. 12. 21.생으로서 연령 차이가 20여 년이나 되고 각자 신의주가 출생지이기는 하나 친·인척관계가 없고 별도로 해방을 전후로 월남하여 모두 본적지를 서울특별시로 하여 다시 호적을 신고하였으며, 위 양인은 월남 이후에 알게 된 사실과 주식회사 한독은 전자제품 및 시계 등의 수출업체로서 1978. 7. 31. 기업이 공개되어 그 주식이 주식시장에 상장되었는데, 위 조○흠은 위 기업공개를 전후하여 위 회사 주식 전부를 양도하고 그 이래 위 회사에 아무런 직책도 갖지 않고 회사업무에도 관여하지 아니하는 사실 등을 인정한 후, 그와 같은 인정사실에 비추어보면, 위 두 사람은 상속세법시행규칙 제11조(1991. 3. 9. 재무부령 제1849호로 개정되기 전의 것) 소정의 "동향관계 등으로 인하여 친한 사실이 객관적으로 명백한 자"에 해당한다고 볼 수 없다고 판단하였는바, 관계법령 및 기록에 비추어 살펴보면, 원심의 위와 같은 사실인정과 판단은 정당한 것으로 수긍이 가고 거기에 소론이 지적하는 바와 같은 법리오해나 사실오인의 위법이 없다. 논지는 이유 없다.

(22) 대법원 1995. 11. 28. 94다54924【소유권이전등기】

원심이 확정한 사실에 의하면, 일부 원고들 및 나머지 원고들의 전 점유자(이하 원고 등이라고 한다)가 이 사건 각 부동산을 최초로 점유하게 된 것은 6.25전쟁 전에는 북한에서 거주하던 원고 등이 1. 4후퇴 시에 남하하여 거주할 곳을 찾지 못하고 방황하던 중 피고가 잡종지로서 귀속재산인 이 사건 각 부동산 등을 제공하고 그 위에 토담집을 지어 주어 원고 등이 그곳에 정착하여 이를 생활터전으로 삼아 마을을 이루고 살게 된 것이라는 것이므로, 이는 전시에 국가가 난민대책의 일환으로 피난민인 원고 등이 정착할 때까지 우선 급한 대로 이 사건 각 부동산 등을 무기한 무상으로 사용·수익하면서 생계를 꾸려 나갈 수 있도록 배려하여준 것이라고 보아야 할 것이고, 한편 기록에 의하면, 그 후 위 토지들 중 대부분이 그 점유자들에게 정식으로 불하되기에 이르러 일부 원고들도 이 사건 토지들의 이웃에 있는, 자신의 주거 건물이 세워져 있는 토지들에 대하여는 피고로부터 정식으로 이를 매수하여 소유하고 있음을 엿볼 수 있으므로, 이러한 제반 사정에 비추어보면, 원고 등은 이 사건 각 부동산에 대한 피고의 소유권을 배제하고 이를 자신의 소유물처럼 배타적 지배를 행사하려는 의사를 가지고 점유하여 온 것이라기보다는 피고의 소유임을 전제로 하여 이를 점유한 것이라고 봄이 상당하다 할 것이다.

(23) 대법원 2005. 2. 18. 2004다59362【유체동산인도】

원심은 그 채택 증거를 종합하여, 원고 1은 이 사건 각 도자기 등을 밀수입하였다는 등의 공소사실로, 소외인은 위 원고로부터 위와 같이 밀수입한 이 사건 각 도자기 등의 수리를 의뢰받아 이를 보관하였다는 공소사실로 함께 기소되어 형사재판을 받았는데, 위 사건에서 제1심법원은 위 원고의 이 사건 각 도자기 등 밀수입에 관한 공소사실에 대하여는 구 관세법(1998. 12. 28. 법률 제5583호로 개정되기 전의 것, 이하 '구 관세법'이라 한다) 제179조 제2항 제1호, 제137조 제1항을, 소외인의 이 사건 각 도자기 등 보관에 관한 공소사실에 대하여는 구 관세법 제186조 제1항, 제179조 제2항 제1호를 각 적용하여 이를 모두 유죄로 인정하고 이 사건 각 도자기를 구 관세법 제198조 제2항 본문에 의하여 그 점유자인 소외인으로부터 몰수하는 판결을 선고한 사실 (……) 등을 인정한 다음, 이 사건 각 도자기는 이를 밀수입한 위 원고의 범죄행위로 인하여 취득한 물건일 뿐 아니라 이를 보관한 소외인의 범죄행위에 제공된 것으로서 위 밀수입죄의 범인인 위 원고가 소유하고 위 밀수품보관죄의 범인인 소외인이 점유하는 물품이었으므로, (……) 위 원고와 소외인 누구로부터도 몰수될 수 있는 요건이 갖추어져 있었다고 할 것이어서, 소외인에 대한 위 몰수판결의 효력은 이 사건 각 도자기를 몰수당할 수 있는 지위에 있었던 위 원고에 대하여도 당연히 미친다고 할 것이고, 따라서 위 원고에 대한 관계에서도 이 사건 각 도자기는 위 몰수판결에 따라 그 소유권이 국고에 귀속되었다고 할 것이므로 위 원고는 피고에게 (……) 도자기의 소유권에 기하여 그 인도를 청구할 수 없다는 취지로 판단하였는바 (……) 위와 같이 위 몰수판결의 효력이 원고 1에게도 미치는 이상, 위 각 도자기가 위 원고가 밀수입한 것이 아니라거나, 가사 위 원고가 중국에서 매수하여 반입한 것이라고 하더라도 북한에서 출토된 도자기이기 때문에 구 관세법 소정의 수입이라 할 수 없어 구 관세법상의 몰수 대상에 해당되지 아니한다는 취지의 상고이유는, 이미 확정된 위 몰수판결의 효력을 별개의 민사사건에서 다투는 것으로서 허용될 수 없으므로, 이 점에 관한 상고이유의 주장도 받아들일 수 없다.

(24) 대법원 2009. 4. 23. 2008다95861【소유권말소등기】

원심이 확정한 사실에 의하더라도, 원고가 1951. 2.경 북한으로 피랍된 이후 이 사건 매매계약 당시까지 원고와 소외 1 사이에 연락이 두절되었고, 소외 1이 별다른 직업 없이 두 딸을 부양하면서 이 사건 매매계약 당시까지 경제적으로 어려운 생활을 하고 있었으며, 원고의 친척이자 원고 소속 종중의 회장까지 역임하였던 소외 2 또한 원고의 그러한 가족 상황에 대하여 잘 알고 있었다는 것인바, 그렇다면 1951. 2.경 납북되어 약 17년간 연락도 두절되어 있던 원고가 이 사건 매매계약에 관한 대리권을 수여할 수는 없는 것이고, 그러한 원고 가족의 상황을 잘 알고 있었던 소외 2에게, 당시 원고가 소외 1에게 이 사건 매매계약에 관한 대리권을 주었다고 믿었음을 정당화할 만한 객관적인 사정이 존재하였다고 볼 수는 없다. 그럼에도 원심이, 소외 2로서는 소외 1에게 적법한 대리권이 있다고 믿을만한 정당한 이유가 있다고 판단한 것은 민법 제126조의 표현대리에 있어 정당한 이유에 관한 법리오해로 판결에 영향을 미친 위법이 있고, 이 점을 주장하는 상고논지는 이유 있다.

(25) 대법원 2011. 12. 22. 2009다75949【소유권말소등기】

1. 상고이유 제1점에 대하여

이 사건에서 대법원의 환송판결은 이 사건 각 토지에 관하여 원고의 처 정○섭과 이○식의 매매사실이 없었다는 원고의 상고이유를 그것이 적법한 상고이유가 될 수 없다는 이유로 배척한 것으로서, 위와 같은 매매사실을 인정할 수 없다고 판단한 것은 환송판결의 기속력에 위반된 것이라고 할 수 없다.

2. 상고이유 제2점에 대하여

나아가 관련 법리 및 기록에 비추어 보더라도, 이 사건 각 토지에 관한 매매계약에 관하여 정○섭에게 일상가사대리권이 인정된다거나 민법 제126조 소정의 표견대리가 성립한다는 피고의 주장을 배척한 원심의 판단은 정당하고, 거기에 상고이유의 주장과 같이 부부의 가사대리권 또는 표견대리에 관한 법리를 오해하는 등의 위법이 있다고 할 수 없다.

3. 상고이유 제3점에 대하여

점유자가 점유 개시 당시에 소유권 취득의 원인이 될 수 있는 법률행위 기타 법률요건이 없이 그와 같은 법률요건이 없다는 사실을 잘 알면서 타인 소유의 부동산을 무단점유한 것임이 입증된 경우, 특별한 사정이 없는 한 점유자는 타인의 소유권을 배척하고 점유할 의사를 가지지 아니한다고 보아야 할 것이므로 이로써 소유의 의사가 있는 점유라는 추정은 깨졌다고 할 것이다(대법원 1997. 8. 21. 선고 95다28625 전원합의체 판결 등 참조). 한편, 민법 제245조 제2항에 의한 부동산등기부시효취득을 인정하기 위하여는 소유자로 등기한 자가 10년간 소유의 의사로 평온·공연하게 선의로 부동산을 점유하였다는 요건 외에 점유의 시초에 과실이 없을 것이 요구되며, 이 무과실에 관한 입증책임은 그 등기부시효취득을 주장하는 이에게 있다(대법원 1986. 5. 27. 선고 86다카280 판결 등 참조).

원심은 그 판시와 같은 이유를 들어, 이○식이 이 사건 각 토지에 관한 점유를 개시할 당시에 소유권 취득의 원인이 될 수 있는 법률행위 기타 법률요건 없이 그와 같은 법률요건이 없다는 사실을 알면서 원고 소유의 부동산을 무단으로 점유한 것으로서 자주점유의 추정이 깨졌고, 나아가 이○식에게 과실이 없었다고 할 수 없다고 판단하였다. 앞서 본 바와 같은 법리에 비추어 원심판결 이유 및 기록을 살펴보면, 원심의 위와 같은 판단은 정당하고, 거기에 상고이유로 주장하는 자주점유 및 취득시효에 관한 법리오해 등의 위법이 없다.

(26) 서울고법 1999. 3. 9. 97나56848·56855(병합) 【건물명도 등】

망 소외 1은 1911. 9. 30. 미수복지구인 개성시에서 태어나 그곳에서 살다가 6.25전쟁 중 월남하여 남한에서 거주하면서 1960. 11. 15. 서울지방법원에서 취적허가를 받아 1961. 1. 20. 취적신고를 하여 자신만을 호적에 등재하였다. 소외 1은 소외 2와 결혼하여 1964. 2. 6. 혼인신고를 하였는데 그들 사이에서는 소생이 없었고, 소외 2가 전남편인 소외 3과의 사이에서 출생한 원고(1956. 3. 8.생) 및 소외 4를 데려와 함께 살면서 이들을 양육하였으며, 원고를 1982. 3. 15. 양자로 입양하였다. 소외 2가 1986. 6. 17. 사망하자 소외 1의 조카사위가 운영하는 병원에서 간호보조원으로 근무하던 피고가 1987.경부터 소외 1의 집에 거주하면서 집안일을 도와주었는데 소외 1이 사망할 무렵에는 별지 제1목록 기재 아파트(이하 '이 사건 아파트'라 한다)에서 함께 살았다. (……) 소외 1이 사망한 직후 동인 명의의 유언증서가 발견되었는데, 위 유언증서에는 "자신의 전 재산을 북한에 있는 자신의 처와 5인의 자녀에게 양여하고, 피고는 위 북한에 있는 처자에게 재산이 양도될 때까지 이 사건 아파트에서 거주할 권리가 있으며, 유산의 관리자로 피고와 소외 4를 지정한다"는 내용이 기재되어 있고, 소외 1의 조카인 소외 5가 1996. 8. 31. 서울가정법원에 위 유언장의 검인신청을 하여 1996. 9. 24. 그 검인조서가 작성되었다. (……) 이 사건 유언증서에 관하여 보건대, 위 유언증서에는 유언자인 소외 1이 그 전문과 성명을 자서하고 날인은 되어 있다 할 것이나, 그 이외의 법정기재사항인 주소나 연월일이 명백하게 기재되어 있지 아니하고, 앞서 본 바와 같이 전문에 삽입된 문자에도 그 날인이 되어 있지 아니한 것은 앞서 본 바와 같다. 따라서 소외 1의 유언증서는 그 법정기재사항인 연월일, 주소의 기재가 흠결되어 그 효력이 없다 할 것이므로 피고의 유언집행자 및 수유자로서의 지위는 인정되지 아니하고, 망 소외 1의 재산은 동인의 사망으로 재산상속인인 원고에게 모두 상속되었다 할 것이므로 (……) 피고는 원고에게, 이 사건 아파트를 명도하고, 피고가 소외 1 사망 후 인출한 소외 1의 제 예금액 금 168,454,302원은 법률상 원인 없이 취득한 부당이득으로 이를 지급할 의무가 있다 할 것이고, 위 유언이 유효함을 전제로 한 피고의 반소청구는 더 나아가 판단할 필요 없이 이유 없다 할 것이다.

(27) 서울가법 2004. 5. 20. 98느합1969·2000느합25(병합) 【공유물 분할 등】

원칙적으로 이북에 있어 생사불명이라는 이유만으로 상속인에서 제외될 수는 없다고 할 것이나(대법원 1982. 12. 28. 선고 81다452·453 판결 참조), 이 사건의 경우 재북 상속인들이 현재 생존하고 있는지 여부, 사망하였다면 그 사망시기가 갑의 사망일 전인지 후인지, 그들의 상속인이 존재하는지 여부 등을 확인할 자료가 전혀 없고, 앞에서 본 바와 같이, 재북 상속인들의 경우 가호적에 등재되지 않았으므로, 「부재선고 등에 관한 특별조치법」에 의한 부재선고를 통하여 실종선고를 받은 것으로 간주할 수도 없을 뿐만 아니라(위 조치법 제1조·제2조 제1항·제4조 후문 참조), 취적 절차를 거쳐 위 조치법에 의한 부재선고를 한다고 하더라도, 여전히 그들에게 상속인이 존재하는지 여부 등을 확인할 자료가 없으므로, 만약 이 사건 상속재산분할에서 재북 상속인들을 고려한다면, 도저히 상속인을 확정할 방법이 없고, 따라서 상속재산분할이 불가능하게 되어 이 사건 상속재산을 현재의 불확정한 상태대로 둘 수밖에 없는바, 이는 이 사건 당사자들의 의사에 부합하지 않는 것일 뿐만 아니라, 지나치게 형식적인 논리에 치우쳤다는 비판을 면하기 어렵다. 결국, 이 사건에서는 우선 재북 상속인들을 제외한 채 상속재산분할을 함이 상당하고, 재북 상속인들 또는 그들의 상속인은 후에 상속회복청구권 등의 방법으로 그 권리를 회복하는 수밖에 없다. (상속회복청구권의 경우 제척기간이 있어, 권리 구제가 불가능할 여지도 있는바, 필요하다면 특별법의 제정 등을 통하여 해결하는 수밖에 없을 것이다.)

(28) 서울중앙지방법원 2011. 11. 17. 2011가합26501 【손해배상 등】

1. 손해배상청구 부분

먼저, 피고가 5.24조치를 취하면서 고의 또는 과실로 남북교역업체인 원고의 피해를 최소화하기 위한 적절한 조치를 하지 않았는지 여부에 관하여 본다. 살피건대, 앞에서 든 증거들 및 을(乙) 1 내지 5, 6 내지 8호증(일부 호증 가지번호 포함)의 각 기재에 변론 전체의 취지를 더하여 인정되는 다음과 같은 사정들, 즉 ① 5.24조치는 북한과의 군사적 대치상태에서 천안함 침몰 사건이 발생하자 더는 북한의 안보위협과 군사도발을 좌시할 수 없다는 판단 아래 이루어진 피고의 고도의 정치적 행위인 점, ② 특히 5.24조치는 2010. 3. 26. 천안함 침몰 사건 이후 남북간 극도의 긴장국면에서 전격적으로 이루어진 것으로서 피고의 일반 행정작용과 동일하게 보기 어려운 점, ③ 나아가 원고는 대한민국과 군사적 대치관계에 있는 북한 내 업체와 이 사건 임가공계약을 체결하였으므로 남북관계의 경색에 따라 불측의 손해가 발생할 수 있음을 충분히 예상하였고, 그럼에도 원고 자신의 경제적 이익을 위하여 이를 감수하였다고 보이는 점(위와 같은 위험을 대비하여 교역보험 상품이 존재한다.), ④ 피고는 5.24조치 이전인 2010. 5. 10~5. 12. 원고를 포함한 남북교역업체에게 남북관계의 전망이 불투명하니 북한 측과 신규계약 체결, 원부자재 공급 등을 자제하도록 안내하였고, 5.24조치 이후에도 5.24조치 이전의 계약에 대하여는 일반 교역품의 경우 2010. 11. 4.까지 반입승인을, 위탁가공품의 경우 2011. 2. 28.까지 반출입승인을 한 점, ⑤ 또한 피고는 5.24조치로 인하여 피해를 볼 남북교역업체를 위하여 중소기업청의 일시적 경영애로자금 지원대상에 대북경협업체를 포함시켰고, 남북협력기금에서 특별경제교류협력자금을 조성하여 한국수출입은행의 특별대출을 실시하기도 하였던 점, ⑥ 특히 원고는 5.24조치 이전에 북한으로 보낸 의류자재에 대하여 5.24조치로 인하여 임가공비를 지급하지 못하여 제품을 납품받지 못하였다고 주장하나, 피고가 임가공비 송금을 승인하지 아니한 기간은 2010. 5. 24.경부터 2010. 6. 14.경 이전으로 원고는 그 이전에 새별총회사에게 임가공비를 송금하여 제품을 정상적으로 납품받을 수 있었던 것으로 보이는 점, ⑦ 나아가 피고는 정치적 판단에 따라 개성공단 이외의 업체에 대하여만 5. 24조치를 한 것으로 이와 같은 피고의 조치가 평등원칙에 위반하여 위법하다고 보기는 어려운 점 등의 사정을 종합해보면, 결국 피고의 5.24조치는 남북한 긴장관계 속에서 천안함 침몰 사건을 계기로 전격적으로 이루어진 피고의 고도의 정치적 행위이고, 피고는 원고를 포함한 남북교역업체들의 피해를 최소화하기 위하여 그 나름의 조치를 취하였다고 보이는바, 피고가 고의 또는 과실로 인한 위법한 공무집행으로 원고에게 손해를 가하였다고 볼 수 없으므로, 원고의 위 주장은 이유 없다.

2. 손실보상청구 부분

헌법 제23조 제3항은 "공공필요에 의한 재산권의 수용·사용 또는 제한 및 그에 대한 보상은 법률로써 하되, 정당한 보상을 지급하여야 한다"라고 규정하고 있다. 위 규정에 따라 손실보상청구권이 발생하기 위해서는 공공필요에 의한 재산권의 수용·사용 또는 제한이 있어야 할 뿐만 아니라, 재산권의 사회적 제약을 넘는 특별한 희생이 인정되어야 한다.

이 사건에 관하여 보건대, 5.24조치로 인하여 원고가 북한 내 새별총회사와 이 사건 임가공계약을 제대로 유지하지 못하는 등 일정 부분 재산권 행사의 제약이 있었던 것으로 보이기는 하나, 앞에서 든 증거들에 변론 전체의 취지를 더하여 인정되는 다음과 같은 사정들, 즉 원고의 손해가 피고의 5.24조치에 따른 재산권 행사의 제한으로 인하여 직접적으로 발생하였다고 보기 어려운 점, 원고는 남한과 군사적 대치관계에 있는 북한 내 새별총회사와 이 사건 임가공계약을 체결하였는바, 남북한 관계의 변화에 따라 계약의 이행 또는 그 유지 자체가 불가능해질 수 있는 위험이 상존하므로, 설령 원고가 재산권 행사의 제한을 받는다고 하더라도 그것이 재산권 행사의 사회적 제약을 넘는 특별희생이라고 보기 어려운 점, 나아가 공공필요에 의한 재산권의 수용·사용 또는 제한 및 그에 대한 보상은 법률로써 하도록 규정되어 있으나, 현행법상 원고의 손실에 대한 보상규정이 없는 점 등의 사정에 비추어볼 때, 원고가 피고에 대하여 직접적으로 손실보상청구권을 가진다고 볼 수 없으므로, 원고의 위 주장도 이유 없다.

3. 결론

그렇다면, 원고의 딱한 사정을 감안하더라도, 원고가 대북거래에 관한 손해 발생의 가능성을 스스로 판단하여 이 사건 임가공계약을 체결한 이상, 남북관계 경색에 따른 손해를 보험으로 해결하는 것은 몰라도 직접 정부를 상대로 하여 구하는 이 사건 청구는 어느 모로 보나 이유 없어 이를 기각하기로 하여, 주문과 같이 판결한다.

(29) 헌재 2010. 7. 29. 2009헌가8 【민법 제818조 위헌제청】

제청신청인의 부(父, 망 윤○근)가 1933년 현재의 북한지역에서 김○화와 혼인을 하였고, 그 사이에서 제청신청인 등이 출생하였는데, 이후 위 망인이 대한민국에서 1959년 김○화가 사망하지 않았음에도 사망신고를 하고(김○화는 1997년 사망), 이후 권○희와 혼인신고를 하여, 또 다른 자식들을 출산하였으며, 망인은 1987년 사망하였다. 제청신청인은 2009. 2. 16. 권○희를 상대로 서울가정법원에 망인과 권○희 사이의 혼인이 중혼에 해당한다는 이유로 그 취소를 구하는 소를 제기하고(2009드단14527), 2009. 6. 8. 민법 제818조에 대하여 위헌제청신청을 하였다(2009즈기666). 한편, 제청법원은 위 소송계속 중인 2009. 9. 7. 민법 제818조가 위헌이라고 인정할 만한 상당한 이유가 있다며 이 사건 위헌법률심판제청을 하였다.

(다수의견) 중혼의 취소청구권자를 규정한 이 사건 법률조항은 그 취소청구권자로 직계존속과 4촌 이내의 방계혈족을 규정하면서도 직계비속을 제외하였는바, 직계비속을 제외하면서 직계존속만을 취소청구권자로 규정한 것은 가부장적·종법적인 사고에 바탕을 두고 있고, 직계비속이 상속권 등과 관련하여 중혼의 취소청구를 구할 법률적인 이해관계가 직계존속과 4촌 이내의 방계혈족 못지않게 크며, 그 취소청구권자의 하나로 규정된 검사에게 취소청구를 구한다고 하여도 검사로 하여금 직권발동을 촉구하는 것에 지나지 않은 점 등을 고려할 때, 합리적인 이유 없이 직계비속을 차별하고 있어, 평등원칙에 위반된다. 다만, 이 사건 법률조항을 단순위헌을 선언할 경우에는 기존의 중혼취소청구권자로 규정된 자까지도 중혼취소청구권을 행사할 수 없는 법적 공백상태가 발생하므로, 2011. 12. 31.을 시한으로 입법자의 개선입법이 있을 때까지 잠정적인 적용을 명하는 헌법불합치를 선언한다.

(재판관 김종대의 별개의견) 이 사건 법률조항의 위헌에 대한 주문은 헌법불합치결정으로 할 것이 아니고, 그 심판대상을 특정하고, 구체적인 권리구제가 가능한 "이 사건 법률조항 중 직계 존속과 방계혈족을 중혼취소청구권자로 규정하면서 직계비속을 규정하지 아니한 것은 헌법에 위반된다"는 한정위헌결정의 형식을 취해야 한다.

(재판관 조대현의 반대의견) 중혼 상태의 실상을 보면 전혼은 사실상 해소되고 후혼이 실질적인 혼인기능을 하고 있는 경우가 많은 점, 민법이 중혼을 혼인무효사유로 규정하지 아니하고 혼인취소사유로 규정하고 있는 점 등을 종합하면, 중혼의 취소 여부는 중혼으로 인하여 직접적으로 법익을 침해당한 중혼 당사자와 그 배우자의 자기결정권에 맡겨야 할 사항이라고 봄이 상당하다. 따라서 민법 제818조 중 "직계존속, 4촌 이내의 방계혈족"을 중혼취소청구권자로 규정한 부분은 중혼당사자의 혼인관계상의 권리와 혼인관계에 대한 자기결정권을 부당하게 침해하는 것으로서 헌법에 위반된다고 보아야 한다. 따라서 민법 제818조가

직계비속을 중혼취소청구권자로 규정하지 아니한 것이 위헌이라고 선언해서는 안 된다.

3) 평가

남북한은 분단 이후 냉전체제를 거치면서 정치군사적 대결구도에서 상대방을 규범적으로 인정하지 않았으며, 이에 따라 민사법 분야에서는 교류협력의 여지가 없었다. 1990년대 이후 남북교류협력이 확대되면서 남북한 당국 사이의 정치회담은 물론 경제분야와 사회분야에서 다양한 협력사업이 진행되었다. 그러나 이러한 남북한의 교류협력도 제한된 분야에서 엄격한 통제절차에 따라서 추진되었으며, 남북한 주민 사이의 순수한 교류는 거의 없었다. 이러한 이유로 민사법 분야에서 남북한관계와 관련된 판례는 남북한의 교류협력 과정에서 발생하는 사안에 관한 것이 아니라 분단과 6.25전쟁 과정에서 미수복지구의 농지개혁과 관련하여 발생한 토지소유권의 정비 등 토지재산권을 확정하기 위한 것과 이산가족의 발생과 관련하여 부재신고와 가호적을 통한 혼인관계의 정비를 위한 것이 대부분이었다.

토지소유권의 정비를 위한 사안에 관하여 대법원은 6.25전쟁 이후 북한지역에 소재한 토지소유권의 분쟁을 해결하기 위하여 제정된 「수복지구에 대한 농지개혁법시행령에 관한 특례에 관한 건」(1958. 4. 10)을 해석하고 적용하는 과정에서 다수의 판결을 하였다. 이러한 판결은 수복지구, 자경농지, 경계측량, 명의신탁의 진정성, 대리권 수여 여부 등 요건사실을 인정하는 과정에서 발생하는 증거관계에 관하여 판단한 것으로 그것이 남북한관계에 의미 있는 규범적 기준을 제시하는 것은 아니었다. 다만, 대법원은 남북한의 분단과 특수성을 고려하여 의미 있는 판결을 하기도 했다. 즉, 북한에 거주하여 생사불명인 자를 남한에 거주하다가 행방불명된 것처럼 허위로 주소를 기재하여 공시송달을 통해 확정판결을 받아 소유권이전등기를 경료한 것은 비록 허위 주소를 기재하였다고 하더라도 적법한 공시송달의 방법을 통해 확정되어 기판력을 갖고 있으므로 재심으로 취소되지 않는 한, 위 판결에 기한 소유권이전등기의 말소를 구할 수 없다고 판단하였으며,[9] 회사가 해방 이전 북한지역에 주소를 두어 법인등기부가 존재하지 않고, 그 대표도 이미 사망한 경우에는 송달 자체가 불가능한 경우인데도 공시송달의 방법을 통하여 선고된 판결은 아직 위 회사에 송달되었다고 할 수 없고 확정되지도 않아 기판력도 가질 수 없다고 하였다.[10]

또한, 대법원은 전시에 국가가 난민대책의 일환으로 피난민인 원고 등이 정착할 때까지 부동산 등을 무기한 무상으로 사용·수익하면서 생계를 꾸려 나갈 수 있도록 배려하여준 것에 대하여는 그 사용자가 국가의 소유권을 배제하고 이를 자신의 소유물처럼 배타적 지배를 행사하려는 의사를 가지고 점유하여온 것이 아니라 타인의 소유임을 전제로 점유한 것이라고 판단하였다.[11] 또한, 대법원은 북한주민이 처음으로 남한지역에 있는 토지에 대하여 소유권에 기한 반환소송을 제기한 사건에서 월북 또는 납북되어 북한에 거주하는 주민의 남한지역 내의 토지 소유권도 남한주민과 마찬가지로 법적으로 보호된다는 것을 전제로 하면서도, 6.25전쟁 중에 납북되어 약 17년간 연락이 두절되어 있던 자는 매매계약에 관한 대리권을 수여할 수 없고, 그 자의 가족관계 등 사정을 잘 알고 있었던 자는 그와 같은 대리권의 수여를 믿었음을 정당화할 만한 객관적인 사정이 존재하였다고 볼 수 없다고 판단하였다.[12]

대법원은 남북한 주민의 혼인과 상속에 대하여도 많은 판결을 하였으나, 그 대부분은 남북한의 분단과 6.25전쟁에 따른 혼란을 정비하기

---

9 대법원 1987. 3. 24. 86다카1958.
10 대법원 1991. 10. 22. 91다9985.
11 대법원 1995. 11. 28. 94다54924.
12 대법원 2009. 4. 23. 2008다95861.

위하여 군정법령 제179조에 의한 가호적에 의한 취적과 부재선고 등에 관한 특별조치법의 해석과 적용에 관한 것이었다. 즉, 대법원은 해방 이전에 북한의 본적에 혼인신고를 하지 않았던 남녀가 월남하여 가호적을 취적하면서 마치 혼인신고를 한 부부인 것처럼 허위의 신고를 하여 호적상 부부인 것처럼 등재되었다 하더라도 당시에 의용되던 조선호적령에 의한 혼인신고가 없었다면 위 가호적의 기재만으로는 혼인관계가 적법하게 성립될 수 없어 그 혼인은 무효라는 입장을 유지하고 있다.[13] 또한, 대법원은 이미 혼인한 자가 법원의 취적허가를 받아 취적하는 기회에 마치 북한에 있는 종전의 원적지에서 타인과 이미 적법하게 혼인신고를 마친 법률상의 처인 양 입적하여 이중의 호적을 갖게 된 경우에 그 정정은 신분관계에 중대한 영향을 미치는 사항이므로 호적정정의 방법으로 말소할 수는 없고, 이중호적에 기재된 혼인의 무효판결 등 확정판결을 통해야 한다고 결정하였다.[14]

현재의 남북한관계와 상황에서는 민사법과 관련하여 남북한 사이에서 발생하는 사안에 대한 사법적 판단은 이산가족의 상봉과 그로 인한 혼인과 상속에 관한 사항에 국한되고 그 밖에는 그리 많지 않을 것으로 예상된다. 그러나 향후 북한의 체제변환 등 남북한관계의 획기적인 변화와 발전이 있을 경우에는 남북한 사이의 민사법 분야에서도 다양한 법적 분쟁이 발생하고 이를 해결하는 과정에서 사법적 판단이 다수 필요할 것이다. 이러한 의미에서 남북한 민사 문제에 대한 법률충돌과 남북한 이산가족의 재결합에 따른 혼인 및 상속에 관한 법률분쟁을 해결하는 규범적 기준을 마련할 필요가 있을 것이다.

이와 관련하여 최근 남한주민이 북한에 소재한 토지를 상속받았다는

---

13 대법원 1970. 7. 28. 70므9, 대법원 1987. 2. 24. 86므119, 대법원 1992. 1. 21. 91므238 등.

14 대법원 1991. 7. 23. 91스3.

이유로 소유권확인과 국가명의의 소유권보존등기의 말소를 청구한 것에 대하여 소송물이 특정되지 않았다는 이유로 기각하였으나, 북한에 소재한 토지라도 정당한 법률상 권원이 있고, 그 대상 토지를 특정할 수 있으면 그 소유권을 인정할 수 있다고 판단한 판결은 북한에 소재한 토지와 관련한 법적 권리의 기준을 제시한 것으로 평가된다.[15] 한편, 북한주민이 남한주민을 상대로 가족관계와 상속관계에 대하여 소송을 제기한 적이 있는데, 2000년 10월 북한주민인 원고가 남한에서 거주하다가 사망한 부(父)의 남한에서 성립한 혼인에 대한 혼인무효의 소와 원래 호적에 등재되어 있던 북한의 처자식이 가호적에서 삭제된 것을 복원하기 위한 취적허가신청을 제기하였고, 2001년 6월에는 원고가 서울지방검찰청 검사를 상대로 위 사망한 부(父)의 친자임을 주장하면서 인지청구의 소를 제기하였다.[16] 이 사건은 남북한 분단 이후 처음으로 북한주민이 남한주민을 상대로 남한법원에 소송을 제기한 것이었으나, 소송이 진행되는 중에 당사자들이 합의하여 2002년 4월 19일 소를 취하함으로써 사법적 판단을 받지 못하고 종결되었다.[17]

대법원은 북한주민의 재산상속과 관련하여 직계비속인 딸이 한 사람 더 있다면 북한에 있어 생사불명이라는 이유만으로는 재산상속인에서 제외될 수 없다고 판단하였다.[18] 한편, 서울고등법원은 상속재산의 협의분할은 공동상속인 사이의 계약으로서 공동상속인 전원이 참여하여야 하고 일부 상속인만으로 한 협의분할은 무효이지만 이미 해당 부동산에 대하여 등기가 경료된 경우에는 공동상속인 일부가 1945년 북한인 황해도로 출가한 사정만으로는 1971년 상속재산의 협의분할이 공동상

---

15 대법원 2011. 3. 10. 2010다87641.

16 서울가정법원 2001드단50251, 2002드합8707 등.

17 이에 대한 자세한 내용은 배금자, 「북한주민소송」, 『시민과 변호사』, 2004. 2, 73-86쪽.

18 대법원 1982. 12. 28. 81다452,453.

속인 전원이 참여하지 아니한 채 이루어진 것이라고 단정하기에 부족하다고 판단하였다.[19] 서울가정법원은 대법원의 위와 같은 입장을 인정하면서도 상속재산분할에서 북한에 거주하고 있는 상속인들을 고려한다면 상속인을 확정할 수 없어 상속재산을 현재의 불확정한 상태로 둘 수밖에 없으므로 우선 북한에 거주하고 있는 상속인들을 제외한 채 상속재산분할을 하는 것이 상당하다고 인정하고, 북한에 거주하고 있는 상속인들 또는 그들의 상속인은 후에 상속회복청구권 등의 방법으로 그 권리를 회복하는 수밖에 없다고 판단하였다.[20] 한편, 이 사건은 2007년 6월 25일 당사자가 합의하여 소를 취소함으로써 종결되었는데, 이 판결에서는 상속회복청구권의 경우에는 제척기간이 있어 권리구제가 불가능할 수도 있다는 것을 인정하면서 북한에 거주하고 있는 상속인들을 위하여 특별법의 제정 등을 통하여 해결하는 수밖에 없다는 점을 밝혔다.

최근에는 북한에 있는 자녀들이 남한주민을 상대로 혼인 등 가족관계와 상속관계에 대하여 제기한 소송에서 서울가정법원 등 법원과 헌법재판소가 남북한 주민의 혼인과 상속에 관한 법적 쟁점에 대하여 중요한 판결을 하였다. 즉, 서울중앙지방법원은 2008년 12월 북한주민인 원고들이 남한주민인 피고들을 상대로 제기한 미상속등기 부동산 처분금지 가처분신청을 받아들였는데, 이는 북한주민이 채권자로서 제기한 신청을 인용한 첫번째 사례이며, 원고들의 주민등록번호가 없어 부동산 등기부등본에는 원고들이 이름만 기재하였다.[21] 또한, 서울남부지방법원은 2009년 7월 북한주민인 신청인이 제기한 가족관계등록창설 허가 신청에 대하여 이를 인용하면서 가족관계등록신분표의 기본사항의 특

---

19 서울고등법원 2011. 1. 19. 2010나37266.
20 서울가정법원 2004. 5. 20. 98느합1969 · 2000느합25.
21 서울중앙법원 2008. 12. 23. 결정 2008가합4303.

정등록사항 부분과 가족관계사항 부분에 신청인의 이름과 출생연월일만 기재하고 주민등록번호 부분은 공란으로 두었고, 신청인의 부모에 대하여는 출생연월일과 주민등록번호 부분을 공란으로 두었다.[22] 이는 서울남부지방법원이 북한주민에 대하여도 대한민국의 국민으로서 자격을 인정하여 이들에 대하여 가족관계등록을 배제할 이유가 없다고 판단하면서도 가족관계등록의 창설로 인하여 신청인과 실체법적 신분관계가 직접 인정되지는 않으며 신청인이 기재한 부모의 본적과 원적, 주민등록번호 등은 친자관계확인소송 등을 통하여 규명하도록 한 것으로 이해된다.

서울가정법원은 친생자관계존재확인청구의 소에 대하여 앞에서 본 바와 같이 유전자검사의 결과, 사진과 동영상 등 자료 등을 근거로 원고들과 피상속인의 친생자관계의 존재를 인정하였으며, 소의 제소기간에 대하여도 원고들이 북한지역에 거주하고 있어서 남한에 거주하고 있던 피상속인의 사망 사실을 사전에 알고 있었다고 보기 어려워 이 법정에 나온 증인에게서 그 사실을 통보받은 2008년 4월에야 비로소 알게 되었다고 판단하여 제소기간을 인정하였다.[23] 한편, 원고들은 피상속인의 남한 배우자를 상대로 혼인취소의 소를 제기하고 그 소송계속 중 중혼취소권자에서 직계비속을 제외한 민법 제818조가 위헌이라고 주장하면서 위헌법률심판제청을 신청하였고, 서울가정법원은 위 신청을 받아들여 헌법재판소에 위헌법률심판제청을 하였다. 헌법재판소는 위 민법조항은 합리적인 이유 없이 직계비속을 차별한다는 이유로 헌법에 위반된다고 하면서도 법적 공백과 혼란을 방지할 필요성이 있으므로 위 민법조항을 2011년 12월 31일을 시한으로 입법자의 개선입법이 있을 때까지 계속 적용할 것을 내용으로 하는 헌법불합치결정을 하였다.[24]

---

22 서울남부지방법원 2009. 7. 15. 2009호파2762 가족관계등록창설.
23 서울가정법원 2010. 12. 1. 2009드단14534.

이에 따라 서울가정법원은 원고의 혼인취소청구의 소에 대하여 원고적격이 없다는 이유로 각하하였으며,[25] 인지청구의 소에 대하여도 원고들은 모두 피상속인의 혼인 중에 출생한 자로서 위 친생자관계존재확인의 소에서 승소하였으므로 혼인 외의 자만 제기할 수 있는 인지청구는 원고적격이 없다는 이유로 각하하였다.[26]

서울중앙지방법원은 2011년 7월 11일 원고들이 청구한 소유권이전등기 등 상속회복청구에 대하여 "북한 남매 4명이 부동산 일부와 현금을 받는 선에서 조정이 됐다. 정확한 액수는 밝히지 않기로 했다"고 설명하였다.[27] 이 사건에서 서울가정법원이 북한에 있는 자녀들과 남한에 있는 부 사이의 친생자관계를 인정한 것이나 헌법재판소가 중혼취소소송과 함께 위헌법률심판제정신청을 통해 중혼취소청구권자에서 직계비속을 제외한 것이 위헌이라고 결정한 것은 중요한 의미가 있다고 할 것이다. 특히, 헌법재판소의 헌법불합치결정의 대상사건 등에서 서울가정법원은 남북한 사이의 섭외적 법률관계에 국제사법을 그대로 적용할 수는 없지만, 실질적 관련성을 고려하여 국제사법의 규정을 유추적용하여 재판관할권과 준거법을 정할 수 있다는 입장을 확인하였으며, 망인의 직계비속이 남한에서 성립한 망인의 제2의 혼인을 취소청구하는 것이 권리남용에 해당할 수 있다고 판결한 것은 남북한특수관계론의 입장을 구체적으로 적용한 사례에 해당한다고 평가할 수 있다.[28] 한편, 최근 서울중앙지방법원은 남북교역업체가 정부의 5.24조치로 발생한 재산상 손해에 대하여 손해배상 또는 손실보상을 청구한 사안에서 5.24조치를 정부의 고도의 정치적 행위로 인정하여 정부에 대하여 손해배상

---

24 헌재 2010. 7. 29. 2009헌가8.

25 서울가정법원 2010. 10. 29. 2009드단14527.

26 서울가정법원 2010. 12. 1. 2009드단14084.

27 2011. 7. 13. 조선일보, 중앙일보 등

28 서울가정법원 2010. 10. 29. 2009드단14527, 서울가정법원 2010. 12. 1. 2009드단14534, 서울가정법원 2009. 8. 28. 2009즈기666, 헌재 2010. 7. 29. 2009헌가8.

책임을 인정하지 않고, 5.24조치로 발생한 재산상의 제한에 대하여도 이를 사회적 제약을 넘는 특별희생으로 보지 않아 손실보상책임도 인정하지 않았다.[29] 또한, 대법원은 2011년 12월 22일 6.25 전쟁 중에 납북된 북한주민이 남한에 있던 딸을 재산관리인으로 선임한 후 남한에 있던 처가 매도한 부동산에 대한 소유권말소등기소송에서 납북된 원고가 남한의 처에게 매매계약의 대리권을 부여했다고 인정하기 어렵고, 그 매매계약에 대하여 처에게 일상가사대리권이 인정된다거나 표견대리가 성립하는 것도 아니라고 판단하여 원고에게 승소판결을 하였다.[30] 이는 납북되어 북한에 거주하고 있는 원고에게 남한에서 매매계약이 이루어진 부동산의 소유권을 인정하고 원고의 처가 체결한 위 부동산 매매계약의 효력을 부인한 것이다.

3. 행정법 관련

1) 대표판례: 대법원 1999. 7. 23. 98두14525 【북한주민접촉신청불허처분취소】

① 판례요지

1. 사건의 개요

피고 통일부장관은 민간 차원의 대북 지원을 능력과 의지 및 협상력을 갖추고 있다고 평가되는 대한적십자사를 통하여서만 하도록 제한하기로 방침을 정하고 그 방침에 근거하여 원고에게 원고가 추진하는 대북 지원을 대한적십자사를 통하여 하도록 협조해줄 것을 요청하는 한

---

29 서울중앙지방법원 2011. 11. 17. 2011가합26501.

30 대법원 2011. 12. 22. 2009다75949.

편, 원고 자신이 북한적십자사 관계자와 직접 접촉하여 대북 지원을 하겠다면서 신청한 북한주민접촉승인신청은 이를 불허하였다.

2. 판결요지

[1] 남북 사이의 화해와 불가침 및 교류협력에 관한 합의서의 법적 성격

남북 사이의 화해와 불가침 및 교류협력에 관한 합의서(이하, '남북기본합의서'라 줄여 쓴다)는 남북관계가 "나라와 나라 사이의 관계가 아닌 통일을 지향하는 과정에서 잠정적으로 형성되는 특수 관계"(합의서 전문)임을 전제로, 조국의 평화적 통일을 이룩해야 할 공동의 정치적 책무를 지는 남북한 당국이 특수관계인 남북관계에 관하여 채택한 합의문서로서, 남북한 당국이 각기 정치적인 책임을 지고 상호 간에 그 성의 있는 이행을 약속한 것이기는 하나 법적 구속력이 있는 것은 아니어서 이를 국가 간의 조약 또는 이에 준하는 것으로 볼 수 없고, 따라서 국내법과 동일한 효력이 인정되는 것도 아니다.

[2] 북한주민의 접촉에 정부의 승인을 얻도록 규정한 「남북교류협력에 관한 법률」 제9조 제3항의 위헌 여부(소극)

「남북교류협력에 관한 법률」(이하 '법'이라 한다)은 남북 간의 교류협력이 헌법 전문과 제4조 등의 통일조항이 천명하는 자유민주적 기본질서에 입각한 평화적 통일을 이룩하는 데 가장 현실적이고 효과적인 수단이라는 인식하에 그 추진을 위한 법적 장치로 마련된 법률로서, 그 제정·시행으로 모든 국민에게 남북 간의 왕래·교역·협력사업 및 통신 역무의 제공 등 남북교류와 협력을 목적으로 하는 행위를 다른 법 규정과 달리 긍정적으로 보장하기에 이르렀으나, 북한이 아직 우리의 자유민주적 기본질서에 위협이 되고 있음이 부인할 수 없는 현실인 이상 자유민주적 기본질서에 입각한 평화적 통일을 추진할 책무를 부담하고

있는 정부로서는 남북 간의 교류협력이 자유민주적 기본질서를 해치지 않는 범위 내에서 평화적 통일에 도움이 되는 방향으로 행해지도록 조정할 필요가 있다. 법 제9조 제3항이 북한주민의 접촉에 정부의 승인을 얻도록 한 것은 북한주민과의 접촉이 위와 같이 남북교류와 협력을 위하여 정당하다고 인정되는 범위 내에서 행해지도록 조정함으로써 자유민주적 기본질서에 입각한 평화적 통일을 이룩하고자 함에 그 목적이 있는 것이므로 법 제9조 제3항을 들어 헌법상의 통일원칙에 위배되는 위헌조항이라고 할 수 없다.

그리고 헌법상 보장된 국민의 자유와 권리도 무제한적으로 향유할 수 있는 것은 아니고, 국가의 안전보장이나 질서유지 또는 공공복리를 위하여 필요한 경우에는 그 본질적인 내용을 침해하지 아니하는 한도 내에서 제한될 수 있는 것이므로, 법 제9조 제3항이 북한주민의 접촉에 정부의 승인을 얻도록 한 것은 국민이 북한주민과 접촉하는 것을 원천적으로 금지하고자 함에 있는 것이 아니라 북한이 우리의 자유민주적 기본질서에 현실적인 위협이 되고 있음을 고려하여 북한주민과의 접촉이 남북교류와 협력을 위하여 정당하다고 인정되는 범위 내에서 행해지도록 조정하기 위한 것에 지나지 아니한다. 따라서 남북교류와 협력을 위하여 정당하다고 인정되는 범위 내의 북한주민의 접촉은 이를 승인하여야 할 것이지만, 그 승인과정에서 국민의 자유와 권리가 다소 제한될 수 있다 하더라도 그러한 제한은 어디까지나 국가의 안전보장이나 질서유지를 위하여 필요한 최소한의 것이라 아니할 수 없고, 위 조항의 의미를 위와 같이 한정적으로 해석하는 한 그와 같은 제한이 국민의 자유와 권리의 본질적인 내용을 침해하는 것이라고 할 수도 없다. 법 제9조 제3항은 언론·출판·집회·결사의 자유를 규정한 헌법 제21조, 통신의 자유를 규정한 헌법 제18조, 헌법 제37조 제1항의 헌법에 열거되지 아니한 자유와 권리의 보장조항, 헌법 제37조 제2항의 과잉금지 및 기본권의 본질적 내용 침해금지 조항, 헌법상의 포괄위임금지 원칙 및 법치주의 원칙 등에 위반되지 아니한다.

[3] 대한적십자사를 통하지 아니한 민간 차원의 대북지원을 위한 북한주민접촉신청을 불허한 것이 재량권의 범위를 일탈·남용한 것이 아니라고 한 사례

우리는 북한주민과 핏줄을 나눈 동포로서 식량난 등으로 어려움에 처해 있는 북한주민을 동포애에 기초하여 도와야 할 입장에 있다고 하는 점은 굳이 상고이유가 지적하지 않더라도 누구나 수긍할 수 있는 바이다. 그러나 현 상황에서 그 돕는 방법과 절차를 국민 개개인의 완전한 자율에 맡겨야 한다고 하는 것은 남북관계의 특수성을 전혀 도외시한 주장이라고 하지 않을 수 없다.

북한 당국은 북한주민들이 식량난으로 인하여 어려움에 처해 있는 가운데에서도 대남적화통일노선을 포기하지 않은 채 잠수함침투·핵무기개발 등의 대남도발과 군비증강을 계속하고 있는 것은 주지의 사실이므로, 이러한 현실 상황 아래서 북한주민의 지원은 그 지원이 북한 당국에 의해 군사용 등 타 목적으로 전용되는 것을 방지할 수 있도록 그 분배의 투명성이 보장된 가운데 북한주민에게 실질적으로 도움이 되는 방법으로 이루어져야 하고, 나아가 그 지원으로 인하여 우리의 자유민주적 기본질서가 위협받는 결과가 초래되지 않도록 질서 있고 이성적으로 추진되어야 할 것이므로, 그를 위하여 가장 효율적이고도 필요한 방법은 민간 차원의 대북 지원 창구를 대북 지원을 위한 능력과 의지를 갖고 있으면서 동시에 지원물자 분배의 투명성 확보를 위한 대북협상력도 아울러 갖춘 일정한 범위 내의 단체로 제한하는 방법이 될 것이다.

앞에서 본 대북 지원 창구 제한의 필요성, 그리고 굳이 원고 자신이 북한적십자사 관계자와 직접 접촉하지 않더라도 원고가 의도하는 북한주민 지원의 목적은 얼마든지 달성할 수 있는 점 등에 비추어보면, 원

고가 승인 신청한 북한주민접촉은 남북 교류와 협력을 위한 정당한 범위 내의 것이라고 보기 어렵다고 할 것이므로 이를 불허한 피고의 이 사건 처분은 재량 범위 내에서 정당하게 이루어진 것이지 비례의 원칙에 위배하여 재량권을 남용하였거나 그 범위를 일탈한 처분이라고 할 수 없다.

② 해설

이 사건은 1996년 8월 '민주사회를 위한 변호사 모임'이 1995년과 1996년의 연속된 수해로 식량난에 처한 북한주민을 돕기 위해 북한 적십자사에 쌀과 현금을 전달할 목적으로 통일부에 북한주민접촉승인신청서를 제출하였고, 당시 정부가 '대북지원창구 일원화' 및 '쌀과 현금 지원 제한' 방침에 따라 남북교류협력법 제9조 제3항 등을 근거로 북한주민접촉승인신청에 불허처분을 하자 이에 불복하여 행정소송을 제기한 것이다.

'민주사회를 위한 변호사 모임'은 통일을 위한 남북한 간의 대화와 협조·교류와 협력·접촉과 화합 등은 전 민족 구성원의 기본적인 권리이자 기본적인 의무이며 정부는 통일에 대한 기본 권리를 실현하는 것을 적극적으로 도와야 할 헌법적인 의무가 있다고 주장하였다. 이를 전제로 우리 국민이 북한주민을 접촉하는 경우 통일부장관의 승인을 얻도록 하고 있는 남북교류협력법 제9조 제3항은 헌법에서 보장하고 있는 통일의 주체인 남한주민의 통일에 대한 권리를 지나치게 제약하고 있고, 조국의 평화적 통일의 사명을 다해야 하는 정부의 의무, 정의·인도·동포애를 통한 민족단결을 규정한 헌법전문, 자유민주적 기본질서에 입각한 평화적 통일원칙을 규정한 헌법 제4조와 정면으로 배치되므로 위헌이라고 주장하였다. 또한, 위 규정은 위임의 범위가 지나치게 광범위하여 헌법 제75조의 포괄적 위임금지원칙과 제4조의 법치주의원칙, 제37조 제2항의 과잉금지원칙에 위배되므로 위헌이라고 주장하였다.

통일부장관은 이에 대하여 “평화통일의 수단이자 방편인 남북교류협력이 국가안보라는 가치보다 우선할 수는 없으며, 더욱이 무질서하거나 신변안전의 위험을 내포하는 교류협력 또는 정부의 종합적·체계적인 대북 및 통일정책 또는 남북교류협력 질서를 해치면서까지 감행하려는 남북교류협력에 대해서는 적절한 규제가 가해져야 한다고 할 것이다. 이는 국민의 남북교류협력권을 인정하는 경우에도 그러한 자유와 권리(남북교류협력권)에 가해지는 내재적 제한이라고 할 수 있다. 더욱이 통일부장관의 승인제가 ‘국가안전보장·질서유지 또는 공공복리’를 위해 필요한 범위 내에서 일관성 있게 집행될 경우 그것은 어디까지나 합리적이며 합목적적인 규제라고 할 것이며, 결코 국민의 자유와 권리의 본질적 내용을 침해하는 것이라고 볼 수 없다”고 하면서 「남북교류협력에 관한 법률」 제9조 제3항이 헌법에 위반되지 않는다는 입장을 표명하였다.

대법원은 이 판결에서 북한이 아직까지 우리의 자유민주적 기본질서에 위협이 되고 있는 한 자유민주적 기본질서에 입각한 평화적 통일을 추진할 책무를 부담하고 있는 정부로서는 남북한 사이의 교류협력이 자유민주적 기본질서를 해치지 않는 범위 내에서 평화적 통일에 도움이 되는 방향으로 행해지도록 조정할 필요가 있다고 하였다. 이에 따라 「남북교류협력에 관한 법률」 제9조 제3항이 북한주민과 접촉하는 데 정부의 승인을 얻도록 한 것은 북한주민과 접촉하는 것이 위와 같이 남북교류와 협력을 위하여 정당하다고 인정되는 범위 내에서 행해지도록 조정함으로써 자유민주적 기본질서에 입각한 평화적 통일을 이룩하고자 함에 그 목적이 있는 것이므로 헌법상의 통일원칙에 위배된다고 할 수는 없다고 판단하였다. 또한, 북한주민과 접촉하는 데에 정부의 승인을 얻도록 한 것은 국민이 북한주민과 접촉하는 것을 원천적으로 금지하려는 것이 아니며, 남북교류와 협력을 위하여 정당하다고 인정되는 범위 내의 북한주민 접촉은 승인해야 할 것이지만 그 승인과정에서 국민의 자유와 권리가 다소 제한될 수 있다 하더라도 그러한 제한은 어디까지나 국가의 안전보장이나 질서유지를 위하여 필요한 최소한에 한정되어야 하므로 그와 같은 제한이 국민의 자유와 권리의 본질적인 내용을 침해하는 것이라고 할 수는 없다고 보았다. 대법원은 이 사건에 있어서 대한적십자사를 통하지 아니한 민간 차원의 대북지원을 위한 북한주민접촉신청을 불허한 것이 재량의 범위 내에서 정당하게 이루어진 것이지 비례의 원칙에 위배하여 재량권을 남용하였거나 그 범위를 일탈한 처분이라고 할 수는 없다고 판단하였다.

2) 관련판례 요지

(1) 대법원 1971. 2. 23. 70누140【한지의사응시자격인정합격취소처분취소】

원판결이 판시한 원고에게 관한 반공법위반사건의 유죄판결(갑 제5호증)에 의하면 원고는 1969. 3. 28.에 원판시 제3회 한지의사자격시험에 합격하기 이전인 1969. 2. 중순경에 서울 서대문구 응암동 (지번 생략) 소외 1 경영 (병원 이름 생략)병원 2층 입원실에서 목공 소외 2와 같이 자면서 고향이야기를 하다가 "이북에 아들이 있는데 인민군으로 서부전선 부근에 배치되었으며, 이북에는 집단농장제도가 있어서 평등히 잘 살고 거지가 없으며, 이북보다 중공이 살기 좋고 대한민국은 외국차관이 많아서 1970년대에는 경제 사정이 위태롭고 만일 전쟁이 일어나면 이북에 처자가 있어서 이북에 가서 살겠다"고 이야기하고 같은달 25일 오후 9시경 서울 서대문구 응암동 (지번 생략) 소외 3 경영 (상호 생략) 중국음식점에서 소외 3에게 "자기아들이 38선 부근 인민군 사령관으로 있어서 대한민국에서 의사면허가 나오지 않는데 이북에 살 때에는 잘 살았고 거지도 없으며 평등하게 잘살았다. 대한민국은 외국차관이 많아 1970년도에는 위험하며 한번 뒤집히면 고향인 이북으로 가서 살겠다"

고 말하여서 반국가단체를 찬양동조하여 그를 이롭게 하는 범행을 저질렀음이 분명하고 원고는 이 범죄사실로 인하여 1959. 11. 25.에 서울형사지방법원에서 징역 1년 및 자격정지 1년에 처형되고 2년간 형집행유예의 선고를 받은 것이 분명한바, 원심이 이와 같은 사실관계를 감안하여 원고는 「미수복지 등에서 귀순한 의약업자에 관한 특별조치법」 제2조 제2항에서 말하는 사상이 온건하며 성실하게 생활을 영위하는 이른바 귀순자라고는 볼 수 없다고 판단한 것은 정당하고, 이를 근거 없이 논란하는 상고 논지는 채용할 수 없다.

(2) 대법원 1975. 12. 9. 75누123 【의사면허취소처분취소】

원심 인정사실과 같이 원고가 해주의학전문학교를 졸업한 사실이 없음에도 불구하고 그 학교의 3년간 전 과정을 이수하여 졸업하였다는 허위내용의 이력서 학력보증증명서를 이 사건 한지의사자격시험 응시자격 인정신청서에 첨부 제출하였다면 해주의학전문학교의 졸업시험(즉 펠셀시험)에 합격하여 북한에서 한지의사자격을 취득 근무하였다는 원고의 주장도 허위로 돌아간다고 볼 것이다. 원심의 전권에 속한 증거취사 및 사실인정을 비의하는 것으로 귀착되는 논지는 이유 없다. (……) 원심이 위에서 본 바와 같은 원고의 한지의사자격시험에 응시하기 위한 그 응시자격인정의 결정을 사위의 방법으로 받은 이상 이에 터잡아 취득한 한지의사 면허처분도 면허를 취득할 수 없는 사람이 취득한 것이므로 하자 있는 처분이 된다고 할 것이므로 피고가 그와 같은 하자 있는 처분임을 이유로 원고가 취득한 이 사건 한지의사면허를 취소하는 처분을 하였음은 적법하다고 하였음은 정당하다 할 것이고 논지가 말하는 바와 같은 법리오해의 위법이 있다고 볼 수 없다.

(3) 대법원 1977. 8. 23. 76누315 【의료유사업자자격증교부취소처분취소】

원심이 위에서 본 원고들 제출증거들은 원고들이 침술, 구술 등의 영업면허증을 얻었다는 것에 대한 입증이 되지 못한다는 취지에서(갑 제14호증의 기재에는 원고 조○호가 침사면허증을 받았다는 기재가 있고 증인 김동규의 증언에 원고 한경희가 침술면허증을 취득하였다는 진술이 있기는 하다) 이를 모두 배척하고 있는바 동 증거들은 원고들이 일정시 이북에서 침구사시험에 합격하여 침구사자격을 인정받은 자임을 인정할 자료가 된다 할 것임에도 불구하고 위 개정 의료법의 규정에 대한 해석을 달리하는 전제에서 증거에 대한 판단을 한 끝에 원고들이 의료유사업자격증의 갱신교부신청을 할 수 있는 자격이 없다고 결론지었음은 법률의 해석을 그릇하고 증거에 대한 취사판단을 잘못한 채증법칙의 위배가 있다고 할 것이고, 다음에 기록에 의하여 살펴보면 원고들은 월남할 때에 침구사자격증을 북한에 두고 가져오지 못하거나 북한 당국에 빼앗겨서 소지하지 않고 있다는 취지이므로 이렇다면 위 보건사회부 공고에서 말하는 자격증 분실자와 같이 볼 수는 없다고 함이 상당하다 할 것인데도 원고들을 위 공고에서 말하는 자격증의 분실자로 본 것은 위 개정 의료법 및 보건사회부 공고의 법리를 오해한 위법이 있어 아울러 판결에 영향을 미쳤다 할 것이고 논지는 이유 있다.

(4) 대법원 1986. 7. 8. 84누653【외국의사면허증인정확인 등】

원고의 상고이유의 판단에 앞서 직권으로 살피건대, 원심판결은 원고가 일제강점기 때 만주국 의사인허를 취득하여 가지고 있다가 1946년 중국 의사면허를 취득하여 6.25전쟁 전까지 북한에서 의사로 근무하다가 월남하였는데 현행 의료법 및 동시행령에 따라 외국의사로서 국내의사시험 응시자격을 얻기 위하여 1983. 11. 15 소정서류를 갖추어 피고에 대하여 외국의사면허인정 신청을 한 데 대하여 피고가 1983. 12. 26.자로 이를 거부한 사실은 당사자 사이에 다툼이 없다고 설시한 다음 원고의 이 사건 신청을 거절한 피고의 처분은 정당하다고 판단하고 있다. 그러나 행정소송에 있어서 쟁송의 대상이 되는 행정처분의 존부는 소송요건으로서 직권조사사항이라고 할 것이고 자백의 대상이 될 수는 없다고 할 것이므로 설사 그 존재를 당사자들이 다투지 아니한다고 하더라도 그 존부에 관하여 의심이 있는 경우에는 이를 직권으로 밝혀보아야 할 것이다(당원 1983.12.27 선고 82누484 판결 참조).

(5) 대법원 1988. 12. 27. 87누547 【외국의사면허증인정확인】

1966. 7. 14.자 법률 제1796호로서 공포·시행되다가 1971. 12. 31.자로 폐지된 「미수복지 등에서 귀순한 의약업자에 관한 특별조치법」 제3·5조 같은 법 시행령 제9·10조의 각 규정에 의하면, 대한민국 국민으로서 중공 등 공산 치하에 있는 지역을 포함한 미수복지 등으로부터 귀순한 의약업자는 국가시험에 합격한 후 그 자격 또는 면허를 취득할 수 있고, 국가시험에 응시하고자 하는 때에는 소정 서류를 첨부하여 보건사회부 장관에게 응시자격 인정 신청을 하여 그 응시자격 인정 결정을 받도록 되어 있고, 한편 의료법 제5조 본문 단서, 같은 법 시행령 제7조 내지 제9조의 규정에 의하면, 보건사회부장관은 수교국 또는 보건사회부장관이 외무부장관과 협의하여 정하는 미수교국에서 의사면허를 받은 대한민국의 국적을 가지고 영주권을 얻은 자로서 국립보건연구원장이 시행하는 시험에 응시 합격한 자에 대하여는 의사의 면허를 줄 수 있고, 위 시험은 국립보건연구원장이 시험공고 등의 절차를 거쳐 국가시험과 동시에 이를 시행하되 그 시험에 응시하고자 하는 자는 면허증 사본·영주권취득 증명서류 등 소정서류를 첨부한 응시원서를 국립보건연구원장에게 제출하도록 되어 있고 위 폐지된 특별조치법에서 규정했던 바와 같은 응시자격 인정 신청 및 이에 대한 응시자격 인정결정의 규정은 두고 있지 아니하다.

그러므로 위 특별조치법이 이미 폐지된 현행의 의료법 상으로는 외국의 영주권을 얻은 외국의사면허취득자가 국내의사면허를 얻기 위하여는 의료법 소정의 절차에 따라 국립보건연구원장에게 응시원서를 제출하여 응시·합격하여야 하고, 별도로 응시자격인정신청과 이에 대한 보건사회부장관의 그 자격인정 결정절차는 필요치 않다고 해석할 것이다.

원심판결이 거시한 증거에 의하면, 원고는 일제강점기 시에 만주국 의사 면허를 취득하고 중국(만주)에서 영주권을 얻어 거주하던 중 8.15 해방과 더불어 귀국하여 6.25전쟁 전까지 북한에서 의사로 근무하다가 월남하였다 하여 의료법 제5조 본문 단서와 같은 법 시행령 제7조 제1항에 따른 국내 의사면허시험의 응시자격을 얻기 위하여 1983. 11. 15. 외국 의사면허신청을 피고(보건사회부장관)에게 하고, 피고는 같은 달 24. 이를 거부하는 처분을 한 사실을 인정할 수 있는바, 위 특별조치법이 폐지된 의료법 하에서는 원고의 위 신청은 그 전제로 그 신청권이 없는 것이고, 또 이에 관한 법적 근거도 없는 것이어서 피고의 위 거부처분은 항고소송의 대상이 되는 행정처분이 될 수 없다 할 것이다.

(6) 대법원 1996. 11. 12. 96누1221 【강제퇴거명령처분 무효확인 등】

남조선과도정부법률 제11호 국적에 관한 임시조례 제2조 제1호는 조선인을 부친으로 하여 출생한 자는 조선의 국적을 가지는 것으로 규정하고 있고, 제헌헌법은 제3조에서 대한민국의 국민 되는 요건을 법률로써 정한다고 규정하면서 제100조에서 현행 법령은 이 헌법에 저촉되지 아니하는 한 효력을 가진다고 규정하고 있는바, 원고는 조선인을 부친으로 하여 출생함으로써 위 임시조례의 규정에 따라 조선 국적을 취득하였다가 1948. 7. 17. 제헌헌법의 공포와 동시에 대한민국 국적을 취득하였다 할 것이고, 설사 원고가 북한법의 규정에 따라 북한 국적을 취득하여 중국 주재 북한대사관으로부터 북한의 해외공민증을 발급받은 자라 하더라도 북한지역 역시 대한민국의 영토에 속하는 한반도의 일부를 이루는 것이어서 대한민국의 주권이 미칠 뿐이고, 대한민국의 주권과 부딪치는 어떠한 국가단체나 주권을 법리상 인정할 수 없는 점에 비추어볼 때 이러한 사정은 원고가 대한민국 국적을 취득하고, 이를 유지함에 있어 아무런 영향을 끼칠 수 없다.

출입국관리법 제46조는 대한민국 밖으로 강제 퇴거시킬 수 있는 대상자를 동조 각 호 소정의 일정한 사유에 해당하는 외국인으로 한정하고 있고, 제2조 제2호는 외국인이라 함은 대한민국의 국적을 가지지 아니한 자를 말한다고 규정하고 있는바, 위 관계 규정의 취지에 비추어 보면 출입국관리법 소정의 외국인으로서 대한민국 밖으로 강제퇴거를 시키기 위하여는 상대방이 대한민국의 국적을 가지지 아니한 외국인이라고 단정할 수 있어야 할 것이다.

따라서 재외 국민이 다른 나라의 여권을 소지하고 대한민국에 입국하였다 하더라도 그가 당초에 대한민국의 국민이었던 점이 판시와 같이 인정되는 이상 다른 나라의 여권을 소지한 사실 자체만으로는 그 나라의 국적을 취득하였다거나 대한민국의 국적을 상실한 것으로 추정·의제되는 것이 아니므로, 다른 특별한 사정이 없는 한 위와 같은 재외 국민을 외국인으로 볼 것은 아니라 할 것이고, 다른 나라의 여권을 소지하고 입국한 재외 국민이 그 나라의 국적을 취득하였다거나 대한민국의 국적을 상실한 외국인이라는 점에 대하여는 관할 외국인보호소장 등 처분청이 이를 입증하여야 할 것이다.

원심은 원고의 출생과 중국으로의 이주, 한국계 중국인과의 결혼, 북한의 해외공민증과 중국의 외국인거류증 및 중국정부가 발행한 중국여권을 소지하게 된 경위 등에 관한 사실과 원고가 여전히 대한민국 국민으로서의 지위를 가지고 있는 사실을 인정한 다음, 원고에 대한 이 사건 강제퇴거명령이나 보호명령은 그 처분의 대상이 될 수 없는 대한민국 국민에 대하여 행하여진 처분으로서 그 하자가 중대하다고 할 것이나, 원고는 중국여권을 소지하고 있어 일응 중국 국적을 보유하고 있는 자라고 판단될 만한 외관을 가지고 있었던 이상 그 하자가 객관적으로 명백한 것이라고는 할 수 없다 할 것이므로, 위 강제퇴거명령 및 보호명령을 당연무효로 볼 수는 없다 할 것이고 다만 취소할 수 있음에 그

친다고 판단하였는바, 원심의 위 인정 판단은 정당하다.

(7) 대법원 1999. 7. 23. 99두3690 【기부금품모집허가불허처분취소】

기부금품모집규제법 제4조 제2항 제1호 소정의 '국제적으로 행하여지는 구제사업'에서 유독 북한 주민을 위한 구제사업만을 제외할 이유는 없다 할 것이므로, 북한 어린이를 위한 의약품 지원에 필요한 성금 및 의약품 등을 모금하는 행위도 이에 해당한다. 기부금품모집규제법상의 기부금품모집허가는 공익목적을 위하여 일반적·상대적으로 제한된 기본권적 자유를 다시 회복시켜주는 강학상의 허가에 해당하는 만큼 그에 대한 허가절차는 기부금품을 자유로이 모집할 수 있는 권리 자체를 제거해서는 아니 되고, 허가절차에 규정된 법률요건을 충족하는 경우에는 국민에게 기본권 행사의 형식적 제한을 다시 해제할 것을 요구할 수 있는 법적 권리를 부여하여야 하므로, '법'이 비록 기부금품의 모집허가 대상사업을 '법' 제4조 제2항 각 호에 규정된 사업에 국한시킴으로써 위 규정에 열거한 사항에 해당하지 아니한 경우에는 허가할 수 없다는 것을 소극적으로 규정하고 있다 하더라도 기부금품모집허가의 법적 성질이 강학상의 허가라는 점을 고려하면, 기부금품 모집행위가 '법' 제4조 제2항의 각 호의 사업에 해당하는 경우에는 특별한 사정이 없는 한 그 모집행위를 허가하여야 하는 것으로 풀이하여야 한다.

내무부장관으로서는 북한 어린이를 위한 의약품 지원을 위하여 성금 및 의약품 등을 모금하는 원고의 행위가 '법' 제4조 제2항 제1호의 '국제적으로 행하여지는 구제사업'에 해당하는 이상 그 모집행위를 금지할 만한 다른 특별한 사정이 없는 한 이를 허가하여야 할 것임에도 단순히 '준조세 폐해 근절 및 경제난 극복'이라는 이유를 내세워 이를 불허한 것은 재량권을 일탈하거나 남용한 것으로서 위법하다. 나아가 이 사건 모집행위가 '법' 제4조 제2항 각 호에 정한 사업에 해당하는 이상 피고가 주장하는 대북정책 등의 고려는 모집절차 및 그 방법과 모집된 기부

금품의 사용에 대한 통제 등을 통하여서도 충분히 그 목적을 달성할 수 있으므로, 이 사건 모집행위 자체를 제한하는 것은 비례의 원칙에 위반된다.

(8) 서울고법 1977. 5. 26. 73노1220 【미수복지등에서귀순한의약업자에관한특별조치법위반】

이 법은 6.25전쟁 이후 일시적으로 많은 귀순의약업자가 있게 되자 이들의 구제의 필요라는 일시적인 사정에 의하여 제정되고, 그러한 사정이 조만간 해소될 것이었으므로 이러한 구제제도도 장차 필요 없게 됨에 따라 이 법도 1971. 12. 31.까지만 유효하게 존재하고 그 기한의 경과와 동시에 그 효력이 상실될 것은 이 법 스스로 규정하고 있으므로(이 법이 제정 공포 당시에는 그 시행기간의 정함이 없었으나 1971. 1. 15. 개정에 의하여 그 시행기간을 위와 같이 정하였다), 이 법은 이른바 한시법에 속한다고 해석된다. 그렇다면 이 법이 위 기한의 경과로 실효되었다 하더라도 이미 성립된 이 법 제6조의 형벌을 폐지하였다고 인정할 만한 법령상의 명시 또는 묵시의 국가의사가 인정되지 않고 또한 이 법의 전시와 같은 한시법적인 성격상, 이 법 제6조 위반행위의 가벌성을 이 법 시행기간 중으로만 국한시키고 그 이후에는 그에 대한 형벌도 폐지한 것이라고는 볼 수 없다 할 것이다. 결국 이 법 시행 당시의 사정 아래 행하여진 이 법 위반행위는 이 법이 실효된 지금에도 행위 당시의 형벌법규에 따라 처벌되어야 할 것이므로, 위 피고인들의 변호인의 형의 폐지에 관한 항소이유는 받아들일 수 없다. (……) 본건 공소사실의 요지는, 피고인들은 1951년 1.4후퇴 당시 북한으로부터 남하 귀순한 자들인바, 모두 미수복지인 황해도 해주시 소재 해주의학전문학교 3년을 졸업한 사실이 없음에도 불구하고 「미수복지 등에서 귀순한 의약업자에 관한 특별조치법」에 의한 면허를 취득하기 위하여 피고인들은 1967. 1. 초순경 각자 위 의학전문학교 3학년을 졸업하였다는 내용으로 기재한 이력서,

연대보증서, 학력보증원을 작성 출신도지사인 황해도지사에게 제출하여 같은달 11일 동 지사 공소 외 9의 학력보증서를 교부받고 이를 보건사회부장관에게 신청 동 장관으로 하여금 같은 해 7월 하순경 한지의사 시험응시자격을 인정케 하는 등 사위의 방법으로 이 특별조치법에 의한 면허를 취득코저 하였으나 발각되어 그 목적을 달하지 못하고 각 미수에 그쳤다는 것이다. 살피건대, 원심판결 파기이유 부분에서 내세운 증거에 의하여 설시한 바와 같이 피고인들이 본건 응시자격의 인정신청을 함에 있어서 이력서등 소요서류에 해주의학전문학교 3년 졸업이라는 내용으로 기재한 행위는 이법 제6조에서 규정한 사위 기타 부정한 방법에 해당하는 행위라고 할 수 없다. 그렇다면 피고인들에 대한 이건 공소사실은 죄가 되지 아니하거나 범죄의 증명이 없는 경우에 해당하므로 형사소송법 제 325조에 의하여 피고인들에 대하여 각 무죄를 선고하는 것이다.

(9) 서울지법 2003. 6. 27. 2002나60862【손해배상(기)】

「남북교류협력에 관한 법률」(이하 '법'이라 한다)에서 북한을 방문하기 위하여 방북증명서를 발급받도록 하고 북한주민을 접촉하기 위하여 통일부장관의 사전승인을 받도록 한 것은, 남한주민이 북한주민과의 접촉과정에서 불필요한 마찰과 오해를 유발하여 긴장이 조성되거나 무절제한 접촉으로 남북한 간의 원만한 협력관계에 그릇된 영향을 미치는 것을 방지하고, 접촉의 시기와 장소·대상과 목적 등을 정부에서 미리 파악하여 당사자의 안위에 관계되는 사건이 발생할 우려를 사전에 차단하며, 또한 지금의 현실로는 북한이 우리나라와 대치하면서 우리나라의 자유민주주의 체제를 전복하고자 하는 적화통일노선을 완전히 표기하였다는 명백한 징후를 보이지 않고 있고, 그들 내부에 뚜렷한 민주적 변화도 보이지 않고 있어, 북한은 우리의 자유민주주의 체제를 전복하고자 획책하는 반국가단체라는 성격을 여전히 가지고 있으므로, 남한주민의 방북 및 북한주민 접촉이 북한의 정치적 목적에 이용되거나 대한민국의 안전보장이나 자유민주적 기본질서에 부정적인 영향을 미치는 통로로 이용될 가능성이 존재하는 이상 이를 배제하고자 하는 데에 그 목적이 있다. 나아가 방북증명서 발급 및 북한주민 접촉 승인은 국제정세의 변화, 국내 정치·경제 사정의 변동, 북한과의 관계변화 등에 따라 수시로 그 허용범위가 바뀔 수 있는 민감한 문제로서 통일부 기타 관련 기관의 정책적 판단도 반영되어야 할 문제이다. 따라서 통일부장관이 방북신청이나 북한주민과의 접촉에 대한 승인신청을 받아 그 방문 및 접촉의 시기와 장소·대상과 목적 등 구체적 내용을 검토하여 개별 사안에 맞추어 그 승인 여부를 결정하는 것은 통일부장관의 재량행위로 판단된다.

통일부장관이 방북승인을 할 것인지 여부를 판단함에 있어서는 당시 남북관계, 방북 시 남북관계에 미칠 영향, 방북목적의 타당성뿐만 아니라 신청인에 대한 신원조회결과·기타 관계기관의 의견 등 모든 사정을 참작하였어야 할 것인바, 이 사건에 있어서 법 제12조에 따른 관계기관과의 협의결과 국가정보원·법무부 등에서 원고의 방북을 불허함이 상당하다는 취지의 의견을 표명했던 것으로 보이는 점, 원고는 1999년에 사면·복권되긴 하였으나 국가보안법 등 위반죄로 1998년에 징역 2년, 집행유예 5년을 선고받은 전력이 있는 자로서 그후 기간이 3년 정도밖에 경과하지 않았던 상황에서 이 사건 방북신청을 한 점, 피고는 '신청인의 방북·접촉 목적이나 범죄전력·활동성향 등에 비추어 신청목적을 일탈하는 등으로 남북교류협력 질서를 저해할 우려가 있거나, 국가안전보장·공공질서 또는 공공복리를 저해할 우려가 있다고 판단되는 경우는 방북을 불허한다'는 취지의 내부지침을 현재 마련해두고 있고, 이 사건 당시에도 동일한 사항을 고려하여 방북승인 여부를 결정하였을 것으로 보이며, 원고가 비록 사면·복권되었다고 하더라도 그 기초되는 범죄사실인 국가보안법 위반전력 등을 방북승인 여부를 결정함에 있어 고려하는 것 자체가 위법하다고 볼 수는 없는 점, 이 사건 방북일자는 2001. 7. 17.부터인데 원고 등 신청인 668명이 방북신청을 한 시기는 7. 11. 경이고 북한으로부터 초청장이 온 시기는 7. 14.로서 통일부장관이 절차를 거쳐 신청인들에 대한 방북승인 여부를 판단하기에는 시간이 촉박하였던 점 등에 비추어볼 때 통일부장관의 원고에 대한 방북불허 조치가 재량권을 일탈·남용한 위법한 행위라고 볼 수 없다.

(10) 대구지법 2008. 4. 1. 2007노3631【농산물품질관리법위반】

농산물품질관리법 시행령 제24조에 따르면, ① 국산농산물 등의 경우에는 "국산" 또는 그 농산물 등을 생산한 시·군명을 표시, 수입농산물 등의 경우에는 대외무역법 시행령에서 정하는 방법에 따라 원산지를 표시, 국내가공품(수입가공품을 국내에서 가공한 것을 포함한다)의 경우에는 그 가공품에 사용된 원료의 함량순위에 따라 원료의 원산지를 표시하도록 하면서, 국산농산물 등과 국내가공품의 원산지 표시에 관한 세부적인 사항은 농림부령으로 정하고 수입농산물 등의 원산지 표시의 방법 등에 관한 구체적인 사항은 대외무역법 시행령이 정하는 바에 따른다고 규정되어 있고, ②「남북교류협력에 관한 법률」제26조 제1항에 의하면, 교역에 관하여 위 법에 특별히 규정되지 아니한 사항에 대하여는 대통령령이 정하는 바에 의하여 대외무역법 등 무역에 관한 법률을 준용한다고 규정되어 있으며, ③ 대외무역법 제23조에서는 수출·입 물품 등의 원산지 표시를 규정하고 있는바, 그 외 대외무역법 및 그 시행령,「남북교류협력에 관한 법률」및 그 시행령의 관련 규정을 종합하여 해석하면, 남북 교역과 관련하여서 만큼은 북한을 대한민국의 주권이 미치지 않는 외국에 준하여 생각하고 있으며, 남북 교역품을 수입·수출품에 준하여 취급하고 있음을 충분히 인정할 수 있다.

따라서 북한에서 생산된 물품 등은 대외무역법 및 그 시행령에 따라 수입품과 동일한 방법으로 원산지 표시를 하여야 하므로, 이 사건 북한에서 생산된 상황버섯추출액의 경우, "국내산"이나 "국산"이라는 표기를 하여서는 안 됨에도, 피고인이 "국내산"이라고 표기를 한 것은 원산지의 표시를 허위로 하거나 이를 혼동하게 할 우려가 있는 표시 행위라 할 것이고, '국내산: 북한'이라고 표기하여 북한산임을 명시하였다 하더라도 농산물품질관리법 위반의 죄책을 면할 수는 없다.

3) 평가

남북한관계에서 행정법적 쟁점이 사법적 판단의 대상이 되었던 것은 북한에서 행정법적 효과로서 취득한 의사면허 등을 남한에서 그 법적 효과를 인정할 것인지에 관한 경우가 대부분이었다. 1966년 「미수복지구 등에서 귀순한 의약업자에 관한 특별조치법」이 제정되었는데, 이는 6.25전쟁 이후 일시적으로 북한에서 남한으로 귀순한 의약업자가 많아지게 되자 이들의 권리를 구제하기 위하여 이들이 국가시험에 응시하여 합격한 경우에는 그 자격 또는 면허를 취득할 수 있도록 하는 특별법으로 1971년 12월 31일까지 유효한 한시법이었다.

대법원은 북한에서 의약업자의 자격을 취득하고 남한으로 이주한 자가 남한에서 그 자격을 취득하기 위하여 위 특별법에 따라서 국가시험에 응시자격 인정신청을 한 것에 대하여 행한 행정처분이 위 특별법의 효력이 종료된 이후에는 항고소송대상이 되지 않는다고 판단하였다.[31] 또한, 대법원은 한지의사자격시험에 응시하기 위하여 북한의 의학전문학교를 졸업하였다는 허위내용의 이력서 학력보증증명서를 제출한 자에 대하여 한지의사면허처분을 한 것은 하자 있는 처분이므로 그 한지의사면허를 취소하는 행정처분은 적법하다고 하였고,[32] 일제강점기에

31 대법원 1988. 12. 27. 87누547.
32 대법원 1975. 12. 9. 75누123.

북한에서 침구사시험에 합격하여 그 자격을 인정받은 자는 의료법에서 규정하는 의료유사업자격증의 갱신교부신청을 할 수 있으며, 그가 월남할 때 침구사자격증을 북한에 두고 가져오지 못하거나 북한당국에 빼앗겨서 소지하지 않은 경우에 이를 보건사회부 공고에서 말하는 자격증 분실자와 같이 볼 수는 없다고 판단하였다.[33]

1990년 「남북교류협력에 관한 법률」이 제정된 이후 남북한 사이에 주민의 왕래와 물품의 교역이 증가함에 따라 이와 관련한 행정법적 쟁점에 대하여 사법적 판단도 증가하고 있다. 대법원은 헌법 제3조의 규범적 효력을 전제로 북한지역도 대한민국의 영토에 속하는 한반도의 일부로서 대한민국의 주권이 미치고, 대한민국의 주권과 부딪치는 어떠한 국가단체나 주권을 법리상 인정할 수 없으므로 북한법에 따라 북한국적을 취득하여 중국 주재 북한대사관에서 북한의 해외공민증을 발급받은 자라 하더라도 대한민국 국민이라고 인정하였다. 앞에서 검토한 바와 같이 대한민국 국민은 출입국관리법 제46조에서 규정하는 강제퇴거명령이나 보호명령의 대상이 될 수 없음에도 불구하고 북한주민인 대한민국 국민에 대하여 강제퇴거명령과 보호명령을 한 경우에는 그 하자가 중대하지만, 그가 중국 여권을 소지하고 있어 일단 중국 국적을 보유하고 있는 자라고 판단할 만한 외관을 가지고 있었던 이상 그 하자가 객관적으로 명백한 것이라고는 할 수 없으므로 당연무효라고 할 수 없고, 다만 취소할 수 있을 뿐이라고 판단하였다.[34]

남북한 주민의 교류협력의 과정에서 행정법과 관련된 사법적 판단도 계속하여 증가하고 있다. 서울지방법원은 통일부장관이 「남북교류협력에 관한 법률」에 근거하여 그 방문 및 접촉의 시기와 장소, 대상과 목적 등 구체적 내용을 검토하여 개별적 사안에 맞추어 북한 방문이나 북한

---

33 대법원 1977. 8. 23. 76누315.
34 대법원 1996. 11. 12. 96누1221.

주민접촉에 대한 승인 여부를 결정하는 것은 재량행위에 속하며, 이를 판단함에 있어서는 남북한관계와 이에 미칠 영향, 그 목적의 타당성은 물론 신원조회결과와 기타 관계기관의 의견 등 모든 사정을 참작하여야 한다고 판단하였다.[35] 또한, 대구지방법원은 「남북교류협력에 관한 법률」 제26조 제1항과 그에 의하여 준용되는 대외무역법령에 따라 남북한의 교역에 있어서는 북한을 대한민국의 주권이 미치지 않는 외국에 준하여 인정하고, 남북교역품을 수입·수출품에 준하여 취급하여야 한다고 하였다. 따라서 북한에서 생산된 물품 등은 대외무역법령에 따라 수입품과 동일한 방법으로 원산지 표시를 하여야 함에도 불구하고 북한에서 생산된 상황버섯추출액에 대하여 '국내산'이라고 표기한 것은 원산지의 표시를 허위로 하거나 이를 혼동하게 할 우려가 있는 표시행위라 할 것이고, '국내산: 북한'이라고 표기하여 북한산임을 명시하였다 하더라도 농산물품질관리법 위반의 죄책을 면할 수는 없다고 판단하였다.[36]

4. 지적재산권법 관련

1) 대표판례: 서울고법 2006. 3. 29. 2004나14033 【손해배상(지)】

① 판례요지

1. 사건의 개요

① 북한의 과학백과사전출판사(1988년경 과학백과사전종합출판사로 변경

---

35 서울지법 2003. 6. 27. 2002나60862.

36 대구지법 2008. 4. 1. 2007노3631. 이 사건에서 피고인은 벌금 100만 원을 선고받아 확정되었다.

되었으나, 혼용되고 있다. 이하 '과학백과사전종합출판사'라 한다)는 1982. 9. 30. 조선시대 광해군 때 허준이 편찬한 민족의학서인 "동의보감(전 25권)"의 번역본(전 5권, 이하 '북한판 동의보감'이라 한다)을 출판하였다.

② 북한판 동의보감의 5권 표지에는, "동의보감 5, 탕액편·침구편, 과학백과사전출판사 1982, 번역 보건부동의원, 낸곳 과학백과사전출판사, 인쇄소 평양종합인쇄공장, 교열자 조○○ 등 12명, 한문쓰기 한△△" 등으로 표시되어 있다(북한판 동의보감 1~4권의 표지도 해당 편만 다를 뿐 나머지는 모두 동일하게 표시되어 있는 것으로 보인다).

③ 원고는 여강출판사를 운영하던 중 1994. 5. 10. 북한판 동의보감의 북한식 어휘 및 문체를 남한 실정에 맞게 수정하고 중요 단어에 한자를 병기하여 동의보감 번역본(이하 '여강판 동의보감'이라 한다)을 출판하였다.

④ 피고 1은 법인문화사를 설립하여 한문고전의 번역·출판업, 중국고전의 수입·판매업을 영위하던 중 1997. 3.경 피고 2로부터 동의보감 원문과 번역문을 대조하여 작성한 대역본 자료의 출판을 제의받고, 이를 승낙하였다. 그런데 위 대역본 자료는, 피고 2를 포함한 경희대학교 한의과대학 학생 10여 명이 한문원문을 컴퓨터에 입력한 후 한의사통신동호회의 공개자료실에 올려놓았던 것을 피고 2가 모두 다운로드 받아 문단을 나누고, 한글번역은 여강판 동의보감 출판 당시 함께 출시되었던 여강판 동의보감 CD롬에서 복사하여 해당 부분에 그대로 붙여넣기 하는 방법으로 작성된 것이었다.

⑤ 피고 1은 대역본 자료 중 동의보감 원문에 대한 표점작업(한문원문에 해독하기 쉽게 쉼표, 마침표 등을 표시함으로써 그 의미를 쉽게 이해할 수 있도록 하는 작업)과 표점 교정 작업을 마친 후, 1998. 10.경부터 1999. 11.경까지 번역문에 대한 교정 작업 및 동의보감 대역본의 판매촉진 등을 위하여 아래와 같이 국내 유수의 한의과대학 교수들 위주로 대역본 동의보감의 국역위원회를 구성하여 그들에게 교정 작업 등을 맡겼다.

⑥ 피고 1로부터 동의보감 번역문에 대한 교정 작업을 부탁받은 피고

3은 침구편, 피고 5는 탕액편, 피고 6은 충문부터 대변문까지, 피고 7은 오장육부문, 피고 8은 한하문과 제상문, 피고 9는 옹저문, 피고 11은 부인문, 피고 12는 두·면·안문, 피고 14는 혈문부터 담음문, 피고 15는 오장육부문, 피고 16은 흉문부터 골문, 피고 17은 이문부터 배문까지, 피고 19는 적취문부터 황달문까지, 피고 20은 수곡지정화음양행영위편 및 내상유음식상노권상이인편, 피고 21은 운기문, 피고 22는 소아문과 잡병편 일부, 피고 23은 신형문부터 신문까지에 대하여 각 오·탈자를 바로잡고 문장을 부드럽게 하는 등의 교정 작업을 수행하였다.

⑦ 피고 4는 경희대학교 한의과대학장으로 근무하던 중 피고 1로부터 동의보감의 서문을 써줄 것을 부탁받고, 피고 1이 작성해온 문안을 검토하고 약간의 자구를 수정한 후 이를 자신의 명의로 싣도록 허락하였다.

⑧ 피고 1은 1999. 12. 15. 위와 같이 교정 작업 등을 마친 후 대역 동의보감(이하 'B판 동의보감'이라 한다)을 출판하였다(단권 5000부 및 3권 분책 1,500질).

2. 판결요지

[1] 북한판 동의보감의 저작권자

헌법 제3조는 북한지역도 대한민국의 영토임을 선언하고 있으므로, 우리나라 저작권법의 효력은 대한민국의 주권범위 내에 있는 북한지역에도 미친다고 할 것이다(대법원 1990. 9. 28. 선고 89누6396 판결 참조). 허준의 동의보감 원전 25권을 번역하여 북한판 동의보감을 완성한 자는 북한의 '보건부동의원(현재 고려의학과학원)'이라는 단체이고, 과학백과사전종합출판사는 단지 북한판 동의보감을 출판한 출판사에 불과함은 앞서 본 바와 같으므로, 북한판 동의보감의 저작권자는 우리나라 저작권법 제9조에 따라 보건부동의원이라고 봄이 타당하다(이 법원의 남북경제문화협력재단에 대한 사실조회 결과에 첨부된 증거물들의 각 기재에 따르면,

북한의 저작권 사무국도 북한판 동의보감의 저작권자는 보건부동의원이고, 과학백과사전종합출판사는 출판권자에 불과한 것으로 판단하고 있음을 알 수 있다).

[2] 원고가 "과학백과사전종합출판사"로부터 독점적인 출판권을 설정 받았는지 여부

만약 원고 승계참가인의 주장처럼 과학백과사전종합출판사가 북한판 동의보감의 저작권자로서 대외적으로 출판권 등을 설정할 수 있는 권한을 가지고 있다고 하더라도, 원고가 과학백과사전종합출판사로부터 중국 심양시 조선족문화예술관을 통하여 북한판 동의보감의 독점적인 출판권을 설정 받았는지 여부에 관하여 보면, 믿을 수 없거나 믿지 아니하고 달리 이를 인정할 만한 증거가 없다. 오히려, 위 증거물들의 각 기재에 의하면, 중국 심양시 고려민족문화연구원(조선족문화예술관과 동일한 단체인지 여부는 불명확하다.)은 피고 1이 법인판 동의보감을 출판한 사실을 알고 북한 측에 북한판 동의보감에 대한 판권관리를 위임해주면 소송을 제기해 손해배상을 받아주겠다고 제의한 사실, 이에 북한의 저작권 사무국은 출판지도국·과학백과사전종합출판사·평양공증소 등을 통하여 관련 서류를 작성하여 준 사실, 위 고려민족문화연구원은 다시 원고에게 북한판 동의보감의 판권관리를 위임한 사실을 각 인정할 수 있는데, 위 사실에 따르면 원고는 고려민족문화연구원을 통하여 북한 측(저작권 사무국)으로부터 피고들을 상대로 한 손해배상청구소송을 위임받은 것이라고 할 것이고, 이는 신탁법 제7조 소정의 소송을 목적으로 하는 신탁에 해당하여 무효라고 할 것이다.

② 해설

서울고등법원은 이 사건에서 헌법 제3조가 북한지역도 대한민국 영토임을 선언하고 있다는 것을 근거로 남한 저작권법의 효력이 대한민국의 주권범위 내에 있는 북한지역에도 미친다는 것을 확인하였다. 서

울고등법원은 북한판 동의보감에 대한 저작권의 주체를 판단함에 있어서 그 준거법으로 남한 저작권법 제9조를 적용하였다. 이에 따라 북한의 '보건부동의원(현재 고려의학과학원)'이라는 단체가 허준의 동의보감 원전 25권을 번역하여 북한판 동의보감을 완성하였으므로 위 단체가 저작권자이며, 과학백과사전종합출판사는 북한판 동의보감을 출판한 출판사에 불과하므로 저작권자가 아니라고 하였다.

이 판례는 대법원이 헌법 제3조의 규범적 효력을 기초로 북한지역에도 대한민국의 주권이 미치며, 북한주민도 대한민국 국민이라고 일관되게 판단한 입장을 그대로 따른 것으로 평가된다.

2) 관련판례 요지

(1) 대법원 1990. 9. 28. 89누6396【출판금지처분무효확인】

행정처분의 부존재확인소송은 행정처분의 부존재확인을 구할 법률상 이익이 있는 자만이 제기할 수 있고, 여기에서의 법률상 이익은 원고의 권리 또는 법률상 지위에 현존하는 불안·위험이 있고 그 불안·위험을 제거함에는 확인판결을 받는 것이 가장 유효적절한 수단일 때 인정되는 것인데, 타인의 저작물을 복제·배포·발행함에 필요한 요건과 저작재산권의 존속기간을 규정한 저작권법 제36조 제1항·제41조·제42조·제47조 제1항의 효력은 대한민국 헌법 제3조에 의하여 여전히 대한민국의 주권범위 내에 있는 북한지역에도 미치는 것이므로 6.25전쟁 전후에 납북되거나 월북한 문인들이 저작한 작품들을 발행하려면, 아직 그 저작재산권의 존속기간이 만료되지 아니하였음이 역수상 명백한 만큼, 동인들이나 그 상속인들로부터 저작재산권의 양수 또는 저작물이용 허락을 받거나 문화부장관의 승인을 얻어야 하고 이를 인정할 자료가 없는 이상 원고는 위 작품들의 출판 및 판매금지처분의 부존재확인을 구할 법률상 지위에 있는 자라고 할 수 없고, 헌법상 국민에게 부여된 출판의 자유로부터도 확인을 구할 법률상의 지위가 부여된다고 볼 수 없다.

(2) 서울민사지법 1989. 7. 26. 89카13692【저작권침해금지가처분】

우리 헌법 제3조에 의하면 대한민국의 영토는 한반도와 부속도서로 한다고 규정하고 있는데 북한 지역은 한반도의 일부이므로 이 지역은 대한민국의 영토에 해당되고, 따라서 이 지역은 여전히 대한민국의 주권범위 내에 있으며 대한민국의 주권과 부딪치는 어떠한 주권의 정치도 법리상 인정될 수 없는 것이고, 따라서 우리 헌법에 의거하여 제정 시행된 저작권법이나 민법 등 모든 법령의 효력은 당연히 북한지역에 미친다고 보아야 하며, 설사 주권국가인 대한민국과 북한의 정치집단이 상호 대등한 자격으로 만나 자주적·평화적 통일원칙, 무력충돌의 방지, 다방면적인 교류 등을 추진하기로 하는 7.4남북공동성명을 합의하였다거나 오늘날 남북한 간에 상호교역, 이산가족찾기, 남북당국자회담 등 남북통일을 위한 다각적인 교류가 추진됨에 있어 북한지역을 지배하는 정치집단의 실체를 인정하고 사실상의 지배세력과 상호 대등한 관계에서 대화를 추진하다고 하더라도, 이는 대한민국의 통치권이 사실상 북한지역에 미치지 아니하며 이 지역을 지배하는 별개의 정치집단이 존재함으로 인한, 남북대화를 추진함에 있어서의 현실적인 필요에 의한 것일 뿐이며, 먼저 우리 헌법 제3조의 규정이 개정되거나 남북한이 서로 주권을 인정하고 국가로 승인하거나 또는 1개의 국가 내에서 서로 다른 법률체제를 상호 인정하기로 하는 헌법적 효력을 가지는 조약이 체결된 바가 없는 이상, 북한지역이 우리 주권의 범위밖에 있다거나 우리 법령의 적용밖에 있다고 볼 수 없으며, 더구나 북한주민의 상속인이 남한에 있어 그에 대한 우리 법령상의 보호를 부여하고자 하는 경우에는 더욱 그러하다고 할 것이다.

그렇다면 이 사건의 경우에 있어서도 비록 월북작가 이기영이 북한지역에 거주하였으며 이 사건 저작물을 북한에서 저작하였다고 하더라도 그는 우리 저작권법에 의해 보호되는 저작권을 취득하였으며 그가 사망함으로써 남한에 있는 그의 상속인이 그 상속지분에 따라 저작권을 상속하였다고 할 것이므로 이와 다른 견해에 선 피신청인들의 위 주장은 받아들일 수 없다.

(3) 서울형사지법 1989. 12. 12. 89고단4609【저작권법위반】

헌법 제3조에는 대한민국의 영토는 한반도와 부속도서로 한다고 규정하고 있는데 북한 지역은 한반도의 일부이기 때문에 헌법에 따라 제정된 민법·저작권법의 효력이 당연히 북한에 미친다. 따라서 사망한 월북작가의 저작권도 남한에 있는 유족들에게 상속된다(월북작가 박태원의 소설 '갑오농민전쟁'을 출판한 출판업자를 상대로 남한에 살고 있던 박태원의 유족이 저작권법위반 혐의로 형사고소를 제기하여 유죄판결이 선고된 사례).

(4) 서울지법 남부지원 1994. 2. 14. 93카합2009【가처분이의】

이조실록은 국가 등의 고시·공고·훈령 그 밖의 이와 유사한 것이라고 볼 수 없고, 또한 단순한 사건·사상 등의 기술에 그친다고 할 수 없으며, 위 이조실록 번역본은 학술 내지 문학 등의 영역에 속하는 정신작업이 표현된 창작물이라 할 것이며, 대한민국의 주권은 헌법상 북한지역에까지 미치는 것이므로 북한이 세계저작권협약에 가입하지 아니하였다 하더라도 북한 저작물은 상호주의에 관계없이 우리 저작권법의 보호를 받는다 할 것이고, 또한 북한의 단체(사회과학원 민족고전연구소)가 권리의무의 주체가 될 수 있는지 여부는 오직 단체로서의 실체가 있는지 여부에 의하여 판가름되는 것이지 우리 법에 의한 설립 절차 등을 필요로 하는 것은 아니라고 보아, 북한 기관에 저작권이 있음을 인정하고, 북한 기관과의 계약체결을 인정한다. 또한, 출판권 설정계약의 목적은 무형의 재산권인 출판권이고 저작물의 교부나 저작권 사용료의 지급은 귀 계약의 본질적 요소가 아니므로 위 계약을 들어 「남북교류협력에 관한 법률」 소정의 물품의 교역이라고 볼 수 없고, 나아가 가사 위 계약이 물품의 교역 또는 같은 법 소정의 협력사업에 해당되어 통일원 장관 등의 승인을 받아야 한다고 보더라도 그 흠결이 계약의 효력까지 부정된다고 보기는 어렵다.

(5) 서울지법 1996. 9. 12. 96노3819 【사기·부정수표단속법위반 등】

대한민국의 주권은 헌법상 북한지역에까지 미치는 것이므로 북한이 세계저작권조약(UCC)에 가입하지 아니하였다 하더라도 북한 저작물은 상호주의에 관계없이 우리 저작권법상의 보호를 받는다 할 것이고, 구 저작권법(1994. 1. 7. 법률 제4717호로 개정되기 이전의 것, 이하 '구 저작권법'이라 한다) 제98조 제1호 소정의 저작재산권의 침해죄에 있어서의 고의의 내용은 저작권자의 허락 없이 저작물을 무단 복제·배포한다는 객관적 사실에 대한 인식이 있으면 족하고, 저작물의 출판권이 누구에게 설정되어 있는지까지 이를 인식하고 있을 필요까지는 없다 할 것인데, 원심이 적법하게 증거조사를 마쳐 채택한 증거들을 종합하여보면 갑은 1992. 1. 23. 중국에서 북한 사회과학원 민족고전연구소와의 사이에 위 연구소에서 번역한 이조실록 번역본에 대하여 남한에서 10년간 독점적으로 복제·배포할 출판권을 설정받는 내용의 출판권설정계약을 체결하였으며, 피고인은 위 번역본이 위 연구소에서 번역한 저작물이라는 사실을 알고서 위 번역본을 입수한 후 위 연구소 및 갑의 허락 없이 원심판시와 같은 일시경 이를 무단 복제·배포한 사실을 인정할 수 있으므로 피고인의 판시 행위를 저작권법위반죄로 처단한 원심의 조치는 정당하다.

(6) 서울고법 1999. 10. 12. 99라130 【저작권 침해금지등가처분】

납북된 신청인의 참여 하에 북한에서 제작된 영화에 대한 권리관계의 귀속과 관련하여 적용될 법규에 관하여 살피건대, 이 사건 영화가 완성되었을 당시 신청인은 대한민국 국적을 갖고 있었음이 분명하고, "대한민국의 영토는 한반도와 그 부속도서로 한다"고 규정한 헌법 제3조의 해석상 저작권법을 비롯한 모든 국내 법령의 효력이 당연히 북한 지역에도 미친다고 보아야 하므로, 이 사건 영화의 저작권에 관한 판단은 어디까지나 우리의 저작권법을 준거로 삼아야 할 것이다.

이 사건 영화의 제작 경위 및 북한의 자금지원·영상제작자에 대한 저작권 양도의 법리를 보태어보면, 신청인은 이 사건 영화의 완성과 동시에 영상저작자로서의 저작재산권을 행사하지 않고 이를 북한 당국 또는 신필림 영화촬영소에 양도한 것으로 보아야 할 것이며(신청인은 저작권 양도의 대가로 북한으로부터 상당한 규모의 경제적 지원과 편의를 제공받았음이 분명하다), 이는 신청인이 이 사건 영화의 공동제작자 지위에서 저작권을 취득하였다 하더라도 마찬가지이다.

이상과 같은 해석은 비록 북한이 우리 헌법상 정당성이 인정되는 정치적 실체가 아니라 불법단체에 불과하다 하더라도, 1992. 2. 19. 발효된 남북기본합의서 제23조에 의거한 부속합의서 제9조 제5항에서 "남과 북은 쌍방이 합의하여 정한 데 따라 상대측의 각종 저작물에 대한 권리를 보호하기 위한 조치를 취한다"고 규정한 기본정신과 부합하는 것으로 보여지고, 이와 다른 견해를 전제로 하는 신청인들의 주장은 받아들일 수 없다.

(7) 서울지법 2003. 11. 20. 2002가합1449【손해배상(기)】

서비스표의 등록명의자인 갑이 타인에게 서비스표를 양도하기로 하는 내용의 계약을 체결하여 그 등록명의를 이전할 의무를 부담하고 있다고 하나, 당시 상표법상 서비스표에 대한 등록명의자로서 여전히 대외적으로 위 서비스표를 독점 사용할 권리를 가지고 있었고, 타인에게 위 서비스표에 대한 권리를 양도한 후에도 위 서비스표의 사용과 관련하여 실질적인 영향력을 행사할 수 있는 지위에 있었던 이상 을과 사이에 을에게 위 서비스표의 독점적 사용권을 부여하기로 하는 내용의 가맹점계약을 체결하였다고 하여 이를 기망에 의한 계약으로 볼 수 없다.

탈북자로서 남한 내에서 '평양옥류관'이란 상호로 가맹점 사업을 하면서 가맹점주에게 위 상호의 사용권을 보장하고, 북한 내 평양옥류관의 음식과 유사한 맛을 가진 음식을 제공하기로 약정하였는데 결과적으로 북한의 평양옥류관과 연계되거나 그로부터 아무런 지원을 받지 못하게 된 경우, 가맹점 사업자가 가맹점주와 사이에 가맹점계약을 체결함에 있어 북한의 평양옥류관으로부터 각종의 지원을 받을 수 있음을 확정적으로 약속하였다기보다는, 북한의 음식문화를 잘 아는 탈북자로서 평양옥류관에서 사용하는 조리법, 사용 재료 등에 관하여 그가 보유하고 있는 제반 정보를 이용하여 남한 내에 평양옥류관의 음식을 소개하고, 그와 유사한 맛을 가진 음식을 제조·판매함과 아울러 가능한 한 북한의 평양옥류관과 연계하여 지원을 받도록 노력하겠다는 장래의 사업계획을 밝힌 것에 불과하고, 가맹점주로서도 이러한 사정을 어느 정도 인식하고 위 가맹점계약을 체결하였다고 봄이 상당하다고 할 것이므로, 가맹점 사업자가 허위선전을 통하여 가맹점주를 기망하였다고 볼 수는 없다.

3) 평가

남북한의 교류협력 과정에서 지적재산권과 관련된 사안이 다른 분야보다 많이 발생하였으며, 대법원과 하급심 법원이 이에 대하여 사법적 판단을 한 사례가 다수 있다. 대법원을 비롯하여 하급심 법원은 북한과 북한주민의 법적 지위에 대하여 기존의 입장을 충실하게 따르고 있다고 보인다. 즉, 대법원은 헌법 제3조의 규범적 효력을 기초로 장소적 효력범위에 대하여는 북한지역에도 대한민국의 주권이 미치며, 인적 효력범위에 대하여도 북한주민도 대한민국 국민이라는 견해를 일관되게 유지하고 있다. 서울민사지방법원은 우리 헌법에 따라 제정된 저작권법이나 민법 등 모든 법령의 효력은 당연히 북한지역에 미치며, 헌법 제3조가 개정되거나 남북한이 서로 주권을 인정하고 국가로 승인하거나, 또는 1개의 국가 내에서 서로 다른 법률체제를 상호 인정하기로 하는 헌법적 효력을 가지는 조약이 체결된 바가 없는 이상 북한지역이 우리 주권의 범위 밖에 있다거나 우리 법령의 적용 밖에 있다고 볼 수 없다고 하였다. 이에 따라 비록 월북작가가 북한지역에 거주하였으며 이 사건 저작물을 북한에서 저작하였다고 하더라도 그는 남한 저작권법에 따라 보호되는 저작권을 취득하였으며 그가 사망함으로써 남한에 있는 그의 상속인이 그 상속지분에 따라 저작권을 상속하였다고 판단하였다.[37] 이러한 태도는 북한이 반국가단체 또는 불법단체의 지위와 통일을 위한 대화와 협력의 당사자라는 이중적 지위를 가진다는 것을 인정하면서도 지적재산권에 관하여는 그 장소적 효력과 인적 효력이 직접적으로 중요한 쟁점이 된다는 것을 고려하여 상호주의와 상관없이 저작권의 주체와 내용에 대한 준거법으로 남한 저작권법을 인정한 것으로 판단된다.

한편, 1990년 이후 남북기본합의서가 체결되고 남북한의 교류협력이 확대된 이후에는 기본적으로 위와 같은 입장을 유지하면서도 북한의 법적 지위에 대하여 유연한 태도를 보이는 판례도 나타나고 있다. 즉, 서울지법 남부지원은 권리의무의 주체를 단지 단체로서의 실체가 있는지 여부로 판단하여 북한의 저작물에 대한 저작권의 주체로서 북한의 기관도 인정하였다.[38] 또한, 북한의 당국이나 영화촬영소가 원래의 저작권자에게서 양도받아 저작권의 주체가 될 수 있다고 판단하면서, 이러한 해석이 비록 북한이 우리 헌법상 정당성이 인정되는 정치적 실체가 아니라 불법단체에 불과하다 하더라도 남북기본합의서 제23조에 따라

37 서울민사지법 1989. 7. 26. 89카13692.
38 서울지법 남부지원 1994. 2. 14. 93카합2009.

체결된 부속합의서 제9조 제5항에서 “남과 북은 쌍방이 합의하여 정한 데 따라 상대측의 각종 저작물에 대한 권리를 보호하기 위한 조치를 취한다”고 규정한 기본정신과 부합하는 것이라고 설명하였다.[39]

남북한관계에서 지적재산권과 관련된 사건은 대부분 북한의 저작물이 남한에서 사용되는 과정에서 상속인 또는 양수인의 권리보호와 관련하여 법률적으로 문제되었으며, 반대로 남한의 저작물이 북한에서 사용되는 것이 문제된 사례는 발견되지 않는다. 즉, 북한주민의 저작물은 남한의 저작권법에 따라 당연히 보호되는 것으로 보고, 그 저작권을 침해한 행위에 대하여 민사적으로 침해금지가처분 결정을 하거나, 저작권법 위반으로 형사처벌하였다. 이는 남북한의 분단으로 북한의 법적용 현실을 알기 어려우며, 북한이 저작권에 관한 법체계를 마련하고 있으나 현실적으로 법적 권리의 보호가 거의 기능하지 않고 있다는 현실에 기인한 것으로 판단된다. 그러나 북한도 남한과 마찬가지로 원칙적으로 남한지역에도 북한의 주권이 미치고 남한주민도 북한의 공민에 포함된다고 판단하고 있으므로 남북한의 교류협력 과정에서 남한주민의 저작권에 대한 침해와 보호절차가 발생할 여지는 있다고 하겠다. 따라서 향후 남북교류협력이 확대될 경우를 대비하여 남한주민의 저작물도 북한에서 법적 권리로 보호되어야 하므로 남북한이 상호 상대방의 저작권을 승인하고 그 범위 안에서 이용할 수 있도록 하는 법제도를 마련할 것이 요구된다.

현재까지는 남북교류협력에 있어서 지적재산권과 관련된 사안은 북한주민의 저작물이 남한에서 사용하는 것과 관련된 것이지만, 앞으로는 저작권 이외에 특허권과 상표권을 비롯한 산업재산권에 관한 분쟁도 발생할 수 있다. 특히, 북한이탈주민의 증가로 이들이 북한의 상표를 남한에서 사용하거나 북한말을 이용하여 상표등록을 하는 사례도 발생할

---

39 서울고법 1999. 10. 12. 99라130.

수 있어 남북한 통일의 과정이나 그 이후에도 법적 분쟁이 발생할 수도 있다. 또한, 북한이 다른 분야에 비하여 지적재산권과 관련된 법제도가 상대적으로 잘 정비되어 있고, 국제협약에도 적극적으로 가입하고 있고 현재에도 외국기업이 북한에 상표등록을 출원하고 있어 향후에는 지적재산권이 남북한 사이뿐만 아니라 외국의 기업체와도 관련될 수 있으므로 이에 대한 준비도 필요할 것이다.

제5장

북한이탈주민에 관한 판례

1. 혼인 관련[1]

1) 주요판례

(1) 서울가법 2004. 2. 6. 2003드단58877【이혼및친권자지정】

① 판례요지

【판시사항】

[1] 북한에서 북한의 법제도에 따라 이루어진 혼인의 효력을 인정한 사례

[2] 북한에 있는 배우자를 상대로 한 이혼청구에 있어 민법 제840조 제6호 소정의 재판상 이혼사유에 해당한다고 보아 이를 인용한 사례

【판결요지】

[1] 북한에서 북한의 법제도에 따라 이루어진 혼인의 효력을 인정한

1 북한이탈주민의 이혼소송과 관련하여 북한주민의 법적 지위에 대하여는 이효원, 「북한이탈주민의 이혼소송과 북한주민의 법적 지위」, 『가족법연구』 제22권 3호, 한국가족법학회, 2008, 425-460쪽.

사례

[2] 원고와 피고 사이의 혼인관계가 더는 회복할 수 없을 정도의 파탄 상태에 이르렀고, 북한지역을 이탈한 주민이 대한민국의 보호를 받고자 남한지역으로 건너온 것이 그 경위에 비추어 대한민국의 선량한 풍속 기타 사회질서에 반한다는 특별한 사정이 없는 한 대한민국의 보호를 받고자 하는 북한주민의 의사는 존중되어야 한다는 점, 원고가 피고의 생사를 확인하기 어렵게 된 지 3년여가 지난 점, 대한민국의 남한지역과 북한지역이 군사분계선을 기준으로 나뉘어 남한주민과 북한주민 사이의 왕래나 서신교환이 자유롭지 못한데 이러한 상태가 가까운 장래에 해소될 개연성이 높지 않은 상황에서 원고에게 피고와의 혼인관계의 계속을 요구하는 것은 원고에게 너무 가혹하다는 점 등과 혼인관계의 파탄경위를 종합하여 볼 때 혼인관계의 파탄에 있어 원고에게 더 큰 잘못이 있다고 보기 곤란하다는 이유로 민법 제840조 제6호 소정의 재판상 이혼사유에 해당한다고 보아 이를 인용한 사례

【주문】

1. 원고와 피고는 이혼한다.
2. 사건본인의 친권행사자로 원고를 지정한다.
3. 소송비용은 피고의 부담으로 한다.

【청구취지】 주문과 같다.

【이유】

1. 기초사실

다음 각 사실은 갑 제1호 증, 제2호 증의 1, 2, 제3호 증의 각 기재, 증인 소외인의 증언, 가사조사관 작성의 조사보고서의 기재 내용, 이 법원의 통일부장관 및 국가정보원장에 대한 각 사실조회결과, 원고본인신문결과에 변론의 전 취지를 종합하여 인정할 수 있다.

가. 원고와 피고는 1997. 11. 16.경 한반도 군사분계선이북지역(이하 '북한지역'이라 한다)에서 혼인하고 동거하던 중 원고가 피고와의

사이에서 1998. 6. 1. 사건본인을 출산하였다.

나. 원고와 피고는 북한지역에서의 생활이 경제적으로 어렵자 2000. 3.경 사건본인을 데리고 북한지역을 떠나 중화인민공화국(이하 '중국'이라 한다)으로 건너갔다.

다. 피고는 중국에서 목축장의 잡부로 일하였는데, 2000. 12.경 목축장 관리인과 임금미지급 문제로 다투다가 목축장 관리인을 폭행하였고, 목축장 관리인의 신고로 중국공안원에게 체포되어 북한지역으로 강제 송환되었다.

라. 이후 원고는 사건본인과 함께 중국공안원을 피하여 숨어 살다가 주위의 도움으로 2003. 2.경 사건본인과 함께 제3국을 거쳐 한반도 군사분계선이남지역(이하 '남한지역'이라 한다)으로 건너왔다.

마. 원고와 사건본인은 대한민국 관련기관의 조사를 받았고, 통일부장관의 신청에 따라 서울가정법원이 2003. 4. 4. 취적허가를 하였으며, 이에 기해 사건본인을 호주로, 원고를 그 구성원으로 한 호적이 편제되었고, 원고의 신분사항란에 피고와의 북한지역에서의 혼인사실이 기재되었다.

2. 판단

가. 이 사건 혼인의 유효 여부

헌법 제3조에 따라 북한주민은 대한민국 국민이고(대법원 1996. 11. 12. 선고 96누1221 판결 참조), 헌법 제36조 제1항은 "혼인과 가족생활은 개인의 존엄과 양성의 평등을 기초로 성립되고 유지되어야 하며, 국가는 이를 보장한다"고 규정하고 있으며, 이에 기초하여 「북한이탈주민의 보호 및 정착지원에 관한 법률」은 제1조에서 "이 법은 북한에서 벗어나 대한민국의 보호를 받고자 하는 북한주민이 정치·경제·사회·문화 등 모든 생활영역에 있어서 신속히 적응·정착하는 데 필요한 보호 및 지원에 관한 사항을 규정함을 목적으로 한다"고 규정함과 아울러 제4조 제1항에서 “대한민국은 보호대상자에 대하여 인도주의에 입각하여 특별한 보호를 행한다”고 규정함에 이어서, 제12조와 제19조에서 정착지원시설을 설치·운영하는 기관의 장은 보호대상자의 본적·가족관계·경력 등 필요한 사항을 기재한 등록대장을 관리·보존하여야 하고, 통일부장관은 보호대상자로서 남한에 본적을 가지지 아니한 자에 대하여는 본인의 의사에 따라 본적을 정하고 서울가정법원에 취적허가신청서를 제출하되, 취적허가신청서에는 위 보호대상자의 등록대장등본과 호적의 기재방법에 준하여 작성한 신분표를 붙여야 하며, 서울가정법원은 취적허가신청서를 받은 때에는 지체 없이 허가 여부를 결정하고, 취적허가를 한 때에는 당해 취적지의 시·구·읍·면의 장에게 취적허가서등본을 송부하여야 하며, 시·구·읍·면의 장은 취적허가서등본을 받은 때에는 지체 없이 호적을 편제하여야 한다고 규정하고 있는바, 위 각 규정들을 종합해보면, 원고와 피고 사이의 이 사건 혼인은 유효하다.

나. 이혼청구 및 친권행사자 지정청구에 관한 판단

위 인정 사실에 의하면 원고와 피고 사이의 혼인관계는 더는 회복할 수 없을 정도의 파탄 상태에 이르렀다고 할 것이고, 북한지역을 이탈한 주민이 대한민국의 보호를 받고자 남한지역으로 건너온 것이 그 경위에 비추어 대한민국의 선량한 풍속 기타 사회질서에 반한다는 특별한 사정이 없는 한 대한민국의 보호를 받고자 하는 북한주민의 의사는 존중되어야 한다는 점, 원고가 피고의 생사를 확인하기 어렵게 된 지 3년여가 지난 점, 대한민국의 남한지역과 북한지역이 군사분계선을 기준으로 나뉘어 남한주민과 북한주민 사이의 왕래나 서신교환이 자유롭지 못한데 이러한 상태가 가까운 장래에 해소될 개연성이 높지 않은 상황에서 원고에게 피고와의 혼인관계의 계속을 요구하는 것은 원고에게 너무 가혹하다는 점 등과 앞서 인정한 이 사건 혼인관계의 파탄경위를 종합하여보면, 이 사건 혼인관계의 파탄에 있어 원고에게 더 큰 잘못이 있다고 보기 곤란하므로, 위와 같은 사정은 민법 제840조 제6호 소정의 재판상 이혼사유에 해당하고, 원고가 현재까지 사건본인을 양육하고 있는 경위 등에 비추어보면, 사건본인의 친권행사자로 원고를 지정함이 상당하다.

3. 결론

그렇다면 원고의 이혼청구는 이유 있어 이를 인용하고, 친권행사자 지정청구에 관하여는 위와 같이 정하기로 하여 주문과 같이 판결한다.

② 해설

2004년 2월 6일 선고된 이 판결은 북한이탈주민으로서 남한에서 적법한 절차에 따라 취적한 자가 북한지역에 있는 배우자를 상대로 제기한 최초의 이혼 및 친권자지정에 관한 소송으로, 원고와 피고가 북한의 가족법에 따라서 등록한 혼인이 유효하다는 것을 전제로 이혼사유가 있다고 인정하여 원고의 이혼청구를 인용하였다. 그 법적 근거로는 헌법 제3조와 혼인과 가족생활을 보장하는 제36조 제1항, 그리고 북한이탈주민보호법 제1조, 제4조 제1항, 제12조, 제19조, 민법 제840조 제6호를 들었다. 위 이혼소송에서는 소송법적으로는 당사자 적격, 재판관할의 유무, 소송절차의 중지 여부, 송달절차가 문제되었고, 실체법적으로는 혼인의 효력과 그 준거법, 이혼의 준거법, 이혼사유가 문제되었다.

북한이탈주민보호법은 위 법적 쟁점들과 관련하여 서울가정법원에서 취적허가를 받아 호적이 편제되는 경우에 북한에서 성립한 혼인사실이 기재된다는 사실만 규정하였을 뿐 아무런 규정을 두지 않고 있었다. 서울가정법원은 위 이혼소송에서 헌법과 관련 법률의 해석론을 통하여 소송법적 및 실체법적 쟁점 사항에 대한 입법적 불비를 보완한 것으로 판단된다. 판결문에서는 위 쟁점 사항 가운데 이 사건 혼인의 유효 여부와 이혼사유에 대하여만 판단하였고, 나머지 쟁점 사항들은 남한 민법 등을 적용하여 본안판단을 하였다는 사실, 소송절차를 진행하고 판결하였다는 사실에서 간접적으로 그 판단내용을 추론할 수 있을 뿐이다.

서울가정법원은 판결문에서 이혼소송의 전제로서 당사자의 혼인의 유효성을 인정하고 있는데, 판결문에서는 북한주민이 북한법률인 북한 가족법에 따라서 혼인등록한 혼인관계를 법적으로 유효한 것으로 인정한 것인지(보고적 효력설), 남한법률인 북한이탈주민보호법에 따른 취적 특례조항에 따라 혼인관계를 법적으로 유효한 것으로 인정한 것인지(창설적 효력설)는 명확하게 밝히지 않고 있다. 판결이유에서는 혼인관계가 유효하다는 법적 근거로는 남한의 헌법 제3조에 따라 북한주민은 대한민국 국민이라는 점, 헌법 제36조 제1항, 그리고 남한법률인 북한이탈주민보호법을 직접적인 근거로 제시하고 있고, 기초사실에서 원고와 피고가 1997년 북한지역에서 '혼인하고 동거하던 중' 및 '혼인사실'이라고 표현하고 있을 뿐, 북한의 가족법에 대해서는 이를 전혀 언급하지 않고 있다. 따라서 남한의 헌법과 법률에 따라 혼인관계를 유효한 것으로 인정하고, 이를 전제로 이혼심판청구를 인용한 것으로 해석될 수 있다. 이러한 점에서 위 판결은 북한주민의 법적 지위에 대하여는 대법원의 견해를 그대로 따르고 있는 것으로 평가된다. 이 사건의 담당 재판부였던 정상규 판사가 위 판결 선고 이후에 발표한 논문에서 위 쟁점들에 대한 자신의 견해를 자세히 밝히고 있는데, 북한지역에서 북한의 법제도에 따라 이루어진 혼인 또는 가족관계는 그 성립 당시부터 유효한 혼인 또는 가족관계이고, 취적허가에 따른 호적부의 등재는 보고적 효력이 있을 뿐이라고 하였다.[2]

또한, 이혼사유에 대하여는 기초사실에 기초하여 이 사건 혼인관계는 더는 회복할 수 없을 정도의 파탄 상태에 이르렀고, 원고에게 더 큰 잘

2 정상규, 「탈북자 이혼사건에 관한 연구」, 『사법논집』 제38집, 법원도서관, 2004, 624-651쪽.

못이 있다고 보기 곤란하므로 민법 제840조 제6호 소정의 재판상 이혼사유로 인정하였다. 위 재판부가 판결문을 통해서 밝히고 있지 않지만, 위 나머지 쟁점 사항들과 관련하여 북한이탈주민이 북한주민을 상대로 한 이혼소송의 재판관할은 대한민국 법원에 있으며, 그 토지관할은 가사소송법 제22조 제2호, 제13조 제2항에 따라서 서울가정법원의 전속관할을 인정한 것으로 판단된다. 또한, 남북한 분단 상황의 특수성을 고려하여 위 사건은 민사소송법 제246조의 당사자의 장애로 인한 소송절차의 중지사유에 해당하지 않으며, 공시송달할 수 있다고 판단하고 소송절차를 진행한 것으로 판단된다.

(2) 서울가법 2007. 6. 22. 2004드단77721【이혼】

① 판례요지

【판시사항】

북한이탈주민의 혼인생활이 이미 북한에서도 파탄에 이르렀고, 북한에 두고 온 배우자가 현재 남한에 거주하는지 여부가 불명확하며, 군사분계선을 기준으로 나뉘어 있는 현재의 상태가 가까운 장래에 해소될 개연성이 그리 크지 않은 점 등의 사정을 종합하여, 민법 제840조 제6호 소정의 재판상 이혼사유가 있다고 보아 북한이탈주민의 이혼청구를 인용한 사례

【판결요지】

북한이탈주민의 혼인생활이 이미 북한에서도 파탄에 이르렀고, 북한에 두고 온 배우자가 현재 남한에 거주하는지 여부가 불명확하며, 군사분계선을 기준으로 나뉘어 있는 현재의 상태가 가까운 장래에 해소될 개연성이 그리 크지 않은 점 등의 사정을 종합하여, 민법 제840조 제6호 소정의 재판상 이혼사유가 있다고 보아 북한이탈주민의 이혼청구를 인용한 사례

【참조조문】

민법 제840조 제6호, 북한이탈주민의 보호 및 정착지원에 관한 법률 제19조의2 제1항, 제2항

【주문】

1. 원고와 피고는 이혼한다.
2. 소송비용은 피고가 부담한다.

【청구취지】 주문과 같다.

【이유】

1. 기초 사실

갑 제1 내지 4호 증(가지번호 포함)의 각 기재에 변론 전체의 취지를 종합하면, 원고와 피고는 1995. 12. 7. 군사분계선 이북지역(이하 '북한'이라 한다)에서 혼인하고 동거해온 사실, 피고는 혼인생활 중 자주 술을 마시고 원고에게 폭력을 행사하였으며 집안 생계를 돌보지 아니하였던 사실, 원고는 1998.경 피고와 별거하게 되었고, 같은 해 5.경 생계유지를 위하여 북한을 벗어나 중화인민공화국으로 건너갔다가 2003. 9. 16. 군사분계선 이남지역(이하 '남한'이라 한다)으로 건너온 사실, 이후 통일부장관의 신청에 따라 2003. 11. 21. 서울가정법원의 취적허가를 받아 원고를 호주로 한 호적이 편제되었고, 원고의 신분사항란에 피고와의 북한에서의 혼인사실이 기재된 사실, 피고는 2007. 3. 12. 현재 「북한이탈주민의 보호 및 정착지원에 관한 법률」(이하 '북한이탈주민보호법'이라 한다)에 따른 보호대상자에 해당하지 아니하는 사실을 인정할 수 있다.

2. 판단

(1) 북한이탈주민보호법은 "이 법은 북한에서 벗어나 대한민국의 보호를 받고자 하는 북한주민이 정치·경제·사회·문화 등 모든 생활영역에 있어서 신속히 적응·정착하는 데 필요한 보호 및 지원에 관한 사항을 규정함을 목적으로 한다"고 규정(제1조)하고, "대한민국은 이 법에

의하여 보호 및 지원을 받는 북한이탈주민인 보호대상자에 대하여 인도주의에 입각하여 특별한 보호를 행한다"고 규정(제2조 제2호, 제4조 제1항)하고 있으며, 그 특별한 보호의 내용으로 정착지원시설의 설치 및 그 시설에서의 보호, 학력인정, 자격인정, 사회적응교육, 직업훈련, 취업보호, 영농정착지원, 특별임용, 주거지원, 정착금 등의 지급, 거주지 보호(제10조, 제11조, 제13조 내지 제18조, 제20조 내지 제22조) 등을 실시하고 있다.

또한, 위 법은 제19조에서 취적특례조항을 두어 보호대상자들에 대한 취적허가 및 호적편제를 가능하게 하고, 제19조의2(2007. 1. 26. 법률 제8269호로 신설됨) 제1항, 제2항에서 위와 같이 취적한 자 중 북한에 배우자가 있는 자는 그 배우자가 남한지역에 거주하는지 여부가 불명확한 경우 그 배우자를 상대로 이혼을 청구할 수 있도록 함으로써, 보호대상자들이 위와 같이 편제된 호적을 기초로 신분적 법률관계를 유지하고, 새로이 형성하는 것을 가능하도록 하고 있다.

(2) 살피건대, 위와 같은 북한이탈주민보호법의 규정 취지, 앞서 인정한 바와 같은 경위로 원·피고의 혼인생활이 이미 북한에서도 파탄에 이르렀고, 그후 원고가 북한을 이탈하게 된 점, 현재 피고가 남한에 거주하는지 여부가 불명확한 점, 대한민국이 군사분계선을 기준으로 나뉘어 남북한 주민 사이의 왕래나 서신교환이 자유롭지 못한 현재의 상태가 가까운 장래에 해소될 개연성이 그리 크지 않은 점 등의 사정을 종합하여보면, 결국 원·피고 사이에 혼인관계를 계속하기 어려운 중대한 사유가 있다고 할 것이므로 이는 민법 제840조 제6호 소정의 재판상 이혼사유에 해당한다.

3. 결론

그렇다면 원고의 이혼청구는 이유 있어 이를 받아들이기로 하여 주문과 같이 판결한다.

② 해설

이 판결은 2004년 10월 12일 제기된 이혼소송 사건에 대하여 북한이탈주민보호법이 개정되기를 기다렸다가 위 법률이 개정된 이후 그 법률에 따라서 소송을 진행하고 선고한 것이다. 서울가정법원은 이 사건에서도 북한이탈주민으로서 남한에서 취적한 자가 북한지역에 있는 배우자를 상대로 제기한 이혼소송에서 원고의 이혼청구를 인용하였다. 이 판결은 그 법적 근거로서 종전 판결과는 달리 헌법 제3조와 혼인과 가족생활을 보장하는 제36조 제1항을 제시하지 않고 그 대신 개정된 북한이탈주민보호법 제19조의2 제1항, 제2항을 들었다. 개정 북한이탈주민보호법은 제19조의2 제1항에서 "북한에 배우자가 있는 자는 그 배우자가 남한지역에 거주하는지 여부가 불명확한 경우 이혼을 청구할 수 있다.", 제2항에서 "재판상 이혼의 당사자가 될 수 있다.", 제3항에서 "서울가정법원에 재판상 이혼청구를 하여야 한다.", 제4항에서 "민사소송법 제195조의 규정에 따른 공시송달을 할 수 있다"고 각각 규정하여 당사자 적격, 재판관할, 송달절차 등 소송법적 쟁점과 혼인의 효력, 이혼사유 등 실체법적 쟁점을 입법적으로 해결하였다. 이 개정법률은 소송절차의 중지 여부, 이혼의 준거법에 대하여는 직접적으로 규정하지 않고 있으나, 위 특례규정의 입법취지에 비추어 배우자가 북한에 있다는 사실은 소송절차의 중지 사유에 해당하지 않으며, 이혼의 준거법은 남한의 가족법을 의미하는 것을 전제로 하고 있다고 판단된다.

이 판결은 재판상 이혼사유에 대하여는 북한이탈주민보호법 제19조의2 제1항의 "그 배우자가 남한지역에 거주하는지 여부가 불명확한 경우"가 아닌 민법 제840조 제6호의 "혼인관계를 계속하기 어려운 중대한 사유"를 직접적 근거규정을 제시하고 있는 것이 특징이다. 따라서 위 재판부는 북한이탈주민보호법 제19조의2 제1항은 민법 제840조의 특별규정으로서 이혼사유를 규정한 것이 아니라 혼인의 효력과 이혼소송의 관할에 관한 특례규정이라고 해석하였다고 판단할 여지가 있다. 북한이탈주민보호법의 개정규정과 이에 따른 위 판결은 북한주민의 법적 지위에 대하여는 명확한 입장을 밝히고 있지 않으나, 북한주민도 대한민국 주민이지만 북한이탈주민의 북한 소재 배우자에 대한 이혼소송에서는 남북한관계의 특수성을 반영하여 국제법원칙을 적용할 수 있도록 위와 같은 특례규정을 둔 것이라고 평가할 수 있다.

(3) 서울가법 2007. 8. 23. 2004드단63067【이혼】

① 판례요지

【판시사항】

북한이탈주민의 호적 편제 시 북한지역에 있는 배우자가 입적될 필요가 없었음에도 일반적인 원칙에 따라 그 배우자가 호적에 입적된 경우, 북한이탈주민이 위 호적편제로 인하여 재혼을 할 수 없는 등의 신분상의 불이익을 입고 있는 점 등을 고려하여 「북한이탈주민의 보호 및 정착지원에 관한 법률」 제19조의2의 규정을 적용한 사례

【판결요지】

북한이탈주민의 호적 편제 시 북한지역에 있는 배우자가 입적될 필요가 없었음에도 일반적인 원칙에 따라 그 배우자가 호적에 입적된 경우, 북한이탈주민이 위 호적편제로 인하여 재혼을 할 수 없는 등의 신분상의 불이익을 입고 있는 점 등을 고려하여 「북한이탈주민의 보호 및 정착지원에 관한 법률」 제19조의2의 규정을 적용한 사례

【참조조문】

「북한이탈주민의 보호 및 정착지원에 관한 법률」 제19조의2, 민법 제840조 제6호

【주문】

1. 원고와 피고는 이혼한다.
2. 소송비용은 피고의 부담으로 한다.

【청구취지】 주문과 같다.

【이유】

1. 인정 사실

갑 제1 내지 4호 증의 각 기재에 변론 전체의 취지를 종합하면, 원고와 피고는 1996. 2. 16. 군사분계선 이북지역(이하 '북한'이라 한다)에서 혼인한 사실, 원고는 2000. 10.경 북한을 벗어나 2002. 12. 13. 군사분계선 이남지역(이하 '남한'이라 한다)으로 건너온 사실, 원고가 2003. 2. 14. 서울가정법원으로부터 취적허가를 받음에 따라 2003. 2. 26. 원고를 호주로 한 호적이 편제되었고, 그 신분사항란에 피고와의 북한에서의 혼인사실이 기재된 사실, 피고는 2007. 5. 4. 현재 북한이탈주민의 보호 및 정착 지원에 관한 법률(이하 '북한이탈주민보호법'이라 한다) 제2조 제2호에 따른 보호대상자에 해당하지 아니하는 사실을 인정할 수 있다.

2. 북한이탈주민보호법의 입법 및 개정

북한이탈주민보호법은 정치적·경제적 이유로 북한을 벗어나 대한민국의 보호를 받고자 하는 북한주민이 늘어나게 되자, 그들이 대한민국에서 정치·경제·사회·문화 등 모든 생활영역에 있어서 신속히 적응·정착할 수 있도록 하기 위한 목적(제1조)에서 1997. 1. 13. 제정된 법률로서, 보호대상자(제2조 제2호)에 대한 다양한 보호제도를 규정하고 있다(제10조, 제11조, 제13조 내지 제18조, 제20조 내지 제22조 참조). 한편, 보호대상자는 서울가정법원의 취적허가를 받아 호적을 편제할 수 있는데(제19조), 2003. 3. 18.부터 보호대상자의 취적 시 그 호적에 북한에서의 혼인 여부 및 배우자를 기재하게 되었고, 그로 인하여 보호대상자들이 남한에서 새로이 혼인신고를 하지 못하게 되는 문제점이 발생하여 사회적인 관심을 끌게 되었다. 이에 대한민국 국회는 위와 같이 취적한 자 중 북한에 배우자가 있는 자는 그 배우자가 남한지역에 거주하는지 여부가 불명확한 경우 그 배우자를 상대로 이혼을 청구할 수 있다는 이혼의 특례 규정(제19조의2, 2007. 1. 26. 법률 제8268호로 신설됨)을 추가하는 방법으로 북한이탈주민보호법을 개정하였고, 그 부칙 ②는 "제19조의2의 개정규정은 2003. 3. 18. 이후 취적한 북한이탈주민에게 적용한다"고 규정하고 있다. 한편, 구 '북한이탈주민보호법에 의한 취적절차에 관한 예규(호적예규 제600호, 2003. 3. 18. 호적예규 제644호로 개정되기 전의 것)'에는 "단신 보호대상자는 단신으로 취적하도록 한다. 만약 보호대상자의 가족이 대한민국에 취적되어 있는 경우에는 취적허가절차에 의하여 그 호적에 추가로 입적하게 한다"고 규정되어 있었다.

3. 판단

가. 살피건대, 원고의 호적은 2003. 2. 26. 편제되었고, 당시 시행 중이던 구 '북한이탈주민보호법에 의한 취적절차에 관한 예규'의 규정은 가족 단위가 아닌 개인 단위로 편제함을 원칙으로 하였으므로 원고의 호적 편제 시 북한지역에 있는 피고가 입적될 필요가 없음에도 일반적인 호적편제의 원칙에 따라 피고가 원고의 호적에 입적된 것으로 보인다.

그런데 북한이탈주민보호법 부칙 ②의 규정에 따르면 원고에게는 북한이탈주민보호법 제19조의2의 규정이 적용되지 않는다고 할 것이나, 위 부칙규정은 2003. 3. 18. 이전에 취적한 북한이탈주민의 경우 구 '북한이탈주민보호법에 의한 취적절차에 관한 예규'에 따라 개인 단위로 편제되었으므로 북한이탈주민보호법 제19조의2의 규정이 적용될 필요가 없음을 전제로 한 것으로 보이는 점, 원고는 위와 같은 호적편제로 인하여 재혼을 할 수 없는 등의 신분상의 불이익을 입고 있는 점 등을 고려할 때 원고의 호적에 북한에 있는 피고가 입적되어 있는 이상 원고에게도 북한이탈주민보호법 제19조의2의 규정이 적용된다고 봄이 형평의 원칙에 부합하는 해석이라고 할 것이다.

나. 위와 같은 해석을 전제로 하여 보건대, 앞서 본 바와 같은 북한이탈주민보호법의 입법 목적과 내용, 이혼의 특례 규정이 신설된 경위에 비추어보면, 위 이혼의 특례 규정은 특별한 사정이 없는 한 보호대상자

들이 대한민국에서 새로운 신분관계를 형성할 수 있도록 함으로써 그들이 대한민국 국민으로서 원만히 정착할 수 있도록 함에 그 목적이 있다고 할 것이고, 여기에 피고가 현재 남한에 거주하는지 여부가 불명확한 점, 대한민국이 군사분계선을 기준으로 나뉘어 남북한 주민 사이의 왕래나 서신교환이 자유롭지 못한 현재의 상태가 가까운 장래에 해소될 개연성이 그리 크지 않은 점 등의 사정을 종합해보면, 원·피고 사이에 혼인관계를 계속하기 어려운 중대한 사유가 있다고 할 것인바, 이는 민법 제840조 제6호가 정한 재판상 이혼사유에 해당한다.

4. 결론

그렇다면 원고의 이혼청구는 이유 있으므로 인용하기로 하여 주문과 같이 판결한다.

② 해설

이 사건은 북한이탈주민보호법이 개정되어 그 부칙에서 시간적 효력범위를 제한하고 있으나, 구체적 타당성을 확보하기 위하여 법률해석을 통하여 그 효력범위를 확대하여 적용한 것이다. 즉, 북한이탈주민보호법 부칙 ②에서 제19조의2의 개정규정은 대법원 호적예규 제644호가 시행된 2003년 3월 18일 이후 취적한 북한이탈주민에게만 적용하도록 규정하고 있다. 그런데 이 사건 원고의 호적은 2003년 2월 26일 편제되었다. 따라서 위 부칙규정을 문리적으로 해석할 경우에는 위 제19조의2의 개정규정은 이 사건 원고에 대하여는 적용될 수 없음에도 불구하고 형평의 원칙에 따른 해석을 통하여 이 사건에도 적용하였다.

즉, 개정 전의 북한이탈주민보호법에 의한 취적절차에 관한 예규(호적예규 제600호)는 단신 보호대상자에 대하여 단신으로 취적하도록 하여 개인단위로 편제될 것을 전제로 하고 있어 이 사건 원고의 호적편제 시 북한지역에 있는 피고가 입적될 필요가 없음에도 불구하고 일반적인 호적편제의 원칙에 따라 피고가 원고의 호적에 입적된 것으로 판단하고, 원고의 신분상의 불이익을 제거하기 위하여 위 제19조의2를 적용하여 원고의 이혼소송 청구를 인용하였다.

2) 평가

북한이탈주민은 1990년 초반 러시아 벌목공의 탈출을 시작으로 본격적으로 발생하였는데, 1990년대 중반 이후 북한의 식량난으로 주민들의 대량이주가 남한을 향한 대량입국으로 연결되기도 하였다. 2000년 220여 명이 입국한 이후 중국 등 제3국을 통하여 남한으로 입국한 북한주민은 매년 급격히 증가하는데, 2001년에는 1,000명을, 2006년에는 2,000명을 초과하였고, 2011년 10월 현재 총 22,679명이 남한으로 들어와 하나원에서 교육을 받고 남한사회에 정착하였다. 현재 중국은 이들 북한이탈주민을 공식적으로는 북한과 체결한 '변경지역에서의 국가안정과 사회질서 유지를 위한 상호 협력의정서'에 따라서 자국의 출입국관리법규를 위반한 불법입국자로 취급하여 북한으로 강제송환하고 있다.

2004년 2월 6일 서울가정법원은 처음으로 북한이탈주민의 이혼소송에 대하여 판결한 이후 이혼소송에 관한 실체법과 절차법에 대한 입법미비로 인하여 유사한 이혼소송을 진행시키지 못하고 있다가 2007년 1월 26일 북한이탈주민보호법이 개정되어 법률적 보완이 이루어진 후 2007년 6월 22일 개정 법률에 따라서 처음으로 이혼소송에 대하여 판결하였다. 서울가정법원은 2007년 8월 23일 개정법률 제19조의2에서 규정하는 이혼의 특례규정이 적용되는 시점인 2003년 3월 18일 이전에 취적한 북한이탈주민에게도 위 특례규정을 적용할 수 있다고 판시하였다.

북한이탈주민이 북한에 있는 배우자를 상대로 이혼소송을 제기한 사건을 남북한특수관계론에 적용하면 다음과 같은 결론에 도달하게 된다. 즉, 당해 이혼소송은 남북한관계에서 발생하는 것으로 국내법적 규범영역에 속하고, 이는 소극적 의미에서 북한 및 북한주민은 외국 및 외국인이 아니므로 국제사법을 그대로 적용할 수는 없다고 하겠다. 또한, 그 이혼소송은 북한이 남한의 평화통일을 위한 노력에 대응하여 남북교류협력 등 그에 부합하는 활동을 하면서 평화통일을 위한 대화와 협력의 동반자로 활동하는 지위를 전제로 하는 규범영역에 속하므로 북한 및 '북한적'을 지닌 북한주민의 실체를 인정하여 국제법원칙을 적용하여야 할 것이다. 따라서 원칙적으로 국제사법을 유추적용하거나 그 내용을 입법화하되, 남북한관계의 특수성을 반영하여 그 내용을 변용하거나 탄력적으로 적용할 필요가 있을 것이다. 이를 위 이혼소송에서 발생하는 법적 쟁점들에 적용하면 다음과 같다.

첫째, 재판관할에 관한 소송요건은 국제사법 제2조를 유추적용할 경우에는 피고의 보통재판적 소재지의 법원인 북한의 법원이 재판관할권을 갖는 것으로 해석할 수도 있으나, 남북한관계 및 국제재판관할의 특수성을 고려하여 이를 "당사자 또는 분쟁이 된 사안이 대한민국과 실질적 관련이 있는 경우"에 해당하는 것으로 해석하여 남한 법원에 관할권이 있다고 해야 할 것이다. 이때 토지관할은 가사소송법 제22조 제2호에 따라서 서울가정법원의 전속관할에 속한다고 하겠다.

둘째, 당사자에 대한 소송요건으로서 당사자적격은 소송절차에 관한 법정지법인 남한 법률에 의하여 결정되며, 송달에 대하여는 민사소송법 제194조 제1항 후단과 제191조에 따라서 공시송달을 할 수 있도록 하는 것이 타당할 것이다.

셋째, 혼인의 효력에 대하여는 북한지역에서 북한 가족법에 따라서 이루어진 혼인은 그 성립 당시부터 법률상 유효한 혼인으로 인정되며, 이혼에 관한 준거법은 국제사법 제39조 단서를 적용하여 남한 민법이 적용될 것이며, 그에 따라 이혼사유도 남한 민법이 적용된다고 할 것이다.

이와 같은 관점에서 북한이탈주민보호법의 개정규정은 북한주민의 법적 지위에 대하여 원칙적으로 북한주민도 대한민국 국민이라는 것을 전제로 하면서도 현실적으로 북한이탈주민의 기본권 보장을 위하여 남북한관계의 특수성을 반영하여 북한이탈주민의 이혼소송에서는 국제법 원칙을 적용할 수 있도록 입법화한 것으로 평가할 수 있다. 또한, 2004년 2월 6일 판결과 2007년 6월 22일 판결도 북한 및 북한주민의 법적 지위에 대하여 헌법재판소와 대법원의 입장을 바탕으로 하면서도 남북관계의 특수한 현실과 북한이탈주민의 법적 보호를 위하여 결과적으로 남북한특수관계론의 입장에서 유용한 결론에 도달한 것이라고 평가할 수 있다. 다만, 남북한관계의 특수성에서 발생하는 여러 가지 법적 쟁점에 대하여는 법원이 법률해석을 통하여 그 규범적 의미를 분명하게 밝혔어야 한다는 비판도 가능하지만, 남북한관계에 관한 법률체계가 정립되지 않은 현실에서 사법기관인 법원은 그 기능과 역할에 비추어 한계가 있을 것으로 판단된다.

한편, 북한이탈주민이 남한주민을 상대로 친생자관계부존재확인소송을 제기하여 승소한 판결이 있다. 즉, 원고는 북한이탈주민으로서 서울가정법원의 취적허가를 받아 호적이 편제되어 신분사항란에 북한의 배우자(A)와 혼인한 사실이 기재되었고, 그후 가족관계등록부에 피고가 원고와 A 사이에 출생한 것으로 기재되었다. 그러나 실제로 피고는 원고가 남한에서 만난 다른 남자와 피고 사이에서 출생하였다. 이에 원고는 피고를 상대로 하여 "피고와 A 사이에는 친생자관계가 존재하지 않는다"는 것을 확인하는 소송을 제기하였다. 이에 대하여 서울가정법원은 피고에 대하여 공시송달을 하고 피고의 유전자감정결과 등을 증거로 채택하여 원고에 대하여 승소판결을 하였다. 이 사건에서는 공시송달의 요건과 소송당사자의 결정에 관한 법적 쟁점이 발생할 수 있는데, 공시송달과 관련하여서는 북한이탈주민보호법 제19조의 2는 이혼의 경우에만 북한에 거주하고 있는 배우자에 대하여 공시송달의 특례를 인정하고 있으나 서울가정법원은 친자관계부존재확인소송인 이 사건에서도 이를 유추적용하여 공시송달을 하고 재판절차를 진행하였다. 또한,

소송당사자의 결정에 있어서는 가사소송법 제24조 제2항과 제28조에 따르면 친족 등 제3자가 친생자관계부존재확인소송을 제기할 경우에는 가족관계등록부상 친생자관계가 있는 당사자 쌍방을 상대방으로 하고, 일방 당사자가 사망한 경우에는 생존한 당사자를 상대방으로 하여야 한다. 따라서 북한의 배우자인 A가 사망한 경우와 생존하고 있는 경우를 구분하여 소송당사자가 결정되어야 할 것이지만, 서울가정법원은 피고를 당사자로 인정하고 재판을 진행하여 원고에 대하여 승소판결을 하였다. 이와 같은 소송요건에 대한 법적 쟁점은 남북한특수관계론에 따른 합리적인 해석이라고 판단되지만, 이에 관한 법률규정을 마련함으로써 입법적으로 해결하여야 할 것이다.

2. 행정법 관련

1) 대표판례: 헌재 2006. 11. 30. 2006헌마679 【북한한의사자격불인정 위헌확인】

① 판례요지

1. 사건의 개요와 심판의 대상

가. 사건의 개요

청구인은 북한이탈주민으로 북한에서 동(東)의사 자격을 취득하여 20여 년간 종합진료소 임상의사로 근무하였다고 주장하면서 위 동의사 자격을 대한민국의 한의사 자격으로 인정해줄 것을 요구하는 취지의 민원을 보건복지부와 국회 등에 제기하였다.

그리고 청구인의 이러한 민원에 대하여 보건복지부장관(2004. 11. 29.)과 국회 보건복지위원장(2005. 4. 13.)은 북한에서 동의사 자격을 취득한 사실을 입증할 자료의 부족과 남북한 보건의료제도상의 차이를 이유로 청구인에게 한의사 자격을 부여할 수 없다는 취지의 민원회신을 하였다.

이에 청구인은 2006. 6. 13. 북한에서 취득한 동의사 자격을 대한민국의 한의사 자격으로 인정하지 아니한 보건복지부장관 및 국회 보건복지위원장의 진정거부처분행위의 위헌확인을 주위적 청구로, 북한 동의사 자격자에게 대한민국의 한의사 자격을 부여하는 내용의 입법을 하지 않은 입법부작위의 위헌확인을 예비적 청구로 하는 이 사건 헌법소원심판을 청구하였다.

나. 심판의 대상

이 사건의 주위적 심판대상은 "2004. 11. 29.자 보건복지부장관 및 2005. 4. 13.자 국회 보건복지위원장의 민원회신(이하 '이 사건 민원회신'이라 한다)"의 위헌 여부이고, 예비적 심판대상은 "북한 동의사 자격자에게 대한민국의 한의사 자격을 부여하는 내용의 입법을 하지 않은 입법부작위"의 위헌 여부인바, 관련되는 법률조항의 내용은 다음과 같다.

북한이탈주민의 보호 및 정착지원에 관한 법률 제14조(자격인정)

보호대상자는 관계법령이 정하는 바에 의하여 북한 또는 외국에서 취득한 자격에 상응하는 자격 또는 그 자격의 일부를 인정받을 수 있다.

북한이탈주민의 보호 및 정착지원에 관한 법률 시행령 제28조(자격인정절차)

① 법 제14조의 규정에 의하여 자격을 인정받고자 하는 보호대상자는 통일부장관에게 자격인정신청서를 제출하여야 한다.
② 제1항의 규정에 의한 신청서를 제출받은 통일부장관은 신청내용에 대한 확인서를 첨부하여 이를 당해 자격인정 업무를 관장하는 기관(민간기관을 포함한다. 이하 같다)의 장에게 송부하여야 한다.
③ 제2항의 규정에 의한 신청서와 확인서를 송부받은 기관의 장은 이

를 송부받은 날부터 3월 이내에 보호대상자의 자격인정 여부를 결정하여 그 결과를 통일부장관에게 통보하고, 통일부장관은 이를 신청인에게 통지하여야 한다.

2. 청구인의 주장 및 보건복지부장관의 의견 요지

가. 청구인의 주장요지

(1) 북한에서 동의사 자격을 취득하여 종합진료소 임상의사로 근무하였음에도, 북한에서 취득한 동의사 자격을 입증할 자격증을 소지하지 않았고, 대한민국에서 한의과대학을 졸업하지 아니하였다는 이유로 한의사 자격을 부여할 수 없다는 취지의 보건복지부장관 및 국회 보건복지위원장의 민원회신으로 인하여 청구인은 한의사의 직업을 선택할 수 없게 되었으므로 직업선택의 자유가 침해되었다.

(2) 남한과 북한의 보건의료제도가 상이한 것은 사실이나, 적어도 한의학의 경우에는 그 뿌리가 같고 오히려 북한의 한의학 수준이 남한보다도 앞서거나 심화된 부분이 있으므로 탄력적인 접근이 필요하다. 따라서 북한의 동의사에게 바로 대한민국의 한의사 자격을 부여하더라도 의료체계에 혼란을 주거나 의료 수준의 저하를 가져올 우려가 없다고 할 것이므로, 이러한 입법을 하지 아니한 것은 헌법에 위반된다.

나. 보건복지부장관의 의견요지

의료법 제5조는 한의사면허취득요건을 국내에서 한의과대학을 졸업한 자의 경우에는 한의학사 학위를 취득하고 한의사 국가시험에 합격하는 것으로, 보건복지부장관이 인정하는 외국의 한의과대학을 졸업한 자의 경우에는 외국의 학위 및 면허취득 후 한의사 예비시험과 국가시험에 합격하는 것으로 각 규정하고 있다. 그리고 고등교육법 시행령 제70조는 군사분계선 이북지역 대학졸업자의 학력인정과 관련하여 외국대학 졸업자의 그것과 동일하게 규정함으로써 학력인정과 관련하여 북한을 외국으로 보고 있다.

따라서 이러한 관련 법령조항들의 취지에 비추어볼 때, 북한의 의료면허를 그대로 인정하여 국내 의료면허를 부여할 수는 없고, 「북한이탈주민의 보호 및 정착 지원에 관한 법률」의 취지에 따라 북한에서의 경력 등을 고려하여 국가시험에 응시할 수 있게 하거나 한의과대학에 편입할 수 있도록 지원하고 있으므로, 청구인에게 한의사 면허를 부여하지 않는다고 하여 이를 두고 직업선택의 자유를 침해한다고 볼 수 없다.

3. 판단

가. 이 사건 민원회신에 대한 심판청구의 적법 여부(주위적 청구부분에 관한 판단)

(1) 헌법재판소법 제68조 제1항의 헌법소원의 대상인 공권력 행사는 공권력의 주체에 의한 공권력의 발동으로서 국민의 권리·의무에 대하여 직접적인 법률효과를 발생시키는 행위를 말한다. 따라서 공권력 행사로 볼 수 없는 어떤 행위나 사실을 대상으로 하여 헌법소원심판을 청구한 경우에는 그 대상적격이 없으므로 이를 각하할 수밖에 없다(헌재 1993. 12. 23. 89헌마281, 판례집 5-2, 658, 666 등 참조).

(2) 청구인의 행정기관에 대한 민원신청 또는 국회에 대한 진정과 관련하여 해당 업무를 담당하는 주무관청으로서 보건복지부장관과 국회 보건복지위원장이 한 이 사건 민원회신(또는 진정거부처분)은, "북한이탈주민의 자격인정을 정한 「북한이탈주민의 보호 및 정착지원에 관한 법률」 제14조와 한의사 등 의료면허의 취득요건을 정한 의료법 제5조 등 관련 법령조항의 취지에 비추어볼 때, 청구인과 같은 탈북의료인에게 바로 대한민국의 한의사 면허를 부여할 수 없다"라는 취지의 법적 견해를 민원인에게 알리는 정도의 의미밖에 없고, 이 사건 민원회신으로 인하여 청구인의 한의사 면허취득이 확정적으로 불가능해지는 등 기본권 제한의 법적 효과가 직접 발생하는 것은 아니다.

즉, 청구인으로서는 「북한이탈주민의 보호 및 정착지원에 관한 법률」 제14조와 같은 법 시행령 제28조에 따라 통일부장관에게 한의사자격인정신청서를 제출함으로써 한의사 면허를 신청할 수 있고, 관련 절차에 따른 보건복지부장관의 결정 및 통일부장관의 통지 결과에 따라 불복하는 경우에는 행정소송을 제기하는 등 권리구제를 받을 수 있도록 예정되어 있으므로, 이 사건 민원회신은 청구인의 기본권을 직접 제한하는 공권력의 행사에 해당하지 아니한다.

(3) 결국 이 사건 민원회신의 위헌확인을 구하는 주위적 청구 부분은 그 대상적격이 흠결되어 부적법하다.

나. 탈북의료인에게 국내 의료면허를 부여하지 않은 입법부작위에 대한 심판청구의 적법 여부(예비적 청구 부분에 관한 판단)

(1) 헌법소원은 헌법재판소법 제68조 제1항에 의하여 공권력의 불행사에 대해서도 청구할 수 있고 그러한 공권력의 불행사에는 입법 작용도 포함된다. 그러나 입법부작위는 언제나 헌법소원심판의 대상이 되는 것이 아니며 헌법에서 기본권 보장을 위해 명시적인 입법위임을 하였음에도 입법자가 이를 이행하지 않거나, 헌법해석상 특정인에게 구체적인 기본권이 생겨 이를 보장하기 위한 국가의 행위의무 내지 보호의무가 발생하였음이 명백함에도 입법자가 아무런 입법조치를 취하지 않고 있는 경우에만 예외적으로 인정될 수 있다(헌재 1989. 3. 17. 88헌마1, 판례집 1, 9, 17; 헌재 1994. 12. 29. 89헌마2, 판례집 6-2, 395, 405 참조).

(2) 의료법 제5조는 의사면허 등 의료면허의 취득에 관하여 규정하면서 국내 대학 졸업자와 외국대학 졸업자를 구별하여 그 요건을 달리 정하고 있는데, 북한의 의과대학이 헌법 제3조의 영토조항에도 불구하고 국내 대학으로 인정될 수 없고 또한 보건복지부장관이 인정하는 외국의 대학에도 해당하지 아니하므로, 북한의 의과대학 등을 졸업한 탈북의료인의 경우 국내 의료면허취득은 「북한이탈주민의 보호 및 정착

지원에 관한 법률」 제14조에 의할 수밖에 없다. 그러나 위 조항도 북한이탈주민의 자격인정과 관련하여 포괄적인 규율을 하고 있을 뿐, 결국 의료법 등 관계법령이 정하는 바에 따라 자격인정 여부가 결정되므로 탈북의료인의 국내 면허취득에 관하여는 명확한 입법이 없는 상태이다.

(3) 한편, 의료행위는 의학적 전문지식으로 질병의 진찰, 검안, 처방, 투약 및 외과적 시술을 시행하여 질병의 예방이나 치료행위를 하는 일련의 행위를 의미(헌재 1996. 12. 26. 93헌바65, 판례집 8-2, 785, 793-794)하므로 이를 담당하는 의료인은 이러한 일련의 과정을 자신의 책임으로 그리고 독자적으로 수행할 수 있는 지적·실무적 능력을 갖출 것이 요구된다. 그러므로 국가가 의사면허 등 의료면허를 부여함에 있어서는 공정하고 객관적인 절차와 기준에 따라 의료인으로서의 능력을 갖추었다고 판단하는 경우에만 이를 부여하여야 하고(헌재 2006. 4. 27. 2005헌마406, 공보 115, 672 참조), 이러한 당위성은 북한이탈주민의 의료면허를 국내 의료면허로 인정함에 있어서도 달라질 것은 아니다.

따라서 청구인과 같은 탈북의료인에게 국내 의료면허를 부여할 것인지 여부는 북한의 의학교육 실태와 탈북의료인의 의료 수준, 탈북의료인의 자격증명방법 등을 고려하여 입법자가 그의 입법형성권의 범위 내에서 규율한 사항이지, 헌법조문이나 헌법해석에 의하여 바로 입법자에게 국내 의료면허를 부여할 입법의무가 발생한다고 볼 수는 없다.

(4) 결국 입법자에게 헌법의 명문상 또는 해석상 입법의무가 존재한다고 할 수 없으므로 입법부작위의 위헌확인을 구하는 예비적 청구부분은 부적법하다.

4. 결론

그렇다면 이 사건 심판청구는 모두 부적법하므로 이를 각하하기로 하여 관여 재판관 전원의 일치된 의견으로 주문과 같이 결정한다.

② 해설

이 사건은 북한이탈주민이 북한에서 동의사자격을 취득하여 종합진료소 임상의사로 근무하였으므로 이를 대한민국의 한의사자격으로 인정하여줄 것을 요구하였으나 거절당하자, 보건복지부장관과 국회 보건복지위원장의 민원회신과 진정거부처분에 대하여 헌법상 직업선택의 자유를 침해하였으며, 북한의 동의사에게 남한의 한의사자격을 부여하도록 하는 법률이 제정되지 않았다는 이유로 헌법소원심판을 제기한 것이다. 헌법재판소는 주위적 청구에 해당하는 헌법소원에 대하여는 위 민원회신과 진정거부처분이 헌법소원의 대상이 되는 공권력의 행사 또는 불행사에 해당하지 아니하여 부적법하다는 이유로 각하결정을 하였다.

한편, 예비적 청구에 해당하는 헌법소원에 대하여는 헌법 제3조의 영토조항에도 불구하고 북한의 의과대학은 국내 대학이 아니고 보건복지부장관이 인정하는 외국의 대학에도 해당하지 아니하며, 탈북의료인의 국내 면허취득에 관하여는 입법이 없는 상태라는 것을 확인하였다. 그러나 탈북의료인에게 국내의 의료면허를 부여할 것인지 여부는 북한의 의학교육 실태와 탈북의료인의 의료수준, 탈북의료인의 자격증명방법 등을 고려하여 입법자가 입법형성권의 범위 내에서 규율할 사항이라고 하였고, 헌법조문이나 헌법해석을 통해 바로 입법자에게 국내 의료면허를 부여할 입법의무가 발생하는 것은 아니므로 예비적 청구는 부적법하다고 판단하였다.

헌법재판소는 이 결정에서 의료행위의 특수성을 고려하여 공정하고 객관적인 절차와 기준에 따라 의료인에게 필요한 능력을 갖추었다고 판단하는 경우에만 의료면허를 부여하여야 하고, 이는 북한이탈주민의 의료면허를 국내 의료면허로 인정함에도 동일하게 적용하여야 한다고 하였다. 이는 북한에서 취득한 의료면허를 남한의 의료면허로 그대로 인정할 것인지 여부에 대하여는 국회가 입법작용을 통하여 결정할 수 있는 정책적 문제이지 북한이나 북한주민의 법적 지위로부터 직접 도출되는 것은 아니라고 판단한 것으로 보인다.

헌법재판소의 이 결정에 대하여 종전의 구 외국환거래법 제27조 제1항 제8호 등에 대한 위헌소원사건에서는 북한을 외국에 준하여 취급하고 북한주민을 외국인에 준하여 취급할 수 있다고 하였으나,[3] 이 결정에서는 청구인의 의료인이라는 자격을 인정하도록 하는 입법의무가 헌법으로부터 도출되는 것은 아니라는 입장을 취하여 결국 북한을 외국에 준하여 보지 않는 태도를 취하고 있다고 해석하는 입장이 있다.[4] 그러나 이 결정은 국가에게 북한의 한의사자격을 인정하여 탈북의료인에게 남한의 의료면허를 부여하는 법률을 제정할 의무가 있는지 여부에 대한 판단일 뿐, 남북한관계를 본격적으로 다룬 사안이 아니며, 남북한 특수관계론 자체가 모든 사건에 있어서 경우에 따라 그때그때 북한과 북한주민의 법적 지위를 구체적·개별적으로 검토하여 처리할 수밖에 없는 특징을 지니고 있는 이론이므로 이 결정만으로 헌법재판소의 입장을 단정하기에는 무리가 있다는 견해도 있다.[5]

2) 관련판례 요지

(1) 대법원 2008. 1. 24. 2007두10846【여권발급거부취소】

[1] 거주·이전의 자유란 국민이 자기가 원하는 곳에 주소나 거소를 설정하고 그것을 이전할 자유를 말하며 그 자유에는 국내에서의 거주·이전의 자유 이외에 해외여행 및 해외이주의 자유가 포함되고, 해외여행 및 해외이주의 자유는 대한민국의 통치권이 미치지 않는 곳으로 여

---

3 헌재 2005. 6. 30. 2003헌바114.

4 도회근, 「남북관계 법제의 발전과 한계」, 『헌법학연구』 제14권 제3호, 한국헌법학회, 2008. 9, 218-219쪽.

5 방승주, 「헌법재판소와 법원의 남북관계 관련 판례에 대한 헌법적 평가」, 통일의 공법적 문제: 독일 통일의 회고와 한국 통일의 전망(한국공법학회 제157회 국제학술대회 자료집), 한국공법학회, 2010. 10, 358쪽.

행하거나 이주할 수 있는 자유로서 구체적으로 우리나라를 떠날 수 있는 출국의 자유와 외국 체류를 중단하고 다시 우리나라로 돌아올 수 있는 입국의 자유를 포함한다.

[2] 여권의 발급은 헌법이 보장하는 거주·이전의 자유의 내용인 해외여행의 자유를 보장하기 위한 수단적 성격을 갖고 있으며, 해외여행의 자유는 행복을 추구하기 위한 권리이자 이동의 자유로운 보장의 확보를 통하여 의사를 표현할 수 있는 측면에서 인신의 자유 또는 표현의 자유와 밀접한 관련을 가진 기본권이므로 최대한 그 권리가 보장되어야 하고, 따라서 그 권리를 제한하는 것은 최소한에 그쳐야 한다.

[3] 여권발급 신청인이 북한 고위직 출신의 탈북 인사로서 신변에 대한 위해 우려가 있다는 이유로 신청인의 미국 방문을 위한 여권발급을 거부한 것은 여권법 제8조 제1항 제5호에 정한 사유에 해당한다고 볼 수 없고 거주·이전의 자유를 과도하게 제한하는 것으로서 위법하다.

(2) 대법원 2009. 1. 30. 2008도10831【북한이탈주민보호및정착지원에관한법률위반】

「북한이탈주민의 보호 및 정착지원에 관한 법률」(이하 '법'이라 한다)은, 군사분계선이북지역(이하 '북한'이라 한다)에서 벗어나 대한민국의 보호를 받고자 하는 북한주민이 정치·경제·사회·문화 등 모든 생활영역에 있어서 신속히 적응·정착하는 데 필요한 보호 및 지원에 관한 사항을 규정함을 목적으로 하고(제1조), 북한에 주소·직계가족·배우자·직장 등을 두고 있는 자로서 북한을 벗어난 후 외국의 국적을 취득하지 아니한 "북한이탈주민"을 그 적용대상으로 규정하면서(제2조 제1호, 제3조), 대한민국의 북한이탈주민에 대한 보호·지원 의무 및 이에 대응한 북한이탈주민의 대한민국 재외공관장 등에 대한 보호신청절차와 대한민국 법질서에의 적응노력의무(제4조, 제7조) 등에 관하여 규정하는 한편, 북한이탈주민이 별도의 국적취득절차를 거침이 없이 곧바로 서울가정법원의 허가를 받아 가족관계 등록을 창설할 수 있도록 하고(제19조), 대한민국으로부터 주거지원 및 정착금지급뿐만 아니라 교육지원, 의료급여, 생활보호 및 국민연금지급 등을 받을 수 있도록 규정하고 있는바(제20조, 제21조, 제24조 내지 제26조의2), 북한을 벗어난 북한주민이 대한민국 국민의 일원으로서 대한민국의 자유민주적 법질서에 적응하여 건강하고 문화적인 생활을 영위할 수 있도록 그에 필요한 보호 및 지원을 하기 위하여 제정된 법의 입법 목적 및 그와 같은 입법 목적을 달성하기 위하여 마련된 위와 같은 법 규정의 내용에 비추어볼 때, 북한을 벗어난 후 외국의 국적을 취득한 자(법 제2조 제1호 참조)뿐만 아니라 북한을 벗어나기 전에 이미 외국 국적을 취득하고 북한을 벗어난 후 그 외국 국적을 그대로 보유하고 있는 자는 법의 적용대상인 북한이탈주민에 해당하지 않는다고 하겠다. 따라서 이러한 자가 외국 국적을 보유한 사실을 숨긴 채 마치 북한 공민권자인 것처럼 허위진술을 하여 법에 의한 보호 및 지원을 받은 때에는 법 제33조 제1항 소정의 사위 기타 부정한 방법으로 보호 및 지원을 받은 때에 해당한다.

같은 취지에서 원심이, 피고인이 중국 국적을 보유한 자로서 북한이탈주민에 해당하지 않음에도 북한주민으로 가장하여 법에 의한 지원금을 지급받았다는 이유로 피고인에 대한 공소사실을 유죄로 인정한 것은 정당하다.

(3) 헌재 2004. 7. 13. 2004헌마523【북한이탈주민의보호및정착지원에관한법률 제32조 제1항 위헌확인】

청구인은 북한이탈주민으로 2001. 9.말경 대한민국에 입국하여 국정원 조사과정과 하나원 교육과정을 마치고 현재 ○○대학교에 재학중인 학생이다. 청구인은 2001. 11. 14. 통일부장관의 부당한 처분으로 인하여 「북한이탈주민의 보호 및 정착지원에 관한 법률」(이하 '이 사건 법률'이라 한다)에 기하여 주어지는 정착지원금과 정착주거지를 받지 못하게 되어, 여러 차례 소송을 준비하는 과정에서 이 사건 법률 제32조 제1항에서 정한 이의신청기간이 도과되어 소송을 할 수 없게 되었음을 알게 되었다고 하면서, 위 이의신청기간은 북한이탈주민이 남한사회에서의 정착을 위한 하나원 교육기간 중에 종료하므로 그 기간 중에 부당한 처분이 가해지더라도 그에 대한 이의신청을 원만히 행사할 수 없으며, 자본주의사회의 본질과 법을 제대로 인식하지 못하고 있는 상태에 있는 북한이탈주민에게 위 이의신청기간은 북한이탈주민의 사회인식 정도, 사회적응력 등의 특수성을 제대로 반영하지 못하고 있다고 주장한다. 이에 청구인은 위 법률조항으로 말미암아 청구인의 헌법상 보장된 평등권(헌법 제11조) 및 인간의 존엄과 가치, 행복추구권(헌법 제10조)을 침해받았다고 주장하면서 2004. 6. 29. 이 사건 헌법소원심판을 청구하였다. (……) 청구인은 2001. 11. 14. 통일부장관의 처분에 대하여 다투려고 여러 차례 소송을 내보았지만, 이 사건 법률조항에서 정한 이의기간이 경과하여 그때마다 '보류'되었다고 스스로 주장하므로, 청구인은 늦어도 위 첫번째 소송을 낼 무렵에는 이 사건 헌법소원의 사유가 있음을 알았다고 할 것이다. (……) 따라서 청구인의 이 사건 헌법소원심판청구는 청구기간을 도과하여 부적법하므로 이를 각하하기로 하여 주문과 같이 결정한다.

(4) 헌재 2005. 2. 1. 2005헌바2 【북한이탈주민의보호및정착지원에관한법률 제32조 제1항 위헌확인 】

청구인은 북한이탈주민으로서 2001. 9. 29. 북한이탈주민인 김○녀와 함께 입국하였다. 북한이탈주민대책협의회 운영소위원회는 2001. 11. 9. 심의자료를 조사한 결과 청구인과 김○녀를 사실혼관계에 있는 부부로 판단하여 「북한이탈주민의 보호 및 정착지원에 관한 법률」 제5조 및 같은법 시행령(2002. 6. 3. 대통령령 제17620호로 개정되기 전의 것) 제1조의2 규정에 따라 청구인과 김○녀를 동일세대로 보호하기로 심의·의결하였다. 통일부장관은 위와 같은 심의·의결에 따라 2001. 11. 14. 정착지원 사무소 담당자로 하여금 청구인에게 동일세대보호결정(이하 '이 사건 처분'이라 한다)을 구두로 통지하게 하였다. 구인은 이 사건 처분에 대하여 「북한이탈주민의 보호 및 정착지원에 관한 법률」 제32조 제1항에 의한 서면 이의신청을 하지 않은 채 그 기간을 도과한 후 2004. 5. 12.이 되어서야 비로소 통일부장관에게 "자신과 김○녀는 사실혼관계부부가 아니므로 이 사건 처분은 위법·부당하여 취소되어야 한다"고 주장하면서 행정심판법 제3조, 제4조에 의하여 행정심판을 제기하였다. 이에 통일부장관은 "청구인에게 이 사건 처분에 대한 행정심판청구기간이 고지되지 않았으므로 행정심판청구기간은 행정심판법 제18조 제6항, 제3항에 의하여 처분이 있은 날로부터 180일까지라 할 것인데, 청구인이 이 사건 처분일인 2001. 11. 14.부터 180일이 경과한 2004. 5. 12.에야 비로소 행정심판을 제기하였으므로 행정심판청구가 심판청구기간 도과로 부적법하다"는 이유를 들어 2004. 9. 13. 청구인의 행정심판청구를 각하하였다. 에 청구인은 2004. 9. 21. 서울행정법원 2004구합29207호로 이 사건 처분에 대한 무효확인 또는 취소를 구하는 한편, 보호결정의 통지를 받은 날로부터 60일까지를 보호결정에 대한 이의신청기간으로 규정하고 있는 「북한이탈주민의 보호 및 정착지원에 관한 법률」 제32조 제1항에 대한 위헌법률심판제청신청을 하였다. 위 법원은 2004. 12. 23. 청구인의 선택적 청구 중 무효확인청구 부분을 인용하여 '통일부장관이 2001. 11. 14. 청구인에 대하여 구두로 한 동일세대보호결정은 행정절차법상의 서면방식의 원칙에 위배되어 무효임을 확인한다'는 내용의 청구인 승소판결을 선고함과 동시에 위헌법률심판제청신청을 기각하였고, 그 기각결정이 2004. 12. 29. 청구인에게 송달되었다. 한편, 통일부장관은 위 1심판결에 대하여 항소하여 위 사건은 현재 서울고등법원에 소송계속 중이다. 이에 청구인은 위법·부당한 이 사건 처분으로 말미암아 단독세대로 결정되었을 경우 「북한이탈주민의 보호 및 정착지원에 관한 법률」에 의하여 지원되는 정당한 정착지원금과 정착주거지를 지급받지 못하게 되었음에도 「북한이탈주민의 보호 및 정착지원에 관한 법률」 제32조 제1항에서 정한 통일부장관의 보호 및 지원에 관한 처분에 대한 이의신청기간인 '그 처분의 통지를 받은 날부터 60일'을 도과하여 이의신청을 할 수 없게 되었는바, 위 이의신청기간은 북한이탈주민이 남한사회에서의 정착을 위한 하나원 교육기간 60일 중에 도과하게 됨이 통상적이므로 그 기간 중에 위법·부당한 처분이 있더라도 이에 대한 이의신청을 원만히 행사할 수 없고, 자본주의사회의 본질과 법을 제대로 인식하지 못하고 있는 상태에 있는 북한이탈주민에게 위 이의신청기간은 너무 짧아 북한이탈주민의 사회인식 정도, 사회적응력 등의 특수성을 제대로 반영하지 못하고 있으므로 「북한이탈주민의 보호 및 정착지원에 관한 법률」 제32조 제1항은 북한이탈주민인 청구인의 헌법상 보장된 평등권 및 인간의 존엄과 가치, 행복추구권을 침해하여 위헌이라고 주장하면서 2005. 1. 11. 이 사건 헌법소원심판을 청구하였다.

항소심 법원의 이 사건에 대한 판단가능성을 나누어 이 사건 법률조항의 재판의 전제성을 살펴보기로 한다.

첫째, 항소심 법원이 1심 법원의 판단과 동일하게 이 사건 처분이 행정절차법상의 서면방식의 원칙에 위배된다고 판단하여 청구인의 선택적 청구 중 무효확인 부분을 인용할 경우, 무효확인소송에 대하여는 출소기한의 아무런 제한이 없으므로 통일부장관의 북한이탈주민 보호결정에 대한 이의신청기간을 정한 이 사건 법률조항이 위헌으로 결정이 나더라도 당해사건에서 이 사건 처분이 무효임을 확인한다는 결론에는 아무런 영향이 없어 이 경우 이 사건 법률 조항의 위헌 여부는 그 재판의 전제가 된다고 할 수 없다.

둘째, 항소심 법원이 1심 법원의 판단과 다르게 이 사건 처분이 무효가 아니라고 판단하여 청구인의 선택적 청구 중 무효확인 부분을 기각하고, 취소청구부분을 판단하게 될 경우, 취소소송의 제소기간의 준수

여부가 문제된다.

이 사건의 경우 청구인은 2001. 11. 14. 이 사건 처분이 있은 다음 이 사건 법률조항에 따른 서면 이의신청을 전혀 하지 않은 채 그 기간을 도과한 후(기간을 도과한 후에라도 서면 이의신청을 하여 각하 결정을 받은 경우가 아님) 2004. 5. 12.이 되어서야 비로소 통일부장관에게 행정심판법 제3조, 제4조에 의한 행정심판을 제기하였다가 행정심판법 제18조 제6항, 제3항에서 정한 행정심판청구기간(처분이 있음을 안 날부터 90일 또는 처분이 있은 날부터 180일)을 도과하여 부적법하다는 이유로 2004. 9. 13. 행정심판청구 각하재결을 받았으므로, 행정심판 청구로 인한 연장된 제소기간을 적용받을 수 없고 행정심판 청구가 없는 경우의 제소기간이 적용되게 된다.

그렇다면 이 사건 처분일인 2001. 11. 14.부터 180일이 경과한 후인 2004. 9. 21.에 서울행정법원에 제기된 이 사건 처분의 취소청구는 제소기간도과로 부적법함이 명백하고, 청구인이 이 사건 법률조항에 따른 서면 이의신청을 하지 않은 이상 가사 이 사건 법률조항이 위헌으로 결정이 나더라도 이 사건 법률조항에서 정한 서면 이의신청을 함으로써 적용될 수 있는 제소기간의 연장효과를 전혀 받을 수 없는 처지에 있으므로 당해사건에서 제소기간의 도과로 취소청구가 부적법하다는 결론에는 아무런 영향이 없는 만큼 이 경우에도 이 사건 법률 조항의 위헌 여부는 그 재판의 전제가 된다고 할 수 없다. 그렇다면 이 사건 법률조항의 위헌 여부는 당해사건에 있어서 재판의 전제성이 없다 할 것이므로 이 사건 헌법소원심판청구는 부적법하다.

(5) 헌재 2005. 5. 3, 2005헌마318 【북한이탈주민의보호및정착지원에관한 법률 제32조 제1항 위헌확인】

청구인은 「북한이탈주민의 보호 및 정착지원에 관한 법률」에 의한 북한이탈주민으로서 위 법상의 보호대상자인바, 2003. 5. 23. 입국하였다. 통일부장관은 2003. 7. 30. 청구인과 청구외 최○련을 사실혼관계에 있는 부부로 판단하여 「북한이탈주민의 보호 및 정착지원에 관한 법률」 제5조 및 같은법시행령 제1조의2 규정에 따라 청구인과 위 최○련을 동일세대로 보호하기로 하는 내용의 보호결정처분(이하 '이 사건 처분'이라 한다)을 하고, 담당 직원으로 하여금 청구인에게 그 결정내용을 구두로 통지하게 하였다. 청구인은 위 법 제32조 제1항에서 위 법에 의한 보호 및 지원에 관한 처분에 대한 이의신청기간을 60일로 규정한 것은 북한이탈주민이 자본주의사회의 본질과 법을 제대로 인식하지 못하고 있는 데다가 위 이의신청기간이 북한이탈주민이 남한사회에서의 정착을 위한 하나원 교육기간과 중복되어 부당한 처분에 대한 이의신청을 제대로 하기 어렵다는 점 등을 고려할 때 지나치게 짧은 이의신청기간을 정한 것으로서 부당하다고 주장하면서, 위 법률조항으로 말미암아 청구인의 헌법상 보장된 평등권, 인간의 존엄과 가치 및 행복추구권을 침해받았다 하여 2005. 3. 24. 이 사건 헌법소원심판을 청구하였다.

통일부장관의 사실조회회신에 의하면, 통일부장관은 2003. 7. 30. 청구인에 대하여 이 사건 처분을 하였고, 그 직후 이를 청구인에게 통지하였으며, 청구인은 통지를 받은 날로부터 60일 이내인 2003. 9. 4. 신청서를 제출하여 이 사건 처분에 대한 이의신청을 제기한 사실이 인정된다. 살피건대, 단기의 이의신청기간을 규정하고 있다는 이유로 그 위헌 여부가 문제되는 이 사건 조항에 대하여 자기관련성이 인정되기 위해서는 적어도 이 사건 조항이 정한 이의신청기간 내에 이의신청을 하지 못한 사실이 인정되어야 할 것이고, 이 사건 청구인과 같이 이 사건 조항이 정한 기간 내에 서면으로 이의신청을 한 경우에는 이 사건 조항으로 인하여 자신의 기본권을 침해받았다고 볼 여지가 없음이 명백하다. 따라서 이 사건 심판청구는 자기관련성을 갖추지 못한 것으로서 부적법하다. 가사 청구인의 주장과 같이 이 사건 조항에 의하여 기본권을 침해받은 것으로 본다 하더라도, 청구인이 이 사건 처분의 통지를 받은

2003. 7. 30.경으로부터 60일이 경과하여 이 사건 조항에 의한 이의신청을 할 수 없게 된 2003. 9. 28.경에는 그 기본권침해사유가 발생하였다고 보아야 할 것인데, 그로부터 1년이 훨씬 지난 2005. 3. 24.에 이르러 제기된 청구인의 이 사건 심판청구는 청구기간을 준수하지 아니한 것으로서 부적법하다.

(6) 헌재 2005. 6. 14. 2005헌마550【북한이탈주민의보호및정착지원에관한법률 제32조 제1항 위헌확인】

청구인은, 이 사건 법률 제32조 제1항에서 이 사건 법률에 의한 보호 및 지원에 관한 처분에 대한 이의신청기간을 60일로 규정한 것은, 북한이탈주민이 자본주의사회의 본질과 법을 제대로 인식하지 못하고 있는데다가 위 이의신청기간이 북한이탈주민이 남한사회에서의 정착을 위한 하나원교육기간과 중복되어 부당한 처분에 대한 이의신청을 제대로 하기 어렵다는 점 등을 고려할 때, 지나치게 짧은 이의신청기간을 정한 것으로서 부당하다고 주장하면서, 이 사건 법률조항으로 인하여 청구인의 헌법상 보장된 평등권, 인간의 존엄과 가치 및 행복추구권을 침해받았다고 주장하며 2005. 3. 24. 헌법소원심판을 청구한 바 있다(2005헌마318).

헌법재판소 제3지정부는 위 2005헌마318호 헌법소원사건에 대하여 2005. 5. 3. 청구기간도과 및 자기관련성을 갖추지 못하였음을 이유로 각하결정을 하였다.

청구인은 이 사건 법률 조항 및 위 헌법재판소의 2005헌마318호 사건에 대한 각하 결정이 청구인의 기본권을 침해하여 위헌이라고 주장하며 이 사건 법률조항에 대한 이 사건 헌법소원심판을 2005. 6. 7. 청구하였다.

이 사건과 동일한 청구인이 동일한 내용으로 2005. 3. 24. 우리 헌법재판소에 바로 이 사건 법률조항인 「북한이탈주민의 보호 및 정착지원에 관한 법률」(2001. 5. 24. 법률 제6474호로 개정된 것) 제32조 제1항의 위헌확인을 구하는 헌법소원심판을 청구하였고, 헌법재판소는 이에 대하여 2005. 5. 3. 청구기간도과 및 자기관련성 결여를 이유로 부적법 각하하는 결정을 하였으며 그 결정에서 판시한 요건의 흠결은 보정할 수 있는 것이 아니었다. 따라서 이 사건 심판청구는 이미 심판을 거친 동일한 사건에 대하여 다시 심판청구한 것으로 부적법하다.

(7) 헌재 2009. 1. 6. 2008헌마726 【정착지원 비보호결정취소】

청구인은 북한주민으로 1990년 탈북하여 중국에서 체류하다가 2006년 대한민국에 입국한 북한이탈주민인 자로서, 2008. 8. 1. 「북한이탈주민의 보호 및 정착지원에 관한 법률」에 의한 보호를 받고자 피청구인에게 보호신청을 하였으나 피청구인은 같은 달 27. 체류국에서 10년 이상 생활근거지를 두고 있는 자(위 법률 제9조 제4호)에 해당한다고 보아 이 사건 비보호결정처분을 하였다. 이에 청구인은 이 사건 비보호결정처분이 청구인의 평등권 등 기본권을 침해하여 위헌이므로 위 결정을 취소하여 달라고 주장하며 2008. 12. 16. 이 사건 헌법소원심판을 청구하였다.

살피건대, 피청구인의 청구인에 대한 이 사건 비보호결정처분은 행정심판법 제2조 제1항 제1호 및 행정소송법 제2조 제1항 제1호 소정의 "행정청이 행하는 구체적 사실에 관한 법집행으로서의 공권력행사 또는 그 거부와 그 밖에 이에 준하는 행정작용"인 '처분'에 해당한다. 따라서 청구인으로서는 이 사건 비보호결정처분에 이의가 있는 경우 그 처분의 통지를 받은 날로부터 90일 이내에 통일부장관에게 이의신청을 할 수도 있으며(「북한이탈주민의 보호 및 정착지원에 관한 법률」 제32조 제1항), 행정심판을 청구하거나 행정소송을 제기할 수도 있는 것이다. 그런데 청구인은 이 사건 비보호결정처분에 대하여 위 구제절차를 거치지 아니하고 이 사건 헌법소원심판을 청구하였으므로, 이 사건 심판청구는 다른 법률에 의한 구제절차를 적법하게 거치지 아니한 채 청구된 것으로서 부적법하다.

3) 평가

1997년 1월 13일 제정된 북한이탈주민보호법은 대한민국의 보호를 받고자 하는 북한주민에 대한 특별한 보호 및 지원에 관한 사항을 규정하고 있다. 이 법률은 북한주민으로서 대한민국의 보호를 받고자 하는 자가 대한민국 국민으로서 법적인 권리를 향유하고 정치·경제·사회 등 모든 생활영역에서 신속하게 적응·정착할 수 있도록 보호하고 지원하기 위하여 종전의 '귀순북한동포보호법'을 폐지하고 새로 제정된 법률이다. 위 법률은 제2조 제1호에서 "북한이탈주민이라 함은 북한에 주소·직계가족·배우자·직장 등을 두고 있는 자로서 북한을 벗어난 후 외국의 국적을 취득하지 아니한 자"로 규정하고, 제3조에서 동법의 적용범위를 "대한민국의 보호를 받고자 하는 의사를 표시한 북한이탈주민에 대하여" 적용하도록 규정하고 있다. 이 법률은 제19조 등에서 북한이탈주민에 대하여 보호결정을 할 경우에는 취업보호, 직업훈련, 정착금의 지급, 주거지원, 거주지보호 등 보호처분과 함께 호적을 취득할 수 있는 특례규정을 통하여 대한민국의 국민으로서 권리의무를 행사할 수 있도록 국적을 부여하고 있다.

이러한 규정을 통해서 북한이탈주민은 본인이 희망하는 경우에는 외국인과 같이 귀화 등의 절차를 거치지 않고 서울가정법원의 허가결정과 호적지 행정관청의 호적편제를 통하여 대한민국 국민으로서 권리의무를 행사하도록 하고 있다. 만약 북한이탈주민이라고 하더라도 보호결정을 받지 못한 경우에는 외국인으로서 귀화 등 절차를 거치는 것이 아니라 국적법 제20조가 정한 절차에 따라 국적판정제도를 통하여 대한민국 국적을 취득하도록 하고 있다. 이러한 특례와 국적 회복의 절차는 모두 북한주민은 대한민국 국민이라는 것을 전제로 하고 있는 것으로 해석된다.

북한이탈주민보호법에 의하여 보호결정을 받은 북한이탈주민은 대한민국 국민과 동일한 법적 권리와 의무를 가진다. 대법원은 북한이탈주민도 헌법이 보장하는 거주이전의 자유의 내용인 해외여행의 자유를 가지므로 북한 고위직 출신의 북한이탈주민으로서 그 신변에 대한 위해의 우려가 있다는 이유로 미국 방문을 위한 여권발급을 거부한 것은 여권법에서 규정하는 거부사유에 해당되지 않아 거주이전의 자유를 과도하게 제한하는 것으로 위법하다고 판단하였다.[6] 또한, 북한이탈주민보호법은 북한을 벗어난 후 외국의 국적을 취득하지 아니한 북한이탈주민을 그 적용대상으로 규정하여 보호결정을 할 수 있으며, 북한을 벗어난 후 외국의 국적을 취득하거나 북한을 벗어나기 전에 이미 외국 국적을 취득하고 북한을 벗어난 후 그 외국 국적을 그대로 보유하고 있는 자는 법의 적용대상인 북한이탈주민에 해당하지 않는다고 전제하고, 외국 국적을 보유한 자가 이를 숨긴 채 마치 북한 공민권자인 것처럼 허위진술을 하여 위 법률에 의한 보호 및 지원을 받은 경우에는 위 법률 33조 제1항 소정의 사위 기타 부정한 방법으로 보호 및 지원을 받은 때에 해당하여 형사처벌을 할 수 있다고 판단하였다.[7]

헌법재판소는 북한이탈주민의 법적 지위와 관련하여 결정을 하였는데, 이들은 모두 적법요건을 갖추지 못하여 각하결정을 한 것으로 본안심사를 통하여 구체적으로 판단하지 않았다. 즉, 헌법재판소는 북한이탈주민보호법 제32조 제1항에서 통일부장관의 보호 및 지원에 관한 처분에 대한 이의신청기간을 그 처분의 통지를 받은 날부터 60일 이내로 제한하고 있어 북한이탈주민의 행복추구권 등을 침해한다는 내용의 헌법소원에 대하여 행정소송의 제소기간을 도과하였거나, 헌법소원의 심

6 대법원 2008. 1. 24. 2007두10846.
7 대법원 2009. 1. 30. 2008도10831.

판을 청구하는 청구기간을 도과하였다는 이유로 각하결정을 하였다. 또한, 북한이탈주민이 보호신청을 하였으나 체류국에서 10년 이상 생활근거지를 두고 있다는 이유로 비보호결정처분을 받자 이에 대하여 평등권 위반 등을 이유로 헌법소원을 제기한 사건에서는 보충성의 원칙에 따라 비보호결정처분에 대하여 행정심판을 청구하거나 행정소송을 제기할 수 있음에도 불구하고 위 구제절차를 거치지 아니하고 헌법소원심판을 청구하였다는 이유로 각하결정을 하였다.

3. 민사법 관련

1) 주요판례

(1) 서울중앙지방법원 2010. 7. 21. 2008가합41593 【손해배상(기)】

【주문】

1. 피고 대한민국은 선정자 이○에게 20,000,000원, 선정자 박○정, 이○룡, 이○철에게 각 5,000,000원, 원고(선정당사자)에게 20,000,000원 및 위 각 금원에 대하여 2008. 7. 15.부터 2010. 7. 21.까지는 연 5%, 그 다음날부터 다 갚는 날까지는 연 20%의 각 비율에 의한 금원을 지급하라.

2. 원고(선정당사자)의 나머지 청구를 기각한다.

3. 소송비용 중 9/10는 원고(선정당사자)가, 나머지는 피고가 각 부담한다.

4. 제1항은 가집행할 수 있다.

【청구취지】

피고는 선정자 이○, 박○정, 이○룡, 이○철(이하 각 '이○', '박○정', '이○룡', '이○철'이라 한다)에게 950,000,000원, 원고(선정당사자, 이하 '원고'라 한다)에게 200,000,000원 및 위 각 금원에 대하여 이 사건 청구취지확장

신청서 부본 송달 다음날부터 이 사건 판결 선고일까지는 연 5%의, 그 다음날부터 다 갚는 날까지는 연 20%의 각 비율에 의한 금원을 지급하라.

【이유】

1. 기초사실

가. 북한주민이었던 이○, 이○의 처인 박○정, 이○의 자녀들인 이○룡, 이○철 및 원고(이하 '원고들'이라 한다)는 동해를 통하여 탈북하여 2006. 3. 18. 23:23경 강원 고성군 현내면 송현리 통일전망대 앞 해안에서 전마선을 타고 표류하다가 육군 초병에게 발견되어 대한민국에 입국하였다. 이들은 입국 즉시 육군에 신병이 확보되어 2006. 3. 19. 01:40경부터 04:30경까지 육군 22사단, 해군 108전대, 국정원, 고성경찰서, 속초해양경찰서 등으로 구성된 합동신문기관에 의하여 신문을 받았는바, 원고들은 신문 당시 귀순사실 및 인적사항의 비공개를 요청하였다.

나. 강원지방경찰청은 2006. 3. 19.경 원고들의 탈북사실에 대한 일련의 상황보고서를 작성하여 언론에 배포하였는바, '북한 주민 일가족 귀순 보고(제1보)'라는 제목의 상황보고서는 일가족 5명이 2006. 3. 18. 23:30 통일전망대 앞 해상에서 재원 불상의 선박으로 귀순하였다는 내용이고, '북한 주민 일가족 귀순 보고(제2보)'라는 제목의 상황보고서는 위 사실 외에 귀순자는 남자 이(69년생), 김(80년생), 여 박(72년생, 이의 처), 남아 2명(성명불상으로 4세, 6세)이라는 점, 동력 목선을 이용하여 귀순하였다는 점을 적시하고 있으며, '탈북 전마선 발견 합신결과 보고(일가족 5명)'라는 제목의 상황보고서는 '노동당원으로서 사회적인 혜택을 충분히 누리고 있음에도 귀순을 시도한 부분이 명확히 규명되지 않았는바, 귀순자 신병을 중앙합동신문소로 이송하여 정밀합신이 필요하다'는 내용을 포함하고 있었다.

다. 연합뉴스는 2006. 3. 19. 05:06경 '북한주민 일가족 태운 전마선 발견'이라는 제목으로 어린이 2명을 포함한 북한주민 5명이 타고 있는 경운기 엔진 정도의 동력장치가 달린 전마선이 표류 중 위 통일전망대 앞 해안에서 초병에게 발견되어 이들에 대하여 관계기관의 합동신문이 실시되고 있다는 내용의 기사를 보도하였고, 같은 날 10:37경 '북주민 5명 동해상으로 귀순(종합)'이라는 제목으로 "북한 주민 5명을 태운 전마선이 귀순의사를 표시한 것을 초병이 발견하였고, 합신은 이모(37), 박모(34, 여) 씨 부부와 이 씨의 2살과 8살 된 아들 등 일가족과 이씨와 잘 아는 사이인 김모(26) 씨 등 5명이 귀순의사를 표시하였다고 밝혔다. 이씨는 군복무(1986~1994년) 당시 남한의 발전상 등을 라디오를 통해 청취한 후 남한사회를 동경해오던 중 귀순을 결심하게 되었다고 귀순 동기를 말한 것으로 알려졌다. 이씨 등은 17일 오후 9시경 조업을 나간다며 고성군 통천항을 출발하여 18일 오전 2시경 통천 두포리 연대봉에서 휴식을 취하고 오후에 남측 해안 초소 인근에 도착하여 귀순의사를 표시하였다. 이들이 타고 온 전마선은 경운기 엔진 정도의 동력장치가 장착된 2t급 소형 목선인 것으로 전해졌다"는 내용으로 원고들의 인적사항, 탈북경로, 탈북수단 등을 특정할 수 있는 내용의 기사를 보도하였으며, 이외에도 문화일보, 동아일보, 한국일보, 한겨레, 매일경제, 경향신문 등이 이와 유사한 내용을 보도하였다.

뉴시스는 2006. 3. 19. '북한주민 일가족 동력목선 타고 귀순'이라는 제목으로 위와 같은 내용의 원고들의 탈북사실에 더하여, "육군 22사단 관계자는 귀순한 이씨는 북한에서 인민위원회 지도원으로 활동했고, 김씨는 무역선 선원으로 일을 했다고 밝혔다"고 하여 이○ 등의 인적사항을 더욱 자세하게 특정할 수 있는 내용을 보도하였다.

[인정근거: 갑 제1 내지 11호증(각 가지번호 포함, 이하 같다), 을 제1 내지 4호증의 각 기재, 변론 전체의 취지]

2. 원고의 청구에 관한 판단

가. 위 인정사실에 의하면, 피고는 원고들의 동의 없이 2006. 3. 19. 탈북한 자들이 바로 원고들임을 특정할 수 있는 사실을 언론에 유출하

여 이를 보도되게 함으로써 북한의 정보기관 등에 원고들의 신원이 노출되게 하였고, 이로 인하여 현재 북한에 거주하고 있는 원고들의 가족들에 대한 신변 위협 가능성을 불러일으켰다. 이로 인하여 원고들이 상당한 정신적 고통을 입었을 것임을 인정할 수 있으므로(갑 제23호증의 기재에 의하면, 이○, 박○정은 재북 가족들에 대한 심한 죄책감, 우울, 상실감 등으로 인한 심리적 고통을 받고 있는 사실이 인정된다), 피고는 원고들의 위 정신적 고통에 대하여 위자할 의무가 있다.

나. 이에 대하여 피고는, 피고의 기관인 강원지방경찰청이 작성한 제1의 나항 기재 각 상황보고서는 이미 제1의 다항 기재와 같이 연합뉴스가 2006. 3. 19. 05:06 원고들의 귀순 사실을 기사화하여 보도한 후에 언론사에게 제공되었는바, 이미 연합뉴스가 보도한 기사 내용과 다를 바 없는 내용일 뿐이고, 그 후에 보도된 기사들도 위 각 상황보고서의 내용보다 자세한 사실을 담고 있어 위 각 상황보고서에 기하여 작성된 것이 아닌 것으로 보이므로, 피고에게는 책임이 없다고 주장하므로 살피건대, 위에서 든 각 증거에 의하여 인정되는 다음과 같은 사정, 즉 연합뉴스가 2006. 3. 19. 05:06 원고들의 귀순 사실을 보도한 점에 비추어 원고들에 대한 신문이 진행되고 있는 동안 위 귀순 관련 사실이 언론에 유출된 것으로 보이는 점, 제1의 다항 기재 기사의 일부 내용은 정보의 출처로 합동신문기관, 육군 22사단을 들고 있는 점, 제1의 다항 기재 뉴시스의 기사를 작성한 기자 류○열은 위 보도와 관련하여 진행된 「북한이탈 주민 보호 및 정착지원에 관한 법률」 위반에 대한 검찰 조사 과정에서 원고들의 귀순사실에 관한 상황보고서 및 상황보고서에 기재된 경찰관에게 전화로 확인한 내용을 바탕으로 기사를 작성한 것이라고 진술하였던 점, 제1의 다항 기재 기사들에는 원고들의 인적사항, 귀순 동기 및 귀순 과정이 비교적 자세히 기재되어 있어 위와 같은 내용은 합동신문기관의 원고들에 대한 조사 과정에서 밝혀진 사실로 보이는 점, 원고들을 특정하는 데 가장 중요한 정보인 성, 나이, 인적관계에 대

하여 위 상황보고서에 적시되어 있는 점 등을 종합하면, 제1의 다항 기재와 같은 각 기사는 위 상황보고서 및 합동신문과정에서 유출된 정보 등을 바탕으로 작성된 것으로 보이고 따라서 이에 대하여 피고의 책임이 없다고 할 수 없으므로 피고의 위 주장은 이유 없다.

다. 나아가 피고의 손해배상의 범위에 관하여 살피건대, 그 액수는 원고들의 신분노출 및 그로 인한 불안의 정도, 신분노출의 경위 등 이 사건 변론 과정에 나타난 제반 사정을 참작하여 이○에게 20,000,000원, 박○정, 이○룡, 이○철에게 각 5,000,000원, 원고에게 20,000,000원으로 정함이 상당하다(원고는, 원고들의 귀순 사실이 북한에 알려짐에 따라 이○의 부, 모, 형제 등을 포함한 가족 22명, 원고의 모, 형, 형수, 조카 4명이 실종되었는바 북한에 의하여 처형당하거나 수용소에 수감된 것으로 추정되므로, 피고는 원고들에게 위와 같은 실종가족 1인당 50,000,000원씩의 위자료를 지급해야 할 것이라고 주장하나, 갑 제12 내지 28호증의 각 기재만으로는 이○ 및 원고의 가족들이 위 주장과 같은 피해를 입은 사실을 인정하기에 부족하고, 달리 이를 인정할 만한 증거가 없으므로 원고의 청구는 위 인정 범위 내에서 이유 있다).

3. 결론

그렇다면 피고는 이○에게 20,000,000원, 박○정, 이○룡, 이○철에게 각 5,000,000원, 원고에게 20,000,000원 및 위 각 금원에 대하여 이 사건 청구취지 확장 신청서 부본 송달 다음날임이 기록상 명백한 2008. 7. 15.부터 피고가 이 사건 손해배상의무의 존부와 범위에 관하여 항쟁함이 상당한 판결선고일인 2010. 7. 21.까지는 민법이 정한 연 5%의, 그 다음날부터 다 갚는 날까지는 「소송촉진 등에 관한 특례법」이 정한 연 20%의 각 비율에 의한 지연손해금을 지급할 의무가 있으므로, 원고의 청구는 위 인정범위 내에서 이유 있어 인용하기로 하고, 나머지 청구는 이유 없으므로 기각하기로 하여 주문과 같이 판결한다.

(2) 서울고등법원 2011. 5. 19. 2010나79031【손해배상(기)】

【주문】

1. 제1심 판결 중 아래에서 지급을 명하는 금원에 해당하는 원고(선정당사자) 패소 부분을 취소한다.

피고는 선정자 이○에게 20,000,000원, 선정자 박○정, 이○룡, 이○철에게 각 5,000,000원, 원고(선정당사자)에게 30,000,000원 및 위 각 금원에 대하여 2008. 7. 15.부터 2011. 5. 19.까지는 연 5%, 그 다음날부터 다 갚는 날까지는 연 20%의 각 비율에 의한 금원을 지급하라.

2. 원고(선정당사자)의 나머지 항소와 피고의 항소를 모두 기각한다.

3. 소송총비용 중 2/3는 원고(선정당사자)가, 나머지는 피고가 각 부담한다.

4. 제1항의 금원지급 부분은 가집행할 수 있다.

【청구취지 및 항소취지】

1. 원고(선정당사자, 이하 '원고'라 한다)의 청구취지 및 항소취지

제1심 판결을 다음과 같이 변경한다. 피고는 선정자 이○, 박○정, 이○룡, 이○철에게 400,000,000원, 원고에게 130,000,000원 및 위 각 금원에 대하여 이 사건 청구취지확장신청서 부본 송달 다음날부터 이 사건 판결선고일까지는 연 5%의, 그 다음날부터 다 갚는 날까지는 연 20%의 각 비율에 의한 금원을 지급하라(원고는 당심에서 청구취지를 감축하였다).

2. 피고의 항소취지

제1심 판결 중 피고 패소부분을 취소하고, 위 취소부분에 해당하는 원고의 청구를 기각한다.

【이유】

1. 제1심 판결의 인용

이 법원이 이 사건에 관하여 설시할 이유는, 제1심 판결 이유 '2. 원고의 청구에 관한 판단 중 다.항과 3. 결론' 부분(제5면 제19행부터 제6면 마지막까지)을 다음과 같이 고쳐 쓰는 것 외에는 제1심 판결의 이유와

같으므로 민사소송법 제420조 본문에 의하여 그대로 인용한다.

2. 고쳐 쓰는 부분

다. 다시 피고는, 탈북자의 인적사항 및 탈북 경위 등에 대한 언론기관의 보도는 국민들의 알 권리를 충족시켜주는 것으로 원고들의 신상정보가 보도 과정에서 유출되었다고 하더라도 이는 국민의 알 권리 충족을 위한 최소한의 조치이므로 위법하지 아니하다고 주장한다.

헌법 제10조는 "모든 국민은 인간으로서의 존엄과 가치를 가지며, 행복을 추구할 권리를 가진다. 국가는 개인이 가지는 불가침의 기본적 인권을 확인하고 이를 보장할 의무를 진다", 제17조는 "모든 국민은 사생활의 비밀과 자유를 침해받지 아니한다"라고 각 규정하고 있다.

또한 헌법 제2조 제2항은 "국가는 법률이 정하는 바에 의하여 재외국민을 보호할 의무를 진다"라고 규정하고 있고, 「북한이탈주민의 보호 및 정착지원에 관한 법률」은 북한이탈주민이 정치, 경제, 사회, 문화 등 모든 생활 영역에서 신속히 적응·정착하는 데 필요한 보호 및 지원을 하는 것을 목적으로 하면서(제1조), 인도주의에 입각하여 특별히 보호할 것을 기본원칙으로 하고 있다(제4조 제1항).

이러한 헌법과 법률의 취지, 광범위한 정치보복이 행하여지는 북한의 특수상황과 북한이탈주민의 불안정한 신분상의 지위 등을 고려할 때 북한이탈주민의 신변보호 요청은 언론·출판의 자유나 국민의 알 권리보다 우선하여 존중되어야 하고, 국민의 알 권리를 보장하기 위해 본인의 의사에 반하여서까지 신원이 공개되어야 한다고 볼 수 없다.

피고의 위 주장 역시 이유 없다.

라. 손해배상의 범위

아래의 사유를 참작하여 원고들에 대한 위자료는 다음과 같이 정한다.

◎ 선정자 이○○: 40,000,000원

◎ 선정자 박○○, 이○○, 이○○: 각 10,000,000원

◎ 원고: 50,000,000원

[위자료 액수를 정하기 위해 참작한 사유]

1) 원고들이 입은 정신적 고통의 정도

원고들은 자신들의 의사에 반하여 신원이 노출되자 북한 거주 가족들에 대한 죄책감과 상실감 등으로 상당한 심리적 고통을 받았다. 또한 신원 노출에 대하여 피고에 항의하면서 단식을 하거나 관계기관에 수차례 진정을 하였고, 선정자 이○ 등은 영국으로 망명을 시도하였으나 좌절되는 등 정착에 이르기까지 오랜 기간 갈등과 시련을 겪었다. 결국 선정자 이○ 등은 미국 법원의 판결에 의하여 망명하기에 이르렀다.

2) 피고의 주의의무 위반 정도

합동신문기관은 원고들로부터 귀순사실 및 인적사항의 비공개 요청을 받았음에도 원고들의 신원을 특정할 수 있는 나이, 성별, 성, 가족관계, 당원 신분 등의 내용이 포함된 상황보고서를 언론에 배포하였고, 언론의 확인 요청을 받자 더욱 상세한 인적사항을 확인하여 주어 이를 보도하게 하는 등 원고들의 신원 보호에 대하여 안이하게 대처하였다. 이로써 원고들의 요청에 반하여 사실상 신원에 대한 보호를 전혀 하지 아니한 것과 같은 결과를 초래하였다.

3) 북한 거주 가족에 대한 위해 발생 가능성

원고들의 북한 거주 가족들(선정자 이○의 가족 22명, 원고의 가족 4명)이 원고들의 탈북사실이 북한 당국에 알려짐에 따라 모두 처형되거나 수용소에 수감되었다는 점을 인정하기에 충분한 증거는 없다.

그러나 현재 북한사회의 폐쇄성 등에 비추어 원고들에게 이에 대한 직접적인 증거까지 요구하는 것은 무리이다. 또한 갑 제24호증의 1, 2, 갑 제31, 32호증의 각 기재와 당심 증인 문○○(증인 역시 북한이탈주민으로서 실명을 판결문에 공개하지 아니한다)의 증언에 변론 전체의 취지를 종합하면, 원고들의 탈북으로 인하여 일부 가족들에게 심각한 위해가 발생하였을 상당한 개연성은 있다고 보인다(위 증인의 증언에 따르면, 탈북사실이 언론에 공개되고 탈북자의 신원까지 밝혀져 북한 당국이 그 사실을 부인할 수 없게 되면 더욱 엄정한 조치가 취해진다는 것이다).

4) 북한이탈주민에 대한 인권보호의 필요성 등

앞서 본 바와 같이 북한이탈주민은 우리나라의 자유민주주의 질서와 기본적 인권의 보장이라는 혜택을 누리기 위하여 목숨을 걸고 우리나라에 온 사람들로서 우리 국민과 동등한 인권의 보장은 물론이고 필요시에는 더욱 두터운 보호가 필요하다.

이 사건에서는 북한이탈주민의 이러한 인권 보장에 대한 요구가 사실상 묵살되었다. 국가인권위원회는 2007. 1. 23. 이 사건과 관련하여 관계기관에 경고 조치 및 유사 사례의 재발 방지를 위한 대책마련을 권고하였다(갑 제7호증). 미국 이민법원은 선정자 이○이 대한민국으로 돌아간다면 대한민국 정부가 그를 다시 북한으로 보낼 가능성이 있다고 판단하여 위 선정자에 대한 망명을 허가하였다(기록 364면).

우리 헌법은 “대한민국은 통일을 지향하며, 자유민주적 기본질서에 입각한 평화적 통일정책을 수립하고 이를 추진한다”(제4조)고 하고 있다. 북한이탈주민의 보호는 이러한 헌법상의 가치를 실현하기 위한 중요한 실천 과제 중의 하나이다. 피고는 이 사건을 북한이탈주민 보호절차를 개선하는 계기로 삼을 필요가 있다.

5) 소결론

피고는 손해배상금으로 선정자 이○에게 40,000,000원, 선정자 박○정, 이○룡, 이○철에게 각 10,000,000원, 원고에게 50,000,000원을 지급하고, 이에 대한 지연손해금으로서 이 사건 청구취지확장신청서 부본 송달 다음날인 2008. 7. 15.부터, 원금 중 제1심 인용금액인 선정자 이○ 20,000,000원, 선정자 박○정, 이○룡, 이○철 각 5,000,000원, 원고 20,000,000원에 대하여는 제1심 판결 선고일인 2010. 7. 21.까지, 당심에서 추가로 인정한 금액인 선정자 이○ 20,000,000원, 선정자 박○정, 이

○룡, 이○철 각 5,000,000원, 원고 30,000,000원에 대하여는 피고가 그 이행의무의 존부 및 범위에 관하여 항쟁함이 상당하다고 인정되는 당심 판결 선고일인 2011. 5. 19.까지 각 민법에 정한 연 5%, 각 그 다음날부터 다 갚는 날까지는 소송촉진 등에 관한 특례법에 정한 연 20%의 각 비율에 의한 금원을 지급할 의무가 있다.

3. 결론

제1심 판결의 원고 패소부분 중 이와 일부 결론을 달리한 부분은 부당하므로 원고의 항소를 일부 받아들여 이를 각 취소하고, 당심에서 추가로 인정한 위 각 금원의 지급을 명하며, 원고의 나머지 항소와 피고의 항소는 이유 없어 모두 기각한다.

2) 해설

이 사건은 북한이탈주민이 국가기관에 대하여 남한으로 귀순한 사실과 자신들의 인적 사항을 비공개해줄 것을 요청하였으나, 국가기관이 원고들의 탈북 사실에 대한 상황보고서를 작성하고 이를 언론기관에 유출하여 여러 언론기관의 보도내용에 북한이탈주민들의 인적 사항이 자세하게 특정되자 국가를 상대로 손해배상을 청구한 것이다. 이 사건의 1심에서는 원고들의 신원이 노출됨으로써 정신적 고통을 입었다는 것과 국가기관이 원고들에 대한 합동신문과정에서 인적 사항에 관한 정보를 언론기관에 유출하였다는 점을 인정하였다. 다만, 원고들의 귀순 사실이 북한에 알려짐에 따라 원고들의 가족이 실종되어 북한에서 처형당하였거나 수용소에 수감된 것으로 추정된다는 주장에 대하여는 이러한 점을 인정할 증거가 부족하다는 이유로 받아들이지 아니하고 손해배상액을 산정하였다.

한편, 이 사건의 2심인 서울고등법원은 북한이탈주민의 보호와 관련하여 의미 있는 판단을 하였다. 즉, 북한이탈주민의 신변보호 요청은 언론출판의 자유나 국민의 알권리보다 우선하여 존중되어야 하고, 국민의 알권리를 보장하기 위해 본인의 의사에 반하여서까지 신원이 공개되어야 한다고 볼 수 없다고 판단하였다. 이는 우리 헌법 제10조의 인간의 존엄과 가치, 제2조 제2항의 재외국민의 보호, 그리고 북한이탈주민보호법의 취지를 법적 근거로 제시하면서 광범위한 정치보복이 행해지는 북한의 특수 상황을 고려한 것이다. 서울고등법원은 국가기관이 합동신문을 하는 과정에서 안이하게 대처하여 원고들의 요청에 반하여 그 신원에 대한 보호를 전혀 하지 않았고, 이로 인하여 원고들은 막대한 정신적 고통을 입었으며, 결국 외국으로 망명하기에 이르렀다고 판단하였다. 특히, 북한이탈주민을 보호하는 것은 우리 헌법 제4조의 평화통일 조항의 가치를 실현하기 위한 중요한 실천과제라고 하여 헌법적 의무로 판단하였다.

서울고등법원이 북한이탈주민의 보호를 강조한 것은 원고들의 손해배상액의 산정에도 반영되었는데, 원고들의 탈북 사실이 북한 당국에 알려짐에 따라 모두 처형되거나 수용소에 수감되었다는 점을 인정하기에 충분한 증거는 없으나, 북한사회의 폐쇄성 등에 비추어 원고들에게 이에 대한 직접적인 증거까지 요구하는 것은 무리이므로 원고들의 탈북으로 인하여 일부 가족들에게 심각한 위해가 발생하였을 상당한 개연성은 있다고 판단하여 원고들의 손해배상액을 1심의 2배까지 인정하였다. 이 판결은 북한이탈주민을 보호해야 할 의무를 헌법규범에서 도출하고, 북한이탈주민이 계속적으로 증가하고 있음에도 그 실질적 권리보호는 미비하다는 문제점에 대하여 사법부가 구체적 사건을 통하여 북한이탈주민을 실질적으로 보호하여야 한다는 것을 선언한 것으로 평가할 수 있다.

한편, 최근에는 북한이탈주민이 남한에 거주하다가 사망한 피상속인의 처를 상대로 상속회복청구소송을 제기하였는데, 북한이탈주민인 원고는 피상속인의 친손녀임을 증명하기 위하여 6.25전쟁 당시 월남한 조카의 확인서, 북한 당국이 발행한 공민증 등을 증거로 제출하였다. 이 사건은 서울서부지방법원에서 재판 중이다.[8]

8 임복규 외 9인, 『북한관련 법적 쟁점: 사례별 연구』, 2010, 사법발전재단, 137쪽.

제6장

남북합의서에 관한 판례

1. 남북기본합의서의 법적 성격

1) 대표판례: 헌재 2000. 7. 20. 98헌바63 【남북교류협력에관한법률 제9조 제3항 위헌소원】

① 판례요지

1. 사건의 개요 및 심판의 대상

가. 사건의 개요

청구인은 북한주민의 기아해결을 돕기 위하여 북한에 쌀 또는 현금을 보내고자 1996. 8. 23. 통일부에 「남북교류협력에 관한 법률」 제9조에 따라 북한주민접촉신청을 하였으나, 통일부장관은 같은 해 9. 10. 위 신청이 민간 차원의 대북지원에 관한 정부방침에 어긋난다는 이유로 이를 불허하였다.

이에 청구인은 서울고등법원에 위 불허처분의 취소를 구하는 행정소송(97구18402)을 제기한 후, 그 소송계속 중이던 1998. 2. 19. 위 불허처분의 근거법률인 「남북교류협력에 관한 법률」 제9조 제3항에 대하여 위헌심판제청신청(98아280)을 하였다. 그런데 위 법원이 같은 해 7. 16.

위 취소청구 및 위헌심판제청신청을 모두 기각하자, 청구인은 이에 불복하여 같은 해 7. 29. 헌법재판소에 이 사건 헌법소원심판을 청구하는 한편, 같은 해 8. 8. 대법원에 상고(98두14525)를 하였으나 1999. 7. 23. 상고 기각되었다.

나. 심판의 대상

이 사건 심판의 대상은 「남북교류협력에 관한 법률」(1990. 8. 1. 법률 제4239호로 제정된 것, 이하 '법'이라 한다) 제9조 제3항(이하 '이 사건 법률조항'이라 한다)의 위헌 여부이고, 그 내용과 관련조항은 다음과 같다.

제9조(남북한 왕래)

③ 남한의 주민이 북한의 주민등과 회합·통신 기타의 방법으로 접촉하고자 할 때에는 통일부장관의 승인을 얻어야 한다.

〔관련조항〕

제27조(벌칙)

① 다음 각 호의 1에 해당하는 자는 3년 이하의 징역 또는 1,000만 원 이하의 벌금에 처한다.

1. 제9조 제1항의 규정에 의한 증명서를 발급받지 아니하고 남한과 북한을 왕래하거나 동조 제3항의 규정에 의한 승인을 얻지 아니하고 회합·통신 기타의 방법으로 북한의 주민과 접촉한 자

③ 제1항 제1호 내지 제3호의 미수범은 처벌한다.

2. 청구인의 주장 및 관계기관의 의견

가. 청구인 주장의 요지

(1) '평화적 통일'을 민족적 사명으로 규정한 헌법 전문, 자유민주적 기본질서에 입각한 평화적 통일정책을 수립·추진하도록 규정한 헌법 제4조, 대통령의 평화적 통일을 위한 성실의무를 규정한 헌법 제66조 제3항, 대통령의 취임선서 중 평화적 통일직무를 규정한 헌법 제69조,

통일에 관한 중요정책을 국민투표에 붙일 수 있도록 규정한 헌법 제72조 등을 종합하면, 정부는 통일을 위하여 노력할 의무가 있고, 국민들은 통일에 대한 기본권을 가진다. 그런데 이 사건 법률조항은 남북한의 자유로운 교류·협력을 지나치게 제한하여 결국 국민의 통일에 대한 기본권을 제한하는 결과에 이르러 헌법에 위반된다.

(2) 평화적 통일을 이루기 위하여는 남북한 간의 대화·협조·교류와 협력이 중요한 수단이며, 이러한 남북 간의 대화·협조·교류와 협력은 정부 간뿐만 아니라 민간 차원에서도 이루어져야 한다. 그런데 이 사건 법률조항은 조국의 평화적 통일을 위하여 필수적인 남북한의 자유로운 교류·협력을 지나치게 제한함으로써 정의·인도와 동포애로써 민족의 단결을 공고히 한다는 헌법 전문에 반하므로 위헌이다.

(3) 자유민주적 기본질서는 국민의 참여를 기본으로 하고, 통일과정에 국민의 참여를 보장하는 것이 자유민주적 기본질서에 입각한 통일을 선언한 헌법 제4조에 부합됨에도, 이 사건 법률조항은 통일부장관의 자의적 판단에 근거하여 북한주민 접촉을 승인하도록 함으로써 국민의 참여를 배제하고 있어 헌법 제4조에 위반된다. 또 이 사건 법률조항은 국민들의 평화적 교류·협력을 통일부장관의 자의적인 판단에 일임함으로써 법적 근거에 의하지 아니한 통일정책을 시행하고, 법적 안정성을 해하고 있으므로 통일에 있어서의 법치주의원칙을 선언한 헌법정신에 위반된다.

(4) 1992. 2. 19. 발효된 「남북 사이의 화해와 불가침 및 교류협력에 관한 합의서」(이하 '남북합의서'라 한다)는 헌법상 조국의 평화적 통일조항을 가장 이상적으로 표현하고 있는 법규범으로서 단순한 조약의 효력을 가지는 것을 넘어서 남북관계를 규율하는 법률 중 헌법 다음으로 최상의 법률이며, 이 사건 법률조항보다 후에 체결된 것이어서 신법우선의 원칙이 적용되므로, 남북합의서의 자유로운 남북교류협력조항에 반하는 이 사건 법률조항은 헌법에 위반된다.

(5) 그 밖에 이 사건 법률조항은 헌법 제10조의 일반적 행동의 자유, 제14조 거주·이전의 자유, 제18조 통신의 자유 등을 침해한다.

(6) 그리고 이 사건 법률조항은 북한주민 등과의 접촉에 관한 승인의 기준을 명시하지 아니한 채 포괄적으로 통일부장관의 일방적인 판단에 위임하고 있어 헌법 제75조 포괄위임금지원칙에 위반된다. 또 이 사건 법률조항은 다양한 목적에 의한 다양한 형태의 접촉을 모두 승인제로 규정하고 있기 때문에 남북이산가족의 자유로운 접촉을 제한하고, 우리나라가 가입하고 있는 세계보건기구헌장에 명시된 각국의 국민들의 건강증진을 위한 협력의무에 따라 이루어지는 인도적 지원을 위한 접촉마저도 승인제로 운영함으로써 헌법 제37조 제2항의 과잉금지의 원칙에 위반된다.

나. 서울고등법원의 위헌제청신청 기각이유의 요지

헌법 전문과 제4조의 규정에 의하면 헌법은 자유민주적 기본질서에 입각한 평화통일을 천명하고 있는 반면, 북한은 평화통일을 위한 대화와 협력의 동반자임과 동시에 대남적화노선을 고수하면서 우리 자유민주체제 전복을 꾀하고 있는 반국가단체의 성격을 가지고 있어 상호신뢰·협력관계가 발전하지 못하고 있으며, 개인이나 민간단체가 독자적으로 북한과 접촉하는 것보다 국민적 합의하에 추진하는 대북정책에 개인이나 민간단체가 협조하는 등의 대외적으로 결집된 모습이 요망되므로 정부의 통일정책을 담당하는 통일부장관에게 북한주민접촉승인권을 부여한 이 사건 법률조항은 헌법상 법치주의, 헌법 제14조 거주·이전의 자유, 제18조 통신의 자유, 제37조 제2항 과잉금지의 원칙 및 제75조 포괄위임금지의 원칙에 위반되지 아니한다.

다. 통일부장관 및 법무부장관 의견의 요지

(1) 우리 헌법이 통일에 관한 정부의 의무를 규정하고 있다고 하여

그로부터 국민의 통일에 대한 기본권이 도출되는 것은 아니고, 일반 국민이 북한과의 무조건적인 접촉 및 교류를 할 수 있는 권리가 발생되지 아니하며, 설사 그러한 권리가 인정된다고 하더라도 남북관계의 특수성을 고려하여 적정한 수준에서 제한되어야 한다.

(2) 이 법은 대한민국 국민의 북한주민 접촉을 금지한 국가보안법의 적용을 일부 배제할 수 있도록 하는 등 남북교류를 촉진하는 법률이고, 청구인의 주장과 같이 남북교류를 제한하는 법률이 아니다.

(3) 통일의 대상인 북한이 우리의 체제 존립을 위협하는 정치적 실체로서 존재하고 있는 만큼 정부가 국가안전보장과 평화, 그리고 통일의 측면을 종합적으로 판단하여 통일정책을 수립·추진하여야 하며, 그러한 한도 내에서 정부의 역할은 합법적이고 정당하다. 따라서 국민은 정부정책의 틀 속에서 질서 있게 남북교류협력을 추진하여야 할 법적 의무를 지고 있으므로, 이 사건 법률조항은 자유민주적 기본질서에 입각한 평화적 통일정책의 수립·추진을 선언한 헌법 제4조에 위반되지 아니한다.

(4) 남북합의서는 법률이 아니고, 조약으로서의 성격을 가지고 있는 것도 아니므로, 남북합의서의 내용과 상반되어 이 사건 법률조항의 효력이 상실되었다는 청구인의 주장은 부당하다.

(5) 청구인이 주장하는 일반적 행동의 자유, 거주·이전의 자유, 통신의 자유 등의 기본권과 국민의 남북교류협력권을 인정한다고 하더라도, 이러한 권리는 국가안전보장·질서유지 또는 공공복리를 위하여 필요한 범위 내에서 합리적·합목적적으로 규제될 수 있는데, 이 사건 법률조항에 의한 기본권제한은 합리적이며 국민의 자유와 권리의 본질적인 내용을 침해하는 것이 아니다.

(6) 북한 주민의 접촉에 대하여 통일부장관의 승인을 얻도록 하여 재량권을 인정한 것은 남북관계의 특수한 법현실로 인하여 그 요건을 구체적이고 명확하게 규정하는 것이 곤란하다는 점과 행정청의 정책적

인 고려나 전문적·기술적 판단이 일정 범위 내에서 우선되어야 한다는 점을 참작한 것이고, 실제 운용 면에서도 남북관계의 진전 상황에 따라 점진적 확대 방향으로 운영되고 있으며, 대북접촉교류 허용기준(1995. 5. 16.) 등 일정한 처리기준에 따르고 있으므로, 헌법 제75조의 포괄위임금지 원칙에 위반되지 아니한다.

또 이 사건 법률 조항은 북한이 우리의 민주적 기본질서에 대한 위협이 되고 있는 상황에서 남북한주민의 접촉을 폭넓게 허용하되, 다만 남북관계의 현실과 대북정책의 틀 속에서 질서 있게 이루어지도록 조정·유도하는 데에 그 입법목적이 있으므로, 그 목적의 정당성이 인정되고, 방법 선택은 입법자의 입법형성의 자유에 속하며, 효율성을 위하여 통일부장관의 승인을 받도록 한 것이어서 그 방법의 적절성도 인정되고, 피해의 최소성 및 법익의 균형성의 원칙에도 부합하므로 과잉금지의 원칙에 위반되지 아니한다.

3. 판단

가. 이 법의 입법경위 및 이 사건 법률조항의 입법목적

1988. 7. 7. 남북한 간의 인사교류를 적극적으로 추진하고, 해외동포들의 남북한 자유왕래를 위하여 문호를 개방하며, 이산가족의 서신왕래·방문 등 교류를 적극적으로 주선·지원하고, 남북한 교역의 문호를 개방하면서 남북교역을 민족 내부 교역으로 간주하는 것 등을 주된 내용으로 하는 남북한 간의 화해를 위한 6개항의 대북한 제의인 이른바 '7.7 선언'이 발표되었다.

그후 위 선언에 따라 그 동안 원칙적으로 금지되었던 북한주민과의 접촉·왕래 및 교류 등을 허용·지원하고, 국민들의 북한 방문 및 남북한 왕래·교류에 대한 요구를 적절히 수용하기 위한 법률적 후속조치로서 이 법이 제정되었는바, 그 제1조는 남북한 간의 상호교류와 협력을 촉진하기 위하여 필요한 사항을 규정함을 목적으로 한다고 규정하고

있다. 그리고 제3조 및 입법제안이유에 따르면 남북한의 인적·물적 교류사업과 통신역무의 제공 등에 관하여는 다른 법률에 우선하여 이 법이 적용되고, 이 법에 따라 행하여지는 행위에 대하여는 국가보안법이 적용되지 아니하므로, 이 법은 남북한 간의 교류확대 및 긴장완화에 기여하는 역할을 하고 있다고 할 것이다.

한편, 이 사건 법률조항은 북한주민 접촉 등에 대한 승인 등의 업무를 통일부로 일원화하여 국민편익을 도모하고, 각종 남북교류협력이 일관성을 유지한 채 원활히 추진되도록 하기 위한 규정으로서, 정부의 책임소재를 명확히 하고 다양한 대북한 접촉과 협력이 일정한 기준 하에서 종합적·체계적·안정적으로 수행되도록 하려는 데에 그 입법목적이 있다고 보여진다.

나. 이 사건 법률조항의 위헌 여부

(1) 우리 헌법은 그 전문에서 "(……) 우리 대한국민은 (……) 평화적 통일의 사명에 입각하여 정의·인도와 동포애로써 민족의 단결을 공고히 하고 (……)"라고 규정하고 있고, 제4조에서는 "대한민국은 통일을 지향하며, 자유민주적 기본질서에 입각한 평화적 통일정책을 수립하고 이를 추진한다"고 규정하고 있으며, 제66조 제3항에서는 "대통령은 조국의 평화적 통일을 위한 성실한 의무를 진다"고 규정하고 있다.

위와 같은 헌법상 통일관련 규정들은 통일의 달성이 우리의 국민적·국가적 과제요 사명임을 밝힘과 동시에 자유민주적 기본질서에 입각한 평화적 통일원칙을 천명하고 있는 것이다. 따라서 우리 헌법에서 지향하는 통일은 대한민국의 존립과 안전을 부정하는 것이 아니고, 또 자유민주적 기본질서에 위해를 주는 것이 아니라 그것에 바탕을 둔 통일인 것이다. 그러나 평화적 통일을 위하여서는 북한과 적대관계를 지속하면서 접촉·대화를 무조건 피하는 것으로 일관할 수는 없고, 자유민주적 기본질서에 입각하여 상호접촉하고 대화하면서 협력과 교류의 길로 나아가는 것이 평화적 통일을 위한 초석이 되는 것이며, 순수한 동포애의 발휘로서 서로 도와주고 일정한 범위 내에서 경제적·기술적 지원과 협조를 도모하여 단일민족으로서의 공감대를 형성하는 것이야말로 헌법 전문의 평화적 통일의 사명에 입각하여 민족의 단결을 공고히 하는 방편으로서 헌법정신에 합치되는 것이다.

(2) 그런데 이 법은 앞서 본 바와 같이 기본적으로 북한을 평화적 통일을 위한 대화와 협력의 동반자로 인정하면서 남북대결을 지양하고, 자유왕래를 위한 문호개방의 단계로 나아가기 위하여 종전에 원칙적으로 금지되었던 대북한접촉을 허용하며, 이를 법률적으로 지원하기 위하여 제정된 것으로서, 그 입법목적은 평화적 통일을 지향하는 헌법의 제반규정에 부합하는 것이다. 이 법이 없다면 남북한 간의 교류·협력행위는 국가보안법에 의하여 처벌될 수 있으나, 이 법에서 남북관계에 관한 기본적 용어정리, 통신·왕래·교역·협력사업 등에 관한 포괄적 규정(제9조 내지 제23조)과 타 법률에 대한 우선적용(제3조) 등을 규정하고 있는 관계로 그 적용범위 내에서 국가보안법의 적용이 배제된다는 점에서, 이 법은 평화적 통일을 지향하기 위한 기본법으로서의 성격을 갖고 있다고 할 수 있다.

(3) 그러나 북한과의 접촉이나 교류가 일정한 원칙이나 제한 없이 방만하게 이루어진다면, 국가의 안전보장과 자유민주적 기본질서의 유지에 어려움을 가져올 수 있을 뿐만 아니라, 평화적 통일을 이루어나가는 데에 지장을 초래할 수 있으며, 한편으로 북한주민과 접촉·교류하는 개개 당사자들의 목적달성이나 안전에도 장애를 가져올 수 있다. 따라서 정부가 남북한 간의 접촉과 대화, 교류·협력의 기본방향을 정하고, 그에 따라 각 분야에서 필요한 민간부문의 교류·협력을 지속적으로 지원하고 보장하기 위하여 북한주민 등과의 접촉에 대하여 일정한 조정과 규제를 하는 것은 헌법상의 평화통일의 원칙과 국가안전보장 및 자유민주주의 질서의 유지, 그리고 국민의 기본권보장이라는 원리들

을 조화롭게 실현하기 위한 방편이 될 것이다.

(4) 이 사건 법률조항은 남한의 주민이 북한의 주민 등과 회합·통신 기타의 방법으로 접촉하고자 할 때에는 통일부장관의 승인을 받도록 하는 것을 그 내용으로 하고 있다.

북한주민 등과의 접촉은 대체로 남북한 간의 교류를 촉진시키고 민족의 동질성을 회복하여 평화통일의 길로 나아가는 데에 기여하겠지만, 때로는 접촉과정에서 불필요한 마찰과 오해를 유발하여 긴장이 조성되거나, 무절제한 경쟁적 접촉으로 남북한 간의 원만한 협력관계에 나쁜 영향을 미칠 수도 있을 것으로 보인다. 그뿐만 아니라 접촉의 시기와 장소, 대상과 목적 등을 정부에서 전혀 파악하지 못하고 있다면 접촉 당사자의 안위에 관계되는 일이 발생하였을 때 시의적절하게 대처하기 힘들고, 또한 북한의 정치적 목적에 이용되거나 국가의 안전보장이나 자유민주적 기본질서에 부정적인 영향을 미치는 통로로 이용될 가능성도 완전히 배제할 수 없다.

따라서 통일부장관이 북한주민 등과의 접촉을 원하는 자로부터 승인 신청을 받아 그 접촉의 시기와 장소, 대상과 목적 등 구체적인 내용을 검토하여 승인 여부를 결정하는 절차는 현 단계에서는 불가피하다고 할 것이다.

그렇다면 국가의 안전과 자유민주적 기본질서를 보장하고 국민의 안전을 확보하는 가운데 평화적 통일을 이루기 위한 기반을 조성하기 위하여 북한주민 등과의 접촉에 관하여 남북관계의 전문기관인 통일부장관에게 그 승인권을 준 이 사건 법률조항은 평화통일의 사명을 천명한 헌법 전문이나 평화통일원칙을 규정한 헌법 제4조, 대통령의 평화통일 의무에 관하여 규정한 헌법 제66조 제3항의 규정 및 기타 헌법상의 통일관련조항에 위반된다고 볼 수 없다.

또한 이 사건 법률조항은 헌법 제10조에서 유래되는 일반적인 행동의 자유나 제14조에서 규정한 거주·이전의 자유, 제18조에서 규정한 통신의 자유 등을 제한하는 측면이 있으나, 그것은 헌법 제37조 제2항에서 규정하고 있는 국가안전보장을 위하여 필요한 경우의 제한으로서, 앞서 본 입법목적의 정당성, 방법의 적절성, 피해의 최소성, 법익의 균형성 등에 비추어볼 때 과잉금지의 원칙에 위반된다고 볼 수도 없다.

(5) 청구인은 이 사건 법률조항이 국민의 통일에 대한 기본권을 침해하여 헌법상의 통일관련 조항들에 위반된다고 주장하나, 앞서 본 헌법상의 여러 통일관련 조항들은 국가의 통일의무를 선언한 것이기는 하지만, 그로부터 국민 개개인의 통일에 대한 기본권, 특히 국가기관에 대하여 통일과 관련된 구체적인 행위를 요구하거나 일정한 행동을 할 수 있는 권리가 도출된다고 볼 수는 없다.

(6) 청구인은 또 이 사건 법률조항이 남북합의서의 자유로운 남북교류협력조항에 반하여 헌법에 위반된다고 주장하고 있으나, 일찍이 헌법재판소는 "남북합의서는 남북관계를 '나라와 나라 사이의 관계가 아닌 통일을 지향하는 과정에서 잠정적으로 형성되는 특수관계'임을 전제로 하여 이루어진 합의문서인바, 이는 한민족공동체 내부의 특수관계를 바탕으로 한 당국 간의 합의로서 남북당국의 성의 있는 이행을 상호 약속하는 일종의 공동성명 또는 신사협정에 준하는 성격을 가짐에 불과"하다고 판시하였고(헌재 1997. 1. 16. 92헌바6 등, 판례집 9-1, 1, 23), 대법원도 "남북합의서는 (……) 남북한 당국이 각기 정치적인 책임을 지고 상호간에 그 성의 있는 이행을 약속한 것이기는 하나 법적 구속력이 있는 것은 아니어서 이를 국가 간의 조약 또는 이에 준하는 것으로 볼 수 없고, 따라서 국내법과 동일한 효력이 인정되는 것도 아니다"고 판시하여(대법원 1999. 7. 23. 선고 98두14525 판결), 남북합의서가 법률이 아님은 물론 국내법과 동일한 효력이 있는 조약이나 이에 준하는 것으로 볼 수 없다는 것을 명백히 하였다.

따라서 설사 이 사건 법률조항이 남북합의서의 내용과 배치되는 점을 포함하고 있다고 하더라도, 그것은 이 사건 법률조항이 헌법에 위반되는지의 여부를 판단하는 데에 아무런 관련이 없다고 할 것이다.

(7) 그 밖에 청구인은 이 사건 법률조항이 포괄위임금지의 원칙에 위반한다고 주장하고 있으나, 헌법 제75조에서 규정하고 있는 포괄위임입법금지의 원칙이란 법률이 대통령령 등의 하위법규에 입법을 위임할 경우에는 법률로써 그 위임의 범위를 구체적으로 정하여야 하며 일반적이고 포괄적인 입법위임은 허용되지 아니한다는 것을 뜻하는 것이므로, 통일부장관의 승인권에 관한 기준이나 구체적 내용 등을 대통령령 등에 위임하지 아니하고 있는 이 사건 법률조항에 관하여 포괄위임금지의 원칙이 적용될 여지는 없다고 할 것이다.

4. 결론

따라서 이 사건 법률조항은 헌법에 위반되지 아니하므로 관여재판관 전원의 일치된 의견으로 주문과 같이 결정한다.

② 해설

이 사건 청구인은 남한주민의 북한주민접촉신청에 대한 통일부장관의 승인제도를 규정한 「남북교류협력에 관한 법률」 제9조 제3항이 헌법에 위반된다는 이유로 위헌법률심판제청을 신청하였으나, 담당 법원이 그 신청을 기각하자 헌법소원심판을 청구하였다. 이 사건에서 청구인은 남북기본합의서는 헌법의 평화적 통일조항을 가장 이상적으로 표현하고 있는 법규범으로서 단순한 조약의 효력을 가지는 것을 넘어서 남북한관계를 규율하는 법률 중 헌법 다음으로 최상의 법률이며, 「남북교류협력에 관한 법률」 제9조는 자유로운 남북교류협력을 규정하는 남북기본합의서에 위반되므로 헌법에 위반된다고 주장하였다. 이러한 주장에 대하여 통일부장관과 법무부장관은 남북합의서가 법률이나 조약의 성격을 가지고 있지 아니하므로 「남북교류협력에 관한 법률」의 내용이 남북기본합의서의 내용과 상반된다고 하여 그 효력이 상실되는 것은 아니라는 견해를 밝혔다.

헌법재판소는 이 사건 결정에서 남북기본합의서의 법적 성격에 대한 대법원과 헌법재판소의 종전의 입장을 반복하여 확인하였다. 즉, 남북합의서는 한민족공동체 내부의 특수관계를 바탕으로 한 남북한 당국 간의 합의로서 남북한 당국의 성의 있는 이행을 상호 약속하는 일종의 공동성명 또는 신사협정에 준하는 성격을 가짐에 불과하며, 남북한이 각각 정치적인 책임을 지고 성의 있는 이행을 약속한 것이기는 하나 법적 구속력이 있는 것은 아니어서 법률이 아님은 물론 국내법과 동일한 효력이 있는 조약이나 이에 준하는 것으로 볼 수 없다고 판단하였다. 따라서 위 법률조항이 남북합의서의 내용과 배치되는 부분이 있다고 하더라도 이는 헌법에 위반되는지 아닌지를 판단하는 데 아무런 관련이 없다고 하였다.

2) 관련판례

(1) 대법원 1999. 7. 23. 98두14525【북한주민접촉신청불허처분취소】

'남북 사이의 화해와 불가침 및 교류협력에 관한 합의서'(이하 '남북기본합의서'라 줄여 쓴다)는 남북관계가 "나라와 나라 사이의 관계가 아닌 통일을 지향하는 과정에서 잠정적으로 형성되는 특수 관계"(합의서 전문)임을 전제로, 조국의 평화적 통일을 이룩해야 할 공동의 정치적 책무를 지는 남북한 당국이 특수 관계인 남북관계에 관하여 채택한 합의문서로서, 남북한 당국이 각기 정치적인 책임을 지고 상호 간에 그 성의 있는 이행을 약속한 것이기는 하나 법적 구속력이 있는 것은 아니어서 이를 국가 간의 조약 또는 이에 준하는 것으로 볼 수 없고, 따라서 국내법과 동일한 효력이 인정되는 것도 아니다.

같은 취지에서 원심이 남북기본합의서에 법적인 구속력이 없다고 판단하여, 「남북교류협력에 관한 법률」 제9조 제3항이 남북기본합의서 제

17조에 저촉되어 효력이 없다는 취지의 원고의 주장을 배척한 조치는 수긍이 가고, 거기에 상고이유에서 지적하는 바와 같이 남북기본합의서의 법적 성격을 오해한 위법이 있다고 할 수 없다. 이 점에 관한 상고이유는 받아들일 수 없다.

(2) 헌재 1997. 1. 16. 92헌바6·26, 93헌바34·35·36(병합) 【국가보안법 위헌소원】

소위 남북합의서는 남북관계를 "나라와 나라 사이의 관계가 아닌 통일을 지향하는 과정에서 잠정적으로 형성되는 특수 관계"(전문 참조)임을 전제로 하여 이루어진 합의문서인바, 이는 한민족공동체 내부의 특수관계를 바탕으로 한 당국 간의 합의로서 남북 당국의 성의 있는 이행을 상호 약속하는 일종의 공동성명 또는 신사협정에 준하는 성격을 가짐에 불과하다. 따라서 남북합의서의 채택·발효 후에도 북한이 여전히 적화통일의 목표를 버리지 않고 각종 도발을 자행하고 있으며 남북한의 정치, 군사적 대결이나 긴장관계가 조금도 해소되지 않고 있음이 엄연한 현실인 이상, 북한의 반국가단체성이나 국가보안법의 필요성에 관하여는 아무런 상황변화가 있었다고 할 수 없다.

3) 평가

1992년 남북한 사이에 체결된 남북기본합의서에 대하여 대법원과 헌법재판소는 이를 일종의 공동성명 또는 신사협정에 준하는 성격을 가짐에 불과하며, 국내법과 동일한 효력이 있는 조약이나 이에 준하는 것으로 볼 수 없다고 하면서 그 법적 구속력을 인정하지 않았다. 남북기본합의서에 대한 이와 같은 사법적 판단은 1972년 동서독이 체결한 동서독기본조약에 대하여 서독연방헌법재판소가 동독과 서독의 내부관계를 규율하는 국제법상 조약의 성격을 인정하여 법적 구속력을 부여한 것과 대비된다. 동서독은 동서독기본조약을 체결한 이후 이를 바탕으로 다양한 분야에서 교류협력을 강화하면서 법적 효력을 갖는 구체적인 조약을 체결함으로써 평화통일을 달성하는 바탕을 마련하였다고 평가할 수 있다. 그러나 남북기본합의서가 남북한특수관계를 명확히 규정하고 규범적 내용을 구체화하고 있음에도 불구하고 법적 효과를 부여하려는 노력을 기울이지 아니하여 결과적으로 남북한관계를 법치주의 영역으로 이끌지 못한 것은 매우 안타까운 일이다.

남북기본합의서는 서문과 4장 25개조로 구성되어 있으며, 합의내용도 남북한관계와 통일에 관한 기본원칙은 물론, 한반도의 평화 정착과 교류·협력을 위한 구체적인 합의사항을 포함하고 있다. 특히, 합의서의 효력에 관해서도 "남과 북이 각기 발효에 필요한 절차를 거쳐 그 문본을 교환한 날부터 효력을 발생한다"고 규정하고 있을 뿐 아니라, 합의내용을 이행하기 위한 구체적인 부속합의서들도 체결되었으며, 남북한 당국 간 고위급 인사인 남한의 국무총리와 북한의 정무원총리가 동 합의서에 정식으로 서명하여 위 합의서는 일응 조약의 성격을 가진다고 볼 여지가 있다. 우리 헌법은 제6조 제1항에서 "헌법에 의하여 체결·공포된 조약과 일반적으로 승인된 국제법규는 국내법과 같은 효력을 갖는다"고 규정함으로써 국내법 이외의 입법형식으로는 조약과 일반적으로 승인된 국제법규만을 예정하고 있다. 남북기본합의서의 법적 성격은 일반적으로 승인된 국제법규가 아님은 명백하므로 결국 조약에 해당하는지가 쟁점이 된다. 조약이란 국가 또는 국제법 주체 사이에 법적 구속력이 있는 권리의무의 발생, 변경, 소멸을 내용으로 하여 그 효과의 귀속을 목적으로 이루어진 합의로서 그 명칭과 무관하게 실질적 기준에 의하여 조약 여부를 결정하여야 한다. 남북한 사이에 체결하는 합의서의 경우에는 남북한이 법적 효과를 창출하고자 하는 의도가 있는지에 따라서 그 법적 성격과 효력이 결정될 것이다.

남북한 당국이 남북기본합의서를 체결할 당시에 국제법적 효과를 창출하려는 의사가 있었는지를 판단하기 위해서는 합의서의 내용·합의서 체결의 형식 및 절차는 물론 합의서 체결 이후의 상황을 종합적으로 고려하여야 할 것이다. 우리 정부는 남북기본합의서를 체결함에 있어 조약 체결의 절차를 따르지 않고 대통령의 비준 없이 결재만으로 이를 발효시켰으며, 북한도 당시 1972년 사회주의헌법상 조약의 비준·폐기권자인 국가주석이 이를 비준한 것이 아니라 중앙인민위원회와 최고인민회의 상설회의 연합회의에서 이를 승인하였다. 국회의 동의절차는 남북기본합의서의 조약성을 인정한다는 전제하에서 검토될 수 있는 것인데, 만약 남북기본합의서에 법적 효력이 있는 조약성이 인정된다면, 이는 국민의 생명과 재산, 국가의 안전보장에 중대한 영향을 미치고 장래의 국민에게 재정적 부담을 부과하는 파급효과를 가질 뿐만 아니라 국내법령의 정비를 위한 입법사항까지 포함하고 있다고 볼 것이므로, 헌법 제60조 제1항에 따라 이에 대한 국회의 동의절차를 거쳐야 할 것이다. 그럼에도 불구하고 동 합의서의 체결 과정에서 국회의 동의절차를 거치지 않았다는 것은 당시 정부가 남북기본합의서에 법적 효력을 부여할 의사가 없었다는 것을 뒷받침하는 것이다.

남북기본합의서가 체결된 직후 우리 정부는 국무총리가 여야 양당대표를 초청하여 이를 보고하는 절차를 가졌으며, 합의서 서명 직후인 1991년 12월 16일 국무총리가 국회 본회의에 출석하여 이를 직접 보고하였고, 당시 주무장관인 통일원장관이 국회 외무통일위원회와 통일정책특별위원회 합동회의에서 남북기본합의서에 관한 세부사항을 보고하였다. 그 이후 여야는 남북기본합의서에 대한 국회의 지지결의안을 채택하기로 합의하였으나 견해 차이로 인하여 실제 지지결의는 이루어지지 않았다. 한편, 북한은 동 합의서의 발효를 위한 내부절차로서 1991년 12월 24일에 정무원 총리가 중앙인민위원회 전원회의에서 이를 보고하고, 12월 26일에 중앙인민위원회와 최고인민회의, 상설회의, 연합회의에서 위 합의서에 대한 심의 및 승인 절차를 거친 것으로 알려졌다.

우리 정부는 남북기본합의서를 채택한 후 이를 법률에 따라 공포하지 않고 대통령령으로 관보에 게재하였다. 그러나 「법률 등 공포에 관한 법률」 제6조(조약)는 "조약 공포문의 전문에는 국회의 동의 또는 국무회의의 심의를 거친 사실을 적고, 대통령이 서명한 후 대통령인을 찍고 그 공포일을 명기하여 국무총리와 관계 국무위원이 부서한다"고 규정하고 있고, 동법 제11조(공포 및 공고의 절차) 제1항은 "헌법개정·법률·조약·대통령령·총리령 및 부령의 공포와 헌법개정안·예산 및 예산 외 국고부담계약의 공고는 관보에 게재함으로써 한다"고 규정하고 있다. 즉, 남북기본합의서를 조약으로 인정하지 않아 공포절차를 취하지 않았으며, 공고대상이 아님에도 불구하고 관보에 공고하였다. 특히, 남북한은 남북기본합의서 및 부속합의서의 체결 이후에 그 합의사항을 제대로 지키지 않았는데도 불구하고 이에 대한 어떠한 법적 제재 등의 수단을 행사하지도 아니하였다.

이러한 남북기본합의서의 체결절차 및 형식과 체결 이후의 현실적 상황 등을 종합적으로 고려해볼 때, 남북기본합의서는 조약의 성격은 인정되기 어렵다고 하겠다. 그러나 남북기본합의서는 남북한의 책임 있는 당국자가 합의하고 서명한 것으로서, 우리 헌법에 근거한 남북한특수관계론을 구체화하여 합의서의 형태로 명문화하고 있다. 그 합의 사항과 내용도 평화통일을 달성하기 위한 과정에서 남북한관계를 규율하는 기본원칙을 포함하고 있으며, 이후의 남북합의서 체결 및 실천의 기준을 제시하고 있다. 따라서 이러한 범위 내에서 남북기본합의서는 남북한 당국이 평화통일을 지향하는 과정에서 성실하게 이행하고 준수하여야 할 규범의 성격이 있다고 할 것이다.

2. 남북합의서의 법적 성격

1) 대표판례: 청주지방법원 2011.6.9. 2010구합 2024 【법인세 등경정청구거부처분취소】

① 판례요지

1. 처분의 경위

가. 원고는 관광 숙박업의 설치, 운영, 회원모집 및 임대, 위탁운영업 등을 목적으로 설립된 내국법인인데, 2005. 12. 30. 통일부장관으로부터 북한의 금강산관광지구에 723억 5,500만 원을 단독으로 투자하여 금강산 골프, 스파 리조트 건설·운영을 목적으로 하는 사업내용에 관하여 「남북교류협력에 관한 법률」(이하 '남북협력법'이라 한다) 제17조 제1항의 규정에 의하여 남북협력사업 승인을 받았다. 그 이후에 원고는 북한 금강산 관광지구에 원고 회사 금강산 지점을 설치하여 금강산 골프장 및 스파 리조트 사업 등을 영위하고 있다.

나. 그런데 2008. 7.경 북한의 금강산 관광지구에서 남한 관광객이 북한군의 총격으로 사망하는 사고가 발생함으로써 금강산 관광이 전면 중단되었고, 원고는 이로 인하여 2008 사업연도 중 금강산 지점에서 결손금 6,038,821,332원(이하 '이 사건 결손금'이라 한다)이 발생하였다.

다. 원고는 2009. 3. 31. 2008 사업연도의 소득에서 이 사건 결손금을 공제하지 아니한 과세표준을 기준으로 2008 사업연도 법인세 및 농어촌특별세를 신고하였다가, 그후 2009. 10. 28. 이 사건 결손금을 손금에 산입하여 2008 사업연도 법인세에 대한 과세표준 및 세액 경정청구를 하였다.

라. 이에 대하여 피고는 2009. 12. 28. 원고에게, 「남북 사이의 소득에 대한 이중과세방지 합의서」(이하 '이 사건 합의서'라 한다) 제22조 제1항에서 규정하는 소득면제방식은 완전면제방식을 의미하는 것이고, 이에 따

라 북측에서 소득이 발생하지 아니하고 결손금이 발생한 경우에는 남측 법인세의 과세표준 계산 시 공제하지 아니한다는 이유로 위 경정청구를 거부하였다(이하 '이 사건 처분'이라 한다).

2. 이 사건 처분의 적법 여부

가. 당사자들 주장의 요지

(1) 원고의 주장

내국법인의 국내 지점에서 결손금이 발생한 경우 그 결손금을 손금에 산입하여 법인세 과세표준을 산정하여야 하는 것이 원칙이고, 이 사건 합의서는 남북 중 어느 일방에서 세금을 부담한 경우 타방에서 세금을 부담하지 않도록 함으로써 이중과세를 방지하고자 하는 취지일 뿐이지, 법인세 과세표준 산정 시 결손금을 산입하지 못하도록 하는 규정은 아니므로, 결국 원고에 대한 법인세 과세표준 산정 시 이 사건 결손금을 손금에 산입하여야 함에도 이와 다른 전제에서 한 피고의 이 사건 처분은 위법하다.

(2) 피고의 주장

이 사건 합의서 제22조는 어느 일방에서 발생한 이자, 배당금, 사용료에 대해서는 세액공제방식으로, 그 외의 소득에 대해서는 소득면제방식으로 이중과세를 방지하는 것을 주내용으로 하고 있고, 일방의 소득을 정함에 있어 타방에서 발생한 소득을 전혀 고려하지 아니하는 완전면제방식을 취하고 있으므로, 이 사건 결손금은 원고에 대한 법인세 과세표준 산정 시 공제하지 않아야 타당하고, 결국 원고의 이 사건 경정청구를 거부한 이 사건 처분은 적법하다.

나. 관계 법령

별지 관계 법령 기재와 같다.

다. 인정 사실

(1) 남한과 북한은 2000. 12. 26. 남북 사이의 경제교류와 협력을 촉진하고, 어느 일방에서 발생한 소득에 대하여 과세권이 경합되는 것을 조정함으로써 조세의 이중부담을 방지하기 위하여, 남한의 대표로서 통일부장관이, 북한의 대표로서 내각책임참사가 이 사건 합의서를 작성하였는데, 이 사건 합의서 중 이 사건에 관련된 내용은 다음과 같다.

「남북 사이의 소득에 대한 이중과세방지 합의서」

남과 북은 2000. 6. 15. 발표된 역사적인 「남북공동선언」에 따라 진행되는 경제교류와 협력이 나라와 나라 사이가 아닌 민족 내부의 거래임을 확인하고 소득에 대한 이중과세를 방지하기 위하여 다음과 같이 합의한다.

제3조 세금의 종류

1. 이 합의서에 따라 적용되는 세금의 종류는 다음과 같다.

가. 남측에서는 소득세, 법인세 및 소득할주민세

나. 북측에서는 기업소득세, 개인소득세, 소득에 대한 지방세

2. 세금의 종류에는 합의서가 체결된 후 본질적으로 같은 세금들로서 현행 세금들에 추가하여 부과되거나 그에 대체하여 부과되는 것들도 포함한다. 쌍방은 세금의 종류가 달라진 경우 그에 대하여 상호 통보한다.

제7조 기업이윤

1. 일방의 기업이 상대방에 있는 고정사업장에서 사업활동을 하여 얻은 이윤에 대한 세금은 상대방에서 부과할 수 있다. 이 경우 상대방에 있는 고정사업장에 귀속되는 이윤에 대하여서만 세금을 부과한다.

제22조 이중과세방지방법

1. 일방은 자기 지역의 거주자가 상대방에서 얻은 소득에 대하여 세금을 납부하였거나 납부하여야 할 경우 일방에서는 그 소득에 대한 세금을 면제한다. 그러나 이자, 배당금, 사용료에 대하여는 상대방에서 납부하였거나 납부하여야 할 세액만큼 일방의 세액에서 공제할 수 있다.

2. 일방은 자기 지역의 거주자가 상대방에서 얻은 소득에 대한 세금을 법이나 기타 조치에 따라 감면 또는 면제받았을 경우 세금을 전부 납부한 것으로 인정한다.

(2) 한편 이 사건 합의서에는 상대방의 지역에서 결손금이 발생한 경우 일방에서 이를 처리하기 위한 규정은 두고 있지 않다.

(3) 국회 통일외교통상위원회는 이 사건 합의서에 대하여 국회 본회의에 상정하여 2003. 5. 17. 제240회 임시국회에서 이 사건 합의서가 의결되었다.

[인정 근거] 다툼 없는 사실, 을 제1호증의 1, 2의 각 기재, 변론 전체의 취지

라. 판단

(1) 이 사건 합의서는, 남북관계가 나라와 나라 사이의 관계가 아닌 통일을 지향하는 과정에서 잠정적으로 형성되는 특수관계임을 전제로, 조국의 평화적 통일을 이룩해야 할 공동의 정치적 책무를 지는 남북한 당국이 특수관계인 남북관계에 관하여 채택한 합의문서로서, 남북한 당국이 각기 정치적인 책임을 지고 상호 간에 그 성의 있는 이행을 약속한 것이라고 할 것이나, 이를 국가 간의 조약 또는 이에 준하는 것으로 볼 수는 없다고 할 것이다. 다만 이 사건 합의서는 일방의 기업이 상대방 안의 고정사업장을 통하여 얻은 기업이윤 중 고정사업장에 귀속시킬 수 있는 이윤에 대하여 그 상대방이 과세할 수 있도록 하되, 이중과세를 방지하기 위한 방법으로 자기 지역의 거주자가 상대방에서 얻은 소득에 대하여 상대방에게 세금을 납부하였거나 납부하여야 할 경우에 일방은 그 소득에 대한 세금을 면제하도록 하여 남북 사이의 경제적 측면에서의 교류와 협력을 촉진하기 위하여 작성된 것이고, 국회가 이를 의결함으로써, 원칙적으로 과세권한을 행사할 수 있는 내국법인의 북한에서 얻는 소득에 대하여 과세당국의 과세권을 제한할 수 있는 근거를

마련한 것이라고 할 것이다.

(2) 남북 사이의 상호 교류와 협력을 촉진하기 위하여 제정된 구 남북협력법(2010. 4. 5. 법률 제10282호로 개정되기 전의 것) 제26조 제3항 제6호, 동법 시행령 제44조 제1항, 제3항에 의하면, 남한과 북한 간의 투자, 물품 등의 반출이나 반입, 그 밖에 경제에 관한 협력사업과 이에 따르는 거래로 발생하는 소득에 대한 조세의 부과·징수·감면 및 환급 등에 관하여는 법인세법, 소득세법 등을 준용하되, 남북교류·협력으로 발생하는 소득에 대한 과세에 대하여 정부와 북한의 당국 간의 합의가 있는 때에는 제1항에 따른 소득세법의 전부 또는 일부를 준용하지 아니할 수 있도록 규정하고 있다. 그런데 앞에서 살펴본 바와 같이, 이 사건 합의서에는 상대방의 지역에서 결손금이 발생한 경우에 일방에서 이를 처리하기 위한 규정은 두고 있지 않으므로, 결국 내국법인인 원고가 북한의 금강산지구에서 남북경제협력사업의 하나로 승인받은 사업을 영위하는 과정에서 발생한 이 사건 결손금의 처리에 대해서는 남한의 법인세법이 적용되어야 할 것이다.

(3) 한편 구 법인세법(2010. 12. 30. 법률 제10423호로 개정되기 전의 것, 다음부터 같다) 제60조 제1항, 제66조 제1항, 제2항 제1호, 제4항에 따르면, 납세의무 있는 내국법인은 각 사업연도의 종료일이 속하는 달의 말일부터 3개월 이내에 당해 사업연도의 소득에 대한 법인세의 과세표준과 세액을 납세지 관할세무서장에게 신고하여야 하고, 납세지 관할세무서장 등은 내국법인이 신고를 하지 아니한 때에는 법인세의 과세표준과 세액을 결정하며, 신고를 한 내국법인의 신고내용에 오류 또는 탈루가 있는 때에는 과세표준과 세액을 경정하고, 위 결정 또는 경정한 후 그 결정 또는 경정에 오류 또는 탈루가 있는 것을 발견한 때에는 즉시 이를 경정하도록 규정하고 있다. 또한 구 법인세법 제13조, 제14조에 따르면, 내국법인의 법인세 과세표준은 내국법인의 각 사업연도의 소득의 범위 안에서 결손금 등을 순차로 공제한 금액이고, 내국법인의 각 사업

연도의 소득은 그 사업연도에 속하는 익금의 총액에서 그 사업연도에 속하는 손금의 총액을 공제한 금액이다.

(4) 위와 같은 법리에 비추어 이 사건에서 살피건대, 원고에 대한 2008 사업연도의 소득에 대한 법인세의 과세표준을 산정함에 있어서 원고의 2008 사업연도 소득에서 금강산 지점에서 발생한 이 사건 결손금을 공제함이 타당하므로, 원고가 이 사건 결손금을 반영하여 한 이 사건 과세표준 및 세액 경정청구는 적법하다고 할 것이다. 그럼에도 불구하고 피고가 이 사건 합의서 제22조에 규정된 소득면제방식이 일방의 소득을 정함에 있어서 타방에서 발생한 소득을 전혀 고려하지 아니하는 이른바 '완전면제방식'이라는 이유를 들어서 원고의 2008 사업연도의 법인세 과세표준 산정 시 이 사건 결손금을 공제하지 않아야 한다는 전제에서 한 이 사건 처분은 위법하다.

3. 결론

그렇다면 원고의 청구는 이유 있으므로 이를 인용하기로 하여 주문과 같이 판결한다.

② 해설

이 사건은 남북협력사업자로서 북한지역인 금강산관광지구에서 사업을 하는 원고가 당해 사업연도의 소득에 대한 법인세의 과세표준을 산정함에 있어서 금강산 지점에서 발생한 결손금을 공제한 금액을 기준으로 과세표준 및 세액경정을 청구한 것이다. 이에 대해 피고인 세무서장은 위 청구의 근거로 제시한 '남북 사이의 소득에 대한 이중과세방지 합의서' 제22조에 규정된 소득면제방식이 일방의 소득을 정함에 있어서 타방에서 발생한 소득을 전혀 고려하지 아니하는 이른바 '완전면제방식'이라는 이유로 원고의 당해 사업연도의 법인세 과세표준 산정 시 이 사건 결손금을 공제하지 않아야 한다고 전제하고 이 사건 법인세 등 경정청구에 대해 거부처분을 하였다.

이 사건에서 법원은 남북기본합의서가 아니라 이른바 4개 경협합의서의 하나로서 국회의 동의를 거쳐서 발효된 '남북 사이의 소득에 대한 이중과세방지 합의서'의 법적 성격을 선언하였다. 청주지방법원은 "남북관계가 나라와 나라 사이의 관계가 아닌 통일을 지향하는 과정에서 잠정적으로 형성되는 특수관계임을 전제로, 조국의 평화적 통일을 이룩해야 할 공동의 정치적 책무를 지는 남북한 당국이 특수관계인 남북관계에 관하여 채택한 합의문서로서, 남북한 당국이 각기 정치적인 책임을 지고 상호간에 그 성의 있는 이행을 약속한 것이라고 할 것이나, 이를 국가 간의 조약 또는 이에 준하는 것으로 볼 수는 없다고 할 것이다"고 판단하였다. 즉, 대법원이나 헌법재판소가 남북기본합의서에 대하여 판단한 것과 마찬가지로 남북합의서도 이를 조약이나 이에 준하는 것으로 인정하지 않은 것이다. 이러한 판단은 남한정부가 이른바 4개 경협합의서와 그 후속합의서에 대하여는 법률적 효력을 부여하기 위하여 국회의 동의를 거치는 등 조약으로서 법적 성격을 인정하려고 한 노력과는 상반되는 판단이다.

다만 위 합의서에 대하여 원칙적으로 과세권한을 행사할 수 있는 내국법인의 북한에서 얻는 소득에 대하여 과세당국의 과세권을 제한할 수 있는 근거를 마련한 것으로 인식하고, 내국법인인 원고가 북한의 금강산지구에서 남북경제협력사업의 하나로 승인받은 사업을 영위하는 과정에서 발생한 이 사건 결손금의 처리에 대해서는 남한의 법인세법을 적용해야 하는 것으로 인정한 것은 의미가 있다고 하겠다.

2) 평가

한반도에서 남북한이 분단된 이후 남북한이 최초로 합의서를 체결한 것은 1972년 7월 4일 체결된 '7.4남북공동성명'과 '남북 직통전화 가설 및 운용에 관한 합의서'이다. 그 이후 남북한은 적극적으로 남북회담을 진행하여 많은 남북 간 합의문건을 체결하였는데, 특히 북한은 2002년 7월 1일 경제관리개선조치 이후 개성공단사업 등 경제개방을 적극적으로 추진하고 있어 경제분야에서 각종 합의문건을 채택할 수 있었다. 2000년 12월 16일 제4차 남북장관급회담에서 정식 서명된 '남북간 투자보장·이중과세방지·청산결제·상사분쟁해결절차' 등 4개 경협합의서는 2003년 6월 30일 남북한 사이의 합의문건으로서는 최초로 대한민국 국회에서 그 체결동의안이 정식으로 통과되었으며, 그 합의서의 내용에 따라 남북한 당국이 같은 해 8월 20일 남북한 간 발효통지문을 교환함으로써 효력이 발생하였다. 2002년 12월부터 2004년 1월까지 4개 경협합의서를 이행하기 위한 후속합의서를 체결하였는데, '개성·금강산지구 출입·체류합의서', '상사중재위원회 구성·운영합의서', '차량운행합의서', '통관합의서', '검역합의서'는 2004년 9월 23일, '해운합의서', '해운부속합의서', '철도운행합의서', '통신합의서'는 2004년 12월 9일 각각 국회동의절차를 거쳤으며, 2005년 8월 5일 남북한의 문건을 교환함으로써 발효되었다.

남북한은 1990년대 이후 교류협력의 확대와 함께 다수의 합의서를 체결하였으나 이는 통치행위의 결과로 나타나는 남북한 간 정치적 선언 또는 선언적 성격의 정치적 합의에 불과하였으며 법적 구속력을 가지고 남북한관계를 규율하는 규범으로서 기능하지 못하였다. 1992년 남북기본합의서가 체결되면서 그에 대한 법적 성격과 효력에 대하여 이론적인 검토와 논의가 있었으나 남북기본합의서의 내용이 제대로 지켜지지 않음에 따라 앞에서 검토한 바와 같이 헌법재판소와 대법원은 남북기본합의서에 대하여 그 법적 효력을 인정하지 않고 단지 '정치적 공동성명' 내지 '신사협정'에 불과하다고 판단하였다. 그러나 남북한은 북한 핵문제와 연평도 포격 등 정치군사적인 갈등에도 불구하고 개성공단을 비롯하여 경제분야에서 각종 합의서를 체결해왔으며, 향후 남북한관계의 발전에 따라서 이러한 합의서의 체결이 증가할 것으로 예상되고 평화통일을 달성하는 과정에서도 통일합의서 등이 필요할 것이다. 따라서 향후 남북한 사이에 체결되는 각종 합의서 중에서 국민의 권리와 의무에 직접 영향을 미치는 내용이 포함되어 국회의 동의를 받아야 하는 합의서가 증가할 것이며, 남북교류협력의 확대 및 진전에 따라 남북한 간 각종 합의서의 법적 효력에 관한 법적 판단이 필요한 구체적인 사건도 다수 발생할 것으로 예상된다.

남북기본합의서 이외에 남북한이 체결한 합의서로서 가장 대표적인 것으로 2000년 12월 16일의 제4차 남북장관급회담에서 정식 서명되고 2003년 6월 30일에 대한민국 국회에서 체결동의안이 통과되어 같은 해 8월 20일에 발효된 남북 간 투자보장·이중과세방지·청산결제·상사분쟁해결절차 등에 대한 '4개 경협합의서'를 들 수 있다. 이들 4개 경협합의서에 대하여는 일부 이론이 있으나 일반적으로는 위에서 살핀 조약의 성립요건과 합의서들의 내용, 형식, 용어, 서명 등을 종합할 때 조약체결 방식을 통하여 위 합의서들을 체결한 것으로 보고 그 국내법적 효력을 인정하고 있는 것으로 볼 수 있다. 즉, 위 합의서들은 남북한 당국이 법적 구속력을 갖는다는 의사에 따라 체결하였음을 인정할 수 있는 점, 남북한 당국이 조약체결 방식으로 합의서를 체결하고 그 후속조치를 취한 점, 남북한이 각각 국회의 동의와 최고인민회의 상임위원회의 결정 등 최고입법기관의 동의 또는 승인을 받는 등 합의서의 효력발생 규정에 따라 발효에 필요한 절차를 거친 점, 법률적 효력이 있다는 것을 전제로 법률제정 절차에 관한 법률에 따라 공포되고 관보에 게재된 점 등에 비추어 법적 구속력이 있는 조약의 성격을 가진다고 하겠다. 이들 4개 경협합의서는 2003년 8월 23일 '남북합의서 제1호' 내지 '남북합의서 제4호'로 공포됨으로써 국내법적 효력부여 조치를 완성하였다. 4개 경협합의서에 대하여 조약번호를 부여하지 않고 새로운 형식의 '남북합의서 제1호' 등을 부여한 것은 남북기본합의서의 법적 성격과 관련한 논란에서 비롯된 것으로 판단된다. 그러나 「법령 등 공포에 관한 법률」 제11조에서 공포의 대상을 '헌법개정·법률·조약·대통령령·총리령 및 부령'으로 제한하고 있어 위 합의서들의 조약성을 인정한 것으로 평가된다. 그후 4개 경협합의서의 이행을 위하여 체결된 9개의 후속합의서도 이와 동일한 절차를 거쳐 발효되었다.

특히, 개성공업지구의 통신·통관·검역에 관한 3개 합의서는 "이 합의서는 쌍방의 관련 법규와 같은 효력을 가진다"고 규정하고 있는데, 이 규정은 남북한 당국이 당사자의 의사 합치로 그 합의서에 법적 효력을 부여한다는 강한 의지를 표명한 것이라 해석할 수 있다. 하지만 이 규정에 의해서 비로소 위 합의서들이 조약의 성격을 가지게 되는 것은 아니고, 이 규정은 위 합의서들에게 조약성을 부여하는 창설적 규정이 아니며 우리 헌법 제6조 제1항에 따라 조약의 성격을 가지는 합의서에 대하여 법적 효력이 있다는 것을 확인한 것으로 해석된다. 즉, 이 합의서들이 조약의 성격을 가지는지는 합의서의 내용 등의 요건에 의하여 최종적으로 판단되어야 하며, 조약성이 인정되는 4개 경협합의서나 향후 국회의 동의절차가 필요할 것으로 예상되는 일부 합의서에는 이러한 규정이 없다는 점에서 이러한 규정은 합의서에 조약성을 부여한다는 것을 확인하는 선언적이자 주의적인 규정이라고 보아야 할 것이다. 또한, 이 규정의 '쌍방의 관련법규'의 개념도 명확하지 않다는 점에서 동 규정을 통해 그 합의서의 조약성이 비로소 창설된다고 보기는 어려울 것이다.

2005년 12월 29일 제정된 「남북관계발전에 관한 법률」은 제4조 제3호에서 남북합의서를 "남북합의서라 함은 정부와 북한 당국 간에 문서의 형식으로 체결된 모든 합의를 말한다"고 규정하고, 제4장에서 남북합의서의 체결·비준, 국회동의, 공포절차, 효력범위 등에 대하여 자세히 규정하고 있다. 위 법률은 남북합의서에 조약의 성격을 인정하고 법적 효력을 부여하기 위한 입법조치로 평가된다. 또한, 「남북관계발전에 관한 법률」 제21조 제3항은 "국회는 국가나 국민에게 중요한 재정적 부담을 지우는 남북합의서 또는 입법사항에 관한 남북합의서의 체결·비준에 대한 동의권을 갖는다"고 규정하고 있다. 이는 기본적으로 헌법 제60조 제1항과 동일한 취지에서 규정한 것으로 남북한관계에서 발생할 것으로 예상되는 내용만을 제한적으로 열거한 것으로 보인다. 한편, 위 법률 제21조 제4항은 "대통령이 이미 체결·비준한 남북합의서의 이행에 관하여 단순한 기술적·절차적 사항만을 정하는 남북합의서는 남북회담대표 또는 대북특별사절의 서명만으로 발효시킬 수 있다"고 규정하여 행정협정에 해당하는 남북합의서는 국회의 동의가 필요하지 않는다는 점을 명확하게 하였다.

따라서 향후 남북한이 체결하는 남북합의서는 헌법과 「남북관계발전에 관한 법률」에 따라 규율되며, 그 법적 성격과 효력도 그에 따라서 결정될 것이다. 이러한 의미에서 남북한이 체결한 남북합의서는 실체법적으로나 절차법적으로 헌법과 관련 법률규정을 준수하여야 하며, 이와 함께 남북한관계를 실효적으로 규율하는 법규범으로 기능할 수 있도록 남북한에 의하여 제대로 이행되어야 할 것이다. 헌법재판소와 법원도 남북합의서가 이와 같이 실효적으로 기능할 때라야 비로소 구체적 사건에서 법적 효력을 인정할 것이다. 이러한 점을 고려할 때 최근 남북한관계가 경색되고 이로 인하여 남북합의서에 따른 적절한 후속조치가 마련되지 않고 있는 것은 남북합의서에 조약의 성격을 인정하고 법률적 효력을 부여하는 것에 큰 장애가 될 것으로 보인다. 앞에서 검토한 바와 같이 청주지방법원이 '남북 사이의 소득에 대한 이중과세방지 합의서'에 대하여 이를 국가 간의 조약 또는 이에 준하는 것으로 볼 수는 없다고 판단한 것도 이러한 현실을 반영한 것으로 생각한다.

제7장

개성공업지구·금강산관광지구 관련 판례

1. 주요판례

1) 의정부지방법원 고양지원 2008. 3. 28. 2008고합1【성폭력범죄의처벌및피해자보호등에관한법률위반(강간등상해)】

사건 2008고합1 성폭력범죄의처벌및피해자보호등에관한법률위반(강간등상해)

피 고 인 甲 (791222-1000000)

주거 용인시 기흥구 상갈동 10000-1

등록기준지 상주시 외남면

검 사 △△△

변 호 인 법무법인 △△

담당변호사 △△△, △△△

판결 선고 2008. 3. 28.

【주문】

피고인을 징역 2년에 처한다. 이 판결 선고 전의 구금일수 91일을 위 형에 산입한다.

【이유】

1. 범죄사실

피고인은 2007. 12. 2. 02:35경 개성 시에 있는 개성공업지구 1단계 3-1지구 개성공업지구관리위원회 숙소에서 술에 만취하여 사물을 변별할 능력이나 의사를 결정할 능력이 미약한 상태에서, 친구인 丙을 찾으러 다니던 중 피해자 乙(여, 27세)의 숙소인 4동 308호에 불이 켜져 있는 것을 발견하고 초인종을 수회 눌렀다. 당시 위 308호에 있던 피해자가 "누구냐"고 묻자 피고인은 "관리위원회 丙을 찾습니다"라고 대답하여 피해자가 현관문을 열었다. 피고인은 현관문 틈 사이로 피해자를 보고 순간적으로 피해자를 강간할 마음을 먹고 현관문을 세게 잡아당겨 열고 그 안으로 들어가 피해자의 숙소에 침입한 다음 현관문을 잠갔다. 이에 놀란 피해자가 비명을 지르자 피고인은 오른손으로 피해자의 입을 막고 피해자를 침대 옆으로 끌고가 바닥에 넘어뜨린 후 피해자의 허리에 올라탔다. 이에 피해자가 소리를 지르며 피해자의 입을 막고 있던 피고인의 손을 물고 반항하자 피고인은 계속하여 오른손으로 피해자의 입을 막고 왼손으로 피해자의 뒷머리를 누르는 등 반항하지 못하게 한 후 피해자를 강간하려고 하였으나 피해자의 비명 소리를 들은 피해자의 직장동료 丁과 戊가 피해자의 숙소에 찾아오는 바람에 그 뜻을 이루지 못하고 미수에 그치고, 피해자에게 약 3주간의 치료를 요하는 안면부찰과상 및 다발성좌상 등을 가하였다.

2. 증거의 요지

1. 피고인의 법정진술

1. 乙, 丙에 대한 경찰진술조서

1. 상해진단서

3. 법령의 적용

1. 범죄사실에 대한 해당법조 및 형의 선택

「성폭력범죄의 처벌 및 피해자보호 등에 관한 법률」 제9조 제1항,

제12조, 제5조 제1항, 형법 제319조 제1항, 제297조, 유기징역의 선택

1. 심신미약감경

형법 제10조 제2항, 제55조 제1항 제3호

1. 작량감경

형법 제53조, 제55조 제1항 제3호(동종범행으로 처벌받은 전력이 없고, 피해자가 피고인의 처벌을 원하지 않고 있는 점 등 참작)

1. 미결구금일수의 산입

형법 제57조

이상의 이유로 주문과 같이 판결한다.

재판장 판사 ○○○, 판사 ○○○, 판사 ○○○

2) 서울동부지방법원 2006. 6. 28. 2006고단891 【교통사고처리특례법위반】

사　　건 2006고단891 교통사고처리특례법위반

피 고 인 甲 (731119-1000000), 회사원

주거 서울 관악구 대학동 1000-3000(8/6) 지층1호

본적 포항시

검　　사 △△△

판결 선고 2006. 6. 28.

【주문】 피고인을 금고 1년에 처한다. 다만 이 판결 확정일로부터 2년간 위 형의 집행을 유예한다.

【이유】

1. 범죄사실

피고인은 공소외 ㈜○○○아이앤씨에서 시공하는 북한 금강산관광지구에 있는 고성빌리지 신축공사 현장에서 근무하는 자로서 공소외 ○○건설(주) 소유의 금강산 111-2222호 갤로퍼 승용차 운전업무에 종사

하는 자인바,

2005. 11. 27. 20:30경 위 승용차를 운전하고 위 금강산관광지구인 북강원 고성군 온정읍 장전리 소재 연유공급소 앞길을 고성항횟집 방면에서 온정 각 방면을 향하여 시속 약 50킬로미터로 진행함에 있어, 그곳은 편도 1차로의 좌로 굽은 오르막을 지난 내리막이 시작되는 도로이고 당시는 야간이고 가로등이 점등되어 있지 않아 어두운 곳이므로 이러한 경우 자동차 운전업무에 종사하는 자로서는 속력을 줄이고 전방좌우를 잘 살펴 진로의 안전을 확인하고 운전하여야 할 업무상 주의의무가 있음에도 이를 게을리 한 채 같은 속도로 그대로 운전한 과실로 마침 전방 우측 도로상에서 근무교대 중인 피해자 북한군인 성명불상(남, 22세)을 발견하지 못하고 위 승용차 우측 앞범퍼 부위로 피해자를 들이받아 도로 밖 땅에 넘어지게 하여 그 충격으로 피해자로 하여금 두개기저골절로 사망에 이르게 하였다.

2. 증거의 요지

1. 피고인의 법정진술

1. 丁에 대한 경찰진술조서

1. 교통사고발생보고

3. 법령의 적용

1. 범죄사실에 대한 해당법조

교통사고처리특례법 제3조 제1항, 형법 제268조(금고형 선택)

1. 집행유예

형법 제62조 제1항(초범 합의된 점 참작)

판사 ○○○

2. 관련판례

(1) 대법원 2010. 9. 9. 2010두10372【요양불승인처분취소】

평소에 정상적인 근무가 가능하였던 원고가 개성공단에서 근무를 시작한 이후, 이 사건 질병 발생일까지 지속되었던 개성공단 내 북한 근로자들과의 근무라는 특수한 작업환경, 금강산 관광객 피격사건으로 촉발된 남북관계 경색에 따른 갑작스러운 철수조치 등으로 인하여 심하게 스트레스를 받았거나 과로했다고 볼 여지가 충분하고, 스트레스 및 과로가 뇌내출혈을 유발할 수 있는 한 요인이 될 수 있다는 등의 점을 들어 원고의 상해는 업무와 상당인과관계가 있어 업무상 재해에 해당한다.

(2) 부산지방법원 2004. 11. 2. 2004고단5406【폭력행위등처벌에관한법률위반(야간집단·흉기등상해)】

【주문】

피고인을 징역 1년 3월에 처한다. 이 판결 선고 전의 구금일수 3일을 위 형에 산입한다. 다만, 이 판결 확정일로부터 2년간 위 형의 집행을 유예한다.

【이유】

범죄사실

피고인은 2004. 7. 26. 21:30경 개성시 봉동면 평화리 소재 주식회사 현대아산의 개성공단 조성공사현장 내 컨테이너 숙소에서 피해자 박○○(21세)가 기분 나쁘게 쳐다본다는 이유로 소지하고 있던 위험한 물건인 식칼(칼날 길이 약 19.3cm)로 피해자의 허벅지를 수회 찔러 약 3주간의 치료를 요하는 좌대퇴부 열상 등을 가하였다.

(3) 의정부지방법원 2006. 9. 20. 2006고단1452【남북교류협력에관한법률위반】

【주문】

피고인을 징역 8월에 처한다. 다만, 이 판결 확정일로부터 2년간 위 형의 집행을 유예한다.

【이유】

범죄사실

피고인은 북한 개성공단 내 입주업체인 ○○○의 협력업체인 ○○정공 이사로 근무하는 자인바, 북한과 교역당사자로서 물품의 반출, 반입을 하고자 할 때에는 당해 물품 또는 거래형태, 대금결제 방법에 관하여 통일부장관의 승인을 얻어야 함에도 불구하고, 2006. 2.경 위 회사에 고용되어 근무하고 있던 북한 국적의 근로자 우○○로부터 북한문화재의 구입을 제의받고 이를 구입하여 국내로 반입하여 판매하기로 마음먹고,

1. 2006. 2. 11. 14:20경 그 무렵 위 우○○로부터 구입한 연석판 1점을 피고인이 운전하는 01더3951호 쏘렌토 승합차 운전석 밑에 은닉한 채 파주시 군내면 노산리 소재 남북출입사무소 도로 입경 검색대를 통과하여 북한문화재를 국내로 반입하고,

2. 2006. 3. 11. 14:20경 그 무렵 위 우○○로부터 구입한 청자운문상감대접 2점을 위와 같은 방법으로 국내에 반입하고,

3. 2006. 5. 13. 14:20경 그 무렵 우○○로부터 건네받은 금괴 1점을 위와 같은 방법으로 국내로 반입하였다.

(4) 서울남부지방법원 2006. 11. 14. 2006고정2348【폭력행위등처벌에관한법률위반(야간·공동상해)】

【주문】

피고인을 벌금 1,200,000원에 처한다. 피고인이 위 벌금을 납입하지

아니하는 경우 금 50,000원을 1일로 환산한 기간 피고인을 노역장에 유치한다. 위 벌금에 상당한 금액의 가납을 명한다.

【이유】

범죄사실

피고인은 2006. 5. 9. 서울남부지방법원에서 특수절도죄로 징역 1년에 집행유예 2년을 선고받아 2006. 5. 17. 그대로 확정된 자로 일용직 노동자인바,

2005. 7. 15. 22:30경 개성시 소재 개성공단 내 통합숙소에서, 공소외 이○○ 등과 포커를 치던 중 피해자 한○○가 그만 하라고 하였다는 이유로, 주먹으로 동인의 얼굴을 수회 때리고, 피해자 조○○가 이를 말린다는 이유로 동인의 오른팔 상박 부위를 깨물고 등 부분을 할퀴어 위 한○○에게 약 4주간의 치료를 요하는 상악 우측 견치 치아이단 등의, 위 조○○에게 치료일수 미상의 우측 상박 부위 교상 등을 가하였다.

(5) 춘천지방법원 속초지원 2006. 2. 10. 2006고단12 【폭력행위등처벌에 관한법률위반 등】

【주문】

피고인을 징역 6월에 처한다. 이 판결 선고 전의 구금일수 36일을 위 형에 산입한다. 다만, 이 판결확정일로부터 2년간 위 형의 집행을 유예한다.

【이유】

1. 범죄사실

피고인은 중국 국적의 조선족으로서 금강산관광지구 내 금강패밀리비치호텔의 시설관리 분야를 담당하고 있는 ○○푸드뱅크 주식회사의 직원인바,

2006. 1. 4. 23:30경 강원 북고성군 온정읍 장전리에 있는 위 회사의 직원숙소에서 동료들과 함께 회식을 하면서 평소 작업반장인 丁으로부

터 무시당한 것에 불만을 품고 있던 중, 丁이 피고인을 향하여 비웃는 것을 보고 순간적으로 격분하여 손바닥으로 丁의 얼굴을 1회 때린 후 다시 겁을 주기 위하여 당직실에 찾아가 피해자 乙(여, 34세)에게 칼을 달라고 하였으나 칼이 없다고 하자 갑자기 이마로 乙의 얼굴을 1회 들이받고, 계속하여 위 호텔 기계실로 들어가 기계실 책상서랍에 있던 과도(칼날 길이 약 12cm)를 꺼내들고 직원숙소로 돌아와 丁을 찾으면서 소란을 피우던 중 피고인의 뒤에서 팔을 잡고 만류하던 피해자 丙(23세)의 얼굴을 향하여 위 과도를 1회 휘둘러 乙에게 치료기일 불상의 코 부위 좌상을 가하고, 丙에게 약 2주간의 치료를 요하는 좌측 귀 부위 열상을 가하였다.

(6) 의정부지방법원 고양지원 2007. 8. 17. 2007고단905【교통사고처리특례법위반】

【주문】

피고인을 금고 8월에 처한다. 다만, 이 판결 확정일로부터 1년간 위 형의 집행을 유예한다. 피고인에게 80시간의 사회봉사와 준법운전강의 40시간의 수강을 명한다.

【이유】

범죄사실

피고인은 서울 85무2354호 봉고 화물차의 운전업무에 종사하는 자인바,

2007. 5. 9. 15:20경 위 차를 운전하여 개성시 봉동 소재 교차로 상을 관리위원회 쪽에서 개성 쪽으로 진행함에 있어, 전방주시를 태만히 한 업무상 과실로, 위 차의 앞부분으로 전방 좌측에서 우측으로 진행하는 김○○ 운전의 92노3740호 포터 화물차의 뒷부분으로 충돌하여, 그 충격으로 인하여 포터 화물차의 화물적재함에 타고 있는 피해자 허○○을 바닥으로 떨어지게 하여 위 허○○으로 하여금 그 자리에서 두개골 골절상 등으로 사망에 이르게 한 것이다.

(7) 서울중앙지방법원 2007. 11. 7. 2007고단5583 【남북교류협력에관한법률위반】

【주문】

피고인을 징역 8월에 처한다. 다만, 이 판결 확정일로부터 2년간 위 형의 집행을 유예한다.

【이유】

범죄사실

피고인은 2005. 9.경부터 2007. 6. 초순경까지 개성공단 입주업체 근로자들에게 식사를 제공하는 주식회사 ○○푸드시스템 개성점 조리실장으로 근무하였던 사람인바,

교역당사자가 물품의 반출·반입을 하고자 할 때에는 대통령령이 정하는 바에 의하여 당해 물품 또는 거래형태·대금결제방법에 관하여 통일부장관의 승인을 얻어야 함에도 불구하고, 승인을 받지 아니하고,

2006. 4.경부터 2006. 7.말경까지 위 식당에서 위 식당 종업원인 북측 근로자 박○○로부터 '고려시대 것으로 추정되는 도자기가 몇 점 있는데 남한에 가져가서 가격을 알아보고 판매하여 달라'는 부탁을 받고, 청색사발 1점, 황색 국사발 1점, 황색 밥사발 1점, 찻잔 1점, 찻잔 받침대 1점, 흰색 사기 주전자 1점 등 북한 도자기 6점을 건네받아 가지고 있던 중,

1. 2006. 9. 29.경 위 식당에 식자재를 납품하는 업체인 새한유통 냉동냉장 탑차 운전기사인 권○○에게 종이박스에 북한의 청색사발 1점을 포장한 것을 건네주며, '북한술이니까 적재함에 실어 입경대를 통과한 후 경의선 남북출입사무소 주차장에 있는 현대푸드시스템 개성점 점장인 박△△의 아반떼 승용차에 실어 놓으라'고 부탁을 하여 그 정을 모르는 위 권○○로 하여금 위 냉동냉장 탑차에 위 청색사발 1점을 실어 같은 날 16:30경 파주시 군내면 도라산리 소재 경의선 남북출입사무소 도로 입경대를 통과하게 하는 방법으로 남한으로 반입하게 하고,

2. 2006. 10. 17. 16:30경 그 정을 모르는 위 권○○로 하여금 같은 방

법으로 황색 국사발 1점, 밥사발 1점 등 북한 도자기 2점을 남한으로 반입하게 하고,

3. 2006. 10. 31. 16:30경 그 정을 모르는 위 권○○로 하여금 같은 방법으로 찻잔 1점, 찻잔 받침대 1점 등 북한 도자기 2점을 남한으로 반입하게 하고,

4. 2006. 11. 21. 16:30경 그 정을 모르는 위 권○○로 하여금 같은 방법으로 북한 흰색 사기 주전자 1점을 남한으로 반입하게 하였다.

(8) 수원지방법원 2008. 12. 3. 2008고단4710 【산업안전보건법위반 등】

【주문】

피고인들을 벌금 3,000,000(삼백만)원에 처한다. 피고인이 위 벌금을 납입하지 아니하는 경우 금50,000(오만)원을 1일로 환산한 기간 위 피고인들을 노역장에 유치한다. 피고인들에 대하여 위 각 벌금 상당액의 가납을 명한다.

【이유】

범죄사실

피고인 김○수는 개성시 개성공업지구 내 홍익산업개성공장신축공사 현장에서 철골조립공사를 ○○건설 주식회사로부터 하도급 받아 공사하는 ○○산업 대표자로서 소속 근로자에 대한 안전보건관리책임자이고, 피고인 이○찬은 ○○건설주식회사가 시공하는 홍익산업개성공장신축공사 현장소장으로 소속 근로자들 및 하도급업체 근로자들에 대한 안전보건총괄관리책임자인바,

사업주는 높이 2미터 이상인 장소에서 작업을 함에 있어 추락에 의하여 근로자에게 위험을 미칠 우려가 있는 때에는 비계를 조립하는 등의 방법에 의하여 작업발판을 설치하여야 하고, 작업발판의 설치가 곤란한 때에는 안전방망을 치는 등 필요한 조치를 하여야 하며, 근로자에게 안전대를 착용시킨 때에는 안전대를 안전하게 걸 수 있는 설비 등을 설치

하여야 하고, 동일한 장소에서 행하여지는 건설공사의 일부를 도급에 의하여 행하는 사업의 사업주는 그의 수급인이 사용하는 근로자의 재해예방을 동일한 조치를 취해야 함에도 불구하고, 피고인들은 2008. 1. 27. 15:20경 위 홍익산업개성공장신축공사 현장에서 철골조립공사 하도급업체인 세일산업 소속 근로자인 피해자 장윤석이 높이 약 12미터의 철골지붕 위에서 파이프를 부착하기 위한 작업을 함에 있어 추락을 방지하기 위한 작업발판을 설치하지 아니하고 안전대 부착설비를 설치하지 아니하여 위 공사현장에서 안전사고를 방지하기 위한 조치를 다하지 아니한 업무상 과실로 위 장○석이 작업 도중 12미터 아래 바닥으로 추락하여 같은 날 16:48경 고양시 알산서구 대화동 소재 일산백병원에서 외상성 뇌손상 의증으로 사망에 이르게 하였다.

(9) 의정부지방법원 고양지원 2009. 8. 10. 2009고약11327 【상해】

【주문】

피고인을 벌금 3,000,000(삼백만)원에 처한다. 피고인이 위 벌금을 납입하지 아니하는 경우 금50,000(오만)원을 1일로 환산한 기간 피고인을 노역장에 유치한다.

【이유】

범죄사실

피고인은 2009. 4. 21. 20:20경 황북 개성시 봉동리에 있는 개성공단 내 남광토건 숙소에서 함께 TV를 시청하던 중 피해자 乙과 의견이 충돌하여 서로 다투다가 화가 나서 TV 근처에 있는 커터칼을 집어 들고 피해자의 옆구리 부위를 1회 그어 피해자에게 치료일수 불상의 좌하복부 열상 등 상해를 가하였다.

(10) 서울중앙지법 2009. 6. 30. 2008가합94733 【손해배상】

【사실관계】

피고 1. 에머슨퍼시픽 주식회사 2. 현대아산 주식회사

피고 에머슨퍼시픽 주식회사(이하 '피고 에머슨퍼시픽'이라 한다)는 2004. 12. 23.경 피고 현대아산으로부터 금강산관광지구의 고성봉 일대에 골프장을 비롯한 부대시설을 건설·운용하는 데 필요한 '토지이용권' 및 '개발사업권'을 양도받고, (……) 강원도 북 고성군 온정리 약 50만 평에서 회사직원 20여 명, 일용직 인부 약 30여 명을 투입하여 독자적으로 근로자를 관리하면서 골프장·리조트 건설공사(이하 '이 사건 공사'라 한다)를 시행하고 있다. (……) 망 고○○(이하 '망인'이라 한다)은 피고 에머슨퍼시픽의 일용근로자로 채용되어, 2007. 7. 29.부터 2007. 9. 19.까지 일할 예정으로 북측으로 출경(出境)하여 피고 에머슨퍼시픽의 이 사건 공사 현장에서 근로를 제공하고 있었는데, 2007. 9. 17. 18:00경 피고 에머슨퍼시픽이 제공한 숙소에 있던 중 쓰러져 이 사건 병원으로 후송되었으나, 2007. 9. 18 04:30경 이 사건 병원에서 사망하였다. 원고 A는 망인의 처이고, 원고 B, C은 망인의 자녀들이다.

【판시사항】

피고 에머슨퍼시픽은 그 소속의 근로자들이 근무하는 장소가 북측 금강산 지구라는 특수한 장소적 제한이 있고, 남북의 출입이 용이치 아니하므로, 피고 에머슨퍼시픽으로서는 골프장 투입 시로부터 작업을 마치고 우리나라로 데려올 때까지 관리가능한 범위 내에 있는 그 소속 근로자들의 건강장해를 예방하고, 근로자의 생명보전과 안전 및 보건을 유지, 증진하도록 하여야 할 의무가 있다 할 것이다(산업안전보건법 제5조 제1항). 그러므로 이 사건에 관하여 보건대, (……) 피고 에머슨퍼시픽으로서는 그 소속의 일용근로자인 망인이 피고 에머슨퍼시픽이 제공한 숙소에서 쉬고 있다가 술을 너무 많이 마셔 건강이상이 발생한 사실을 알았다면 그 즉시 병원에 후송하는 등으로 치료를 받게 해줄 보호의무

가 있다 할 것임에도, 이를 게을리하여 망인을 숙소에 그대로 방치하다가 너무 늦게 병원으로 후송한 탓으로 말미암아 망인이 사망하였다 할 것이므로, 피고 에머슨퍼시픽은 망인 및 그 유족들인 원고들이 이로 인하여 입은 손해를 배상할 의무가 있다. (……) 망인이 이 사건 병원에 내원한 직후 산소를 공급하여 치료하고, 우리나라 병원으로 즉시 전원하지 못한 것과 관련하여 피고 현대아산 소속의 의료진이나 안전담당자에게 과실이 있다고 보기 어렵고, 달리 이를 인정할 증거가 없으므로, 원고들의 위 주장은 이유 없다. (……) 그렇다면, 원고들의 피고 에머슨퍼시픽에 대한 청구는 위 인정범위 내에서 이유 있어 이를 인용하고, 원고들의 피고 현대아산에 대한 청구와 피고 에머슨퍼시픽에 대한 나머지 청구는 이유 없어 이를 각 기각하기로 하여, 주문과 같이 판결한다.

3. 평가

1) 현황과 법적용

2011년 6월 말 현재 개성공업지구에서는 총 123개의 입주기업이 가동되고 있으며, 총 12억 2천 달러를 생산하였으며, 남한주민 500여 명과 북한주민 47,000여 명이 함께 근무하고 있다.[1] 한편, 금강산관광지구는 1998년 관광사업을 시작한 이후 193만 명 이상의 남한주민이 관광을 다녀왔으나, 2008년 7월 이후 현재까지 중단된 상태이다. 개성공업지구와 금강산관광지구는 북한이 실효적으로 지배하는 지역이며, 남한의 주권적 효력이 실질적으로 미치지 않는 지역이다. 그러나 주로 남한주민이 체류하면서 부분적으로 북한주민과 함께 생활하고 있어 이곳에

1 자세한 내용은 개성공업지구지원재단 홈페이지(www.kidmac.com) 참조.

서 발생하는 각종 사건과 법적 분쟁에 대하여 어떠한 법률체계를 적용할 것인지가 중요한 쟁점이 된다. 이 문제는 북한과 북한주민의 법적 지위와 직접적으로 관련된 것으로서 북한의 법률이 남한의 헌법체계에서 어떠한 규범적 의미와 효력을 갖는지가 선결적으로 해결되어야 하며, 이는 남북한특수관계론에 따라서 검토되어야 한다.

즉, 북한이 반국가단체 또는 불법단체로 활동하는 영역에서는 북한법률은 아무런 효력이 없으나, 북한이 평화통일을 위한 화해와 협력의 동반자로서 활동하는 규범영역의 범위에서는 국제법원칙에 따라서 북한법률은 그 범위에서는 법적 효력을 가진다고 하겠다. 그러나 북한이 제정한 법률은 곧바로 국내법체계에 포섭되어 그대로 국내법적으로 일정한 법률적 효력을 가지는 것을 의미하는 것은 아니며, 교류협력의 규범영역에 한하여 국제법원칙에 따라서 외국의 법률과 동일한 법규범적 의미와 효력을 갖는다고 하겠다. 따라서 이러한 범위에서는 북한법률이 북한지역 또는 북한주민에 대하여 규범력을 가지고 직접적으로 적용되며, 북한지역인 개성공업지구와 금강산관광지구에도 북한이 제정한 개성공업지구법과 금강산관광지구법이 적용된다고 하겠다. 이와 같이 개성공업지구 또는 금강산관광지구와 같은 북한지역에서 활동하는 남한주민에 대한 법률적용에서는 북한의 국가관할권이 남한주민에 대하여도 그 효력이 미친다고 하여야 할 것이고, 그 결과 동일한 사안에서 남한법률과 북한법률이 경합적으로 적용될 수 있으므로 이의 조정이 필요하다.[2]

북한이 2002년 11월 20일 제정한 개성공업지구법은 북한 헌법 제37조를 근거로 하여 개성공업지구에서 북한의 주권과 북한법률을 적용하는 것을 전제로 개성공단사업에 대하여 북한주민은 물론 남한주민에게

---

2 개성공단에 적용되는 법률관계에 대한 자세한 내용은 이효원, 「개성공단의 법률체계와 남한 행정형벌 적용여부」, 2008, 『법조』 통권 제627호 참조.

도 북한법률을 적용한다는 것을 선언하고 있다. 다만, 제9조에서는 "공업지구에서 경제활동은 이 법과 그 시행을 위한 규정에 따라 한다. 법규로 정하지 않은 사항은 중앙공업지구지도기관과 공업지구관리기관이 협의하여 처리한다"고 규정하여 경제활동에 관한 영역에 대하여는 일반적인 북한법률의 적용을 배제하고 있다. 북한이 2002년 11월 13일 제정한 금강산관광지구법도 개성공업지구법과 마찬가지로 금강산관광지구에서 남한주민에게도 북한의 주권과 북한법률이 적용된다는 것을 원칙으로 하면서도 제4조에서 "관광지구에서 관광과 관광업 그 밖의 경제활동은 이 법과 그 실행을 위한 규정에 따라 한다. 법규로 정하지 않은 사항은 중앙관광지구지도기관과 관광지구관리기관이 협의하여 처리한다"고 규정하여 관광과 경제활동에 관한 영역에서는 일반적인 북한법률의 적용을 배제하고 있다.[3]

개성공업지구와 금강산관광지구의 법률적용과 관련하여 주목할 것은 형사사건에서 남한주민이 북한의 법률을 위반한 경우에는 원칙적으로 북한의 형사사법권을 배제하고 남한의 형사사법권을 적용하도록 하고 있는 것이다. 남북한은 2004년 1월 29일 「개성·금강산 출입·체류합의서」를 체결하였는데, 위 합의서 제2조는 "인원은 지구에 적용되는 법질서를 존중하고 준수한다"고 규정하고, 형사법의 적용에 대하여 제10조는 제1항에서 "북측은 인원의 신체, 주거, 개인재산의 불가침권을 보장한다", 제2항에서 "북측은 인원이 지구에서 적용되는 법질서를 위반하였을 경우 이를 중지시킨 후 조사하고 대상자의 위반 내용을 남측에 통보하며 위반 정도에 따라 경고 또는 범칙금을 부과하거나 남측 지역으로 추방한다. 다만 남과 북이 합의하는 엄중한 위반 행위에 대하여는

3 북한은 금강산관광사업이 중단되자 2011년 4월 8일 현대아산의 독점권을 취소한다고 발표하였고, 2011년 4월 29일 금강산관광지구를 국제관광특구로 지정하였으며, 2011년 5월 31일에는 금강산국제관광특구법을 채택함으로써 금강산관광사업의 추진에 변화를 시도하고 있다.

쌍방이 별도로 합의하여 처리한다", 제3항에서 "북측은 인원이 조사를 받는 동안 그의 기본적인 권리를 보장한다"고 각각 규정하고 있다.

이와 같이 남한주민의 형사범죄와 신변안전보장에 대하여는 원칙적으로 강제추방을 규정함으로써 이른바 속지주의의 예외로서 속인주의를 채택하여 남한이 재판관할권 등 원칙적인 형사사법권에 대한 집행관할권을 가지도록 하고 있으면서도 북한에는 형사범죄에 대한 조사권을 인정함으로써 형사사법권의 집행관할권의 일부를 인정하고 있다. 따라서 이 부분에 대한 구체적인 집행관할권의 범위와 한계 등에 대해서는 형사사법권 행사에 관한 구체적인 절차와 함께 위 남북합의서의 후속합의서를 체결함으로써 해결방안을 마련하여야 할 것이다. 한편, 법무부는 개성공단사업과 금강산관광사업을 추진하는 과정에서 남한주민의 형사사건이 발생하고 있는 현실적인 상황을 고려하여 2005년 3월 14일 '개성공업지구 및 금강산관광지구에서 발생한 형사사건 처리지침'(법무부훈령 제512호)을 제정하여 시행하고 있다.

2) 판례 분석

개성공업지구와 금강산관광지구에서 남북한 당국이나 남북한주민 사이에 발생한 사건에 대한 대법원이나 헌법재판소의 판례는 아직 없다. 하급심에서 판결한 사례도 앞에서 검토한 바와 같이 형사사건으로서 남한주민 사이에 발생한 사안이 대부분이다. 그러나 개성공단과 금강산관광지구에서 발생한 사안으로서 민사사건으로 남한주민 사이에 발생한 투자금, 임대료, 공사대금, 보험금 등과 관련된 것이 있는데 이러한 것들은 남북한관계에 대하여 직접 판단하지는 않았으나 판결의 이유에서 남북한관계의 특수성이 반영되거나 북한법의 적용 등에 대하여 간접적으로 판단한 것이 있다. 즉, 서울중앙지방법원은 개성공단에서 발생한 공장신축공사 도급계약과 관련하여 하도급 공사대금에 대한 채권

양수금 지급소송에서 당사자들이 모두 국내법인 상법에 의하여 설립되었으며, 계약체결 당시에 국내법의 적용을 배제하고 북한의 개성공업지구 관리위원회가 제정한 건축준칙을 적용하기로 명시적으로 약정하지 않았다는 것을 근거로 국내법의 적용이 배제되고 관리위원회가 제정한 건축준칙이 적용된다는 피고의 주장을 배척하였다.[4]

인천지방법원 부천지원은 개성공단에서 공동생산운영계약을 체결한 남한주민들 사이에 기계시설 철거를 둘러싸고 발생한 점유·사용방해금지가처분 신청사건에서 "보전처분은 통상의 강제집행절차에 따라 집행이 가능할 것을 전제로 하는데, 이 사건 가처분 목적물이 북한에 소재하고 있는 점, 개성공업지구법 제1조가 개성공업지구는 원칙적으로 북한법이 적용되고 있음을 천명하고 있는 점, 우리나라와 북한 간에 사법공조가 체결되어 있지 않은 현 상황에서 이 사건 가처분을 발령하더라도 그 집행을 담보할 방법이 없고, 이 사건 신청과 같은 단행적 가처분의 경우 피보전권리는 물론 보전의 필요성에 대한 고도의 소명이 요구되어 채무자의 항변이 인정되지 않는 무조건의 철거청구권의 존재가 명백하여 채무자의 정당한 권리가 침해될 가능성을 상정하기 어려운 사정 등이 존재하여야 하는데, 채무자가 채권자의 철거청구에 대하여 다투고 있다는 등의 이유로 보전의 필요성이 인정되지 않는다"고 판단하여 이 사건 채권자의 가처분 신청을 기각하였다.[5] 또한, 금강산지구에서 발생한 교통사고와 관련하여 교통사고를 일으킨 직원이 소속된 회사가 보험회사를 상대로 종합보험계약에 따른 보험금 지급을 청구한 사건에서 광주지방법원 목포지원은 재판관할권과 준거법에 대하여는 아무런 언급을 하지 않고, 피해자인 북한주민에 대하여 그 기대여명과 가동연한을 남한주민과 동일하게 인정하고, 군인인 피해자들의 소득은

---

4 서울중앙지방법원 2010. 12. 16. 2010가합39890.
5 인천지방법원 부천지원 2008. 6. 11. 2008카합369.

개성공단 근로자들의 임금을 기준으로 하여 보험금액을 산정하였다.[6]

개성공업지구와 금강산관광지구에서 근무하던 남한근로자가 북한지역인 위 지구의 작업환경이나 남북한관계의 특수성으로 인하여 상해를 입은 경우에 이를 업무상 재해로 주장하면서 근로복지공단에 요양승인 신청을 하였으나 불승인처분을 받자 취소소송을 제기한 사안이 있다. 대법원은 이에 대하여 개성공업지구의 작업환경이나 남북관계의 경색 등이 남한근로자의 상해와 상당한 인과관계가 있다고 인정하여 업무상 재해로 판단하였으며,[7] 고등법원도 금강산관광지구에서 발생한 남한근로자의 상해에 대해서도 북한의 지리적 환경요인이나 남북관계가 업무상 재해의 원인이 된다고 판단하였다.[8]

한편, 형사사건의 경우에는 남한주민의 범죄에 대하여는 피해자가 북한주민인 경우에도 '개성·금강산 출입·체류합의서'에 따라서 남한이 형사사법권을 행사하고 있다. 개성공업지구와 금강산관광지구에서 발생한 형사사건에 대하여 법원은 재판관할권에 대하여는 명시적으로 언급하지 않은 채 남한의 법원이 형사재판권을 갖는 것을 전제로 판결하고 있다. 특히, 남한의 법원은 형법의 적용뿐만 아니라 교통사고처리특례법이나 산업안전보건법 등 행정법규의 위반행위에 대하여도 남한의 법원이 재판관할권을 가지고 그 준거법도 남한의 행정법규의 처벌규정을 적용하고 있다.[9] 개성공업지구와 금강산관광지구라는 제한된 지역이지만 남한주민이 장기간 또는 정기적으로 왕래하는 북한지역에서 남한주민의 신변안전보장을 위한 기본원칙을 남북한이 법률적 효력을 갖는 합의서를 통하여 마련하였다는 점에서 매우 중요한 의미가 있다. 그러

6 광주지방법원 목포지원 2007. 10. 23. 2006가합1539.

7 대법원 2010. 9. 9. 2010두10372.

8 서울고등법원 2010. 3. 24. 2009누13322.

9 의정부지방법원 고양지원 2007. 8. 17. 2007고단905, 수원지방법원 2008. 12. 3. 2008고단4710, 의정부지방법원 고양지원 2008. 10. 30. 2008고정364, 서울동부지방법원 2006. 6. 28. 2006고단891 등.

나 이러한 기본적인 원칙규정만으로는 법제도적 안전장치로는 부족하므로 이들에 대한 후속합의서와 후속조치를 통하여 위 합의내용을 구체화해야 한다. 2008년 금강산관광지구에서 남한주민인 관광객이 피격되었을 때나 2009년 개성공단에 남한주민이 억류되었을 당시에 북한이 위 합의서의 내용을 준수하였지만, 그에 대한 구체적인 후속합의서가 마련되지 않아 실질적으로 유용한 법제도적인 장치로 기능하지 못하였다는 점을 고려할 때 그에 관한 후속조치가 시급하다.

제8장

결론

우리 한(韓)민족은 제2차 세계대전의 종결과 함께 일본의 식민지배에서 해방되었다. 그러나 국내의 지도자들은 분열되어 단일국가를 건설할 수 있는 정치적 구심체를 형성하지 못하였고, 미국과 소련을 중심으로 한 이념적 냉전체제의 국제정세에서 국가건설에 대한 전체 국민의 의사를 통일적으로 수렴하지 못하였다. 1948년 한반도에 대한민국과 조선민주주의인민공화국이 수립되었고, 1950년 6.25전쟁을 치르면서 한반도의 분단 상태는 고착화했다. 그 이후 남북한은 자신이 한반도에서 유일한 정통성과 합법성을 가진다고 주장하여 상대방을 불법단체로 파악하여 규범적으로 인정하지 않았다. 따라서 우리 사법부는 남한의 헌법적 가치를 기준으로 북한을 형법과 국가보안법의 적용대상으로만 인식하여 형사처벌하였으며, 남북한 사이에 발생하는 법률적 문제를 정치적 결단과 타협을 통하여 해결해왔다. 그러나 1970년대 동서냉전체제가 극복되고 1990년대 사회주의 소련의 붕괴로 이어지는 국제정세는 남북한 사이에도 영향을 미쳐 남북기본합의서가 체결되고 헌법규범적으로 분단 상황과 통일지향성을 인정함으로써 상대방을 현실적 실체로서 수용하게 되었다. 이러한 남북한관계의 변화는 헌법을 비롯한 법률체계에도 반영되었다. 즉, 1987년에 개정된 현행헌법은 제3조의 영토조항을 그대로 유지하면서 제4조의 평화통일조항을 신설하였으며, 남한은 1990년 「남북교류협력에 관한 법률」을 제정한 것을 비롯하여 다양한 분야에서 남북교류협력을 위한 법령들을 제정하였다. 특히, 경제협력분야를 중심으로 다양한 남북합의서를 체결하여 국내법적 규범력을 부여하기 위하여 노력하고 있으며, 개성공단사업을 성공적으로 추진하기 위한 다양한 법제도적 장치를 마련하고 있다.

우리 사법부는 오랫동안 북한을 불법단체 또는 반국가단체로 인정하여 국가보안법의 적용대상으로 판단하였다. 그러나 남북한관계의 변화와 함께 남북한 사이에 교류협력이 확대되고 그와 관련된 법적 분쟁이 발생하게 되자 헌법규범과 현실을 조화롭게 해석하기 위하여 북한에 대하여 이중적 지위를 인정하기에 이르렀다. 즉, 북한을 반국가단체로만 인정할 경우에는 남북한 교류협력의 확대와 이를 통해 평화통일을 실현하는 헌법원리와 현실을 규범적으로 설명할 수가 없게 된다. 이에 따라 사법부는 남북교류협력의 과정에서 발생하는 구체적 사건을 헌법적 가치에 따라서 합리적으로 해결할 수 있는 법률적용의 기준을 모색하게 되었다. 특히, 현행헌법의 규정에 따라서 헌법재판소가 신설되어 개별적 법률 차원이 아니라 헌법적 차원에서 남북한관계를 적실성 있게 규율하는 법률해석의 기준을 제시할 수 있는 제도적 장치가 마련되었다. 분단 이후 현재까지 남북한관계에 대한 사법적 판단을 분석한 결과, 다음과 같은 특징이 있는 것으로 평가할 수 있다.

첫째, 우리 헌법재판소와 대법원은 헌법규범과 모순된 헌법현실에서 발생하는 다양한 법적 분쟁을 해결하는 과정에서 남북한관계를 정확하게 이해하고, 평화통일을 지향하는 헌법적 가치를 실현할 수 있는 규범적 기준을 제시하였다. 헌법재판소와 대법원은 헌법 제3조와 제4조의 규범조화적 해석을 통하여 북한의 이중적 지위를 인정하고, 북한주민을 대한민국 국민으로 인정함으로써 남북한관계의 기본적인 인식틀을 제공하고 있다. 이에 대하여 대법원은 남북한관계의 발전과 변화를 법적 판단에 충실하게 반영하지 못하고 여전히 냉전적 사고방식에 머물고 있으며, 헌법재판소도 북한의 법적 지위와 관련하여 한층 더 확실한 헌법적 지침을 제시해야 함에도 헌법재판기관으로서 부담하여야 할 책임을 회피하고 있다는 비판도 있다. 그러나 대법원과 헌법재판소는 기본적으로 남북한특수관계론이라는 헌법적 규범에 따라서 국가의 안전보장과 남북교류협력을 조화롭게 달성하려고 노력하고 있다고 평가할 수 있다.

둘째, 대법원과 헌법재판소는 국가보안법과 관련된 사건에서 북한과 북한주민의 법적 지위에 대하여 안정적인 규범적 기준을 제시하였는데, 이는 분단국가의 특성을 고려하여 국가의 안전보장을 통한 자유민주주의를 수호하는 데 크게 기여하였다고 평가할 수 있다. 대법원은 오랫동안 북한에 대하여 국가보안법을 적극적으로 적용함으로써 국가안전보장을 수호하는 데 역점을 두었으나, 1990년 이후 남북한관계의 변화를 반영하여 국가보안법을 적용하는 데 탈출이나 국가기밀의 요건과 범위를 제한하고, 이적성의 판단기준으로 구체적이고 가능한 위험을 제시하는 한편, 주관적 구성요건의 강화 등을 통하여 국가보안법 적용의 요건과 범위를 엄격하게 제한하고 있다. 특히, 헌법재판소는 대법원과 마찬가지로 북한의 이중적 지위를 인정하면서도 국가보안법상 이적단체의 인정과 이적표현물의 요건에 있어 필요한 이적성의 기준으로 실질적 해악을 줄 명백한 위험성을 요구하고, 국가보안법을 해석하고 적용하는 데 헌법합치적 한정합헌 결정을 통하여 국가보안법의 남용을 통제하고 있다.

셋째, 이와 동시에 남북한교류협력이 확대됨에 따라서 다양한 분야에서 발생하는 남북한관계의 법률적 쟁점과 분쟁을 해결하는 과정에서 평화통일의 헌법적 의미를 확인하고, 관련 법령의 해석지침을 제시하고 있다. 「남북교류협력에 관한 법률」을 적용하는 과정에서 통치행위의 남용을 견제하고, 북한 방문의 승인제도가 평화통일에 도움이 되도록 운영될 수 있는 기준을 제시하였다. 그러나 우리 사법부는 남북한관계에 대한 법적 쟁점을 포괄적으로 규율하지 못하고 있는 실정이다. 이는 남북한관계가 법제도적으로만 해결될 수 없는 정치현실에도 원인이 있지만, 아직까지 남북한관계를 포괄적으로 규율하는 법령체계가 미비한 것도 중요한 원인이라고 할 수 있다.

넷째, 현재까지 남북한관계에 대한 사법적 판단은 국가보안법을 적용한 사례를 제외하면 남북한의 분단과 6.25전쟁의 과정에서 발생한 토지소유권 분쟁과 가족관계에 대한 혼란을 피하기 위하여 한시적으로 제정된 법률을 적용하는 것이 대부분이다. 1990년 이후 남북교류협력이 확대되어 다양한 분야에서 법적 분쟁이 발생하고 있지만, 민사법 분야와 행정법 분야에서 남북한관계에 관한 사법적 판단은 매우 적은 것이 현실이다. 다만, 이산가족의 상봉과 생사확인으로 가족관계와 상속에 관한 분쟁이 계속적으로 발생하고 있고, 북한이탈주민이 북한에 있는 배우자를 상대로 이혼소송을 제기하는 사례도 증가하고 있다. 우리 사법부는 북한의 이중적 지위를 바탕으로 북한이탈주민은 물론 북한주민도 혼인과 상속, 지적재산권 분야에서 대한민국 국민이라는 것을 적극적으로 인정하면서도 교류협력의 규범영역에서는 북한의 실체를 인정하여 국제법원칙을 적용하고 있다.

다섯째, 개성공단사업과 금강산관광사업의 추진으로 형사사건을 중심으로 법적 분쟁이 계속 발생하였으며, 이에 대하여는 남북합의서를 체결함으로써 법률 충돌과 모순을 해결하고 있다. 개성공단사업과 금강산관광사업은 북한지역임에도 남한주민이 북한주민과 함께 체류하고 있어 그 사업이 확대될수록 법적 분쟁도 증가할 것으로 예상된다. 우리 사법부는 '개성·금강산지구 출입·체류합의서'에 따라서 형사범죄를 저지른 남한주민에 대하여 북한이 아닌 남한의 형사사법권을 행사하고 있으나, 향후에는 형사사건 이외에도 다양한 법적 분쟁이 발생할 것으로 보인다. 그러나 남북합의서는 북한의 협력을 전제로 하고 있어 그 규범력에 한계가 있고, 관련 법령도 미비한 실정이다. 금강산관광지구는 2007년 7월 관광객 총격사건 이후 중단된 상태이고, 개성공단사업의 성공을 위해서는 법적 분쟁을 신속하고 합리적으로 해결할 수 있는 법제도적 장치가 절실하다.

결론적으로, 우리 하급심과 대법원은 남북한관계에 대한 적실성 있는 규범체계가 미비한 가운데 구체적 사건에서 법적 분쟁을 해결하는 과정에서 남북한관계의 특수성을 고려한 헌법과 관련 법률의 해석을 통하여 남북한관계를 사법적으로 규율하였다. 특히, 대법원은 오랫동안 한반도의 분단 상황과 냉전체제에서 국가안전보장을 확보하기 위하여 헌법 제3조의 규범력을 바탕으로 국가보안법을 적극적이고 폭넓게 적용해왔다. 이로 인하여 국가보안법의 남용과 인권침해의 우려에 대하여 소극적으로 대처하였다는 비판도 있으나, 헌법 제3조에서 규정하는 영토조항의 실질적 규범력을 확보하였다는 것은 매우 중요한 의미가 있다고 하겠다. 또한, 대법원은 1990년 이후 남북한관계의 변화를 반영하여 국가보안법에도 더욱 엄격한 해석기준을 제시함으로써 헌법과 관련 법률을 규범조화적으로 해석하고 있다고 평가할 수 있다. 현행헌법에서 제4조의 평화통일조항과 함께 신설된 헌법재판소도 헌법해석에 대한 최고의 유권기관으로서 일찍부터 남북한관계의 특수성을 헌법해석에 반영하여 헌법의 규범력을 제고하는 한편, 관련 법률을 개정하고 그 해석에 있어서 규범적 기준을 제시하였다. 우리 사법부가 그 동안 제시한 다양한 판례는 향후 남북한관계의 변화와 평화통일의 과정에 중요한 자산이 될 것이며, 통일 이후의 사법통합과 법률통합을 실현하는 지침을 제공할 수 있을 것이다.

참고문헌

강금실, 「국가보안법 제7조의 이적성에 관한 두 가지 견해」, 『인권과 정의』 277권, 대한변호사협회, 1999. 9.

김대휘, 「국가보안법 제7조 제1항·제5항의 해석기준」, 『법과 정의: 이회창 대법관판결의 연구』, 경사 이회창 선생 화갑기념논문집 간행위원회, 1995.

김병운, 「국가보안법 제4조 제1항 제2호 나목 소정의 국가기밀」, 『형사재판의 제문제』 제2권, 형사법실무연구회, 박영사, 1999.

김성천, 「간첩죄」, 『형사판례연구』 제9권, 형사판례연구회, 2001.

도회근, 『남북한관계와 헌법』, 울산대학교출판부, 2009.

도회근, 「남북관계 법제의 발전과 한계」, 『헌법학연구』 제14권 제3호, 한국헌법학회, 2008. 9.

민병로, 「국가보안법의 과거·현재·그리고 미래: 헌법재판소 결정에 대한 비판적 고찰」, 『법학과 행정학의 현대적 과제(유소 이방기 교수 정년기념논문집)』, 2000.

박미숙, 「간첩죄 개정방향에 대한 소고」, 『비교형사법 연구』 제11권 제1호, 한국비교형사법학회, 2009. 7.

박이규, 「북한 방문증명서를 발급받아 북한을 방문한 경우 국가보안법상 탈출죄 성부」, 『대법원 판례해설』 제76호, 법원도서관, 2008.

박이규, 「국가보안법 제6조 탈출의 의미」, 『대법원 판례해설』 제76호, 법원도서관, 2008.

방승주, 「헌법재판소와 법원의 남북관계 관련 판례에 대한 헌법적 평가」, 『통일의 공법적 문제: 독일 통일의 회고와 한국 통일의 전망』(한국공법학회 제157회 국제학술대회 자료집), 한국공법학회, 2010. 10.

배금자, 「북한주민소송」, 『시민과 변호사』, 2004. 2.

변종필, 「대법원의 형법해석론에 대한 비판적 고찰」, 『비교형사법연구』 제7권 제1호, 한국비교형사법학회, 2005. 7.
성낙인, 『헌법학』, 법문사, 2011.
신동운, 「간첩죄와 국가기밀」, 『고시연구』, 고시연구사, 1998. 1.
양 건, 「표현의 자유에 관한 법과 현실의 변화」, 『법학논총』 제12집, 한양대학교 법학연구소, 1995. 10.
이광범, 「국가보안법 제7조 제5항·제1항의 해석기준에 관한 대법원 판례의 동향」, 『형사재판의 제문제』 2권, 박영사, 1999.
이효원, 『남북교류협력의 규범체계』, 경인문화사, 2006.
이효원, 「북한이탈주민의 이혼소송과 북한주민의 법적 지위」, 『가족법연구』 제22권 3호, 한국가족법학회, 2008.
이효원, 「개성공단의 법률체계와 남한 행정형벌 적용여부」, 『법조』 통권 제627호, 2008.
임복규 외 9인, 『북한관련 법적 쟁점: 사례별 연구』, 사법발전재단, 2010.
장호순, 「국가안보를 위협하는 이적표현의 범위」, 『한국언론학보』 제43-4호(1999. 여름), 한국언론학회, 1999.
정상규, 「탈북자 이혼사건에 관한 연구」, 『사법논집』 제38집, 법원도서관, 2004.
정영일·황태정, 「간첩죄의 해석론과 개선방향」, 『형사정책』 제21권 제2호, 한국형사정책학회, 2009. 12.
정진홍, 「간첩죄에 있어서 국가기밀의 개념과 요건해석의 재정립: 최근 판례분석을 중심으로」, 『한국공안행정학회 회보』 제10호, 한국공안행정학회, 2000. 10.
제성호, 「국가보안법상 '반국가단체'의 개념과 범위: 대법원 판례를 중심으로」, 『법조』 647권, 법조협회, 2010. 8.
채병용, 『개성공단 거류민의 신변안전방안』, 한국학술정보, 2009.
하태훈, 「형벌법규의 해석과 죄형법정원칙: 대법원 판례를 중심으로」, 『형사판례연구 11』(지송 이재상교수 화갑기념호), 형사판례연구회, 2003.
황교안, 『국가보안법』, 박영사, 2011.
황교안, 「반국가단체 구성·가입죄의 본질」, 『저스티스』 제31권 제4호, 한국법학원, 1998. 12.

법무법인 태평양, 『개성공업지구 법규 및 제도해설』, 로앤비, 2005.
법무부, 『남북교류협력관련 판례집』, 2003.
통일부, 『개정 남북교류협력에 관한 법률 해설집』, 2009.
______, 『개성공업지구 법규집』, 2011.

찾아보기

사항

판례

[헌법재판소]

[대법원]

[고등법원]

[지방법원]

[가정법원]

▮ Abstract ▮

Judicial Precedents about the Relationship between the South and North Korea

Lee, Hyowon

With increasing exchange and cooperation between North and South Korea since 2000, the legal system has become modified greatly through the process of resolving legal issues between the two parties. As a result the Constitutional Court and judicial courts are making various precedents related to specific cases. Research on judicial decisions regarding the North-South relationship shows the following characteristics. First, the Constitutional Court and the Supreme Court have presented normative standards that help to precisely understand the North-South relationship manifested through the processes of solving various legal conflicts. In particular, some cases present constitual realities that are contradictory to the set constitutional standards. These normative standards aim to realize constitutional values for the ultimate purpose ofachieving a peaceful reunification.

Second, despite unique geo-political situation of a north-south divide, the Constitutional Court and the Supreme Court have greatly contributed to protecting national security for both Koreas and liberal democracy in the National Security Law cases. Especially, by accepting the ambivalent status of North Korea, the Constitutional and the Supreme courts were able to control the abuses of the National Security Law brought on through the strict inspection which presents obvious danger while, at times, acting to benefit the enemy by way of the National Security Law.

Third, the Constitutional Court and the Supreme Court have confirmed the constitutional meaning of peaceful reunification and presented interpretation standards of related legislations that are involved in the processes of solving various legal issues. Specially, the judicial branch has applied international law principles to have North Koreans be recognized as people of The Republic of Korea in the separated families' conflicts that touch upon family and inheritance law. The judicial branch also brought about the acceptance of the North's position in the normative scope of exchange and cooperation.

Fourth, the Gaesong Industrial Complex project and the Mt. Kumkang tour project has continuously brought about legal trouble that involved criminal cases. Regarding these problems, two parties have resolved legal conflict and contradictions through the Inter-Korean Agreement. However, the Inter-Korean Agreement and regulations on the Gaesong industrial district are insufficient. What is needed is a legal-system that can solve legal conflict quickly and rationally.

Numerous precedents that the judicial branch has presented up until now will be an important asset for the future of the North-South relationship and in the processes of peaceful unification. They will provide standards that will help to achieve judicature integration and legal integration after reunification.

이효원
서울대학교 법과대학
서울대학교 대학원 법학석사·법학박사
제33회 사법시험 합격
서울중앙지방검찰청·법무부 통일법무과 등 검사(1994~2007)
현재 서울대학교 법학전문대학원 부교수